해커스 JLPT

실전모의고사 N1 200% 활용법!

교재 MP3

테스트용/고사장 소음 버전/복습용 분할 MP3/단어·문형집 MP3

[이용 방법]

해커스일본어 사이트(japan.Hackers.com) 접속 후 로그인 ▶
상단의 [교재/MP3 → MP3/자료] 클릭 후 이용하기

회독용 답안지 (PDF)

[이용 방법]

해커스일본어 사이트(japan.Hackers.com) 접속 후 로그인 ▶
상단의 [교재/MP3 → MP3/자료] 클릭 후 이용하기

해커스일본어
사이트 바로 가기 ▶

해커스일본어 단과/종합 인강 30% 할인쿠폰

KKAB-5KE3-K687-7000

* 쿠폰 유효기간: 쿠폰 등록 후 30일

[이용 방법]

해커스일본어 사이트(japan.Hackers.com) 접속 후 로그인 ▶
메인 우측 하단 [쿠폰&수강권 등록]에서 쿠폰번호 등록 후 강의 결제 시 사용 가능

* 본 쿠폰은 1회에 한해 등록 가능합니다.
* 이 외 쿠폰과 관련된 문의는 해커스 고객센터(02-537-5000)로 연락 바랍니다.

쿠폰 바로
등록하기 ▶

"시험 전까지 실전 감각을 키우고 싶어요."

"JLPT N1 한번에 합격할 수 있을까요?"

"지금 실력을 가늠해 보고 싶어요."

실전모의고사로

합격 달성을 위한 막판 스퍼트!

1 다양한 난이도의 실전모의고사 총 5회분 수록!

'상/중상/중' 다양한 난이도의
모의고사 5회분으로
실전 감각을 기르세요.

2 정답이 한눈에 보이는 전략적 해설 제공!

가장 효과적인 문제풀이
전략과 상세한 오답 설명으로
문제 유형별 전략을
확실하게 익히세요.

해커스 JLPT

일본어능력시험

최신개정판

실전모의고사 N1

문제집

해커스 어학연구소

해커스 JLPT

일본어능력시험

실전모의고사

문제집

N1

해커스일본어

CONTENTS

테스트용 MP3/고사장 소음 버전 MP3/
복습용 분할 MP3/단어·문형집 MP3
모든 MP3는 해커스일본어 사이트(japan.Hackers.com)에서 무료로 다운받으실 수 있습니다.

해설집

해커스가 알려 드리는 JLPT N1 합격 비법

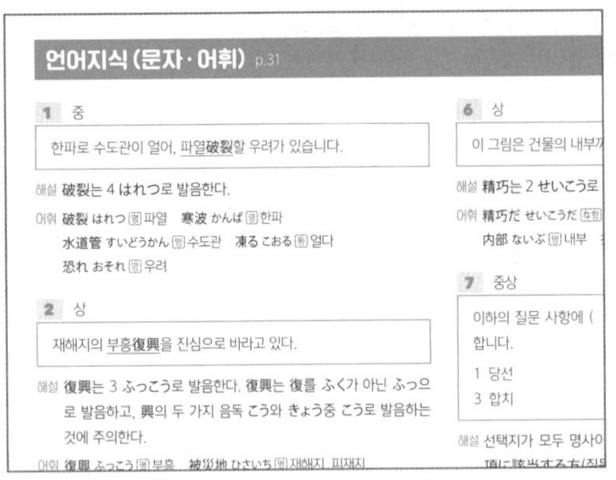

언어지식 (문자 · 어휘) p.31

1 중

한파로 수도관이 얼어, 파열破裂할 우려가 있습니다.

해설 破裂는 4 はれつ로 발음한다.

어휘 破裂 はれつ 명 파열　寒波 かんぱ 명 한파
水道管 すいどうかん 명 수도관　凍る こおる 동 얼다
恐れ おそれ 명 우려

2 상

재해지의 부흥復興을 진심으로 바라고 있다.

해설 復興는 3 ふっこう로 발음한다. 復興는 復를 ふく가 아닌 ふっ으로 발음하고, 興의 두 가지 음독 こう와 きょう중 こう로 발음하는 것에 주의한다.

최신 출제 경향을 반영한 다양한 난이도의 모의고사를 풀어보며 실전 감각 키우기!

합격률을 높이기 위해서는 실전 감각을 기르는 것이 가장 중요합니다. **최신 출제 경향을 철저히 분석하여 반영**한 <해커스 JLPT 실전모의고사 N1>의 **모의고사 5회분**을 직접 풀어보고, 각 **회차와 문제의 난이도**를 확인하면서 취약한 부분을 보충하다 보면, 실제 시험에 완벽하게 대비할 수 있습니다.

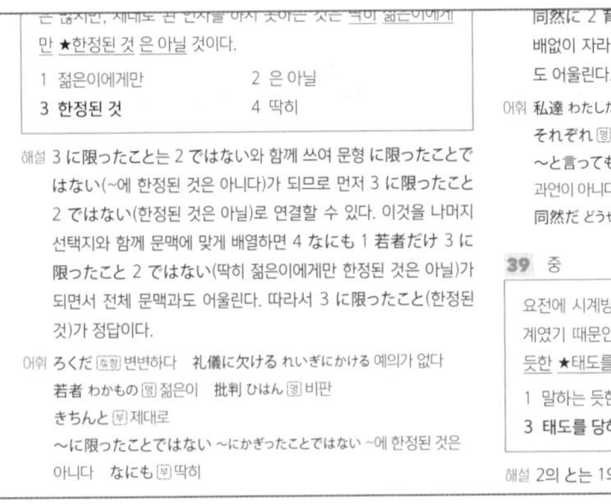

만 ★한정된 것 은 아닐 것이다.

1 젊은이에게만　2 은 아닐
3 한정된 것　4 딱히

해설 3 に限ったこと는 2 ではない와 함께 쓰여 문형 に限ったことではない(~에 한정된 것은 아니다)가 되므로 먼저 3 に限ったこと 2 ではない(한정된 것은 아닐)로 연결할 수 있다. 이것을 나머지 선택지와 함께 문맥에 맞게 배열하면 4 なにも 1 若者だけ 3 に限ったこと 2 ではない(딱히 젊은이에게만 한정된 것은 아닐)가 되면서 전체 문맥과도 어울린다. 따라서 3 に限ったこと(한정된 것)가 정답이다.

어휘 ろくだ な형 변변하다　礼儀に欠ける れいぎにかける 예의가 없다
若者 わかもの 명 젊은이　批判 ひはん 명 비판
きちんと 부 제대로
~に限ったことではない ~にかぎったことではない ~에 한정된 것은 아니다　なにも 부 딱히

정답이 보이는 전략적 해설로 정확하게 이해하기!

정답만을 위한 단편적인 설명 방식의 해설은 실제 문제풀이에 크게 도움이 되지 않습니다. **문제 풀이 전략을 기반으로 정답뿐만 아니라 오답에 대한 설명까지 상세하게 수록**한 <해커스 JLPT 실전모의고사 N1>로 문제 유형별 풀이 방법을 학습하면 빠르게 오답을 소거하고 정확하게 정답을 고를 수 있습니다.

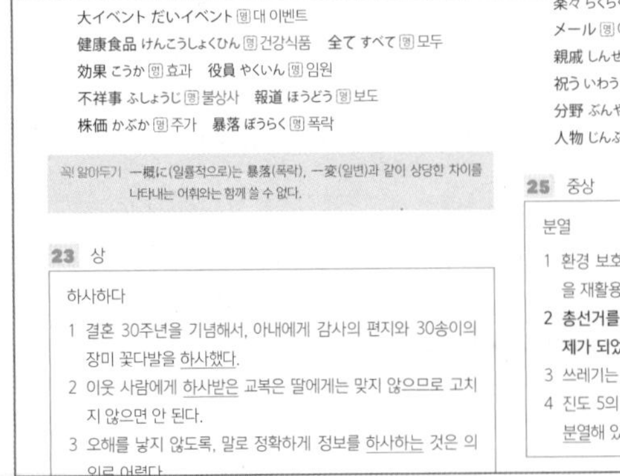

大イベント だいイベント 명 대 이벤트
健康食品 けんこうしょくひん 명 건강식품　全て すべて 명 모두
効果 こうか 명 효과　役員 やくいん 명 임원
不祥事 ふしょうじ 명 불상사　報道 ほうどう 명 보도
株価 かぶか 명 주가　暴落 ぼうらく 명 폭락

꼭! 알아두기 一概に(일률적으로)는 暴落(폭락), 一変(일변)과 같이 상당한 차이를 나타내는 어휘와는 함께 쓸 수 없다.

23 상

하사하다

1 결혼 30주년을 기념해서, 아내에게 감사의 편지와 30송이의 장미 꽃다발을 하사했다.
2 이웃 사람에게 하사받은 교복은 딸에게는 맞지 않으므로 고치지 않으면 안 된다.
3 오해를 낳지 않도록, 말로 정확하게 정보를 하사하는 것은 의외로 어렵다.

'꼭! 알아두기!'로 문제풀이 포인트 학습하고 합격률 높이기!

'꼭! 알아두기'는 실제 시험장에서 활용 가능한 문제풀이 포인트만 엄선하여 수록하였습니다. 모의고사 문제를 풀고 '꼭! 알아두기'와 함께 복습하면 시험장에서 비슷한 문제가 나왔을 때 바로 적용하여 합격률을 높일 수 있습니다.

모르는 어휘는 바로바로 찾고 암기하기!

지문과 스크립트에 사용된 거의 모든 단어와 문형을 수록하여 문제를 풀다가 모르는 어휘가 나와도 바로바로 찾아서 해석할 수 있습니다. 모르는 단어를 그 자리에서 바로 찾고 암기한다면 학습 시간을 더욱 효율적으로 활용할 수 있습니다.

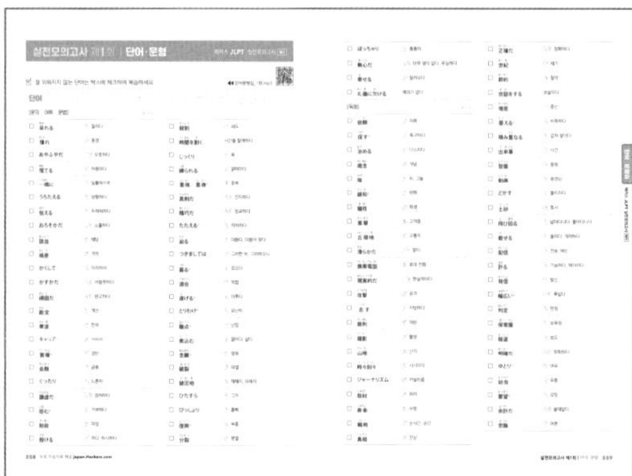

회차별 단어·문형집으로 시험 직전까지 고난도 기출 어휘 집중 학습하기!

부록 '회차별 단어·문형집'에는 **각 회차별 고난도 어휘와 기출 어휘를 수록**하였습니다. 해커스일본어(japan.Hackers.com)에서 무료로 제공하는 단어·문형집 MP3와 함께 시험 직전까지 반복 학습하면 N1 수준의 어휘력을 키울 수 있습니다.

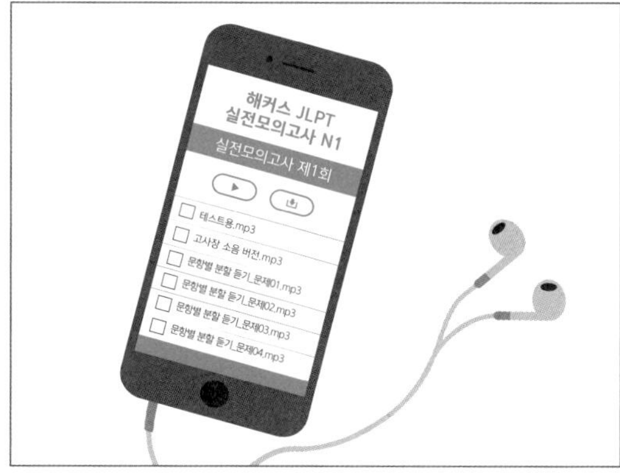

총 4종의 다양한 MP3 음원 파일로 청해 실력 극대화하기!

실제 시험장의 감각을 익힐 수 있는 **테스트용, 고사장 소음 버전 MP3**와 원하는 문제만 반복하여 들을 수 있는 **복습용 분할 MP3** 그리고 **회차별 단어·문형집 MP3**까지 총 4종의 MP3를 반복 청취하면 직청직해 능력과 실전 감각을 효과적으로 키울 수 있습니다. 모든 MP3는 "해커스 MP3 플레이어" 어플로 1.05~2.0배속까지 원하는 배속으로 들을 수 있습니다.

JLPT N1 시험 정보

JLPT N1 인정 수준

폭넓은 화제에 대해 쓰인 신문의 논설, 평론 등 논리적으로 복잡한 글이나 추상적인 글을 읽고 구성이나 내용, 흐름을 이해할 수 있으며, 자연스러운 속도의 뉴스, 강의 등을 듣고 논리 구성을 이해하거나 요지를 파악할 수 있다.

시험 구성 및 시험 시간

시험 내용			문항수	시험 시간
입실				13:10 까지
1교시	언어지식	문자·어휘	25	13:30 ~ 15:20 (110분)
		문법	19~20	
	독해		22~25	
휴식				15:20 ~ 15:40 (20분)
2교시	청해		30	15:40 ~ 16:40 (60분) *시험은 55분간 진행

* 2022년 제2회(12월 시험)부터, 청해 과목의 문항수가 과제 이해 6문항→5문항, 포인트 이해 7문항→6문항, 개요이해 6문항→5문항, 즉시 응답 14문항→11문항, 통합이해 4문항→3문항, 총 30문항으로 줄고, 시험 시간이 60분으로 변경되었습니다.

합격 기준

JLPT는 합격점 이상 득점하면 합격하며, 한 과목이라도 과락 기준점 미만으로 득점하면 불합격됩니다.

레벨	합격점 / 만점	과목별 과락 기준점 / 만점		
		언어지식(문자·어휘·문법)	독해	청해
N1	100점 / 180점	19점 / 60점	19점 / 60점	19점 / 60점

시험 결과

- JLPT에 합격하면, 「일본어능력인정서」와 「일본어능력시험 인정결과 및 성적에 관한 증명서」를 받을 수 있으며, 불합격할 경우, 「일본어능력시험 인정결과 및 성적에 관한 증명서」만 수령하게 됩니다.
- 「일본어능력시험 인정결과 및 성적에 관한 증명서」에는 과목별 점수와 총점, 백분율, 문자어휘·문법 과목의 정답률을 알 수 있는 참고정보가 표기되어 있어, 자신의 실력이 어느 정도인지 알 수 있습니다.

<인정결과 및 성적에 관한 증명서>

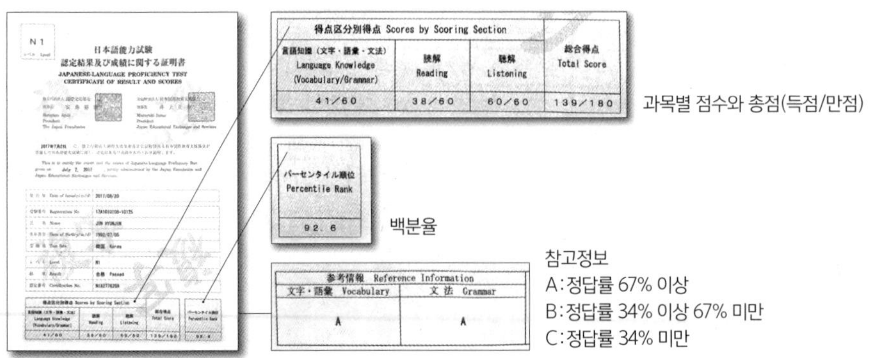

JLPT N1 접수부터 성적 확인까지

1. JLPT 시험 접수, 시험일, 시험 결과 조회 일정

	시험 접수	시험	시험 결과 조회
해당연도 1회	4월 초	7월 첫 번째 일요일	8월 말
해당연도 2회	9월 초	12월 첫 번째 일요일	1월 말

* 일반 접수 기간이 끝난 뒤, 약 일주일 동안의 추가 접수 기간이 있습니다.
정확한 시험 일정은 JLPT 한국 홈페이지 (http://jlpt.or.kr)에서 확인 가능합니다.

2. JLPT 시험 접수 방법

(1) 인터넷 접수

JLPT 한국 홈페이지(http://jlpt.or.kr)에서 [인터넷 접수]로 접수합니다.

접수 과정 : [인터넷 접수] > [로그인] > [사진 등록] > [개인정보 등록] > [급수 선택] > [시험장 선택] > [결제]

(2) 우편 접수 *시험장 선택 불가

구비 서류를 등기우편으로 발송하여 접수합니다.

구비 서류 : 수험 원서(홈페이지 다운로드), 증명사진 1매(뒷면에 이름, 생년월일, 휴대 전화 번호 기재), 수험료(우체국 통상환)

보낼 곳 : [서울권역] (03060) 서울시 종로구 율곡로53, 해영빌딩 1007호 JLPT일본어능력시험
[부산권역] (48792) 부산광역시 동구 중앙대로 319, 1501호(초량동, 부산YMCA) (사) 부산한일문화교류협회
[제주권역] (63219) 제주특별자치도 제주시 청사로 1길 18-4 제주상공회의소 JLPT사무국

3. JLPT 시험 준비물

수험표

규정 신분증
(주민등록증, 운전면허증, 여권 등)

필기구
(연필이나 샤프, 지우개)

시계

4. JLPT 결과 확인

(1) 결과 조회

1회 시험은 8월 말, 2회 시험은 1월 말에 JLPT 한국 홈페이지(http://jlpt.or.kr)에서 조회 가능합니다.

(2) 결과표 수령 방법

JLPT 결과표는 1회 시험은 9월 말, 2회 시험은 2월 말에 접수 시 기재한 주소로 발송됩니다.

합격자 : 일본어능력인정서, 일본어능력시험 인정결과 및 성적에 관한 증명서 발송

불합격자 : 일본어능력시험 인정결과 및 성적에 관한 증명서만 발송

(3) 자격 유효 기간

유효기간이 없는 평생 자격이지만, 기관 등에서는 보통 2년 이내 성적을 요구하므로 주의하세요.

JLPT N1 출제 형태 및 문제풀이 전략

언어지식 문자·어휘

문제 1 | 한자 읽기

1. 출제 형태

・ 한자로 쓰여진 어휘의 발음을 고르는 문제로, 음독 어휘와 훈독 어휘의 발음을 고르는 문제가 출제된다.
・ 총 문항 수: 6문항

문제지 예제

1 この研究所は、不自然な死を究明するといった趣旨で設立された。
1 ちゅし　2 しゅうし　3 しゅし　4 しゅみ

정답 3번

2. 문제풀이 전략

STEP 1 밑줄 친 어휘를 직접 발음해 보고, 해당하는 선택지를 고른다.
밑줄 친 어휘의 발음에만 집중하여 선택지를 고른다. 특히 탁음, 반탁음, 장음, 촉음, 요음에 주의한다.

문제 2 | 문맥규정

1. 출제 형태

・ 괄호에 들어갈 알맞은 어휘를 고르는 문제이다. 주로 명사, 동사, 형용사, 부사를 고르는 문제가 출제된다.
・ 총 문항 수: 7문항

문제지 예제

7 来週入社する新入社員は、4か国語を（　　）するそうだ。
1 利用　2 駆使　3 引用　4 酷使

정답 2번

2. 문제풀이 전략

STEP 1 선택지의 품사와 의미를 파악한다.
선택지를 읽고 품사를 확인한 뒤, 문제지에 각 선택지의 의미를 살짝 적어둔다.

STEP 2 괄호 앞뒤의 표현 또는 문장 전체를 읽고 문맥상 가장 알맞은 의미의 선택지를 정답으로 고른다.
괄호 앞뒤와 함께 자연스러운 문맥을 만드는 선택지를 정답으로 고르되, 정답 후보가 두 개 이상일 경우에는 문장 전체를 읽고 문맥상 가장 잘 어울리는 의미의 선택지를 정답으로 고른다.

문제 3 | 유의 표현

1. 출제 형태

- 밑줄친 어휘나 표현과 의미적으로 가까운 표현을 고르는 문제이다. 밑줄의 동의어나 뜻을 풀어 쓴 선택지를 고르는 문제가 출제된다.
- 총 문항 수: 6문항

문제지 예제

14 昨日、街で不審な人を見かけた。

1 綺麗な　2 怖い　3 有名な　4 怪しい

정답 4번

2. 문제풀이 전략

STEP 1 밑줄 친 단어나 구의 의미를 파악한다.

밑줄 친 부분을 읽고 그 의미를 파악하되, 문장 전체를 읽고 해석하지 않는다.

STEP 2 선택지를 읽고 밑줄 친 부분과 의미가 같거나 비슷한 선택지를 정답으로 고른다.

밑줄 친 부분과 의미가 같거나 가장 비슷한 선택지를 정답으로 고른다. 적절한 선택지가 없을 경우에는 전체 문장을 읽고 밑줄 부분과 교체하여도 문장의 의미가 바뀌지 않는 선택지를 정답으로 고른다.

문제 4 | 용법

1. 출제 형태

- 제시어가 올바르게 사용된 문장을 고르는 문제이다. 제시어는 명사, 동사, 형용사, 부사가 골고루 출제된다.
- 총 문항 수: 6문항

문제지 예제

20 配属

1 内定が決まったが、まだどの部署に配属されるかは分からない。
2 彼は去年まで政府に配属している機関で働いていた。
3 現在、高橋(たかはし)選手は、外国の有名サッカーチームに配属している。
4 この土地は所有者のない不動産として、国庫に配属されたそうだ。

정답 1번

2. 문제풀이 전략

STEP 1 제시어를 읽고 품사와 의미를 파악한다.

제시어를 읽고 품사와 의미를 파악한다. 이때 문제지에 제시어의 의미를 살짝 적어둔다.

STEP 2 밑줄 친 부분과 앞뒤 표현 또는 문장 전체를 읽고 제시어가 올바르게 사용된 문장을 정답으로 고른다.

제시어의 품사에 따라 밑줄 부분을 앞 또는 뒤의 표현과 함께 읽거나, 문장 전체를 읽고 문맥이 가장 자연스러운 문장을 정답으로 고른다.

JLPT N1 출제 형태 및 문제풀이 전략

언어지식 문법

문제 5 | 문법형식 판단

1. 출제 형태

- 서술문 또는 대화문의 괄호 안에 들어갈 문맥에 맞는 문법형식을 고르는 문제이다. 적절한 문형을 고르는 문제, 동사나 형용사의 활용형을 고르는 문제, 적절한 조사, 부사, 접속사를 고르는 문제가 출제된다.
- 총 문항 수: 10문항

문제지 예제

26 村田「コンセプト変更の経緯、課長に理解してもらえた？」
宮部「ううん。ちゃんと話すら聞いてもらえなくて、（　　　）。」

1　説得されるところだったよ
2　説得されはしないよ
3　説得しようがなかったよ
4　説得するしかないよ

정답 3번

2. 문제풀이 전략

STEP 1 선택지의 의미와 무엇을 고르는 문제인지 파악한다.
선택지를 읽고 문형, 동사나 형용사의 활용형, 조사, 부사, 접속사 중 무엇을 골라야 하는지 파악한다.

STEP 2 지문을 읽고 괄호 앞뒤의 문법 사항과 문맥에 맞는 선택지를 정답으로 고른다.
서술문 또는 대화문을 읽고, 괄호 앞뒤의 단어나 조사, 문형과의 접속이 올바르면서 문맥에 맞는 선택지를 정답으로 고른다.

문제 6 | 문장 만들기

1. 출제 형태

- 4개의 선택지를 전체 문맥에 맞게 올바른 순서로 배열한 뒤 ★이 있는 빈칸에 들어갈 선택지를 고르는 문제이다.
- 총 문항 수: 5문항

문제지 예제

36 企業の人事担当者によると、職務分野に対しての関心をアピールするうえで ＿＿＿ ＿＿＿ ＿★＿ ＿＿＿。

1　経験があるに　　2　充実したインターンシップの　　3　そうだ　　4　越したことはない

정답 4번

2. 문제풀이 전략

STEP 1 선택지의 의미를 파악한다.
선택지를 읽고 의미를 파악한다. 선택지의 내용이 긴 경우에는 옆에 한국어 해석을 살짝 적어둔다.

STEP 2 파악한 의미와 알고 있는 문형을 토대로 선택지를 배열하고, 전체 문맥과 어울리는지 확인한다.
빈칸 앞뒤를 읽고 문맥에 맞게 선택지를 배열한다. 배열 후에는 문장 전체의 문맥이 적절한지 확인한다.

STEP 3 배열한 순서대로 ★이 있는 빈칸의 선택지를 정답으로 고른다.
배열한 선택지 번호를 빈칸 위에 순서대로 적고, ★이 있는 빈칸에 해당하는 선택지를 정답으로 고른다.

문제 7 | 글의 문법

1. 출제 형태

- 700자 내외의 지문을 읽고 내용의 흐름상 빈칸에 들어갈 알맞은 표현을 고르는 문제이다. 지문 1개와 관련 문제 4~5문항이 출제된다. 적절한 문형을 고르는 문제, 부사, 접속사, 지시어를 고르는 문제, 적절한 단어, 문장을 고르는 문제가 출제된다.
- 총 문항 수: 4~5문항

문제지 예제 (지문)

性格診断テスト

「性格診断テスト」というものが近頃流行っている。 数十個の質問に答えると、 自分の性格タイプを診断してくれるというテストだ。 いくつかの種類があり、 私もそのうちの一つをやってみた。 その結果には、 なるほど、 と頷うなずける説明もあったが、 そうでないものもあった。 あたりまえである。 この世に存在する何十億の個性を、 たった数タイプで 41 。

문제지 예제 (문항)

41　1　分けられるわけがない　　2　分けても差し支えない
　　3　分けられないものでもない　4　分けるおそれがある

정답 1번

2. 문제풀이 전략

STEP 1 지문을 꼼꼼히 읽고 해석한다.
빈칸 앞뒤의 문장이나 단락의 내용 흐름에 유의해서 정확히 해석하고 내용을 파악한다.

STEP 2 빈칸이 나오면 해당하는 선택지의 의미와 무엇을 고르는 문제인지 파악한다.
빈칸에 해당하는 선택지를 읽고 의미를 확인한 뒤, 문형, 부사, 접속사, 지시어, 단어, 문장 중 무엇을 골라야 하는지 파악한다.

STEP 3 빈칸 앞뒤 문맥이나 단락의 내용에 맞는 선택지를 정답으로 고른다.
부사, 접속사, 지시어를 고르는 문제는 빈칸 앞뒤를 자연스럽게 연결해주는 선택지를 정답으로 고른다. 단어, 문형, 문장을 고르는 문제는 빈칸 앞뒤의 내용을 바탕으로 빈칸에 들어갈 것으로 알맞은 선택지를 정답으로 고른다.

JLPT N1 출제 형태 및 문제풀이 전략

독해

문제 8 | 내용이해 단문

1. 출제 형태

- 220자 내외의 지문을 읽고 질문에 올바른 내용을 고르는 문제이다. 인문, 사회, 과학기술 분야의 다양한 주제의 에세이와 공지, 안내 등의 실용문이 출제된다.
- 총 문항 수: 4문항

문제지 예제

子どもを過保護(かほご)する親が増えた気がする。何か口を出したくなる気持ちも分かるが、それは子どもの「考える力」を奪っているのと同じことである。子どもの「考える力」は子ども自身が一人で考えるときに育(はぐく)まれるのだ。

成長期に考える時間を十分に与えられなかった子どもは社会に出て、困難や問題にぶつかっても、自分では問題を解決できない大人になってしまう。反対に「考える力」を身に着けた子どもはどんな環境であっても、直面した問題にきちんと対応することができる。子どもの成長には「考える力」が不可欠なのである。

46 筆者が言う「考える力」とは何か。

1 問題が難しくても、きちんと考えて自分で解こうとする力
2 問題がどんな環境にあっても、十分に考えて対応する力
3 問題に直面したときに、自分自身で考えて解決する力
4 問題にぶつかったときに、自ら考えられる子どもを育てる力

정답 3번

2. 문제풀이 전략

STEP 1 질문에서 무엇에 관해 묻고 있는지 파악한다.
질문을 먼저 읽고 무엇에 대해 묻고 있는지, 지문에서 어떤 내용을 찾아야 하는지 파악한다.

STEP 2 질문을 기억하면서 지문을 꼼꼼히 읽고 해석한다.
에세이는 중후반부에서 필자의 생각이 무엇인지를 중점으로 파악하고, 실용문은 질문에서 묻는 내용에 대한 전달 사항을 파악한다.

STEP 3 지문의 내용과 일치하는 선택지를 정답으로 고른다.
질문을 다시 읽고 선택지를 하나씩 꼼꼼히 해석하여 지문의 내용과 일치하는 것을 정답으로 고른다. 이때 일치하지 않는 선택지는 X표를 하여 소거한다.

문제 9·10 | 내용이해 중문·장문

1. 출제 형태

- 중문은 570자, 장문은 900자 내외의 지문을 읽고 질문에 올바른 내용을 고르는 문제이다. 인문, 사회, 과학기술 분야의 다양한 주제의 에세이가 출제되며, 필자의 생각이나 세부내용을 묻는 문제가 출제된다.
- 총 문항 수: 중문 – 8~9문항, 장문 – 3~4문항

문제지 예제 (지문)

世の中にはいいことばかり起こる運がいい人と不幸が続く運が悪い人がいる。一見(いっけん)、非科学的なように思えるが、脳科学の世界では両者には決定的な違いがあるとされている。いいことが起きる確率や不幸に遭遇(そうぐう)した回数の違いを示しているのではない。日常で起こった出来事をどのように脳が捉えるかという差である。つまり、運がいい、悪いと判断するのは自分次第なのである。

例えば、仕事で大きな失敗を犯してしまったとしよう。もちろん、多くの人が落胆して自信を失ってしまうだろう。しかし、運がいい人はそこで終わらない。「失敗から新たなことを学べた。また頑張ろう」とポジティブに物事を捉えることができる。成功を収めた運動選手が「あの失敗があったからこそ、今の自分がある」と話すように、運がいい人はそこからまた出発する。運がいい人はどんな出来事においても、負(ふ)の感情のままで終わらせないのである。

문제지 예제 (문항)

51 負(ふ)の感情のままで終わらせないとはどういう意味か。

1 悪いことが起こっても、最後は自分で運がいいか悪いか判断すること
2 悪いことが起こっても、自分は運が悪いから仕方ないと思い込むこと
3 どんなことが起こっても、自信をなくして、落ち込んでしまわないこと
4 どんなことが起こっても、肯定的に受け取り、前向きに考えること

정답 4번

2. 문제풀이 전략

STEP 1 질문에서 무엇을 묻는지 파악한다.
질문을 읽고 무엇을 묻고 있는지, 또는 지문에서 확인해야 하는 내용을 파악한다.

STEP 2 한 단락씩 꼼꼼히 읽고 정확히 해석한다.
질문을 기억하면서 한 단락씩 꼼꼼히 읽고 단락의 핵심 내용과 흐름을 파악한다.

STEP 3 단락의 내용과 일치하는 선택지를 정답으로 고른다.
지문에서 서술된 표현의 동의어나 비슷한 의미의 문장이 사용된 선택지에 주의하며 지문의 내용과 일치하는 선택지를 정답으로 고른다.

JLPT N1 출제 형태 및 문제풀이 전략

문제 11 | 통합이해

1. 출제 형태

- 320자 내외의 A와 B, 두개의 지문을 읽고 내용을 비교·통합하여 질문에 올바른 내용을 고르는 문제이다. 주제가 같은 두 개의 지문이 한 번에 제시되고 관련 문항이 출제된다. 지문은 일상적으로 접할 수 있는 사회적 이슈에 대한 견해를 밝히는 에세이가 출제된다.
- 총 문항 수: 2문항

문제지 예제 (지문)

A

近年、症状が軽く自分で歩けるにもかかわらず、救急車を無料のタクシー代わりに利用したり、待ち時間を経ずに診察してもらうことを目的に救急車を呼ぶなど、身勝手な理由で救急車を利用する患者が増えています。昨年は、このような患者からの要請が増加したこともあり、救急車の出動件数が650万件を超えました。このままでは今後、このような身勝手な患者からの要請がさらに増えることが予想されます。

B

軽症患者の救急車利用の増加にともない、救急車の有料化を進めるべきだと考えます。一秒一刻(いちびょういっこく)を争う患者が救急車の到着を待っている間に軽症者に救急車を利用されては、救急車の存在意義がなくなってしまいます。もちろん、救急車の有料化を行うことによって、常識にかける理由で救急車を呼ぶ人が完全にいなくなるとは思いません。しかし、このまま何もせずに放っておくよりは効果があるのではないでしょうか。

문제지 예제 (문항)

63 救急車の利用について、AとBはどのように述べているか。

1 Aは軽症患者は救急車を利用するべきでないと述べ、 Bは身勝手な理由で救急車を要請する患者がいると述べている。

2 Aは救急車を利用すれば患者は待たずに診療を受けられると述べ、 Bは軽症患者が救急車を利用するときお金を払うべきだと述べている。

3 Aは救急車を要請する軽症患者が増え続けていると述べ、 Bは救急車を要請する際は料金を払わせるべきだと述べている。

4 Aは不必要な要請のせいで救急車の出動件数が増えたと述べ、 Bは救急車を有料化することで身勝手な要請がなくなると述べている。

정답 3번

2. 문제풀이 전략

STEP 1 2개 문항의 질문에서 어떤 내용을 비교해야 하는지 파악하고 핵심 어구에 표시한다.

두 개의 질문을 읽고 지문에서 비교해야 하는 내용이 무엇인지 파악하고 '~について' 앞 부분을 핵심 어구로 표시한다.

STEP 2 A→B의 순서대로 지문을 읽고 핵심 어구와 관련된 내용을 파악한다.
지문을 읽을 때 핵심 어구와 관련된 내용을 주의 깊게 읽으며 A지문 내용과 B지문 내용의 공통점, 차이점을 파악한다.

STEP 3 지문의 내용과 일치하는 선택지를 정답으로 고른다.
지문에서 서술된 표현의 동의어나 비슷한 의미의 문장이 사용된 선택지에 주의하며 지문의 내용과 일치하는 선택지를 정답으로 고른다.

문제 12 | 주장이해 장문

1. 출제 형태

- 1,100자 내외의 지문을 읽고 질문에 올바른 내용을 고르는 문제이다. 인문, 사회, 과학기술 분야의 다양한 주제의 에세이가 출제되며, 필자의 생각이나 세부내용을 묻는 문제가 출제된다.
- 총 문항 수: 3~4문항

문제지 예제 (지문)

日本では集団に合わせることや輪を乱(みだ)さないことが美徳(びとく)とされる。これは初等教育ですでに協調性を養うための教育が取り入れられていることからも見てとれる。協調とは相手を配慮したり、互いに助け合ったりすることであり、様々な人々が集(つど)う社会ではこれが重要視される。

しかし、日本社会ではこの協調性がしばしば同調性と混同され使用される。同調とは集団の大多数と同じ行動や態度をとることで、集団の様子を伺い、その動きに流動的に従うことを意味する。一見すると協調性の一種に見えなくもないが、大きく異なるのは同調性が集団の大多数に反する行動をとるものを尊重しないという点である。日本では、協調性と同調性を同義に捉える傾向があるため、集団と異なる行動や意見を持つものを異質な存在であると人々は認識する。

少数派の人たちはこのような誤った認識のせいで、集団の輪を乱(みだ)す邪魔者(じゃまもの)とされがちだ。けれども、誰一人として同じ人間が存在しないように、人それぞれ考え方が異なるのは当然のことである。日本社会が美徳(びとく)としているのは協調性ではなく同調性だ。私たちはその当然性さえも認められない社会が異質であることを早く認識し、個性が尊重される真の協調性が豊かな社会を目指すべきである。

문제지 예제 (문항)

65 日本社会について、筆者はどのように述べているか。

1 社会生活において協調性が不可欠であるため、社会全体で教育を行うべきだ。
2 集団の大多数に同調することが重要視され、まとまりが強い社会になるべきだ。
3 協調性や同調性を必ずしも必要だと考えず、個性を尊重した豊かな社会にするべきだ。
4 本来の協調性の意味を理解し、集団に従うことを良いこととする社会を変えるべきだ。

정답 4번

2. 문제풀이 전략

STEP 1 질문에서 무엇을 묻는지 파악한다.
질문을 읽고 무엇을 묻고 있는지, 또는 지문에서 확인해야 하는 내용을 파악한다.

STEP 2 한 단락씩 꼼꼼히 읽고 정확히 해석한다.
질문을 기억하면서 한 단락씩 꼼꼼히 읽고 단락의 핵심 내용과 흐름을 파악한다. 필자가 글을 통해 말하고 싶은 생각이나 주장은 주로 지문의 마지막 단락에서 언급되므로 마지막까지 집중해서 읽는다.

STEP 3 단락의 내용과 일치하는 선택지를 정답으로 고른다.
질문에서 서술된 표현의 동의어나 비슷한 의미의 문장이 사용된 선택지에 주의하며 지문의 내용과 일치하는 선택지를 정답으로 고른다.

문제 13 | 정보검색

1. 출제 형태

· 어떤 상황이나 조건에 일치하는 것을 고르는 문제와 관련 지문이 출제된다. 제시된 상황에 따라 해야 할 행동을 고르는 문제, 제시된 모든 조건에 부합하는 선택지를 고르는 문제가 출제된다. 지문은 작품 모집 공고, 서비스 이용 안내 등 일상에서 자주 볼 수 있는 실용문이 출제된다.
· 총 문항 수: 2문항

문제지 예제 (문항)

69 山田さんに青木製菓からの当選メールが届いたが、記入されている住所は山田さんの住所ではなかった。山田さんはどうしたらよいか。

1 10月中旬までにメールで正しい住所を伝える。
2 11月末までにメールで正しい住所を伝える。
3 10月中旬までに電話をして、正しい住所を伝える。
4 11月末までに電話をして、正しい住所を伝える

정답 4번

문제지 예제 (지문)

5・7・5で伝える俳句コンテスト
— 思い出を俳句にのせて —

青木製菓では令和元年10月１日（木）～10月31日（日）まで俳句を募集しております。テーマはチョコレートと私の思い出です。

• 応募方法
下記の本社の俳句コンテスト係りのメールアドレスにメールでお送りください。その際にお名前、生年月日、住所、電話番号も忘れずにご記入お願いします。

・結果発表
入賞者は11月11日（水）に本社のホームページ上で発表されます。入賞者及び抽選当選者にはメールで結果が送られます。
※ 賞品は郵送いたしますので、メールに記載されている住所に誤りがありましたら、11月末までに下記の電話番号にご連絡お願いいたします。

青木製菓俳句コンテスト係り
℡：0120-58-XXXX　　mail：aokicompany@com.jp

정답 4번

2. 문제풀이 전략

STEP 1 질문을 읽고 상황이나 조건에 표시한다.
질문을 읽고 무엇을 묻는 문제인지 확인한 뒤, 제시된 상황 또는 조건에 표시한다.

STEP 2 지문에 표시한 상황이나 조건과 관련된 내용을 모두 찾아 표시한다.
상황에 따라 해야 할 행동을 고르는 문제이면 상황과 관련된 안내나 지시 사항에 표시하고, 모든 조건에 부합하는 선택지를 고르는 문제이면 조건에 해당하는 항목들에 표시한다. 특히 정답의 중요한 단서가 지문에서 "注意", "※", "・" 표시 다음에 자주 언급되므로 꼼꼼히 확인한다.

STEP 3 지문에 표시한 내용과 일치하는 선택지를 정답으로 고른다.
상황에 따라 해야 할 행동을 고르는 문제는 안내나 지시 사항과 일치하는 선택지, 모든 조건에 부합하는 것을 고르는 문제는 표시해둔 항목 중 모든 조건에 해당하는 것을 정답으로 고른다.

JLPT N1 출제 형태 및 문제풀이 전략

청해

문제 1 | 과제 이해

1. 출제 형태

- 특정 이슈에 대한 두 사람의 대화를 듣고, 대화가 끝난 뒤 남자 또는 여자가 해야 할 일을 고르는 문제이다. 주로 업무를 지시하거나, 조언 및 자문을 구하거나, 방법을 묻는 내용이며, 대화가 끝난 뒤 가장 먼저 해야 할 일을 고르는 문제와 앞으로 해야 할 일을 고르는 문제가 출제된다.
- 총 문항 수: 5문항

문제지 예제

1番

1　研究テーマを深める
2　主張の文章を書き直す
3　詳しい例を入れる
4　全体を簡潔にまとめる

정답 2번

음성 예제

大学で男の学生と先生が話しています。男の学生はこのあとまず何をしなければなりませんか。

M：先生、この間提出したレポート、ご確認いただけましたでしょうか。
F：ええ、興味深い研究テーマを選びましたね。読みごたえがありました。
M：そうですか、ありがとうございます。
F：はい。特に例として挙げている内容について具体的かつ細かく書かれていて、その説明もわかりやすかったです。頑張りましたね。
M：ありがとうございます。
F：ただ、主張部分に少し曖昧な表現が使われていたので、そこが少し残念だったなと。その部分を補う必要がありますね。
M：はい。
F：そこを修正したうえで、最後に全体をもう少し短くまとめることができると、さらに良くなりそうです。
M：わかりました。では、すぐ修正します。

男の学生はこのあとまず何をしなければなりませんか。

2. 문제풀이 전략

STEP 1 음성을 듣기 전, 선택지를 미리 확인한다.
음성을 듣기 전에 선택지를 빠르게 읽고 과제의 종류를 미리 파악하거나, 대화의 장소나 대화자의 직업 및 신분을 미리 예상한다.

STEP 2 상황 설명과 질문을 듣고 문제의 포인트를 파악한다.
상황 설명과 질문을 듣고 대화의 장소와 이슈, 대화자의 신분 및 직업, 대화자 중 누가 해야 할 일인지 등 문제의 포인트를 파악한다.

STEP 3 대화를 들으며 과제의 순서나 수행 여부를 파악한다.
대화를 끝까지 들으며 가장 먼저 해야 할 일을 고르는 문제는 과제의 순서를 파악하고, 앞으로 해야 할 일을 고르는 문제는 과제의 수행 여부를 파악한다. 이미 했거나 바로 하지 않아도 되는 선택지는 X표를 한다.

STEP 4 질문을 다시 듣고 올바른 선택지를 고른다.
질문을 다시 듣고 가장 먼저 하기로 언급된 과제나, 최종적으로 하기로 언급된 과제를 정답으로 고른다.

문제 2 | 포인트 이해

1. 출제 형태

- 두 사람의 대화나, 한 사람이 하는 말을 듣고 화자의 생각이나 의견을 고르는 문제이다. 두 사람의 대화는 TV나 라디오 방송, 회사, 가게, 학교 등 다양한 장소를 배경으로 하고, 한 사람이 하는 말은 주로 TV나 라디오 방송을 배경으로 한다.
- 총 문항 수: 6문항

문제지 예제

1番

1 体力(たいりょく)がつくこと
2 肩(かた)こりが治(なお)ること
3 ストレス解消(かいしょう)になること
4 自信(じしん)がつくこと

정답 4번

음성 예제

会社(かいしゃ)で男(おとこ)の人(ひと)と女(おんな)の人(ひと)が話(はな)しています。男(おとこ)の人(ひと)は運動(うんどう)をすることの一番(いちばん)の魅力(みりょく)は何(なん)だと言(い)っていますか。

F：最近(さいきん)、なんだか楽(たの)しそうだね。

M：わかる？実(じつ)は、最近(さいきん)スポーツジムに通(かよ)いはじめたんだ。運動(うんどう)がこんなにいいものだって知(し)らなかったよ。

F：どういうところがいいの？

M：まず、スタミナがつくこと。今(いま)まで平日(へいじつ)は仕事(しごと)のあと、疲(つか)れて何(なに)もする気(き)が起(お)きなかったんだけど、最近(さいきん)は友達(ともだち)と遊(あそ)んでるんだ。

F：へえ。

M：それから肩(かた)こりも治(なお)って、体(からだ)が軽(かる)くなったな。汗(あせ)と一緒(いっしょ)に日々(ひび)のストレスも流(なが)される気(き)がして、気分(きぶん)がすっきりするしね。

F：それはいいね。

M：うん。何より、自分の体がだんだん変わる様子を見ていたら、自分に自信を持てるようになってきたんだ。なんだかんだ言って、それが一番大きいな。

F：私も始めようかな。

男の人は運動をすることの一番の魅力は何だと言っていますか。

2. 문제풀이 전략

STEP 1 상황 설명과 질문을 듣고, 이후 주어지는 20초 동안 선택지를 빠르게 읽는다.

상황 설명과 질문을 들을 때 누구의 무엇에 대해 묻고 있는지 간단히 메모한다. 이후 주어지는 20초 동안 재빨리 선택지를 읽고, 앞으로 언급될 내용을 미리 파악한다.

STEP 2 질문이 묻는 내용을 기억하면서 정답의 단서를 파악한다.

대화의 경우에는 질문에서 언급된 남자 또는 여자의 말을 주의 깊게 듣고, 한 사람의 말의 경우에는 질문이 묻고 있는 내용 위주로 집중하여 들으며 정답의 단서를 파악한다.

STEP 3 질문을 다시 듣고 올바른 선택지를 고른다.

질문을 다시 듣고 대화나 한 사람의 말에서 언급된 정답의 단서와 일치하는 선택지를 정답으로 고른다.

문제 3 | 개요 이해

1. 출제 형태

- 방송이나 강연 등에서 한 사람의 말이나 두 사람의 대화를 듣고, 말의 주제나 중심 내용을 파악하는 문제이다. 두 사람의 대화라도, 한 사람이 말하는 비중이 높아, 한 사람의 말을 주로 듣게 된다.
- 총 문항 수: 5문항

음성 예제

テレビで女の人がチョコレートについて話しています。

F：バレンタインデーも近くなり、華やかなチョコレートを目にする機会も増えました。見た目にも美しく甘くておいしいチョコレートですが、様々な効能があることをご存じでしょうか。チョコレートには血圧を下げる効果があるポリフェノールという成分がたくさん含まれています。また、ポリフェノールは肌の老化を引き起こす物質から体を守るため、若々しさの維持にも役立ちます。さらに、テオブロミンという成分は、神経を落ち着かせる働きがあるためリラックス効果を発揮するほか、脳を刺激して、集中力や記憶力を高めるなどの脳の活性化を促進する働きもあります。カロリーが高いので摂りすぎには気を付けたいですが、適度な摂取はむしろ、私たちの健康をサポートしてくれると言えます。

女の人はどのようなテーマで話していますか。

1　チョコレートの効果的な摂取方法

2　チョコレートのもつ健康効果

3　チョコレートに含(ふく)まれる重要(じゅうよう)な成分(せいぶん)
4　チョコレートをよりおいしく食(た)べる方法(ほうほう)

정답 2번

2. 문제풀이 전략

STEP 1　상황 설명을 듣고 앞으로 듣게 될 말의 주제나 중심 내용을 미리 예상한다.
상황 설명의 장소나 상황, 화자의 직업이나 성별 등의 정보를 재빨리 메모하면서 앞으로 듣게 될 말의 주제나 중심 내용을 미리 예상한다.

STEP 2　대화를 들을 때 주제 및 중심 내용을 간단히 메모한다.
문제지 빈 공간에 들리는 어휘나 표현을 간단하게 메모하면서 주제 및 중심 내용을 파악한다.

STEP 3　질문과 선택지를 듣고 정답을 고른다.
질문과 선택지를 듣고, 메모를 토대로 주제 및 중심 내용과 일치하는 선택지를 정답으로 고른다.

문제 4 | 즉시 응답

1. 출제 형태

・짧은 질문과 3개의 선택지를 연속하여 듣고, 질문에 가장 적절한 응답을 고르는 문제이다. 감정을 표현하는 말, 사실을 확인하는 말, 부탁이나 지시하는 말에 대한 적절한 응답을 고르는 문제가 출제된다.
・총 문항 수: 11문항

음성 예제

M：せっかくの休(やす)みなのに、一日中雨(いちにちじゅうあめ)だなんて。
F：1　雨(あめ)、降(ふ)らないの？
　　2　ついてないよね。
　　3　外(そと)に出(で)かけようよ。

정답 2번

2. 문제풀이 전략

STEP 1　질문을 들으며 의도를 파악한다.
질문을 잘 듣고 질문자가 칭찬, 사과, 불평 등 어떤 감정으로 말을 하는지, 혹은 질문자가 확인하고자 하는 사실, 부탁이나 지시하고자 하는 사항이 무엇인지 파악한다.

STEP 2　선택지를 듣고 가장 적절한 응답을 정답으로 고른다.
질문의 응답으로 가장 적절하다고 생각되는 선택지에는 O, 오답이라고 생각되는 선택지에는 X, 정답인지 오답인지 애매한 선택지는 △로 표시하고, O인 선택지를 정답으로 고른다.

JLPT N1 출제 형태 및 문제풀이 전략

문제 5 | 통합 이해

1. 출제 형태

· 긴 대화를 듣고 대화 중에 언급되는 여러 정보를 통합하여 푸는 문제이다. 세 사람의 대화를 듣고 최종 결정 사항을 고르는 문제, 한 사람이 하는 말과, 그 말을 들은 두 사람의 대화를 듣고 대화자들이 각각 선택한 것을 고르거나, 공통으로 선택한 것을 고르는 문제가 출제된다. 첫 번째 유형은 듣기만으로 문제를 풀어야 하고, 두 번째 유형은 문제지에 선택지가 제시되어 있다.

· 총 문항 수: 3문항

음성 예제 (1번)

1番

服の会社で上司と社員二人が話しています。

M：最近、商品の売り上げが横ばいなんだけど、何かいい案ないかな。

F1：商品の価格を見直したらいいと思います。今の値段は競合他社と比べて少し高いので。

M：それは生産コストもあるからちょっとなあ。

F2：店舗でのセール回数を増やすのはどうでしょう。客足が増えると思います。

M：今も店舗のセールは多いほうだからこれ以上は…。

F1：ではポイントカードを取り入れて、ポイントに応じて割引するのはどうですか。ポイントを貯めようと複数回来店してくれるお客様が増えませんか。

M：なるほどね。

F2：店のスタッフにお客様へのお声がけを積極的にしてもらうっていう手もあると思います。

M：それは逆効果になる場合もあるかも。お得さを感じてもらって、何度も足を運んでもらえるようにするこの方法でいこう。

売り上げを伸ばすために何をすることにしましたか。

1　商品の値段を下げる
2　セールの回数を増やす
3　ポイントカードを導入する
4　客に積極的に声を掛ける

정답 3번

문제지 예제 (2번)

2番

質問1

1　ドリーム園
2　きらめきビーチ
3　緑のキャンプ場
4　東京プール

質問2

1　ドリーム園

2　きらめきビーチ

3　緑のキャンプ場

4　東京プール

정답 질문 1-2번, 질문 2-1번

음성 예제 (2번)

テレビでアナウンサーがこの夏おすすめのおでかけスポットについて話しています。

F1：今日はこの夏おすすめの四つのおでかけスポットをご紹介します。「ドリーム園」は大人も楽しめる遊園地で、今月は誰でも入場料が半額です。「きらめきビーチ」では、ビーチバレー大会が開催中です。有名選手のプレーが見られる貴重な機会です。「緑のキャンプ場」では、キャンプ用品の貸し出しと、キャンプ指導が受けられます。「東京プール」は今年から新たなアトラクションが増え、より一層楽しめるようになりました。

M：週末一緒にどこか行かない？ テレビで見たことある人を実際に見られるっていうここことかおもしろそうだけど。

F2：どこかに行くのは賛成。でも私、その競技あんまり興味ないんだ。

M：じゃあ、それは僕一人で行くとして、今だけ普段の半分の値段で入れるここなんていいんじゃない？

F2：そうね。少し高いから今まで行ったことなかったんだけど、あそこのアトラクション乗ってみたかったの。

M：じゃあ、決まり。

質問1　男の人は一人でどこに行きますか。

2. 문제풀이 전략

STEP 1　대화를 들으며 핵심 내용을 메모한다.

첫 번째 유형은 여러 의견과 그에 대한 찬반 여부를 메모한다. 두 번째 유형은 문제지에 제시된 4개의 선택지에 대한 특징과 남녀의 희망 사항을 메모한다.

STEP 2　질문을 듣고 올바른 선택지를 고른다.

메모를 토대로 첫 번째 유형의 문제는 최종적으로 결정된 사항을 정답으로 고른다. 두 번째 유형의 문제는 질문1과 질문2가 각각 남자에 대한 질문인지 여자에 대한 질문인지, 혹은 두 사람에 대한 공통 질문인지 잘 듣고 이에 맞게 각각 선택한 것을 정답으로 고른다.

JLPT N1 합격 달성을 위한 맞춤 학습 플랜

7일 학습 플랜

* 시험 직전 실전 감각을 극대화하고, 마지막 학습 점검을 하고 싶은 학습자

일차	날짜	학습 내용
1일차	□___월___일	실전모의고사 제1회 채점 후 틀린 문제 복습 부록 「실전모의고사 제1회 단어·문형집」 암기
2일차	□___월___일	실전모의고사 제2회 채점 후 틀린 문제 복습 부록 「실전모의고사 제2회 단어·문형집」 암기
3일차	□___월___일	실전모의고사 제3회 채점 후 틀린 문제 복습 부록 「실전모의고사 제3회 단어·문형집」 암기
4일차	□___월___일	실전모의고사 제1회~제3회 틀린 문제 한 번 더 풀기 부록 「실전모의고사 제1회~제3회 단어·문형집」 잘 안 외워진 단어를 위주로 한번 더 암기
5일차	□___월___일	실전모의고사 제4회 채점 후 틀린 문제 복습 부록 「실전모의고사 제4회 단어·문형집」 암기
6일차	□___월___일	실전모의고사 제5회 채점 후 틀린 문제 복습 부록 「실전모의고사 제5회 단어·문형집」 암기
7일차	□___월___일	실전모의고사 제4회~제5회 틀린 문제 한 번 더 풀기 부록 「실전모의고사 제4회~제5회 단어·문형집」 잘 안 외워진 단어를 위주로 한번 더 암기
시험일	□___월___일	시험장에 가져가면 좋을 학습 자료 1. 청해 복습용 분할 MP3를 담은 휴대전화 2. 실전모의고사 제1회~제5회 「회차별 단어·문형집」

14일 학습 플랜

* 현재 실력을 가늠해 보고, 부족한 부분을 집중 대비하고 싶은 학습자

일차	날짜	학습 내용
1일차	□___월___일	실전모의고사 제1회 부록 「실전모의고사 제1회 단어·문형집」 암기
2일차	□___월___일	실전모의고사 제1회 틀린 문제 한 번 더 풀기 부록 「실전모의고사 제1회 단어·문형집」 잘 안 외워진 단어를 위주로 한번 더 암기
3일차	□___월___일	실전모의고사 제2회 부록 「실전모의고사 제2회 단어·문형집」 암기
4일차	□___월___일	실전모의고사 제2회 틀린 문제 한 번 더 풀기 부록 「실전모의고사 제2회 단어·문형집」 잘 안 외워진 단어를 위주로 한번 더 암기
5일차	□___월___일	실전모의고사 제3회 부록 「실전모의고사 제3회 단어·문형집」 암기
6일차	□___월___일	실전모의고사 제3회 틀린 문제 한 번 더 풀기 부록 「실전모의고사 제3회 단어·문형집」 잘 안 외워진 단어를 위주로 한번 더 암기
7일차	□___월___일	실전모의고사 제4회 부록 「실전모의고사 제4회 단어·문형집」 암기
8일차	□___월___일	실전모의고사 제4회 틀린 문제 한 번 더 풀기 부록 「실전모의고사 제4회 단어·문형집」 잘 안 외워진 단어를 위주로 한번 더 암기
9일차	□___월___일	실전모의고사 제5회 부록 「실전모의고사 제5회 단어·문형집」 암기
10일차	□___월___일	실전모의고사 제5회 틀린 문제 한 번 더 풀기 부록 「실전모의고사 제5회 단어·문형집」 잘 안 외워진 단어를 위주로 한번 더 암기
11일차	□___월___일	실전모의고사 제1회~제3회 회독용 답안지로 다시 풀기
12일차	□___월___일	실전모의고사 제1회~제3회 틀린 문제 복습하기 부록 「실전모의고사 제1회~제3회 단어·문형집」 잘 안 외워진 단어를 위주로 한번 더 암기
13일차	□___월___일	실전모의고사 제4회~제5회 회독용 답안지로 다시 풀기
14일차	□___월___일	실전모의고사 제4회~제5회 틀린 문제 복습하기 부록 「실전모의고사 제4회~제5회 단어·문형집」 잘 안 외워진 단어를 위주로 한번 더 암기
시험일	□___월___일	시험장에 가져가면 좋을 학습 자료 1. 청해 복습용 분할 MP3를 담은 휴대전화 2. 실전모의고사 제1회~제5회 「회차별 단어·문형집」

실전모의고사 제1회

난이도 : 중상

답안지 작성법

受験番号を書いて、 その下のマーク欄にマークしてください。
Fill in your examinee registration number in this box, and then mark the circle for each digit of the number.

受験番号
(Examinee Registration Number)

2	1	A	1	0	1	0	1	2	3	-	3	0	1	2	3
⓪	⓪	●	⓪	●	⓪	●	⓪	⓪	⓪		⓪	●	⓪	⓪	⓪
①	●	Ⓑ	●	①	●	①	●	①	①		①	①	●	①	①
●	②		②	②	②	②	②	●	②		②	②	②	●	②
③	③		③	③	③	③	③	③	●		●	③	③	③	●
④	④		④	④	④	④	④	④	④		④	④	④	④	④
⑤	⑤		⑤	⑤	⑤	⑤	⑤	⑤	⑤		⑤	⑤	⑤	⑤	⑤
⑥	⑥		⑥	⑥	⑥	⑥	⑥	⑥	⑥		⑥	⑥	⑥	⑥	⑥
⑦	⑦		⑦	⑦	⑦	⑦	⑦	⑦	⑦		⑦	⑦	⑦	⑦	⑦
⑧	⑧		⑧	⑧	⑧	⑧	⑧	⑧	⑧		⑧	⑧	⑧	⑧	⑧
⑨	⑨		⑨	⑨	⑨	⑨	⑨	⑨	⑨		⑨	⑨	⑨	⑨	⑨

← 수험표 상의 수험 번호와 답안지에 기재된 수험 번호가 일치하는지 확인하세요.

せいねんがっぴを書いてください。
Fill in your date of birth in the box.

せいねんがっぴ(Date of Birth)

ねん Year				つき Month		ひ Day	
1	9	9	3	0	4	2	8

생년월일을 올바르게 작성하세요.
오늘 날짜를 작성하지 않도록 주의하세요.

日本語能力試験解答用紙

N 1
聴解

언어지식(문자・어휘・문법)・독해, 청해 답안지가 각각 별도로 준비되어있으니, 시험 시간 별로 해당 시험에 맞는 답안지인지 꼭 확인하세요.

〈ちゅうい Notes〉
1. くろいえんぴつ(HB、No.2)でかいてください。
Use a black medium soft (HB or No.2) pencil.
(ペンやボールペンではかかないでください。)
(Do not use any kind of pen.)
2. かきなおすときは、けしゴムできれいにけしてください。
Erase any unintended marks completely.
3. きたなくしたり、おったりしないでください。
Do not soil or bend this sheet.
4. マークれい Marking Examples

よいれい Correct Example	わるいれい Incorrect Examples
●	⊗ ◯ ⊖ ⓪ ⊜ ◐ ◉

あなたの名前をローマ字のかつじたいで書いてください。 Please print in block letters.
당신의 이름을 로마자로 써 주세요.

名前 Name	K	I	M	J	I	S	U

수험표 상의 영문 이름과 답안지에 기재된 영문 이름이 일치하는지 확인하세요.

問題 1				
例	①	②	●	④
1	①	②	③	④
2	①	②	③	④
3	①	②	③	④
4	①	②	③	④
5	①	②	③	④

問題 2				
例	①	②	③	●
1	①	②	③	④
2	①	②	③	④
3	①	②	③	④
4	①	②	③	④
5	①	②	③	④
6	①	②	③	④

← 답안 마킹 시 문항 번호에 주의하세요.

問題 3				
例	●	②	③	④
1	①	②	③	④
2	①	②	③	④
3	①	②	③	④
4	①	②	③	④
5	①	②	③	④

問題 4				
例	①	②	●	④
1	①	②	③	④
2	①	②	③	④
3	①	②	③	④
4	①	②	③	④
5	①	②	③	④
6	①	②	③	④
7	①	②	③	④
8	①	②	③	④
9	①	②	③	④
10	①	②	③	④
11	①	②	③	④

問題 5					
1		①	②	③	④
2	(1)	①	②	③	④
	(2)	①	②	③	④

〈주의사항〉
1. 검정 연필(HB, No.2)로 써 주세요.
펜이나 볼펜으로는 쓰지 마세요.
2. 고쳐 쓸 때는 지우개로 깨끗이 지워주세요.
3. 답안지를 더럽히거나 접지 마세요.
4. 마킹 예시

올바른 예	잘못된 예
●	⊗ ◯ ⊖ ⓪ ⊜ ◐ ◉

受験番号を書いて、 その下のマーク欄にマークしてください。
Fill in your examinee registration number in this box, and then mark the circle for each digit of the number.

受験番号
(Examinee Registration Number)

2	1	A	1	0	1	0	1	2	3	-	3	0	1	2	3
⓪	⓪	●		●	⓪	●	⓪	⓪	⓪			●	⓪	⓪	⓪
①	●	Ⓑ	●	①	●	①	●	①	①		①	①	●	①	①
●	②		②	②	②	②	②	●	②		②	②	②	●	②
③	③		③	③	③	③	③	③	●		●	③	③	③	●
④	④		④	④	④	④	④	④	④		④	④	④	④	④
⑤	⑤		⑤	⑤	⑤	⑤	⑤	⑤	⑤		⑤	⑤	⑤	⑤	⑤
⑥	⑥		⑥	⑥	⑥	⑥	⑥	⑥	⑥		⑥	⑥	⑥	⑥	⑥
⑦	⑦		⑦	⑦	⑦	⑦	⑦	⑦	⑦		⑦	⑦	⑦	⑦	⑦
⑧	⑧		⑧	⑧	⑧	⑧	⑧	⑧	⑧		⑧	⑧	⑧	⑧	⑧
⑨	⑨		⑨	⑨	⑨	⑨	⑨	⑨	⑨		⑨	⑨	⑨	⑨	⑨

せいねんがっぴを書いてください。
Fill in your date of birth in the box.

せいねんがっぴ(Date of Birth)		
ねん Year	つき Month	ひ Day

실전모의고사 제1회

N1
言語知識（文字・語彙・文法）・読解

〈ちゅうい Notes〉
1. くろいえんぴつ(HB、No.2)でかいてください。
Use a black medium soft (HB or No.2) pencil.
(ペンやボールペンではかかないでください。)
(Do not use any kind of pen.)
2. かきなおすときは、けしゴムできれいにけしてください。
Erase any unintended marks completely.
3. きたなくしたり、おったりしないでください。
Do not soil or bend this sheet.
4. マークれい Marking Examples

よいれい Correct Example	わるいれい Incorrect Examples
●	⊘ ◯ ⦵ ⓪ ⊜ ⦶ ◉

あなたの名前をローマ字のかつじたいで書いてください。 Please print in block letters.

名前 Name	

問題 1				
1	①	②	③	④
2	①	②	③	④
3	①	②	③	④
4	①	②	③	④
5	①	②	③	④
6	①	②	③	④
問題 2				
7	①	②	③	④
8	①	②	③	④
9	①	②	③	④
10	①	②	③	④
11	①	②	③	④
12	①	②	③	④
13	①	②	③	④
問題 3				
14	①	②	③	④
15	①	②	③	④
16	①	②	③	④
17	①	②	③	④
18	①	②	③	④
19	①	②	③	④

問題 4				
20	①	②	③	④
21	①	②	③	④
22	①	②	③	④
23	①	②	③	④
24	①	②	③	④
25	①	②	③	④
問題 5				
26	①	②	③	④
27	①	②	③	④
28	①	②	③	④
29	①	②	③	④
30	①	②	③	④
31	①	②	③	④
32	①	②	③	④
33	①	②	③	④
34	①	②	③	④
35	①	②	③	④
問題 6				
36	①	②	③	④
37	①	②	③	④
38	①	②	③	④
39	①	②	③	④
40	①	②	③	④

問題 7				
41	①	②	③	④
42	①	②	③	④
43	①	②	③	④
44	①	②	③	④
問題 8				
45	①	②	③	④
46	①	②	③	④
47	①	②	③	④
48	①	②	③	④
問題 9				
49	①	②	③	④
50	①	②	③	④
51	①	②	③	④
52	①	②	③	④
53	①	②	③	④
54	①	②	③	④
55	①	②	③	④
56	①	②	③	④
57	①	②	③	④

問題 10				
58	①	②	③	④
59	①	②	③	④
60	①	②	③	④
61	①	②	③	④
問題 11				
62	①	②	③	④
63	①	②	③	④
問題 12				
64	①	②	③	④
65	①	②	③	④
66	①	②	③	④
67	①	②	③	④
問題 13				
68	①	②	③	④
69	①	②	③	④

受験番号を書いて、その下のマーク欄にマークしてください。
Fill in your examinee registration number in this box, and then mark the circle for each digit of the number.

受験番号
(Examinee Registration Number)

2	1	A	1	0	1	0	1	2	3	-	3	0	1	2	3
⓪	⓪	●		●	⓪	●	⓪	⓪	⓪			●	⓪	⓪	⓪
①	●	Ⓑ	●	①	●	①	●	①	①		①	①	●	①	①
●	②		②	②	②	②	②	●	②		②	②	②	●	②
③	③		③	③	③	③	③	③	●		●	③	③	③	●
④	④		④	④	④	④	④	④	④		④	④	④	④	④
⑤	⑤		⑤	⑤	⑤	⑤	⑤	⑤	⑤		⑤	⑤	⑤	⑤	⑤
⑥	⑥		⑥	⑥	⑥	⑥	⑥	⑥	⑥		⑥	⑥	⑥	⑥	⑥
⑦	⑦		⑦	⑦	⑦	⑦	⑦	⑦	⑦		⑦	⑦	⑦	⑦	⑦
⑧	⑧		⑧	⑧	⑧	⑧	⑧	⑧	⑧		⑧	⑧	⑧	⑧	⑧
⑨	⑨		⑨	⑨	⑨	⑨	⑨	⑨	⑨		⑨	⑨	⑨	⑨	⑨

せいねんがっぴを書いてください。
Fill in your date of birth in the box.

せいねんがっぴ(Date of Birth)		
ねん Year	つき Month	ひ Day

실전모의고사 제1회

N 1
聴解

〈ちゅうい Notes〉
1. くろいえんぴつ(HB、No.2)でかいてください。
Use a black medium soft (HB or No.2) pencil.
(ペンやボールペンではかかないでください。)
(Do not use any kind of pen.)
2. かきなおすときは、けしゴムできれいにけしてください。
Erase any unintended marks completely.
3. きたなくしたり、おったりしないでください。
Do not soil or bend this sheet.
4. マークれい Marking Examples

よいれい Correct Example	わるいれい Incorrect Examples
●	⊘ ○ ○ ○ ○ ○ ●

あなたの名前をローマ字のかつじたいで書いてください。 Please print in block letters.

名前 Name	

問題 1				
例	①	②	●	④
1	①	②	③	④
2	①	②	③	④
3	①	②	③	④
4	①	②	③	④
5	①	②	③	④

問題 2				
例	①	②	③	●
1	①	②	③	④
2	①	②	③	④
3	①	②	③	④
4	①	②	③	④
5	①	②	③	④
6	①	②	③	④

問題 3				
例	●	②	③	④
1	①	②	③	④
2	①	②	③	④
3	①	②	③	④
4	①	②	③	④
5	①	②	③	④

問題 4				
例	①	②	●	④
1	①	②	③	④
2	①	②	③	④
3	①	②	③	④
4	①	②	③	④
5	①	②	③	④
6	①	②	③	④
7	①	②	③	④
8	①	②	③	④
9	①	②	③	④
10	①	②	③	④
11	①	②	③	④

問題 5					
1		①	②	③	④
2	(1)	①	②	③	④
	(2)	①	②	③	④

Language Knowledge (Vocabulary/Grammar) • Reading　　問題用紙

N1

言語知識（文字・語彙・文法）・読解

（110分）

注　意

Notes

1. 試験が始まるまで、この問題用紙を開けないでください。
Do not open this question booklet until the test begins.

2. この問題用紙を持って帰ることはできません。
Do not take this question booklet with you after the test.

3. 受験番号と名前を下の欄に、受験票と同じように書いてください。
Write your examinee registration number and name clearly in each box below as written on your test voucher.

4. この問題用紙は、全部で31ページあります。
This question booklet has 31 pages.

5. 問題には解答番号の 1 、 2 、 3 …が付いています。解答は、解答用紙にある同じ番号のところにマークしてください。
One of the row numbers 1、2、3 … is given for each question. Mark your answer in the same row of the answer sheet.

受験番号　Examinee Registration Number	

名　前　Name	

問題1 ＿＿＿の言葉の読み方として最もよいものを、1・2・3・4 から一つ選びなさい。

1 寒波で水道管が凍り、破裂する恐れがあります。

1 はそん　2 はかい　3 はめつ　4 はれつ

2 被災地の復興を心から願っている。

1 ふくこう　2 ふくきょう　3 ふっこう　4 ふっきょう

3 祖先のルーツを辿るため、異国の地を訪れた。

1 さぐる　2 たどる　3 つのる　4 はかる

4 土地への愛着からか退去を拒んでいる住人が多い。

1 こばんで　2 いなんで　3 はばんで　4 うらんで

5 最年少出場者のスピーチ力に審査員は驚嘆した。

1 きょうめい　2 きょうたん　3 きょうちょう　4 きょうしゅく

6 この絵画は建物の内部まで精巧に描かれている。

1 ぜいこう　2 せいこう　3 ぜいくう　4 せいくう

問題2 （　　）に入れるのに最もよいものを、1・2・3・4 から一つ選びなさい。

7 以下の質問事項に（　　）する方は病院で再検査が必要となります。

1 当選　　2 該当　　3 合致　　4 適合

8 新しく始めた（　　）の成功により、当社は上半期黒字を達成した。

1 ビジネス　　2 ミッション　　3 ノウハウ　　4 キャリア

9 弱火で（　　）煮込まれたシチューは、具材に味が染みていて絶品だった。

1 みっちり　　2 きっちり　　3 じっくり　　4 ぐったり

10 弟の（　　）なところは、決して自分の意見を曲げようとしない父とそっくりだ。

1 真剣　　2 謙虚　　3 厳密　　4 頑固

11 走行する車に水をかけられ、スカートが（　　）濡れてしまった。

1 びっしょり　　2 ぽっちゃり　　3 がっちり　　4 げっそり

12 サポーターから健闘を（　　）という意味で、試合を終えた選手たちに拍手が送られた。

1 誓う　　2 おだてる　　3 たたえる　　4 遂げる

13 自治体では高齢者のための福祉制度が（　　）を圧迫する原因になっている。

1 金融　　2 財政　　3 赤字　　4 勘定

問題3　＿＿＿の言葉に意味が最も近いものを、1・2・3・4 から一つ選びなさい。

14　ゴールまでひたすら走り続けるしかない。

1　少しずつ　　2　できる限り　　3　一生懸命に　　4　無心で

15　子育てに関する相談が殺到した。

1　多く寄せられた　　2　多く集められた　　3　大半に届けられた　　4　大半に送られた

16　格差はますます大きくなっている。

1　あな　　2　ずれ　　3　みぞ　　4　すきま

17　彼は突然の出来事にうろたえているようだった。

1　慌てている　　2　怯えている　　3　呆れている　　4　照れている

18　このプロジェクトには難点がない。

1　目新しいところ　　2　おもしろいところ　　3　あやふやなところ　　4　不安なところ

19　念願のハワイ旅行まで1週間を切った。

1　恒例　　2　年末　　3　憧れ　　4　初めて

問題4　次の言葉の使い方として最もよいものを、1・2・3・4 から一つ選びなさい。

20　なおさら

1　市民たちの自発的な募金活動が経済社会をなおさら発展させる基礎となった。
2　裕福な家庭で育った政治家に貧困層の気持ちはなおさら分からないだろう。
3　鈴木投手は引退した今もなおさら社会人野球に所属しているから驚きだ。
4　調理師免許があると言っても、取得したのはなおさら昔のことだ。

21　重複

1　資料を作成する際は、内容が重複しないように注意する必要がある。
2　刑期を終え出所しても、犯罪を重複し刑務所に戻ってしまう人もいる。
3　いじめに苦しむ息子の姿が、幼い頃の内向的だった自分と重複する。
4　削除したデータを重複するのに、思ったより時間がかからなかった。

22　一概に

1　新しい治療法に切り替えたが、一概に回復する様子は見られない。
2　このコンサートは世界中から有名な歌手が一概に集う大イベントだ。
3　健康食品と言っても、全ての人に効果があるとは一概に言えない。
4　役員の不祥事が報道され、会社の株価は一概に暴落した。

23　授ける

1　結婚30周年を記念して、妻に感謝の手紙と30本のバラの花束を授けた。
2　近所の人から授けられた制服は娘には合わないので直さなければならない。
3　誤解を生まないように、言葉で正確に情報を授けるのは案外難しい。
4　辛いとき、高校時代の恩師が授けてくれた言葉を思い出すようにしている。

24　広大

1　無人大型機械の導入によって、広大な土地を楽々耕すことができる。
2　昨日風邪で休んだため、朝から広大なメールの処理に追われている。
3　親戚一同を集め、ホテルのレストランで祖父の還暦を広大に祝った。
4　この賞は医療の分野で広大な業績を残した人物にだけ与えられる。

25 分裂

1 環境保護のために古びた機械を分裂して、使える部品を再利用する。

2 総選挙を前に最大野党が分裂したことで、与党の一強体制となった。

3 ごみは決められた曜日に分裂して捨てるようにしてください。

4 震度５の強い揺れで窓が割れ、床にガラスの破片が分裂していた。

問題５　次の文の（　　　）に入れるのに最もよいものを、1・2・3・4 から一つ選びなさい。

26　彼は会社の金を横領したとして逮捕されたそうだ。このあとは法律（　　　）処罰されるだろう。

1　に則って　　2　を込めて　　3　に対して　　4　を経て

27　よほどのどが渇いていたのか、彼女は席に（　　　）が早いかコップに入った水を飲み干した。

1　着き　　2　着く　　3　着こう　　4　着いて

28　今回の台風被害は人災である。政府の判断が遅れた（　　　）、被災者が増えてしまったと言えるからだ。

1　手前　　2　となると　　3　からには　　4　がゆえに

29　（会社で）

渡辺（わたなべ）「営業部から新しく異動してきた井上（いのうえ）さん、どうですか。」

伊藤（いとう）「彼、まだ若いんですけど、経験が（　　　）努力して、一生懸命働いてくれてますよ。」

1　浅い以上　　2　浅いなりに　　3　浅い上に　　4　浅いくらいなら

30　（手紙で）

この度、当大学の図書館を全面改装することになり、寄付金を募っております。（　　　）、卒業生の皆様にご協力いただきたく、お願い申し上げます。

1　かくして　　2　とりわけ　　3　つきましては　　4　いずれにせよ

31　現在の医療技術を（　　　）、世の中には治療の困難な病気がまだまだ多く残っている。

1　もってすれば　　2　もってしても　　3　もちながらも　　4　もちつつあるが

32 高校最後の夏休みだからといって、入試を目前に控えている受験生が学業をおろそかに（　　　）。

1　するもんか　　2　するものだ　　3　するほどだ　　4　するようだ

33 （会社で）

村田「今作ってるその資料、部長がまだかって言ってたよ。早く持っていかないと。」

川西「ああ、そうだね。時間をかけすぎるなと言われるんだけど、早く（　　　）もう少しよく考えろとか言われるんだよなあ。」

1　作れば作ったで　　2　作ろうが作るまいが

3　作るだけあって　　4　作るならいざ知らず

34 （取引先と）

清水「本日は遠いところわざわざおいでくださって、ありがとうございます。駅から遠くて大変だったでしょう。」

小林「いえいえ、こちらこそ、お忙しいところお時間を（　　　）、感謝いたします。」

1　割いて差し上げて　　2　割いておられまして

3　割いていただきまして　　4　割いていらっしゃって

35 （学校で）

先生「大木さん、大木さんの食べ物に関するレポートに、馬刺しがこの町独自の食べ物だと書かれているけれど、あちこちで食べられていますよ。」

大木「え、そうなんですか。すみません、この地域（　　　）。」

1　にいたったものと思いました

2　にとどまらないものかと思いました

3　なしではないものだと思っていました

4　ならではのものだと思っていました

問題6　次の文の＿★＿に入る最もよいものを、1・2・3・4 から一つ選びなさい。

（問題例）

あそこで ＿＿＿ ＿＿＿ ＿★＿ ＿＿＿ は山田（やまだ）さんです。

1　テレビ　　2　人　　3　見ている　　4　を

（解答のしかた）

1. 正しい文はこうです。

あそこで ＿＿＿ ＿＿＿ ＿★＿ ＿＿＿ は山田（やまだ）さんです。
1　テレビ　4　を　3　見ている　2　人

2. ＿★＿に入る番号を解答用紙にマークします。

（解答用紙）

（例）	①　②　●　④

36　ろくに挨拶もせず、礼儀に欠けると若者を批判する人は多いが、きちんとした挨拶ができないのは ＿＿＿ ＿＿＿ ＿★＿ ＿＿＿ だろう。

1　若者だけ　　2　ではない　　3　に限ったこと　　4　なにも

37　授業中にしっかり勉強していれば、試験前に慌てて友人のノートを書き写すこと ＿★＿ ＿＿＿ ＿＿＿ ＿＿＿ 。

1　も　　2　に　　3　なかった　　4　だろう

38　私達は幼いころから一緒にいることが多く、＿＿＿ ＿＿＿ ＿★＿ ＿＿＿ が、最近はそれぞれの生活が忙しく会う機会もなくなっている。

1　過言ではない　　2　育ってきた　　3　姉妹同然に　　4　と言っても

39 先日時計店に腕時計の修理を頼みに行ったのだが、古い時計だったからか、店員に ＿＿＿＿ ＿＿＿＿ ＿★＿ ＿＿＿＿ 帰ってきた。

1 言わんばかりの　　2 面倒な仕事を持ってくるなと

3 態度をされて　　4 気分を害して

40 もうこんな仕事は ＿＿＿＿ ＿＿＿＿ ＿＿＿＿ ＿★＿ と、彼はこの仕事が嫌いなわけでもないようだ。

1 と言いながらも　　2 ところをみる

3 楽しそうにしている　　4 やりたくない

問題７　次の文章を読んで、文章全体の趣旨を踏まえて、［41］から［44］の中に入る最もよいものを、１・２・３・４ から一つ選びなさい。

自由が好き

私は、予定を立てるのがあまり好きではない。たとえそれが親しい友人との約束であっても、もうその時間にはほかのことはできないのだと思うと、何だか［41］。

旅行なんてなおさらである。旅行そのものは嫌いではないのだが、予定が決まった途端、自由な時間を奪われてしまったような落ち着かない気持ちになり、それを抱えて出発までの日々を過ごすことになってしまう。それゆえ、旅行は思いつきで行くことが多い。

今思えば、小さい頃から何かを強制されるのが嫌いだった。幼稚園へ通うのもあまり気が進まなかった。毎日同じ時間に家を出なくてはいけないのも嫌だったし、着たくもない制服を［42］のも苦痛だった。今日は公園に行きたいのだと幼稚園の教室の前で暴れ、母と先生を困らせていた記憶もかすかに(注１)ある。

それでも、小学校に入ったあとは、毎日の登校は仕方がないと思えるようになった。友達の多くは、学校が終わった後、ピアノ教室や塾などに行っていたが、私は毎日自由時間を楽しんでいた。隣町まで自転車で冒険してみたり、部屋の隅で本の中の世界にのめりこんで(注２)みたり、友達の家へゲームをしに行くこともあった。

両親も最初は何か習わせようと思ったようだが、これが自分の子どもの［43］だとあきらめたのだろう。私の好きにさせてくれた。

今では何とか会社員をやっている。成長するにしたがって不自由であることに慣れたとも言えるが、平日の昼間の時間が奪われていることによって、夜や週末は自分で立てた予定にすら縛られたくないという思いが、年々［44］。

これからも、自由が好きなこの心とは一生付き合っていくことになるのだろう。

（注１）かすかに：ほんの少しだけ

（注２）のめりこむ：夢中になる

41

1　窮屈ではかなわないのだ

2　窮屈でたまらないのだ

3　窮屈にすぎないのだ

4　窮屈にちがいないのだ

42

1　着させられる　　2　着させられたくない

3　着られないでいる　　4　着させられない

43

1　属性　　2　個性　　3　趣味　　4 立場

44

1　強くなっているとは言い難い

2　強くなるものと思われる

3　強くなっていることは否めない

4　強くなるまでもない

問題８　次の(1)から(4)の文章を読んで、後の問いに対する答えとして最もよいものを、1・2・3・4 から一つ選びなさい。

（1）

　単語や文法を覚えても、それだけで外国語ができるようになるわけではない。外国語の能力は知識の量ではなく、その言語を使って何ができるかという視点から高めていくべきものである。日本の学校教育において、このような運用能力を意識した教育が行われてきたかというと、残念ながら、これまではあまり重視されてこなかったと言えよう。その結果、学校で真面目に英語を勉強し成績も良かったはずなのに、いざ実践の場に出ると挨拶すらおぼつかない（注）という日本人は少なくない。

（注）おぼつかない：うまくできるかわからない

45　筆者の考えに合うものはどれか。

1　外国語の正しい文法を覚えることが重要だ。

2　外国語は、話す相手を意識して能力を伸ばすべきだ。

3　外国語の能力を測る機会を増やすべきだ。

4　外国語は、運用する力を高めることが重要だ。

(2)

以下は、ある駅に貼り出されたお知らせである。

定期券購入について

新年度が始まる4月初旬は、定期券販売窓口の大変な混雑が予想されます。混雑緩和のため、４月１日から６日間、窓口での販売時間を、朝６時から夜20時に拡大いたします。

また、定期券は通常通り自動券売機でもご購入いただけますが、こちらも上記期間中は長時間お並びいただく恐れがあります。昨年12月よりインターネットでのご購入も可能となりましたので、お急ぎの場合はそちらのご利用をお勧めいたします。

花坂駅 駅長

46 定期券購入について、このお知らせは何を知らせているか。

1 窓口で定期券を販売するのは４月１日から４月６日であること

2 ４月１日から自動券売機では定期券が購入できなくなること

3 ４月の初めは駅での定期券購入に時間がかかること

4 ３月まではインターネットで定期券が買えること

(3)

インターネットで注文した商品をスーパーが家まで届けてくれるネットスーパーは、ここ数年、順調にその利用者数を増やしている。サービスが始まった頃は、外出しにくいお年寄りや、車がなくて重いものを運ぶのが大変といった事情のある人が主な顧客だった。だが、現在では、余計な買い物をしなくて済む、冷蔵庫の中を確認しながら商品を選ぶことができるといった理由で利用する客も多く、若い世代も含めて幅広い客層に広く支持されている。

47 筆者によると、ネットスーパーの利用者数が増えている最も大きな理由は何か。

1 買い物が不自由な人の要望に応えるサービスだから

2 若者を含めたあらゆる世代に便利なサービスだから

3 買い物時間の節約になるサービスだから

4 支出を減らしたいという人向けのサービスだから

(4)

以下は、働く女性が書いた文章である。

小さな子どもがいる人が自宅で仕事をすることの利点は、間違っても子どもの面倒を見ながら仕事ができるということではありません。一番のポイントは、通勤時間がなくなることにより生活と仕事の時間に余裕が生まれることです。

例えば朝、仕事を始めるまでの時間は保育園と自宅の往復だけを考えればいいので、子どもを保育園に連れて行く時間を遅らせ、その分、自宅で朝の時間をゆっくり過ごすことができます。同様に迎えに行く時間を早めることもできますし、そのまま働く時間を延ばすことも可能なのです。

48 この文章で筆者が述べていることはどれか。

1 親が自宅で働いても、子どもの世話をしながら仕事をすることはできない。

2 親が自宅で働くと保育園のお迎えを気にせず、仕事の時間を自由に変えることができる。

3 親が自宅で働くと通勤時間は無くなるが、保育園の往復はなくすことができない。

4 親が自宅で働けば、通勤分の時間を有効に使えてゆとりを生むことができる。

問題９　次の(1)から(3)の文章を読んで、後の問いに対する答えとして最もよいものを、1・2・3・4 から一つ選びなさい。

(1)

昨今、愛されたい人ばかりで愛する人がいないじゃないかと常々思っていたので、今更ながら手にした『愛するということ』という本は爽快(そうかい)だった。エーリッヒ・フロム(注1)著作の中でもとりわけ分かり易く世界中で読み継がれている書籍だ。人間はいつか死ぬことを知っているから孤独であり、その孤立感を克服したい、他者と一体化したいという強い欲求があるという。この本は、ここを出発点(①)に愛することの本質や人生にとっての重要性を説いていく。

愛とは能動(のうどう)(注2)であり、自由意思から発動されるものであり、何よりも与える行為である。与えることは人の持つ力の最も高度な表現であるから、その行為自体で己の生命力や豊かさ、喜びを感じることができる。与えることによって相手の中には必ず何かが生まれる。それは直接返ってくるものではないかもしれないが、互いにその喜びを分かち合う。つまり（　②　）ということである。

何より素晴らしいのは、愛することは個人の持つ社会的要素、身体的要素を一切問わないことだろう。自由に個人の心一つで実践できる。完全に自由であることは人間にとって奇跡と言えるほど稀(まれ)なことであり、また最上の自己表現の場でもあろう。自由でかつ孤独を和らげる行為が全ての人に開かれているのだ。

愛は愛を生むとフロムは言う。愛することは愛される可能性を生む上に、愛することによって豊かな人生を送ることができると、この哲学書は教えてくれる。

（注１）エーリッヒ・フロム：ドイツの思想家、心理学、哲学の研究者
（注２）能動(のうどう)：自分から働きかけて行うこと

49　①ここを出発点とあるが、出発点となっている考えはどのようなことか。

1　人は必ず死ぬので、いつも孤独を感じているということ
2　寂しさに耐えられず、他者に自分を理解してほしいと思うこと
3　孤独を感じるからこそ、他の人と繋がりたいと強く思うこと
4　孤立しているから、他の人に会わずにはいられないということ

50　（　②　）に入るのはどれか。

1　私たちは相手に喜びを感じさせることを目的に愛を伝えているが、全く意味がない

2　愛することによって生命力が感じられ、それは自分の孤立感を埋める行為と何ら変わらない

3　愛は相手に与えれば与えるだけ返ってくるものだから、与え続けなくてはならない

4　孤立した状況を受け入れるには、まずは孤立を克服したいという感情を捨てる必要がある

51　この文章で筆者が最も言いたいことは何か。

1　愛するという豊かな人生に結びつく行動は、どのような人でも行うことができる。

2　素晴らしい人生を送るためには、完全な自由を手に入れなければならない。

3　素晴らしい自己表現というのは、愛するという誰もができる行動であるに違いない。

4　自分が愛することで他人から愛されるようになるので、必ず豊かな人生になる。

(2)

人形浄瑠璃という古典芸能を知っているだろうか。大きな人形を使った人形劇で、「文楽」という名称で呼ばれることもある。人形を操る人は声を出さず、舞台の横に座っている太夫と呼ばれる人が一人で語っていくのが基本だ。太夫が情景描写や登場人物の言葉を巧みに語り分けて、物語が進んでいく。太夫はいわば、人形浄瑠璃の隠れた主役なのだ。

先日、若手の太夫と話をする機会があったのだが、非常に興味深いことを言っていた。伝統芸能の世界には名人と言われている人達がおり、名人の芸を目当てに公演を観に行く客も少なくないという。常に舞台に立つ名人に比べ、若手の太夫はなかなか舞台に立つことができないでいるのが現状だそうだ。

それでも日々練習を重ねるモチベーションは一体どこから来るのかと聞いてみた。その太夫曰く(注1)「確かに若い時のほうが声に張りもあって、いい語りができることもある。しかし我々が舞台に立てるのはもっと先のこと。その時には今より声が出ないかもしれない。でも舞台に立った時の状態をできるだけ良くするために、今の芸のレベルを限界まで上げておく。そうすれば、たとえ少しぐらい声が衰えてもいい語りができるはずだから」と。将来衰えても高み(注2)にいられるように、今のレベルを自分の最高値まで上げる、そのために日々の練習があるという話だった。

芸の世界だけではなく、我々の人生においても衰えは必ず来る。そのときにいいコンディションでいられるように、今努力するということ。思ってもみなかった彼の返答に、私は老いた先にいる自分が魅力ある人でいられるよう努力しなければと思わされたのだった。

(注1) 曰く：言うことには

(注2) 高み：高い場所

52 人形浄瑠璃における太夫の役割は何か。

1 主役として舞台に立ち、物語を進める役割

2 人形の代わりに話し、状況の描写もする役割

3 人形を操る人に言葉で指示を出す役割

4 舞台に座り、物語の登場人物として演じる役割

53 声が衰えてもいい語りができるはずと若手の太夫(たゆう)が考えるのはなぜか。

1 声が出なくても、若い時にはできない良い語りができるようになるから

2 練習を重ねておけば、 若い時のレベルと同じ状態が保てるから

3 若い時に最高の状態に仕上げると、将来も高い芸の境地にいられるから

4 多く練習することで、名人と呼ばれるような技術が身につくから

54 筆者が太夫(たゆう)の言葉を聞いて分かったことは何か。

1 芸も人と同じように衰えていくことを忘れてはならない。

2 日々のトレーニングは、常に自分を最高の状態にしておくためのものだ。

3 自分には想像できないような将来の状態が衰えというものである。

4 今の努力が年老いたときの自分の状態につながる。

(3)

夏の風物詩であるホタル(①)は清らかな水が流れる水辺に生息する。ホタルは水辺に卵を産み、やがてそれが孵化(ふか)(注1)し幼虫、そしてさなぎ(注2)に、それから成虫になる。

ホタルの特徴はやはり赤い頭と体から放たれる光である。この頭の毒々しい色は警告色と呼ばれ、食べてもおいしくないことを鳥などの外敵に主張している。だが、幼虫のときはこれがないため、体から出す光が警告色となり、自らの身を守っている。

成虫になったホタルはこの光を主に雄と雌のコミュニケーションの際に用いている。雌は固有の発光シグナルを持ち、雄はそれを探すために暗闇の中で群れのホタルと同時に、同じリズムで体を点滅させながら飛び回る(②)。そんな雄に対し、雌は飛ばずにその場で光を点滅させ、雄にアピールする。雄が光を目印にパートナーを見つけ出し、相手に向け発光すると、受け入れる場合はそれに応じるように雌が発光するのだ。

このホタルの光だが、おしり部分の発光器の中にある光る原料のルシフェリンとそれを光らせるルシフェラーゼの化学反応によって作り出されるものである。しかし、ホタルの成虫は成長とともに口が退化し、水分しか飲めない。そのため、幼少期に蓄えたエネルギーを燃やし光っている。成虫の寿命(じゅみょう)は２週間程度と言われ、その短い期間に自分の身を犠牲にして子孫を残さなければいけないのだ。美しさの陰に隠れたはかなさとでも言えよう。それ(③)もまたホタルの魅力である。

（注１）孵化(ふか)：卵から出てくること

（注２）さなぎ：成虫になる前の食物を食べず固まっている状態

55　①ホタルの説明として、合っているのはどれか。

1　ホタルは水中に卵を産み、そこで子育てをしている。

2　ホタルは幼虫のときから、体を光らせることができる。

3　ホタルは頭と体を使い、敵からの攻撃を防いでいる。

4　ホタルの頭には毒があり、鳥は食べることができない。

56 ② 同時に、同じリズムで体を点滅させながら飛び回るとあるが、なぜか。

1 雄とは異なる雌特有の光を探さなければならないから

2 強い光を放つ雄のほうが雌を惹きつけられるから

3 自分と同じ間隔で光る雌を見つけることができるから

4 雌が雄にアピールする最適な方法であるから

57 ③ それとは何か。

1 自分を犠牲にして、子どもの命を守ろうとすること

2 食べ物を食べず、水の力だけで光を作っていること

3 自分の命を削って、きれいな光を生み出していること

4 2週間という短い期間しか、光を出せないこと

問題10　次の文章を読んで、後の問いに対する答えとして最もよいものを、1・2・3・4 から一つ選びなさい。

飛行機の窓から日本を眺めると、なんとまあ山の多い国かといつも思う。国土の7割が山地や丘陵地である日本は、海の近くにかろうじてある平野に多くの人々が暮らしている。山から流れてくる川の流れは急で、長い年月をかけて川が大量の土砂を運び、それが堆積(たいせき)(注1)した土地が平野となって、人々が住む場所が作られている。①このような地形には、16世紀以降の治水事業を経て作り直された場所が少なくない。

治水とはすなわち水を治めて安定させることで、川などに対し工事を行って水を利用しやすくしたり、また洪水などの災害が起こらないような地形に変えたりと、重要な役目を果たしてきた。日本には年に何度も台風が上陸し、その都度災害を引き起こすので、川の氾濫(はんらん)(注2)を抑えることは危険を取り除き人々の生活を持続させるためになくてはならないものであろう。また、日本人が米や野菜などの農作物を育て、それを食糧にしてきたことも、治水事業を推し進める原動力となったはずだ。

しかし治水をこれほど行ってもなお、毎年のように洪水による人的・経済的な被害が生じている。そして人々は「まさかこんな災害に遭うなんて」と口にする。人はその人生の短さの中でしか時間を計ることができないので、自分が知っているこの土地は安全だと思ってしまうのだろう。安全など、たかがここ数十年のことだろうが、土地は非常に長い年月をかけて形成されるものだ。そして平野の形成は止まることなく、今も進行中である。それゆえ、②想定外の洪水という概念は存在しないとするのが、地理学者の間では常識なのだ。

近年、気象の変化もあり、洪水をはじめとした自然災害が多発している。長年災害が起こらなかった場所が被災すると、テレビ番組の恰好(かっこう)(注3)のネタになることもある。このことは地形に対する世間の関心が高まるきっかけとなったと言えよう。だが、土地に対する正しい知識を持ち、行政が適切に災害防止対策を講じるには、人々の関心はまだまだ薄い。行政は、自分達の土地は安全だと過信(かしん)せず、長期にわたる計画を立てる必要があるだろう。災害への対策には地形の形成と特性の把握が欠かせないため、学問の研究成果は社会に還元される必要がある。従って、これらの知識を持つプロの育成こそが災害から人々を守ることができるのだ。治水と地理学には密接な関係がある。防災という面から地理学を眺め、50年100年といった単位での治水計画に役立ててほしい。

（注１）堆積（たいせき）する：積み重なる

（注２）氾濫（はんらん）：水が川からあふれ出ること

（注３）恰好（かっこう）のネタ：ちょうどいい材料

58　①このような地形とは、どのようなものか。

1　山が多く、平野が少ない地形

2　海の近くに平野がある地形

3　川の流れが速くなりがちな地形

4　下流に人々が住む平野がある地形

59　筆者は治水の目的について、どのように述べているか。

1　治水は水の適切な活用と防災のために行う。

2　治水は台風被害の軽減と食糧増産のために行う。

3　治水は川の流れの改善と平野の開発のために行う。

4　治水は農業の保護と危険な川の管理のために行う。

60　②想定外の洪水という概念は存在しないとあるが、なぜか。

1　日本では毎年どこかで洪水が発生しているから

2　本当に安全な土地は今の平野にはないと考えられるから

3　平野は長い時間をかけて今も変わり続けているものだから

4　多くの人が自分の住む土地は安全だと思ってしまうから

61　筆者の考えに合うのはどれか。

1　治水計画は、長い期間をかけて検討する必要がある。

2　防災に役立てるために地形の研究を見直す必要がある。

3　地形に関しての知識がある防災のプロを育てる必要がある。

4　行政は管理する土地の治水について関心を持つ必要がある。

問題11　次のAとBの文章を読んで、後の問いに対する答えとして最もよいものを、1・2・3・4 から一つ選びなさい。

A

　一度社会に出てから医学を志す人は少なくない。しかし、社会人の医学部入学は困難を極める。過去に50代の女性が医者を目指して大学医学部を受験したが、面接で落とされたということがあった。筆記試験では十分な点数が取れていたので、年齢が理由での不合格ではないかと裁判沙汰(注1)になったのだが、大学の判定にも一理(注2)ある。なぜなら、医者として一人前になるには、長い時間がかかり、年齢の高い人は活躍できる時間が限られてしまうからだ。多くの知識と経験だけでなく、医者には体力が必要なことも理由の一つだろう。医者という公共性の高い職業に就く人を育成するには、やはりある程度大学が年齢を考慮するのもやむを得ないと思う。

B

　公務員をしていた友人が突然、大学に入り直すと言ってきた。聞けば医者になりたいのだそうだ。公共の仕事を日々こなして(注3)いく中で、医学で人々に貢献したいと考えたらしい。私は友の勇気ある決断を祝福せずにはいられなかった。

　国立大学には40代以上で医学部に社会人入学をする人が毎年いるそうだ。高校から大学医学部に進学するのは、比較的裕福な家庭の子が多い。ということは、多くの学生が同じような生活レベルの学友たちとだけ過ごし、医者になると言えよう。そんな中、社会で一度働いた経験のある人達が共に学ぶのは、多様な人々が世の中にいることを若い学生に教えられるといういい面もある。もちろん、50を過ぎてから目指すのは、一人前になり十分に活躍できる時間を考えると、現実的には難しいかもしれないが、30代、40代ならまだ時間がある。大学には、これからも医学を目指す社会人に門戸を開き続けてほしい。

（注１）裁判沙汰（さいばんざた）：裁判の場で争うこと

（注２）一理（いちり）ある：一応、納得できる

（注３）こなす：与えられた仕事をうまく処理する

62 社会人の医学部入学について、AとBの観点はどのようなものか。

1 Aは入学が難しい理由について説明し、Bは多様な人が入学する良さについて述べている。

2 Aは過去にあった年齢制限について述べ、Bは社会人入学の増加傾向について述べている。

3 Aは医者になるために必要な条件について指摘し、Bは大学での役割について述べている。

4 Aは社会人入学についての問題点を提示し、Bは社会人が大学にいる利点について述べている。

63 医学部への社会人の受け入れについて、AとBはどのように述べているか。

1 AもBも、50代以上の人は医者になるのが難しいので止めたほうがいいと述べている。

2 AもBも、医者を目指す社会人が増えているが受け入れる大学は少ないと述べている。

3 Aは大学が社会人の受け入れに消極的だと述べ、Bは国立大学が社会人を受け入れ始めたと述べている。

4 Aは年齢が考慮されるのは容認できると述べ、Bは社会人にチャンスを与え続けてほしいと述べている。

問題12　次の文章を読んで、後の問いに対する答えとして最もよいものを、1・2・3・4 から一つ選びなさい。

多くの人が携帯電話を持つようになり、人々はいまだ(注1)かつてないほど多くの写真を撮るようになった。近年は動画というツールも手に入れ、日常の様々な場面で動画を撮影して、友人と共有したりインターネット上に載せたりするようになった。意外に思うかもしれないが、この動きは<u>たかだか10数年のこと</u>である。

個人による動画の共有は、公共的な媒体であるマスメディアにも変化をもたらした。以前は事故や事件が起きるといち早く報道機関の記者が現場に飛び、取材を行ったものだ。そして彼ら彼女らが目にしたこと耳にしたことのみが記事となり、我々のもとへ届けられていた。しかし現在は記者が現場に到着するより早く、インターネットを通じて情報が瞬時に世界中に届く。その場に居合(いあ)(注2)わせた人々の撮影した動画を借りることができれば、ニュースを作ることもたや(注3)すいだろう。実際、インターネット上に動画を載せた人に対して、テレビや新聞社からの動画使用を求める依頼が殺到しているそうだ。

けれども、借りてきた動画や写真、そして現場にいた人々の感想だけで書いた記事では、本当のジャーナリズムとは言い難いのではないだろうか。報道の役割は、世の中で起こっている出来事を正確に伝え、解説し、問題点を明確にすることにあるだろう。

例えば、2011年に日本で発生した大地震。マスメディアは地震発生時の様子や政府の対応、人々の様子などを時々刻々(じじこっこく)(注4)と伝えた。しかし、災害に関する報道はその場の出来事を伝えるだけでは終わらない。政府のその後の施策は果たして有効だったのか、長く続く被災地への影響がどのようなものなのか、今何が必要とされているのかを伝え続けることは、個人の力では難しい。このように、目の前に現れた出来事を深く掘り下げ、伝えるということはマスメディアとそれに関わるジャーナリストが担うべきものだ。

また、なかなか表面化することがない問題を取り上げ、伝えることができるのもマスメディアならではと言えよう。低収入で生活が苦しくなりがちな一人親家庭の貧困問題や、年々増え続けている日本国内で働く外国人達が抱える苦悩などもその一つである。そういったことを報道するには記事を書く人の地道な取材が欠かせない。新聞やテレビが長い間行ってきたこのような役割は、個人の情報発信に頼ることで日々のニュースをどうにか作っているような報道現場に果たせるはずがない。

誰もがあたかもジャーナリストであるかのように振る舞っている時代にあって、職業としてのジャーナリスト、担うべき使命としてのジャーナリズムとは何なのか。今こそ再考する時だろう。

（注1）いまだかつてない：いままでに一度もない
（注2）居合(いあ)わせる：偶然その場にいる
（注3）たやすい：簡単だ
（注4）時々刻々(じじこっこく)と：次々に

64 たかだか10数年のこととは、どのようなことか。

1 多くの写真を友人達と共有するようになったこと
2 多くの人が共有した動画を見るようになったこと
3 自分で撮影した動画を共有するようになったこと
4 写真を撮らずに動画を撮影するようになったこと

65 現在の報道について、筆者はどのように述べているか。

1 現在は、記者自身が事故や事件の現場へ行くことは少ない。
2 現在は、インターネットを使い、すぐにニュースを流している。
3 現在は、撮影した動画を事故や事件の現場から配信している。
4 現在は、報道のために個人撮影の動画を使うことがある。

66 筆者によると、ジャーナリストがすべきことは何か。

1 出来事を正確に伝え、そのことについて批判が生まれるようにすること
2 社会の問題について深く考え、真相が分かるまで取材を続けること
3 様々な出来事の詳細や表に出てこない社会問題を伝え続けること
4 時間のかかる取材を続け、それを正確に報道して、世論調査をすること

67 この文章で筆者が最も言いたいことは何か。

1 ジャーナリストは自分の仕事のあり方について考え直すべきだ。

2 情報を発信する人は皆、ジャーナリズムについて考えるべきだ。

3 情報を深く、正確に伝えるためには、真のジャーナリズムが必要だ。

4 報道に携わる人々は、報道の役割を伝え続けることが必要だ。

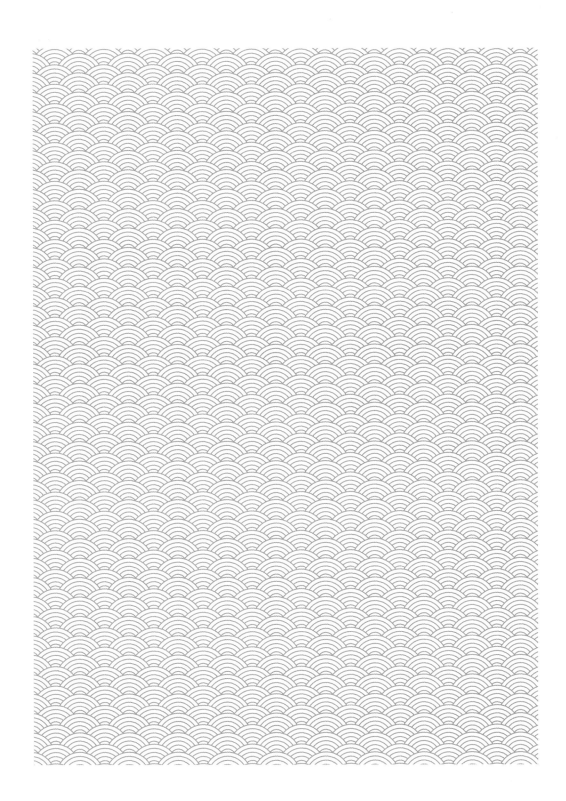

問題13　右のページは、ある市が行っている市民活動への支援の案内である。下の問いに対する答えとして最もよいものを、1・2・3・4 から一つ選びなさい。

68　芸術活動に対しての支援を受けることができる団体は次のうちどれか。

1　昨年元原市から助成金を受けた、元原市内で練習をしている演劇団体

2　年に数回作品発表を行う予定の、昨年結成された元原市の書道クラブ

3　元原市での音楽会に２年前に参加した、隣の町の町民オーケストラ

4　元原市の住民で結成された、毎年、祭りの際に神社で踊りを披露しているグループ

69　元原市に住むユンさんは市内でダンスのグループに参加していて、活動を広めるために市から支援を受けたいと考えている。支援の申し込み方法として合っているのはどれか。

1　市のホームページから申請書類をダウンロードし、記入してから４月中にメールで送る。

2　市役所に行って申請書類を手に入れ、記入後４月30日までに着くように郵便で送る。

3　メールか郵送で書類をもらい、記入後４月30日までに市民活動課に持参する。

4　市のホームページから申請書類を手に入れ、４月30日以降に着くように郵便で送る。

元原市 文化芸術振興支援 申込要綱

元原市民の皆さんの文化・芸術への関心を高め、自主的な文化活動、芸術活動を広めることで魅力的な町づくりを応援します。

■ 対象となる事業：自ら企画運営を行う創造的な文化芸術活動で、市民への還元が期待されるもの

■ 対象となる申請者：次の条件のいずれにも当てはまる団体もしくは個人
① 主に元原市内で活動を行っている(活動が2年以上継続していること)
② 過去2年に元原市からの同様の助成を受けていない
＊ 同様の助成とは、「文化芸術振興支援」「市民活動助成金」「元原アート支援」を指す。

■ 対象となる分野：音楽(洋楽・邦楽・オペラ等)、演劇(現代演劇・ミュージカル・人形劇等)、舞踊(邦舞・バレエ・現代舞踊・民族舞踊等)、古典芸能(能・狂言・歌舞伎・落語等)、美術(絵画・写真・書道・陶芸・工芸)

■ 支援内容：① 助成金の交付 (上限10万円・下限なし)
② 市広報誌上への事業告知
③ 市内の地域活動センターへのポスター掲示

■ 応募方法：申請書に必要事項をご記入のうえ、メールもしくは郵便にてお送りください。
申請書類は元原市ホームページから入手できます。
① 申請書
② 活動企画書
③ 団体規約等(個人の場合はプロフィールや活動経歴等)

― 申請先 ―
〒123-0123　元原市役所　市民活動課支援担当
メール：support@motohara.or.jp

■ 募集期間：20XX年4月1日(木)～4月30日(金)
＊ 郵送の場合は締切日必着、メールは30日23:59まで受け付けます。

元原市役所市民活動課　電話：0120-34-8765

＊ 助成の内定は、有識者による選定委員会において決定します。
＊ 結果は、採否に関わらず、申請者すべてに通知いたします。

Listening

問題用紙

N1

聴解

(55分)

注　　意

Notes

1. 試験が始まるまで、この問題用紙を開けないでください。
   Do not open this question booklet until the test begins.

2. この問題用紙を持って帰ることはできません。
   Do not take this question booklet with you after the test.

3. 受験番号と名前を下の欄に、受験票と同じように書いてください。
   Write your examinee registration number and name clearly in each box below as written on your test voucher.

4. この問題用紙は、全部で13ページあります。
   This question booklet has 13 pages.

5. この問題用紙にメモをとってもかまいません。
   You may make notes in this question booklet.

受験番号　Examinee Registration Number	

名　前　Name	

테스트용  고사장 소음 버전 

해커스N1실전모의고사_1회.mp3

問題1

問題1では、まず質問を聞いてください。それから話を聞いて、問題用紙の1から4の中から、最もよいものを一つ選んでください。

例

1　アンケート調査をおこなう

2　新商品のアイディアを出す

3　開発費を計算する

4　開発部に問い合わせる

1番

1　スマートフォンカバーを返送する

2　スマートフォンカバーを付けてみる

3　スマートフォンカバーのシールをはがす

4　返金についてのメールを送る

2番

1　アンケート結果を確認する

2　会議の出席者を確認する

3　会議室の準備をする

4　企画書を修正する

3番

1 卒業論文のテーマを決める

2 卒業論文のために図書館に行く

3 必要な参考文献の表を作る

4 必要な参考文献をコピーする

4番

1 防災用品の入ったリュックサックを買う

2 携帯トイレと保温シートだけを買う

3 お店の会員登録をする

4 地震保険の申し込みをする

5番

1　予約して、直接借りに行く

2　予約して、直接本を取り寄せる

3　予約して、学校図書館からの連絡を待つ

4　予約して、国立図書館に電話をする

問題2

問題２では、まず質問を聞いてください。そのあと、問題用紙のせんたくしを読んでください。読む時間があります。それから話を聞いて、問題用紙の１から４の中から、最もよいものを一つ選んでください。

例

1　幼いときに中国で生活していたから

2　他に興味があることがなかったから

3　日本ではなく中国で働きたいから

4　将来の役に立つと思ったから

1番

1　他に金魚カフェを作る

2　珍しい金魚を展示する

3　大きい水槽を置く

4　食事メニューを追加する

2番

1　近くにパンを買える店がなかったこと

2　本格的なパンを製造し始めたこと

3　社員たちに感謝しながら働いたこと

4　地元の農家の野菜を使ったこと

3番

1 地域の環境が良くなったから

2 住宅の改装を行ったから

3 交通が便利になったから

4 店が増えて町が発展したから

4番

1 包丁をすべらせて切る方法

2 野菜のさまざまな切り方

3 野菜を使った簡単な料理

4 だしの取り方とみそ汁の作り方

5番

1 楽しめる目的を持つこと

2 同じペースで歩くこと

3 歩く道を変更しないこと

4 友達と一緒にすること

6番

1 日本の伝統を伝えられるところ

2 着ると姿勢が正しくなるところ

3 着ると気持ちが引き締まるところ

4 昔の物でも古く見えないところ

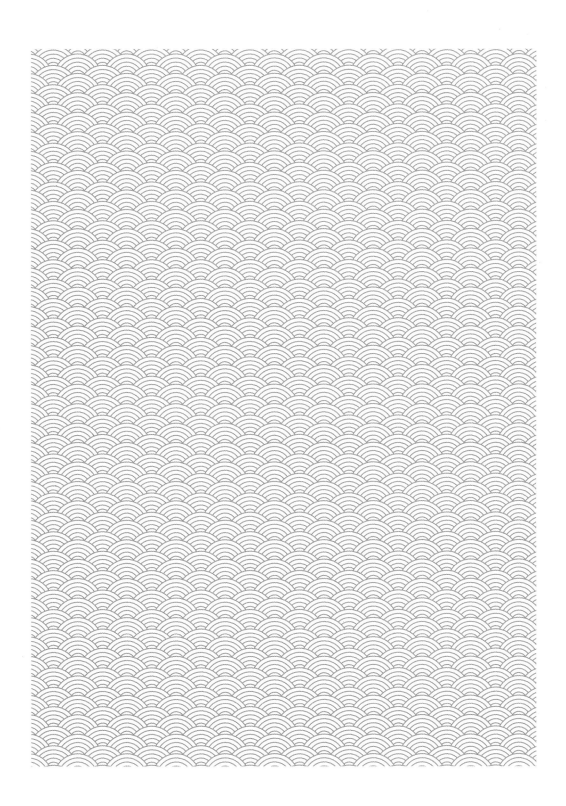

問題3

問題３では、問題用紙に何も印刷されていません。この問題は、全体としてどんな内容かを聞く問題です。話の前に質問はありません。まず話を聞いてください。それから、質問とせんたくしを聞いて、１から４の中から、最もよいものを一つ選んでください。

- メモ -

問題4

問題４では、問題用紙に何も印刷されていません。まず文を聞いてください。それから、それに対する返事を聞いて、１から３の中から、最もよいものを一つ選んでください。

- メモ -

問題5

問題５では、長めの話を聞きます。この問題には練習はありません。
問題用紙にメモをとってもかまいません。

1番

問題用紙に何も印刷されていません。まず話を聞いてください。それから、質問とせんたくしを聞いて、１から４の中から、最もよいものを一つ選んでください。

- メモ -

2番

まず話を聞いてください。それから、二つの質問を聞いて、それぞれ問題用紙の1から4の中から、最もよいものを一つ選んでください。

質問1

1　山中塾
2　星丸学習塾
3　高田ゼミナール
4　頭脳研

質問2

1　山中塾
2　星丸学習塾
3　高田ゼミナール
4　頭脳研

[해설집] p.4

정답표

언어지식(문자 · 어휘)

문제 1	
1	4
2	3
3	2
4	1
5	2
6	2

문제 2	
7	2
8	1
9	3
10	4
11	1
12	3
13	2

문제 3	
14	4
15	1
16	2
17	1
18	4
19	3

문제 4	
20	2
21	1
22	3
23	4
24	1
25	2

언어지식(문법)

문제 5	
26	1
27	2
28	4
29	2
30	3
31	2
32	1
33	1
34	3
35	4

문제 6	
36	3
37	1
38	4
39	3
40	2

문제 7	
41	2
42	1
43	2
44	3

독해

문제 8	
45	4
46	3
47	2
48	4

문제 9	
49	3
50	2
51	1
52	2
53	3
54	4
55	2
56	1
57	3

문제 10	
58	4
59	1
60	3
61	3

문제 11	
62	1
63	4

문제 12	
64	3
65	4
66	3
67	1

문제 13	
68	4
69	1

청해

문제 1	
1	1
2	4
3	3
4	2
5	3

문제 2	
1	4
2	3
3	2
4	2
5	1
6	4

문제 3	
1	4
2	4
3	2
4	4
5	1

문제 4	
1	2
2	2
3	3
4	3
5	2
6	1
7	3
8	2
9	1
10	3
11	2

문제 5	
1	1
2 질문1	3
질문2	1

실전모의고사 제2회

난이도 : 상

실전모의고사 제2회

N1

言語知識（文字・語彙・文法）・読解

〈ちゅうい　Notes〉

1. くろいえんぴつ(HB、No.2)でかいてください。
Use a black medium soft (HB or No.2) pencil.
(ペンやボールペンではかかないでください。)
(Do not use any kind of pen.)
2. かきなおすときは、けしゴムできれいにけしてください。
Erase any unintended marks completely.
3. きたなくしたり、おったりしないでください。
Do not soil or bend this sheet.
4. マークれい Marking Examples

よいれい Correct Example	わるいれい Incorrect Examples
●	⊘ ◯ ◎ ⓪ ⊜ ⦶ ◉

受験番号を書いて、その下のマーク欄にマークしてください。
Fill in your examinee registration number in this box, and then mark the circle for each digit of the number.

受験番号 (Examinee Registration Number)

21A1010123-30123

あなたの名前をローマ字のかつじたいで書いてください。　Please print in block letters.

名前 Name

せいねんがっぴを書いてください。
Fill in your date of birth in the box.

せいねんがっぴ(Date of Birth)

ねん Year	つき Month	ひ Day

問題 1				
1	①	②	③	④
2	①	②	③	④
3	①	②	③	④
4	①	②	③	④
5	①	②	③	④
6	①	②	③	④

問題 2				
7	①	②	③	④
8	①	②	③	④
9	①	②	③	④
10	①	②	③	④
11	①	②	③	④
12	①	②	③	④
13	①	②	③	④

問題 3				
14	①	②	③	④
15	①	②	③	④
16	①	②	③	④
17	①	②	③	④
18	①	②	③	④
19	①	②	③	④

問題 4				
20	①	②	③	④
21	①	②	③	④
22	①	②	③	④
23	①	②	③	④
24	①	②	③	④
25	①	②	③	④

問題 5				
26	①	②	③	④
27	①	②	③	④
28	①	②	③	④
29	①	②	③	④
30	①	②	③	④
31	①	②	③	④
32	①	②	③	④
33	①	②	③	④
34	①	②	③	④
35	①	②	③	④

問題 6				
36	①	②	③	④
37	①	②	③	④
38	①	②	③	④
39	①	②	③	④
40	①	②	③	④

問題 7				
41	①	②	③	④
42	①	②	③	④
43	①	②	③	④
44	①	②	③	④
45	①	②	③	④

問題 8				
46	①	②	③	④
47	①	②	③	④
48	①	②	③	④
49	①	②	③	④

問題 9				
50	①	②	③	④
51	①	②	③	④
52	①	②	③	④
53	①	②	③	④
54	①	②	③	④
55	①	②	③	④
56	①	②	③	④
57	①	②	③	④
58	①	②	③	④

問題 10				
59	①	②	③	④
60	①	②	③	④
61	①	②	③	④
62	①	②	③	④

問題 11				
63	①	②	③	④
64	①	②	③	④

問題 12				
65	①	②	③	④
66	①	②	③	④
67	①	②	③	④
68	①	②	③	④

問題 13				
69	①	②	③	④
70	①	②	③	④

실전모의고사 제2회

N1 聴解

受験番号を書いて、その下のマーク欄にマークしてください。
Fill in your examinee registration number in this box, and then mark the circle for each digit of the number.

受験番号 (Examinee Registration Number)

21A1010123-30123

〈ちゅうい Notes〉
1. くろいえんぴつ(HB、No.2)でかいてください。
Use a black medium soft (HB or No.2) pencil.
(ペンやボールペンではかかないでください。)
(Do not use any kind of pen.)
2. かきなおすときは、けしゴムできれいにけしてください。
Erase any unintended marks completely.
3. きたなくしたり、おったりしないでください。
Do not soil or bend this sheet.
4. マークれい Marking Examples

よいれい Correct Example	わるいれい Incorrect Examples
●	⊗ ○ ◯ ⓪ ⊖ ◐ ●

あなたの名前をローマ字のかつじたいで書いてください。 Please print in block letters.

名前 Name

せいねんがっぴを書いてください。
Fill in your date of birth in the box.

せいねんがっぴ(Date of Birth)		
ねん Year	つき Month	ひ Day

問題 1

例	①	②	●	④
1	①	②	③	④
2	①	②	③	④
3	①	②	③	④
4	①	②	③	④
5	①	②	③	④

問題 2

例	①	②	③	●
1	①	②	③	④
2	①	②	③	④
3	①	②	③	④
4	①	②	③	④
5	①	②	③	④
6	①	②	③	④

問題 3

例	●	②	③	④
1	①	②	③	④
2	①	②	③	④
3	①	②	③	④
4	①	②	③	④
5	①	②	③	④

問題 4

例	①	②	●	④
1	①	②	③	④
2	①	②	③	④
3	①	②	③	④
4	①	②	③	④
5	①	②	③	④
6	①	②	③	④
7	①	②	③	④
8	①	②	③	④
9	①	②	③	④
10	①	②	③	④
11	①	②	③	④

問題 5

1		①	②	③	④
2	(1)	①	②	③	④
	(2)	①	②	③	④

Language Knowledge (Vocabulary/Grammar) • Reading　　問題用紙

N1

言語知識（文字・語彙・文法）・読解

（110分）

注　意

Notes

1．試験が始まるまで、この問題用紙を開けないでください。
Do not open this question booklet until the test begins.

2．この問題用紙を持って帰ることはできません。
Do not take this question booklet with you after the test.

3．受験番号と名前を下の欄に、受験票と同じように書いてください。
Write your examinee registration number and name clearly in each box below as written on your test voucher.

4．この問題用紙は、全部で31ページあります。
This question booklet has 31 pages.

5．問題には解答番号の 1 、 2 、 3 …が付いています。解答は、解答用紙にある同じ番号のところにマークしてください。
One of the row numbers 1、2、3 … is given for each question. Mark your answer in the same row of the answer sheet.

受験番号　Examinee Registration Number	

名　前　Name	

問題1　＿＿＿の言葉の読み方として最もよいものを、1・2・3・4 から一つ選びなさい。

1　貧富の差を無くす方法などあるのだろうか。

1　ひんふ　　2　びんふ　　3　ひんぷ　　4　びんぷ

2　形容詞の役割の一つが名詞を修飾することです。

1　しゅしゅく　　2　しゅしょく　　3　しゅうしゅく　　4　しゅうしょく

3　この都市は日本有数の貿易都市として栄えている。

1　こえて　　2　そびえて　　3　さかえて　　4　かまえて

4　彼女の穏やかな笑顔を見るとなんだか安心する。

1　おだやか　　2　しとやか　　3　すこやか　　4　なごやか

5　ねんざして、足首が大きく腫れてしまった。

1　おれて　　2　はれて　　3　ただれて　　4　ふくれて

6　江戸幕府による統治が260年間もの間続いた。

1　どうし　　2　どうち　　3　とうし　　4　とうち

問題2 （　　）に入れるのに最もよいものを、1・2・3・4 から一つ選びなさい。

7 書類再発行の申込書を作成する際、（　　）が必要となります。

1 合図　　2 記号　　3 封筒　　4 印鑑

8 美容師の姉に伸びっぱなしだった前髪を（　　）もらった。

1 保って　　2 整えて　　3 収めて　　4 詰めて

9 残業が続いた週の週末は、（　　）昼過ぎまで家で寝ている。

1 到底　　2 当分　　3 大概　　4 幾多

10 官僚による不正が立て続けに明らかになり、国の（　　）の在り方が問われている。

1 行政　　2 指図　　3 結束　　4 運用

11 実家から送られてきた小包の中は好物で溢れていて、両親の優しさが身に（　　）。

1 染みた　　2 にじんだ　　3 ぬれた　　4 湿った

12 学生時代、試験中に（　　）をしてよく先生に怒られたものだ。

1 チェック　　2 トリック　　3 タイミング　　4 カンニング

13 説明書を読み、記載されてある（　　）通りに組み立ててください。

1 道筋　　2 手順　　3 過程　　4 配列

問題３　＿＿＿の言葉に意味が最も近いものを、1・2・3・4 から一つ選びなさい。

14　道端で宣伝のチラシをばらまいた。

1　印刷した　　2　作成した　　3　配布した　　4　持参した

15　突如、私を呼ぶ声が聞こえた。

1　不意に　　2　再び　　3　しきりに　　4　遠方から

16　上司に返事をせかされた。

1　強いられた　　2　侵された　　3　流された　　4　急がされた

17　監督は自身の抱負を述べた。

1　見解　　2　決意　　3　反省　　4　主張

18　今日に限って、なぜか仕事がはかどる。

1　手につかない　　2　順調に進む　　3　舞い込んでくる　　4　うまくいかない

19　反対の声はあったが、工事を押し切った。

1　延期した　　2　中断した　　3　強行した　　4　依頼した

問題4　次の言葉の使い方として最もよいものを、1・2・3・4 から一つ選びなさい。

20　あくどい

1　部長は断っても断っても、あくどく食事に誘ってくる。
2　文章を書く時は、遠回しなあくどい表現は避けるべきだ。
3　彼女はあくどい飲酒を続けた結果、病気をわずらった。
4　人をだますようなあくどい商法が許されてはいけない。

21　焦る

1　新人社員の生意気な態度は、温厚な部長さえも焦らせた。
2　愛する我が子に一刻も早く会いたくて家路を焦った。
3　予期せぬ質問には、焦らずよく考えて回答するのが良い。
4　人間は頭が焦ると、冷静な判断ができなくなるものだ。

22　貫禄

1　彼の威厳ある背中にはベテランの貫禄が感じられる。
2　将来を期待された貫禄は、けがで選手生命を絶たれた。
3　厳かな貫禄の中、創立記念式典が行われました。
4　華やかで貫禄が漂う店内は白を基調としていた。

23　巧み

1　1万人の観客は少年の巧みなギターさばきに目を奪われた。
2　気が転倒して、事故の状況を巧みに説明できなかった。
3　巧みにひざまずき、茶道を行う娘の姿が祖母と重なった。
4　ここまで性能が巧みなカメラはどこを探しても他にない。

24　簡潔

1　彼女の解説は簡潔で、初心者でも理解しやすかった。
2　正解率８割を超える簡潔な問題を間違えてしまった。
3　弟は簡潔で、すぐに人の言う事を信じてしまう。
4　退職後は贅沢をせず、簡潔な生活を送っている。

25 心掛ける

1 幼児を狙った犯罪には十分に<u>心掛けて</u>ください。

2 常に見た目で人を判断しないように<u>心掛けて</u>いる。

3 失敗ばかり<u>心掛けて</u>いては、何も前に進まないよ。

4 政治家は利益よりも国民の生活を<u>心掛ける</u>べきだ。

問題5　次の文の（　　　）に入れるのに最もよいものを、1・2・3・4 から一つ選びなさい。

26　あの俳優、娘の誕生日に1,000万円（　　　）車をぽんとプレゼントしたそうですよ。

1　に足る　　2　からする　　3　をよそに　　4　からある

27　（大学教授へのインタビューで）

聞き手「今年の学生たちの就職状況はいかがでしょうか。」

教授　「なかなか厳しいですね。学生の数に対して企業側の募集人数が少なめですから。（　　　）大企業を希望するとなると、かなりの難関となるでしょうね。」

1　まして　　2　もっぱら　　3　ともすると　　4　もっとも

28　今年デビューした新人歌手が注目を集めているようだ。その歌唱力は、個性的な声（　　　）聞く人の心に響く素晴らしいものだと、あちこちで評価されている。

1　を踏まえて　　2　に及んで　　3　と相まって　　4　をかねて

29　以前は考えられなかったことだが、このアプリを使えば、自宅に（　　　）ながらにして、一流の料理人から和食の作り方が学べるそうだ。

1　いる　　2　い　　3　いない　　4　いよう

30　今回の国際ピアノコンクールは参加者が多く、入賞するのが難しいだろうと（　　　）、どの賞にも選ばれなかったので落ち込んだ。

1　予想していたとはいえ　　2　予想されたあげく

3　予想させられたきり　　4　予想していた反面

31　木村（きむら）「川野（かわの）さんの業績をホームページで（　　　）が、さまざまな分野でご活躍のようですね。」

川野（かわの）「ありがとうございます。そんな大したものではないんですが…。」

1　ご覧になりました　　2　お見えになりました

3　拝見しました　　4　お目にかけました

32 上野（うえの）「あれ?どこか旅行に行くんですか。」

大塚（おおつか）「うん。最近、（　　　）家族と過ごしていなかったから、次の連休は温泉でもと思ってね。」

上野（うえの）「それは、ご家族も喜びますね。」

1　仕事はさておき　　2　仕事にかまけて

3　仕事も顧みず　　4　仕事の手前

33 毎年一回戦で敗退していて、去年やっと二回戦まで進んだ。それだけでお祭り騒ぎになるような弱小チームなのだから、決勝進出など（　　　）。

1　望まないとも限らない　　2　望まなくはない

3　望むよりほかない　　4　望むべくもない

34 佐々木（ささき）教授の授業は、学生たちに人気があっていつも満員だ。興味をひく授業の（　　　）、教授の話の面白さが、学生たちをひきつけている理由らしい。

1　内容もさることながら　　2　内容はいざ知らず

3　内容はおろか　　4　内容をものともせず

35 （テレビで）

アナウンサー「ここのところ雨が多いので、野菜の管理が大変じゃないですか。」

農家の人「いやあ、本当に大変です。降らないのも困りますけど、こう毎日（　　　）。」

1　降らないではすまないですよ　　2　降られてはかなわないですよ

3　降りっこないですよ　　4　降るだけにとどまらないですよ

問題6　次の文の ＿★＿ に入る最もよいものを、1・2・3・4 から一つ選びなさい。

（問題例）

あそこで ＿＿＿ ＿＿＿ ＿★＿ ＿＿＿ は山田(やまだ)さんです。

1　テレビ　　2　人　　3　見ている　　4　を

（解答のしかた）

1. 正しい文はこうです。

あそこで ＿＿＿ ＿＿＿ ＿★＿ ＿＿＿ は山田(やまだ)さんです。 1 テレビ　4 を　3 見ている　2 人

2. ＿★＿ に入る番号を解答用紙にマークします。

（解答用紙）

（例）	①　②　●　④

36　近くに住んでいる叔父は、高齢にもかかわらず買い物も家事も一人でしていて、驚くほど元気だ。85歳で ＿＿＿ ＿＿＿ ＿★＿ ＿＿＿ といつも思っている。

1　聞いてみたい　　2　彼の

3　健康の秘密は何か　　4　介護を必要としない

37　日本人は昔からお風呂好きだったようだが、日本のお風呂は、 ＿＿＿ ＿＿＿ ＿＿＿ ＿★＿ 独自の経過をたどり現在のような形に発展してきたそうだ。

1　役割も担うなど　　2　だけでなく

3　心身を清らかにする　　4　保養や社交の場としての

38 日本には、子供の頃からロボットアニメを見て育ち、大人になり ＿★＿ ＿＿＿ ＿＿＿ ＿＿＿ 人が大勢いる。

1 動くロボットを　　2 ロボット開発者を
3 作るべく　　4 目指したという

39 ストレスは嫌なものだ。しかし、適度なストレスがあるからこそ、活力ややる気が生まれるのだから、必要不可欠なもの ＿＿＿ ＿＿＿ ＿★＿ ＿＿＿。

1 いえる　　2 の　　3 ではないか　　4 とも

40 これこそは独創的な発想だと思っても、よく調べてみると、以前からあるものを加工しただけのものだった ＿＿＿ ＿＿＿ ＿★＿ ＿＿＿ 少なくない。

1 ような　　2 も　　3 こと　　4 という

問題7　次の文章を読んで、文章全体の趣旨を踏まえて、 41 から 45 の中に入る最もよいものを、1・2・3・4 から一つ選びなさい。

両親の会話

「これそれあれ」だけで会話がほぼ成り立つ関係がある。私の両親がまさにそうだ。

久しぶりに実家に帰って居間でくつろいで(注1)いると、両親が話しているのが聞こえてくる。その会話を 41 聞いているのだが、とにかくその内容が全くと言っていいほど理解不能なのだ。難しい話をしているわけでも、外国語で話しているわけでもないのに。例えばこうだ。

父「そういえば、あれ、どこにあったっけ?」

母「あれって?」

父「昨日話してたあれだよ、あれ。」

母「ああ、あれね。はいはい、もう出しときましたよ。急ぐって言ってたから。」

父「いや、急いでるのはそっちじゃなくて、こっちなんだが。」

母「こっちって、どれなの?」

父「これだよ、これ。」

母「ああ、それね。じゃあ、あそこに置いといてくださいな。」

父「はいはい。ここね。」

といった感じだ。

これは私の両親に限ったことではないはずだ。長い間連れ添って(注2)いると、お互いに言わなくてもわかるのだ。 42 、もう細かいコミュニケーションは必要ないということなのだろう。いくら自分の親のこととはいえ、 43 は自分で経験してみないとわからないことなのかもしれない。

誰かと付き合ったり、結婚をしたりする時の決め手(注3)は、価値観や話が合うことだなんてよく言われているが、実際に共同生活をしていると、そんなことはさほど 44 。

他の人にはわからなくても、二人なら「あれ」で通じる。多くの時間を共に過ごし、お互いの思考を共有してきた証だ。おそらく話などしなくても、空気のように一緒にいるだけで夫婦というものは成立するのだろう。両親を見ているとつくづくそう 45 。

（注１）くつろぐ：のんびりとする

（注２）連れ添う：夫婦として一緒にいる

（注３）決め手：決める要因やポイント

41

1 聞くべくして　2 聞くと思いきや　3 聞くかたわら　4 聞くともなしに

42

1 なお　2 とはいえ　3 あるいは　4 つまり

43

1 これぐらい　2 こればかり　3 それほど　4 そんなふうに

44

1 大切なことに違いない　2 大切にしようにもできない

3 大切ではないのかもしれない　4 大切でないわけではない

45

1 知られるものだ　2 思われる

3 知らせられるものだ　4 思わせられる

問題８　次の(1)から(4)の文章を読んで、後の問いに対する答えとして最もよいものを、１・２・３・４ から一つ選びなさい。

（1）

「金継ぎ」とは、破損した陶磁器（注）などを修繕する日本の伝統的な手法です。割れたり欠けたりした破損部分を隠すのではなく、金で装飾し、あえて見せることで、もとの陶磁器とは違った味わいや美しさをもたせるのです。「割れた器を修復し、もう一度使う」という、物を大事にする心と、日本独自の美に対する意識から生まれた手法と言えるでしょう。

金継ぎを施した陶磁器は現代でも芸術作品として評価されていますが、残念なことに、近年この技術を持つ人が徐々に減少しています。物が溢れている現代こそ、この手法の本質的な精神を見直し、技術を守っていくことが必要なのではないでしょうか。

（注）陶磁器：土や鉱物を焼いて作られたもの、皿など

46　金継ぎについて、筆者の考えに合うのはどれか。

1　「金継ぎ」は現代でもその伝統技術と精神を失うことなく引き継がれるべきだ。

2　「金継ぎ」の技術を通して日本特有の陶磁器の修繕手法を多くの人に広めるべきだ。

3　「金継ぎ」は豊かな時代にこそ芸術的価値が高いので残された作品を大切に守るべきだ。

4　「金継ぎ」の伝統的手法を引き継ぐ人を増やして、芸術作品として残していくべきだ。

(2)

以下は、あるスポーツ団体が出したメールの内容である。

会員の皆様

毎週利用させていただいている西運動場ですが、ロッカーの一部を私達の団体が継続使用できることになりました。

1～20番のロッカーを当団体で押さえましたので、長期ご利用希望の方は今月末までにご連絡ください。ご連絡いただいた翌月から原則３か月間利用可能で、使用料として1,000円頂きます。３か月以上の利用を希望される方は、ご連絡時におっしゃってください。

なお、希望者の人数によっては、抽選や使用料の変更を行う予定ですので、あらかじめご了承ください。

また、通常のロッカーをご利用されたい方は、引き続き毎週個別に運動場受付にて申請をお願いいたします。

田中

---

47 ロッカーの利用について、このメールは何を知らせているか。

1 この団体が運動場のロッカーを３か月貸し切りできるようになったこと
2 団体が借りたロッカーを長期間使いたい人は連絡してほしいということ
3 運動場のロッカー利用規則が３か月1,000円に変更されたこと
4 ロッカーを３か月間利用したい場合には抽選会への参加が必要なこと

(3)

最近、男性に比べて女性が社会的に不利な状況に置かれがちなことが、公に語られるようになってきた。その一方で、男性側の問題については取り上げる人がまだ少ないと言えるだろう。

例えば男性は社会の中で高い地位を得ることが重要で、競争社会の中で常に上を目指さなくてはならないというムードがある。ここで問題なのは、自分の意志で社会的地位の高さを望んでいるかどうか当人が自覚していない場合が多いことである。彼らの中には、自分の存在意義が地位の高さの上に成り立っていると考える人もいる。そのような人は自分の地位を脅かすものとして、女性の社会的地位向上に非難の声を上げる場合がある。

48 筆者によると、社会の中で男性に起こりがちな問題は何か。

1 社会的に不利な条件に置かれているのに、問題が公に語られないこと

2 男性は社会の中で高い地位に就くために、常に競争しなければならないこと

3 自身が望んでいることなのかどうかに関係なく、地位の高さを求めること

4 男性にとって女性は競争相手であり、勝たなければならないと考えること

(4)

心理学者のドウェック氏によると、人の学びや頭脳に対する考え方には2種類あるそうだ。一つは人の才能は先天的なものであり、いくら努力しても後天的には伸びないとする考え方、もう一つは人の能力はいつでも発達するので努力すれば変えられるという考え方だ。

私は断然、後者の考え方を支持したい。壁にぶつかっても諦めずに、ひたすら継続できれば才能が開花する。そう思えば、物事への取り組み方やその捉え方は変わってくるだろう。本人の興味と意志とモチベーションがあれば、人は失敗を恐れず挑戦し、成長していけるのである。

49 この文章で筆者が述べていることは何か。

1 生まれつきの才能がある人は、努力をしないので能力が伸びない。

2 才能がある人もない人も、失敗したときにあきらめると能力が伸びない。

3 どんなときも望みを捨てずに続けようとする態度を維持できれば、能力が伸びる。

4 うまくいかないことが続いても、考え方を変えるだけで能力が伸びる。

問題9　次の(1)から(3)の文章を読んで、後の問いに対する答えとして最もよいものを、1・2・3・4 から一つ選びなさい。

(1)

日本は現在ものすごい速さで高齢化が進んでいる。65歳以上の人口は日本の総人口の30％に迫る勢いで、四半世紀後には50％を超える県も出てくると試算されている。日本の人口は2009年をピークに減少を続け、高齢者の比率はどんどん上がっているのだ。

そのような中において注目されているのが、限界集落である。限界集落というのは、転居などで人口減少が進み、生活の維持が困難になっている地域のことだ。世帯数が一桁(ひとけた)(注1)になってしまえば、公共の道路や上下水道、医療といったインフラの維持も難しくなり、やがてその地域は無人となる。そのような場所が日本のいたるところに現れており、その多くは高齢者が大部分を占める地域となっている。

「人が住まなくなったら自然に返せばいいじゃないか」という考え方もあるが、<u>そのような簡単な問題ではない</u>。一度人の手が入った山林は手入れを続けないと荒(あ)れ果(は)て(注2)てしまい、豊かな水を作ったり、土砂崩れを防いだりといったことができなくなる。農業により水の流れが管理されていた場所は、農耕地が放置されることによって台風や大雨の際の川の管理ができず、災害が増加する恐れもある。自然の中で人が管理していた部分を手離すと悪影響が出るため、無人となった地域をそのままにしておくわけにはいかないのだ。

しかし、現状を変えるのは困難を極める。都会からの転入者(てんにゅうしゃ)(注3)を呼び込むのは容易ではないため、既に限界集落となっている場所は衰退していく一方だ。今後は、人のいなくなった地域をどのように管理するかを考えていかざるを得ないだろう。

(注1) 一桁(ひとけた)：1から9の数
(注2) 荒(あ)れ果(は)てる：これ以上悪くならないところまで、乱雑な状態になる
(注3) 転入者(てんにゅうしゃ)：その地域に引っ越してくる人

50 日本の人口について、筆者はどのように述べているか。

1 全体の人数が減っているが、65歳以上の人数は増えている。

2 全体の人数が減り、65歳以上の比率が大きくなっている。

3 全体の人数の半数が65歳以上の高齢者となる県が増えつつある。

4 全体の人数の3割以上が65歳以上の高齢者となっている。

51 そのような簡単な問題ではないとあるが、なぜか。

1 人のいない地域をそのままにしても、自然の状態には戻らないから

2 人が管理しなくなった地域では、自然災害が発生しやすくなるから

3 人が住んでいない場所は、管理を続けないと自然の状態に戻らないから

4 人が土地の管理をしたために悪い影響が出てしまっているから

52 この文章で筆者が最も言いたいことは何か。

1 限界集落はこれからも増えていくため、その地域の維持方法を考える必要がある。

2 生活の維持ができなくなっている地域は、人口が減り続けるので、対策を考えるべきだ。

3 若い人が少なくなった地域は限界集落になりやすいので、人を増やす工夫が必要である。

4 人が住まなくなった土地を放置できないので、管理方法を考えていかなければならない。

(2)

在宅勤務という働き方の普及で、社員全員がインターネットを通じて自宅で仕事をするようになり、オフィス自体がなくなったという人達がいる。出勤しなくていいのはさぞ楽だろうと思われたのだが、エレベーターや休憩室で交わすたわいない会話が結構面白くて実は楽しみだったとか、オフィスで雑談することがなくなったのは実に寂しいとかいう声があちこちから聞かれるのだ。職場はもちろん仕事をするための場だが、それだけではない付加価値があるのだと思い知らされる。

雑談で交わされる会話はたいてい世間話、うわさ話、愚痴、自慢などあまり上品とは言えない、ほとんど意味のない内容だろう。そんな意味のないおしゃべりに付き合いたくないという人の気持ちもよく分かるが、そもそも我々は普段親しい人ともそれほど意味のある会話をしているだろうか。人間の会話の90％以上は意味がないという研究を何かで読んだことがある。考えてみれば、親友とこれまでに交わした数限りないおしゃべりも大半は意味のないもので覚えてもいないし、この先もそれは変わらないだろう。

ただ、我々は時間つぶしのような雑談の中から相手の人柄や人間同士の距離感を敏感に察知(さっち)(注1)している。一見無意味に思えるが、それにより世の中の在り方を学習したり、自分の好き嫌いを知ったり、人間関係を築く礎(いしずえ)(注2)を形成したりする。それは会話を聞いているだけでも同じことだ。雑談に効用や意義を求めるのは似合わないが、「意味のない会話」の重要さを改めて考えている。

（注1）察知(さっち)する：様子や状況から、想像して理解する

（注2）礎(いしずえ)：元となる大切なもの

53 付加価値とあるが、どのようなことか。

1 会社内で他の人と会話ができるということ

2 楽しく会話できる場所が決まっているということ

3 人と偶然出会う場所があるということ

4 誰かと楽しく休憩できるということ

54 筆者によると、雑談とはどういうものか。

1 意味がほとんどないので、価値がない内容のもの

2 上品さに欠けるが、したいと思う人がいるもの

3 日常的に行われる、さほど意味がない内容のもの

4 仲のいい人とするが、覚えていられないもの

55 この文章で筆者が言いたいことは何か。

1 雑談の中でこそ、大切な気持ちを伝えることができる。

2 雑談を通じて、自分自身や他人との関わりについて認識できる。

3 雑談なら、話が苦手な人でも人間関係について学ぶことができる。

4 雑談は学ぶことが多いので、自分の考えを明確にすることができる。

(3)

以前、世界の様々な国で撮られた写真を集めたある写真集が話題になった。この写真集の特異(注1)な点は、家の中のモノを全て外に出し、それを前にして家族の写真が撮られていたことだ。写真集の最後は日本の家族４人が映っている写真なのだが、異常なまでにモノが多かった。しかし、おそらくこれが①日本の平均で、私のモノも道に出したらこれくらいはあるだろうという量だった。モノにはそれを持つ人達の人生が表れてくる。

私達はモノに囲まれて暮らしているが、そんな中、なるべく②モノを持たない生活をしようとライフスタイルを変えた人達がいる。部屋を飾るためのモノは置かない、服は少ない数で着回(注2)しができるよう無地でシンプルなデザインに、食器も料理を選ばない柄のないものにする、などだ。彼らは持ち物を厳選(注3)し、買い物にも慎重なのだろう。このようにシンプルな生活を求め続けると、家の中はまるでチェックインしたばかりのホテルのように無機質(注4)になる。そのうち自分を縛るモノがなくなり、いつでもこの場を離れることができると思うようになるかもしれない。そのような生き方ははたして幸せだろうか。

前述の写真集に出てきた日本人家族は幸せそうな笑顔だった。身近なモノ一つ一つに小さな物語があるに違いない。私達は様々な思いを抱きながら購入したり、もらったりしたモノに囲まれることで、人生を豊かにしているのだと思う。不要なモノまでとっておく必要はないが、シンプルさを求めるあまり人生に大切な「無駄に見えるもの」まで捨て去ることがないようにしたいものだ。

（注１）特異(とくい)な：他のものと特に異なっている
（注２）着回(きまわ)し：服の組み合わせを変えて、いろいろな装いに使うこと
（注３）厳選(げんせん)する：よく考えて選ぶ
（注４）無機質(むきしつ)：ここでは、生活感がない様子

56 ①日本の平均とあるが、何が平均なのか。

1 家族が４人だと多くの物を所有していること
2 異常なくらいに物を所有したいと考えること
3 他国の人々の平均より多くの物を所有していること
4 所有している物が非常に多いと思うくらいあること

57 筆者によると、②モノを持たない生活とはどのような生活か。

1 自分らしい持ち物より誰でも使えるような物だけを使う生活

2 家の中に置くものを少なくし、ホテルのようにきれいにする生活

3 持ち物にシンプルさを追求し、生活感がなくなっていく生活

4 持ち物を少なくし、いつでも転居できるだけの量を持つ生活

58 この文章で筆者が最も言いたいことは何か。

1 無駄だと思うものが人生を幸せなものにしているので、シンプルさを求める必要はない。

2 無駄だと思うものでも人生を豊かにしていることがあるので、何もかも捨てる必要はない。

3 生活がシンプルだと無駄が少なくていいのだが、思い出のあるものは大切にするべきだ。

4 生活にシンプルさを求め続けると人生が自由になるので、必要な物以外は捨てるべきだ。

問題10　次の文章を読んで、後の問いに対する答えとして最もよいものを、1・2・3・4 から一つ選びなさい。

子供の時、お弁当を持っていく日は特別だった。私の通っていた学校には給食があり、普段は学校中の子供達が同じメニューの昼食を食べていたので、お弁当は遠足や運動会というイベントの時のスペシャルなものだった。だから、お弁当はウキウキとした気分と繋がった楽しいものだった。だが、親になり、子供のお弁当を毎日作るようになって、お弁当に対するうれしさは消え去ってしまった。食卓に出す料理と違い、冷めてもおいしい味付けにしなければいけないし、調理した後は冷ましてからでないとお弁当箱に入れられない。お弁当は手間と時間がかかるのだ。できるだけ手間を省くため、冷凍食品やスーパーのお惣菜(そうざい)(注1)を買ってきて、詰めるだけにしてしまうこともあるが、それ(①)に対しなんとなく後(うし)ろめたい(注2)気持ちを抱くのは、自分の母親はきちんと作ってくれていたという思い出のせいだろう。

とはいえ、私の母親世代とは違い、現在の日本は多くの夫婦が共働きだ。父親も母親も忙しい。出勤前に手が込んだお弁当を作るには、睡眠時間を削らなければいけない。そのためか、日本の主婦の睡眠時間は男性と比べても、そして世界的に見ても短い。主婦向けの雑誌を見ると、仕事に加えて家事も育児も、そしてお弁当作りまでしている女性を「スーパー主婦」として讃(たた)え(注3)ている。まるでそれが主婦のあるべき姿だと言わんばかりに。

家電製品を作っているメーカーの最近の傾向は、「時短家事」だそうだ。いかに短い時間で家事を終わらせるか、そのための電化製品を作れば売れるというのが、企業の思惑なのだろう。社会の変化を敏感に受け止め、実態に合わせた商品開発が行われていると言える。しかし、我々自身はなかなか考えを変えることができない(②)。仕事があるし、睡眠時間も確保したい。でも、家事の手を抜いていると思われたくないと考えてしまうのだ。これは世間を気にしがちな日本人の悪い点だ。本当は自分が好きなやり方で、できる範囲の努力だけで自由に生活できればいいのに、どうしても他人の目が気になってしまう。だから、お弁当箱のふたを開けたときに、見栄えのいい料理が入っていないのは「子供がかわいそうだ」と考えてしまい、他の子の親と競うかのように、過剰に頑張ってしまうのだ。

お弁当作りに時間をかけるのをやめれば、だいぶストレスが減るように思う。自分のやり方に納得できれば、他人と比べることもなくなるだろう。自分を縛っている「こうあるべき」という思いから誰もが離れることができれば、社会はより伸びやかで自由で、生きやすいものになるかもしれない。

（注１）お惣菜（そうざい）：日常の食事のおかず
（注２）後（うし）ろめたい：自分が悪いことをしたと感じる
（注３）讃（たた）える：盛んに褒める

59 筆者のお弁当に対する考えはどのようなものか。

1 行事の時だけ食べるものだが、きちんと作るのは難しいもの
2 子供の頃の楽しい思い出があるが、今は作るのが大変なもの
3 以前は母親が作るのが普通だったが、今は自分のために作るもの
4 作るのは面倒だが、楽しい時のいい思い出になるもの

60 ①それとはどういうことか。

1 お弁当を作るのが面倒だと思ってしまうこと
2 手間がかかることはしたくないと思うこと
3 冷凍食品や買ったお惣菜（そうざい）をお弁当に使うこと
4 おかずだけを入れたお弁当を作ること

61 ②なかなか考えを変えることができないとあるが、なぜか。

1 共働きという社会の変化に対応できないから
2 仕事が忙しすぎて、家事ができないから
3 短時間の家事では必要なことができないと思うから
4 周囲の人達にきちんとしていないと思われたくないから

62 筆者の考えに合うのはどれか。

1 他人の目を基準にし、同じようにしなければいけないと考えたほうがいい。
2 他人と比べて行動するより、自分なりの考えに従って行動したほうがいい。
3 自分でこうあるべきと決めたことは、最後までやり遂げたほうがいい。
4 自分の好きなやり方を見つけ、できるだけストレスを感じないほうがいい。

問題11　次のＡとＢの文章を読んで、後の問いに対する答えとして最もよいものを、1・2・3・4 から一つ選びなさい。

A

臓器移植とは、重度の病気や事故などにより身体の一部分である臓器の機能が低下した人に対し、他者の健康な臓器を移し替えて機能を回復させる医療です。この医療行為は第三者の善意により成り立つもので、提供者が命の終わりにできる最後の贈り物でもあります。

近年、本人の意思が不明な場合でも家族の承諾があれば臓器提供が可能になりました。また、15歳未満の人からの臓器提供も行われるようになり、以前より多くの命をつなぎ止めることができています。これも第三者の善意の決断のおかげです。その一方で、提供者の数はまだまだ足りていません。手術を増やすには、一人ひとりが臓器提供をするかしないかという意思表示をすることがまず大切です。それが医療について考えるきっかけになり、誰かの命を救うことにつながるでしょう。

B

事故や重い病気によって、最善の救命治療を経ても回復する見込みがないと診断されることがあります。その場合、その人の家族は臓器提供の意志を確認されるでしょう。臓器を提供することによって見知らぬ誰かを助けることができるのです。

しかし、実際に瀕死(ひんし)(注)の家族を目の前にして、臓器の提供を即座に決断できるでしょうか。きっと家族の体の一部が奪われることに対する複雑な思いに苦しむ人も少なくないでしょう。本人が承諾していても家族が許さないことも多いと聞きます。

日本人の臓器提供への意識は欧米諸国に比べて低いです。いつ自分の身に起こってもおかしくない話ですが、どこか他人事のように思っているのではないでしょうか。まずは誰もが自分に関係のあることだと認識できるよう、国が情報を広めていくことが必要です。

（注）瀕死(ひんし)：いまにも死にそうであること

63 臓器提供について、AとBはどのように述べているか。

1 AもBも、人が命の終わりに他の人のためにできる行為だと述べている。

2 AもBも、死に直面した人の家族の善意によって成り立つ医療行為だと述べている。

3 Aは臓器の機能が低下した人に施されるべき医療行為だと述べ、Bは死に直面した人の家族が行うべき決断だと述べている。

4 Aは全ての人が提供への明確な意思を示すべきだと述べ、Bは国が国民の意志を促すべきだと述べている。

64 日本の臓器提供の現状について、AとBはどう述べているか。

1 Aは家族による承諾があれば可能になったと述べ、Bは実際には複雑な心境に陥る家族が増えたと述べている。

2 Aは臓器提供者の数は十分ではないと述べ、Bは身近な問題として捉えている人はまだ少ないと述べている。

3 Aは多くの臓器移植の待機者が助かっていると述べ、Bは最終的な家族の意思決定がしやすくなったと述べている。

4 Aは家族の承諾により臓器移植数が増えたと述べ、Bは提供者の意志を理解している家族は少ないと述べている。

問題12　次の文章を読んで、後の問いに対する答えとして最もよいものを、1・2・3・4 から一つ選びなさい。

学校教育にプログラミングが本格的に導入されるとほぼ同時に、古典文学を学ぶことは不要だという論調が現れた。学校の授業という時間数が限られた中で科目が一つ増えたので、何かを減らさざるを得ないのは道理(注1)である。古い言葉を学ぶ古典文学は趣味のようなものだという人もいるし、これからの世界で生きていくためにより重要と思われる技術の習得に時間を割くべきだという意見もある。しかしだからといって、学校において古典は不要だと切り捨てるのはいかがなものか。

サッカーというスポーツは世界中で行われているが、日本でプロスポーツになったのは1992年のことだ。プロの世界ができたとたんに上手な人々が現れたわけでは、もちろんない。それ以前からアマチュアのスポーツとして愛好者が多くおり、広い裾野(すその)(注2)があったことがプロスポーツの原点となっている。サッカーに限らず、どのスポーツでもプロ選手を一定数生み出すためには、彼らを輩出するための土壌(注3)が必要なのだ。

古典に話を戻そう。古典を読み解く力は文学のみならず歴史研究においても基礎となる。歴史は我々の在り方を見つめ、同じことが起こった場合にどのように対処するとよりいい結果になるのかを示してくれるものだ。歴史の研究は我々の営みの変わらない部分を浮き彫りにし、これからの世の中を最適化するためのツールになるものだとも言える。その歴史を学ぶ必要性を否定する人はいない。そして、我が国において歴史を研究するためには、古い時代に書かれた書物にあたるのが一般的である。そのためには古語の知識は欠かせない。ここで中学や高校で古典文学を学習から外すことは、今後古い時代の生活や人々の考えを知る人が少なくなることを意味する。これは、サッカーにおいてアマチュアの愛好者が少なくなることと同様だ。古典学習の排除から歴史研究全体のレベルが下がり、誤った歴史観が流布(るふ)(注4)してもそれを正す人が現れなくなる恐れもある。

研究者以外の人々がコンピューターを使うようになり、多くの「アマチュア」が生まれたことによって情報工学が発展していったように、スポーツも学問も、レベルの差はあっても、それをする人々がとにかく多くいることが全体のレベルを押し上げる力になる。古典のみならず小説や数学や物理がいったい何の役に立つのかというのは多くの子供達が抱く疑問だろう。子供達には、このように伝えたい。我々が学校で学ぶことは、我々自身のためだけではなく、これからの社会全体を変えていく力になるのだと。

（注1）道理：そのとおり
（注2）裾野（すその）：ここでは、基礎になるもの
（注3）土壌：ここでは、物事を発生、発展させるための基盤
（注4）流布（るふ）：世の中に情報として広まること

65 古典文学を学ぶことは不要だとあるが、そのような意見が出たのはなぜか。

1 学校のプログラムが変更され、人気のない科目は減らすべきだと考えられているから
2 古い時代の言葉を学ぶことは、現代社会において役に立たないと考えられているから
3 文学は学校の授業ではなく、個人の趣味として楽しむべきだと考えられているから
4 世界で活躍するために、世界で共通して学ぶ科目が重要だと考えられているから

66 プロスポーツの選手について、筆者はどのように述べているか。

1 そのスポーツをする人が多く存在することが、プロの選手を生み出す基礎となる。
2 アマチュアとしてスポーツをする人々の中からしか、プロの選手は現れない。
3 上手なプロの選手がいるところには、必ず多くの上手なアマチュア選手がいる。
4 プロの選手が育つには、そのスポーツをするための広い練習場所が必要となる。

67 筆者は古典を学習しないことで、どのような不都合があると述べているか。

1 古典と歴史の関係を知る人が減る可能性がある。
2 日本の古典研究が不要になる可能性がある。
3 歴史研究の全体のレベルが下がる可能性がある。
4 プロの歴史研究者が現れなくなる可能性がある。

68 この文章で筆者が最も言いたいことは何か。

1 社会全体を変えていくためには、様々な科目を学ぶ人が一定数いることが欠かせない。

2 社会全体の意識を変えていくためには、様々な分野でのアマチュアの活躍が欠かせない。

3 社会全体を発展させるためには、古典的な学習をしている多くの人々の参加が欠かせない。

4 社会全体を発展させるためには、基礎的なことを知っている多くの人の存在が欠かせない。

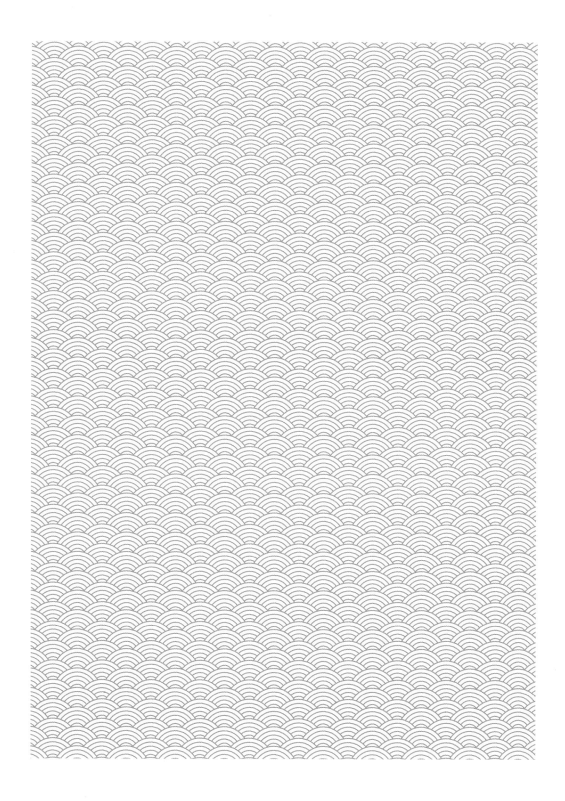

問題13　右のページは、音楽祭参加募集の案内である。下の問いに対する答えとして最もよいものを、1・2・3・4 から一つ選びなさい。

69　大友さんは仕事のかたわら趣味でジャズバンドを組んでいる。バンドの仲間達と公の場で演奏したいが、大友さん達が参加できる日程はどれか。

1　音楽祭の期間の３日間

2　音楽祭の期間のうち１日

3　金曜と土曜のうち１日

4　金曜と土曜の２日間

70　マリさんは花園市にある本屋で5年ほど働いている。毎年音楽祭を楽しみにしているが、今年は何か手伝えることがあれば参加したい。ただし、毎週土曜日は仕事があり、長期にわたる参加もできない。マリさんが音楽祭に参加するにはどうしたらいいか。

1　運営ボランティアに応募し、25日の説明会に出られないと記入する。

2　運営ボランティアに応募し、25日の説明会に出られないとメールする。

3　事務局ボランティアに応募し、8月の参加ができないと連絡する。

4　事務局ボランティアに応募し、その時に参加できない日を記入する。

秋の花園音楽祭

「花園音楽祭」は、花園市を住んでみたい街、豊かに暮らせる街にしたいとの想いから、街づくりの一環としてスタートさせました。今年で10年目。毎年2回、春と秋に大勢の方が参加しています。

音楽祭は演奏家とボランティアの皆さんのご協力により実施されています。地域活動のため、報酬はお渡しできませんが、音楽が好きな皆さんのご参加を心より歓迎いたします。

演奏家募集

・10月15日(金)～17日(日)の中から、演奏可能な日をお選びください。

・演奏場所は花園公園及び花園駅周辺の特設ステージ、花園市民センターのロビーです。

・音楽のジャンルは問いません。

＊ ただし、ジャズは15日(金)と16日(土)のみ、ロックバンドは16日(土)午後のみ

＊ アマチュア演奏家歓迎(ただし、参加は1日のみとなります。)

運営ボランティア募集

・会場設営をお任せします。2日以上参加できる方を歓迎します。

・9月の説明会になるべく参加可能な方、市内在住・在勤者のみ

・説明会:9月25日(土)14:00-16:00　花園市民センターA会議室

＊ 9月25日の説明会に参加できない方には、別途説明の機会を作ります。お申し込みの際、備考欄にその旨をお書きください。

事務局ボランティア募集

・演奏会へ参加される方との調整、ポスター配布、ボランティアの受付などを行います。

・8月中旬からの毎週末の活動に参加可能な方、市内在住・在勤者のみ

＊ ご都合の悪い日がありましたら事前にお知らせください。

・お申し込み方法　以下のウェブサイトからお申し込みください。

演奏家　https://www.hanazonoongakusai/musician　応募締切　8月31日(火)23:59

運営ボランティア　https://www.hanazonoongakusai/b2　応募締切　9月6日(月)23:59

事務局ボランティア　https://www.hanazonoongakusai/b1　応募締切　8月2日(月)23:59

お問い合わせ　メールでご連絡ください。お電話でのお問い合わせは受け付けておりません。

e-mail : hanazonoongakusai@npo.com 花園音楽祭実行委員会

Listening

問題用紙

N1

聴解

（55分）

注　　意

Notes

1．試験が始まるまで、この問題用紙を開けないでください。
Do not open this question booklet until the test begins.

2．この問題用紙を持って帰ることはできません。
Do not take this question booklet with you after the test.

3．受験番号と名前を下の欄に、受験票と同じように書いてください。
Write your examinee registration number and name clearly in each box below as written on your test voucher.

4．この問題用紙は、全部で13ページあります。
This question booklet has 13 pages.

5．この問題用紙にメモをとってもかまいません。
You may make notes in this question booklet.

受験番号　Examinee Registration Number	

名　前　Name	

테스트용

고사장 소음 버전

해커스N1실전모의고사_2회.mp3

問題1

問題１では、まず質問を聞いてください。それから話を聞いて、問題用紙の１から４の中から、最もよいものを一つ選んでください。

例

1　アンケート調査をおこなう

2　新商品のアイディアを出す

3　開発費を計算する

4　開発部に問い合わせる

1番

1　テーブルと椅子を配置する

2　届いた花を受付テーブルに飾る

3　受付の準備を手伝う

4　料理の準備を確認しに行く

2番

1　発表の準備をする

2　発表者に電話をする

3　発表者の会社に電話をする

4　発表の順番を変える

3番

1 洗濯機から水を抜く

2 洗濯機の電源を切る

3 冷蔵庫の内部を拭く

4 冷蔵庫の中身をチェックする

4番

1 希望の企業を検索する

2 インターンシップに応募する

3 自己PRを作成する

4 大学の成績表を取り寄せる

5番

1 テレビで候補者の話を聞く

2 家で候補者の一覧を読む

3 インターネットで政策を比較する

4 身近な人の意見を聞く

問題2

問題２では、まず質問を聞いてください。そのあと、問題用紙のせんたくしを読んでください。読む時間があります。それから話を聞いて、問題用紙の１から４の中から、最もよいものを一つ選んでください。

例

1　幼いときに中国で生活していたから

2　他に興味があることがなかったから

3　日本ではなく中国で働きたいから

4　将来の役に立つと思ったから

1番

1　基本的にトイレの場所が決まっていること

2　肉食だからトイレから臭いがすること

3　飼い主がいなくても寂しくなさそうなこと

4　睡眠時間が長くて昼間は寝ていること

2番

1　子どもを育てるのにいい環境だから

2　アパートの家賃が値上がりするから

3　電車で通勤ができるから

4　実家の近くに住めるから

3番

1　英語があまり得意ではないこと
2　大学院での勉強が難しすぎること
3　帰国後に就職活動に失敗すること
4　大学院で良い結果が出せないこと

4番

1　国を管理する能力が低かったこと
2　父親の統治の方法を変えなかったこと
3　諸外国と交流し、新技術を取り入れていたこと
4　諸外国との貿易に積極的ではなかったこと

5番

1 孫がボウリングを勧めてくれたから

2 自分に合うボウリング教室ができたから

3 日常的に体を動かしたいと思ったから

4 ボウリングは体に良いと聞いたから

6番

1 相手に同情していることを示すこと

2 相手が話したくない場合は距離を取ること

3 相手にいつでも助ける気持ちがあると伝えること

4 相手が落ち着いてから前向きな助言をすること

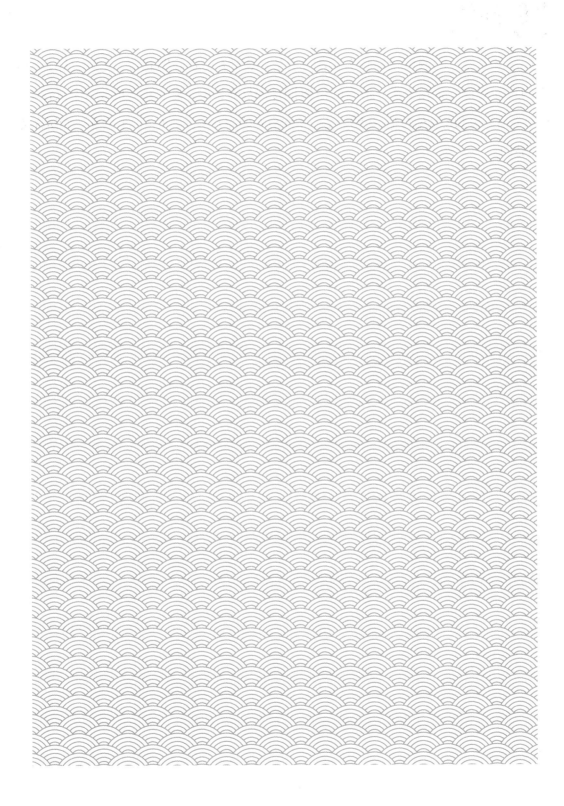

問題3

問題３では、問題用紙に何も印刷されていません。この問題は、全体としてどんな内容かを聞く問題です。話の前に質問はありません。まず話を聞いてください。それから、質問とせんたくしを聞いて、１から４の中から、最もよいものを一つ選んでください。

- メモ -

問題4

問題４では、問題用紙に何も印刷されていません。まず文を聞いてください。それから、それに対する返事を聞いて、１から３の中から、最もよいものを一つ選んでください。

- メモ -

問題5

問題５では、長めの話を聞きます。この問題には練習はありません。
問題用紙にメモをとってもかまいません。

1番

問題用紙に何も印刷されていません。まず話を聞いてください。それから、質問とせんたくしを聞いて、１から４の中から、最もよいものを一つ選んでください。

- メモ -

2番

まず話を聞いてください。それから、二つの質問を聞いて、それぞれ問題用紙の1から4の中から、最もよいものを一つ選んでください。

質問1

1　自然を描いた絵画

2　少女と老人の像

3　果物を描いた版画

4　物を描いた絵画

質問2

1　自然を描いた絵画

2　少女と老人の像

3　果物を描いた版画

4　物を描いた絵画

[해설집] p.52

정답표

언어지식(문자 · 어휘)

문제 1	
1	3
2	4
3	3
4	1
5	2
6	4
문제 2	
7	4
8	2
9	3
10	1
11	1
12	4
13	2
문제 3	
14	3
15	1
16	4
17	2
18	2
19	3

문제 4	
20	4
21	3
22	1
23	1
24	1
25	2

언어지식(문법)

문제 5	
26	2
27	1
28	3
29	2
30	1
31	3
32	2
33	4
34	1
35	2
문제 6	
36	3
37	1
38	1
39	2
40	3
문제 7	
41	4
42	4
43	2
44	3
45	4

독해

문제 8	
46	1
47	2
48	3
49	3
문제 9	
50	2
51	2
52	4
53	1
54	3
55	2
56	4
57	3
58	2
문제 10	
59	2
60	3
61	4
62	2
문제 11	
63	1
64	2
문제 12	
65	2
66	1
67	3
68	4
문제 13	
69	3
70	1

청해

문제 1	
1	1
2	2
3	4
4	3
5	3
문제 2	
1	3
2	2
3	3
4	3
5	2
6	3
문제 3	
1	3
2	1
3	3
4	4
5	3

문제 4	
1	1
2	2
3	2
4	3
5	2
6	1
7	2
8	2
9	3
10	3
11	1
문제 5	
1	3
2 질문1	2
질문2	1

실전모의고사 제3회

난이도 : 중

受験番号を書いて、その下のマーク欄にマークしてください。
Fill in your examinee registration number in this box, and then mark the circle for each digit of the number.

受験番号
(Examinee Registration Number)

21A1010123-30123

실전모의고사 제3회

N1
言語知識（文字・語彙・文法）・読解

〈ちゅうい Notes〉
1. くろいえんぴつ(HB、No.2)でかいてください。
Use a black medium soft (HB or No.2) pencil.
(ペンやボールペンではかかないでください。)
(Do not use any kind of pen.)
2. かきなおすときは、けしゴムできれいにけしてください。
Erase any unintended marks completely.
3. きたなくしたり、おったりしないでください。
Do not soil or bend this sheet.
4. マークれい Marking Examples

よいれい Correct Example	わるいれい Incorrect Examples
●	⊗ ◯ ◯ ⓪ ◯ ◑ ◯

あなたの名前をローマ字のかつじたいで書いてください。 Please print in block letters.

名前 Name

せいねんがっぴを書いてください。
Fill in your date of birth in the box.

せいねんがっぴ(Date of Birth)		
ねん Year	つき Month	ひ Day

問題 1				
1	①	②	③	④
2	①	②	③	④
3	①	②	③	④
4	①	②	③	④
5	①	②	③	④
6	①	②	③	④

問題 2				
7	①	②	③	④
8	①	②	③	④
9	①	②	③	④
10	①	②	③	④
11	①	②	③	④
12	①	②	③	④
13	①	②	③	④

問題 3				
14	①	②	③	④
15	①	②	③	④
16	①	②	③	④
17	①	②	③	④
18	①	②	③	④
19	①	②	③	④

問題 4				
20	①	②	③	④
21	①	②	③	④
22	①	②	③	④
23	①	②	③	④
24	①	②	③	④
25	①	②	③	④

問題 5				
26	①	②	③	④
27	①	②	③	④
28	①	②	③	④
29	①	②	③	④
30	①	②	③	④
31	①	②	③	④
32	①	②	③	④
33	①	②	③	④
34	①	②	③	④
35	①	②	③	④

問題 6				
36	①	②	③	④
37	①	②	③	④
38	①	②	③	④
39	①	②	③	④
40	①	②	③	④

問題 7				
41	①	②	③	④
42	①	②	③	④
43	①	②	③	④
44	①	②	③	④
45	①	②	③	④

問題 8				
46	①	②	③	④
47	①	②	③	④
48	①	②	③	④
49	①	②	③	④

問題 9				
50	①	②	③	④
51	①	②	③	④
52	①	②	③	④
53	①	②	③	④
54	①	②	③	④
55	①	②	③	④
56	①	②	③	④
57	①	②	③	④
58	①	②	③	④

問題 10				
59	①	②	③	④
60	①	②	③	④
61	①	②	③	④
62	①	②	③	④

問題 11				
63	①	②	③	④
64	①	②	③	④

問題 12				
65	①	②	③	④
66	①	②	③	④
67	①	②	③	④
68	①	②	③	④

問題 13				
69	①	②	③	④
70	①	②	③	④

실전모의고사 제3회

N1
聴解

〈ちゅうい　Notes〉

1. くろいえんぴつ(HB、No.2)でかいてください。
Use a black medium soft (HB or No.2) pencil.
(ペンやボールペンではかかないでください。)
(Do not use any kind of pen.)
2. かきなおすときは、けしゴムできれいにけしてください。
Erase any unintended marks completely.
3. きたなくしたり、おったりしないでください。
Do not soil or bend this sheet.
4. マークれい Marking Examples

よいれい Correct Example	わるいれい Incorrect Examples
●	⊘ ◯ ◯ ⓪ ◯ ◯ ●

受験番号を書いて、その下のマーク欄にマークしてください。
Fill in your examinee registration number in this box, and then mark the circle for each digit of the number.

受験番号 (Examinee Registration Number)

21A1010123-30123

あなたの名前をローマ字のかつじたいで書いてください。　Please print in block letters.

名前 Name

せいねんがっぴを書いてください。
Fill in your date of birth in the box.

せいねんがっぴ(Date of Birth)		
ねん Year	つき Month	ひ Day

問題1				
例	①	②	●	④
1	①	②	③	④
2	①	②	③	④
3	①	②	③	④
4	①	②	③	④
5	①	②	③	④

問題2				
例	①	②	③	●
1	①	②	③	④
2	①	②	③	④
3	①	②	③	④
4	①	②	③	④
5	①	②	③	④
6	①	②	③	④

問題3				
例	●	②	③	④
1	①	②	③	④
2	①	②	③	④
3	①	②	③	④
4	①	②	③	④
5	①	②	③	④

問題4				
例	①	②	●	④
1	①	②	③	④
2	①	②	③	④
3	①	②	③	④
4	①	②	③	④
5	①	②	③	④
6	①	②	③	④
7	①	②	③	④
8	①	②	③	④
9	①	②	③	④
10	①	②	③	④
11	①	②	③	④

問題5					
1		①	②	③	④
2	(1)	①	②	③	④
	(2)	①	②	③	④

Language Knowledge (Vocabulary/Grammar) • Reading　　問題用紙

N1

言語知識（文字・語彙・文法）・読解

（110分）

注　意
Notes

1．試験が始まるまで、この問題用紙を開けないでください。
Do not open this question booklet until the test begins.

2．この問題用紙を持って帰ることはできません。
Do not take this question booklet with you after the test.

3．受験番号と名前を下の欄に、受験票と同じように書いてください。
Write your examinee registration number and name clearly in each box below as written on your test voucher.

4．この問題用紙は、全部で29ページあります。
This question booklet has 31 pages.

5．問題には解答番号の 1 、 2 、 3 …が付いています。解答は、解答用紙にある同じ番号のところにマークしてください。
One of the row numbers 1、2、3 … is given for each question. Mark your answer in the same row of the answer sheet.

受験番号　Examinee Registration Number	

名　前　Name	

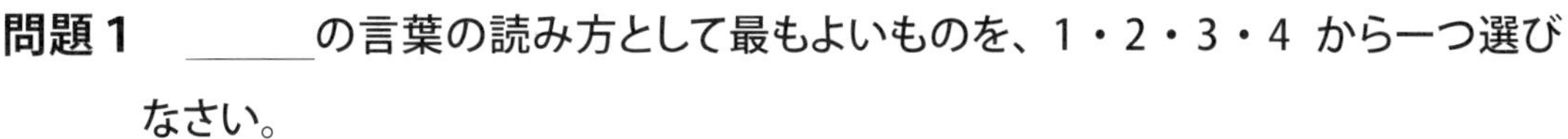

問題1 ＿＿＿の言葉の読み方として最もよいものを、1・2・3・4 から一つ選びなさい。

1 三権分立によって力の均衡が保たれている。

1 きんどう　2 きんとう　3 きんごう　4 きんこう

2 体裁ばかりを取り繕っていても意味がない。

1 たいさく　2 ていさい　3 たいざく　4 ていざい

3 湿度が高いところでは害虫の繁殖が盛んになる。

1 ぞうしょく　2 ようしょく　3 はんしょく　4 せいしょく

4 手元に資料がないので、口頭で説明します。

1 てげん　2 てもと　3 しゅげん　4 しゅもと

5 かつて封建の時代は厳格な身分の差が存在していた。

1 ほうけん　2 ほうこん　3 ふうけん　4 ふうこん

6 破産手続きを行ったため、負債の返済義務は免れた。

1 やぶれた　2 のがれた　3 はぐれた　4 まぬがれた

問題2 （　　）に入れるのに最もよいものを、1・2・3・4 から一つ選びなさい。

7 どのタスクにどのくらいの人員を（　　）するかが、作業全体の効率化を図る鍵となる。

1 投入　　2 募集　　3 収容　　4 放出

8 歴史ある楽団が業績の不振により、存続の危機に（　　）している。

1 対立　　2 命中　　3 直面　　4 衝突

9 駐在先での妻の適応能力には感心したが、（　　）言語の習得の早さには驚いた。

1 なおさら　　2 むしろ　　3 やけに　　4 なにより

10 それは花の名前がついた（　　）からは全くかけ離れた斬新な作品だった。

1 ジャンル　　2 タイトル　　3 コメント　　4 メニュー

11 この番組では育児支援を目的とし、子育てに関する（　　）情報を配信していきます。

1 有望な　　2 有能な　　3 有益な　　4 有利な

12 今年は秋の（　　）を代表するマツタケの当たり年らしい。

1 味覚　　2 味見　　3 吟味　　4 苦味

13 募集要項の条件を一つでも（　　）いない場合、応募することすらできない。

1 伴って　　2 補って　　3 及ぼして　　4 満たして

問題３　＿＿＿の言葉に意味が最も近いものを、1・2・3・4 から一つ選びなさい。

14　新種のバクテリアが発見された。

1　細菌　　2　動物　　3　薬物　　4　昆虫

15　選手の全盛期とも呼べる二十代半ばにさしかかった。

1　引退した　　2　到達した　　3　活躍した　　4　復帰した

16　資料を入念に確認して、提出するつもりだ。

1　ざっと大まかに　　2　もう一度　　3　細かく丁寧に　　4　事前に

17　息子は寮の生活になじんできたようだ。

1　疲れてきた　　2　憧れてきた　　3　甘んじてきた　　4　慣れてきた

18　その知らせを聞いて、仰天した。

1　ほっとした　　2　むっとした　　3　とても喜んだ　　4　とても驚いた

19　なかなか仕事のめどがつかない。

1　見通し　　2　収拾　　3　勢い　　4　整理

問題4　次の言葉の使い方として最もよいものを、1・2・3・4 から一つ選びなさい。

20　慣行

1　20代での代表就任は慣行がないため、党員から批判の的となった。

2　海外に住んでいると、自分の慣行が覆されることが次々に起こる。

3　法律には定められていないが、検事総長の任期は慣行で２年となっている。

4　就業の慣行により、企業秘密を流出させた社員は否応なしに解雇された。

21　引き取る

1　財産分与ではもめなかったが、子供を誰が引き取るかで話し合いが長引いた。

2　断りきれず、重要な役割を引き取ってしまったことを今更後悔している。

3　頂上まで残りわずかなのだから、ここで引き取るのはもったいないよ。

4　前首相の意志を引き取り、今回の内閣も外交に力を入れているようだ。

22　審議

1　所得格差をテーマにした審議は、鋭い主張が飛び交い大変盛り上がった。

2　議会で今年度の予算割当が適当だったか審議し、来年度の予算案に反映する。

3　第三者が間に入らず、事故の当事者だけで和解金を審議することも可能だ。

4　当日の式で問題が発生しないように、新郎新婦と綿密に審議を重ねた。

23　色彩

1　最近色彩が悪い日が続くと思い、病院に行ったところ貧血だと診断された。

2　彼は自分の名前を呼ばれると、うれしそうな色彩を浮かべ返事をした。

3　同じ画家の作品でも、描かれた時代によって色彩が全く異なることがある。

4　長年連れ添ったからか、今では声の色彩だけで妻の気持ちが分かるようになった。

24　健在

1　医者に肥満を指摘され、暴飲暴食を控えた健在な生活を始めることにした。

2　言論の自由が保障されていても、書物は健在な社会を乱すものではいけない。

3　洪水により車は水没したものの、乗車していた親子は奇跡的に健在だった。

4　長らくピアノに触れていなかったらしいが、彼女の優れた腕前は今も健在だ。

25 工面

1 様々な指導方法を模索し<u>工面</u>してみたが、その学生には効果がなかった。

2 資源は有限なものだから、水や電気など些細なことから<u>工面</u>するべきだ。

3 なんとか目撃情報を<u>工面</u>して、犯人の人物像を推測するまでに至った。

4 学費を<u>工面</u>するために両親や親戚に頼み込み、やっと目標金額に達した。

問題5　次の文の（　　　）に入れるのに最もよいものを、1・2・3・4 から一つ選びなさい。

26　同僚に勧められボクシングを始めたが、あまりにもきつく3日（　　　）続かなかった。

1　に　　2　だけ　　3　と　　4　ほど

27　加藤「本当に残念でしたね。山田さんなら、きっと合格できると思っていたんですが…。」
山田「いえいえ。でもまあ、またチャンスがありますから。次回も（　　　）までのことです。」

1　頑張り　　2　頑張る　　3　頑張ろう　　4　頑張れ

28　担当のプロジェクトが順調に進んでいるので、部長に褒められる（　　　）最後まで油断しないようにと厳しく注意されてしまった。

1　と思いきや　　2　と言えども　　3　とばかりに　　4　とみえて

29　ネット上に嘘や根拠のない噂が含まれている情報が多いこと（　　　）ので、鵜呑みにしてはいけない。

1　は否めない　　2　を禁じ得ない
3　を余儀なくされる　　4　に他ならない

30　いい経験になるからと課長に無理やり新製品プロジェクトの責任者に（　　　）、うまくやれる自信がない。

1　させられたものの　　2　させられるものだが
3　させたところで　　4　させるともなると

31　学部を新設し、他との差別化を図ろうとする大学が増えている。大学独自の特色を出す（　　　）受験生にアピールできないと考えるからだ。

1　努力なしに　　2　努力とともに　　3　努力のすえに　　4　努力のもとに

32 日差しが強くなる夏は、何といっても庭の手入れが大変だ。朝晩の水やりに加え、2週間ごとに草むしりもせねばならず、（　　　）。

1　面倒くさいはずがない　　　2　面倒くさいわけがない

3　面倒くさいとは限らない　　4　面倒くさいったらない

33 佐藤「お世話になっております。私、城丸水産株式会社の佐藤と申します。」

田口「ああ、お名前は（　　　）。私、田口と申します。先日は弊社の鈴木がお世話になりました。」

1　お聞きになるでしょうか　　2　伺いたく存じます

3　存じ上げておりました　　　4　ご存じでしたか

34 各政党の政策について詳しく（　　　）、社会人としてある程度の一般常識は身につけておきたい。

1　知るくらいなら　　　2　知ってからでないと

3　知らないまでも　　　4　知らないことには

35 （遊園地で）

松本「ああ、ついに降ってきちゃったね。面白い乗り物に何も乗れないよ。こんな日に遊園地なんて（　　　）なあ。」

大野「まあまあ。室内でも楽しめそうなところはあるし、午後からは晴れるみたいだから、乗り物は午後の楽しみにしようよ。」

1　来ずにはすまなかった　　　　2　来るまでもなかった

3　来るに越したことはなかった　4　来るんじゃなかった

問題6　次の文の ＿★＿ に入る最もよいものを、1・2・3・4 から一つ選びなさい。

（問題例）

あそこで ＿＿＿ ＿＿＿ ＿★＿ ＿＿＿ は山田(やまだ)さんです。

1　テレビ　　2　人　　3　見ている　　4　を

（解答のしかた）

1．正しい文はこうです。

あそこで ＿＿＿ ＿＿＿ ＿★＿ ＿＿＿ は山田(やまだ)さんです。
1　テレビ　4　を　3　見ている　2　人

2．＿★＿ に入る番号を解答用紙にマークします。

（解答用紙）

（例）	①　②　●　④

36　風邪に限らず、あらゆる病気の予防に有効で、誰にでもできる簡単な方法は、帰宅直後の手洗いを ＿＿＿ ＿＿＿ ＿★＿ ＿＿＿。

1　ことだ　　2 する　　3 欠かさず　　4 そうだ

37　パーティーの司会なんて自信がないが、どうしてもと君が頼む ＿＿＿ ＿＿＿ ＿★＿ ＿＿＿ と、先輩に言われた。

1　でも　　2　ない　　3　のなら　　4　やれない

38　上野(うえの)先生は大学で ＿＿＿ ＿＿＿ ＿★＿ ＿＿＿ 今でも人をひきつける話し方をする。

1　教えていた　　2　退職した

3　長年　　4　だけのことはあって

39 新社屋は、当初の計画では今年竣工されることになっていた。だが、建築工事が長引き、＿＿＿＿ ＿＿＿＿ ＿★＿ ＿＿＿＿ だろう。

1 オフィスの移転
2 2年といったところ
3 まではあと
4 今の状況からして

40 彼は普段、職場で優秀だと評判がいいので、＿＿＿＿ ＿＿＿＿ ＿★＿ ＿＿＿＿ だけで全く頼りにならない。

1 言われたことをする
2 と期待していたが
3 リーダーとしても
4 能力を発揮してくれる

問題７　次の文章を読んで、文章全体の趣旨を踏まえて、[41]から[45]の中に入る最もよいものを、1・2・3・4 から一つ選びなさい。

テレビドラマと漫画

私はテレビドラマが好きで、在宅している夜には必ずと言っていいほどテレビをつけている。私にとっては気楽に楽しめるお手軽な娯楽だが、そのテレビドラマについて今頃になって気付いたことがある。話題になるおもしろいドラマには、必ず原作があるのだ。しかもドラマの原作のほとんどが漫画である。もう何年も前からテレビドラマは漫画に [41]。

日本の漫画がアニメになり、世界中で愛されているのはいまや周知の事実だが、テレビドラマの世界にも幅(はば)を利(き)かせて(注１)いたとは驚きだ。

理由のひとつには漫画家という職業が日本で成立していて、多くの優れたストーリーテラー(注２)が漫画家を目指すことが挙げられる。子供の頃から憧れ、夢中になった漫画を自分でも作ってみたいと考えるのは自然なことである。ストーリーが作れ、絵が得意な人の多くが、漫画家を目指すのだ。[42] 漫画はヒットすれば莫大(ばくだい)(注３)な収入を得ることができる。

テレビ局にしてみれば、既に出来上っていてファンがついている漫画作品は、ビジネスとして [43]。ドラマ化すればほぼ間違いなく視聴率が高くなるし、多くの人に見てもらえる番組として期待されればスポンサー(注４)も付きやすく、お金になりやすい。

しかしである。漫画だけに依存するテレビドラマ業界は、新しいものを生み出す活力に欠けているのではないだろうか。最初から多くの人に [44] とわかっているものばかりでは、発展が止まってしまう。

海外のテレビドラマにもおもしろいものはたくさんあるが、そのほとんどが、ドラマの優秀なストーリーテラーやすばらしいスタッフの手によって生まれたものだ。日本のテレビドラマの世界にも、新しい才能が生まれてくることを [45]。

（注１）幅(はば)を利(き)かせる：力のある存在になる

（注２）ストーリーテラー：物語を考える人

（注３）莫大(ばくだい)な：非常に大きな

（注４）スポンサー：ここでは、番組にテレビCMを提供してテレビ局にお金を払う企業

41

1　依存していたはずだ　　　　2　依存するにとどまらない

3　依存していたようだ　　　　4　依存しようもない

42

1　とはいえ　　2　それに　　3　それとも　　4　すなわち

43

1　成功することが難しい　　　　2　成功することが明らかだ

3　成功することを望んでいる　　4　成功することを諦めている

44

1　受け入れられる　　2　受け止められる

3　受け入れさせる　　4　受け止めさせる

45

1　考えざるをえない　　　　2　考えればきりがない

3　願わずにはいられない　　4　願っても始まらない

問題8　次の(1)から(4)の文章を読んで、後の問いに対する答えとして最もよいものを、1・2・3・4 から一つ選びなさい。

(1)

識字とは文字の読み書きができる事です。日本では義務教育が確立している為、識字率について語られることはまれですが、世界ではその水準の低さが問題になっている国がいまだに少なくありません。このような格差には歴史的、地理的要因が考えられます。

識字率が向上すれば、職業の選択、選挙の投票などの社会参加が可能になり、人権の擁護(注1)につながることは言うまでもありません。いかに貧困や紛争があろうとも、世界中の子供に包括的(注2)かつ公平な教育を与えることが求められます。

(注1) 擁護：権利や利益の侵害から守ること
(注2) 包括的：幅広く全体を含んでいる様子

46　この文章で筆者が述べていることは何か。

1　子供に文字の読み書きをする機会を与えるべきだ。
2　子供の識字率の低さを認識しなければいけない。
3　子供は教育を受ける機会を平等に与えられるべきだ。
4　子供を貧困や紛争から守らなければいけない。

(2)

企業に就職した後、その企業の内部に自分の目標を置くのは間違いだ。企業の寿命は約30年と言われていて、今、勢いがある企業でも30年経てばそのビジネスモデルが通用しなくなる可能性が高く、その間隔はより短くなりつつある。定年まで40年働くとすると、多くの人がその途中で所属する企業や産業の「死」を経験することを余儀なくされる。しかし、そのあとも自分自身の人生は続いていくのだから、企業の枠を超えて活躍できる力の獲得を目指すことが重要なのだ。

47 この文章で筆者が述べていることは何か。

1 勢いがある企業だからといって、従来の経営モデルを使い続けるべきではない。

2 企業の倒産という危機は避けられないが、倒産する前に退職すべきではない。

3 30年以上働くのなら、企業が持つビジネスモデルの維持を目標とすべきだ。

4 企業より人生のほうが長いので、どこでも通用する能力の獲得を目標とすべきだ。

(3)

以下は、ある雑貨店から届いたメールである。

お客様 各位

～ヨーロッパ雑貨の店・petitからのお知らせ～

店内改装のため一時休業とさせていただいており、お客様には大変ご迷惑をお掛けしております。

今週の３日土曜日より営業再開とお伝えしておりましたが、工事の遅れに伴い、さらに休業期間を延長させていただくことになりました。

予定しておりました改装記念セールにつきましては、開始日を営業再開日に合わせて延期し、最終日も11月末に変更させていただきます。

ウェブショップは引き続き、通常営業しておりますので、お急ぎのお客様はそちらをご利用ください。

営業再開日：11月10日（土）10:00～

ウェブショップはこちら：https://www.petit.com

---

48 このメールは、何を知らせているか。

1 改装工事が来週から始まること

2 店の休業期間が１週間延びること

3 11月末から改装記念セールを開催すること

4 今週土曜日からウェブショップのみ再開すること

（4）

日本は豪雨や地震といった自然災害にひんぱんに見舞われる国です。しかし、近頃の災害は、経済を優先し豊かさを享受した結果として招いた人災、つまり人の行動が原因となっていると言わざるを得ません。

自然災害は今に始まったことではなく、古代から起きていたものです。これ以上人災を増やさないために、歴史をひもとき(注)、先人の知恵を読み解くことで、豊かさがもたらしたひずみを修復できるはずです。歴史を巻き戻すことは不可能ですが、今こそ先人に学び、不要な物をそぎ落とし簡素な生活に戻すべきです。次世代の為に未来を変えていくには、歴史に学ぶことこそが何より肝心なのではないでしょうか。

（注）ひもとく：ここでは、振り返る

49 この文章で、筆者が最も言いたいことは何か。

1 経済優先による災害を減らすには、過去を振り返る必要がある。

2 自然災害の被害から逃れるために、生活を簡素にして備える必要がある。

3 自然災害の被害を減らすため、豊かな生活をあきらめる必要がある。

4 経済優先による災害に対処するには、原因を調べる必要がある。

問題9　次の(1)から(3)の文章を読んで、後の問いに対する答えとして最も良いものを、1・2・3・4 から一つ選びなさい。

(1)

土曜の夜に、長期にわたって続いているテレビ番組がある。美術をテーマとした番組で、絵画や彫刻、建築などの見方について細かく説明していくというスタイルを取っている。

私は子供の頃から芸術関係には疎く(注1)、以前は有名な絵を見て「きれいだな」「いい絵だな」と思うことはあっても、それ以上掘り下げて(注2)鑑賞することはなかった。しかし、この番組を見るのが習慣になって以来、絵の見方が変わってきた①。例えば絵に描かれている男が魚を持っていたとしたら、男はどのような人なのか、なぜ魚なのか、魚にどういう意味があるのかなど、絵が描かれた時代やその背景にあるものを考えながら鑑賞するようになったのだ。

そして、一枚の絵画から受け取る情報が多くなった。おそらくそれは、観る側のいわば「受け取る能力」が上がったからだろう。

このようなこと②は絵画に限らず、世の中の全てのことにも当てはまるように思う。つまり、様々な事象は受け取る側が持っている知識や洞察力(注3)によって見方ががらりと違ってくると言えよう。そして基礎となる知識は、普段は頭の中に整理されずにしまってあるようなものだが、いざ必要な時にはまるでその日のためにあったかのように、目の前の事象と結び付くのだ。

今の自分のことを教養があるというのは口幅ったい(注4)が、以前の私ではおそらく絵の中の魚の意味などには気づかなかったに違いない。今は絵を見る楽しみが増えたことは言うまでもない。

(注1) 疎い(うとい)：詳しくない

(注2) 掘り下げる(ほりさげる)：ここでは、深く考える

(注3) 洞察力(どうさつりょく)：見て考える力

(注4) 口幅ったい(くちはばったい)：生意気だ

50 ①絵の見方が変わってきたとあるが、どのように変わったのか。

1 有名な絵画の細部にまで目を凝らして見るようになった。

2 鑑賞の仕方を学び、芸術作品に多くの説明を加えながら見るようになった。

3 制作された当時の事情や状況などを考えながら見るようになった。

4 作品の中にあるものの意味について調べながら見るようになった。

51 ②このようなこととは、どのようなことか。

1 テレビ番組のおかげで物事の見方が変わること

2 テレビを見ることで、多くの情報を受け取れること

3 情報が増えることにより、受け取る能力が上がること

4 受け取る能力に応じて、読み取れる情報量が増すこと

52 知識と事象の関係について、筆者はどのように考えているか。

1 豊富な知識さえあれば、一つの事象から多くの情報を得ることができるはずだ。

2 豊富な知識と事象が結びつくことで、様々な事象への見方が変わるものだ。

3 事象を判断する際に使う知識は、おのずと頭の中で整理されているものである。

4 様々な知識は芸術的な事象を楽しむ際になくてはならないものである。

(2)

祖父母の家があるK市の水道水は地下水だと幼い頃から聞かされていた。夏は冷たく、冬はぬるく、もちろん蛇口からそのまま飲んでもとてもおいしい。隣の県に住んでいた私は、同じ米を使っているのに我が家のご飯は普通で祖父母の家のはとびきりおいしいのが不思議だったが、水が違ったのだ。

K市は世界でも有数の大火山の近隣に位置しており、その大自然の恩恵を受けて人口50万人以上の都市にして水道水源のすべてを地下水でまかなっている。火山は約27万年前から約９万年前の間に４度にわたって大噴火を起こしたという。そのため火砕流(注1)が厚く幾層にも積もり、豊かな水を育む、すきまに富んだ大地が形成されていった。地下に浸透した水は歳月をかけて良質な天然のミネラルウォーターとなり、現在もK市を含む周辺地域へ行き渡っている。また16・17世紀、この地方の政治家が河川を治めるのに大変優れた人物であったことも、雄大な自然の恵みを土台にますます地下水が豊富になった理由である。おいしい水には自然の力と人の力の両方が必要なのである。

さて、故郷から遠く離れ、S市に移り住むことになった私はなじみのない土地に不安を感じていたが、ある一言で気持ちが変わった。S市の水道水供給はF山を源とする二つの水系(注2)から成っており、水が良いと気象庁勤務の専門家に言われたのだ。水が良い所、それだけでも生活は快適だと思う。

（注１）火砕流：山の噴火で、火山内部から出たさまざまなものが川のように流れ出ること、また流れ出た混合物

（注２）水系：一つの川とそれにつながる支流、湖、沼など

53 祖父母の家のはとびきりおいしいとあるが、なぜか。

1　幼い頃から、食べてきた米だから

2　地下水の水道水で炊いているから

3　火山の近くの地域でとれた米だから

4　浄水された水道水を使っているから

54　K市に地下水が豊富にある理由として、筆者が本文で挙げているのはどれか。

1　雨が地下からすぐに良質なミネラルウォーターになれる地形であること

2　多くの火山に囲まれていて、自然が豊かな土地であること

3　火山の噴火で形成されたすきまの多い大地であること

4　昔の政治家が作ったものと同じ水道が今もあること

55　水のおいしさについて、筆者はどのように考えているか。

1　水のおいしさは土地と人の努力で決まり、その質の良さは生活を快適なものにする。

2　水のおいしさは地下水の量と人の優秀さで決まり、水道水がおいしい土地は安心できる。

3　水のおいしさで食事が変わるので、水道水がおいしいことは生活するうえで大切だ。

4　水のおいしさはその土地の自然で変わるので、慣れない土地に住むときは不安だ。

(3)

音読という読み方がある。読んで字のごとく、声を出し、文章を音にして読む方法である。我々の多くはまず音を通して言語を学び、これをある程度理解できるようになってから書き言葉を学ぶ。書き言葉に慣れていない幼少のころは、音読することで内容を理解することができたはずだ。やがて文章を読むことに慣れ、声を出さない黙読ができるようになり、音読は行われなくなる。子どもっぽい行為のように感じるのだろう。

実際、黙読ができるようになると読む速度が飛躍的に早くなり、内容の理解度も高くなるというデータがある。なるほど、子どもと大人では読み方が違うし、書き言葉からの理解を身に付けた後は音読など不要だという証拠になりそうだ。しかし、音読は古くから行われ、そして現在も行われている。

日本の教育現場では音読が多く用いられてきた。昔は10歳にも満たない年齢から難しい漢文(かんぶん)(注1)などを音読し、覚え、暗唱(あんしょう)(注2)したものだ。日本だけではない。世界の多くの宗教の教本も、まず音読し、それを覚えることから始める。内容を深く理解する以前に、その<u>文章を身体に刻み込む</u>かのように身に付けるのだ。

音読という読書法の特筆すべき点は、この身体性だろう。多くの文や表現が口から自動的に再生できるまでに身に付けることは、すなわちそれが自身の思考の情報源としてストック(注3)されることにほかならない。そして、これこそが教養の基礎となるものではないだろうか。丸暗記することに何の意味があるのかと現在の教育では否定されがちだが、言語活動としての音読を決して軽視すべきではない。

（注1）漢文(かんぶん)：中国語で書かれた古典の文章

（注2）暗唱(あんしょう)：覚えた文章を、何も見ずに声に出すこと

（注3）ストックする：保存する

56 子どものときに音読を行うのはなぜか。

1 言葉を学ぶときの方法として最適だから

2 音で聞く言葉は容易に理解できるから

3 文章を読むことに慣れていないから

4 黙読より速く読むことができるから

57 文章を身体に刻み込むとあるが、どういうことか。

1 小さい時に、難しい文章をたくさん与える教育をすること

2 どんなに難しい文章でも、意味を理解してから音読すること

3 理解できなくても文章が口から出るくらい、音読して覚えること

4 難しい宗教の本に出てくる内容を、音読しながら理解していくこと

58 筆者が音読を教養の基礎になるものと考える理由は何か。

1 文章を暗記する習慣を身に付けることで、記憶力が上がるから

2 音読した文章の内容が、物事を考えるときの情報の元となるから

3 声に出して文章を読むことが、内容を理解する上で一番いい方法だから

4 文章をまるごと暗記することによって、知識が増えるから

問題10　次の文章を読んで、後の問いに対する答えとして最もよいものを、1・2・3・4 から一つ選びなさい。

「最近の若い人は」という言い方は聞き飽きた上にいかにも自分がつまらない年配者に思えて嫌なのだが、それでも言いたくなることがある。失敗することについてもそうだ。ありとあらゆる情報が簡単に手に入る現代、多方面で経験よりも情報の方が大きく勝っているため、失敗を避けることは昔より格段に容易だろう。加えて近年子供の数が減り、幼い時から一人の子供に対して親や大人達が必要以上に目を配り、助ける傾向にある。過度の保護を受け、さらに情報収集で武装すれば失敗を回避するシステムは自ずと出来上がり、もはや失敗する機会を逸(いっ)（注1）してしまったといってもいい。情報の海の中で生まれ育った人達は<u>そのシステム</u>①が身に付いているため、失敗を経験しないまま成長してしまうケースが多い。

かくいう私も生涯を通して常に慎重に無難な道を選んできた。大きな失敗や屈辱を味わうことなく半世紀以上生きてこられたことは幸せだと思っていたが、最近になって息子の失敗を目の当たりにし、動揺した。息子も現代の若者らしくあまり無理せず上手に、順調な人生をこれまで過ごしてきたに違いない。しかし思わぬ所でつまずいてショックを受け、思い悩んで自分を恥じている様子を傍で見ていると、おかしなことに心配よりもだんだんとうらやましい気持ちになってきた。私が知らない、いや認識できなかった感覚や感情を彼は体験している。いわば筋肉トレーニングで普段意識することのない筋肉を使うような、全身の筋肉をフル（注2）で使っているような気がしたのだ。

例えば学業も運動も優秀、友達にも恵まれ、好きな仕事をして成功し社会的欠点は一つもない、挫折(ざせつ)も後悔もない人生があったとしよう。そんな人生は果たしてうらやましいだろうか。いや、一見不足のないようで、<u>一人の人間としては不完全だ</u>②と思う。もとより完全な人間はいないと百（注3）も承知だが、それでも今苦しんでいる息子より不完全だと思うのだ。

悲しみや屈辱、失望といった感覚や感情も人間の持つ豊かな可能性であり、あまり経験したくないとはいえ、それらが全くない生き方は与えられた機能を存分に使わないことになる。失敗して恥ずかしい思いをすることは筋トレのように普段気づかない感性を刺激するだろう。成功や幸福とはまた違った彩りの感覚、感性を知ることになり、それは自らの機能、能力、可能性の発見でもある。失敗することを過剰に避けようとするのは自ら人生を損なっているに等しいということだ。一個体として息子に負けていると思う自分を省み、若い人にはあえて失敗を勧めたい。

（注1）逸(いっ)する：なくす

（注2）フルで：全力で

（注3）百も承知：わかりきっている

59 ①そのシステムとは何か。

1 大人達が常に子供を守り、失敗しないように助けようとすること

2 周りの大人達に守られつつ、様々な情報を得て失敗を避けること

3 情報を集めることで自分を守りながら、成長していくこと

4 自分の経験よりも、集められた情報を信じて生きていくこと

60 息子に対する筆者の気持ちと合うものはどれか。

1 目の前で大きな失敗をした息子を見て、驚いてしまった。

2 息子が思い悩んでいる姿を見て、おかしいと感じた。

3 自分がしたことのない経験を持つ息子をうらやんでいる。

4 自分では考えていなかったようなところで失敗し、衝撃を受けた。

61 ②一人の人間としては不完全だとあるが、なぜか。

1 全身で感情を表したことがないから

2 他人をうらやましいと思っているから

3 挫折(ざせつ)や後悔という経験が少ししかないから

4 失敗して苦しい思いをしたことがないから

62 筆者の考えに合うのはどれか。

1 挫折(ざせつ)や後悔を通じて、自分の能力や可能性を見つけられる。

2 悲しさや悔しさを経験することは、人生に必ず必要なことである。

3 失敗した経験がない人は、欠点の多い人間になってしまう。

4 感性を豊かにするためには、失敗という経験が不可欠である。

問題11　次のAとBの文章を読んで、後の問いに対する答えとして最もよいものを、1・2・3・4 から一つ選びなさい。

A

音楽鑑賞とは、単に音楽を「聞き流す」ことではない。「聴き込む」といった表現が妥当である。気に入った楽曲をじっくり繰り返し聴くことでさらにその楽曲の理解が深まり、声色や楽器の音色、歌詞を細部まで聴き取ることができるようになる。

楽曲の理解を深めるという観点からは、気に入った楽曲を軸に、作曲者についての知識を身に付けたり、他の楽曲に視野を広げることも有意義である。クラシック音楽でいえば、一つの楽曲を複数の楽団や異なる指揮者の演奏と比較したり、楽譜を参照しながら聴くこともこれに該当するだろう。また、一人のミュージシャンの楽曲を一通り網羅(もうら)(注1)してみるのもよい。その後再びお気に入りの曲を聴いた際に、初めて聴いた時とはまた違った感動に出会えることも音楽鑑賞の醍醐味(だいごみ)(注2)である。

B

音楽鑑賞とは辞書によれば、「コンサート会場、または自宅などで音楽作品を味わい理解すること」とある。音楽作品は料理と一緒で、言語を介さず味わうことができるのだが、ときには音楽以外の要素が作品の理解を深めることに役立つことがある。高品質のオーディオ機器を揃えたり、座り心地の良い椅子を用意したりすることも、音楽をじっくりと味わうことに繋がると言えるだろう。

また面白いことに、音楽は他の行為と並行しながら楽しむことで味わいが増幅することがあるという。例えば、自宅でコーヒーや書籍を片手に持ちながら、また、レストランで食事やお酒を楽しみながら演奏を聴くことで、感受性が高まり心から感動に浸れるそうだ。音楽そのものだけでなく、自分にとって心地よい環境の中で聴くことも、音楽鑑賞において重要なポイントであるように思う。

（注1）網羅(もうら)する：全て残さず集め取り入れる

（注2）醍醐味(だいごみ)：深い味わいや本当のおもしろさ

63 音楽鑑賞について、AとBはどのように述べているか。

1 AもBも、繰り返し聴き続けることが必要だと述べている。

2 AもBも、声色や楽器の音色、歌詞を細部まで楽しむことだと述べている。

3 Aは声色や楽器の音色、歌詞を細かく聴き取り理解することだと述べており、Bは音楽への感受性を高めることだと述べている。

4 Aは楽曲を聴き込んで理解を深めることだと述べ、Bは音楽を深く味わうことだと述べている。

64 音楽への理解を深めるために重要なことについて、AとBはどのように述べているか。

1 Aは楽曲や作曲者についての知識を深める工夫をすることだと述べ、Bは楽曲を楽しむ環境を工夫することだと述べている。

2 Aは気に入った楽曲とは異なる楽曲を聴いてみることだと述べ、Bはまずは言語を介さず味わってみることだと述べている。

3 Aは細部に注目し一つの楽曲を何度も繰り返し聴くことだと述べ、Bは他の動作と並行して聴くことだと述べている。

4 Aは気に入った楽曲とは異なる楽曲に視野を広げることだと述べ、Bはコンサート会場や自宅などで音楽の深みを知ることだと述べている。

問題12　次の文章を読んで、後の問いに対する答えとして最もよいものを、1・2・3・4 から一つ選びなさい。

現在、本だけで商売をしている本屋など皆無(かいむ)(注1)だろう。おおかたの本屋は店の片隅で文房具も売っているし、カフェを併設しているところも珍しくない。本屋が本だけで成り立たなくなっているのは、本がネットショップで購入するものになったからだ。小さい本屋は多くの書籍を扱うことはできないので、苦戦を強いられている。

そんな中、おもしろい本屋の話を聞いた。そこは人口が8,000人ほどの小さな町にある普通の本屋だが、近年着実に売り上げを伸ばしているらしい。<u>この本屋のいいところ</u>は、この本屋が町の人々の「知りたい」という気持ちを上手にすくい上げていることにある。店の入口から見渡すと、きちんと本が並べてある。しかし、よく見るとレシピ本と一緒に、調味料も置いてある。ここまではよくある普通の本屋だが、違うのはこの先だ。この調味料を使ってみたいと思った時にどの料理本を読めばいいのか、店員が丁寧に答えてくれるのだ。そして、珍しい野菜をもらったので料理法を、ラジオが壊れてしまったので修理できる所を、といった具合に、町の人達が困ったときに頼りにするのがこの本屋で、ここは解決方法を得るための「知の場所」となっているそうだ。「ラジオは修理できないけれど、修理できる場所を調べることはできる」と店長は言う。店員はさながら(注2)優秀な図書館員のようで、この店なら解決方法がわかるかもしれないという信頼を得ている。

本来は図書館がそういう場所だった。解決方法は知らなくても、一緒に調べる、調べる方法を提示できる図書館司書という肩書を持つ人がいる場所だ。図書館は知のデータベースであり、そこに置く本を、精査し、揃えることも司書の仕事である。けれども、現在の日本ではこの司書という仕事が専門職としての処遇を受けづらくなっている。というのも、多くの市町村が人口減少に悩み、税金収入が減ったことで図書館を維持することが難しくなったからだ。少しでも行政の負担を減らすため、図書館の運営を民間に任せる自治体が増えている。民間企業は、安い賃金で雇用できるパート、アルバイトに貸出業務を任せて利益を出す。専門書が見当たらず、調べ方も得られない、おそらくまともな司書を雇っていないのではないかと思われるような図書館も現れつつある。「知の場所」であるべき図書館が、ただのレンタルショップになってしまっているようだ。はたして これは図書館と言えるのだろうか。

人々が集まる町の本屋のように信頼される場所だったかつての姿。そのあるべき姿を、そこに関わる人々に改めて考えてほしいと切に(注3)願う。

（注1）皆無（かいむ）：全くない

（注2）さながら：例えるならば

（注3）切に：心から

65 本屋の現在の状況について、筆者はどのように述べているか。

1 本以外の物も売るなど、客のニーズに応える店になっている。

2 欲しい本がなかなか手に入らなくて、不便になっている。

3 本の販売だけでは、店の経営がうまく回らなくなっている。

4 インターネット販売など、様々な販売方法を取り入れている。

66 この本屋のいいところとはどのようなことか。

1 本と本以外の物を組み合わせて販売しているところ

2 助けが必要なとき、どう対処すべきか教えてくれるところ

3 多くの書籍を扱っていて、店員が丁寧に接客しているところ

4 店員が本の内容についてよく知っていて、信頼できるところ

67 筆者は、現在の図書館をどのように考えているか。

1 民間企業に雇われたパートやアルバイトの司書しかいなくなってしまった。

2 人々が借りたいと思う娯楽のための本ばかりを揃えた場所になっている。

3 図書館司書がいないために、図書館内にある本の質が下がってしまった。

4 本の貸出は行っているが、疑問を解決できる場所にはなっていない。

68 この文章で筆者が言いたいことは何か。

1 図書館は、人々の「知の場所」を守れるような図書館司書を雇うべきだ。

2 図書館は、人々の「知りたい」という気持ちに応えられる場所であるべきだ。

3 自治体は、図書館の運営が厳しくても人々の問題解決のために専門書を揃えるべきだ。

4 自治体は、図書館の運営を民間に委託するのをやめて優秀な図書館員を育てるべきだ。

問題13　右のページは、ボランティア募集の案内である。下の問いに対する答えとして最もよいものを、1・2・3・4 から一つ選びなさい。

69　松本さんは中央市にある大学に通っている大学１年生である。週末にボランティア活動を行いたいと考えているが、参加するためにはどのように申し込めばいいか。

1　はがきかEメールで４月27日までに申し込む。

2　はがきかEメールで４月1日の説明会に申し込む。

3　説明会に必ず参加し、はがきかEメールで４月10日までに申し込む。

4　打ち合わせに必ず参加し、Eメールで４月27日までに申し込む。

70　マリナさんは中央市に住んでいる主婦である。４月から花いっぱい活動に参加するつもりだが、５月の中央まつりの参加も考えている。ボランティア保険の支払い方として合っているのは、次のどれか。

1　４月の花いっぱい活動初日に300円を支払う。

2　４月の花いっぱい活動初日に200円、中央まつり当日に100円を支払う。

3　４月の花いっぱい活動初日に200円、中央まつり1週間前までに200円を支払う。

4　４月の花いっぱい活動初日に200円、中央まつり1週間前に100円を支払う。

～ 中央市ボランティア募集 ～

中央市では市民活動のボランティアを募集しています。

① ごみゼロ活動	町の美化のため、中央駅周辺の清掃活動を行います。 ✓ 募集対象：高校生、大学生1～2年生 ✓ 募集締め切り：４月27日 ✓ ５月から毎週土曜日朝8時～
② 花いっぱい活動	駅から町の中心部にかけての一帯の花や樹木の手入れを行います。 ✓ 募集対象：どなたでも ✓ 週2～３回 平日午前（活動時間は1日３～４時間）
③ 中央まつり スタッフ	5月と9月に行う「中央まつり」で、会場の準備や片付け、ステージ進行の手伝いを行います。どちらか片方の日程のみの参加も可能です。 ✓ 募集対象：20歳以上の方 ✓ 募集締め切り：４月10日 ✓ 事前打ち合わせが開催日の1週間前にあります。（参加必須）

【 登録方法 】

以下を明記の上、はがきかEメールでお申し込みください。

☞ お名前、ご住所、ご年齢、お電話番号、参加を希望するボランティアの番号

　＊ ③をご希望の方は、ご参加可能時期をお知らせください。

　＊ 学生の方は学校名も併せてお知らせください。

【 ご注意 】

・ご登録は市内在住、在勤、または市内の高校・大学等に通学されている方限定です。

・ご参加の際はボランティア保険への加入が必要です。保険料は自己負担になります。
　保険料：①② 200円（参加初日に支払い）、③1回参加100円（打ち合わせ時に支払い）

・ボランティアの詳しい内容につきましては、説明会でご確認ください。（参加任意）
　説明会：４月１日（木）10:00～11:00、16:00～17:00、19:00～20:00　市民プラザ A会議室
　説明会への参加申し込みは不要です。直接会場へお越しください。

Listening

問題用紙

N1

聴解

（55分）

注　意

Notes

1．試験が始まるまで、この問題用紙を開けないでください。
Do not open this question booklet until the test begins.

2．この問題用紙を持って帰ることはできません。
Do not take this question booklet with you after the test.

3．受験番号と名前を下の欄に、受験票と同じように書いてください。
Write your examinee registration number and name clearly in each box below as written on your test voucher.

4．この問題用紙は、全部で13ページあります。
This question booklet has 13 pages.

5．この問題用紙にメモをとってもかまいません。
You may make notes in this question booklet.

受験番号　Examinee Registration Number	

名　前　Name	

問題1

테스트용

고사장 소음 버전

해커스N1실전모의고사_3회.mp3

問題１では、まず質問を聞いてください。それから話を聞いて、問題用紙の１から４の中から、最もよいものを一つ選んでください。

例

1　アンケート調査をおこなう

2　新商品のアイディアを出す

3　開発費を計算する

4　開発部に問い合わせる

1番

1 資料を急いで作る

2 資料に表を追加する

3 山田さんと一緒に出張に行く

4 部長にデータがあるか聞く

2番

1 商品到着前に電話で

2 商品到着前にホームページで

3 商品到着後に電話で

4 商品到着後にホームページで

3番

1　食事に行く人の数を確認する

2　レストランの個室を予約する

3　お客様に苦手な食べ物の有無を聞く

4　タクシー会社に連絡をする

4番

1　合宿の候補地を探す

2　鈴木さんに連絡する

3　田中さんと佐藤さんに連絡する

4　練習試合についてのメールを送る

5番

1　家賃が安いところに引っ越す

2　外食の回数を減らす

3　イベントに行く回数を少なくする

4　雑誌を読むのをやめる

問題2

問題２では、まず質問を聞いてください。そのあと、問題用紙のせんたくしを読んでください。読む時間があります。それから話を聞いて、問題用紙の１から４の中から、最もよいものを一つ選んでください。

例

1　幼いときに中国で生活していたから

2　他に興味があることがなかったから

3　日本ではなく中国で働きたいから

4　将来の役に立つと思ったから

1番

1　身近な人との関係を深められること

2　時間を気にせず過ごせること

3　きれいな景色を眺められること

4　自分と向き合う時間を持てること

2番

1　話の進ませ方をスムーズにすること

2　新人らしさを持ち続けること

3　言葉や表現のテクニックを増やすこと

4　面白くて深みのある文章にすること

3番

1　きちんと相手を見ること

2　ジェスチャーを加えること

3　大きい声で話すこと

4　あいづちを打つこと

4番

1　男性の働き方の見直し

2　子育てにかかる費用の支援

3　育児をする家庭の現状把握

4　安全な出産のための環境作り

5番

1 家で仕事ができるようになったこと

2 会社に通う移動時間が長くなったこと

3 子どもの病状がひどくなったこと

4 自治体の支援サービスを知ったこと

6番

1 コンタクトよりも好きだから

2 友達にいいと言われたから

3 コンタクトが目に合わないから

4 ファッションを楽しみたいから

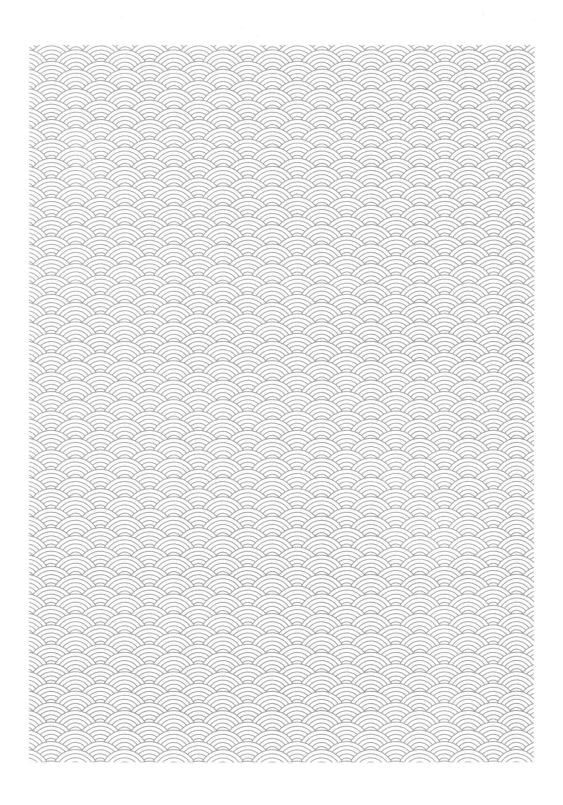

問題3

問題３では、問題用紙に何も印刷されていません。この問題は、全体としてどんな内容かを聞く問題です。話の前に質問はありません。まず話を聞いてください。それから、質問とせんたくしを聞いて、１から４の中から、最もよいものを一つ選んでください。

- メモ -

問題4

問題４では、問題用紙に何も印刷されていません。まず文を聞いてください。それから、それに対する返事を聞いて、１から３の中から、最もよいものを一つ選んでください。

- メモ -

問題5

問題5では、長めの話を聞きます。この問題には練習はありません。
問題用紙にメモをとってもかまいません。

1番

問題用紙に何も印刷されていません。まず話を聞いてください。それから、質問とせんたくしを聞いて、1から4の中から、最もよいものを一つ選んでください。

- メモ -

2番

まず話を聞いてください。それから、二つの質問を聞いて、それぞれ問題用紙の1から4の中から、最もよいものを一つ選んでください。

質問1

1 履歴書の書き方

2 面接のときの話し方

3 業界研究の方法

4 グループディスカッションの進め方

質問2

1 履歴書の書き方

2 面接のときの話し方

3 業界研究の方法

4 グループディスカッションの進め方

[해설집] p.96

정답표

언어지식(문자 · 어휘)

문제 1	
1	4
2	2
3	3
4	2
5	1
6	4
문제 2	
7	1
8	3
9	4
10	2
11	3
12	1
13	4
문제 3	
14	1
15	2
16	3
17	4
18	4
19	1

문제 4	
20	3
21	1
22	2
23	3
24	4
25	4

언어지식(문법)

문제 5	
26	3
27	2
28	1
29	1
30	1
31	1
32	4
33	3
34	3
35	4
문제 6	
36	1
37	1
38	4
39	3
40	2
문제 7	
41	3
42	2
43	2
44	1
45	3

독해

문제 8	
46	3
47	4
48	2
49	1
문제 9	
50	3
51	4
52	2
53	2
54	3
55	1
56	3
57	3
58	2
문제 10	
59	2
60	3
61	4
62	1
문제 11	
63	4
64	1
문제 12	
65	3
66	2
67	4
68	2
문제 13	
69	1
70	4

청해

문제 1	
1	4
2	4
3	3
4	2
5	3
문제 2	
1	4
2	3
3	4
4	2
5	1
6	4
문제 3	
1	1
2	3
3	2
4	4
5	1

문제 4	
1	2
2	1
3	2
4	2
5	1
6	2
7	3
8	1
9	1
10	2
11	2
문제 5	
1	3
2 질문1	1
질문2	2

실전모의고사 제4회

난이도 : 상

실전모의고사 제4회

N1
言語知識（文字・語彙・文法）・読解

受験番号を書いて、その下のマーク欄にマークしてください。
Fill in your examinee registration number in this box, and then mark the circle for each digit of the number.

受験番号
(Examinee Registration Number)

21A1010123-30123

〈ちゅうい Notes〉
1. くろいえんぴつ(HB、No.2)でかいてください。
Use a black medium soft (HB or No.2) pencil.
(ペンやボールペンではかかないでください。)
(Do not use any kind of pen.)
2. かきなおすときは、けしゴムできれいにけしてください。
Erase any unintended marks completely.
3. きたなくしたり、おったりしないでください。
Do not soil or bend this sheet.
4. マークれい Marking Examples

よいれい Correct Example	わるいれい Incorrect Examples
●	⊘ ◯ ◎ ⓪ ⊖ ◐ ◉

あなたの名前をローマ字のかつじたいで書いてください。 Please print in block letters.

名前 Name

せいねんがっぴを書いてください。
Fill in your date of birth in the box.

せいねんがっぴ(Date of Birth)

ねん Year	つき Month	ひ Day

問題 1				
1	①	②	③	④
2	①	②	③	④
3	①	②	③	④
4	①	②	③	④
5	①	②	③	④
6	①	②	③	④
問題 2				
7	①	②	③	④
8	①	②	③	④
9	①	②	③	④
10	①	②	③	④
11	①	②	③	④
12	①	②	③	④
13	①	②	③	④
問題 3				
14	①	②	③	④
15	①	②	③	④
16	①	②	③	④
17	①	②	③	④
18	①	②	③	④
19	①	②	③	④

問題 4				
20	①	②	③	④
21	①	②	③	④
22	①	②	③	④
23	①	②	③	④
24	①	②	③	④
25	①	②	③	④
問題 5				
26	①	②	③	④
27	①	②	③	④
28	①	②	③	④
29	①	②	③	④
30	①	②	③	④
31	①	②	③	④
32	①	②	③	④
33	①	②	③	④
34	①	②	③	④
35	①	②	③	④
問題 6				
36	①	②	③	④
37	①	②	③	④
38	①	②	③	④
39	①	②	③	④
40	①	②	③	④

問題 7				
41	①	②	③	④
42	①	②	③	④
43	①	②	③	④
44	①	②	③	④
問題 8				
45	①	②	③	④
46	①	②	③	④
47	①	②	③	④
48	①	②	③	④
問題 9				
49	①	②	③	④
50	①	②	③	④
51	①	②	③	④
52	①	②	③	④
53	①	②	③	④
54	①	②	③	④
55	①	②	③	④
56	①	②	③	④
57	①	②	③	④

問題 10				
58	①	②	③	④
59	①	②	③	④
60	①	②	③	④
61	①	②	③	④
問題 11				
62	①	②	③	④
63	①	②	③	④
問題 12				
64	①	②	③	④
65	①	②	③	④
66	①	②	③	④
67	①	②	③	④
問題 13				
68	①	②	③	④
69	①	②	③	④

실전모의고사 제4회

N 1
聴解

受験番号を書いて、 その下のマーク欄にマークしてください。
Fill in your examinee registration number in this box, and then mark the circle for each digit of the number.

受験番号
(Examinee Registration Number)

2	1	A	1	0	1	0	1	2	3	-	3	0	1	2	3
⓪	⓪	●		●	⓪	●	⓪	⓪	⓪			●	⓪	⓪	⓪
①	●	Ⓑ	●	①	●	①	●	①	①		①	①	●	①	①
●	②		②	②	②	②	②	●	②		②	②	②	●	②
③	③		③	③	③	③	③	③	●		●	③	③	③	●
④	④		④	④	④	④	④	④	④		④	④	④	④	④
⑤	⑤		⑤	⑤	⑤	⑤	⑤	⑤	⑤		⑤	⑤	⑤	⑤	⑤
⑥	⑥		⑥	⑥	⑥	⑥	⑥	⑥	⑥		⑥	⑥	⑥	⑥	⑥
⑦	⑦		⑦	⑦	⑦	⑦	⑦	⑦	⑦		⑦	⑦	⑦	⑦	⑦
⑧	⑧		⑧	⑧	⑧	⑧	⑧	⑧	⑧		⑧	⑧	⑧	⑧	⑧
⑨	⑨		⑨	⑨	⑨	⑨	⑨	⑨	⑨		⑨	⑨	⑨	⑨	⑨

せいねんがっぴを書いてください。
Fill in your date of birth in the box.

せいねんがっぴ(Date of Birth)		
ねん Year	つき Month	ひ Day

〈ちゅうい Notes〉
1. くろいえんぴつ(HB、No.2)でかいてください。
Use a black medium soft (HB or No.2) pencil.
(ペンやボールペンではかかないでください。)
(Do not use any kind of pen.)
2. かきなおすときは、けしゴムできれいにけしてください。
Erase any unintended marks completely.
3. きたなくしたり、おったりしないでください。
Do not soil or bend this sheet.
4. マークれい Marking Examples

よいれい Correct Example	わるいれい Incorrect Examples
●	⊗ ◯ ◯ ⓪ ⊘ ◐ ●

あなたの名前をローマ字のかつじたいで書いてください。 Please print in block letters.

名前 Name	

問題 1				
例	①	②	●	④
1	①	②	③	④
2	①	②	③	④
3	①	②	③	④
4	①	②	③	④
5	①	②	③	④

問題 2				
例	①	②	③	●
1	①	②	③	④
2	①	②	③	④
3	①	②	③	④
4	①	②	③	④
5	①	②	③	④
6	①	②	③	④

問題 3				
例	●	②	③	④
1	①	②	③	④
2	①	②	③	④
3	①	②	③	④
4	①	②	③	④
5	①	②	③	④

問題 4				
例	①	②	●	④
1	①	②	③	④
2	①	②	③	④
3	①	②	③	④
4	①	②	③	④
5	①	②	③	④
6	①	②	③	④
7	①	②	③	④
8	①	②	③	④
9	①	②	③	④
10	①	②	③	④
11	①	②	③	④

問題 5					
1		①	②	③	④
2	(1)	①	②	③	④
	(2)	①	②	③	④

Language Knowledge (Vocabulary/Grammar) • Reading　　問題用紙

N1

言語知識（文字・語彙・文法）・読解

（110分）

注　　意
Notes

1．試験が始まるまで、この問題用紙を開けないでください。
Do not open this question booklet until the test begins.

2．この問題用紙を持って帰ることはできません。
Do not take this question booklet with you after the test.

3．受験番号と名前を下の欄に、受験票と同じように書いてください。
Write your examinee registration number and name clearly in each box below as written on your test voucher.

4．この問題用紙は、全部で31ページあります。
This question booklet has 31 pages.

5．問題には解答番号の 1 、 2 、 3 …が付いています。解答は、解答用紙にある同じ番号のところにマークしてください。
One of the row numbers 1, 2, 3 … is given for each question. Mark your answer in the same row of the answer sheet.

受験番号　Examinee Registration Number	

名　前　Name	

問題1 ＿＿＿の言葉の読み方として最もよいものを、1・2・3・4 から一つ選びなさい。

1 彼女の何気ない言葉が気に障った。

1 さわった　2 つまった　3 せまった　4 かかった

2 彼はいつも話を誇張して話す癖がある。

1 ほちょう　2 ほうちょう　3 こうちょう　4 こちょう

3 自宅に訪問して診療することで、患者の負担を軽減できる。

1 しんりょう　2 しんりゅう　3 じんりょう　4 じんりゅう

4 若者の間で、華奢な指輪が流行っているようだ。

1 きばつ　2 きみょう　3 きゃしゃ　4 きゃっこう

5 自分の欲望を優先してばかりいると反感を買うよ。

1 ようぼ　2 ようぼう　3 よくぼ　4 よくぼう

6 火葬の前に化粧を施す風習がある。

1 しるす　2 こらす　3 もたらす　4 ほどこす

問題 2 (　　　) に入れるのに最も**よいものを、1・2・3・4 から一つ選びなさい。**

7 今回の対応に関して、国の判断は (　　　) と見る国民が大多数だ。

1 下っていた　2 誤っていた　3 偽っていた　4 滞っていた

8 その映像には過去の過ちを (　　　)、反省するスター選手の姿があった。

1 思い描き　2 考え込み　3 見計らい　4 振り返り

9 初めての芝居にしては (　　　) としていて将来が有望だ。

1 細々　2 着々　3 堂々　4 煌々

10 久しぶりに病室で (　　　) した祖母はすっかり弱っていた。

1 面会　2 面接　3 集合　4 合流

11 候補者の政策はどれも似ていて、誰を支持するか (　　　)。

1 そそっかしい　2 悩ましい　3 紛らわしい　4 きまり悪い

12 友人は仕事も育児も (　　　) こなすキャリアウーマンだ。

1 ちやほや　2 かねがね　3 たちまち　4 てきぱき

13 次世代を担う人材を (　　　) するために作られたカリキュラムが最大の特徴です。

1 育成　2 扶養　3 成熟　4 自立

問題3 ＿＿＿の言葉に意味が最も近いものを、1・2・3・4 から一つ選びなさい。

14 面接官の鋭い質問にあっさり回答した。

1 何となく　2 泣く泣く　3 心置きなく　4 難なく

15 何事も粘り強く挑み続けることが成功への近道だ。

1 前を向いて　2 あきらめずに　3 手を引いて　4 へこまずに

16 妹は私と違い匂いに敏感だ。

1 詳しい　2 疎い　3 神経質だ　4 無関心だ

17 父は私の身勝手な主張をとがめた。

1 追及した　2 反映した　3 容認した　4 弁護した

18 そのニュースを見てショックを受けた。

1 刺激　2 衝撃　3 影響　4 感銘

19 部長のあさましい行動に全員が呆れた。

1 異常な　2 軽率な　3 見苦しい　4 信じられない

問題4　次の言葉の使い方として最もよいものを、1・2・3・4 から一つ選びなさい。

20　便宜

1　便宜を意識しながら作業することで生産性を高めることができる。

2　家を決める上で譲れない条件は、部屋の広さと交通の便宜の良さだ。

3　約束を取り付ける際は、始めに先方の便宜を確認してください。

4　顧客利用時の便宜を図るため、より円滑な運営方法を模索している。

21　無念

1　何か月も前から準備してきた企画が中止という無念な結果に終わった。

2　周囲の人々は月に行くという彼の夢をあまりにも無念だと嘲笑った。

3　心配をかけまいと、落ち込んだ姿を見せず無念に明るくふるまった。

4　税金を上げる前に、現在の無念な使用用途について考え直す必要がある。

22　操る

1　ここは駐車禁止スペースとなっていますので、車を操ってください。

2　意図的に株価を操った疑いがあるとして、有名企業の社長が逮捕された。

3　彼女の人を操る抜群のリーダーシップのおかげで、クラスは一致団結した。

4　警察と市民が協力することで、町の秩序を操ることができる。

23　馴れ馴れしい

1　目上の人への馴れ馴れしい態度は自分の印象を悪くする。

2　どの商品も馴れ馴れしい価格で庶民にも手が届きやすい。

3　大喧嘩していた子供たちが仲直りし、馴れ馴れしい光景が見られた。

4　A社の革靴はそれぞれの足に馴れ馴れしいのが特徴です。

24　気配

1　寝不足だったからか、通勤途中に気配が悪くなった。

2　行きつけのカフェの店長は優しい気配を持っている。

3　夜道で背後に人の気配を感じたので、おそるおそる振り返った。

4　子どもを取り巻く気配が目まぐるしく変化している。

25 還元

1 本社では一年に二度、株主に会社の利益の一部を還元している。

2 彼女が還元したことで、国民の柔道への関心が高まっている。

3 失った信頼を還元するには、多大な努力と時間が必要です。

4 最近は機械が漢字に還元してくれるので漢字をどんどん忘れていく。

問題5　次の文の（　　　）に入れるのに最もよいものを、1・2・3・4 から一つ選びなさい。

26　今日は大規模の花火大会が開催される（　　　）、いつもにも増して道が混んでいる。

1　わけにはいかず　2　どころか　3　とあって　4　のをいいことに

27　日本は少子高齢化が進んでいる。人口構成の変化（　　　）、行政サービスのあり方を再検討したほうがいい。

1　を踏まえて　2　にかこつけて　3　と相まって　4　を通じて

28　顧客に提出する提案書を（　　　）がてら、社内向けの企画書も作ってしまおう。

1　作って　2　作り　3　作る　4　作れ

29　来年から、我が社でも社内での公用語が英語になる。（　　　）、社員の半数以上が外国人なのだから、当然のことだろう。

1　もっとも　2　要するに　3　いっそ　4　したがって

30　今田（いまだ）「今朝のニュース見た？ 知事（　　　）人が、建設会社の社長から現金を受け取っていたなんてねえ。」

秋山（あきやま）「ほんと、信じられないよね。」

1　ならではの　2　には及ばない　3　ともあろう　4　といった

31　妹は自分の店を持ちたいから頑張って貯金すると（　　　）、買い物に行っては無駄遣いばかりしている。

1　言ったところで　2　言わんがために　3　言ったそばから　4　言ったが最後

32　（山田（やまだ）家の玄関で）

山田（やまだ）「今日はわざわざお越しいただきありがとうございました。外は寒いですから、どうぞここでコートを（　　　）。」

林（はやし）「あ、そうですか。では、失礼します。」

1　召されるかと思います　2　召し上がってください

3　お召しいただくことにしましょう　4　お召しになってください

33 たくさん時間をかけて一生懸命調べ、やっと書き上げた論文でも、提出期限に（　　　）。

1　間に合わずじまいだ　　　　2　間に合わなければそれまでだ

3　間に合うどころではない　　　　4　間に合わせずにはすまない

34 （電話で）

石川（いしかわ）「近いうちに（　　　）、当社の新製品のご案内に伺いたいのですが。」

佐々木（ささき）「そうですか。ありがとうございます。では、来週の水曜日などはいかがでしょうか。」

1　ご挨拶かたがた　　　　2　ご挨拶のかたわら

3　ご挨拶なくして　　　　4　ご挨拶のいかんによらず

35 中島（なかじま）「収納場所もないし、一年に何度も使うわけじゃないから、スーツケースなんて（　　　）よ。」

森田（もりた）「そうだね。じゃあ、部活の友達にでも借りることにするよ。」

1　買わざるを得ない　　　　2　買うまでもない

3　買わずにはおかない　　　　4　買うに越したことはない

問題6　次の文の＿★＿に入る最もよいものを、1・2・3・4 から一つ選びなさい。

（問題例）

あそこで ＿＿＿ ＿＿＿ ＿★＿ ＿＿＿ は山田(やまだ)さんです。

1　テレビ　　2　人　　3　見ている　　4　を

（解答のしかた）

1．正しい文はこうです。

あそこで ＿＿＿ ＿＿＿ ＿★＿ ＿＿＿ は山田(やまだ)さんです。 1 テレビ　4 を　3 見ている　2 人

2．＿★＿に入る番号を解答用紙にマークします。

（解答用紙）

（例）	①　②　●　④

36　うちの息子は大学には毎日通っているのだが ＿★＿ ＿＿＿ ＿＿＿ ＿＿＿ 図書館に行ったと聞いて驚いた。

1　入学　　2　2年目　　3　初めて　　4　にして

37　私の妻は長子には礼儀作法を厳しく注意するが、末っ子にはどうしても甘くなる＿＿＿ ＿＿＿ ＿＿＿ ＿★＿ 。

1　ある　　2　が　　3　きらい　　4　ようだ

38　私は長年、様々な地域のお正月料理について調べているのだが、今度の＿＿＿ ＿＿＿ ＿★＿ ＿＿＿ ゆっくり巡ろうと計画している。

1　兼ねて　　2　北の地方の温泉を

3　現地調査を　　4　年末年始は

39 事故に遭った人を見捨ててその場を立ち去るなんて、 ＿＿＿ ＿＿＿ ＿★＿ ＿＿＿ 思う。

1 あるまじき行為だと　　2 警察官に

3 仕方がないと　　4 非難されても

40 支持率が大幅に ＿＿＿ ＿＿＿ ＿★＿ ＿＿＿ 打ち出そうとさえしない。

1 下落するに　　2 政府はいまだに

3 まともな政策を　　4 至っても

問題7　次の文章を読んで、文章全体の趣旨を踏まえて、［41］から［44］の中に入る最もよいものを、1・2・3・4 から一つ選びなさい。

同窓会

高校の卒業式の日、「このメンバー全員が揃って集まることは、もうないんだよ」と、先生が言った。私を含めたクラスの皆は、「そんなことないよ」と先生を笑った。

毎日一緒に授業を受けて、毎日一緒に昼ごはんを食べて、学年一仲が良いと言われているこのクラス。集まろうと思えば、いつだって集まることができる。そのような未来への希望が、私たちを［41］。先生は、そんな私たちを優しい笑顔で見つめていた。

若ければ若いほど、別れの重みは正直あまり実感できない。若い時には、別れを悲しむ暇もないくらい新しい人や出来事との出会いが次から次へとやってきて、忙しくて仕方ないものだ。［42］、人生にはやりたいことをやるための時間も、会いたい人に会う機会も十分にあるように思える。しかし少しずつ年を重ねて、やっと、人生にはできないことの方が多く、別れた人とまた同じように会える保証はどこにもないことに、［43］。

あの日、先生が語ったことは真実だった。卒業した次の年、クラス全員に声を掛けての食事会が開催されたが、３人来られなかった。成人式があった年には、居酒屋で飲み会が開かれたけれども、参加者はクラスの３分の２程度だった。

そして、卒業して10年後、先生の退職を祝う会が行われたが、聞いた話によると、参加者はクラスの半数以下であったという。私もその日は、出張が入っていて行くことができなかった。小さなビジネスホテルのベッドの上で、ぼんやりと先生の言葉を思い出していた。

卒業の日から月日は随分と流れ、昨年、クラスのメンバーの１人が病気で亡くなった。先生の言う通り、クラスの全員が集まることはあの日以来一度もなかったし、これから先も［44］は二度と訪れることはない。

41

1 楽観的な気持ちにさせていた　　2 楽観的な気持ちにされていた

3 楽観的な気持ちになったわけだ　　4 楽観的な気持ちになったはずだ

42

1 ゆえに　　2 加えて　　3 要するに　　4 おまけに

43

1 気づかせるまでもない　　2 気づかせたと思うのか

3 気づかされるのである　　4 気づかされたからだ

44

1 このとき　　2 あのとき

3 こんな日　　4 そんな日

問題8　次の(1)から(4)の文章を読んで、後の問いに対する答えとして最もよいものを、1・2・3・4 から一つ選びなさい。

(1)

幼少期からピアノを習い練習を重ねる人がたくさんいるのにもかかわらず、自分の心情を音色に変えて演奏できる人はわずかだ。

楽器というものは本来、喜怒哀楽などの心情を、声に代わって、より豊かに表現するために生み出されたに違いない。しかし、近年の日本では、ピアノは技術を習得するための習い事の一つになってしまっている。演奏技術を鍛錬(たんれん)(注)することだけにとらわれるのではなく、自分の心情を豊かに表現するという本来の目的に立ち戻ってはどうだろうか。

(注) 鍛錬(たんれん)する：練習をして、技術をすばらしいものにする

45　筆者の考えに合うのはどれか。

1　ピアノをいくら練習しても上達しない人がたくさんいるのは問題だ。
2　ピアノだけでなくどんな楽器でも感情が表現できないのは問題だ。
3　ピアノの表現力を高めるために、習い事に真面目に取り組むべきだ。
4　ピアノは心の中の思いを表すことを目指して練習すべきだ。

(2)

以下は、市立病院のホームページに掲載されたお知らせである。

年末年始の内科外来の診療時間について

12月23日から翌年の１月７日までの診療時間に関してのお知らせです。

今年はインフルエンザが大変流行しているため、平日は診療時間を通常18時までのところ、20時までに延長いたします。土曜日に関しましても、平日同様に終日受付いたします。日曜・祝日の診療はこれまで通り行いません。

また、年末は12月29日から翌年の１月３日まで休診といたします。

上記にかかわらず、急患の場合は、救急窓口にお越しください。

市立病院　　事務局

46　年末年始の診療時間について、何を知らせているか。

1　平日の診療の受付開始時間が延長され、土曜日は24時間受け付けること
2　平日の診療受付時間が延長され、土曜日も午前午後共に診療できること
3　平日の診察時間は延長されたが、土・日・祝日はこれまで通りであること
4　平日と土曜日の診察時間が延長され、土曜日のみ受付窓口が変わること

(3)

長い間、運動とは縁がない生活を送ってきた。しかし昨年医者から、健康のためにせめて散歩くらいはするよう言われ、朝晩30分ほど近所を散歩する生活を続けている。医者としては、お腹周りの無駄な肉を落としてほしいという思いからのアドバイスだっただろうし、結果的にお腹もへこんだのだが、何より散歩は心に効くというのが大きな発見だった。散歩を習慣化してから、明らかに悩みごとが減り、心配ごとが頭に浮かんで眠れない夜もほとんどなくなった。

47 筆者によると、散歩で得られたもっとも大きな効果は何か。

1 体よりも心に変化が起き、よく眠れるようになったこと

2 体の健康のみならず、心の健康を保てるようになったこと

3 腹部が細くなり、健康についての心配がなくなったこと

4 やせたことで自信がつき、明るい気持ちになったこと

（4）

以下は、子供の教育を仕事にしている人が書いた文章である。

大人であっても集中力を持続させるのは難しいのですから、それが子どもならなおさらのことです。勉強中に気が散ってテレビのほうに目をやったり、漫画に手をのばしてしまったりすると、親はついそんな行動をきつく叱ってしまいがちですが、それで子どもの集中力が高まるかと言えばそんなことはありません。

実は、気になっていることを思い切って先にやらせてしまうのも一つの手です。私の経験上、宿題の前にテレビを見てすっきりした方が、宿題がはかどる子どもも多いのです。

48 筆者の考えに合うものはどれか。

1 もともと大人よりも子どものほうが、高い集中力を持っているものだ。

2 子どもは集中力を持続させるために、一つのことだけを行うものだ。

3 集中力を高めるには、集中を妨げているものを先にさせるのも効果がある。

4 勉強よりもテレビを見ることのほうが、子どもの集中力を高める効果がある。

問題9　次の(1)から(3)の文章を読んで、後の問いに対する答えとして最もよいものを、1・2・3・4 から一つ選びなさい。

(1)

ある日、通勤途中に美しい花々が咲く、手入れの行き届いた緑いっぱいの庭がある家を見つけた。ふと、庭のある一軒家で小さなレストランを開こうと、幼い頃に親友と交わした約束を思い出した。毎日のようにそれを目にしているうちに、その気持ちは次第に強くなっていた。会社を辞め、調理師専門学校へ通うことにした私に対し、周囲は冷ややかで、調理師になるのはいいが、店を持つのは難しいだろうと言う。その通り、緑いっぱいのレストランは夢であり実現する可能性は低いだろうが、それは決して悲しいことではない。

私達は大なり小なり沢山の夢や希望を抱き、沢山の約束を交わしながら日々生きている。必死に努力して、あるいは幸運で、夢をかなえる人もいるが、報(むく)われない(注1)人の方が多いのは間違いない。世界は果たされなかった夢や約束の残骸(ざんがい)(注2)だらけと言ってもいいくらいだが決して不幸なことだとは思わない。それらの果たされなかった夢や約束のかけらが、世界を美しくしているとさえ思う。

定年を待たず亡くなった祖父は、自分が定年退職したら一緒に東京へ旅行しようと常々祖母に言っていたそうだ。その話を何度も嬉しそうに話す祖母にとっては、果たされなかった約束であっても無念や悲しみを伴うものではなく、いつまでも続く喜びなのだろう。

かなうか否かにかかわらず、夢や約束はそれが生まれた瞬間からその人の一部であり人生を彩るものである。世界にはそんな無数の彩りが散らばっている。

(注1) 報(むく)われない：苦労や努力に対し、相応の成果が得られない
(注2) 残骸(ざんがい)：元の形がわからないほど壊されて残っているもの

49　周囲は冷ややかとあるが、なぜか。

1　店を持つという夢がかなうとは思えないから
2　会社を辞めて専門学校へ入学したから
3　今から調理師になるのは難しいから
4　子どものときの夢を実現できると信じているから

50 夢がかなわないことについて、筆者はどのように考えているか。

1 夢がかなう人は少ないので、現実にならなくても問題ではない。

2 夢がかなわないからといって、必ずしも悲しいとは限らない。

3 夢は現実にならないほうが幸せなこともある。

4 夢は現実にならないことで、より美しい夢となる。

51 この文章で筆者が最も言いたいことは何か。

1 小さい夢や約束が世界中にあることで、人生は多彩なものになっている。

2 夢や約束が多ければ喜びが長い期間続いて、いい人生になる。

3 たとえそれが果たされなくても、夢や約束は人生をより豊かにする。

4 果たされない夢や約束があることで、多くの人の人生が左右される。

(2)

魚は優れた聴覚を持っています。魚の中には16～13,000ヘルツに渡る広範囲の周波数(注1)まで聞き取れるものがおり、これは人間の聴覚の二倍以上に及びます。このおかげで魚は、外敵が出す音を素早く察知して逃げたり、仲間や他の魚がえさを食べるときの音を察知してその場所へ集まったりするのだと考えられています。

こういった習性は、カツオの一本釣り(注2)の漁法に利用されています。最初だけ海中にえさを投入し、あとは海面に散水して小魚の群れを演出し、カツオをおびき寄せるという漁法です。また、海洋牧場で放流した稚魚を育てる際、えさをやる時間に毎回同じ音楽を流しながらえさを与えると、仕切りのない海へ放しても、その音楽を流すとえさがもらえると思って集まってくるそうです。

さらに、魚の感覚機能の中で最も秀でているのが嗅覚です。魚の嗅覚は人間の300倍近くも鋭いとも言われ、魚たちは敵や獲物の場所や種類まで、においで分かってしまうそうです。サメは嗅覚が非常に発達しており、50mプールに一滴血を垂らしただけで反応するという話や、サケがにおいの記憶をたどって産卵期になると生まれ故郷の川に戻ってくるといった仮説も有名です。

海の中はいくら透明度が高くても視界はせいぜい40mほどです。それゆえ魚は、視覚よりも聴覚や嗅覚の方が発達しています。海中に広がる世界では水を介して様々な情報が伝わってきます。それらを敏感に感じ取り行動するために、膨大な年月をかけて備わった能力に違いありません。

（注1）周波数：交流・電波・光などにおける一秒間の振動数で、単位はヘルツ
（注2）一本釣り：漁法の一つで、一本の釣り糸と釣り針で魚を一匹ずつ釣る方法

52 こういった習性とあるが、カツオの一本釣りに利用されている習性はどれか。

1 音とえさを結びつけて毎回同じ場所に戻る習性

2 仲間がえさを食べる音に寄ってくる習性

3 危険を感じる音から素早く遠ざかる習性

4 小魚が出す海面の音に寄ってくる習性

53 筆者によると、魚のどの能力がもっとも優れていると考えられるか。

1 海中で多様なにおいを嗅ぎ分け、反応できる能力

2 産卵するために戻る川のにおいを覚える能力

3 海中で魚だけが出すわずかな音を聴き取れる能力

4 ある条件でえさが与えられることを学習できる能力

54 魚の持つ能力について、筆者はどのように考えているか。

1 海中の情報の変化に順応しながらゆっくりと身に付けていった力である。

2 水の中で生きるのに必要な情報を得るために獲得してきた力である。

3 水の中の環境の変化を敏感に感じ取るために獲得されてきた力である。

4 海中で効率的にえさを得るために身に付けなければならなかった力である。

(3)

2012年、ある芸能人に関する報道をきっかけに、生活保護受給者に対するバッシング(注1)がにわかに(注2)噴出した。生活保護とは、貧困状態にある人に対し国や自治体が最低限度の生活を保障する日本の福祉制度である。彼は当時売れっ子(注3)として十分な収入を得ていたのだが、彼の母が生活保護費を受給している事実が公になり、①世間から非難の的となった。本人の弁解によれば、かつて低収入の頃に手続きしたものが継続していたのであり、収入の増加に応じて適切に対応すべきだったと反省し、自分の収入が増え始めた以降の数年間の受給分を返還するに至った。その後マスコミの大騒ぎが影響し、バッシングは彼に対してだけでなく、受給者全体に向けられていった。

福祉に対して不正を疑う声は常に聞こえてくる。本当は十分な収入があるのに、利益を得ているのではないかというわけだ。どのような制度でも不正を働く人はいるだろう。しかし不正を許さない姿勢や疑惑の目ばかりが強くなることで、本当に困っている人までも救済の手からこぼれてしまうのでは、②そちらの方がはるかに問題だ。実際、生活保護を受けるには、厳しい調査が行われるため、必要なのに受けられない人も少なくないと聞く。

しかし、福祉制度は誰もが安心して生活ができる社会を目指して作られている。例の芸能人の母も悪意を持ってお金を受け取っていたわけではないし、全体を見たら、不正を働く人などごくわずかだろう。この制度による支援が本来の目的に沿って必要な人々に行き届いているか。国民が監視すべきは不正使用ではなく、そちらのはずだ。

(注1) バッシング：個人または団体に対する過剰な非難

(注2) にわかに：急に

(注3) 売れっ子：非常に人気が高く、はやっている人

55 ①世間から非難の的となったとあるが、非難されたのはなぜか。

1 収入の金額を偽って、生活保護の申請をしたから

2 十分な収入があるのに、親が生活保護を受けていたから

3 収入が増えたことを隠して、生活保護を受けていたから

4 返さなければいけない生活保護費を返さなかったから

56 ②そちらの方がはるかに問題だとあるが、筆者は何が問題だと考えているか。

1 制度を利用した不正を許さず、疑ってしまうこと

2 だましてお金を受け取ろうとする人がいること

3 生活保護が必要なのに受け取れない人がいること

4 福祉制度の利用中に厳しい審査が行われていること

57 この文章で筆者が最も言いたいことは何か。

1 福祉制度は、必要な人がきちんと受けられるような制度に作り直されるべきだ。

2 福祉制度は、本当に困っている人々に対してだけ利用されるようにすべきだ。

3 福祉に対しては、国民の監視という制度を使って使用目的を明確にすべきだ。

4 福祉に対しては、不正を気にするより適正に運用されているかを気にすべきだ。

問題10　次の文章を読んで、後の問いに対する答えとして最もよいものを、1・2・3・4 から一つ選びなさい。

現代の日本の教育でよく言われることの一つに、「自分の頭で考えられる人を育てる」というものがあります。言われたことをするだけの受け身の姿勢を持つのではなく、自発的に考え行動できる人を育てようということでしょう。しかし、ただ考えればいいというものではありません。では、「自分の頭で考える」ことは、いったいどのようにするものなのでしょうか。

私は、これは自分に取り入れたものから新しい理論を再構築していく作業なのではないかと思います。例えば、取引先に出す手紙の書き方がよくないと先輩から言われ、先輩の指摘する通りに直したとします。直すことは容易にできるでしょう。その際、なぜよくなかったのかを振り返らないと同じ失敗を繰り返します。このような人に欠けている点は、指示内容を自分のものにしていない①ことです。先輩が指示することをただ受け入れ、そのまま手紙を修正するのでは、人は成長しません。

一方、自分で考えて答えを出すことにとらわれ、他の人の意見を排除してしまうことは避けるべきです。なぜなら、自分で導き出した考えに対し、人は少なからず思い入れを持ってしまうからです。たとえそれがダメな答えでも、自分でダメな点に気付くことは稀(まれ)でしょう。このような時に有効なのは、他人の意見、他人の目です。自分の日常生活においてその場の素早い思考で物事を決めていくときには、それ②は大した問題にはなりません。しかし、仕事上の問題のように他人を巻き込む決断が必要なときには、自分の意見を客観視する目が必要になり、この時に使われるのは過去の知見(ちけん)(注1)や他人のやり方です。先人(せんじん)がどのようにしてきたか。ほかに有効な方法はないか。そのようなことを調べることで、自分自身の考えを強化したり、修正したりすることができるはずです。

人類の長い歴史の中で、人は様々な知見(ちけん)を得てきました。切磋琢磨(せっさたくま)(注2)し、多くの問いに対し、答えを出し続けてきたのです。その過去の知見(ちけん)の蓄積に当たることを怠っていないでしょうか。自分で答えを出すことを急ぐあまり、ろくに調べもせず安易に結論を出していないでしょうか。「自分の頭で考える」こと自体はあまり称賛するようなことでもないでしょう。誰もが毎日小さい決断を繰り返しながら生きているのですから、考えることは全ての人がしているのです。なにか問題が起こり、それに対し自分で考えて答えを出そうと努力することは否定しません。しかしより良い方法を求めるのであれば、自分の考えに固執しないことです。そのような心の柔軟性を持つことこそが不可欠だと言えます。

（注１）知見：見て知ること、そこから得た知識
（注２）切磋琢磨する：真剣に努力する

58 筆者によると、教育の中で言われる「自分の頭で考えられる人」とはどういう人か。

1 言われたことと考えたことの両方ができる人
2 なにもないところから物事を考えられる人
3 自分で新しい理論を作り上げることができる人
4 自分で考えて行動することができる人

59 ①指示内容を自分のものにしていないとはどういう意味か。

1 指摘通りに修正するだけで、手紙の内容を理解していない。
2 指摘された点について、再度考えて理解しようとしない。
3 間違えた部分に対して、簡単に直すことができない。
4 間違えた部分を直すだけで、手紙の見直しをしない。

60 ②それとは何を指すか。

1 自分の考えに対する他の人の意見を聞かないこと
2 日常生活で決断するときに他の人の考えを聞くこと
3 簡単に決めたアイディアの悪い点に気付くこと
4 自分のアイディアに思い入れをもってしまうこと

61 筆者の考えに合うのはどれか。

1 大切な問題を解決するには、なによりも柔軟に対応する力が必要となる。
2 大切な問題を解決するには、客観的な視点を持ち、自ら答えを出すことが必要となる。
3 大切な決断をするときには、自分の考えだけにとらわれず、様々な意見も確認するべきだ。
4 大切な決断をするときには、すぐに結論を出さず、自分の力で深く考える努力をするべきだ。

問題11　次のAとBの文章を読んで、後の問いに対する答えとして最もよいものを、1・2・3・4 から一つ選びなさい。

A

働く高齢者はここ20年で激増している。高齢化に伴い、年金受給開始年齢が遅くなり、年金として受け取る金額自体も減って、高齢者は働かざるを得ないというのが現状だ。年金によって生活が保障される年齢にあるはずの高齢者が、労働力として社会に出ている。我が国の年金制度はすでに年金としての機能を失ってしまっていると言える。

高齢者の多くは身体機能が衰えるので、若い世代と同じようには働けない。そのため、パートタイム労働に就く人が多く、低賃金労働に甘(あま)んじる(注1)ことが多い。十分な年金がないがため働いているのにわずかな賃金しかもらえないのでは、どのようにして生活を維持すればいいのだろう。高齢者にこれ以上無理を強いてはいけない。本来の目的に合った年金支給額にすることを、政府には検討してほしい。

B

長年会社で働いてきた人が定年後も契約を延長し、仕事を続けるのも普通のことになってきた。年金を受け取るまでは頑張って働こうとする人々が多くいるのだ。年金が少ないからだという声もあり、確かにそれだけでは暮らせないのも事実だ。しかし、現役(げんえき)(注2)時代の貯金がある人でも働き続けている。労働はお金のためだけではないのだろう。

高齢者が働くことについては若い世代の働く場所を奪っているという意見もあるが、それぞれの年齢に合った仕事をしているので、さほど問題だとは思わない。むしろ、軽作業は高齢者にというように労働の振り分けがなされているので、若い世代にはより責任のある仕事を任せられるだろう。年配でも働く意欲のある人は思う存分仕事をするべきだ。元気に働く高齢者が増えれば、社会はより活性化すると思う。

（注1）甘(あま)んじる：がまんして受け入れる

（注2）現役(げんえき)：ここでは、10代の終わりから50代にかけての、通常労働者として働いている期間

62 AとBの認識で共通していることは何か。

1 高齢者の増加が年金制度に影響を与えていること

2 高齢者が十分ではない年金額で暮らしていること

3 若者が高齢者に働く場所を奪われていること

4 働く高齢者の増加が社会の活力になっていること

63 高齢者の労働について、AとBはどのように述べているか。

1 Aは低賃金になりがちな点が問題だと述べ、Bは軽作業なので給料が安いのは仕方がないと述べている。

2 Aは定年後働かなくてもいいような施策が必要だと述べ、Bは意欲がある人は働くべきだと述べている。

3 Aは無理をして働き続けていると述べ、Bは年齢に合わせ適した仕事を選んでいると述べている。

4 Aは働いても豊かな暮らしができないと述べ、Bは責任のある仕事を任せられることが多いと述べている。

問題12　次の文章を読んで、後の問いに対する答えとして最もよいものを、1・2・3・4 から一つ選びなさい。

読書というものは一体何のためにするのだろう。子供の頃の私はそんなことを父の書棚を見ながら考えたことがある。父が学生時代に買った数々の小説や、おそらく働くようになってから購入したビジネス関連の書籍。私は本を読む習慣があまりない小学生だったが、ある日父が居間のテーブルに置きっぱなしにしていた本に夢中になった。その頃の私は学校で友人達との関係がぎくしゃくし(注1)、悩みながらの毎日を過ごしていたのだが、その冒険小説が新しい世界を見せてくれたことで、だいぶ心が落ち着いたものだ。

人は実体験の中で物事を捉(とら)え、それを言語化して世界を認識しているのだが、そこに読書という体験が入ると<u>自分の世界が拡張される</u>。自分の目の前のことだけでない様々な事象(じしょう)(注2)が世界を作っているのだと教えられるのである。

さて、日本には近年、多くの外国人が住むようになった。その中には子供達も多くいるのだが、彼らの問題で大きな割合を占めているのは言語にまつわる問題だという。小さい頃に日本に来た、もしくは日本で生まれた子供達の多くは、普通の「日本に住む子供」として日本語を操ることができる。けれども日本人の親のもとに生まれた子供達と決定的に違うのは、家庭内に日本語で書かれた文章が少ないことだ。日本語の本や新聞がない。親達は日本語よりも母語のほうが使いやすいので、日本語の文字からの情報に興味が湧かないのも無理はない。しかし学校の教科書以外の本が自分の周りにないことは、言語を使って深く思考したり、世界を広げたりするためのツールを持たないことを意味する。それでも母語で書かれた本が身近にあればいいのだが、それすらも手に入らないという家庭も少なくない。

言語はコミュニケーションのためだけにあるのではない。コミュニケーションという点で考えると、むしろ不便な道具だとさえ思ってしまう。私が発した「うれしい」と、友人が発した「うれしい」が同じ感情を表しているという証拠はどこにもないからだ。そう考えると、言語はコミュニケーションよりむしろ、自己認識のためにあるのではないだろうか。私達は自分の考えや気持ちを、言葉を使って言語化する。そのためには考えや気持ちをできる限り的確に表せるだけの語彙(ごい)や表現が必要となる。幼少期から長い時間をかけて言葉の世界を広げていき、自分を知っていくのだ。

思考の世界は無限に広がっている。そして、思考を言語化するためには、考える基礎となる言葉に多く触れることが必要なのだ。例えば、読書のように。読書は私達の見ている世界を広げるだけでなく、私達の内なる世界を表現するためにあるのだ。

（注１）ぎくしゃくする：ここでは、人間関係がなめらかでない

（注２）事象（じしょう）：出来事や事情などの内容

64 自分の世界が拡張されるとあるが、なぜか。

1 自分の体験したことだけでなく、他の人の知識も得られるから

2 物語の真似をすると、人間関係がうまくいくことがあるから

3 言葉を使って世の中のことを表すことができるようになるから

4 本を通じて身の回り以外にも様々な世界があるとわかるから

65 日本在住の外国人の子供達について、筆者はどのように述べているか。

1 日本語での会話はできるが、読書を通じて言葉や表現を増やしていくことがない。

2 日本人の子供と同じように日本語の読み書きは上手にできるが、本は読まない。

3 日本語よりも母語のほうが上手なので、日本語で書かれたものを読む習慣がない。

4 学校の教科書以外の本を読まないので、深く考えることに慣れていない。

66 筆者は、言語がどのようなことに必要だと述べているか。

1 言語は周りの人に自分の考えや気持ちを示すために必要である。

2 言語は自分の考えを表現するだけでなく、他者を知るためにも必要である。

3 言語はコミュニケーションのみならず、自分を知るためにも必要である。

4 言語は便利な道具とは言い難いが、知識を増やすために必要である。

67　この文章で筆者が最も言いたいことは何か。

1　読書は自分のことを考えるための言葉を提供し、世界各地で起こっていることも教えてくれるものだ。

2　読書は自分の思考を言語化するための言葉を提供し、自分の内面の世界も言い表せるようにしてくれるものだ。

3　思考を表現するためには多くの考え方を知る必要があり、読書はそれらを与えてくれるものだ。

4　思考を表現するためには多くの知識が必要となり、読書はそれらの基礎を与えてくれるものだ。

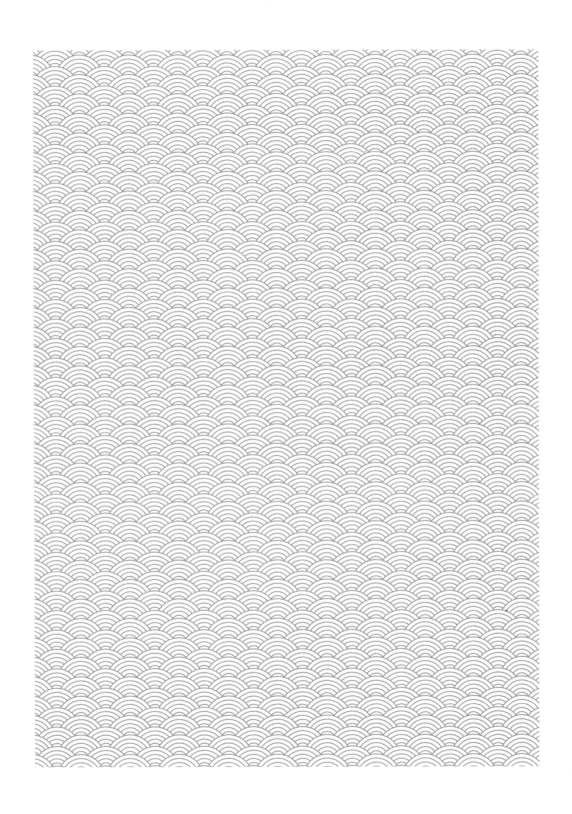

問題13　右のページは、清原市にある公会堂の利用案内である。下の問いに対する答えとして最もよいものを、1・2・3・4 から一つ選びなさい。

68　ロンさんは清原市で働いている会社員である。ロンさんが参加している国際交流グループのメンバーが100名程度参加する講演会を開きたいと考えている。利用は４か月先だが、今からでも申し込みできる施設はどれか。

1　ホール

2　展示室

3　会議室 大

4　会議室 小

69　今日は４月１日である。清原市民の山田さんはダンスの発表会を７月８日に行いたいと考えている。公会堂に電話したところ、展示室が利用可能である。できるだけ早く施設を予約するために山田さんがしなければならないことは、次のどれか。

1　早急に、利用申込書を郵送で提出しなければならない。

2　本日公会堂へ行き、抽選に参加しなければならない。

3　１週間後に、住所が確認できる書類を持って窓口へ行かなければならない。

4　受付開始日までに、生徒の親から同意書をもらわなければならない。

清原市中央公会堂 ご利用案内

◯ 施設のご案内

利用施設	定員	面積	備考	料金
ホール	500名	全体700㎡ 舞台105㎡	楽屋、控室もついています。スペースが足りない場合は、展示室や会議室を併せてご利用ください。	次ページに記載
展示室	80名	200㎡	展示会の他、ダンス、音楽発表会等の各種イベントにご利用いただけます。	
会議室 大	100名	150㎡	会議や講演会等にご利用いただけます。防音室ではありません。音楽やダンスの練習には、展示室をご利用ください。	
会議室 小	20名	40㎡		

◯ 申込手続き

＜手順＞

予約受付 → 申込書提出 → 料金支払い → 事前確認 → 当日利用

※ 連続4日以上のご予約はできません。

※ 会議室の申込手続きができるのは市民及び市内在勤者のみです。

＜受付開始日＞

① ホール

利用日の６か月前(例:10月１日に利用→４月１日に受付開始)

② ホール以外の施設

利用日の３か月前(例:10月１日に利用→７月１日に受付開始)

＜申込方法＞

受付窓口にてお申込みください。市のイベント等の利用が決まっている場合がありますので、受付開始日であっても、予約状況をご確認の上、ご来館ください。

① 受付開始日

10:00から受付を開始します。受付開始の段階で複数のお申込みがあった場合は、抽選を行います。

② 受付開始日の翌日以降

先着順で受付します。受付時間は09:00～17:00です。

※ 住所が確認できる書類をご持参ください。

※ 20歳未満の方が申し込まれる場合は、保護者の同意書が必要です。

※ 予約受付完了後、利用申込書をご記入いただきます。(後日郵送可)

Listening

問題用紙

N1

聴解

（55分）

注　　意

Notes

1．試験が始まるまで、この問題用紙を開けないでください。
Do not open this question booklet until the test begins.

2．この問題用紙を持って帰ることはできません。
Do not take this question booklet with you after the test.

3．受験番号と名前を下の欄に、受験票と同じように書いてください。
Write your examinee registration number and name clearly in each box below as written on your test voucher.

4．この問題用紙は、全部で13ページあります。
This question booklet has 13 pages.

5．この問題用紙にメモをとってもかまいません。
You may make notes in this question booklet.

受験番号　Examinee Registration Number	

名　前　Name	

테스트용

고사장 소음 버전

해커스N1실전모의고사_4회.mp3

もんだい 問題1

問題１では、まず質問を聞いてください。それから話を聞いて、問題用紙の１から４の中から、最もよいものを一つ選んでください。

例

1　アンケート調査をおこなう

2　新商品のアイディアを出す

3　開発費を計算する

4　開発部に問い合わせる

1番

1　町の開発案を考える

2　取材する内容をメールで送る

3　取材の内容を報告する

4　3年生と日程を相談する

2番

1　特別休暇を申請する

2　休暇の時期を相談する

3　休暇の目的を提出する

4　申請の期限を確認する

3番

1　学生証再発行の手続きをする

2　登録している住所を変更する

3　学生証に使う写真を準備する

4　警察に紛失届を出す

4番

1　包装紙が届いているか確認する

2　会場の準備を手伝いに行く

3　お菓子を入れる箱を組み立てる

4　アルバイトの人に確認の連絡をする

5番

1　データを更新する

2　会議室を片付ける

3　ネクタイを締める

4　カメラとパソコンを準備する

問題2

問題２では、まず質問を聞いてください。そのあと、問題用紙のせんたくしを読んでください。読む時間があります。それから話を聞いて、問題用紙の１から４の中から、最もよいものを一つ選んでください。

例

1　幼いときに中国で生活していたから

2　他に興味があることがなかったから

3　日本ではなく中国で働きたいから

4　将来の役に立つと思ったから

1番

1　学校で得意なことをほめるといい

2　常に子供の意見に同意するといい

3　短所は自分で気付かせるといい

4　いいところを伸ばしてあげるといい

2番

1　カメラの機能

2　価格の手頃さ

3　機能の多様性

4　画面の美しさ

3番

1　後任者に業務を説明すること

2　家族と離れて生活すること

3　妻に子供の世話を任せること

4　自分一人で家事をすること

4番

1　のんびりできる町であること

2　この町で特別な体験ができること

3　町の住人と触れ合う機会があること

4　自然が豊かで緑が多いこと

5番

1　新聞に個人情報が載るから

2　インターネットを使う人が増えたから

3　自分の意見がすぐに出せるから

4　長い意見文が書けないから

6番

1　休暇が取れなかったから

2　天気が悪くなりそうだから

3　車を使えないかもしれないから

4　旅行期間が長いから

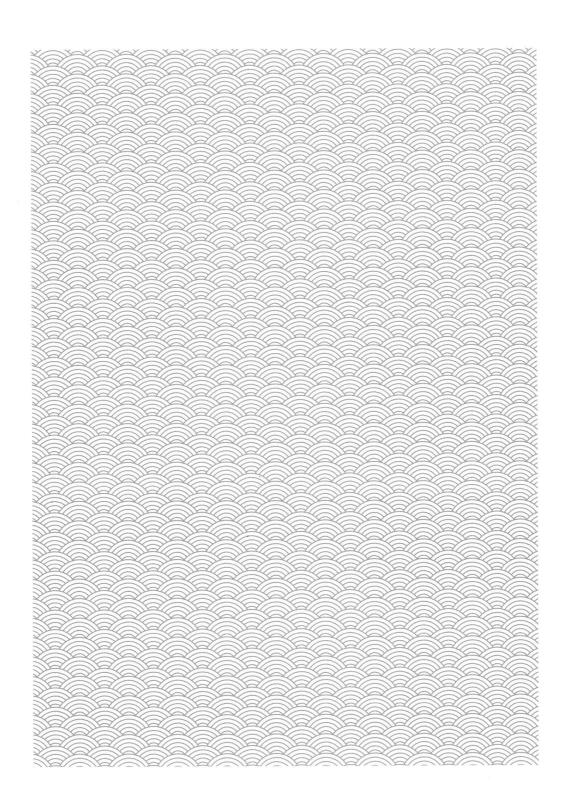

問題3

問題３では、問題用紙に何も印刷されていません。この問題は、全体としてどんな内容かを聞く問題です。話の前に質問はありません。まず話を聞いてください。それから、質問とせんたくしを聞いて、１から４の中から、最もよいものを一つ選んでください。

- メモ -

問題4

問題4では、問題用紙に何も印刷されていません。まず文を聞いてください。それから、それに対する返事を聞いて、1から3の中から、最もよいものを一つ選んでください。

- メモ -

問題5

問題５では、長めの話を聞きます。この問題には練習はありません。
問題用紙にメモをとってもかまいません。

1番

問題用紙に何も印刷されていません。まず話を聞いてください。それから、質問とせんたくしを聞いて、１から４の中から、最もよいものを一つ選んでください。

- メモ -

2番

まず話を聞いてください。それから、二つの質問を聞いて、それぞれ問題用紙の1から4の中から、最もよいものを一つ選んでください。

質問1

1 工芸品店

2 郷土料理店

3 博物館

4 温泉

質問2

1 工芸品店

2 郷土料理店

3 博物館

4 温泉

[해설집] p.142

정답표

언어지식(문자·어휘)

문제 1	
1	1
2	4
3	1
4	3
5	4
6	4
문제 2	
7	2
8	4
9	3
10	1
11	2
12	4
13	1
문제 3	
14	4
15	2
16	3
17	1
18	2
19	3

문제 4	
20	4
21	1
22	2
23	1
24	3
25	1

언어지식(문법)

문제 5	
26	3
27	1
28	2
29	1
30	3
31	3
32	4
33	2
34	1
35	2
문제 6	
36	1
37	4
38	1
39	4
40	2
문제 7	
41	1
42	2
43	3
44	4

독해

문제 8	
45	4
46	2
47	2
48	3
문제 9	
49	1
50	2
51	3
52	2
53	1
54	2
55	2
56	3
57	4
문제 10	
58	4
59	2
60	1
61	3
문제 11	
62	2
63	2
문제 12	
64	4
65	1
66	3
67	2
문제 13	
68	1
69	3

청해

문제 1	
1	4
2	2
3	2
4	3
5	3
문제 2	
1	4
2	2
3	4
4	3
5	2
6	3
문제 3	
1	3
2	3
3	2
4	2
5	4

문제 4	
1	2
2	3
3	2
4	1
5	1
6	1
7	3
8	2
9	2
10	2
11	1
문제 5	
1	1
2 질문1	1
질문2	3

실전모의고사 제5회

난이도 : 중상

실전모의고사 제5회

N1

言語知識（文字・語彙・文法）・読解

〈ちゅうい Notes〉

1. くろいえんぴつ(HB、No.2)でかいてください。
Use a black medium soft (HB or No.2) pencil.
(ペンやボールペンではかかないでください。)
(Do not use any kind of pen.)
2. かきなおすときは、けしゴムできれいにけしてください。
Erase any unintended marks completely.
3. きたなくしたり、おったりしないでください。
Do not soil or bend this sheet.
4. マークれい Marking Examples

よいれい Correct Example	わるいれい Incorrect Examples
●	⊗ ◯ ◯ ⓪ ⊖ ① ●

受験番号を書いて、その下のマーク欄にマークしてください。
Fill in your examinee registration number in this box, and then mark the circle for each digit of the number.

受験番号 (Examinee Registration Number)

21A1010123-30123

あなたの名前をローマ字のかつじたいで書いてください。 Please print in block letters.

名前 Name	

せいねんがっぴを書いてください。
Fill in your date of birth in the box.

せいねんがっぴ(Date of Birth)		
ねん Year	つき Month	ひ Day

問題 1				
1	①	②	③	④
2	①	②	③	④
3	①	②	③	④
4	①	②	③	④
5	①	②	③	④
6	①	②	③	④
問題 2				
7	①	②	③	④
8	①	②	③	④
9	①	②	③	④
10	①	②	③	④
11	①	②	③	④
12	①	②	③	④
13	①	②	③	④
問題 3				
14	①	②	③	④
15	①	②	③	④
16	①	②	③	④
17	①	②	③	④
18	①	②	③	④
19	①	②	③	④

問題 4				
20	①	②	③	④
21	①	②	③	④
22	①	②	③	④
23	①	②	③	④
24	①	②	③	④
25	①	②	③	④
問題 5				
26	①	②	③	④
27	①	②	③	④
28	①	②	③	④
29	①	②	③	④
30	①	②	③	④
31	①	②	③	④
32	①	②	③	④
33	①	②	③	④
34	①	②	③	④
35	①	②	③	④
問題 6				
36	①	②	③	④
37	①	②	③	④
38	①	②	③	④
39	①	②	③	④
40	①	②	③	④

問題 7				
41	①	②	③	④
42	①	②	③	④
43	①	②	③	④
44	①	②	③	④
45	①	②	③	④
問題 8				
46	①	②	③	④
47	①	②	③	④
48	①	②	③	④
49	①	②	③	④
問題 9				
50	①	②	③	④
51	①	②	③	④
52	①	②	③	④
53	①	②	③	④
54	①	②	③	④
55	①	②	③	④
56	①	②	③	④
57	①	②	③	④
58	①	②	③	④

問題 10				
59	①	②	③	④
60	①	②	③	④
61	①	②	③	④
62	①	②	③	④
問題 11				
63	①	②	③	④
64	①	②	③	④
問題 12				
65	①	②	③	④
66	①	②	③	④
67	①	②	③	④
68	①	②	③	④
問題 13				
69	①	②	③	④
70	①	②	③	④

실전모의고사 제5회

N1
聴解

受験番号を書いて、その下のマーク欄にマークしてください。
Fill in your examinee registration number in this box, and then mark the circle for each digit of the number.

受験番号
(Examinee Registration Number)

21A1010123-30123

〈ちゅうい Notes〉
1. くろいえんぴつ(HB、No.2)でかいてください。
Use a black medium soft (HB or No.2) pencil.
(ペンやボールペンではかかないでください。)
(Do not use any kind of pen.)
2. かきなおすときは、けしゴムできれいにけしてください。
Erase any unintended marks completely.
3. きたなくしたり、おったりしないでください。
Do not soil or bend this sheet.
4. マークれい Marking Examples

よいれい Correct Example	わるいれい Incorrect Examples
●	⊗ ○ ○ ⓪ ⊖ ◐ ●

あなたの名前をローマ字のかつじたいで書いてください。 Please print in block letters.

名前 Name

せいねんがっぴを書いてください。
Fill in your date of birth in the box.

せいねんがっぴ(Date of Birth)

ねん Year	つき Month	ひ Day

問題 1

例	①	②	●	④
1	①	②	③	④
2	①	②	③	④
3	①	②	③	④
4	①	②	③	④
5	①	②	③	④

問題 2

例	①	②	③	●
1	①	②	③	④
2	①	②	③	④
3	①	②	③	④
4	①	②	③	④
5	①	②	③	④
6	①	②	③	④

問題 3

例	●	②	③	④
1	①	②	③	④
2	①	②	③	④
3	①	②	③	④
4	①	②	③	④
5	①	②	③	④

問題 4

例	①	②	●	④
1	①	②	③	④
2	①	②	③	④
3	①	②	③	④
4	①	②	③	④
5	①	②	③	④
6	①	②	③	④
7	①	②	③	④
8	①	②	③	④
9	①	②	③	④
10	①	②	③	④
11	①	②	③	④

問題 5

1		①	②	③	④
2	(1)	①	②	③	④
	(2)	①	②	③	④

Language Knowledge (Vocabulary/Grammar) • Reading

問題用紙

N1

言語知識（文字・語彙・文法）・読解

（110分）

注　意

Notes

1．試験が始まるまで、この問題用紙を開けないでください。
Do not open this question booklet until the test begins.

2．この問題用紙を持って帰ることはできません。
Do not take this question booklet with you after the test.

3．受験番号と名前を下の欄に、受験票と同じように書いてください。
Write your examinee registration number and name clearly in each box below as written on your test voucher.

4．この問題用紙は、全部で29ページあります。
This question booklet has 29 pages.

5．問題には解答番号の 1 、 2 、 3 …が付いています。解答は、解答用紙にある同じ番号のところにマークしてください。
One of the row numbers 1 、 2 、 3 … is given for each question. Mark your answer in the same row of the answer sheet.

受験番号　Examinee Registration Number	

名　前　Name	

問題1　＿＿＿の言葉の読み方として最もよいものを、1・2・3・4 から一つ選びなさい。

1　彼女の息子は賢いことで有名だ。

1　ずるい　2　こわい　3　かしこい　4　いさぎよい

2　満員のエレベーターの中はとても窮屈だ。

1　きゅうしゅつ　2　きゅうくつ　3　きょうしゅつ　4　きょうくつ

3　その男は保険証を偽造し、他人の情報で口座を開設した。

1　いそう　2　いぞう　3　ぎそう　4　ぎぞう

4　野菜はあらかじめ軽くゆでて水気を取っておく。

1　みずげ　2　みずけ　3　すいげ　4　すいけ

5　若い世代の選挙離れが社会問題になっている。

1　よだい　2　せいたい　3　せだい　4　よたい

6　コンテストの大賞受賞を祝して宴会を催す予定です。

1　もよおす　2　ついやす　3　ほどこす　4　うながす

問題2 （　　）に入れるのに最もよいものを、1・2・3・4 から一つ選びなさい。

7 取引先の会社には（　　）出向き、情報共有を欠かさないようにする。

1 過密に　　2 膨大に　　3 軽快に　　4 頻繁に

8 初級コースは基礎から始めるので、未経験者でも（　　）申し込める。

1 安易に　　2 気軽に　　3 軽率に　　4 簡単に

9 一度（　　）生活リズムを元に戻すのは難しいことである。

1 乱れた　　2 散った　　3 絶えた　　4 陥った

10 この城は50年前に火災で崩壊したが、その後忠実に（　　）された。

1 創造　　2 改造　　3 再開　　4 再建

11 人と被らない個性的な（　　）の服を着ている。

1 デザイン　　2 システム　　3 レイアウト　　4 パジャマ

12 大学は来年度に向けて留学生を受け入れる（　　）を整えている。

1 態勢　　2 支度　　3 形式　　4 定型

13 たまたま（　　）本屋で探していた本を見つけた。

1 追いついた　　2 通り過ぎた　　3 駆けつけた　　4 立ち寄った

問題3 ＿＿＿の言葉に意味が最も近いものを、1・2・3・4 から一つ選びなさい。

14 ソースが明確でない情報は参考にしないで下さい。

1 出所　2 筆者　3 真偽　4 証拠

15 新しく開発された薬は、値段が高いが効果は抜群だ。

1 他と比べて悪くない　2 他と比べて良くない

3 他と比べてまだましだ　4 他と比べてとくにいい

16 彼女は試験が上手くいかず落胆しているようだ。

1 泣いている　2 がっかりしている

3 怒っている　4 いらいらしている

17 数年前から危ぶまれている問題が未だ解決していない。

1 相も変わらず　2 あいにく　3 おそらく　4 さほど

18 景気が回復し、会社は赤字経営を抜け出した。

1 解消した　2 終えた　3 脱した　4 食い止めた

19 事件について克明に記録されていた。

1 分かりやすく　2 できる限り　3 短く簡潔に　4 詳しく丁寧に

問題4　次の言葉の使い方として最もよいものを、1・2・3・4 から一つ選びなさい。

20　踏み込む

1　彼は人のプライバシーに土足で踏み込むところがあり、度々喧嘩になる。
2　初めは優勝に向けて踏み込んでいたが、実力の差を痛感し意欲が低下した。
3　時間が掛かってもミスを減らすために必ず所定の手順を踏み込んでください。
4　あの選手は負傷のトラウマを乗り越え、アジア人史上初の新記録に踏み込む。

21　なつく

1　日本の生活にもなついたので、そろそろアルバイトを始めたい。
2　久しぶりに故郷に帰ったが、街並みがあのころのままでなついた。
3　田中さんは子供の頃から犬を飼っているので、動物にすぐなつかれる。
4　子供の頃の友達とはなついているので、なんでも話せる間柄だ。

22　何だか

1　この方法で出来ないなら、何だか手違いがあったとしか考えられない。
2　もし分からないことがあれば、心配せず何だか聞いてください。
3　山本さんは準備に追われていると言っていたから何だか参加できないよ。
4　初めて一人で作ったみそ汁は何だか物足りない味だった。

23　辞退

1　その事件は無事解決され、捜査官を現場から辞退させた。
2　委員長に推薦されたが、他の業務で手一杯なので辞退した。
3　その議員は不正な取引を行ったことで、優位な立場から辞退した。
4　急に体調が悪くなったので、病院に行くために学校を辞退した。

24　災害

1　普段から災害に備えて、家族５人分の水や食糧を準備している。
2　何気なく発した言葉が災害を招き、トラブルになることもある。
3　事業拡張のため莫大な費用をかけたことが大きな災害となった。
4　彼は幼い頃、遊具から落ちて右足に災害を負ってしまった。

25 耐えがたい

1 その試験は今まで勉強してきた内容よりもはるかに耐えがたかった。

2 大の大人が夜中に道端で騒ぐなんて、非常識も耐えがたい。

3 母の早すぎる死は、私たち家族にとって耐えがたい苦痛だった。

4 朝っぱらから相談に訪れた人は、耐えがたい印象の年寄りだった。

問題5　次の文の（　　　）に入れるのに最もよいものを、1・2・3・4 から一つ選びなさい。

26　弟にお金を（　　　）が最後、好きな事に使い果たしてしまうに違いない。

1　渡さず　　2　渡す　　3　渡して　　4　渡した

27　この先研究を続けていても、満足の得られる結果が出せるとは限らない。（　　　）、ここ10年の日々を思うと、今さら止めるのも勇気がいる。

1　すなわち　　2　さりとて　　3　それゆえ　　4　もしくは

28　穏やかだったその町は、豪雨による土砂崩れで一晩のうちに見る（　　　）姿へと一変してしまった。

1　にたえず　　2　にたえもしない　　3　にたえない　　4　にたえうる

29　彼の長年の努力（　　　）、これほどまでにすばらしい成果を上げることはできなかっただろう。

1　とあいまって　　2　なくしては　　3　にとどまらず　　4　もさることながら

30　（インタビューで）

A「文学賞受賞おめでとうございます。今のお気持ちをお聞かせください。」

B「ありがとうございます。とてもうれしいです。いただいた賞（　　　）これからもいい作品を作っていきたいと思います。」

1　に恥じないよう　　2　にもまして

3　を皮切りにして　　4　をものともせずに

31　仕事にやりがいを（　　　）、不景気のさなか簡単に辞めるわけにはいかない。

1　持てないからとて　　2　覚えたかいもなく

3　持てないと思いきや　　4　覚えるのみならず

32　（電話で）

A「申し訳ございませんが、明日の打ち合わせの時間を午後2時に変更してくださいませんか。」

B「承知いたしました。では、明日の午後2時、御社に（　　　）。」

1　ご足労おかけします　　　　2　お越しになります

3　ご来訪いただければと思います　　　　4　お邪魔させていただきます

33　こんな簡単な業務ですら人の手を借りなければ満足にできないなんて、能力に欠ける（　　　）。

1　といったところだろう　　　　2　までのことだ

3　としか言いようがない　　　　4　きらいがあるようだ

34　（学校で）

高橋（たかはし）「安田（やすだ）君、先生にすごく叱られていたね。」

石井（いしい）「ああ、いつものことさ。先生に（　　　）全然改めないから、余計に叱られるんだよね。」

1　何か言われたと思いきや　　　　2　何を言われようが

3　何かを言ったならいざしらず　　　　4　何も言えないとはいえ

35　（会社で取引先と）

A「先日お願いしておりました数量変更後のお見積書ですが、恐縮ながら早急に（　　　）。」

B「遅くなり申し訳ございません。本日必ず郵送いたします。」

1　送らせていただきたく存じます

2　送らせていただければと存じます

3　お送りいただけると存じます

4　お送りいただきたく存じます

問題6　次の文の ＿★＿ に入る最もよいものを、1・2・3・4 から一つ選びなさい。

（問題例）

あそこで ＿＿＿ ＿＿＿ ＿★＿ ＿＿＿ は山田(やまだ)さんです。

1　テレビ　　2　人　　3　見ている　　4　を

（解答のしかた）

1．正しい文はこうです。

あそこで ＿＿＿ ＿＿＿ ＿★＿ ＿＿＿ は山田(やまだ)さんです。 1 テレビ　4 を　3 見ている　2 人

2．＿★＿ に入る番号を解答用紙にマークします。

（解答用紙）

（例）	①　②　●　④

36　昨年小説大賞を受賞した井川春子(いがわはるこ)の待望の最新作は、主人公が試練を乗り越え、俳優としてだけでなく ＿＿＿ ＿＿＿ ＿★＿ ＿＿＿ 作品となっている。

1　感動させずにはおかない　　2　姿が描かれており

3　誰をも　　4　人としても成長していく

37　昨日祖父が突然倒れ、精密検査をすることになったのだが、倒れたときの ＿★＿ ＿＿＿ ＿＿＿ ＿＿＿ 入院せざるを得なくなった。

1　歩行困難となり　　2　骨折で

3　検査結果の　　4　いかんによらず

38 閉店を惜しむ声を数多くいただいたこともあり、＿＿＿ ＿＿＿ ＿★＿ ＿＿＿ のだが、近くに大型ショッピングセンターができたことで決意が固まった。

1 済むものなら　　2 靴屋をたたまずに
3 そうしたかった　　4 祖母の代から60年続く

39 商店街で署名活動への協力を呼び掛けた。それぞれ考え方が違うので、さほど ＿＿＿ ＿＿＿ ＿★＿ ＿＿＿ いたが、予想より多くの人が賛同してくれた。

1 思って　　2 もともとだ　　3 集まらなくて　　4 と

40 娘はいい大学に入りたいと言いながら、勉強に取り組む様子もなく、毎日友達と遊びに出かけている。いつ ＿＿＿ ＿＿＿ ＿★＿ ＿＿＿。

1 やら　　2 こと　　3 になったら　　4 受験勉強を始める

問題７　次の文章を読んで、文章全体の趣旨を踏まえて、 41 から 45 の中に入る最もよいものを、１・２・３・４ から一つ選びなさい。

学習スタイルの変化

寺子屋(てらこや)(注１)に始まった日本の教育は、古来(こらい)(注２)、教師が生徒に直接教えるものと相場が決まっていた。諸外国に比べデジタル化の後れを取ったことも要因の一つではあるが、つい最近まで英会話や学習塾などの授業は対面で行う 41 と考えられていた。

とりわけ外国語の授業においては、対面でするものという先入観にとらわれていた人が多かったさなか、ある日本語学校で学生からの「帰国後も学習を継続したい」という要望に応えたオンラインレッスンがスタートしたという。 42 のレッスンを皮切りに、同様のケースが相次いだらしい。そして他の日本語学校においても、徐々にオンラインレッスンの需要が生まれつつあった。

そんな中、ある時期を境に社会に劇的な変化が起こった。会社に通わず自宅で仕事をする在宅勤務が急激に広まったのだ。 43 、公立学校の授業もインターネットを通じて行われることが珍しくなくなり、大人も子供も家の中で過ごす時間が増加した。

このような生活の変化とともにレッスンのオンライン化が加速し、様々なレッスンを家から受けられるようになった。これは日本語学習においても例外ではない。

現在、外国語教育は 44 、画面を介して行われるようになった。画面の向こうの教師を相手に日本語を練習し、日本文化についての知識を得る人は、今後も増えていくだろう。教師にとっては教え方の大きな変革となったと言っても過言ではない。

もちろん対面で行う授業には対面の良さがある。学習者の細かい変化に気付きやすいのは、圧倒的に対面の授業だ。しかし、学習機会を均等にするという観点から見れば、オンラインレッスンの普及は 45 。

（注１）寺子屋(てらこや)：江戸時代（1603年～1868年）に作られた教育機関

（注２）古来(こらい)：ずっと昔から

41

1　だけではすまない　　2　には当たらない

3　に限る　　4　までのことだ

42

1　あのような学生　　2　こうする学生

3　ああいった学生　　4　その学生

43

1　さらに　　2　おかげで　　3　とはいえ　　4　すなわち

44

1　対面とあって　　2　対面にとどまらず

3　対面といえども　　4　対面に相違なく

45

1　好ましい変化とは考えかねる

2　好ましい変化になり得ない

3　好ましい変化だとは限らない

4　好ましい変化だと言えよう

問題8　次の(1)から(4)の文章を読んで、後の問いに対する答えとして最もよいものを、1・2・3・4 から一つ選びなさい。

（1）

女性の貧困率は全体で見ると男性より低いのだが、一人暮らしに限って集計してみると、20歳から64歳の約３分の１、65歳以上の約２分の１が貧困状態にある。数としては、生まれ育った家で家族と同居している女性や、結婚して夫や子どもと生活している女性が圧倒的に多いがゆえに、女性の貧困は見えにくくなってしまっているだけなのだ。どんな女性でも将来は一人で暮らす可能性があるのだから、これは一部の女性だけの問題だと考えるべきではない。

46　筆者の考えに合うのはどれか。

1　女性の一人暮らしは全ての人に関わりがある問題だ。

2　女性の貧困は全ての女性に関係がある問題だ。

3　家族と暮らす女性にとって貧困は切実な問題だ。

4　貧困は男女問わず起こり得る問題だ。

(2)

社会の中では様々な場面でボランティアを募集することが多いが、ボランティア不足が常に問題になっているそうだ。本来ボランティアは自発的に活動に参加する人のことを指す。しかしながら、日本では「ただで働く人」という意味で捉える人が多い。たしかに行政が募るボランティアには無償のものが多々見られる。だがこのことが、技能を持った人々を社会活動に参加しづらくさせていないだろうか。人にはそれぞれ生活があるため、ただ働きでは困ると考える人でも、謝金が出るのなら喜んで参加しようと思うのではないか。労働には対価を支払うものだ。その原則を社会全体で共有する必要があろう。

47 筆者は、ボランティアが不足している理由についてどのように考えているか。

1 日本では、行政機関の活動に参加する人が減少しているから
2 日本では、技能を生かして自発的に労働を提供したいと考える人が少ないから
3 日本では、活動に参加してもボランティアにはお金が払われないことが多いから
4 日本では、報酬のない労働についての考え方が共有されていないから

(3)

以下は、ある事務用品メーカーから届いたメールである。

あて先：sakura@main.co.jp

件名：新製品カタログのお届けについて

日頃より弊社の製品をお使いくださいまして、誠にありがとうございます。

さて、今年も新製品の発表時期を迎えました。本来であれば、最新のカタログをお持ちし、お客様へ直接商品の魅力をご説明しに伺うところですが、誠に勝手ながら、本年度は郵送にて代えさせていただくことと致しました。カタログをご覧になって、商品の詳細についてご質問等がございましたら、どうぞ弊社の営業担当者までお気軽にお問い合わせください。

---

48 このメールは何を知らせているか。

1 今年から新しいカタログの送付を中止したこと

2 担当者が直接、客先へ説明に行くこと

3 客から要望があればカタログを郵送すること

4 今年は客先への訪問を行わないこと

(4)

以下は、医者として働いている人が書いた文章である。

世の中には原因がはっきりしておらず、周囲の人々にも理解されない難病(注)がまだまだ多数存在します。治療法すら確立していない病気だと、その場その場でとりあえず今の症状を抑えるといった対症療法しかありません。また、医療費は高額になり、患者とその家族の生活を圧迫します。そのようなとき、我々は無力さを感じずにはいられないのです。

我々ができることといえば、研究を続け研究者同士で情報を共有することぐらいですが、同時にそのような病気で苦境に立たされている人がいることを世間に知らせ、患者が国から十分な支援を得られるような情報を発信することが必要なのではないでしょうか。

(注) 難病：治療が難しい病気

49 筆者によると、医療関係者がすべきことは何か。

1 治療の方法が決まっていない病気に対し、研究を続けること
2 治療方法について医者同士で情報共有し、それを発信していくこと
3 難病の患者が援助を受けられるよう、世の中に情報を発信していくこと
4 難病についての情報を国に伝え、研究費の援助を受けること

問題9　次の(1)から(3)の文章を読んで、後の問いに対する答えとして最もよいものを、1・2・3・4 から一つ選びなさい。

(1)

「教育は国家百年の計」という言葉がある。元々は古代中国の書物にある言葉で、人材を育成することは国家の要であり、また、100年後の国を支える人材を生むためには長期的な視点が欠かせないということを説いた名言だ。日本でもこのような考えのもと、昔から教育に力を入れてきた。教育は結果が見えにくい仕事だ。今日教えたからといってすぐに社会に役立つ人物が現れるわけではない。ゆえに長い目で見た検証が必要なので、今年うまくいかなくてもそれだけでダメなやり方だと切り捨てるのは早計(そうけい)過ぎる(注1)というものだ。

とはいえ、教育現場の変化を回避しがちな姿勢はどうにかならないものかと思うこともしばしば(注2)ある。「前例がないからできない」「今までもこうだったから変えるつもりはない」という言葉は政治の場面でよく使われるが、政治家ばかりでなく教育者からも聞かれる。なぜそのような声が出てくるのか。そこにあるのは教育の意義を失った姿だ。目の前の業務を日々こなす(注3)ことを重視するあまり、子供達に何が必要なのか、何のために教育が必要なのか、決めた規則や行う学校行事の目的は何なのか。そういったことを考える余裕が、今の学校現場にはないのかもしれない。「百年の計」などそこには微塵(みじん)(注4)も見当たらない。

教育の担い手は100年後にこの国がどのようなものになっていてほしいかを考えることを忘れてはならない。今、教育に欠けているのは、そのような長期的な視点から描く理想と、実際に教育に携わる者の本質を見失わない情熱だと言えよう。

(注1) 早計(そうけい)過ぎる：早く決めすぎる
(注2) しばしば：よく
(注3) こなす：与えられた仕事を処理する
(注4) 微塵(みじん)も：少しも

50 筆者は、教育の結果が見えにくいのはどうしてだと述べているか。

1 教育を施したからといって、すぐには社会に還元されないから

2 長い時間をかけて教育の成果を見続けなければいけないから

3 うまくいかなかった教育でも、いつか役に立つこともありえるから

4 人を育てるには長い時間がかかり、結果を調べることができないから

51 姿勢とあるが、どのような姿勢か。

1 教育現場に余裕がなく、教育内容について見直す時間を持とうとしない姿勢

2 教育の目的について考えることがなく、問題を起こさないことを大切にする姿勢

3 長期的な計画を立てず、目の前の仕事をこなすことだけで満足する姿勢

4 今までのやり方を変えず、教育の意義について考えることをしない姿勢

52 この文章で筆者が最も言いたいことは何か。

1 教育者は国の未来を考え、教育に対する熱意を持ち続けなくてはならない。

2 教育は社会に貢献する人材を育てることを主な目的に行われるものである。

3 教育者は教育の意義を見つめ直し、現場の変化に素早く対応しなくてはならない。

4 教育は昔から重要な役割を担っていて、国の成長に欠かせないものである。

(2)

私は子供の頃から地図を見るのが好きだった。頭の中に見知らぬ土地の様子を描いては、そこを訪ねた気分になっていた。地図を手に取るとまず全体を見渡し、どこにどのようなものがあるかを大雑把に把握し、その後細部を見ていったものだ。大人になった今でも、馴染みのない町を歩くときは地図を見てからでないと落ち着かない。しかし、世の中には違った思考を持った人もいるらしい。地図を見るより周りを見渡し、とりあえず進んでいくという。

実際にそういう人がいると分かったのは、絵を細部から描いていく人を見たからだ。その人は大きいキャンバス(注1)の中心に人の目や口などの細部から描き始め、それから周りに描き足していった。私は彼の頭の中に初めから全体像があり、それをなぞる(注2)ように描いているのかと思ったが、どうやら違うらしい。「ここに手があるからきっと体はこんな感じ」「この人の隣にはおそらくこういう物がある」と描きながら全体を組み立てていくと語っていた。その様子はまるで彼自らが絵に導かれているかのようで、完成した絵がしっかりとまとまった構図になっていることにも心底驚かされた。

しかし改めて考えてみると、普段の生活は「今ここ」しかわからないものだ。とりあえず何かしらの行動を起こし、そして次の行動を決める。全体像など把握のしようがないため、結局は気になるものから取り掛かり、周りを埋めていくしかない。そして気付くといつしか(注3)1枚の絵になっている。人生とはそういうものかもしれない。

(注1) キャンバス：油絵を描くときによく使われる、厚地の布

(注2) なぞる：ここでは、すでに描いてあるものの通りに描く

(注3) いつしか：知らないうちに

53 筆者は場所を確認する際にどのように行動するか。

1 地図全体を見た後に、その土地の様子を想像する。

2 地図でその土地の様子を大まかに把握してから、細かく見ていく。

3 歩きながら周りを見つつ、地図で細かく確認していく。

4 今いる場所を見渡してから、地図で目的地を確認する。

54 彼自らが絵に導かれているかのようとあるが、筆者はなぜそう思ったのか。

1 絵を描くときに、細かい部分から描き始めていたから

2 全体の構図が頭の中だけにある状態で描いていたから

3 最終的にどうなるかを決めずに描き始めていたから

4 完成した絵の構図が想像できないようなものだったから

55 筆者は人生をどのようなものだと考えているか。

1 何らかの行動を起こさないと、何の反応も得られないもの

2 未来のことをよく考え、組み立てていくもの

3 普段一番気になっていることからしていくとうまくいくもの

4 全体を見渡した後で行動を決めていくということができないもの

(3)

ウィンストン・チャーチルという人がいた。彼は第二次世界大戦の間、イギリスの首相の任に就き、その後回想録(注1)を書くなどしてノーベル文学賞まで受賞した人物だ。しかし子どもの頃はとても出来が悪く、学業の順位は常に後ろから数えたほうが早かった。そのような人間①がいかにして文学賞を受賞できたのだろうか。これには、大学のときに彼を指導した教師の教え方に秘密がある。

チャーチル自身の話によると、彼はその教師に英語を教わったそうだ。他の学生がラテン語や古代ギリシア語などを学んでいる横で、母語である英語を、だ。落ちこぼれ(注2)の彼に、その教師は英語の文章を分析することを課したという。すなわち、どれが目的語で、どの部分が接続節なのか、そういった文の構造を徹底的に分析させたのだ。後年(注3)、彼が美しい文章を書けるようになったのは、そのような土台作りの時間②があったからにほかならない。

読み書きは人間が生まれつき持っている能力ではない。学習を通じて獲得していくもので、うまく身に付けることができずにいる人も少なくない。書き言葉を操るには訓練が必要なのだ。これには他人の書いた文章を読み、その一部を分析していく「文章分析」が有効だ。これを何度も繰り返すと、今度は自分の文章についても正確に分析できるようになる。要するに、インプット、検討、アウトプットを繰り返すのである。この訓練を重ねることで書く速度も上がり、殊更(ことさら)(注4)分析をせずとも文章を書けるようになるはずだ。文章を書く技術を向上させたいと考えたら、文章分析に勝るものはないと言えよう。

（注1）回想録：過ぎた時間を思い出して書いた記録

（注2）落ちこぼれ：ここでは、勉強ができない学生

（注3）後年：何年か経った後

（注4）殊更(ことさら)：意識して

56 ①そのような人間とはどういう人間か。

1 首相を務めるような偉大な政治家

2 ノーベル文学賞を受賞した作家

3 学校の成績が常に上位だった人

4 学生時代は勉強が不得手だった人

57 ② 土台作りの時間とあるが、その時間にチャーチルは何をしたのか。

1 英語を母語のように操れるよう練習すること

2 英語の文がどのように成り立っているか把握すること

3 外国語として英語の基本的文法を暗記すること

4 外国語を学びながら、英語との違いを比較すること

58 文章をうまく書くことについて、筆者はどのように考えているか。

1 文章を上手に書きたいなら、上達するまで文章分析を繰り返し行うべきだ。

2 最初から上手に文章を書ける人はいないため、他人の文章を読んで学ぶべきだ。

3 文章を早く上達させるには、自分で書いた文章を繰り返し分析するべきだ。

4 書く能力の向上には文章分析が不可欠であり、多くのいい文章に触れるべきだ。

問題10　次の文章を読んで、後の問いに対する答えとして最もよいものを、1・2・3・4 から一つ選びなさい。

街中を歩いていると、よく目にするのがピクトグラムだ。ピクトグラムとは情報や注意を与えるための視覚記号のことで、「絵文字」と呼ばれることもある。公共のトイレの入り口には「男性・女性」を表す絵の記号があるし、駅のインフォメーションセンターには丸に「i」が入った記号があるのを覚えているだろう。このピクトグラム、実は日本生まれだということはご存じだろうか。1964年に東京でオリンピックが開催される際、海外から多くの観光客が訪れることを想定し、言葉や文字がわからなくとも理解できる記号が用いられたのが始まりだ。言語を介(かい)(注1)すことなく理解できるピクトグラムは、その便利さゆえ日本のみならず世界のあらゆる場所で使われることとなった。

ピクトグラムには、それが何であるかを知らせる、施設などについての案内をする、禁止や警告などの注意を促すなどの機能があるが、近年はコミュニケーションをスムーズに行うための補助ツールとしても使われるようになった。「視覚シンボル」と呼ばれるものがそれ①にあたり、病気などで音声を使った会話に支障(注2)をきたしている人や、話すことはできるが文字の認識が難しい人などを対象として作られた。人の複雑な気持ちや自分の考えなど言語なしではうまく伝えられなかったことを、「視覚シンボル」を使うことで他の人に伝えることができ、コミュニケーションをスムーズに行うことができるのだ。ピクトグラムは物や場所対人という関係だったが、「視覚シンボル」は人と人を結び付けるという機能を持つこととなった。

そこで課題となるのは、ツールとして使う「視覚シンボル」のわかりやすさだ。トイレや案内場所はどこの国にもあるものだから特別な説明を必要としないが、気持ちや考え、日常のこととなると文化的背景などが必要となることがある。したがって、他の文化を持つ人にはどうしても理解が難しいもの②も使わざるを得ない。しかしそうなると、ピクトグラムが使用目的とした「非言語で誰もが理解できる」という点からは離れていくこととなる。言語に方言があるように、「視覚シンボル」にも地域限定の方言のようなものが生じているのが現状だ。

しかしこれらは決して排除すべきものではない。「視覚シンボル」が求めているのは、人間同士の豊かなコミュニケーションである。そこに至るためには、必要なツールは十分に用意すべきだろう。ピクトグラムの目指したものから派生(はせい)(注3)した「視覚シンボル」は、今後も多くの人々の助けとなり、文化と言語の豊かさを享受できるツールとなっていくだろう。

（注1）介す：間に入れる

（注2）支障をきたす：何かをするのに問題がある

（注3）派生する：分かれて出てくる

59 筆者によると、なぜピクトグラムが世界中で使われるようになったのか。

1 文字がなくても見ればわかるので、便利だから
2 観光客が多く集まる場所では、多くの言語が必要だから
3 オリンピックのときに頻繁に使われるようになったから
4 様々な機能があるため、多くの情報が与えられるから

60 ①それとは何を指すか。

1 他人と話す力を向上させるための記号
2 町の施設などを知らせるための記号
3 コミュニケーションを補うための助けとなる道具
4 会話をする時に注意を促す道具

61 ②理解が難しいものとあるが、なぜ難しいのか。

1 わかりやすさが欠如しているから
2 普段接している文化が違うから
3 必要な説明がされていないから
4 気持ちや考えは表現しきれないから

62 筆者は、視覚シンボルについてどのように考えているか。

1 ピクトグラムの一つだが、見る人が理解できなくてもかまわない。
2 意志を伝え合うための道具だが、外国人が理解できなくてもかまわない。
3 コミュニケーションの道具なので、方言用に作ってもかまわない。
4 文化によって異なるが、地域特有のものがあってもかまわない。

問題11　次のAとBの文章を読んで、後の問いに対する答えとして最も良いものを、1・2・3・4 から一つ選びなさい。

A

長かった会社勤めを終え、定年退職をしたら、身も心も空(から)っぽ(注1)の状態だなんてことを時折耳にする。定年退職までまだ何十年もある私でさえ、仕事に没頭する毎日の中でもし急に休みなどできたら、仕事以外に何をしていいのやら全く見当もつかない。仕事であればやることはいくらでもあるのに。仕事人間とはよく言ったものだ。

今の仕事は挑戦しがいがあることもそうだが、仕事を通じて社会に貢献できていることによる精神的な満足感が大きい。打ち込める何かを追求した結果、それが偶然にも仕事だったというわけだが、私生活で趣味でもあれば、仕事への取り組み方も変わっていたのかもしれないと時折ふと思う。週末の心の安らぎ(注2)の一つでも見つけられれば、気分転換もできて、より効率的な仕事が実現可能なのかもしれない。

B

最近の就職活動における学生の傾向として、転勤がなく収入や勤務時間などが安定した職業を希望する人が多いそうだ。それは今まさに就職活動真っただ中の私にも当てはまる。やりがいのある仕事に巡り合えることが理想だが、仕事以外の自分も充実させたい。つまり、仕事より私生活を優先した職探しだ。

とは言っても、仕事は一日の中で大部分を占める非常に拘束力の強いものだ。それが何十年もの長きにわたるとなると、人生における意味はかなり大きなものになる。せっかくなら、つまらないと嘆くより楽しんだ方が得であろうし、楽しめるように自ら努力すべきだろう。職探しは始まったばかりだ。これからの職業生活が楽しみだ。

（注1）空(から)っぽ：何もない

（注2）安らぎ：安心感を得られること

63 仕事について、AとBはどのような観点から述べているか。

1 Aは仕事をしすぎることを批判的に述べ、Bは最近の就職活動の傾向を批判的に述べている。

2 Aは仕事に没頭する理由を自分の立場から述べ、Bは仕事の選び方について自分の希望を述べている。

3 Aは仕事と趣味の両立の可能性について述べ、Bは自分に合う仕事の見つけ方について述べている。

4 Aは仕事人間になる原因について述べ、Bは仕事と趣味の両立の可能性について述べている。

64 仕事と私生活の関係について、AとBはどのように述べているか。

1 AもBも、仕事も私生活も充実させることが望ましいと述べている。

2 AもBも、仕事も私生活も両立させるべきだと述べている。

3 Aは仕事に熱中するほど、趣味を見つけにくくなると述べ、Bは趣味が多いほど、仕事がしづらくなると述べている。

4 Aは仕事が充実していれば、趣味が無くても問題がないと述べ、Bは趣味があれば、仕事は必要ないと述べている。

問題12　次の文章を読んで、後の問いに対する答えとして最もよいものを、1・2・3・4 から一つ選びなさい。

最近、引き際（ひきぎわ）ということについてよく考えるようになった。若い頃は自分がどのような者になるか見えておらず、逆に何者にでもなれるような気がしていた。しかし、日々の積み重ねによって自分の能力や置かれている環境が明確になり、徐々に自分という輪郭（りんかく）(注1)がはっきりしてきた。小さな分かれ道の連続が今の自分を形成していて、それぞれの決断を振り返っても、人生をやり直したいと考えることは全くない。自分で考え、決断してきたことに悔いはない。若い頃は自分で選んだ道だからこそ決断が正しかったと思えるよう、それに固執していた。ところが長く生きていると、もう手放してもいいんじゃないかと考えることが多くなった。行ってきたことに満足し、それ以上を求めなくなったからだ。これが引き際（ひきぎわ）、つまり「やめる時」である。

そんなある日、テレビで競技を引退したアスリートに、「ぜひもう一度」と願うファンの声が届くという話を目にした。テレビで見たそのアスリートは、ファンの声を受けて再度競技に出ることにしたという。人生を賭けて競技に打ち込み、ある時に自分の力を悟り、もしくは自分の気持ちに従って競技をやめる。そういう人に対して「もう一度」とはどういうことなのか。

アスリートばかりではない。俳優や落語家、ミュージシャン、政治家でさえもそうだ。各々が今後の人生について熟考した末の引退という決断だろうに、周りの人々は気楽に、もう一度復帰して欲しいと口にする。

確かに、好きな人が、こちらが望む活動をしてくれたら満足だろう。再び応援できることに喜びを感じるかもしれない。だが当人達にとってはどうだろう。一旦は自分で決断したことが、周りの人々の意見で揺らいでしまう。そして、自分で決めた引き際（ひきぎわ）を撤回することとなる。

もちろん、新たな気持ちで再出発しようと考えるのは悪いことではない。その意志も努力も尊いものだ。とはいうものの、人生はその人のものである。他人の意見を受け入れて変えるのも決断の一つであることは否めないが、大の大人がした重大な決断に対し、よそ(注2)からどうこう言うのはいただけない。

引退のような引き際（ひきぎわ）についての決断に対しては、特にそうだ。そこには、本人の意思を尊重しようという考えは感じられない。

自分のしてきたことを振り返り、もう十分頑張った、ここで一旦終わりにしようと考えて、自分の居場所だったところから身を引く。これは人生の大きな分かれ道だ。そしてその後の人生について責任が取れるのは自分以外の何者でもない。私にはそのような決断に日本人が昔から良しとしてきた潔さを感じるのだが、今の人たちはもう潔さなど求めたりしないのだろうか。

（注1）輪郭（りんかく）：だいたいの内容

（注2）よそ：外部

65 人生をやり直したいと考えることは全くないとあるが、なぜか。

1 自分のやりたいことが明確だったから

2 小さな分かれ道のたびに、良い選択をしたから

3 自ら選択して、心残りなく歩んできたから

4 自分のできることの範囲が分かっていたから

66 引退することについて、筆者はどのように述べているか。

1 人は自分の力に満足し、引退を考え始めるものだ。

2 人は自分の未来を見据え、引退を決断している。

3 人は周囲の期待に沿えなくなった時、引退を考えるものだ。

4 人は新たに挑戦したいことができた時、引退を決めている。

67 筆者は、人々はどのような思いで復帰を望んでいると述べているか。

1 その人の人生について深く考えず、自分自身を満足させようとする思い

2 多くの人からの声援を受ければ、もう一度戻ってきてくれるだろうという思い

3 自分も新しい気持ちで応援したいので、再度活動してほしいという思い

4 その人の決断についてよく考えた上で、やはり復帰してほしいという思い

68 この文章で筆者が最も言いたいことは何か。

1 他人の意見を受け入れることも良いことだが、一度決めたことは変えるべきではない。

2 他人の人生について責任を持つ覚悟がないなら、人の決断を撤回させるべきではない。

3 人生の中で大きな決断をする時は、他人の意見を受け入れないで決めるべきである。

4 人生はその人自身のものなので、引き際（ひきぎわ）を決めた人の意志を尊重すべきである。

問題13　右のページは、中央科学博物館の掲示板に貼られている案内である。下の問いに対する答えとして最もよいものを、1・2・3・4 から一つ選びなさい。

69　ひろし君は現在小学３年生で、午後５時には終わる講座に参加したいと思っている。ひろし君が７月の講座に参加できるのは、次の方法のうちどれか。

1　一人で、みんなの天体観測に参加する。

2　親と一緒に、ロボット教室に参加する。

3　参加費を払って、電気回路教室に参加する。

4　材料費を払って、こどもの科学実験室に参加する。

70　リンさんは20歳の大学生で、大人の天体観測に参加したいと思っているが、サイエンスクラブの会員ではない。今日は７月１日である。リンさんが行うべき行動として、正しいものはどれか。

1　身分証明書を持って窓口へ行き、300円支払う。

2　窓口で、クラブへの入会と講座参加の手続きをする。

3　クラブへの申込書類を郵送した上で、電話で講座を申し込む。

4　来年の4月にならないと会員登録できないので、今年の参加はあきらめる。

中央科学博物館 サイエンスクラブ【7月の講座】

講座	日時	対象年齢	保護者 付き添い	定員	参加費
こどもの 科学実験室	1日(土) 13:00～15:00	小学1年生～ 小学3年生	不要	10名	500円 (材料費として)
電気回路教室	2日(日) 10:00～12:00	小学1年生～ 中学3年生	小学1・2年生	5名	なし
ロボット教室	9日(日) 14:00～17:00	小学4年生以上	小学生	10名	3,000円 (材料費として)
みんなの 天体観測	30日(日) 18:00～20:00	制限なし	中学生以下	30名	なし
大人の天体観測	30日(日) 21:00～24:00	18歳以上 (高校生不可)	不要	30名	300円 (茶菓子代として)

入会のご案内

サイエンスクラブは会員制です。講座を受講いただくには、会員登録が必要です。会員資格の有効期間は、4月～翌3月です。年度途中にお申込みいただいた場合も同様です。登録に費用はかかりません。

【入会資格】 小学校1年生～

【会員登録】 ・名前、住所、年齢が確認できる書類

・指定の申込用紙

上記をご持参の上、窓口までお持ちください。その場で会員証を発行いたします。

【会員資格の継続(2年目以降)】

毎年4月末までに指定の申請用紙を提出してください。郵送でも受け付けています。

講座への参加

・講座の申し込みは、開催日の2か月前から、お電話にて承ります。窓口で直接申し込むことも可能です。

・参加費は、講座の当日に会場で徴収します。

・講座によっては、保護者のお付き添いをお願いしています。お付き添いの方の会員登録は不要です。

・講座開始の5分前までに会場へお越しください。

※ サイエンスクラブの会員は、講座参加日の入館料が無料となります。入館の際に、会員証をご提示の上、参加する講座名をお知らせください。

Listening

問題用紙

N1

聴解

(55分)

注　　意

Notes

1. 試験が始まるまで、この問題用紙を開けないでください。
   Do not open this question booklet until the test begins.

2. この問題用紙を持って帰ることはできません。
   Do not take this question booklet with you after the test.

3. 受験番号と名前を下の欄に、受験票と同じようにに書いてください。
   Write your examinee registration number and name clearly in each box below as written on your test voucher.

4. この問題用紙は、全部で13ページあります。
   This question booklet has 13 pages.

5. この問題用紙にメモをとってもかまいません。
   You may make notes in this question booklet.

受験番号　Examinee Registration Number	

名　前　Name	

해커스N1실전모의고사_5회.mp3

問題1

問題１では、まず質問を聞いてください。それから話を聞いて、問題用紙の１から４の中から、最もよいものを一つ選んでください。

例

1　アンケート調査をおこなう

2　新商品のアイディアを出す

3　開発費を計算する

4　開発部に問い合わせる

1番

1 大掃除の日程について連絡する

2 エアコンの修理申請を提出する

3 運営費の残りの金額を確認する

4 パソコンを新しいものに替える

2番

1 パック詰めの手伝い

2 魚の品出し

3 倉庫で魚の解凍作業

4 試食販売の準備

3番

1　出張申請書を経理部に出す

2　出張先までの行き方と交通費を調べる

3　希望のホテルを申請する

4　出張当日のスケジュールを確認する

4番

1　発表の資料を作成する

2　発表当日の原稿を書く

3　当日の発表分担を決める

4　教室についてみんなに連絡する

5番

1 先方に正式な受注か確認する

2 生産部に検討を依頼する

3 お客様に納期を延ばしてもらう

4 展示会の日程を決める

問題2

問題２では、まず質問を聞いてください。そのあと、問題用紙のせんたくしを読んでください。読む時間があります。それから話を聞いて、問題用紙の１から４の中から、最も よいものを一つ選んでください。

例

1　幼いときに中国で生活していたから

2　他に興味があることがなかったから

3　日本ではなく中国で働きたいから

4　将来の役に立つと思ったから

1番

1 体力がなくなってきたから

2 30代になり続けるのが難しくなったから

3 選手をサポートする仕事をしたいから

4 勉強が面白くなったから

2番

1 生地が詳しく書かれてないこと

2 正確な色が分からないこと

3 店舗で買うより値段が高いこと

4 選ぶのに時間がかかること

3番

1　新館の増設

2　イベントを行いやすい空間

3　誰にでも使いやすい設備

4　新設されたカフェ

4番

1　社内にごみ箱を増やす

2　ごみ回収の回数を増やす

3　張り紙を貼って呼びかける

4　ごみを捨てられる時間を決める

5番

1 事業の海外展開

2 社員の外国語教育

3 外国人の採用

4 海外支店での雇用

6番

1 施設を維持するため

2 人口減少を止めるため

3 税金を安くするため

4 企業を宣伝するため

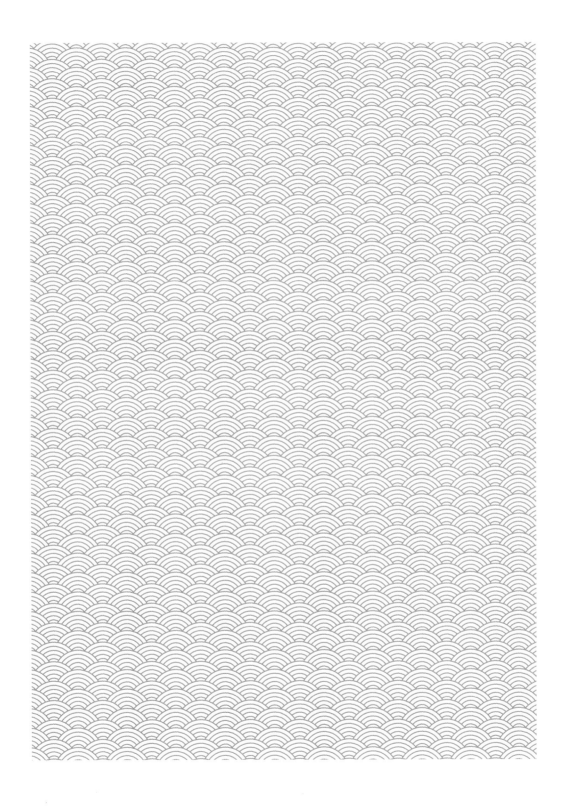

실전모의고사 제5회

해커스 JLPT 실전모의고사 N1

問題3

問題３では、問題用紙に何も印刷されていません。この問題は、全体としてどんな内容かを聞く問題です。話の前に質問はありません。まず話を聞いてください。それから、質問とせんたくしを聞いて、１から４の中から、最もよいものを一つ選んでください。

- メモ -

問題4

問題４では、問題用紙に何も印刷されていません。まず文を聞いてください。それから、それに対する返事を聞いて、１から３の中から、最もよいものを一つ選んでください。

- メモ -

問題5

問題5では、長めの話を聞きます。この問題には練習はありません。

問題用紙にメモをとってもかまいません。

1番

問題用紙に何も印刷されていません。まず話を聞いてください。それから、質問とせんたくしを聞いて、1から4の中から、最もよいものを一つ選んでください。

- メモ -

2番

まず話を聞いてください。それから、二つの質問を聞いて、それぞれ問題用紙の1から4の中から、最もよいものを一つ選んでください。

質問1

1　アテナホール

2　アーサムシアター

3　歌舞伎劇場

4　みどり市立音楽堂

質問2

1　アテナホール

2　アーサムシアター

3　歌舞伎劇場

4　みどり市立音楽堂

[해설집] p.188

정답표

언어지식(문자·어휘)

문제 1	
1	3
2	2
3	4
4	2
5	3
6	1

문제 2	
7	4
8	2
9	1
10	4
11	1
12	1
13	4

문제 3	
14	1
15	4
16	2
17	1
18	3
19	4

문제 4	
20	1
21	3
22	4
23	2
24	1
25	3

언어지식(문법)

문제 5	
26	4
27	2
28	3
29	2
30	1
31	1
32	4
33	3
34	2
35	4

문제 6	
36	3
37	2
38	1
39	4
40	2

문제 7	
41	3
42	4
43	1
44	2
45	4

독해

문제 8	
46	2
47	3
48	4
49	3

문제 9	
50	1
51	4
52	1
53	2
54	3
55	4
56	4
57	2
58	1

문제 10	
59	1
60	3
61	2
62	4

문제 11	
63	2
64	1

문제 12	
65	3
66	2
67	1
68	4

문제 13	
69	4
70	2

청해

문제 1	
1	3
2	2
3	4
4	1
5	2

문제 2	
1	3
2	2
3	3
4	4
5	3
6	1

문제 3	
1	4
2	2
3	1
4	4
5	3

문제 4	
1	3
2	2
3	3
4	2
5	1
6	2
7	2
8	1
9	3
10	3
11	2

문제 5	
1	4
2 질문1	1
질문2	3

-メモ-

-メモ-

해커스일본어 | japan.Hackers.com

JLPT 인강 · 교재 MP3 · 회독용 답안지

사전이
필요 없는
상세한 어휘 수록!

모르는 단어나 문형을
사전으로 찾을 필요 없이
그 자리에서 바로 학습하고
암기하세요.

문제별
핵심 포인트만 짚은
꼭! 알아두기 수록!

실제 시험장에서 적용 가능한
문제 풀이 포인트만
콕콕 학습해보세요.

실전모의고사 N1

해설집

해커스일본어

CONTENTS

합격을 위한 막판 1주!
해커스 JLPT 실전모의고사 N1

실전모의고사 제1회

언어지식(문자・어휘)

문제 1	
1	4
2	3
3	2
4	1
5	2
6	2
문제 2	
7	2
8	1
9	3
10	4
11	1
12	3
13	2
문제 3	
14	4
15	1
16	2
17	1
18	4
19	3

문제 4	
20	2
21	1
22	3
23	4
24	1
25	2

언어지식(문법)

문제 5	
26	1
27	2
28	4
29	2
30	3
31	2
32	1
33	1
34	3
35	4
문제 6	
36	3
37	1
38	4
39	3
40	2
문제 7	
41	2
42	1
43	2
44	3

독해

문제 8	
45	4
46	3
47	2
48	4
문제 9	
49	3
50	2
51	1
52	2
53	3
54	4
55	2
56	1
57	3
문제 10	
58	4
59	1
60	3
61	3
문제 11	
62	1
63	4
문제 12	
64	3
65	4
66	3
67	1
문제 13	
68	4
69	1

청해

문제 1	
1	1
2	4
3	3
4	2
5	3
문제 2	
1	4
2	3
3	2
4	2
5	1
6	4
문제 3	
1	4
2	4
3	2
4	4
5	1

문제 4	
1	2
2	2
3	3
4	3
5	2
6	1
7	3
8	2
9	1
10	3
11	2
문제 5	
1	1
2 질문1	3
질문2	1

언어지식 (문자·어휘) p.33

1 중

> 한파로 수도관이 얼어, 파열破裂할 우려가 있습니다.

해설 破裂는 4 はれつ로 발음한다.

어휘 破裂 はれつ 명 파열　寒波 かんぱ 명 한파
水道管 すいどうかん 명 수도관　凍る こおる 동 얼다
恐れ おそれ 명 우려

2 상

> 재해지의 부흥復興을 진심으로 바라고 있다.

해설 復興는 3 ふっこう로 발음한다. 復興는 復를 ふく가 아닌 ふっ으로 발음하고, 興의 두 가지 음독 こう와 きょう중 こう로 발음하는 것에 주의한다.

어휘 復興 ふっこう 명 부흥　被災地 ひさいち 명 재해지, 피재지
心から こころから 부 진심으로　願う ねがう 동 바라다

꼭! 알아두기 復를 음독 ふっ으로 발음하는 명사로 復活(ふっかつ, 부활), 復帰(ふっき, 복귀)를 함께 알아둔다.

3 중

> 선조의 기원을 더듬어 가기辿る 위해, 이국의 땅을 방문했다.

해설 辿る는 2 たどる로 발음한다.

어휘 辿る たどる 동 더듬어 가다, 더듬다　祖先 そせん 명 선조
ルーツ 명 기원, 루트　異国 いこく 명 이국　地 ち 명 땅
訪れる おとずれる 동 방문하다

4 상

> 토지에 대한 애착 때문인지 퇴거를 거부하고拒んで 있는 주민이 많다.

해설 拒んで는 1 こばんで로 발음한다.

어휘 拒む こばむ 동 거부하다　土地 とち 명 토지　愛着 あいちゃく 명 애착
退去 たいきょ 명 퇴거　住人 じゅうにん 명 주민

꼭! 알아두기 拒む(거부하다)와 비슷한 의미를 가지는 어휘로 否む(いなむ), 断る(ことわる)를 함께 알아둔다.

5 상

> 최연소 출전자의 스피치 능력에 심사원은 경탄驚嘆했다.

해설 驚嘆은 2 きょうたん으로 발음한다.

어휘 驚嘆 きょうたん 명 경탄　最年少 さいねんしょう 명 최연소
出場者 しゅつじょうしゃ 명 출전자
スピーチ力 スピーチりょく 명 스피치 능력
審査員 しんさいん 명 심사원

6 상

> 이 그림은 건물의 내부까지 정교精巧하게 그려져 있다.

해설 精巧는 2 せいこう로 발음한다. せい가 탁음이 아닌 것에 주의한다.

어휘 精巧だ せいこうだ な형 정교하다　絵画 かいが 명 그림, 회화
内部 ないぶ 명 내부　描く えがく 동 그리다

7 중상

> 이하의 질문 사항에 (　　) 하는 분은 병원에서 재검사가 필요합니다.
>
> 1 당선　　**2 해당**
> 3 합치　　4 적합

해설 선택지가 모두 명사이다. 괄호 앞뒤의 내용과 함께 쓸 때 質問事項に該当する方(질문 사항에 해당하는 분)가 가장 자연스러우므로 2 該当(해당)가 정답이다. 1은 選挙に当選する(선거에 당선하다), 3은 目的に合致する(목적에 합치하다), 4는 条件に適合する(조건에 적합하다)와 같이 쓰인다.

어휘 事項 じこう 명 사항　再検査 さいけんさ 명 재검사
当選 とうせん 명 당선　該当 がいとう 명 해당　合致 がっち 명 합치
適合 てきごう 명 적합

8 중상

> 새롭게 시작한 (　　) 의 성공에 의해, 당사는 상반기 흑자를 달성했다.
>
> **1 비즈니스**　　2 미션
> 3 노하우　　4 커리어

해설 선택지가 모두 명사이다. 괄호 앞뒤의 내용과 함께 쓸 때 新しく始めたビジネスの成功により(새롭게 시작한 비즈니스의 성공에 의해)가 가장 자연스러우므로 1 ビジネス(비즈니스)가 정답이다. 2는 上司から与えられたミッション(상사로부터 주어진 미션), 3은 長らく蓄積されたノウハウ(오랫동안 축적된 노하우), 4는 幅広く経験したキャリア(폭 넓게 경험한 커리어)와 같이 쓰인다.

어휘 成功 せいこう 명 성공　当社 とうしゃ 명 당사
上半期 かみはんき 명 상반기　黒字 くろじ 명 흑자
達成 たっせい 명 달성　ビジネス 명 비즈니스　ミッション 명 미션
ノウハウ 명 노하우　キャリア 명 커리어

9 상

> 약불로 (　　) 끓여진 스튜는, 재료에 맛이 스며들어 있어 일품이었다.
>
> 1 잔뜩　　2 꽉
> **3 푹**　　4 축 늘어져

해설 선택지가 모두 부사이다. 괄호 뒤의 내용과 함께 쓸 때 じっくり煮込まれたシチュー(푹 끓여진 스튜)가 가장 자연스러우므로 3 じ

つくり(푹)가 정답이다. 1은 みっちり詰められた荷物(잔뜩 채워진 짐), 2는 きっちり閉められた窓(꽉 닫힌 창문), 4는 ぐったりと横たわっている猫(축 늘어져 누워있는 고양이)와 같이 쓰인다.

어휘 弱火 よわび 명 약불　煮込む にこむ 동 끓이다, 삶다
シチュー 명 스튜　具材 ぐざい 명 재료　染みる しみる 동 스며들다
絶品 ぜっぴん 명 일품, 절품　みっちり 부 잔뜩　きっちり 부 꽉
じっくり 부 푹　ぐったり 부 축 늘어진, 느른히

꼭! 알아두기 じっくり(푹, 찬찬히)는 동사 煮込む(끓이다), 考える(생각하다), 眺める(바라보다)와 함께 자주 사용된다.

10 중상

남동생의 (　　) 한 부분은, 결코 자신의 의견을 굽히려고 하지 않는 아버지와 꼭 닮았다.

1 진지　　2 겸허
3 엄밀　　**4 완고**

해설 선택지가 모두 형용사이다. 괄호 앞뒤의 내용과 함께 쓸 때 弟の真剣なところは(남동생의 진지한 점은), 弟の謙虚なところは(남동생의 겸허한 점은), 弟の頑固なところは(남동생의 완고한 점은) 모두 자연스러우므로 문장 전체의 문맥을 파악해야 한다. 전체 문맥 弟の頑固なところは、決して自分の意見を曲げようとしない父とそっくりだ(남동생의 완고한 점은, 결코 자신의 의견을 굽히려고 하지 않는 아버지와 꼭 닮았다)가 가장 자연스러우므로 4 頑固(완고)가 정답이다. 3은 厳密な調査(엄밀한 조사)와 같이 쓰인다.

어휘 曲げる まげる 동 굽히다　そっくり 부 꼭 닮음
真剣だ しんけんだ な형 진지하다　謙虚だ けんきょだ な형 겸허하다
厳密だ げんみつだ な형 엄밀하다　頑固だ がんこだ な형 완고하다

11 중

주행하는 자동차가 물을 뿌려서, 스커트가 (　　) 젖어 버렸다.

1 흠뻑　　2 통통히
3 튼튼히　　4 홀쭉히

해설 선택지가 모두 부사이다. 괄호 뒤의 내용과 함께 쓸 때 びっしょり濡れてしまった(흠뻑 젖어 버렸다)가 가장 자연스러우므로 1 びっしょり(흠뻑)가 정답이다. 2는 ぽっちゃりしている(통통하다), 3은 がっちり固める(단단히 굳히다), 4는 げっそり痩せる(홀쭉히 마르다)와 같이 쓰인다.

어휘 走行 そうこう 명 주행　濡れる ぬれる 동 젖다　びっしょり 부 흠뻑
ぽっちゃり 부 통통히　がっちり 부 튼튼히　げっそり 부 홀쭉히

12 중상

서포터로부터 건투를 (　　) 는 의미로, 시합을 끝낸 선수들에게 박수가 보내졌다.

1 맹세한다　　2 치켜세운다
3 치하한다　　4 이룬다

해설 선택지가 모두 동사이다. 괄호 앞의 健闘を(건투를)와 함께 쓸 때 健闘を誓う(건투를 맹세한다)와 健闘をたたえる(건투를 치하한다) 모두 자연스러우므로 문장 전체의 문맥을 파악해야 한다. 전체 문맥 サポーターから健闘をたたえるという意味で、試合を終えた選手たちに拍手が送られた(서포터로부터 건투를 치하한다는 의미로, 시합을 끝낸 선수들에게 박수가 보내졌다)가 가장 자연스러우므로 3 たたえる(치하한다)가 정답이다. 2는 主人をおだてる(남편을 치켜세우다), 4는 成功を遂げる(성공을 이루다)와 같이 쓰인다.

어휘 サポーター 명 서포터　健闘 けんとう 명 건투　終える おえる 동 끝내다
選手 せんしゅ 명 선수　拍手 はくしゅ 명 박수　誓う ちかう 동 맹세하다
おだてる 동 치켜세우다　たたえる 동 치하하다
遂げる とげる 동 이루다

13 중

자치체에서는 고령자를 위한 복지 제도가 (　　) 을 압박하는 원인이 되고 있다.

1 금융　　**2 재정**
3 적자　　4 계산

해설 선택지가 모두 명사이다. 괄호 앞뒤의 내용과 함께 쓸 때 福祉制度が財政を圧迫する(복지 제도가 재정을 압박하는)가 가장 자연스러우므로 2 財政(재정)가 정답이다. 1은 金融を利用する(금융을 이용하다), 3은 赤字を記録する(적자를 기록하다), 4는 勘定を別々にする(계산을 따로따로 하다)와 같이 쓰인다.

어휘 自治体 じちたい 명 자치체　高齢者 こうれいしゃ 명 고령자
福祉 ふくし 명 복지　制度 せいど 명 제도　圧迫 あっぱく 명 압박
金融 きんゆう 명 금융　財政 ざいせい 명 재정　赤字 あかじ 명 적자
勘定 かんじょう 명 계산

14 상

골까지 그저 계속해서 달리는 수밖에 없다.

1 조금씩　　2 가능한 한
3 열심히　　**4 아무 생각 없이**

해설 ひたすら는 '그저'라는 의미로, 동의어인 4 無心で(아무 생각 없이)가 정답이다.

어휘 ゴール 명 골　ひたすら 부 그저　走り続ける はしりつづける 계속 달리다
少しずつ すこしずつ 조금씩　できる限り できるかぎり 가능한 한
無心だ むしんだ な형 아무 생각 없다, 무심하다

15 중상

육아에 관한 상담이 쇄도했다.

1 많이 밀려왔다　　2 많이 모였다
3 대부분에게 전달되었다　　4 대부분에게 보내졌다

해설 殺到した는 '쇄도했다'라는 의미로, 단어의 뜻을 올바르게 풀어 쓴 표현인 1 多く寄せられた(많이 밀려왔다)가 정답이다.

어휘 子育て こそだて 명 육아　殺到 さっとう 명 쇄도
寄せる よせる 동 밀려오다　大半 たいはん 명 대부분
届く とどく 동 전달하다, 보내다

16 상

<u>격차</u>는 더욱더 커지고 있다.

1 구멍 **2 어긋남**
3 홈 4 빈틈

해설 **格差**는 '격차'라는 의미로, 동의어인 2 **ずれ**(어긋남)가 정답이다.

어휘 **格差** かくさ 명 격차　**ますます** 부 더욱더　**あな** 명 구멍
ずれ 명 어긋남　**みぞ** 명 홈　**すきま** 명 빈틈

17 중

그는 별안간 일어난 일에 <u>당황하고 있는</u> 듯했다.

1 허둥거리고 있는 2 두려워하고 있는
3 질려 하고 있는 4 부끄러워하고 있는

해설 **うろたえている**는 '당황하고 있는'이라는 의미이다. 이와 교체하여도 문장의 의미가 바뀌지 않는 1 **慌てている**(허둥거리고 있는)가 정답이다.

어휘 **突然** とつぜん 부 별안간　**出来事** できごと 명 일어난 일
うろたえる 동 당황하다　**慌てる** あわてる 동 허둥대다
怯える おびえる 동 두려워하다　**呆れる** あきれる 동 질리다
照れる てれる 동 부끄러워하다

꼭! 알아두기 うろたえる(당황하다)의 동의어로 慌てる(허둥거리다), 戸惑う(당혹하다)를 함께 알아둔다.

18 중상

이 프로젝트에는 <u>난점</u>이 없다.

1 새로운 점 2 재미있는 점
3 모호한 점 **4 불안한 점**

해설 **難点**은 '난점'이라는 의미로, 단어의 뜻을 올바르게 풀어 쓴 표현인 4 **不安なところ**(불안한 점)가 정답이다.

어휘 **プロジェクト** 명 프로젝트　**難点** なんてん 명 난점
目新しい めあたらしい い형 새롭다, 신기하다
あやふやだ な형 모호하다　**不安だ** ふあんだ な형 불안하다

19 중

<u>염원</u>의 하와이 여행까지 1주일이 채 안 남았다.

1 항례 2 연말
3 동경 4 처음

해설 **念願**은 '염원'이라는 의미로, 동의어인 3 **憧れ**(동경)가 정답이다.

어휘 **念願** ねんがん 명 염원　**ハワイ** 명 하와이
1週間を切る 1しゅうかんをきる 1주일이 채 안 남다
恒例 こうれい 명 항례, 보통 있는 일　**年末** ねんまつ 명 연말
憧れ あこがれ 명 동경　**初めて** はじめて 부 처음

20 상

하물며

1 시민들의 자발적인 모금 활동이 경제 사회를 <u>하물며</u> 발전시키는 기초가 되었다.
2 유복한 가정에서 자란 정치가에게 빈곤층의 기분은 <u>하물며</u> 알 수 없을 것이다.
3 스즈키 투수는 은퇴한 지금도 <u>하물며</u> 사회인 야구에 소속되어 있기 때문에 놀랍다.
4 조리사 면허가 있다고 해도, 취득한 것은 <u>하물며</u> 옛날의 일이다.

해설 **なおさら**(하물며)는 이전의 사실을 전제로 이후의 사실은 두말할 나위가 없는 경우에 사용한다. 2의 **裕福な家庭で育った政治家に貧困層の気持ちはなおさら分からないだろう**(유복한 가정에서 자란 정치가에게 빈곤층의 기분은 하물며 알 수 없을 것이다)에서 올바르게 사용되었으므로 2가 정답이다. 참고로, 1은 **さらに**(더욱더), 3은 **なお**(여전히), 4는 **ずっと**(아주)를 사용하는 것이 올바른 문장이다.

어휘 **なおさら** 부 하물며, 더욱이　**自発的だ** じはつてきだ な형 자발적이다
募金 ぼきん 명 모금　**活動** かつどう 명 활동　**発展** はってん 명 발전
基礎 きそ 명 기초　**裕福だ** ゆうふくだ な형 유복하다
育つ そだつ 동 자라다　**政治家** せいじか 명 정치가
貧困層 ひんこんそう 명 빈곤층　**投手** とうしゅ 명 투수
引退 いんたい 명 은퇴　**社会人** しゃかいじん 명 사회인
野球 やきゅう 명 야구　**所属** しょぞく 명 소속　**驚き** おどろき 명 놀라움
調理師 ちょうりし 명 조리사　**免許** めんきょ 명 면허
取得 しゅとく 명 취득

21 중상

중복

1 자료를 작성할 때는, 내용이 <u>중복</u>되지 않도록 주의할 필요가 있다.
2 형기를 마치고 출소해도, 범죄를 <u>중복</u>하고 형무소로 돌아와 버리는 사람도 있다.
3 따돌림으로 괴로워하는 아들의 모습이, 어릴 적 내향적이었던 자신과 <u>중복</u>된다.
4 삭제한 데이터를 <u>중복</u>하는 데에, 생각보다 시간이 걸리지 않았다.

해설 **重複**(중복)는 동일한 것이 중첩되거나 어떠한 상태가 되풀이되는 경우에 사용한다. 1의 **内容が重複**(내용이 중복)에서 올바르게 사용되었으므로 1이 정답이다. 참고로, 2는 **繰り返す**(くりかえす, 반복하다), 3은 **重なる**(かさなる, 포개지다), 4는 **呼び起こす**(よびおこす, 불러오다)를 사용하는 것이 올바른 문장이다.

어휘 **重複** じゅうふく / ちょうふく 명 중복　**資料** しりょう 명 자료
作成 さくせい 명 작성　**際** さい 명 때　**内容** ないよう 명 내용
刑期 けいき 명 형기　**終える** おえる 동 마치다　**出所** しゅっしょ 명 출소
犯罪 はんざい 명 범죄　**刑務所** けいむしょ 명 형무소
いじめ 명 따돌림　**苦しむ** くるしむ 동 괴로워하다　**姿** すがた 명 모습
幼い おさない い형 어리다　**内向的だ** ないこうてきだ な형 내향적이다
削除 さくじょ 명 삭제　**データ** 명 데이터
思ったより おもったより 생각보다

22 상

일률적으로

1 새로운 치료법으로 바꿨지만, 일률적으로 회복하는 모습은 볼 수 없다.
2 이 콘서트는 전 세계에서 유명한 가수가 일률적으로 모이는 대이벤트이다.
3 건강식품이라고 해도, 모든 사람에게 효과가 있다고는 일률적으로 말할 수 없다.
4 임원의 불상사가 보도되어, 회사의 주가는 일률적으로 폭락했다.

해설 一概に(일률적으로)는 모두 동일하게 취급하는 경우에 사용한다. 3의 一概に言えない(일률적으로 말할 수 없다)에서 올바르게 사용되었으므로 3이 정답이다. 참고로, 1은 一向に(いっこうに, 전혀), 2는 一同に(いちどうに, 일제히), 4는 一挙に(いっきょに, 단번에)를 사용하는 것이 올바른 문장이다.

어휘 一概に いちがいに 부 일률적으로　治療法 ちりょうほう 명 치료법
切り替える きりかえる 동 바꾸다　回復 かいふく 명 회복
様子 ようす 명 모습　世界中 せかいじゅう 명 전 세계
歌手 かしゅ 명 가수　集う つどう 동 모이다
大イベント だいイベント 명 대 이벤트
健康食品 けんこうしょくひん 명 건강식품　全て すべて 명 모두
効果 こうか 명 효과　役員 やくいん 명 임원
不祥事 ふしょうじ 명 불상사　報道 ほうどう 명 보도
株価 かぶか 명 주가　暴落 ぼうらく 명 폭락

꼭! 알아두기　一概に(일률적으로)는 暴落(폭락), 一変(일변)과 같이 상당한 차이를 나타내는 어휘와는 함께 쓸 수 없다.

23 상

하사하다

1 결혼 30주년을 기념해서, 아내에게 감사의 편지와 30송이의 장미 꽃다발을 하사했다.
2 이웃 사람에게 하사받은 교복은 딸에게는 맞지 않으므로 고치지 않으면 안 된다.
3 오해를 낳지 않도록, 말로 정확하게 정보를 하사하는 것은 의외로 어렵다.
4 괴로울 때, 고교 시절의 은사가 하사해 준 말을 떠올리려고 하고 있다.

해설 授ける(하사하다)는 손윗사람이 손아랫사람에게 무언가를 주는 경우에 사용한다. 4의 恩師が授けて(은사가 하사해)에서 올바르게 사용되었으므로 4가 정답이다. 참고로, 1은 プレゼントする(선물하다), 2는 譲り受ける(ゆずりうける, 물려받다), 3은 伝える(つたえる, 전하다)를 사용하는 것이 올바른 문장이다.

어휘 授ける さずける 동 하사하다, 주다　周年 しゅうねん 명 주년
記念 きねん 명 기념　感謝 かんしゃ 명 감사　バラ 명 장미
花束 はなたば 명 꽃다발　制服 せいふく 명 교복　合う あう 동 맞다
誤解 ごかい 명 오해　生む うむ 동 낳다
正確だ せいかくだ な형 정확하다　情報 じょうほう 명 정보
案外 あんがい 명 의외　辛い つらい い형 괴롭다　恩師 おんし 명 은사

24 중상

광대

1 무인 대형 기계의 도입에 의해, 광대한 토지를 손쉽게 일구는 것이 가능하다.
2 어제 감기로 쉬었기 때문에, 아침부터 광대한 이메일의 처리에 쫓기고 있다.
3 친척 일동을 모아, 호텔의 레스토랑에서 조부의 환갑을 광대하게 축하했다.
4 이 상은 의료 분야에서 광대한 업적을 남긴 인물에게만 주어진다.

해설 広大(광대)는 크고 넓은 것을 나타내는 경우에 사용한다. 1의 広大な土地(광대한 토지)에서 올바르게 사용되었으므로 1이 정답이다. 참고로, 2는 膨大だ(ぼうだいだ, 방대하다), 3은 盛大だ(せいだいだ, 성대하다), 4는 偉大だ(いだいだ, 위대하다)를 사용하는 것이 올바른 문장이다.

어휘 広大だ こうだいだ な형 광대하다　無人 むじん 명 무인
大型 おおがた 명 대형　導入 どうにゅう 명 도입　土地 とち 명 토지
楽々 らくらく 부 손쉽게　耕す たがやす 동 일구다, 갈다
メール 명 이메일　処理 しょり 명 처리　追う おう 동 쫓다
親戚 しんせき 명 친척　一同 いちどう 명 일동　還暦 かんれき 명 환갑
祝う いわう 동 축하하다　賞 しょう 명 상　医療 いりょう 명 의료
分野 ぶんや 명 분야　業績 ぎょうせき 명 업적　残す のこす 동 남기다
人物 じんぶつ 명 인물　与える あたえる 동 주다

25 중상

분열

1 환경 보호를 위해 낡은 기계를 분열해서, 사용할 수 있는 부품을 재활용한다.
2 총선거를 앞두고 최대 야당이 분열한 것으로, 여당의 일강 체제가 되었다.
3 쓰레기는 정해진 요일에 분열해서 버리도록 해 주세요.
4 진도 5의 강한 흔들림으로 창문이 깨지고, 바닥에 유리 파편이 분열해 있었다.

해설 分裂(분열)는 단체나 이념이 찢어져 나뉘는 경우에 사용한다. 2의 野党が分裂(야당이 분열)에서 올바르게 사용되었으므로 2가 정답이다. 참고로, 1은 分解(ぶんかい, 분해), 3은 分別(ぶんべつ, 분별), 4는 散乱(さんらん, 산란)을 사용하는 것이 올바른 문장이다.

어휘 分裂 ぶんれつ 명 분열　環境 かんきょう 명 환경
保護 ほご 명 보호　古びる ふるびる 동 낡다　部品 ぶひん 명 부품
再利用 さいりよう 명 재활용　総選挙 そうせんきょ 명 총선거
前に まえに 앞두고　最大 さいだい 명 최대　野党 やとう 명 야당
与党 よとう 명 여당　一強 いっきょう 명 일강　体制 たいせい 명 체제
曜日 ようび 명 요일　震度 しんど 명 진도　揺れ ゆれ 명 흔들림
床 ゆか 명 바닥　破片 はへん 명 파편

언어지식(문법) p.38

26 중상

그는 회사의 돈을 횡령했다고 해서 체포되었다고 한다. 이다음은 법률 (　　) 처벌될 것이다.

1 에 따라　2 을 담아
3 에 대해　4 을 거쳐

해설 적절한 문형을 고르는 문제이다. 모든 선택지가 괄호 앞의 명사 法律(법률)에 접속할 수 있다. 괄호 뒤 処罰されるだろう(처벌될 것이다)로 이어지는 문맥을 보면 '법률에 따라 처벌될 것이다'가 가장 자연스럽다. 따라서 1 に則って(에 따라)가 정답이다. 2 を込めて는 '~을 담아', 3 に対して는 '~에 대해', 4 を経て는 '~을 거쳐'라는 의미의 문형임을 알아둔다.

어휘 横領 おうりょう 명 횡령　逮捕 たいほ 명 체포　このあと 명 이다음
処罰 しょばつ 명 처벌　～に則って ～にのっとって ~에 따라
～を込めて ～をこめて ~을 담아　～に対して ～にたいして ~에 대해
～を経て ～をへて ~을 거쳐

꼭! 알아두기 ～に則って(~에 따라) 외에 ～に基づいて(~에 따라), ～に即して(~에 의거하여)도 어떠한 기준이나 규칙을 나타낼 때 사용된다.

27 중

어지간히 목이 말랐던지, 그녀는 자리에 (　　) 무섭게 컵에 담긴 물을 들이켰다.

1 앉고　**2 앉기**
3 앉으려고　4 앉아서

해설 동사의 올바른 활용형을 고르는 문제이다. 괄호 뒤의 문형 が早いか(~하기가 무섭게)와 접속할 수 있는 동사의 활용형은 사전형이므로 2 着く(앉기)가 정답이다. '그녀는 자리에 앉기가 무섭게 컵에 담긴 물을 들이켰다'라는 문맥에도 맞다.

어휘 よほど 부 어지간히　渇く かわく 동 마르다, 건조하다
席に着く せきにつく 자리에 앉다
～が早いか ～がはやいか ~하기가 무섭게, ~하자마자
飲み干す のみほす 동 들이키다

28 중

이번 태풍 피해는 인재이다. 정부의 판단이 늦어 (　　), 이재민이 증가해 버렸다고 말할 수 있기 때문이다.

1 진 체면상　2 졌다고 한다면
3 진 이상에는　**4 졌기 때문에**

해설 적절한 문형을 고르는 문제이다. 모든 선택지가 괄호 앞의 た형 遅れた(늦어)에 접속할 수 있다. 괄호 앞뒤 문맥을 보면, '정부의 판단이 늦어졌기 때문에, 이재민이 증가해 버렸다'가 가장 자연스럽다. 따라서 4 がゆえに(졌기 때문에)가 정답이다. 1 手前는 '~체면상', 2 となると는 '~라고 한다면', 3 からには는 '~는 이상에는'이라는 의미의 문형임을 알아둔다.

어휘 今回 こんかい 명 이번　被害 ひがい 명 피해　人災 じんさい 명 인재
政府 せいふ 명 정부　判断 はんだん 명 판단
被災者 ひさいしゃ 명 이재민　～手前 ～てまえ ~체면상
～となると ~라고 한다면　～からには ~는 이상에는
～がゆえに ~때문에

29 중상

(회사에서)
와타나베: 영업부에서 새롭게 이동해 온 이노우에 씨, 어때요?
이토: 그, 아직 젊습니다만, 경험이 (　　) 노력하며, 열심히 일해주고 있어요.

1 얕은 이상　**2 얕은 대로**
3 얕은데다가　4 얕은 정도라면

해설 적절한 문형을 고르는 문제이다. 괄호 앞뒤 문맥을 보면, '경험이 얕은 대로 노력하며, 열심히 일해주고 있어요'가 가장 자연스럽다. 따라서 2 浅いなりに(얕은 대로)가 정답이다. 1의 以上는 '~인 이상', 3의 上には '~인데다가', 4의 くらいなら는 '~정도라면'이라는 의미의 문형임을 알아둔다.

어휘 営業部 えいぎょうぶ 명 영업부　異動 いどう 명 이동
努力 どりょく 명 노력　～以上 ～いじょう ~인 이상　～なりに ~대로
～上に ～うえに~인데다가　～くらいなら ~정도라면

30 중상

(편지에서)
이번에, 당 대학 도서관을 전면 개장하게 되어, 기부금을 모으고 있습니다. (　　), 졸업생 여러분이 협력해 주시기를, 부탁드립니다.

1 이리하여　2 유난히
3 그러한 바　4 어느 쪽이든

해설 적절한 접속사를 고르는 문제이다. 괄호 앞의 当大学の図書館を全面改装することになり、寄付金を募っております(당 대학 도서관을 전면 개장하게 되어, 기부금을 모으고 있습니다)와 괄호 뒤의 卒業生の皆様にご協力いただきたく(졸업생 여러분이 협력해 주시기를)에 문맥상 어울리는 말은 '그러한 바'이다. 따라서 3 つきましては(그러한 바)가 정답이다.

어휘 この度 このたび 명 이번에　当大学 とうだいがく 명 당 대학
全面 ぜんめん 명 전면　改装 かいそう 명 개장
寄付金 きふきん 명 기부금　募る つのる 동 모으다
卒業生 そつぎょうせい 명 졸업생　皆様 みなさま 명 여러분
ご協力 ごきょうりょく 협력　かくして 접 이리하여
とりわけ 부 유난히　つきましては 접 그러한 바, 그러하오니
～いずれにせよ ~어느 쪽이든

꼭! 알아두기 つきましては는 단독으로 사용될 경우 '그러한 바'라는 의미이고, 조사 に(에)와 함께 ～につきましては로 사용될 경우 '~에 관해서는'이라는 의미이다.

31 상

현재의 의료 기술 (　　　), 전 세계에는 치료 곤란한 병이 아직도 많이 남아 있다.

1 로　　　2 **로써도**
3 가지면서도　　　4 가져가고 있지만

해설 적절한 문형을 고르는 문제이다. 모든 선택지가 괄호 앞의 조사 を에 접속할 수 있다. 괄호 뒤 **世の中には治療の困難な病気がまだまだ多く残っている**(전 세계에는 치료 곤란한 병이 아직도 많이 남아 있다)로 이어지는 문맥을 보면 '현재의 의료 기술로써도'가 가장 자연스럽다. 따라서 2 **もってしても**(로써도)가 정답이다. 1 **もってすれば**는 조사 を에 접속할 때 '~으로'라는 의미의 문형이고, 3의 **ながらも**는 '~하면서도', 4의 **つつある**는 '~해 가고 있다'라는 의미의 문형임을 알아둔다.

어휘 **現在** げんざい 명 현재　**医療** いりょう 명 의료
世の中 よのなか 명 전 세계　**治療** ちりょう 명 치료
困難だ こんなんだ な형 곤란하다　**まだまだ** 부 아직도
~をもってすれば ~으로　**~をもってしても** ~로써도
~ながらも ~하면서도　**~つつある** ~해 가고 있다

32 중상

고등학교 마지막 여름 방학이라고 해도, 입시를 목전에 둔 수험생이 학업을 소홀히 (　　　).

1 **할까 보냐**　　　2 하는 법이다
3 할 정도이다　　　4 하는 듯하다

해설 적절한 문형을 고르는 문제이다. 괄호 앞 문맥을 보면, '고등학교 마지막 여름 방학이라고 해도, 입시를 목전에 둔 수험생이 학업을 소홀히 할까 보냐'가 가장 자연스럽다. 따라서 1 **するもんか**(할까 보냐)가 정답이다. 2의 **ものだ**는 '~인 법이다', 3의 **ほどだ**는 '~일 정도이다', 4의 **ようだ**는 '~인 듯하다'라는 의미의 문형임을 알아둔다.

어휘 **~からといって** ~라고 해도　**入試** にゅうし 명 입시
目前に控える もくぜんにひかえる 목전에 두다
受験生 じゅけんせい 명 수험생　**学業** がくぎょう 명 학업
おろそかだ な형 소홀하다　**~もんか** ~할까 보냐
~ものだ ~인 법이다　**~ほどだ** ~일 정도이다　**~ようだ** ~인 듯하다

33 중상

(회사에서)
무라타: 지금 만들고 있는 그 자료, 부장님이 아직이냐고 말했어. 빨리 가져가지 않으면.
카와니시: 아, 그렇네. 시간을 너무 들이지 말라고 말하는데, 빨리 (　　　) 좀 더 잘 생각하라고 말한단 말이지.

1 **만들면 만든 대로**　　　2 만들든 만들지 않든
3 만드는 만큼　　　4 만들면 모를까

해설 적절한 문형을 고르는 문제이다. 괄호 앞뒤 문맥을 보면, '시간을 너무 들이지 말라고 말하는데, 빨리 만들면 만든 대로 좀 더 잘 생각하라고 말한단 말이지'가 가장 자연스럽다. 따라서 1 **作れば作ったで**(만들면 만든 대로)가 정답이다. 2의 **ようが~まいが**는 '~하든 ~하지 않든', 3의 **だけあって**는 '~는 만큼 (의 가치가 있는)', 4의 **ならいざ知らず**는 '~라면 모를까'라는 의미의 문형임을 알아둔다.

어휘 **資料** しりょう 명 자료　**時間をかける** じかんをかける 시간을 들이다
もう少し もうすこし 부 좀 더　**~ば~で** ~하면 ~한 대로
~ようが~まいが ~하든 ~하지 않든
~だけあって ~는 만큼 (의 가치가 있는)
~ならいざ知らず ~ならいざしらず ~라면 모를까

34 상

(거래처와)
시미즈: 오늘은 먼 곳까지 일부러 와 주셔서, 감사합니다. 역에서부터 멀어서 고생하셨죠.
고바야시: 아뇨 아뇨, 이쪽이야말로, 바쁘신 와중에 시간을 (　　　), 감사드립니다.

1 할애해 드려서　　　2 할애하고 있으셔서
3 **할애해 주셔서**　　　4 할애하고 계셔서

해설 적절한 경어 표현을 고르는 문제이다. 상대방의 시간을 할애 받은 것에 감사하는 상황이므로 자신의 행위를 낮추는 **お時間を割いていただきまして**(시간을 할애해 주셔서)가 가장 자연스럽다. 따라서 3 **割いていただきまして**(할애해 주셔서)가 정답이다. 여기서 **いただく**(주시다)는 **もらう**(받다)의 겸양어이다. 1의 **差し上げる**(드리다)는 **あげる**(주다)의 겸양어, 2 의 **おられる**(있으시다)는 **おる**(있다)의 존경어, 4의 **いらっしゃる**(계시다)는 **いる**(있다)의 존경어이다.

어휘 **取引先** とりひきさき 명 거래처　**本日** ほんじつ 명 오늘
わざわざ 부 일부러　**おいでくださる** 와 주시다 (きてくれる의 존경 표현)
時間を割く じかんをさく 시간을 할애하다
差し上げる さしあげる 동 드리다 (あげる의 겸양어)
おられる 동 있으시다 (おる의 존경어)
いらっしゃる 동 계시다 (いる의 존경어)

꼭! 알아두기 時間(시간)과 관련된 경어 표현으로 お時間を割いていただく(시간을 할애해 주시다), お時間をいただく(시간을 주시다), お時間を頂戴する(시간을 주시다)도 자주 출제된다.

35 중

(학교에서)
선생님: 오오키 씨, 오오키 씨의 먹거리에 관한 리포트에, 말고기 회가 이 마을 독자의 먹거리라고 쓰여 있는데, 여기저기에서 먹어지고 있어요.
오오키: 앗, 그런가요? 죄송합니다, 이 지역 (　　　).

1 에 다다른 것이라고 생각했습니다
2 에 그치지 않는 것이라고 생각했습니다
3 없이는 안 되는 것이라고 생각했습니다
4 **만의 특유의 것이라고 생각했습니다.**

해설 적절한 문형을 고르는 문제이다. 괄호 앞 문맥을 보면, '이 지역만의 특유의 것이라고 생각했습니다'가 가장 자연스럽다. 따라서 4 **なら**

ではのものだと思っていました(만의 특유의 것이라고 생각했습니다)가 정답이다. 1의 にいたったは '~에 다다른', 2의 にとどまらないは '~에 그치지 않는', 3의 なしではないは '~없이는 안되는'이라는 의미의 문형임을 알아둔다.

어휘 **~に関する** ~にかんする ~에 관한 **馬刺し** ばさし 명 말고기 회, 바사시
独自 どくじ 명 독자 **あちこち** 명 여기저기 **地域** ちいき 명 지역
~にいたった ~에 다다른 **~にとどまらない** ~에 그치지 않는
~なしではない ~없이는 안 되는 **~ならではの** ~만의 특유의

36 중상

변변히 인사도 하지 않고, 예의가 없다고 젊은이를 비판하는 사람은 많지만, 제대로 된 인사를 하지 못하는 것은 딱히 젊은이에게만 ★한정된 것 은 아닐 것이다.

1 젊은이에게만　　2 은 아닐
3 한정된 것　　4 딱히

해설 3 に限ったことは 2 ではない와 함께 쓰여 문형 に限ったことではない(~에 한정된 것은 아니다)가 되므로 먼저 3 に限ったこと 2 ではない(한정된 것은 아닐)로 연결할 수 있다. 이것을 나머지 선택지와 함께 문맥에 맞게 배열하면 4 なにも 1 若者だけ 3 に限ったこと 2 ではない(딱히 젊은이에게만 한정된 것은 아닐)가 되면서 전체 문맥과도 어울린다. 따라서 3 に限ったこと(한정된 것)가 정답이다.

어휘 **ろくだ** な형 변변하다 **礼儀に欠ける** れいぎにかける 예의가 없다
若者 わかもの 명 젊은이 **批判** ひはん 명 비판
きちんと 부 제대로
~に限ったことではない ~にかぎったことではない ~에 한정된 것은 아니다 **なにも** 부 딱히

37 상

수업 중에 정신 차리고 공부했으면, 시험 전에 허둥대며 친구의 노트를 베낄 일 ★도 없었 을 텐 데.

1 도　　2 데
3 없었　　4 을 텐

해설 4 だろう는 2 に와 함께 쓰여 문형 だろうに(~을 텐데)가 되므로 먼저 4 だろう 2 に(을 텐데)로 연결할 수 있다. 이것을 나머지 선택지와 함께 문맥에 맞게 배열하면 1 も 3 なかった 4 だろう 2 に(도 없었을 텐데)가 되면서 전체 문맥과도 어울린다. 따라서 1 も(도)가 정답이다.

어휘 **授業中** じゅぎょうちゅう 명 수업중 **試験前** しけんまえ 명 시험 전
慌てる あわてる 동 허둥대다 **友人** ゆうじん 명 친구
書き写す かきうつす 동 베끼다, 옮겨 적다 **~だろうに** ~을 텐데

꼭! 알아두기 ~だろうに(~을 텐데) 외에 ~ばよかった(~하면 좋았을걸)도 후회나 아쉬움을 말할 때 자주 출제된다.

38 중상

우리는 어렸을 적부터 함께 있는 일이 많아, 자매나 진배없이 자라 왔다 ★고 말해도 과언이 아니지만, 최근에는 각자의 생활이 바빠서 만날 기회도 없어지고 있다.

1 과언이 아니지　　2 자라 왔다
3 자매나 진배없이　　**4 고 말해도**

해설 4 と言っても는 1 過言ではない와 함께 쓰여 문형 と言っても過言ではない(~라고 말해도 과언이 아니다)가 되므로 먼저 4 と言っても 1 過言ではない(고 말해도 과언이 아니지)로 연결할 수 있다. 이것을 나머지 선택지와 함께 문맥에 맞게 배열하면 3 姉妹同然に 2 育ってきた 4 と言っても 1 過言ではない(자매나 진배없이 자라 왔다고 말해도 과언이 아니지)가 되면서 전체 문맥과도 어울린다. 따라서 4 と言っても(고 말해도)가 정답이다.

어휘 **私達** わたしたち 명 우리 **幼いころ** おさないころ 어렸을 적
それぞれ 명 각자
~と言っても過言ではない ~といってもかごんではない ~라고 말해도 과언이 아니다 **育つ** そだつ 동 자라다 **姉妹** しまい 명 자매
同然だ どうぜんだ な형 진배없다

39 중

요전에 시계방에 손목시계의 수리를 부탁하러 갔었지만, 낡은 시계였기 때문인지, 점원에게 성가신 일을 가져오지 말라고 말하는 듯한 ★태도를 당해서 기분을 해치고 돌아왔다.

1 말하는 듯한　　2 성가신 일을 가져오지 말라고
3 태도를 당해서　　4 기분을 해치고

해설 2의 とは 1의 言わんばかり와 함께 쓰여 문형 と言わんばかり(~라고 말하는 듯)가 되므로 먼저 2 面倒な仕事を持ってくるなと 1 言わんばかりの(성가신 일을 가져오지 말라고 말하는 듯한)로 연결할 수 있다. 이것을 나머지 선택지와 함께 문맥에 맞게 배열하면 2 面倒な仕事を持ってくるなと 1 言わんばかりの 3 態度をされて 4 気分を害して(성가신 일을 가져오지 말라고 말하는 듯한 태도를 당해서 기분을 해치고)가 되면서 전체 문맥과도 어울린다. 따라서 3 態度をされて (태도를 당해서)가 정답이다.

어휘 **先日** せんじつ 명 요전 **時計店** とけいてん 명 시계방
腕時計 うでどけい 명 손목시계 **修理** しゅうり 명 수리
~と言わんばかり ~といわんばかり ~라고 말하는 듯
面倒だ めんどうだ な형 성가시다 **態度** たいど 명 태도
気分を害する きぶんをがいする 기분을 해치다

40 중상

더 이상 이런 일은 하고 싶지 않다 고 말하면서도 즐거운 듯이 하고 있는 ★것을 보면, 그는 이 일을 싫어하는 것도 아닌 듯하다.

1 고 말하면서도　　**2 것을 보**
3 즐거운 듯이 하고 있는　　4 하고 싶지 않다

해설 선택지들끼리 연결 가능한 문형이 없으므로 의미적으로 배열한다. 선택지 중 빈칸 앞의 もうこんな仕事は(더 이상 이런 일은) 바로

뒤에 올 수 있는 것은 4 やりたくない(하고 싶지 않다)이고, 빈칸 뒤의 조사 と(면) 바로 앞에 올 수 있는 것은 2 ところをみる(것을 보) 또는 3 楽しそうにしている(즐거운 듯이 하고 있는)이다. 나머지 선택지를 문맥에 맞게 배열하면 4 やりたくない 1 と言いながらも 3 楽しそうにしている 2 ところをみる(하고 싶지 않다고 말하면서도 즐거운 듯이 하고 있는 것을 보)가 되면서 전체 문맥과도 어울린다. 따라서 2 ところをみる(것을 보)가 정답이다.

어휘 嫌いだ きらいだ [な형] 싫다　～わけでもない ~인 것도 아니다
～ながらも ~하면서도

꼭! 알아두기 もうこんな(더 이상 이런)는 반드시 ～ない(~않다), 嫌だ(싫다)와 같은 부정적인 표현과 함께 사용된다.

41-44

자유가 좋다

[41]나는, 예정을 세우는 것을 별로 좋아하지 않는다. 설령 그것이 친한 친구와의 약속이라 할지라도, 더 이상 그 시간에는 다른 것은 할 수 없다고 생각하면, 어쩐지 [41].

여행 같은 것은 더더욱 그렇다. 여행 그 자체는 싫어하지 않지만, 예정이 정해지자마자, 자유로운 시간을 빼앗겨 버린 듯한 뒤숭숭한 기분이 되어, 그것을 끌어안고 출발까지의 나날을 보내게 되어 버린다. 그 때문에, 여행은 즉흥적인 생각으로 가는 경우가 많다.

지금 생각하면, 어렸을 적부터 무언가를 강제 당하는 것이 싫었다. 유치원에 다니는 것도 별로 내키지 않았다. 매일 같은 시간에 집을 나서지 않으면 안 되는 것도 싫었고, [42]입기도 싫은 교복을 [42] [42]것도 고통이었다. 오늘은 공원에 가고 싶다며 유치원 교실 앞에서 난동을 부려, 어머니와 선생님을 애먹였던 기억도 어렴풋이 있다.

그래도, 초등학교에 들어간 후에는, 매일의 등교는 어쩔 수 없다고 생각하게 되었다. [43]친구들 대부분은, 학교가 끝난 뒤, 피아노 교실이나 학원 등에 가고 있었지만, 나는 매일 자유 시간을 즐기고 있었다. 이웃 마을까지 자전거로 모험해 본다든지, 방구석에서 책 속 세계에 빠져들어 본다든지, 친구 집에 게임을 하러 간 적도 있었다.

부모님도 처음에는 무언가 배우게 하려고 생각했던 듯하지만, 이것이 자기 아이의 [43]이라며 포기했을 것이다. 내가 좋을 대로 하게 해 주었다.

지금은 그럭저럭 회사원을 하고 있다. 성장함에 따라 자유롭지 않은 것에 익숙해졌다고도 말할 수 있지만, [44]평일 낮 시간을 빼앗기고 있는 것 때문에, 밤이나 주말은 자신이 세운 예정에 조차 얽매이고 싶지 않다는 생각이, 매년 [44].

앞으로도, 자유가 좋은 이 마음과는 평생 함께 가게 될 것이다.

(주1) 어렴풋이: 정말 조금만
(주2) 빠져들다: 열중하게 되다

어휘 たとえ [부] 설령　親しい したしい [い형] 친하다
友人 ゆうじん [명] 친구　～であっても ~라 할지라도
ほかのこと 다른 것　何だか なんだか [부] 어쩐지
～なんて [조] ~같은 것, ~따위　なおさら [부] 더더욱
そのもの [명] 그 자체　嫌いだ きらいだ [な형] 싫어하다
～た途端 ～たとたん ~하자마자　奪われる うばわれる [동] 빼앗기다
落ち着かない おちつかない 뒤숭숭하다　抱える かかえる [동] 끌어안다
日々 ひび [명] 나날　過ごす すごす [동] 보내다　それゆえ [접] 그 때문에
小さい頃 ちいさいころ 어렸을 적　強制 きょうせい [명] 강제
幼稚園 ようちえん [명] 유치원　気が進まない きがすすまない 내키지 않다
家を出る いえをでる 집을 나서다
～てはいけない ~하지 않으면 안되다　嫌だ いやだ [な형] 싫다
制服 せいふく [명] 교복　苦痛 くつう [명] 고통
暴れる あばれる [동] 난동을 부리다　困らせる こまらせる [동] 애먹이다
記憶 きおく [명] 기억　かすかだ [な형] 어렴풋하다　それでも [접] 그래도
登校 とうこう [명] 등교　仕方がない しかたがない 어쩔 수 없다
多く おおく [명] 대부분　塾 じゅく [명] 학원　～など [조] ~등
隣町 となりまち 이웃 마을　冒険 ぼうけん [명] 모험
部屋の隅 へやのすみ 방구석　のめりこむ [동] 빠져들다
ゲーム [명] 게임　何か なにか 무언가
習う ならう [동] 배우다　あきらめる [동] 포기하다
何とか なんとか [부] 그럭저럭　会社員 かいしゃいん [명] 회사원
成長 せいちょう [명] 성장　～にしたがって ~에 따라
不自由 ふじゆう [명] 자유롭지 않음, 부자유　平日 へいじつ [명] 평일
～によって ~때문에　週末 しゅうまつ [명] 주말　～にすら ~에 조차
縛られる しばられる [동] 얽매이다　年々 ねんねん [명] 매년
これからも 앞으로도　一生 いっしょう [명] 평생
付き合う つきあう [동] 함께 가다, 사귀다

41 중상

1 답답해서는 견딜 수 없는 것이다
2 답답해서 참을 수 없는 것이다
3 답답한 것에 지나지 않는 것이다
4 답답함에 틀림없는 것이다

해설 적절한 문형을 고르는 문제이다. 빈칸 앞에서 私は、予定を立てるのがあまり好きではない라고 언급하였으므로 もうその時間にはほかのことはできないのだと思うと、何だか窮屈でたまらないのだ가 가장 자연스럽다. 따라서 2 窮屈でたまらないのだ가 정답이다. 1의 ではかなわない는 부정적인 단어와 함께 그 정도가 매우 심해서 곤란한 경우에 사용하는 문형이어서 예정을 세우는 것을 좋아하지 않기 때문에 약속을 잡는 것이 답답하다는 문맥에 맞지 않으므로 오답이다.

어휘 窮屈だ きゅうくつだ [な형] 답답하다
～ではかなわない ~해서는 견딜 수 없다
～でたまらない ~해서 참을 수 없다　～にすぎない ~에 지나지 않다
～にちがいない ~에 틀림없다

꼭! 알아두기 ～で / ～てたまらない(~해서 참을 수 없다, 너무나도 ~하다)는 반드시 窮屈だ(답답하다), 残念だ(유감이다)와 같이 감정을 나타내는 형용사와 함께 사용된다.

42 중상

1 입혀지는　2 입혀지고 싶지 않은
3 입어지지 않고 있는　4 입혀지지 않는

해설 적절한 문형을 고르는 문제이다. 선택지 1·2·4에는 사역수동 표현, 3에는 수동 표현이 사용되었으므로 빈칸 주변에서 행위의 주체나 대상을 파악하는 것에 유의한다. 빈칸 앞에서 着たくもない制服を라고 하고, 빈칸 뒤에서 のも苦痛だった라며 본인의 감정 상태에 대해 언급하였으므로 주체는 필자이다. 따라서 사역수동 표현이면서 문맥에 맞는 의미인 1 着させられる가 정답이다.

43 중

1 속성	**2 개성**
3 취미	4 입장

해설 적절한 단어를 고르는 문제이다. 빈칸이 포함된 단락 앞 단락에서 友達の多くは、学校が終わった後、ピアノ教室や塾などに行っていたが、私は毎日自由時間を楽しんでいた라고 하였으므로 これが自分の子どもの個性だとあきらめたのだろう가 가장 자연스럽다. 따라서 2 個性가 정답이다.

어휘 属性 ぞくせい 명 속성 個性 こせい 명 개성 立場 たちば 명 입장

44 중상

1 강해져 있다고는 말하기 어렵다
2 강해지는 것이라고 생각된다
3 강해지고 있는 것은 부정할 수 없다
4 강해질 것 까지는 없다

해설 적절한 문형을 고르는 문제이다. 빈칸 앞에서 平日の昼間の時間が奪われていることによって、夜や週末は自分で立てた予定にすら縛られたくない라고 언급하였으므로 年々強くなっていることは否めない가 가장 자연스럽다. 따라서 3 強くなっていることは否めない가 정답이다.

어휘 ~難い ~がたい ~하기 어렵다 否めない いなめない 부정할 수 없다 ~までもない ~할 것 까지는 없다, ~할 필요가 없다

독해 p.44

45 중상

단어나 문법을 외워도, 그것만으로 외국어를 할 수 있게 되는 것은 아니다. 외국어 능력은 지식의 양이 아닌, 그 언어를 사용해서 무엇을 할 수 있는가라는 시점에서 높여가야 하는 것이다. 일본의 학교 교육에 있어서, 이러한 운용 능력을 의식한 교육이 행해져 왔는가 하면, 유감스럽게도, 지금까지는 그다지 중시되어오지 않았다고 할 수 있을 것이다. 그 결과, 학교에서 착실하게 영어를 공부하고 성적도 좋았을 터인데, 정작 실천의 장에 나가면 인사조차 불안하다는 일본인은 적지 않다.

(주) 불안하다 : 잘 할 수 있을지 알 수 없다

필자의 생각으로 맞는 것은 어느 것인가?

1 외국어의 올바른 문법을 외우는 것이 중요하다.
2 외국어는, 말하는 상대를 의식해 능력을 키워야 한다.
3 외국어 능력을 측정하는 기회를 늘려야 한다.
4 외국어는, 운용하는 힘을 높이는 것이 중요하다.

해설 에세이로 필자의 생각을 묻고 있다. 초반부에서 外国語の能力は知識の量ではなく、その言語を使って何ができるかという視点から高めていくべきものである라고 서술하고 있으므로, 4 外国語は、運用する力を高めることが重要だ가 정답이다.

어휘 単語 たんご 명 단어 外国語 がいこくご 명 외국어 ~わけではない ~는 것은 아니다 能力 のうりょく 명 능력 知識 ちしき 명 지식 量 りょう 명 양 言語 げんご 명 언어 視点 してん 명 시점 高める たかめる 동 높이다 ~べきだ ~야 하다 日本 にほん 명 일본 ~において ~에 있어서 運用 うんよう 명 운용 意識 いしき 명 의식 残念ながら ざんねんながら 유감스럽게도 重視 じゅうし 명 중시 結果 けっか 명 결과 成績 せいせき 명 성적 ~はずだ ~일 터이다 いざ 부 정작 実践 じっせん 명 실천 場 ば 명 장 おぼつかない い형 불안하다 日本人 にほんじん 명 일본인 重要だ じゅうようだ な형 중요하다 相手 あいて 명 상대 伸ばす のばす 동 키우다, 성장시키다 測る はかる 동 측정하다, 재다 増やす ふやす 동 늘리다

46 중상

이하는, 어느 역에 게시된 공지이다.

정기권 구입에 대해서

신년도가 시작되는 4월 초순은, 정기권 판매 창구의 대단한 혼잡이 예상됩니다. 혼잡 완화를 위해, 4월 1일부터 6일간, 창구에서의

판매 시간을, 아침 6시부터 밤 20시로 확대합니다.

또한, 정기권은 통상대로 자동 매표기에서도 구입하실 수 있습니다만, 이쪽도 상기 기간 중은 장시간 줄을 서실 우려가 있습니다. 작년 12월부터 인터넷에서의 구입도 가능해졌으니, 급하신 경우는 그쪽의 이용을 권해드립니다.

하나자카역 역장

정기권 구입에 대해서, 이 공지는 무엇을 알리고 있는가?

1 창구에서 정기권을 판매하는 것은 4월 1일부터 4월 6일이라는 것
2 4월 1일부터 자동 매표기에서는 정기권을 구입할 수 없게 되는 것
3 4월 초는 역에서의 정기권 구입에 시간이 걸리는 것
4 3월까지는 인터넷에서 정기권을 살 수 있는 것

해설 공지 형식의 실용문으로, 정기권 구입에 대한 글의 내용을 묻고 있다. 초반부에서 **4月初旬は、定期券販売窓口の大変な混雑が予想されます**라고 하고, **上記期間中は長時間お並びいただく恐れがあります**라고 언급하고 있으므로, 3 **4月の初めは駅での定期券購入に時間がかかること**가 정답이다.

어휘 **貼り出す** はりだす 동 게시하다, 내붙이다 **知らせ** しらせ 명 공지 **定期券** ていきけん 명 정기권 **購入** こうにゅう 명 구입 **～について** ~에 대해서 **新年度** しんねんど 명 신년도 **初旬** しょじゅん 명 초순 **販売** はんばい 명 판매 **窓口** まどぐち 명 창구 **混雑** こんざつ 명 혼잡 **予想** よそう 명 예상 **緩和** かんわ 명 완화 **拡大** かくだい 명 확대 **通常通り** つうじょうどおり 통상대로 **自動** じどう 명 자동 **券売機** けんばいき 명 매표기 **上記** じょうき 명 상기 **期間** きかん 명 기간 **長時間** ちょうじかん 명 장시간 **～恐れがある** ~おそれがある ~우려가 있다 **昨年** さくねん 명 작년 **～より** ~부터 **インターネット** 명 인터넷 **可能** かのう 명 가능 **急ぎ** いそぎ 명 급함 **お勧め** おすすめ 권함, 추천 **駅長** えきちょう 명 역장

47 상

인터넷으로 주문한 상품을 슈퍼가 집까지 보내 주는 온라인 슈퍼는, 요 몇 년, 순조롭게 그 이용자 수를 늘리고 있다. 서비스가 시작되었을 때는, 외출하기 힘든 노인이나, 차가 없어서 무거운 것을 옮기는 것이 힘들다는 사정이 있는 사람이 주된 고객이었다. 그러나, 현재에는, 쓸데없는 물건을 사지 않아도 된다, 냉장고 안을 확인하면서 상품을 고를 수 있다는 이유로 이용하는 손님도 많아, 젊은 세대도 포함해서 폭넓은 고객층에게 널리 지지 받고 있다.

필자에 의하면, 온라인 슈퍼의 이용자 수가 늘고 있는 가장 큰 이유는 무엇인가?

1 장 보기가 불편한 사람의 요망에 응하는 서비스이기 때문에
2 젊은이를 포함한 모든 세대에게 편리한 서비스이기 때문에
3 장 보기 시간의 절약이 되는 서비스이기 때문에
4 지출을 줄이고 싶다고 하는 사람을 위한 서비스이기 때문에

해설 에세이로 온라인 슈퍼의 이용자 수가 늘고 있는 가장 큰 이유에 대한 필자의 생각을 묻고 있다. 중반부에서 **外出しにくいお年寄りや、車がなくて重いものを運ぶのが大変といった事情のある人が主な顧客**라고 하고, 후반부에서 **若い世代も含めて幅広い客層に広く支持されている**라고 서술하고 있으므로, 2 **若者を含めたあらゆる世代に便利なサービスだから**가 정답이다.

어휘 **インターネット** 명 인터넷 **注文** ちゅうもん 명 주문 **商品** しょうひん 명 상품 **ネットスーパー** 온라인 슈퍼 **ここ数年** ここすうねん 요 몇 년 **順調だ** じゅんちょうだ な형 순조롭다 **利用者数** りようしゃすう 이용자 수 **増やす** ふやす 동 늘리다 **サービス** 명 서비스 **外出** がいしゅつ 명 외출 **～にくい** ~하기 어렵다 **お年寄り** おとしより 노인 **大変** たいへん 명 힘듦, 큰일 **事情** じじょう 명 사정 **主だ** おもだ な형 주 되다 **顧客** こきゃく 명 고객 **だが** 접 그러나 **現在** げんざい 명 현재 **余計だ** よけいだ な형 쓸데없다 **買い物** かいもの 명 물건을 삼 **確認** かくにん 명 확인 **世代** せだい 명 세대 **含める** ふくめる 동 포함하다 **幅広い** はばひろい い형 폭넓다 **客層** きゃくそう 명 고객층 **支持** しじ 명 지지 **最も** もっとも 부 가장 **不自由だ** ふじゆうだ な형 불편하다, 자유롭지 못하다 **要望** ようぼう 명 요망 **応える** こたえる 동 응하다 **若者** わかもの 명 젊은이 **あらゆる** 모든 **節約** せつやく 명 절약 **支出** ししゅつ 명 지출 **減らす** へらす 동 줄이다 **～向け** ~むけ ~를 위한, ~용

48 중상

이하는, 일하는 여성이 쓴 글이다.

어린 아이가 있는 사람이 자택에서 일을 하는 것의 이점은, 절대로 아이를 돌보면서 일을 할 수 있다는 것이 아닙니다. 가장 큰 포인트는, 통근 시간이 없어지는 것으로 인해 생활과 일의 시간에 여유가 생기는 것입니다.

예를 들어 아침, 일을 시작하기까지의 시간은 보육원과 자택의 왕복만을 생각하면 되기 때문에, 아이를 보육원에 데려가는 시간을 늦추

고, 그만큼, 자택에서 아침 시간을 여유롭게 보낼 수 있습니다. 마찬가지로 오후에 아이를 마중하러 가는 시간을 이르게하는 것도 가능하고, 그대로 일할 시간을 늘리는 것도 가능한 것입니다.

이 글에서 필자가 말하고 있는 것은 무엇인가?

1 부모가 자택에서 일해도, 아이를 보살피면서 일을 하는 것은 불가능하다.
2 부모가 자택에서 일하면 보육원의 마중을 신경쓰지 않고, 일의 시간을 자유롭게 바꿀 수 있다.
3 부모가 자택에서 일하면 통근 시간은 없어지지만, 보육원의 왕복은 없앨 수 없다.
4 부모가 자택에서 일하면, 통근만큼의 시간을 유효하게 사용할 수 있어서 여유를 만들 수 있다.

해설 에세이로 필자의 생각을 묻고 있다. 초반부에서 自宅で仕事をすることの利点は ～ 通勤時間がなくなることにより生活と仕事の時間に余裕が生まれることです라고 서술하고 있으므로, 4 親が自宅で働けば、通勤分の時間を有効に使えてゆとりを生むことができる가 정답이다.

어휘 自宅 じたく 명 자택　利点 りてん 명 이점　間違っても まちがっても 절대로, 결코　面倒を見る めんどうをみる 돌보다　ポイント 명 포인트　通勤 つうきん 명 통근　～により ~로 인해　余裕 よゆう 명 여유　保育園 ほいくえん 명 보육원　往復 おうふく 명 왕복　連れて行く つれていく 동 데려가다　遅らす おくらす 동 늦추다　過ごす すごす 동 보내다, 지내다　同様だ どうようだ な형 마찬가지다, 다름없다　お迎え おむかえ 마중　早める はやめる 동 (예정보다) 이르게 하다　延ばす のばす 동 늘이다　可能だ かのうだ な형 가능하다　親 おや 명 부모　世話をする せわをする 보살피다　自由だ じゆうだ な형 자유롭다　有効だ ゆうこうだ な형 유효하다　ゆとり 명 여유　生む うむ 동 만들다

꼭! 알아두기 선택지에 동일한 어구나 키워드가 있는 경우, 지문에서 해당 어구나 키워드가 있는 부분 주변에서 정답의 단서를 찾을 수 있다.

49-51

요즈음, 사랑받고 싶은 사람뿐이고 사랑하는 사람이 없는 것은 아닐까 하고 항상 생각하고 있었기 때문에, 이제 와 손에 든 '사랑한다는 것'이라는 책은 상쾌했다. 에리히 프롬 저작 중에서도 유난히 이해하기 쉬워 전 세계에서 계속해서 읽히고 있는 서적이다. [49]인간은 언젠가 죽을 것을 알고 있기 때문에 고독하고, 그 고립감을 극복하고 싶다, 타인과 일체화하고 싶다는 강한 욕구가 있다고 한다. 이 책은, ① 이곳을 출발점으로 사랑하는 것의 본질이나 인생에 있어서의 중요성을 설명해 간다.

[50]사랑이란 능동이며, 자유 의지로부터 발동되는 것이고, 무엇보다도 주는 행위이다. 주는 것은 사람이 가지는 힘 중에 가장 고도의 표현이기 때문에, [50]그 행위 자체에서 자신의 생명력이나 풍부함, 기쁨을 느낄 수 있다. 주는 것에 의해 상대의 안에는 반드시 무언가가 생겨난다. 그것은 직접 되돌아오는 것이 아닐 수도 있겠지만, [50]서로 그 기쁨을 나눠가진다. 즉 (②)는 것이다.

무엇보다 근사한 것은, [51]사랑하는 것은 개인이 가지는 사회적 요소, 신체적 요소를 일절 따지지 않는다는 것일 것이다. 자유롭게 개인의 마음 하나로 실천할 수 있다. 완전하게 자유로운 것은 인간에게 있어서 기적이라고 말할 수 있을 정도로 희귀한 것이며, 또한 최상의 자기표현의 장이기도 할 것이다. 자유로운 한편 고독을 누그러뜨릴 수 있는 행위가 모든 사람에게 열려있는 것이다.

사랑은 사랑을 낳는다고 프롬은 말한다. 사랑하는 것은 사랑받을 가능성을 만들어내는 데다가, [51]사랑하는 것에 의해 풍요로운 인생을 보낼 수 있다고, 이 철학서는 알려준다.

(주1) 에리히 프롬 : 독일의 사상가, 심리학, 철학 연구자
(주2) 능동 : 스스로 적극적으로 나서서 실행하는 것

어휘 昨今 さっこん 명 요즈음　愛する あいする 동 사랑하다　常々 つねづね 부 항상　今更 いまさら 부 이제 와, 새삼　手にする てにする 손에 들다　爽快だ そうかいだ な형 상쾌하다　著作 ちょさく 명 저작　とりわけ 부 유난히, 특히　～易い ～やすい ~하기 쉽다　世界中 せかいじゅう 명 전 세계　読み継がれる よみつがれる 계속해서 읽히다　書籍 しょせき 명 서적　人間 にんげん 명 인간　いつか 부 언젠가　孤独だ こどくだ な형 고독하다　孤立感 こりつかん 명 고립감　克服 こくふく 명 극복　他者 たしゃ 명 타인, 타자　一体化 いったいか 명 일체화　欲求 よっきゅう 명 욕구　出発点 しゅっぱつてん 명 출발점　本質 ほんしつ 명 본질　人生 じんせい 명 인생　重要性 じゅうようせい 명 중요성　説く とく 동 설명하다　愛 あい 명 사랑　能動 のうどう 명 능동　自由 じゆう 명 자유　意思 いし 명 의지　発動 はつどう 명 발동　何よりも なによりも 무엇보다도　与える あたえる 동 주다　行為 こうい 명 행위　最も もっとも 부 가장　高度だ こうどだ な형 고도다　表現 ひょうげん 명 표현　自体 じたい 명 자체　己 おのれ 명 자신　生命力 せいめいりょく 명 생명력　豊かさ ゆたかさ 명 풍부함　喜び よろこび 명 기쁨　感じる かんじる 동 느끼다　相手 あいて 명 상대　何か なにか 무언가　直接 ちょくせつ 명 직접　返る かえる 동 되돌아오다　互いに たがいに 부 서로　分かち合う わかちあう 동 나눠 가지다　つまり 부 즉　何より なにより 무엇보다　個人 こじん 명 개인　社会的だ しゃかいてきだ な형 사회적이다　要素 ようそ 명 요소　身体的だ しんたいてきだ な형 신체적이다　一切 いっさい 부 일절　問う とう 동 따지다, 묻다　自由だ じゆうだ な형 자유롭다　実践 じっせん 명 실천　完全だ かんぜんだ な형 완전하다　奇跡 きせき 명 기적　稀だ まれだ な형 희귀하다　最上 さいじょう 명 최상　自己表現 じこひょうげん 명 자기표현　場 ば 명 장, 장소　かつ 부 한편　和らげる やわらげる 동 누그러뜨리다　全て すべて 명 모두　生む うむ 동 낳다, 만들어내다　可能性 かのうせい 명 가능성　～上に ～うえに ~는 데다가　豊かだ ゆたかだ な형 풍요롭다

哲学書 てつがくしょ 명 철학서　ドイツ 명 독일　思想家 しそうか 명 사상가　心理学 しんりがく 명 심리학　哲学 てつがく 명 철학
研究者 けんきゅうしゃ 명 연구자　働きかける はたらきかける 동 적극적으로 나서다, 작용하다

49 중상

① 이곳을 출발점이라고 되어 있는데, 출발점이 되고 있는 생각은 어떠한 것인가?

1 사람은 반드시 죽기 때문에, 언제나 고독을 느끼고 있다는 것
2 외로움을 견디지 못하고, 다른 사람이 자신을 이해해주었으면 하고 생각하는 것
3 고독을 느끼기 때문에야말로, 다른 사람과 이어지고 싶다고 강하게 생각하는 것
4 고립하고 있기 때문에, 다른 사람과 만나지 않고서는 견딜 수 없다는 것

해설 ここを出発点의 출발점이 어떤 생각인지 묻고 있다. 밑줄의 앞부분에서 人間はいつか死ぬことを知っているから孤独であり、その孤立感を克服したい、他者と一体化したいという強い欲求があるという라고 서술하고 있으므로, 3 孤独を感じるからこそ、他の人と繋がりたいと強く思うこと가 정답이다.

어휘 考え かんがえ 명 생각　耐える たえる 동 견디다　他の人 ほかのひと 다른 사람　繋がる つながる 동 이어지다, 연결되다　孤立 こりつ 명 고립

50 상

(②)에 들어갈 것은 무엇인가?

1 우리들은 상대에게 기쁨을 느끼게하는 것을 목적으로 사랑을 전하고 있지만, 전혀 의미가 없다
2 사랑하는 것에 의해 생명력을 느낄 수 있으며, 그것은 자신의 고립감을 메우는 행위와 조금도 다르지 않다
3 사랑은 상대에게 주면 주는 만큼 돌아오는 것이기 때문에, 계속 주지 않으면 안 된다
4 고립한 상황을 받아들이려면, 우선은 고립을 극복하고 싶다는 감정을 버릴 필요가 있다

해설 빈칸에 들어갈 적절한 내용을 묻고 있다. 빈칸 앞에서 愛とは ~ その行為自体で己の生命力や豊かさ、喜びを感じることができる。与えることによって相手の中には必ず何かが生まれる라고 하고, 互いにその喜びを分かち合う라고 서술하고 있으므로, 2 愛することによって生命力が感じられ、それは自分の孤立感を埋める行為と何ら変わらない가 정답이다.

어휘 目的 もくてき 명 목적　全く まったく 부 전혀　埋める うめる 동 메우다　何ら なんら 부 조금도　状況 じょうきょう 명 상황
受け入れる うけいれる 동 받아들이다　感情 かんじょう 명 감정

꼭! 알아두기　빈칸 앞에 つまり(즉), 要するに(요컨대)가 있으면 앞의 내용을 요약 정리하는 내용이 빈칸에 들어가야 한다.

51 상

이 글에서 필자가 가장 말하고 싶은 것은 무엇인가?

1 사랑한다는 풍요로운 인생에 결부되는 행동은, 어떠한 사람이라도 행할 수 있다.
2 근사한 인생을 보내기 위해서는, 완전한 자유를 손에 넣지 않으면 안 된다.
3 근사한 자기 표현이라는 것은, 사랑한다는 누구라도 할 수 있는 행동임에 틀림없다.
4 자신이 사랑하는 것으로 타인에게 사랑받을 수 있게 되므로, 반드시 풍요로운 인생이 된다.

해설 필자가 글을 통해 말하고자 하는 내용을 묻고 있다. 세 번째 단락에서 愛することは個人の持つ社会的要素、身体的要素を一切問わないことだろう。自由に個人の心一つで実践できる라고 하고, 네 번째 단락에서 愛することによって豊かな人生を送ることができる라고 서술하고 있으므로, 1 愛するという豊かな人生に結びつく行動は、どのような人でも行うことができる가 정답이다.

어휘 結びつく むすびつく 동 결부되다　行動 こうどう 명 행동　~に違いない ~にちがいない ~임에 틀림없다　他人 たにん 명 타인

52-54

'닌교조루리'라는 고전 예능을 알고 있는가? 큰 인형을 사용한 인형극으로, '분라쿠'라는 명칭으로 불리는 일도 있다. 인형을 조종하는 사람은 목소리를 내지 않고, [52]무대의 옆에 앉아 있는 타유라고 불리는 사람이 혼자서 이야기해가는 것이 기본이다. 타유가 정경 묘사나 등장인물의 말을 교묘하게 구분해 말하며, 이야기가 진행되어 간다. 타유는 말하자면, 닌교조루리의 숨은 주역인 것이다.

일전에, 젊은 타유와 이야기를 할 기회가 있었는데, 매우 흥미로운 것을 말하고 있었다. 전통 예능의 세계에는 명인이라고 일컬어지고 있는 사람들이 있고, 명인의 기예를 목적으로 공연을 보러 가는 손님도 적지 않다고 한다. 항상 무대에 서는 명인에 비해, 젊은 타유는 좀처럼 무대

에 서지 못하고 있는 것이 현실이라고 한다.

그래도 매일 연습을 거듭하는 동기 부여는 도대체 어디에서 오는 것인가 하고 물어봤다. 그 타유 왈 '분명히 젊을 때 쪽이 목소리에 힘도 있고, 좋은 이야기를 할 수 있는 것도 있다. 그러나 우리가 무대에 설 수 있는 것은 더 훗날의 일. 그때에는 지금보다 목소리가 나오지 않을지도 모른다. 하지만 무대에 섰을 때의 상태를 가능한 한 좋게 하기 위해서, [53]지금의 기예의 레벨을 한계까지 올려 둔다. 그렇게 하면, 설령 조금 정도 목소리가 쇠약해져도 좋은 이야기를 할 수 있을 것이기 때문에'라고. 장래에 쇠약해져도 높은 곳에 있을 수 있도록, 지금의 레벨을 자신의 최고치까지 올린다, 그래서 매일의 연습이 있다는 이야기였다.

예술의 세계뿐만 아니라, [54]우리의 인생에 있어서도 쇠퇴는 반드시 온다. 그때에 좋은 컨디션으로 있을 수 있도록, 지금 노력한다는 것. 생각도 해보지 않았던 그의 대답에, 나는 노쇠한 장래에 있는 내가 매력 있는 사람으로 있을 수 있도록 노력하지 않으면 안 되겠다고 생각하게 되었던 것이다.

(주1) 왈 : 말하기로는
(주2) 높은 곳 : 높은 장소

어휘 人形浄瑠璃 にんぎょうじょうるり 명 닌교조루리 (일본의 전통 인형극)　古典 こてん 명 고전　芸能 げいのう 명 예능　人形劇 にんぎょうげき 명 인형극　文楽 ぶんらく 명 분라쿠 (일본의 전통 인형극)　名称 めいしょう 명 명칭　呼ばれる よばれる 동 불리다　操る あやつる 동 조종하다　舞台 ぶたい 명 무대　太夫 たゆう 명 타유 (노, 가부키, 조루리 등의 상급 연예인)　語る かたる 동 이야기하다, 말하다　基本 きほん 명 기본　情景 じょうけい 명 정경　描写 びょうしゃ 명 묘사　登場人物 とうじょうじんぶつ 명 등장인물　巧みだ たくみだ な형 교묘하다　語り分ける かたりわける 구분해 말하다　物語 ものがたり 명 이야기　いわば 부 말하자면　隠れる かくれる 동 숨다　主役 しゅやく 명 주역　先日 せんじつ 명 일전　若手 わかて 명 젊은이, 젊은 축　興味深い きょうみぶかい い형 매우 흥미롭다　伝統 でんとう 명 전통　名人 めいじん 명 명인　芸 げい 명 기예, 예술　目当て めあて 명 목적, 목표　公演 こうえん 명 공연　常に つねに 부 항상　～に比べ ～にくらべ ~에 비해　現状 げんじょう 명 현실, 현상　それでも 접 그래도　日々 ひび 명 매일　重ねる かさねる 동 거듭하다　モチベーション 명 동기 부여　曰く いわく 명 왈, 가로되　確かだ たしかだ な형 분명하다, 확실하다　張り はり 명 힘, 생기　我々 われわれ 명 우리　～かもしれない ~일지도 모른다　状態 じょうたい 명 상태　レベル 명 레벨　限界 げんかい 명 한계　～まで 조 ~까지　たとえ 부 설령　衰える おとろえる 동 쇠약해지다, 쇠퇴하다　語り かたり 명 이야기　～はずだ ~일 것이다, ~일 터이다　将来 しょうらい 명 장래, 미래　高み たかみ 명 높은 곳　最高値 さいこうち 명 최고치　～だけではなく ~뿐만 아니라　人生 じんせい 명 인생　～において ~에 있어서　衰え おとろえ 명 쇠퇴, 쇠약　コンディション 명 컨디션　努力 どりょく 명 노력　返答 へんとう 명 대답　老いる おいる 동 노쇠하다, 늙다　魅力 みりょく 명 매력

52 중상

닌교조루리에서 타유의 역할은 무엇인가?

1 주역으로서 무대에 서서, 이야기를 진행시키는 역할
2 인형 대신 말하며, 상황 묘사도 하는 역할
3 인형을 조종하는 사람에게 말로 지시를 내리는 역할
4 무대에 앉아서, 이야기의 등장인물로서 연기하는 역할

해설 타유의 역할이 무엇인지 묻고 있다. 첫 번째 단락에서 舞台の横に座っている太夫と呼ばれる人が一人で語っていくのが基本だ。太夫が情景描写や登場人物の言葉を巧みに語り分けて、物語が進んでいく라고 서술하고 있으므로, 2 人形の代わりに話し、状況の描写もする役割가 정답이다.

어휘 ～における ~에서　役割 やくわり 명 역할　状況 じょうきょう 명 상황　指示を出す しじをだす 지시를 내리다　演じる えんじる 동 연기하다

53 중

목소리가 쇠약해져도 좋은 이야기를 할 수 있을 것이라고 젊은 타유가 생각하는 것은 어째서인가?

1 목소리가 나오지 않아도, 젊을 때에는 할 수 없는 좋은 이야기를 할 수 있게 되기 때문에
2 연습을 거듭해두면, 젊을 때의 레벨과 같은 상태를 유지할 수 있기 때문에
3 젊을 때에 최고의 상태를 완성하면, 장래에도 높은 기예의 경지에 있을 수 있기 때문에
4 많이 연습하는 것으로, 명인이라고 불릴만한 기술이 몸에 배기 때문에

해설 젊은 타유가 声が衰えてもいい語りができるはず라고 생각한 이유를 묻고 있다. 밑줄을 포함한 부분에서 今の芸のレベルを限界まで上げておく。そうすれば、たとえ少しぐらい声が衰えてもいい語りができるはずだからと。将来衰えても高みにいられるように、今のレベルを自分の最高値まで上げる라고 서술하고 있으므로, 3 若い時に最高の状態に仕上げると、将来も高い芸の境地にいられるから가 정답이다.

어휘 保つ たもつ 동 유지하다　仕上げる しあげる 동 완성하다　境地 きょうち 명 경지　身につく みにつく 몸에 배다

54 중상

필자가 타유의 말을 듣고서 알게된 것은 무엇인가?

1 기예도 사람과 마찬가지로 쇠퇴해가는 것을 잊어서는 안된다.
2 매일의 트레이닝은, 항상 자신을 최고의 상태로 해두기 위한 것이다.
3 자신에게는 상상할 수 없는 장래의 상태가 쇠퇴라고 하는 것이다.
4 지금의 노력이 늙었을 때의 자신의 상태로 이어진다.

해설 필자가 타유의 말을 듣고 알게된 것을 묻고 있다. 네 번째 단락에서 我々の人生においても衰えは必ず来る。そのときにいいコンディションでいられるように、今努力するということ。思ってもみなかった彼の返答라고 서술하고 있으므로, 4 今の努力が年老いたときの自分の状態につながる가 정답이다.

어휘 忘れる わすれる 동 잊다　トレーニング 명 트레이닝　最高 さいこう 명 최고　想像 そうぞう 명 상상　年老いる としおいる 동 늙다, 나이를 먹다　つながる 동 이어지다

55-57

여름의 풍물시인 ① 반딧불이는 맑은 물이 흐르는 물가에 서식한다. 반딧불이는 물가에 알을 낳고, 머지않아 그것이 부화하여 유충, 그리고 번데기로, 그 다음에 성충이 된다.

반딧불이의 특징은 역시 빨간 머리와 몸에서 발해지는 빛이다. 이 머리의 독이 있어보이는 색은 경계색이라고 불리고, 먹어도 맛있지 않다는 것을 새 등의 외적에게 주장한다. 그렇지만, [55]유충 때는 이것이 없기 때문에, 몸에서 내는 빛이 경계색이 되어, 자신의 몸을 지킨다.

성충이 된 반딧불이는 이 빛을 주로 수컷과 암컷의 커뮤니케이션 때에 이용하고 있다. [56]암컷은 고유의 발광 시그널을 가지고, 수컷은 그것을 찾기 위해 어둠 속에서 무리의 반딧불이와 ② 동시에, 같은 리듬으로 몸을 점멸시키면서 날아다닌다. 그런 수컷에 대해, 암컷은 날지않고 그 자리에서 빛을 점멸시켜서, 수컷에게 어필한다. 수컷이 빛을 표식으로 파트너를 찾아내고, 상대를 향해 발광하면, 받아들이는 경우에는 그것에 응하는 듯이 암컷이 발광하는 것이다.

이 반딧불이의 빛으로 말하자면, 엉덩이 부분의 발광기의 안에 있는 빛나는 원료인 루시페린과 그것을 빛나게 하는 루시페라아제의 화학반응에 의해 만들어지는 것이다. 그러나, 반딧불이의 성장과 동시에 입이 퇴화해서, 수분 밖에 마실 수 없다. 그 때문에, [57]유충기에 비축한 에너지를 태워서 빛내고 있다. 성충의 수명은 2주간 정도라고 일컬어지고, 그 [57]짧은 기간에 자신의 몸을 희생해서 자손을 남기지않으면 안 되는 것이다. 아름다움 뒤에 숨은 무상함이라고도 말할 수 있다. ③ 그것도 또한 반딧불이의 매력이다.

(주1) 부화 : 알에서 나오는 것
(주2) 번데기 : 성충이 되기 전에 음식물을 먹지않고 굳어져있는 상태

어휘 風物詩 ふうぶつし 명 풍물시　ホタル 명 반딧불이　清らかだ きよらかだ な형 맑다　流れる ながれる 동 흐르다　水辺 みずべ 명 물가
生息 せいそく 명 서식, 번식　産む うむ 동 낳다　やがて 부 머지않아, 얼마 안 있어　孵化 ふか 명 부화　幼虫 ようちゅう 명 유충　さなぎ 명 번데기
成虫 せいちゅう 명 성충　特徴 とくちょう 명 특징　放つ はなつ 동 발하다, 내보내다　毒々しい どくどくしい い형 독이 있어 보이다
警告色 けいこくしょく 명 경계색, 경고색　呼ばれる よばれる 동 불리다, 일컬어지다　外敵 がいてき 명 외적　主張 しゅちょう 명 주장
自ら みずから 명 자신　身 み 명 몸　守る まもる 동 지키다　主に おもに 부 주로　雄 おす 명 수컷　雌 めす 명 암컷
コミュニケーション 명 커뮤니케이션　際 さい 명 때　用いる もちいる 동 이용하다, 사용하다　固有 こゆう 명 고유　発光 はっこう 명 발광
シグナル 명 시그널, 신호　暗闇 くらやみ 명 어둠　群れ むれ 명 무리　同時だ どうじだ な형 동시이다　リズム 명 리듬　点滅 てんめつ 명 점멸
飛び回る とびまわる 동 날아다니다, 돌아다니다　～に対し ～にたいし ~에 대해　アピール 명 어필　目印 めじるし 명 표식, 안표
パートナー 명 파트너　見つけ出す みつけだす 동 찾아내다, 발견하다　相手 あいて 명 상대　向ける むける 동 향하다
受け入れる うけいれる 동 받아들이다　応じる おうじる 동 응하다　おしり 명 엉덩이　部分 ぶぶん 명 부분　発光器 はっこうき 명 발광기
原料 げんりょう 명 원료　ルシフェリン 명 루시페린 (반딧불이 등의 체내에 있는 발광 물질)
ルシフェラーゼ 명 루시페라아제 (생물 발광의 촉매작용을 하는 단백질성의 효소)　化学 かがく 명 화학　反応 はんのう 명 반응　～によって ~에 의해서
作り出す つくりだす 동 만들어내다　成長 せいちょう 명 성장　～とともに ~와 함께, ~와 동시에　水分 すいぶん 명 수분　そのため 그 때문에
幼少期 ようしょうき 명 유충기, 유소년기　蓄える たくわえる 동 비축하다　エネルギー 명 에너지　燃やす もやす 동 태우다　寿命 じゅみょう 명 수명
程度 ていど 명 정도　期間 きかん 명 기간　犠牲 ぎせい 명 희생　子孫 しそん 명 자손　残す のこす 동 남기다　～なければいけない ~지 않으면 안 된다
美しさ うつくしさ 명 아름다움　陰 かげ 명 뒤, 그늘　隠れる かくれる 동 숨다　はかなさ 명 무상함　魅力 みりょく 명 매력　食物 しょくもつ 명 음식물
固まる かたまる 동 굳어지다, 굳다　状態 じょうたい 명 상태

55 상

① 반딧불이의 설명으로, 맞는 것은 어느 것인가?

1 반딧불이는 수중에 알을 낳고, 그곳에서 육아를 하고 있다.
2 반딧불이는 유충 때부터, 몸을 빛나게 할 수 있다.
3 반딧불이는 머리와 몸을 사용하여, 적으로부터의 공격을 막고 있다.
4 반딧불이의 머리에는 독이 있어서, 새는 먹을 수 없다.

해설 ホタル의 설명으로 맞는 것을 묻고 있다. 밑줄의 뒷부분에서 幼虫のときはこれがないため、体から出す光が警告色となり、自らの身を守っている라고 서술하고 있으므로, 2 ホタルは幼虫のときから、体を光らせることができる가 정답이다.

어휘 水中 すいちゅう 명 수중　子育て こそだて 명 육아, 아이 키우기　体 からだ 명 몸　敵 てき 명 적　攻撃 こうげき 명 공격　防ぐ ふせぐ 동 막다, 방어하다　毒 どく 명 독

56 상

② 동시에, 같은 리듬으로 몸을 점멸시키면서 날아다닌다고 했는데, 어째서인가?

1 수컷과는 다른 암컷 특유의 빛을 찾지 않으면 안되기 때문에
2 강한 빛을 발하는 수컷 쪽이 암컷을 끌어들일 수 있기 때문에
3 자신과 같은 간격으로 빛나는 암컷을 찾아낼 수 있기 때문에
4 암컷이 수컷에게 어필하는 최적의 방법이기 때문에

해설 同時に、同じリズムで体を点滅させながら飛び回る의 이유를 묻고 있다. 밑줄을 포함한 부분에서 雌は固有の発光シグナルを持ち、雄はそれを探すために暗闇の中で群れのホタルと同時に、同じリズムで体を点滅させながら飛び回る라고 서술하고 있으므로, 1 雄とは異なる雌特有の光を探さなければならないから가 정답이다.

어휘 異なる ことなる 동 다르다　特有 とくゆう 명 특유　惹きつける ひきつける 동 끌어당기다　間隔 かんかく 명 간격　固有 こゆう 명 고유　方法 ほうほう 명 방법

57 중상

③ 그것이란 무엇인가?

1 자신을 희생해서, 아이의 생명을 지키려고 하는 것
2 음식을 먹지 않고, 물의 힘만으로 빛을 만들고 있는 것
3 자신의 수명을 줄일 정도로 고생해서, 예쁜 빛을 만들어내고 있는 것
4 2주간이라는 짧은 기간밖에, 빛을 낼 수 없는 것

해설 それ란 무엇인지 묻고 있다. 밑줄의 앞부분에서 幼少期に蓄えたエネルギーを燃やし光っている라고 하고, 短い期間に自分の身を犠牲にして子孫を残さなければいけないのだ라고 서술하고 있으므로, 3 自分の命を削って、きれいな光を生み出していること가 정답이다.

어휘 命 いのち 명 생명　命を削る いのちをけずる 수명을 줄일 정도로 고생하다　生み出す うみだす 동 만들어내다

58-61

비행기의 창문으로 일본을 바라보면, 어쩌면 이렇게 산이 많은 나라인가 하고 항상 생각한다. 국토의 7할이 산지나 구릉지인 일본은, 바다 근처에 겨우 있는 평야에 많은 사람들이 살고 있다. 산으로부터 흘러오는 강의 흐름은 급해서, [58]긴 세월에 걸쳐 강이 대량의 토사를 옮기고, 그것이 퇴적한 토지가 평야가 되어, 사람들이 사는 장소가 만들어지고 있다. ① 이러한 지형에는, 16세기 이후의 치수 사업을 거쳐서 다시 만들어진 장소가 적지 않다.

치수란 바꿔 말하면 물을 다스려서 안정시키는 것으로, [59]강 등에 대해 공사를 행해서 물을 이용하기 쉽게 하거나, 또 홍수 등의 재해가 일어나지 않을 법한 지형으로 바꾸거나 하는, 중요한 역할을 다해왔다. 일본에는 일 년에 몇 번이나 태풍이 상륙하고, 그때마다 재해를 일으키기 때문에, 강의 범람을 막는 것은 위험을 제거하고 사람들의 생활을 지속시키기 위해서 없어서는 안 될 것이다. 또, 일본인이 쌀이나 야채 등의 농작물을 키우고, 그것을 식량으로 해온 것도, 치수 사업을 추진한 원동력이 되었을 것이다.

그러나 치수를 이렇게까지 행해도 결국, 매년같이 홍수에 의한 인적·경제적인 피해가 발생하고 있다. 그리고 사람들은 '설마 이런 재해를 당하다니'라고 말한다. 사람은 그 인생의 짧음 속에서 밖에 시간을 가늠할 수 없기 때문에, 자신이 알고 있는 이 토지는 안전하다고 생각해 버리는 것이다. 안전 따위, 기껏해야 수십 년의 일이겠지만, [60]토지는 상당히 긴 세월에 걸쳐 형성되는 것이다. 그리고 평야의 형성은 멈추지 않

고, 지금도 진행 중이다. 그 때문에, ② 예상외의 홍수라는 개념은 존재하지 않는다는 것이, 지리학자들 사이에서는 상식인 것이다.

근래, 기상의 변화도 있어, 홍수를 비롯한 자연재해가 다발하고 있다. 긴 세월 재해가 일어나지 않았던 장소가 재해를 입으면, 텔레비전 방송의 딱 좋은 기삿거리가 되는 경우도 있다. 이것은 지형에 대한 세간의 관심이 높아지는 계기가 되었다고 할 수 있다. 그렇지만, 토지에 대한 올바른 지식을 가지고, 행정이 적절하게 재해 방지 대책을 강구하기에는, 사람들의 관심은 아직 적다. 행정은, 자신들의 토지는 안전하다고 과신하지 말고, 장기에 걸친 계획을 세울 필요가 있을 것이다. [61]재해에의 대책에는 지형의 형성과 특성의 파악이 없어서는 안 되기 때문에, 학문의 연구 성과는 사회에 환원될 필요가 있다. 따라서, [61]이러한 지식을 가진 프로의 육성이야말로 재해로부터 사람들을 지킬 수 있는 것이다. 치수와 지리학에는 밀접한 관계가 있다. 방재라는 면에서 지리학을 바라보고, 50년 100년과 같은 단위에서의 치수 계획에 활용했으면 한다.

(주1) 퇴적하다 : 겹쳐 쌓이다
(주2) 범람 : 물이 강에서 흘러 넘치는 것
(주3) 딱 좋은 기삿거리 : 마침 좋은 재료

어휘 日本 にほん 명 일본　眺める ながめる 동 바라보다　なんとまあ 어쩌면 이렇게　国土 こくど 명 국토　割 わり 명 할, 십분의 일　山地 さんち 명 산지　丘陵地 きゅうりょうち 명 구릉지　かろうじて 부 겨우, 간신히　平野 へいや 명 평야　暮らす くらす 동 살다, 지내다　流れる ながれる 동 흐르다, 흘러내리다　流れ ながれ 명 흐름　年月 ねんげつ 명 세월　~をかけて ~을 걸쳐서　大量 たいりょう 명 대량　土砂 どしゃ 명 토사　堆積 たいせき 명 퇴적　地形 ちけい 명 지형　世紀 せいき 명 세기　以降 いこう 명 이후　治水 ちすい 명 치수　事業 じぎょう 명 사업　経る へる 동 거치다　土地 とち 명 토지　作り直す つくりなおす 동 다시 만들다　すなわち 접 바꿔 말하면, 즉　治める おさめる 동 다스리다　安定 あんてい 명 안정　~に対し ~にたいし ~에 대해　工事 こうじ 명 공사　洪水 こうずい 명 홍수　災害 さいがい 명 재해　重要だ じゅうようだ な형 중요하다　役目 やくめ 명 역할　果たす はたす 동 다하다, 완수하다　台風 たいふう 명 태풍　上陸 じょうりく 명 상륙　その都度 そのつど 그때마다　引き起こす ひきおこす 동 일으키다　氾濫 はんらん 명 범람　抑える おさえる 동 막다　取り除く とりのぞく 동 제거하다　持続 じぞく 명 지속　日本人 にほんじん 명 일본인　農作物 のうさくぶつ 명 농작물　食糧 しょくりょう 명 식량　推し進める おしすすめる 동 추진하다　原動力 げんどうりょく 명 원동력　~はずだ ~것 이다　なお 부 결국　~による ~에 의한　人的だ じんてきだ な형 인적이다　経済的だ けいざいてきだ な형 경제적이다　被害 ひがい 명 피해　生じる しょうじる 동 발생하다　まさか 부 설마　遭う あう 동 (어떤 일을) 당하다　口にする くちにする 말하다　人生 じんせい 명 인생　短さ みじかさ 명 짧음　~しか 조 ~밖에　計る はかる 동 가늠하다, 헤아리다　たかが 부 기껏해야　非常だ ひじょうだ な형 상당하다　形成 けいせい 명 형성　~ことなく ~하지 않고, ~없이　進行中 しんこうちゅう 명 진행 중　それゆえ 접 그 때문에　想定外 そうていがい 명 예상외　概念 がいねん 명 개념　存在 そんざい 명 존재　地理学者 ちりがくしゃ 명 지리학자　常識 じょうしき 명 상식　近年 きんねん 명 근래　気象 きしょう 명 기상　変化 へんか 명 변화　~をはじめ ~을 비롯하여　自然災害 しぜんさいがい 명 자연재해　多発 たはつ 명 다발　長年 ながねん 명 긴 세월　被災 ひさい 명 재해를 입음　テレビ 명 텔레비전　恰好だ かっこうだ な형 딱 좋다, 알맞다　ネタ 명 기삿거리　~に対する ~にたいする ~에 대한　世間 せけん 명 세간, 세상 사람들　関心 かんしん 명 관심　高まる たかまる 동 높아지다　きっかけ 명 계기　知識 ちしき 명 지식　行政 ぎょうせい 명 행정　適切だ てきせつだ な형 적절하다　防止 ぼうし 명 방지　対策 たいさく 명 대책　講じる こうじる 동 강구하다　まだまだ 부 아직　過信 かしん 명 과신　長期 ちょうき 명 장기　~にわたる ~에 걸친　特性 とくせい 명 특성　把握 はあく 명 파악　欠かせない かかせない 없어서는 안 되다　学問 がくもん 명 학문　成果 せいか 명 성과　還元 かんげん 명 환원　プロ 명 프로　育成 いくせい 명 육성　守る まもる 동 지키다　地理学 ちりがく 명 지리학　密接だ みっせつだ な형 밀접하다　防災 ぼうさい 명 방재　面 めん 명 면　単位 たんい 명 단위　役立てる やくだてる 동 활용하다, 유용하게 쓰다　積み重なる つみかさなる 동 겹쳐 쌓이다　あふれ出る あふれでる 동 흘러 넘치다

58 중상

① 이러한 지형이란, 어떤 것인가?

1 산이 많고, 평야가 적은 지형
2 바다 근처에 평야가 있는 지형
3 강의 흐름이 빨라지기 쉬운 지형
4 하류에 사람들이 사는 평야가 있는 지형

해설 このような地形가 어떤 지형인지 묻고 있다. 밑줄의 앞부분에서 長い年月をかけて川が大量の土砂を運び、それが堆積した土地が平野となって、人々が住む場所が作られている라고 서술하고 있으므로, 4 下流に人々が住む平野がある地形가 정답이다.

어휘 ~がち ~하기 쉬움, ~하는 경향이 많음　下流 かりゅう 명 하류

꼭! 알아두기 これ, それ, この, その와 같은 지시어를 포함한 어구에 밑줄이 있는 경우에는 밑줄 앞부분에서 정답의 단서를 찾을 수 있다.

59 상

필자는 치수의 목적에 대해서, 어떻게 말하고 있는가?

1 치수는 물의 적절한 활용과 방재를 위해 행한다.
2 치수는 태풍 피해의 경감과 식량 증산을 위해 행한다.
3 치수는 강의 흐름 개선과 평야의 개발을 위해 행한다.
4 치수는 농업의 보호와 위험한 강의 관리를 위해 행한다.

해설 치수의 목적을 묻고 있다. 두 번째 단락에서 川などに対し工事を行って水を利用しやすくしたり、また洪水などの災害が起こらないような地形に変えたりと、重要な役目を果たしてきた라고 서술하고 있으므로, 1 治水は水の適切な活用と防災のために行う가 정답이다.

어휘 目的 もくてき 명 목적 適切だ てきせつだ な형 적절하다 活用 かつよう 명 활용 軽減 けいげん 명 경감 増産 ぞうさん 명 증산 改善 かいぜん 명 개선 開発 かいはつ 명 개발 農業 のうぎょう 명 농업 保護 ほご 명 보호 管理 かんり 명 관리

60 중상

② 예상외의 홍수라는 개념은 존재하지 않는다고 하고 있는데, 어째서인가?

1 일본에서는 매년 어딘가에서 홍수가 발생하고 있기 때문에
2 정말로 안전한 토지는 지금의 평야에는 없다고 생각되기 때문에
3 평야는 긴 시간을 걸쳐서 지금도 계속해서 변하고 있는 것이기 때문에
4 많은 사람이 자신이 사는 토지는 안전하다고 생각해 버리기 때문에

해설 想定外の洪水という概念は存在しない라고 한 이유를 묻고 있다. 사람들은 치수를 통해 안전하다고 생각하지만, 밑줄의 앞부분에서 土地は非常に長い年月をかけて形成されるものだ。そして平野の形成は止まることなく、今も進行中である라고 서술하고 있으므로, 3 平野は長い時間をかけて今も変わり続けているものだから가 정답이다.

어휘 発生 はっせい 명 발생

61 중상

필자의 생각에 맞는 것은 어느것인가?

1 치수 계획은, 긴 기간을 걸쳐서 검토할 필요가 있다.
2 방재에 활용하기 위해서 지형 연구를 재검토할 필요가 있다.
3 지형에 관한 지식이 있는 방재의 프로를 기를 필요가 있다.
4 행정은 관리할 토지의 치수에 대해서 관심을 가질 필요가 있다.

해설 필자의 생각을 묻고 있다. 네 번째 단락에서 災害への対策には地形の形成と特性の把握が欠かせない라고 하고, これらの知識を持つプロの育成こそが災害から人々を守ることができるのだ라고 서술하고 있으므로, 3 地形に関しての知識がある防災のプロを育てる必要がある가 정답이다.

어휘 検討 けんとう 명 검토 見直す みなおす 동 재검토하다, 다시 보다

62-63

A

한번 사회에 나가고 나서 의학을 지망하는 사람은 적지 않다. 그러나, [62]사회인의 의학부 입학은 매우 곤란하다. 과거에 50대 여성이 의사를 목표로 대학 의학부를 응시했지만, 면접에서 떨어졌다는 일이 있었다. 필기시험에서는 충분한 점수를 얻었기 때문에, 연령이 이유인 불합격이 아닌가 하고 소송 사건이 되었었지만, 대학의 판정에도 일리가 있다. 왜냐하면, [62]의사로서 제 몫을 하게 되기에는, 긴 시간이 걸려서, 연령이 높은 사람은 활약할 수 있는 시간이 한정돼 버리기 때문이다. 많은 지식과 경험뿐만 아니라, 의사에게는 체력이 필요한 것도 이유의 하나일 것이다. [63]의사라는 공공성이 높은 직업에 종사하는 사람을 육성하는 데에는, 역시 어느 정도 대학이 연령을 고려하는 것도 어쩔 수 없다고 생각한다.

B

공무원을 하고 있던 친구가 갑자기, 대학에 다시 들어간다고 말해 왔다. 들으니 의사가 되고 싶다고 한다. 공공의 일을 매일 처리해가는 가운데, 의학으로 사람들에게 공헌하고 싶다고 생각한 것 같다. 나는 친구의 용기 있는 결단을 축복하지 않을 수 없었다.

국립 대학에는 40대 이상에 의학부에 사회인 입학을 하는 사람이 매년 있다고 한다. 고교에서 대학 의학부에 진학하는 것은, 비교적 유복한

가정의 아이가 많다. 결국은, 대부분의 학생이 비슷한 생활 레벨의 학우들하고만 지내고, 의사가 된다고 할 수 있을 것이다. 그런 가운데, [62]사회에서 한번 일했던 경험이 있는 사람들이 함께 공부하는 것은, 다양한 사람들이 세상에 있는 것을 젊은 학생에게 알려줄 수 있다는 좋은 면도 있다. 물론, 50을 지나서부터 목표로 하는 것은, 제 몫을 하게 되고 충분히 활약할 수 있는 시간을 생각하면, 현실적으로는 어려울지도 모르지만, 30대, 40대라면 아직 시간이 있다. [63]대학에게는, 앞으로도 의학을 목표로 하는 사회인에게 문호를 계속 열어 주었으면 한다.

(주1) 소송 사건 : 재판의 장에서 다투는 것
(주2) 일리 있다 : 일단, 납득할 수 있다
(주3) 처리하다 : 주어진 일을 잘 처리하다

어휘 志す こころざす 동 지망하다　社会人 しゃかいじん 명 사회인　医学部 いがくぶ 명 의학부　困難 こんなん 명 곤란　極める きわめる 동 매우 ~하다
過去 かこ 명 과거　目指す めざす 동 목표로 하다　受験 じゅけん 명 응시, 수험　面接 めんせつ 명 면접　筆記試験 ひっきしけん 명 필기시험
点数 てんすう 명 점수　取れる とれる 동 얻다, 따다　年齢 ねんれい 명 연령　不合格 ふごうかく 명 불합격　裁判沙汰 さいばんざた 명 소송 사건
判定 はんてい 명 판정　一理ある いちりある 일리가 있다　なぜなら 접 왜냐하면　一人前 いちにんまえ 명 제 몫을 함　活躍 かつやく 명 활약
限る かぎる 동 한정하다　知識 ちしき 명 지식　~だけでなく ~뿐만 아니라　体力 たいりょく 명 체력　公共性 こうきょうせい 명 공공성
職業 しょくぎょう 명 직업　就く つく 동 종사하다　育成 いくせい 명 육성　程度 ていど 명 정도　考慮 こうりょ 명 고려
やむを得ない やむをえない 어쩔 수 없다　友人 ゆうじん 명 친구　突然 とつぜん 부 갑자기　公共 こうきょう 명 공공　日々 ひび 명 매일
こなす 동 처리하다　人々 ひとびと 명 사람들　貢献 こうけん 명 공헌　勇気 ゆうき 명 용기　決断 けつだん 명 결단　祝福 しゅくふく 명 축복
~ずにはいられない ~하지 않을 수 없다　国立 こくりつ 명 국립　高校 こうこう 명 고교　進学 しんがく 명 진학　比較的だ ひかくてきだ な형 비교적이다
裕福だ ゆうふくだ な형 유복하다　ということは 결국은　多く おおく 명 대부분　レベル 명 레벨　学友 がくゆう 명 학우　過ごす すごす 동 지내다
共に ともに 함께　学ぶ まなぶ 동 공부하다　多様だ たようだ な형 다양하다　世の中 よのなか 명 세상　面 めん 명 면
現実的だ げんじつてきだ な형 현실적이다　~かもしれない ~일지도 모른다　門戸 もんこ 명 문호　裁判 さいばん 명 재판　場 ば 명 장
争う あらそう 동 다투다, 싸우다　一応 いちおう 부 일단　納得 なっとく 명 납득　与える あたえる 동 주다, 할당하다　処理 しょり 명 처리

62 중상

사회인의 의학부 입학에 대해서, A와 B의 관점은 어떤 것인가?

1 A는 입학이 어려운 이유에 대해서 설명하고, B는 다양한 사람이 입학하는 좋은 점에 대해 말하고 있다.
2 A는 과거에 있었던 연령 제한에 대해서 말하고, B는 사회인 입학의 증가 경향에 대해서 말하고 있다.
3 A는 의사가 되기 위해서 필요한 조건에 대해서 지적하고, B는 대학에서의 역할에 대해서 말하고 있다.
4 A는 사회인 입학에 대해서 문제점을 제시하고, B는 사회인이 대학에 있는 이점에 대해서 말하고 있다.

해설 사회인의 의학부 입학에 대한 A와 B의 관점이 무엇인지를 염두에 두며 각 지문에서 정답의 단서를 찾는다. A는 지문의 초반부에서 社会人の医学部入学は困難を極める라고 하고, 중반부에서 医者として一人前になるには、長い時間がかかり、年齢の高い人は活躍できる時間が限られてしまうからだ라고 서술하고 있고, B는 지문의 중반부에서 社会で一度働いた経験のある人達が共に学ぶのは、多様な人々が世の中にいることを若い学生に教えられるといういい面もある라고 서술하고 있으므로, 1 Aは入学が難しい理由について説明し、Bは多様な人が入学する良さについて述べている가 정답이다.

어휘 ~について ~에 대해서　観点 かんてん 명 관점　説明 せつめい 명 설명　良さ よさ 명 좋은 점　制限 せいげん 명 제한　増加 ぞうか 명 증가
傾向 けいこう 명 경향　条件 じょうけん 명 조건　役割 やくわり 명 역할　問題点 もんだいてん 명 문제점　提示 ていじ 명 제시　利点 りてん 명 이점

63 상

의학부로의 사회인 수용에 대해서, A와 B는 어떻게 말하고 있는가?

1 A도 B도, 50대 이상의 사람은 의사가 되는 것이 어렵기 때문에 그만두는 편이 좋다고 말하고 있다.
2 A도 B도, 의사를 목표로 하는 사회인이 늘고 있지만 수용하는 대학은 적다고 말하고 있다.
3 A는 대학이 사회인 수용에 소극적이라고 말하고, B는 국립 대학이 사회인을 수용하기 시작했다고 말하고 있다.
4 A는 연령이 고려되는 것은 용인할 수 있다고 말하고, B는 사회인에게 기회를 계속해서 주었으면 한다고 말하고 있다.

해설 의학부로의 사회인 수용에 대한 A와 B의 견해를 각 지문에서 찾는다. A는 지문의 후반부에서 医者という公共性の高い職業に就く人を育成するには、やはりある程度大学が年齢を考慮するのもやむを得ない라고 서술하고 있고, B는 지문의 후반부에서 大学には、これからも医学を目指す社会人に門戸を開き続けてほしい라고 서술하고 있으므로, 4 Aは年齢が考慮されるのは容認できると述べ、Bは社会人にチャンスを与え続けてほしいと述べている가 정답이다.

어휘 受け入れ うけいれ 명 수용　消極的だ しょうきょくてきだ な형 소극적이다　考慮 こうりょ 명 고려　容認 ようにん 명 용인

64-67

많은 사람이 휴대 전화를 가지게 되어, 사람들은 아직 전례가 없을 정도로 많은 사진을 찍게 되었다. 근래는 동영상이라는 툴도 손에 넣어, [64]일상의 다양한 장면에서 동영상을 촬영하고, 친구와 공유하거나 인터넷상에 올리거나 하게 되었다. 의외라고 생각할지도 모르지만, 이 움직임은 기껏해야 10수 년의 일이다.

개인에 의한 동영상의 공유는, 공공적인 매체인 매스 미디어에도 변화를 초래했다. 이전에는 사고나 사건이 일어나면 재빨리 보도 기관의 기자가 현장으로 급히 달려가, 취재를 하곤 했었다. 그리고 그들 그녀들이 실제로 본 것 들은 것만이 기사가 되어, 우리의 곁으로 전달되었다. 하지만 [65]현재는 기자가 현장에 도착하는 것보다 빨리, 인터넷을 통해 정보가 순식간에 전 세계에 닿는다. 그 자리에 마침 있었던 사람들이 촬영한 동영상을 빌릴 수 있다면, 뉴스를 만드는 것도 용이할 것이다. [65]실제로, 인터넷상에 동영상을 올린 사람에게 텔레비전이나 신문사로부터의 동영상 사용을 요청하는 의뢰가 쇄도하고 있다고 한다.

그렇지만, 빌려온 동영상이나 사진, 그리고 현장에 있었던 사람들의 감상만으로 쓴 기사로는, 진정한 저널리즘이라고는 말하기 어려운 것이 아닐까? 보도의 역할은, 세상에서 일어나고 있는 사건을 정확하게 전하고, 해설하고, 문제점을 명확하게 하는 것일 것이다.

예를 들면, 2011년에 일본에서 발생했던 대지진. 매스 미디어는 지진 발생 시의 모습이나 정부의 대응, 사람들의 모습 등을 시시각각 전했다. 하지만, 재해에 관한 보도는 그 자리의 사건을 전하는 것만으로는 끝나지 않는다. 정부의 그 후의 시책은 과연 유효했었는지, 오래 계속되는 재해지로의 영향이 어떠한 것인지, 지금 무엇이 필요로 되고 있는지를 계속해서 전하는 것은, 개인의 힘으로는 어렵다. 이처럼, [66]눈앞에 드러난 사건을 깊게 파고 들어, 전한다는 것은 매스 미디어와 그것에 관계된 저널리스트가 짊어져야 하는 것이다.

또한, [66]좀처럼 표면화되는 일이 없는 문제를 문제 삼아, 전할 수 있는 것도 매스 미디어 이외에는 불가능하다고 말할 수 있을 것이다. 저소득으로 생활이 괴로워지기 쉬운 한 부모 가정의 빈곤 문제나, 해마다 계속 늘고 있는 일본 국내에서 일하는 외국인들이 떠안은 고뇌 등도 그중 하나이다. 그러한 것을 보도하려면 기사를 쓰는 사람의 착실한 취재가 없어서는 안 된다. 신문이나 텔레비전이 오랫동안 행해온 이와 같은 역할은, 개인의 정보 발신에 의존하는 것으로 매일의 뉴스를 겨우겨우 만들고 있는 듯한 보도 현장이 완수할 수 있을 리가 없다.

[67]모두가 흡사 저널리스트인 것처럼 행동하고 있는 시대인 만큼, 직업으로서의 저널리스트, 짊어져야할 사명으로서의 저널리즘이란 무엇인가? 지금이야말로 재고할 때일 것이다.

(주1) 아직 전례가 없다 : 지금까지 한번도 없다
(주2) 마침 있다 : 우연히 그 자리에 있다
(주3) 용이하다 : 간단하다
(주4) 시시각각 : 차례차례로

어휘 携帯電話 けいたいでんわ 명 휴대 전화　いまだ 부 아직　かつてない 전례가 없다　近年 きんねん 명 근래　動画 どうが 명 동영상
ツール 명 툴, 도구　手に入れる てにいれる 손에 넣다　日常 にちじょう 명 일상　様々だ さまざまだ な형 다양하다　場面 ばめん 명 장면
撮影 さつえい 명 촬영　友人 ゆうじん 명 친구　共有 きょうゆう 명 공유　インターネット上 インターネットじょう 인터넷상
載せる のせる 동 올리다, 게재하다　意外 いがい 명 의외　～かもしれない ~일지도 모른다　動き うごき 명 움직임　たかだか 부 기껏해야, 고작
個人 こじん 명 개인　～による ~에 의한　公共的だ こうきょうてきだ な형 공공적이다　媒体 ばいたい 명 매체　マスメディア 명 매스 미디어
変化 へんか 명 변화　もたらす 동 초래하다, 가져오다　以前 いぜん 명 이전　事件 じけん 명 사건　いち早く いちはやく 부 재빨리
報道 ほうどう 명 보도　機関 きかん 명 기관　記者 きしゃ 명 기자　現場 げんば 명 현장　取材 しゅざい 명 취재　～たものだ ~하곤 했다
彼女ら かのじょら 명 그녀들　目にする めにする 실제로 보다　耳にする みみにする 듣다　～のみ 조 ~만, 뿐　記事 きじ 명 기사
我々 われわれ 명 우리　もと 명 곁　現在 げんざい 명 현재　到着 とうちゃく 명 도착　～を通じて ～をつうじて ~을 통해　情報 じょうほう 명 정보
瞬時 しゅんじ 명 순식간, 순간　世界中 せかいじゅう 명 전 세계　届く とどく 동 닿다　その場 そのば 그 자리　居合わせる いあわせる 동 마침 그 자리에 있다
たやすい い형 용이하다　実際 じっさい 명 실제　～に対して ～にたいして ~에 대해서　使用 しよう 명 사용　求める もとめる 동 요청하다
依頼 いらい 명 의뢰　殺到 さっとう 명 쇄도　感想 かんそう 명 감상　ジャーナリズム 명 저널리즘　～難い ～がたい ~하기 어렵다
役割 やくわり 명 역할　世の中 よのなか 명 세상　出来事 できごと 명 사건　正確だ せいかくだ な형 정확하다　解説 かいせつ 명 해설
問題点 もんだいてん 명 문제점　明確だ めいかくだ な형 명확하다　日本 にほん 명 일본　発生 はっせい 명 발생　大地震 だいじしん 명 대지진
発生時 はっせいじ 발생 시　様子 ようす 명 모습　政府 せいふ 명 정부　対応 たいおう 명 대응　時々刻々 じじこっこく 명 시시각각
災害 さいがい 명 재해　～に関する ～にかんする ~에 관한　施策 しさく 명 시책　果たして はたして 부 과연　有効だ ゆうこうだ な형 유효하다
被災地 ひさいち 명 재해지　影響 えいきょう 명 영향　現れる あらわれる 동 드러나다, 나타나다　掘り下げる ほりさげる 동 깊이 파고 들다
～に関わる ～にかかわる ~에 관계되다, ~에 관련있다　ジャーナリスト 명 저널리스트　担う になう 동 짊어지다, 떠맡다　～べきだ ~해야 하다
表面化 ひょうめんか 명 표면화　取り上げる とりあげる 동 문제 삼다　～ならでは ~이외에는 불가능하다, ~이 아니면 있을 수 없다
低収入 ていしゅうにゅう 명 저소득　苦しい くるしい い형 괴롭다, 고통스럽다　～がち ~이기 쉽다　一人親家庭 ひとりおやかてい 명 한 부모 가정
貧困 ひんこん 명 빈곤　年々 ねんねん 명 해마다　国内 こくない 명 국내　抱える かかえる 동 떠안다　苦悩 くのう 명 고뇌
地道だ じみちだ な형 착실하다　取材 しゅざい 명 취재　欠かせない かかせない 없어서는 안된다, 빠트릴 수 없다　発信 はっしん 명 발신
頼る たよる 동 의존하다, 의지하다　日々 ひび 명 매일　どうにか 부 겨우겨우, 그런 대로　果たす はたす 동 완수하다　～はずがない ~일 리가 없다

あたかも 부 흡사, 마치　~かのように (마치) ~인 것처럼　振る舞う ふるまう 동 행동하다　~にあって ~(한 상황)인 만큼　職業 しょくぎょう 명 직업　使命 しめい 명 사명　再考 さいこう 명 재고　偶然 ぐうぜん 부 우연히　次々 つぎつぎ 부 차례차례

64 중

기껏해야 10수 년의 일이란, 어떤 것인가?

1 많은 사진을 친구들과 공유하게 된 것
2 많은 사람이 공유한 동영상을 보게 된 것
3 자기가 촬영한 동영상을 공유하게 된 것
4 사진을 찍지 않고 동영상을 촬영하게 된 것

해설 たかだか10数年のこと가 어떤 것인지 묻고 있다. 밑줄의 앞부분에서 日常の様々な場面で動画を撮影して、友人と共有したりインターネット上に載せたりするようになった라고 서술하고 있으므로, 3 自分で撮影した動画を共有するようになったこと가 정답이다.

65 상

현재의 보도에 대해서, 필자는 어떻게 말하고 있는가?

1 현재는, 기자 자신이 사고나 사건 현장에 가는 일은 적다.
2 현재는, 인터넷을 사용해서, 바로 뉴스를 내보내고 있다.
3 현재는, 촬영한 동영상을 사고나 사건의 현장에서 전송하고 있다.
4 현재는, 보도를 위해서 개인 촬영한 동영상을 사용하는 경우가 있다.

해설 현재의 보도에 대한 필자의 생각을 묻고 있다. 두 번째 단락에서 現在は記者が現場に到着するより早く、インターネットを通じて情報が瞬時に世界中に届く라고 하고, 実際、インターネット上に動画を載せた人に対して、テレビや新聞社からの動画使用を求める依頼が殺到している라고 서술하고 있으므로, 4 現在は、報道のために個人撮影の動画を使うことがある가 정답이다.

어휘 自身 じしん 명 자신　配信 はいしん 명 전송, 배신

66 상

필자에 의하면, 저널리스트가 해야 할 일은 무엇인가?

1 사건을 정확하게 전하고, 그것에 대해서 비판이 생기도록 하는 것
2 사회 문제에 대해서 깊게 생각하고, 진상을 알 때까지 취재를 계속하는 것
3 다양한 사건의 자세한 내용이나 겉으로 나오지 않은 사회 문제를 계속해서 전하는 것
4 시간이 걸리는 취재를 계속해서, 그것을 정확하게 보도하고, 여론 조사를 하는 것

해설 저널리스트가 해야 할 일에 대한 필자의 생각을 묻고 있다. 네 번째 단락에서 目の前に現れた出来事を深く掘り下げ、伝えるということはマスメディアとそれに関わるジャーナリストが担うべきものだ라고 하고, 다섯 번째 단락에서 なかなか表面化することがない問題を取り上げ、伝えることができるのもマスメディアならではと言えよう라고 서술하고 있으므로, 3 様々な出来事の詳細や表に出てこない社会問題を伝え続けること가 정답이다.

어휘 批判 ひはん 명 비판　真相 しんそう 명 진상　詳細 しょうさい 명 자세한 내용　表 おもて 명 겉, 표면　世論 よろん 명 여론　調査 ちょうさ 명 조사

꼭! 알아두기 해야 할 일에 대한 단서를 찾을 때에는 지문에서 ～べき(~해야만 하는), ～なければならない(~하지 않으면 안 되는), ～欠かせない(~빼놓을 수 없는) 같은 표현이 있는 문장을 찾아 내용을 파악한다.

67 상

이 글에서 필자가 가장 말하고 싶은 것은 무엇인가?

1 저널리스트는 자신의 일의 본연의 자세에 대해서 다시 생각해야 한다.
2 정보를 발신하는 사람은 모두, 저널리즘에 대해서 생각해야 한다.
3 정보를 깊게, 정확하게 전달하기 위해서는, 진정한 저널리즘이 필요하다.
4 보도에 종사하는 사람들은, 보도의 역할을 계속해서 전하는 것이 필요하다.

해설 필자가 글을 통해 말하고자 하는 내용을 묻고 있다. 여섯 번째 단락에서 誰もがあたかもジャーナリストであるかのように振る舞っている時代にあって、職業としてのジャーナリスト、担うべき使命としてのジャーナリズムとは何なのか。今こそ再考する時だろう라고 서술하고 있으므로, 1 ジャーナリストは自分の仕事のあり方について考え直すべきだ가 정답이다.

어휘 あり方 ありかた 명 본연의 자세　考え直す かんがえなおす 동 다시 생각하다　真 しん 명 진정함, 참다움　携わる たずさわる 동 종사하다

68-69

오른쪽 페이지는, 어떤 시가 행하고 있는 시민활동에의 지원 안내이다.

68 중

예술 활동에 대한 지원을 받을 수 있는 단체는 다음 중 어느 것인가?

1 작년 모토하라시로부터 조성금을 받은, 모토하라 시내에서 연습을 하고 있는 연극 단체
2 1년에 여러 번 작품 발표를 할 예정인, 작년 결성된 모토하라시의 서예 클럽
3 모토하라시에서의 음악회에 2년 전에 참가했던, 옆 마을의 마을 주민 오케스트라
4 모토하라시의 주민으로 결성된, 매년, 축제 때 신사에서 춤을 선보이고 있는 그룹

해설 예술 활동에 대한 지원을 받을 수 있는 단체를 고르는 문제이다. 지문의 対象となる申請者와 対象となる分野부분에서 '主に元原市内で活動, 活動が2年以上継続している', '民族舞踊'이라고 언급하고 있으므로, 이에 모두 해당하는 4 元原市の住民で結成された、毎年、祭りの際に神社で踊りを披露しているグループ가 정답이다. 1은 2년 이내에 모토하라 시로부터 조성금을 받았고, 2는 결성된지 2년이 되지 않았으며, 3은 모토하라시에서 활동하는 단체가 아니므로 오답이다.

어휘 芸術 げいじゅつ 명 예술　活動 かつどう 명 활동　～に対して ～にたいして ~에 대해　支援 しえん 명 지원　団体 だんたい 명 단체
昨年 さくねん 명 작년　助成金 じょせいきん 명 조성금　市内 しない 명 시내　演劇 えんげき 명 연극　作品 さくひん 명 작품　発表 はっぴょう 명 발표
結成 けっせい 명 결성　書道 しょどう 명 서예　クラブ 명 클럽　音楽会 おんがくかい 명 음악회　参加 さんか 명 참가　町民 ちょうみん 명 마을 주민
オーケストラ 명 오케스트라　住民 じゅうみん 명 주민　際 さい 명 때　披露 ひろう 명 선보임, 피로　グループ 명 그룹

69 중

모토하라시에 사는 윤 씨는 시내에서 댄스 그룹에 참가하고 있고, 활동을 넓히기 위해 시에서 지원을 받고 싶다고 생각하고 있다. 지원 신청 방법으로서 맞는 것은 어느 것인가?

1 시의 홈페이지에서 신청 서류를 다운로드해서, 기입하고 나서 4월 중에 이메일로 보낸다.
2 시청에 가서 신청 서류를 손에 넣고, 기입 후 4월 30일까지 도착하도록 우편으로 보낸다.
3 이메일이나 우송으로 서류를 받고, 기입 후 4월 30일까지 시민활동과에 지참한다.
4 시의 홈페이지에서 신청 서류를 손에 넣고, 4월 30일 이후에 도착하도록 우편으로 보낸다.

해설 윤씨가 해야할 행동을 묻는 문제이다. 질문에서 제시된 상황 '市内でダンスのグループに参加', '支援を受けたい'에 따라, 지문의 応募方法 부분에서 申請書に必要事項をご記入のうえ、メールもしくは郵便にてお送りください。申請書類は元原市ホームページから入手できます라고 하고, 募集期間부분에서 20XX年4月1日(木)~4月30日(金)라고 언급하고 있으므로, 1 市のホームページから申請書類をダウンロードし、記入してから4月中にメールで送る가 정답이다.

어휘 ダンス 명 댄스　広める ひろめる 동 넓히다　～ために ~위해　申し込み もうしこみ 명 신청　方法 ほうほう 명 방법　ホームページ 명 홈페이지
申請 しんせい 명 신청　書類 しょるい 명 서류　ダウンロード 명 다운로드　記入 きにゅう 명 기입　メール 명 이메일　市役所 しやくしょ 명 시청
手に入れる てにいれる 손에 넣다　記入後 きにゅうご 명 기입 후　郵便 ゆうびん 명 우편　郵送 ゆうそう 명 우송, 우편으로 보냄
活動課 かつどうか 명 활동과　持参 じさん 명 지참　以降 いこう 명 이후

모토하라시 문화예술진흥 지원 신청 요강

모토하라 시민 여러분의 문화 · 예술로의 관심을 높이고, 자주적인 문화 활동, 예술 활동을 넓히는 것으로 매력적인 마을 조성을 응원합니다.

■ 대상이 되는 사업 : 스스로 기획 운영을 하는 창조적인 문화 예술 활동으로, 시민으로의 환원이 기대되는 것

■ 대상이 되는 신청자 : 다음 조건에 모두 해당하는 단체 혹은 개인

① [68]주로 모토하라 시내에서 활동을 하고 있다([68]활동이 2년 이상 계속되고 있을 것)

② 과거 2년에 모토하라시로부터 동일한 조성을 받지 않았다

* 동일한 조성이란, '문화예술진흥 지원' '시민 활동 조성금' '모토하라 아트 지원'을 가리킨다.

■ [68]대상이 되는 분야 : 음악(서양 음악 · 일본 음악 · 오페라 등), 연극(현대 연극 · 뮤지컬 · 인형극 등), 무용(일본 무용 · 발레 · 현대 무용 · [68]민족 무용 등), 고전 예능(노 · 교겐 · 가부키 · 라쿠고 등), 미술(회화 · 사진 · 서예 · 도예 · 공예)

■ 지원 내용 : ① 조성금의 교부(상한 10만엔 · 하한 없음)

② 시 홍보지상에서의 사업 고지

③ 시내 지역 활동 센터로의 포스터 게시

■ 응모 방법 : [69]신청서에 필요 사항을 기입한 후, 이메일 혹은 우편으로 보내 주세요.

신청 서류는 모토하라시 홈페이지에서 입수할 수 있습니다.

① 신청서

② 활동 기획서

③ 단체 규약 등 (개인의 경우는 프로필이나 활동 경력 등)

- 신청처 -

〒123-0123 모토하라 시청　시민활동과 지원담당

이메일 : support@motohara.or.jp

■ 모집 기간 : [69]20XX년 4월 1일(목)~4월 30일(금)

*우송의 경우는 마감일 필착, 이메일은 30일 23:59까지 접수합니다.

모토하라 시청 시민활동과　　전화 : 0120-34-8765

* 조성 내정은, 유식자에 의한 선정 위원회에서 결정합니다.

* 결과는, 채택 여부에 관계없이, 신청자 모두에게 통지 드립니다.

어휘 振興 しんこう 명 진흥　要綱 ようこう 명 요강　関心 かんしん 명 관심　高める たかめる 동 높이다　自主的だ じしゅてきだ な형 자주적이다
魅力的だ みりょくてきだ な형 매력적이다　町づくり まちづくり 명 마을 조성　応援 おうえん 명 응원　対象 たいしょう 명 대상　事業 じぎょう 명 사업
自ら みずから 부 스스로　企画 きかく 명 기획　運営 うんえい 명 운영　創造的だ そうぞうてきだ な형 창조적이다　還元 かんげん 명 환원
期待 きたい 명 기대　申請者 しんせいしゃ 명 신청자　条件 じょうけん 명 조건　いずれにも 모두　当てはまる あてはまる 동 해당하다
団体 だんたい 명 단체　もしくは 접 혹은, 또는　個人 こじん 명 개인　主だ おもだ な형 주되다, 주요하다　継続 けいぞく 명 계속　過去 かこ 명 과거
同様 どうよう 명 동일함, 같음　助成 じょせい 명 조성　指す さす 동 가리키다　分野 ぶんや 명 분야　洋楽 ようがく 명 서양 음악
邦楽 ほうがく 명 일본 음악　オペラ 명 오페라　現代 げんだい 명 현대　ミュージカル 명 뮤지컬　人形劇 にんぎょうげき 명 인형극
舞踊 ぶよう 명 무용　邦舞 ほうぶ 명 일본 무용　バレエ 명 발레　古典 こてん 명 고전　芸能 げいのう 명 예능　能 のう 명 노 (일본 전통 가면극)
狂言 きょうげん 명 교겐 (일본 전통 연극)　歌舞伎 かぶき 명 가부키 (음악, 무용, 기예가 어우러진 일본 전통 연극)　落語 らくご 명 라쿠고 (일본 전통 만담)
美術 びじゅつ 명 미술　陶芸 とうげい 명 도예　工芸 こうげい 명 공예　内容 ないよう 명 내용　交付 こうふ 명 교부　上限 じょうげん 명 상한
下限 かげん 명 하한　広報誌 こうほうし 명 홍보지　告知 こくち 명 고지　地域 ちいき 명 지역　センター 명 센터　ポスター 명 포스터
掲示 けいじ 명 게시　応募 おうぼ 명 응모　申請書 しんせいしょ 명 신청서　事項 じこう 명 사항　入手 にゅうしゅ 명 입수　企画書 きかくしょ 명 기획서
規約 きやく 명 규약　プロフィール 명 프로필　経歴 けいれき 명 경력　申請先 しんせいさき 명 신청처　担当 たんとう 명 담당　募集 ぼしゅう 명 모집
期間 きかん 명 기간　締切日 しめきりび 명 마감일　必着 ひっちゃく 명 필착　受け付ける うけつける 동 접수하다　内定 ないてい 명 내정
有識者 ゆうしきしゃ 명 유식자　～による ~에 의한　選定 せんてい 명 선정　委員会 いいんかい 명 위원회　～において ~에서　決定 けってい 명 결정
結果 けっか 명 결과　採否 さいひ 명 채택 여부　～に関わらず ～にかかわらず ~에 관계없이　すべて 명 모두　通知 つうち 명 통지

청해 p.67

문항별 분할 파일 바로 듣기 

☞ **문제 1**의 디렉션과 예제를 들려줄 때 1번부터 5번까지의 선택지를 미리 읽고 내용을 재빨리 파악해둡니다. 음성에서 では、始めます(그러면, 시작합니다)가 들리면, 곧바로 문제 풀 준비를 합니다.

문제 1의 디렉션과 예제

[음성]

問題１では、まず質問を聞いてください。それから話を聞いて、問題用紙の１から４の中から、最もよいものを一つ選んでください。では、練習しましょう。

女の人が新商品について男の人と話しています。**女の人はこのあと何をしますか。**

F：部長、アンケート結果をもとに新商品のアイディアをまとめてみました。

M：へぇ。この１本で３つの色を楽しめる口紅ってなかなか面白いね。

F：私もそのアイディアが気にいっていて、ぜひ商品化したいと考えていたんです。

M：うん、いいんじゃないかな。

F：はい。では、**今日中に開発にかかる費用の見積もりを出しますね。**

M：**お願いね。**あ、でも、これ高い技術力が必要そうだから、実現可能か商品開発部に相談してみないといけないな。

F：それなら、昨日担当者に確認しておいたので問題ありません。

[음성]

문제1에서는, 우선 질문을 들어주세요. 그리고 나서 이야기를 듣고, 문제 용지의 1에서 4중에, 가장 알맞은 것을 하나 골라주세요. 그러면, 연습합시다.

여자가 신제품에 대해 남자와 이야기하고 있습니다. **여자는 이 다음에 무엇을 합니까?**

F：부장님, 앙케트 결과를 바탕으로 신상품의 아이디어를 정리해 보았습니다.

M：오. 이 1개로 3개의 색을 즐길 수 있는 립스틱이라니 꽤 재미있네.

F：저도 그 아이디어가 마음에 들어서, 꼭 상품화하고 싶다고 생각하고 있었습니다.

M：응, 좋은 것 같은데.

F：네. 그럼, **오늘 중으로 개발에 드는 비용의 견적을 내겠습니다.**

M：**부탁해.** 아, 하지만, 이거 높은 기술력이 필요할 것 같으니까, 실현 가능한지 상품개발부에 상담해보지 않으면 안되겠네.

F：그거라면, 어제 담당자에게 확인해두었기 때문에 문제없습니다.

女の人はこのあと何をしますか。

최もよいものは３番です。解答用紙の問題１の例のところを見てください。最もよいものは３番ですから、答えはこのように書きます。では、始めます。

여자는 이 다음에 무엇을 합니까?

가장 알맞은 것은 3번입니다. 답안 용지의 문제1의 예시 부분을 봐주세요. 가장 알맞은 것은 3번이므로, 정답은 이렇게 표시합니다. 그러면, 시작합니다.

[문제지]

1 アンケート調査をおこなう
2 新商品のアイディアを出す
3 開発費を計算する
4 開発部に問い合わせる

[문제지]

1 앙케트 조사를 실시한다
2 신상품의 아이디어를 낸다
3 개발비를 계산한다
4 개발부에 문의한다

1 중상

[음성]

インターネット販売のお客様相談係と女の人が電話で話しています。女の人はこのあと何をしますか。

[음성]

인터넷 판매의 고객 상담 담당자와 여자가 전화로 이야기하고 있습니다. 여자는 이 다음에 무엇을 합니까?

M：サポートセンターでございます。

F：もしもし、先日、スマートフォンのカバーを購入したんですが。

M：ありがとうございます。

F：実は、説明をよく読んで買ったつもりだったんですけど、思ってたのと形が違ってて。ちょっと使いにくそうなので、すみませんが、返品したいんです。

M：かしこまりました。では、今回は申し訳ございませんが、お客様のご都合の返品なので、送料は自己負担になりますがよろしいですか。

F：ああ、送料負担ですか。それなら、スマホに一度付けてみようかな。あっ、でもシールを剝がしちゃだめですよね？

M：申し訳ございません。ご使用後の商品の返品は受け付けいたしかねますが。

F：[2][3]そうですよね。じゃあ、やっぱりこのまま返品します。それで、代金引き換えだったんですけど、返金はどうやって…？

M：はい、[4]ご返金方法につきましては、商品が弊社に届き次第、メールでお知らせいたします。返金方法は二つございまして、コンビニでのATM受取りと銀行振込のいずれかになります。

F：わかりました。返金についてはあとからですね。[1]じゃあこれから、箱に入れて送ります。

M：[1]よろしくお願いいたします。

女の人はこのあと何をしますか。

[문제지]

1 スマートフォンカバーを返送する
2 スマートフォンカバーを付けてみる
3 スマートフォンカバーのシールをはがす
4 返金についてのメールを送る

M : 서포트 센터입니다.

F : 여보세요, 요전에, 스마트폰 커버를 구입했는데요.

M : 감사합니다.

F : 실은, 설명을 잘 읽고 샀다고 생각했습니다만, 생각했던 것과 모양이 달라서. 좀 쓰기 어려울 것 같아서, 죄송합니다만, 반품하고 싶습니다.

M : 알겠습니다. 그럼, 이번에는 죄송합니다만, 고객님 사정의 반품이기 때문에, 배송료는 본인 부담이 됩니다만 괜찮으십니까?

F : 아, 배송료 부담인가요? 그렇다면, 스마트폰에 한 번 끼워 볼까. 아, 하지만 실을 떼어내버리면 안 되죠?

M : 죄송합니다. 사용하신 후의 상품의 반품은 접수받기 어렵습니다만.

F : [2][3]그렇겠죠. 그럼, 역시 이대로 반품하겠습니다. 그래서, 대금 상환이었습니다만, 환불은 어떻게…?

M : 네, [4]환불 방법에 대해서는, 상품이 저희 회사에 도착하는 대로, 이메일로 알려드리겠습니다. 환불 방법은 두 가지 있는데, 편의점 ATM 수취와 은행 송금 어느 쪽 중 하나가 됩니다.

F : 알겠습니다. 환불에 대해서는 나중에군요. [1]그럼 지금부터, 상자에 넣어서 보내겠습니다.

M : [1]잘 부탁드립니다.

여자는 이 다음에 무엇을 합니까?

[문제지]

1 스마트폰 커버를 반송한다
2 스마트폰 커버를 끼워본다
3 스마트폰 커버의 실을 떼어낸다
4 환불에 대한 메일을 보낸다

해설 여자가 앞으로 해야 할 일을 묻는 문제이다. 대화에서, 여자가 **じゃあこれから、箱に入れて送ります**라고 하자, 남자가 **よろしくお願いいたします**라고 했으므로, 1 **スマートフォンカバーを返送する**가 정답이다. 선택지 2, 3은 하지 않기로 했고, 4는 남자가 해야 할 일이므로 오답이다.

어휘 **インターネット** 명 인터넷 **販売** はんばい 명 판매 **お客様** おきゃくさま 고객 **相談係** そうだんがかり 상담 담당자
サポートセンター 명 서포트 센터, 고객 센터 **先日** せんじつ 명 요전 **スマートフォン** 명 스마트폰 **カバー** 명 커버 **購入** こうにゅう 명 구입
実は じつは 부 실은 **返品** へんぴん 명 반품 **今回** こんかい 명 이번 **送料** そうりょう 명 배송료 **自己** じこ 명 본인, 자기 **負担** ふたん 명 부담
スマホ 명 스마트폰 (スマートフォン의 준말) **シール** 명 실, 봉인용 스티커 **剝がす** はがす 동 떼어내다 **使用** しよう 명 사용 **商品** しょうひん 명 상품
受け付ける うけつける 동 접수하다 **代金引き換え** だいきんひきかえ 명 대금 상환, 대금과 맞바꿔 상품을 건네주는 것 **返金** へんきん 명 환불
方法 ほうほう 명 방법 **弊社** へいしゃ 명 저희 회사 **届く** とどく 동 도착하다 **メール** 명 이메일 **コンビニ** 명 편의점
ATM受取り ATMうけとり ATM 수취 **振込** ふりこみ 명 송금 **いずれ** 명 어느 쪽 **返送** へんそう 명 반송

2 중상

[음성]

会社で女の人と男の人が話しています。男の人はまず何をしますか。

F：鈴木さん、[1]この前のアンケート調査の結果、さっき確認したよ。

M：はい、問題なかったでしょうか。

F：うん、それも企画書に入れてくれる？ それから、昨日、鈴木さんが出してくれた意見もとても良かったから、あれも追加して、企画書、作り直してほしいんだけど。

M：わかりました。でも、経理から先月の会計報告書を提出するように言われて、今作っているので、[4]明日まででもよろしいでしょうか。

F：ああ、経理には頼んでおくから、[4]悪いけどこっち先で。新商品の企画会議がもう来週だからね。それから、[3]会議当日の準備って、大丈夫かな。

M：はい、田中さんと一緒にすることになっています。

F：今度の企画会議は重要だから、企画書ができたら、今日中に目を通しておきたいんだよね。

M：わかりました。

F：あ、それから最終的な出席者の確認もしてもらえる？

M：はい、わかりました。企画書の後でいいですよね。

F：[2]うん、今度の新商品には力を入れてるから、いろいろ協力、頼むね。

男の人はまず何をしますか。

[문제지]

1 アンケート結果を確認する
2 会議の出席者を確認する
3 会議室の準備をする
4 企画書を修正する

[음성]

회사에서 여자와 남자가 이야기하고 있습니다. 남자는 우선 무엇을 합니까?

F：스즈키 씨, [1]요전의 앙케트 조사 결과, 아까 확인했어.

M：네, 문제없었나요?

F：응, 그것도 기획서에 넣어 줄래? 그리고, 어제, 스즈키 씨가 내 준 의견도 매우 좋았으니까, 그것도 추가해서, 기획서, 다시 만들어주었으면 하는데.

M：알겠습니다. 하지만, 경리에게 저번 달의 회계 보고서를 제출하라는 말을 들어서, 지금 만들고 있기 때문에, [4]내일까지라도 괜찮을까요?

F：아, 경리에게는 부탁해 둘 테니, [4]미안하지만 이쪽을 먼저. 신상품 기획 회의가 벌써 다음 주니까 말이야. 그리고, [3]회의 당일의 준비는, 괜찮을까?

M：네, 다나카 씨와 같이 하기로 되어 있습니다.

F：이번 기획 회의는 중요하니까, 기획서가 완성되면, 오늘 중으로 훑어봐두고 싶어.

M：알겠습니다.

F：아, 그리고 최종적인 출석자 확인도 해줄 수 있어?

M：네, 알겠습니다. 기획서 다음으로 괜찮지요?

F：[2]응, 이번 신상품에는 힘을 쏟고 있으니까, 여러 가지로 협력, 부탁해.

남자는 우선 무엇을 합니까?

[문제지]

1 앙케트 결과를 확인한다
2 회의 출석자를 확인한다
3 회의실 준비를 한다
4 기획서를 수정한다

해설 남자가 가장 먼저 해야 할 일을 묻는 문제이다. 대화에서, 기획서를 다시 만들어달라는 말에 남자가 明日まででもよろしいでしょうか라고 하자, 여자가 悪いけどこっち先で라고 했으므로, 4 企画書を修正する가 정답이다. 선택지 1은 여자가 이미 했고, 2는 기획서를 수정한 다음에 할 일이고, 3은 회의 당일에 할 일이므로 오답이다.

어휘 アンケート 명 앙케트　調査 ちょうさ 명 조사　結果 けっか 명 결과　確認 かくにん 명 확인　企画書 きかくしょ 명 기획서　追加 ついか 명 추가　作り直す つくりなおす 동 다시 만들다　経理 けいり 명 경리　会計 かいけい 명 회계　報告書 ほうこくしょ 명 보고서　提出 ていしゅつ 명 제출　新商品 しんしょうひん 명 신상품　企画 きかく 명 기획　当日 とうじつ 명 당일　重要だ じゅうようだ な형 중요하다　目を通す めをとおす 훑어보다　最終的だ さいしゅうてきだ な형 최종적이다　出席者 しゅっせきしゃ 명 출석자　力を入れる ちからをいれる 힘을 쏟다　協力 きょうりょく 명 협력　修正 しゅうせい 명 수정

[음성]

大学で女の学生と男の学生が話しています。女の学生はまず何をしますか。

F：先輩、3年生も後半になると、就職活動も始まるし、卒業論文もあるし、大変なんですよね。

M：そうか、そんな時期だね。両立は大変だけど、卒業論文の準備はできる範囲で少しずつやっておいた方がいいよ。

F：やっぱりそうですよね。[1]一応、テーマは決めたんですけど、そのあとの進め方がまだよくわからないから、なんだか不安で。先輩はどうやって進めたんですか。

M：うーん、そうだな。テーマが決まっているなら、次は参考文献をたくさん読むことだな。

F：はい。でも買うと高いですから、やっぱり図書館に足を運んだほうがいいんですかね。

M：そうそう、それで必要な箇所はコピーして整理しとくんだ。[2][3][4]その前にインターネットで調べて、参考文献の表を作ってから取り掛かった方がいいよ。

F：[3]なるほど。

M：あと、論文の結論を導く、データやアンケートなんかの調査をするんだけど、それがとても大事なんだよ。

F：ああ、それも大事ですね。下準備に時間がかかりそうですね。

M：それから、絶対にしちゃいけないのは、参考文献の文章をそのままコピーして自分の論文に使うことだよ。

F：わかりました。いろいろアドバイスありがとうございました。早速調べてみます。

女の学生はまず何をしますか。

[문제지]

1 卒業論文のテーマを決める
2 卒業論文のために図書館に行く
3 必要な参考文献の表を作る
4 必要な参考文献をコピーする

[음성]

대학에서 여학생과 남학생이 이야기하고 있습니다. 여학생은 우선 무엇을 합니까?

F : 선배, 3학년도 후반이 되니, 취직 활동도 시작되고, 졸업 논문도 있고, 힘드네요.

M : 그런가, 그런 시기구나. 양립은 힘들지만, 졸업 논문 준비는 가능한 범위에서 조금씩 해두는 편이 좋아.

F : 역시 그렇죠? [1]일단, 테마는 정했습니다만, 그 뒤의 진행 방법을 아직 잘 모르니까, 어쩐지 불안해서. 선배는 어떻게 진행했나요?

M : 음, 그렇군. 테마가 정해져 있다면, 다음은 참고 문헌을 많이 읽는 것이지.

F : 네. 하지만 사면 비싸니까, 역시 도서관에 찾아가 보는 편이 좋을까요?

M : 맞아 맞아, 그래서 필요한 부분은 복사해서 정리해 두는 거야. [2][3][4]그전에 인터넷으로 조사해서, 참고 문헌 표를 만들고 나서 착수하는 편이 좋아.

F : [3]과연 그렇군요.

M : 그리고, 논문의 결론을 이끄는, 데이터나 앙케트 따위의 조사를 하는 것인데, 그것이 아주 중요해.

F : 아, 그것도 중요하군요. 사전 준비에 시간이 걸릴 것 같네요.

M : 그리고, 절대로 해서는 안 되는 것은, 참고 문헌의 문장을 그대로 복사해서 자신의 논문에 사용하는 일이야.

F : 알겠습니다. 여러 가지로 조언 감사했습니다. 즉시 조사해 보겠습니다.

여학생은 우선 무엇을 합니까?

[문제지]

1 졸업 논문의 테마를 정한다
2 졸업 논문을 위해서 도서관에 간다
3 필요한 참고 문헌 표를 만든다
4 필요한 참고 문헌을 복사한다

해설 여자가 가장 먼저 해야 할 일을 묻는 문제이다. 대화에서, 도서관에 찾아가 봐야겠다는 말에 남자가 **その前にインターネットで調べて、参考文献の表を作ってから取り掛かった方がいいよ**라고 하자, 여자가 **なるほど**라고 했으므로, 3 **必要な参考文献の表を作る**가 정답이다. 선택지 1은 이미 했고, 2, 4는 참고 문헌의 표를 만든 다음에 할 일이므로 오답이다.

어휘 **後半** こうはん 명 후반 **就職** しゅうしょく 명 취직 **活動** かつどう 명 활동 **論文** ろんぶん 명 논문 **時期** じき 명 시기 **両立** りょうりつ 명 양립 **範囲** はんい 명 범위 **一応** いちおう 부 일단 **テーマ** 명 테마 **進め方** すすめかた 명 진행 방법 **不安だ** ふあんだ な형 불안하다 **進める** すすめる 동 진행하다 **参考** さんこう 명 참고 **文献** ぶんけん 명 문헌 **足を運ぶ** あしをはこぶ 찾아가다 **箇所** かしょ 명 부분 **整理** せいり 명 정리 **インターネット** 명 인터넷 **表** ひょう 명 표 **取り掛かる** とりかかる 동 착수하다 **結論** けつろん 명 결론 **導く** みちびく 동 이끌다

データ 명 데이터　アンケート 명 앙케트　調査 ちょうさ 명 조사　下準備 したじゅんび 명 사전 준비　絶対に ぜったいに 절대로　アドバイス 명 조언
早速 さっそく 부 즉시

4 상

[음성]

ホームセンターで女の人と男の店員が話しています。女の人はこのあと何をしますか。

F：すみません。防災用品はどこですか。

M：はい、ご案内いたします。

F：地震が多いから準備しなきゃと思って来たんですけど。懐中電灯や水しかなくて。

M：そうなんですね。最近、好評なのが、こちらの防災用品がセットになっているリュックサックです。

F：へえ。中に何が入ってるんですか。

M：はい、こちらには小型のラジオや手袋、携帯トイレや、体を冷えから守るアルミの保温シートもありますし、消毒用のアルコールやマスクなども入っております。

F：うーん。[2]携帯用のトイレとアルミの保温シートはいいんですけど、ラジオやアルコールはうちにあるから…。

M：ですがお客様、こちらのリュックは燃えない素材でできておりますし、とても軽いんですよ。

F：へえ、ちょっと背負ってみてもいいですか。

M：もちろんです。それから、当店の会員に登録されますと、今だけの特別価格でお求めいただけます。それに会員の方に限り、当店おすすめの地震保険のご案内もしております。

F：ああ、保険もかけてないんですけど。うーん、[1]リュックの中身は家にあるものもありますから。ええと、[3][4]会員登録は後にして、[2]今日は足りないものだけにします。単品でも買えますよね。

女の人はこのあと何をしますか。

[문제지]

1 防災用品の入ったリュックサックを買う
2 携帯トイレと保温シートだけを買う
3 お店の会員登録をする
4 地震保険の申し込みをする

[음성]

홈 센터에서 여자와 남자 점원이 이야기하고 있습니다. 여자는 이 다음에 무엇을 합니까?

F：실례합니다. 방재 용품은 어디인가요?

M：네, 안내해드리겠습니다.

F：지진이 많으니까 준비 하지 않으면 하고 생각해서 왔습니다만. 손전등이랑 물 밖에 없어서.

M：그렇군요. 최근, 호평인 것이, 이쪽의 방재 용품이 세트로 되어 있는 배낭입니다.

F：우와. 안에 무엇이 들어있나요?

M：네, 이쪽에는 소형 라디오와 장갑, 휴대용 화장실과, 몸을 냉기로부터 지키는 알루미늄 보온 시트도 있고, 소독용 알코올과 마스크 등도 들어 있습니다.

F：음. [2]휴대용 화장실과 알루미늄 보온 시트는 좋습니다만, 라디오나 알코올은 집에 있어서….

M：하지만 고객님, 이쪽의 배낭은 타지 않는 소재로 되어 있고, 매우 가벼워요.

F：오, 잠깐 메어 봐도 괜찮을까요?

M：물론입니다. 그리고, 이 가게의 회원으로 등록하시면, 지금뿐인 특별 가격으로 구입하실 수 있습니다. 게다가 회원인 분에 한해서, 이 가게 추천의 지진 보험 안내도 하고 있습니다.

F：아, 보험도 들지 않았습니다만. 음, [1]배낭의 내용물은 집에 있는 것도 있으니까. 저어, [3][4]회원 등록은 나중으로 하고, [2]오늘은 부족한 것만으로 하겠습니다. 단품으로도 살 수 있죠?

여자는 이 다음에 무엇을 합니까?

[문제지]

1 방재 용품이 들어간 배낭을 산다
2 휴대용 화장실과 보온 시트만을 산다
3 가게의 회원 등록을 한다
4 지진 보험의 신청을 한다

해설 여자가 앞으로 해야 할 일을 묻는 문제이다. 대화에서, 배낭의 내용물을 설명하는 말에 여자가 携帯用のトイレとアルミの保温シートはいいんですけど、ラジオやアルコールはうちにあるから라고 하자, 직원이 추가적인 권유를 했고, 이에 여자가 今日は足りないものだけにします라고 했으므로, 2 携帯トイレと保温シートだけを買う가 정답이다. 선택지 1은 내용물 중 집에 있는 것도 있어 사지 않기로 했고, 3은 나중에 하겠다고 했고, 4는 회원 등록을 해야 신청할 수 있으므로 오답이다.

어휘 ホームセンター 명 홈 센터, 가정 용품 잡화점　防災 ぼうさい 명 방재　用品 ようひん 명 용품　懐中電灯 かいちゅうでんとう 명 손전등
好評 こうひょう 명 호평　セット 명 세트　リュックサック 명 배낭　小型 こがた 명 소형　携帯トイレ けいたいトイレ 명 휴대용 화장실

冷え ひえ 명 냉기　守る まもる 동 지키다　アルミ 명 알루미늄　保温 ほおん 명 보온　シート 명 시트　消毒用 しょうどくよう 명 소독용
マスク 명 마스크　リュック 명 배낭 (リュックサック의 준말)　燃える もえる 동 타다　素材 そざい 명 소재　背負う せおう 동 메다
当店 とうてん 명 이 가게　会員 かいいん 명 회원　登録 とうろく 명 등록　価格 かかく 명 가격　求める もとめる 동 구입하다　おすすめ 추천
保険 ほけん 명 보험　中身 なかみ 명 내용물　足りない たりない 부족하다　単品 たんぴん 명 단품

꼭! 알아두기　Aは後にしてB(A는 나중으로 하고 B)의 순서는 B → A이므로, 後にして 뒤에 언급된 행동이 정답일 가능성이 높다.

5　중상

[음성]

大学の図書館で、先生が話しています。学生は国立図書館の本を借りるとき、何をしなければなりませんか。

M：本校図書館に所蔵されていない書籍を、提携している国立図書館から借りられる制度がより便利になりました。以前は、[3]本校図書館で予約をしてから、学生のみなさんに直接借りに行ってもらっていましたが、[1][2]今後は職員がまとめて取り寄せることになります。[3]本が届いたらメールでお知らせしますので、それを確認したあと図書館に来てください。本の到着日などを問い合わせようと[4]国立図書館に直接連絡を取るのは、くれぐれも控えてくださいね。

学生は国立図書館の本を借りるとき、何をしなければなりませんか。

[문제지]

1 予約して、直接借りに行く
2 予約して、直接本を取り寄せる
3 予約して、学校図書館からの連絡を待つ
4 予約して、国立図書館に電話をする

[음성]

대학 도서관에서, 선생님이 말하고 있습니다. 학생은 국립 도서관의 책을 빌릴 때, 무엇을 해야 합니까?

M : 본교 도서관에 소장되어 있지 않은 서적을, 제휴하고 있는 국립 도서관에서 빌릴 수 있는 제도가 보다 편리해졌습니다. 이전에는, [3]본교 도서관에서 예약을 하고 나서, 학생 여러분이 직접 빌리러 가야 했습니다만, [1][2]앞으로는 직원이 통합하여 들여오는 것이 되었습니다. [3]책이 도착하면 이메일로 알려 드리므로, 그것을 확인한 다음 도서관에 와 주세요. 책의 도착일 등을 문의하려고 [4]국립 도서관에 직접 연락을 취하는 것은, 부디 삼가 주세요.

학생은 국립 도서관의 책을 빌릴 때, 무엇을 해야 합니까?

[문제지]

1 예약하고, 직접 빌리러 간다
2 예약하고, 직접 책을 들여온다
3 예약하고, 학교 도서관으로부터의 연락을 기다린다
4 예약하고, 국립 도서관에 전화한다

해설 학생이 무엇을 해야 하는지를 묻는 문제이다. 남자가 本校図書館で予約をしてから, 本が届いたらメールでお知らせしますので、それを確認したあと図書館に来てください라고 했으므로, 3 予約して、学校図書館からの連絡を待つ가 정답이다. 선택지 1, 2는 직원이 들여온다고 했고, 4는 국립 도서관에 연락을 취하는 것은 삼가달라고 했으므로 오답이다.

어휘 国立 こくりつ 명 국립　本校 ほんこう 명 본교　所蔵 しょぞう 명 소장　書籍 しょせき 명 서적　提携 ていけい 명 제휴　制度 せいど 명 제도
より 부 보다　以前 いぜん 명 이전　直接 ちょくせつ 명 직접　今後 こんご 명 앞으로　職員 しょくいん 명 직원　まとめる 동 통합하다
取り寄せる とりよせる 동 들여오다　届く とどく 동 도착하다　メール 명 이메일　確認 かくにん 명 확인　到着日 とうちゃくび 명 도착일
問い合わせる といあわせる 동 문의하다　連絡を取る れんらくをとる 연락을 취하다　くれぐれも 부 부디　控える ひかえる 동 삼가다

☞ 문제 2의 디렉션과 예제를 들려줄 때 1번부터 6번까지의 선택지를 미리 읽고 내용을 재빨리 파악해둡니다. 음성에서 では、始めます(그러면, 시작합니다)가 들리면, 곧바로 문제 풀 준비를 합니다.

문제 2의 디렉션과 예제

[음성]

問題2では、まず質問を聞いてください。そのあと、問題用紙のせんたくしを読んでください。読む時間があります。それから話を聞いて、問題用紙の1から4の中か

[음성]

문제 2에서는, 우선 질문을 들어주세요. 그 뒤, 문제 용지의 선택지를 읽어주세요. 읽는 시간이 있습니다. 그리고 나서 이야기를 듣고, 문제 용지의 1에서 4 중에, 가장 알맞은 것을 하나 골라주세요. 그

ら、最もよいものを一つ選んでください。では、練習しましょう。

大学で女の学生と男の学生が話しています。この女の学生は**どうして中国語の授業をとった**と言っていますか。

F：鈴木くんはどうして中国語の授業をとってるの？
M：実は小さいとき親の仕事の都合で6年間、中国に住んでたんだ。これと言って興味があることもなかったし、得意なことも中国語くらいしかなかったから、ビジネスレベルまで頑張ろうと思ってね。
F：通りで発音がきれいなわけだね。
M：木村さんは？
F：私、専攻が遺伝子工学なんだけど、今の中国を見てると経済の面でも科学技術の面でも成長がすごいでしょう。だから、**今専攻していることもあと何年かしたら中国でさらに大きく発展するかなって。**
M：確かに中国語ができれば、日本に限らず中国の研究室や企業でも不自由なく働けるしね。
F：そうそう。**将来のビジョンを広げるために必要だと思うから、**今のうちに習得したいんだ。
M：僕も中国語で何ができるか考えよう。

この女の学生はどうして中国語の授業をとったと言っていますか。

最もよいものは4番です。解答用紙の問題2の例のところを見てください。最もよいものは4番ですから、答えはこのように書きます。では、始めます。

[문제지]

1 幼いときに中国で生活していたから
2 他に興味があることがなかったから
3 日本ではなく中国で働きたいから
4 将来の役に立つと思ったから

러면, 연습합시다.

대학에서 여학생과 남학생이 이야기하고 있습니다. 이 여학생은 **어째서 중국어 수업을 들었다**고 말하고 있습니까?

F : 스즈키 군은 어째서 중국어 수업을 듣고 있어?
M : 실은 어렸을 때 부모님의 일 사정으로 6년간, 중국에 살았었어. 이거다 말할만한 흥미가 있는 것도 없었고, 잘하는 것도 중국어 정도밖에 없었기 때문에, 비즈니스 레벨까지 힘내보자고 생각해서.
F : 그래서 발음이 깨끗했구나.
M : 기무라 씨는?
F : 나, 전공이 유전자 공학인데, 지금 중국을 보면 경제면에서도 과학 기술면에서도 성장이 대단하잖아. 그래서, **지금 전공하고 있는 것도 앞으로 몇 년인가 지나면 중국에서 더욱 크게 발전할까 해서.**
M : 확실히 중국어를 할 수 있으면, 일본에 한정하지 않고 중국의 연구실이나 기업에서도 부자유 없이 일할 수 있지.
F : 맞아 맞아. **장래의 비전을 넓히기 위해서 필요하다고 생각하니까,** 지금 동안에 습득하고 싶어.
M : 나도 중국어로 뭘 할 수 있을지 생각해 봐야지.

이 여학생은 어째서 중국어 수업을 들었다고 말하고 있습니까?

가장 알맞은 것은 4번입니다. 답안 용지의 문제 2의 예시 부분을 봐주세요. 가장 알맞은 것은 4번이므로, 정답은 이렇게 표시합니다. 그러면, 시작합니다.

[문제지]

1 어렸을 때 중국에서 살았기 때문에
2 따로 흥미가 있는 것이 없었기 때문에
3 일본에서가 아니라 중국에서 일하고 싶기 때문에
4 장래에 도움이 된다고 생각했기 때문에

1 상

[음성]

テレビのレポーターがカフェのオーナーにインタビューをしています。オーナーは新たにどんなことをすると言っていますか。

M：本日はここ、金魚カフェにお邪魔しております。こちらはその名のとおり、たくさんの金魚を見ながらコーヒーが楽しめるお店です。早速ですが、オーナーの山川さんにお話を伺っていきたいと思います。遠方からもお客様がわざわざいらっしゃるほど大人気なの

[음성]

텔레비전 리포터가 카페 오너에게 인터뷰를 하고 있습니다. 오너는 새롭게 어떤 것을 한다고 말하고 있습니까?

M : 오늘은 여기, 금붕어 카페에 방문해 있습니다. 이곳은 그 이름대로, 많은 금붕어를 보면서 커피를 즐길 수 있는 가게입니다. 바로 본론입니다만, 오너인 야마카와 씨에게 이야기를 여쭈어 가고 싶다고 생각합니다. 먼 곳에서도 손님이 일부러 오실 만큼 대인기인 것은, 금붕어를 볼 수 있는 카페가 드물기 때문일

は、金魚を見られるカフェが珍しいからでしょうか。

F：ああ、それは最近、市内にも似たような店が何軒かできましてね、そうでもないんですよ。ただ、当店ではめったにいない珍しいのが見られるので、それを目当てに来てくださる方が多いようです。

M：そうなんですか。

F：それから、ここは他店のような大きな水槽が置けるスペースもありませんし、小さな水槽をあちこちに置いて、近くでゆっくり泳ぐ姿を楽しんでいただけるよう、工夫しているんです。

M：確かに。こんなに近くでゆっくり金魚を見られる機会ってなかなかないですよね。そして、こちらのコーヒーもおいしいですね。

F：ええ、産地にこだわり、厳選した豆だけを使用しているんです。今は飲み物だけですが、もっとゆっくり楽しみたいと言ってくださるお客様もいらっしゃって、今後、お食事も提供していくことにしたんです。

M：ではますますお客様が増えそうですね。

オーナーは新たにどんなことをすると言っていますか。

[문제지]

1 他に金魚カフェを作る
2 珍しい金魚を展示する
3 大きい水槽を置く
4 食事メニューを追加する

까요?

F : 아, 그건 최근, 시내에도 비슷한 가게가 몇 집인가 생겨서요, 그렇지도 않아요. 다만, 이 가게에서는 좀처럼 없는 진귀한 것을 볼 수 있기 때문에, 그것을 목적으로 와주시는 분이 많은 것 같습니다.

M : 그런가요?

F : 그리고, 이곳은 다른 가게와 같은 큰 수조를 놓을 수 있는 공간도 없어서, 작은 수조를 여기저기 놓고, 가까이에서 느긋하게 헤엄치는 모습을 즐겨주실 수 있도록, 궁리하고 있습니다.

M : 확실히. 이렇게 가까이에서 느긋하게 금붕어를 볼 수 있는 기회는 좀처럼 없지요. 그리고, 이곳의 커피도 맛있네요.

F : 네, 산지에 신경 써서, 엄선한 콩만을 사용하고 있거든요. 지금은 음료뿐입니다만, 좀 더 느긋하게 즐기고 싶다고 말해주시는 손님도 계셔서, 앞으로, 식사도 제공해 가기로 했습니다.

M : 그럼 점점 손님이 늘 것 같네요.

오너는 새롭게 어떤 것을 한다고 말하고 있습니까?

[문제지]

1 따로 금붕어 카페를 만든다
2 진귀한 금붕어를 전시한다
3 큰 수조를 놓는다
4 식사 메뉴를 추가한다

해설 오너가 새롭게 어떤 것을 하는지를 묻는 문제이다. 대화에서, 오너 즉, 여자가 今後、お食事も提供していくことにしたんです라고 했으므로, 4 食事メニューを追加する가 정답이다. 선택지 1은 언급되지 않았고, 2는 새로운 일이 아니며, 3은 큰 수조를 놓을 공간이 없다고 했으므로 오답이다.

어휘 **レポーター** 명 리포터 **カフェ** 명 카페 **オーナー** 명 오너, 주인 **インタビュー** 명 인터뷰 **新ただ** あらただ な형 새롭다 **本日** ほんじつ 명 오늘 **金魚** きんぎょ 명 금붕어 **名** な 명 이름 **早速だ** さっそくだ な형 바로 본론이다 **遠方** えんぽう 명 먼 곳 **お客様** おきゃくさま 손님 **わざわざ** 부 일부러 **大人気だ** だいにんきだ な형 대인기이다 **市内** しない 명 시내 **当店** とうてん 명 이 가게 **めったに** 부 좀처럼 **目当て** めあて 명 목적 **他店** たてん 명 다른 가게 **水槽** すいそう 명 수조 **スペース** 명 공간 **あちこち** 명 여기저기 **姿** すがた 명 모습 **工夫** くふう 명 궁리 **産地** さんち 명 산지 **こだわる** 동 신경 쓰다 **厳選** げんせん 명 엄선 **豆** まめ 명 콩 **今後** こんご 명 앞으로 **提供** ていきょう 명 제공 **ますます** 부 점점 **展示** てんじ 명 전시 **メニュー** 명 메뉴 **追加** ついか 명 추가

2 중상

[음성]

ラジオで女のアナウンサーが社長と話しています。社長は会社が再び発展したきっかけは何だと言っていますか。

F：お父様が始められた洋菓子店で、20年前にパンの製造を始められたんですね。

M：ええ、当時この辺りは今のようにコンビニも無かったですし、本格的なパンが食べられると評判になりましたね。開店当初から経営が順調で、それで、すべ

[음성]

라디오에서 여자 아나운서가 사장과 이야기하고 있습니다. 사장은 회사가 재차 발전한 계기는 무엇이라고 말하고 있습니까?

F : 아버님이 시작하신 양과자점에서, 20년 전에 빵 제조를 시작하셨군요.

M : 네, 당시 이 부근은 지금처럼 편의점도 없었고, 본격적인 빵을 먹을 수 있다고 유명해졌죠. 개점 당초부터 경영이 순조로워서, 그래서, 전부 스스로의 힘으로 잘 할수 있었다고 착각하

て自分の力でできたのだと勘違いし、調子に乗ってしまいました。会社の経費で購入した高級車で通勤もしたりして。しかしその後は、コンビニやパン屋が近くにでき、経営が苦しくなって、多くの社員を解雇せざるを得なくなりました。

F：そうだったんですか。

M：人が減ったため、残った社員一人一人の負担が大きくなりました。ひどい社長でした。できない社員をみんなの前で怒ることはしょっちゅう。社員もほとんど去った上に、借金も抱え、どん底でした。それでやっと心を入れ替えなければと気付いたんです。それからは残った社員に感謝し、必死で業務に取り組みました。その後、このチョコレートパンがヒットして、ようやく元の経営状態に戻ったんです。

F：ご苦労されたんですね。

M：今は地元の農家の方とも連携して、野菜のサンドイッチを作ったり、福祉施設の方と一緒にパンを作ったりもしています。この地域の方とも一緒に働くことができて、大変うれしく思っています。

社長は会社が再び発展したきっかけは何だと言っていますか。

[문제지]

1 近くにパンを買える店がなかったこと
2 本格的なパンを製造し始めたこと
3 社員たちに感謝しながら働いたこと
4 地元の農家の野菜を使ったこと

고, 우쭐해져 버렸습니다. 회사 경비로 구입한 고급차로 통근도 하거나 하고. 하지만 그 후는, 편의점이나 빵 가게가 근처에 생겨, 경영이 힘들어졌고, 많은 사원을 해고하지 않을 수 없게 되었습니다.

F：그랬습니까?

M：사람이 줄었기 때문에, 남은 사원 한 명 한 명의 부담이 커졌습니다. 지독한 사장이었습니다. 잘하지 못하는 사원을 모두의 앞에서 꾸짖는 것은 노상. 사원도 대부분 떠난데다가, 빚도 지고, 밑바닥이었습니다. 그래서 겨우 마음을 고쳐먹지 않으면 하고 깨달은 것입니다. 그 뒤로는 남은 사원에게 감사하며, 필사적으로 업무에 몰두했습니다. 그 후, 이 초콜릿 빵이 히트해서, 간신히 원래의 경영 상태로 돌아온 것입니다.

F：고생하셨군요.

M：지금은 이 고장의 농가 분과도 연계해서, 야채 샌드위치를 만들거나, 복지 시설 분과 함께 빵을 만들기도 하고 있습니다. 이 지역 분과도 함께 일할 수 있어서, 대단히 기쁘게 생각하고 있습니다.

사장은 회사가 재차 발전한 계기는 무엇이라고 말하고 있습니까?

[문제지]

1 근처에 빵을 살 수 있는 가게가 없었던 것
2 본격적인 빵을 제조하기 시작한 것
3 사원들에게 감사하며 일한 것
4 이 고장 농가의 야채를 사용한 것

해설 회사가 다시 발전한 계기를 묻는 문제이다. 대화에서, 사장 즉, 남자가 やっと心を入れ替えなければと気づいたんです。それからは残った社員に感謝し、必死で業務に取り組みました라고 했으므로, 3 社員たちに感謝しながら働いたこと가 정답이다. 선택지 1은 개점 당초의 가게 경영이 순조로웠던 이유이고, 2는 20년 전에 남자가 시작한 일이고, 4는 경영 상태가 좋아진 후 시작한 일이므로 오답이다.

어휘 再び ふたたび 부 재차　発展 はってん 명 발전　きっかけ 명 계기　洋菓子店 ようがしてん 명 양과자점　製造 せいぞう 명 제조　当時 とうじ 명 당시　辺り あたり 명 부근　コンビニ 명 편의점　本格的だ ほんかくてきだ な형 본격적이다　評判になる ひょうばんになる 유명해지다　開店 かいてん 명 개점　当初 とうしょ 명 당초　経営 けいえい 명 경영　順調だ じゅんちょうだ な형 순조롭다　勘違い かんちがい 명 착각　調子に乗る ちょうしにのる 우쭐해지다　経費 けいひ 명 경비　購入 こうにゅう 명 구입　高級車 こうきゅうしゃ 명 고급차　通勤 つうきん 명 통근　パン屋 パンや 명 빵 가게　苦しい くるしい い형 힘들다　社員 しゃいん 명 사원　解雇 かいこ 명 해고　減る へる 동 줄다　負担 ふたん 명 부담　しょっちゅう 부 노상　去る さる 동 떠나다　借金 しゃっきん 명 빚　抱える かかえる 동 떠안다　どん底 どんぞこ 명 밑바닥　心を入れ替える こころをいれかえる 마음을 고쳐먹다　気付く きづく 동 깨닫다　感謝 かんしゃ 명 감사　必死だ ひっしだ な형 필사적이다　業務 ぎょうむ 명 업무　取り組む とりくむ 동 몰두하다　チョコレート 명 초콜릿　ヒット 명 히트　ようやく 부 간신히　元 もと 명 원래　状態 じょうたい 명 상태　苦労 くろう 명 고생　地元 じもと 명 (자신이 살고 있는) 이 고장　農家 のうか 명 농가　連携 れんけい 명 연계　福祉 ふくし 명 복지　施設 しせつ 명 시설　地域 ちいき 명 지역　考え方 かんがえかた 명 사고방식

3 상

[음성]

テレビでアナウンサーと専門家が話しています。専門家はこの地域が再開発に成功したのはどうしてだと言って

[음성]

텔레비전에서 아나운서와 전문가가 이야기하고 있습니다. 전문가는 이 지역이 재개발에 성공한 것은 어째서라고 말하고 있습니까?

いますか。

F：早速ですが、この地域は再開発後外から転入してくる人が増え、特に若い世代の移住が多いことで注目されています。先生、要因は何なのでしょうか。

M：そうですね。この地域はもともと交通の便はそれほど悪くなく、主要駅へのアクセスもしやすいという利点がありました。一方、他の地域と比べて住宅環境が良くないという面もあったんです。

F：なるほど。新しい住宅を建てることで、環境を改善させたのでしょうか。

M：それもありますが、私が効果的だったと考えているのは、既存の空き家を活用した点です。先程も申し上げたとおり、この地域はもともと交通の便が良い所でしたから、住宅数は少なくはなかったんですが、どれも現代では使いにくい間取りが多かったんです。そこで、市から資金援助で、それらを現代のライフスタイルに合うものに一新したんです。

F：そうだったんですね。

M：現在も市が積極的に企業を誘致して雇用を増やしたり、若い世代向けの商業施設を新たに設けたりしていますから、更なる発展が期待できると思います。

専門家はこの地域が再開発に成功したのはどうしてだと言っていますか。

[문제지]

1 地域の環境が良くなったから
2 住宅の改装を行ったから
3 交通が便利になったから
4 店が増えて町が発展したから

F : 바로 본론입니다만, 이 지역은 재개발 후 밖에서 전입해 오는 사람이 늘고, 특히 젊은 세대의 이주가 많은 것으로 주목받고 있습니다. 선생님, 요인은 무엇일까요?

M : 글쎄요. 이 지역은 원래 교통편은 그다지 나쁘지 않고, 주요 역으로의 접근도 하기 쉽다는 이점이 있었습니다. 한편, 다른 지역과 비교해서 주택 환경이 좋지 않다는 면도 있었습니다.

F : 과연 그렇군요. 새로운 주택을 세우는 것으로, 환경을 개선시킨 것일까요?

M : 그것도 있습니다만, 제가 효과적이었다고 생각하고 있는 것은, 기존의 빈 집을 활용한 점입니다. 조금 전에도 말씀드린 대로, 이 지역은 원래 교통편이 좋은 곳이었기 때문에, 주택 수는 적지는 않았습니다만, 어느 것도 현대에는 사용하기 어려운 방 배치가 많았습니다. 그래서, 시로부터의 자금 원조로, 그것들을 현대의 라이프 스타일에 맞는 것으로 일신한 것입니다.

F : 그랬던 것이군요.

M : 현재도 시가 적극적으로 기업을 유치해서 고용을 늘리거나, 젊은 세대를 위한 상업 시설을 새롭게 마련하거나 하고 있기 때문에, 한층 더 발전을 기대할 수 있다고 생각합니다.

전문가는 이 지역이 재개발에 성공한 것은 어째서라고 말하고 있습니까?

[문제지]

1 지역의 환경이 좋아졌기 때문에
2 주택의 리모델링을 했기 때문에
3 교통이 편리해졌기 때문에
4 가게가 늘어서 마을이 발전했기 때문에

해설 이 지역이 재개발에 성공한 이유를 묻는 문제이다. 대화에서, 전문가 즉, 남자가 私が効果的だったと考えているのは、既存の空き家を活用した点です라고 하고, それらを現代のライフスタイルに合うものに一新したんです라고 했으므로, 2 住宅の改装を行ったから가 정답이다. 선택지 1은 언급되지 않았고, 3은 원래 편리했다고 했고, 4는 현재 상업 시설을 새롭게 마련하는 중이라고 했으므로 오답이다.

어휘 専門家 せんもんか 명 전문가　地域 ちいき 명 지역　再開発 さいかいはつ 명 재개발　成功 せいこう 명 성공　早速だ さっそくだ な형 바로 본론이다　転入 てんにゅう 명 전입　世代 せだい 명 세대　移住 いじゅう 명 이주　注目 ちゅうもく 명 주목　要因 よういん 명 요인　もともと 부 원래　便 べん 명 편　それほど 그다지　主要 しゅよう 명 주요　アクセス 명 접근　利点 りてん 명 이점　一方 いっぽう 접 한편　住宅 じゅうたく 명 주택　環境 かんきょう 명 환경　面 めん 명 면　改善 かいぜん 명 개선　効果的だ こうかてきだ な형 효과적이다　既存 きそん 명 기존　空き家 あきや 명 빈 집　活用 かつよう 명 활용　先程 さきほど 명 조금 전　申し上げる もうしあげる 동 말씀드리다 (言う의 겸양어)　現代 げんだい 명 현대　間取り まどり 명 방 배치　資金 しきん 명 자금　援助 えんじょ 명 원조　ライフスタイル 명 라이프 스타일　一新 いっしん 명 일신　現在 げんざい 명 현재　積極的だ せっきょくてきだ な형 적극적이다　企業 きぎょう 명 기업　誘致 ゆうち 명 유치　雇用 こよう 명 고용　増やす ふやす 동 늘리다　商業 しょうぎょう 명 상업　施設 しせつ 명 시설　新ただ あらただ な형 새롭다　設ける もうける 동 마련하다　更なる さらなる 부 한층 더　発展 はってん 명 발전　期待 きたい 명 기대　改装 かいそう 명 리모델링, 개장

4 상

[음성]	[음성]
料理教室で講師が話しています。受講者は今回、新たに何を学びますか。	요리 교실에서 강사가 이야기하고 있습니다. 수강자는 이번에, 새롭게 무엇을 배웁니까?
M：前回は料理の基礎の基礎となる包丁の持ち方、切り方をお教えしました。包丁を真下におろすより、前にすべらせて切るのがポイントだとお伝えしましたが、ご自宅で練習をされましたか。今回みなさんには様々な方法で野菜を切ってもらいます。野菜には細切り、乱切り、薄切りといった切り方があるのですが、今日は前回のポイントを思い出しながら、10パターンほど練習していきます。切った野菜は各自お持ち帰りいただけますので、サラダや鍋料理などにお使いくださいね。次回からはいよいよだしの取り方で、数種類のだしを取り、みそ汁を作っていただきます。それでは、早速始めましょう。	M : 저번은 요리의 기초 중의 기초가 되는 식칼 잡는 법, 써는 법을 가르쳐드렸습니다. 식칼을 바로 아래로 내리는 것보다, 앞으로 미끄러지게 해서 자르는 것이 포인트라고 전해드렸습니다만, 자택에서 연습을 하셨나요? 이번에 여러분이 다양한 방법으로 야채를 잘라 주시겠습니다. 야채에는 잘게 썰기, 마구 썰기, 얇게 썰기와 같은 써는 법이 있습니다만, 오늘은 전번의 포인트를 떠올리면서, 10패턴 정도 연습해 가겠습니다. 자른 야채는 각자 가지고 돌아가실 수 있기 때문에, 샐러드나 냄비 요리 등에 사용해 주세요. 다음번부터는 드디어 육수 만드는 법으로, 몇 종류의 육수를 만들어, 된장국을 만들어 주시겠습니다. 그러면, 바로 시작합시다.
受講者は今回、新たに何を学びますか。	수강자는 이번에, 새롭게 무엇을 배웁니까?
[문제지]	[문제지]
1 包丁をすべらせて切る方法	1 식칼을 미끄러지게 해서 자르는 방법
2 野菜のさまざまな切り方	**2 야채의 다양한 써는 방법**
3 野菜を使った簡単な料理	3 야채를 사용한 간단한 요리
4 だしの取り方とみそ汁の作り方	4 육수 만드는 방법과 된장국 만드는 법

해설 수강자가 새롭게 무엇을 배우는지를 묻는 문제이다. 강사 즉, 남자가 今回みなさんには様々な方法で野菜を切ってもらいます。野菜には細切り、乱切り、薄切りといった切り方があるのです라고 했으므로, 2 野菜のさまざまな切り方가 정답이다. 선택지 1은 저번 수업에서 배운 내용이고, 3은 수업 내용이 아니며, 4는 다음 수업에 배울 내용이므로 오답이다.

어휘 講師 こうし 명 강사 受講者 じゅこうしゃ 명 수강자 今回 こんかい 명 이번 新ただ あらただ な형 새롭다 学ぶ まなぶ 동 배우다 前回 ぜんかい 명 저번 基礎 きそ 명 기초 包丁 ほうちょう 명 식칼 持ち方 もちかた 명 잡는 법 切り方 きりかた 명 써는 법 真下 ました 명 바로 아래 おろす 동 내리다 ポイント 명 포인트 自宅 じたく 명 자택 様々だ さまざまだ な형 다양하다 方法 ほうほう 명 방법 細切り ほそぎり 명 잘게 썰기 乱切り らんぎり 명 마구 썰기 薄切り うすぎり 명 얇게 썰기 パターン 명 패턴 各自 かくじ 명 각자 持ち帰り もちかえり 명 가지고 돌아감 サラダ 명 샐러드 鍋料理 なべりょうり 명 냄비 요리 次回 じかい 명 다음번 いよいよ 부 드디어 だし 명 육수 取り方 とりかた 명 만드는 법 みそ汁 みそしる 명 된장국 早速 さっそく 부 바로

5 중상

[음성]	[음성]
カフェで女の人と男の人が話しています。男の人はウォーキングを続ける上で大切なことは何だと言っていますか。	카페에서 여자와 남자가 이야기하고 있습니다. 남자는 워킹을 계속하는 데 있어서 중요한 것은 무엇이라고 말하고 있습니까?
F：ウォーキング、もう3年ぐらい続けてるんじゃない？	F : 워킹, 벌써 3년 정도 계속하고 있지 않아?
M：そうなんだよ。三日坊主ですぐにやめるかもなって思ってたから、自分でも驚いているんだよ。	M : 맞아. 작심삼일로 바로 그만둘지도 모른다고 생각하고 있었기 때문에, 스스로도 놀라고 있어.
F：長く続けられる秘訣でもあるの？	F : 오래 계속할 수 있는 비결이라도 있어?
M：頑張ったご褒美にコンビニで飲み物を買うとか、ああ、あそこの花が咲きそうだな、明日は咲くかなって	M : 열심히 한 포상으로 편의점에서 음료를 산다든가, 아, 저기 꽃이 필 것 같네, 내일은 피려나 하고 생각하면서 걷고 있기 때문

考えながら歩いてるから続いたんだと思うよ。楽しみを見つけて歩くのがポイントだね。

F：そうなんだ。でも、それだと歩くペースが一定に保てないんじゃない？

M：それはこだわらないよ。そんなに本格的にやっていないからね。それより、わくわくしないと何でも続けられないし。そうすると、同じルートを歩くにしても楽しくなるよ。

F：そうなんだ。じゃあ、友達と行ったほうが面白いかもね。

M：うん。でも、ウォーキングって僕の周りの人、やりたがらないんだよね。誘ってみたんだけど。

F：そうなんだ。私、誘ってもらってないけど。

M：あ、そうだったっけ。ごめん、ごめん。じゃあ、明日から歩いてみる？ よかったら明日、8時に神社の前に来て。水とタオルを持って。

男の人はウォーキングを続ける上で大切なことは何だと言っていますか。

[문제지]

1 楽しめる目的を持つこと
2 同じペースで歩くこと
3 歩く道を変更しないこと
4 友達と一緒にすること

에 계속되었다고 생각해. 즐거움을 발견해서 걷는 것이 포인트이지.

F : 그렇구나. 하지만, 그렇게 하면 걷는 페이스를 일정하게 유지할 수 없는 거 아니야?

M : 그건 집착하지 않아. 그렇게 본격적으로 하고 있지 않으니까 말이야. 그보다, 두근두근하지 않으면 뭐든 계속할 수 없고. 그렇게 하면, 같은 루트를 걷는다고 해도 즐거워져.

F : 그렇구나. 그럼, 친구와 가는 편이 재밌을지도 모르겠네.

M : 응. 하지만, 워킹은 내 주변 사람, 하고 싶어 하지 않아. 권유해 봤지만.

F : 그렇구나. 나, 권유받지 않았는데.

M : 아, 그랬던가? 미안, 미안. 그럼, 내일부터 걸어볼래? 괜찮다면 내일, 8시에 신사 앞으로 와. 물과 타월을 가지고.

남자는 워킹을 계속하는 데 있어서 중요한 것은 무엇이라고 말하고 있습니까?

[문제지]

1 즐길 수 있는 목적을 가지는 것
2 같은 페이스로 걷는 것
3 걷는 길을 변경하지 않는 것
4 친구와 함께 하는 것

해설 워킹을 계속하는 데 있어서 중요한 것을 묻는 문제이다. 대화에서, 남자가 **頑張ったご褒美にコンビニで飲み物を買うとか、ああ、あそこの花が咲きそうだな、明日は咲くかなって考えながら歩いてるから続いたんだと思うよ。楽しみを見つけて歩くのがポイントだね**라고 했으므로, 1 **楽しめる目的を持つこと**가 정답이다. 선택지 2는 집착하지 않는다고 했고, 3은 언급되지 않았으며, 4는 친구와 함께한 적이 없으므로 오답이다.

어휘 **カフェ** 명 카페　**ウォーキング** 명 워킹　**三日坊主** みっかぼうず 명 작심삼일　**秘訣** ひけつ 명 비결　**ご褒美** ごほうび 포상　**コンビニ** 명 편의점　**続く** つづく 동 계속되다　**ポイント** 명 포인트　**ペース** 명 페이스, 속도　**一定だ** いっていだ な형 일정하다　**保つ** たもつ 동 유지하다　**こだわる** 동 집착하다　**本格的だ** ほんかくてきだ な형 본격적이다　**わくわく** 부 두근두근　**ルート** 명 루트, 경로　**誘う** さそう 동 권유하다　**タオル** 명 타월　**目的** もくてき 명 목적　**変更** へんこう 명 변경

꼭! 알아두기　포인트 이해에서 ポイント(포인트), 重要(중요)와 같은 강조 표현이 나오면 주변에 언급된 선택지가 정답일 가능성이 높다.

6 중상

[음성]

テレビで女の人が話しています。女の人は着物のどんなところが一番魅力的だと言っていますか。

F：みなさんご存じのとおり、私は毎日着物で生活をしています。よく不思議がられるんですが、自国の伝統を大事にしたいというような立派な思いからではなく、好きだから着ているだけなんですけどね。それに、着物は動きにくいと思われがちですが、帯が

[음성]

텔레비전에서 여자가 이야기하고 있습니다. 여자는 기모노의 어떤 점이 가장 매력적이라고 말하고 있습니까?

F : 여러분 아시다시피, 저는 매일 기모노로 생활을 하고 있습니다. 자주 이상하게 여기십니다만, 자국의 전통을 소중하게 하고 싶다는 훌륭한 생각에서가 아니라, 좋아하기 때문에 입고 있을 뿐이지만 말이에요. 게다가, 기모노는 움직이기 어렵다고 생각되기 쉽습니다만, 허리띠가 있어서 등이 둥글게 되지

あって背中が丸くならないこと以外は洋服と大差ないんです。おかげで姿勢が良くなり、気持ちがしゃきっとして悪くないですよ。そしてなにより、昔のものを着ても古っぽく見えないという点が気に入っています。今着ているこれも、実は亡くなった祖母のたんすに眠っていたものなんです。

않는 것 이외에는 양복과 큰 차이는 없습니다. 덕분에 자세가 좋아지고, 마음이 가다듬어져서 나쁘지 않아요. 그리고 무엇보다, 옛날 것을 입어도 낡아 보이지 않는다는 점이 마음에 듭니다. 지금 입고 있는 이것도, 실은 돌아가신 할머니의 장롱에 잠들어 있던 것입니다.

女の人は着物のどんなところが一番魅力的だと言っていますか。

여자는 기모노의 어떤 점이 가장 매력적이라고 말하고 있습니까?

[문제지]

1 日本の伝統を伝えられるところ
2 着ると姿勢が正しくなるところ
3 着ると気持ちが引き締まるところ
4 昔の物でも古く見えないところ

[문제지]

1 일본의 전통을 전할 수 있는 점
2 입으면 자세가 바르게 되는 점
3 입으면 마음이 긴장되는 점
4 옛날 것이라도 낡아 보이지 않는 점

해설 기모노의 어떤 점이 가장 매력적인지를 묻는 문제이다. 여자가 そしてなにより、昔のものを着ても古っぽく見えないという点が気に入っていますよ라고 했으므로, 4 昔の物でも古く見えないところ가 정답이다. 선택지 1은 전통을 위해서가 아니라 좋아하기 때문에 입고 있을 뿐이라고 했고, 2, 3은 가장 매력적이라고 언급한 점이 아니므로 오답이다.

어휘 魅力的だ みりょくてきだ ナ형 매력적이다　不思議がる ふしぎがる 이상하게 여기다　自国 じこく 명 자국　伝統 でんとう 명 전통　帯 おび 명 허리띠
大差 たいさ 명 큰 차이　姿勢 しせい 명 자세　気持ちがしゃきっとする きもちがしゃきっとする 마음이 가다듬어지다　古っぽい ふるっぽい 낡다
気に入る きにいる 마음에 들다　実は じつは 부 실은　たんす 명 장롱　引き締まる ひきしまる 동 긴장되다

☞ 문제 3은 문제지에 아무것도 인쇄되어 있지 않습니다. 따라서, 예제를 들려줄 때, 그 내용을 들으면서 p.20 개요 이해의 문제 풀이 전략을 떠올려 봅니다. 음성에서 では、始めます(그러면, 시작합니다)가 들리면, 곧바로 문제 풀 준비를 합니다.

문제 3의 디렉션과 예제

[음성]

問題３では、問題用紙に何も印刷されていません。この問題は、全体としてどんな内容かを聞く問題です。話の前に質問はありません。まず話を聞いてください。それから、質問とせんたくしを聞いて、１から４の中から、最もよいものを一つ選んでください。では、練習しましょう。

女の人が男の人に有名レストランについて聞いています。

F：半年前に予約してやっと行けたんでしょう？ 半年待った甲斐があった？

M：うん、やっぱり**高級店だけあってお店の雰囲気やサービスはさすがだったよ**。客の年齢層も高くて、子供連れがいないから、静かに食事したい人にはおすすめだよ。ただ、**値段の割に味は今一つかな**。これは好みの問題かもしれないけど、**僕は味の濃いものより素材の味が楽しめるものが好きなんだ**。濃い味付けが苦手という人には向かないと思う。

男の人は高級レストランについてどう思っていますか。

[음성]

문제 3에서는, 문제 용지에 아무것도 인쇄되어 있지 않습니다. 이 문제는, 전체적으로 어떤 내용인지를 묻는 문제입니다. 이야기 전에 질문은 없습니다. 우선 이야기를 들어주세요. 그리고 나서, 질문과 선택지를 듣고, 1에서 4 중에, 가장 알맞은 것을 하나 골라주세요. 그러면, 연습합시다.

여자가 남자에게 유명 레스토랑에 대해 묻고 있습니다.

F : 반년 전에 예약해서 겨우 갈 수 있었지? 반년 기다린 보람이 있었어?

M : 응, 역시 **고급 가게인 만큼의 가치가 있어서 가게의 분위기나 서비스는 역시였어**. 손님의 연령층도 높아서, 아이 동반이 없으니까, 조용히 식사하고 싶은 사람에게는 추천이야. 하지만, **가격에 비해 맛은 조금 부족했을까**. 이것은 취향 문제일지도 모르지만, **나는 맛이 진한 것보다 소재의 맛을 즐길 수 있는 것이 좋아**. 진한 맛이 거북하다는 사람에게는 맞지 않다고 생각해.

남자는 고급 레스토랑에 대해 어떻게 생각하고 있습니까?

1 雰囲気やサービスは良いが、料理は口に合わない
2 雰囲気やサービスも良いし、料理もおいしい
3 雰囲気やサービスは良くないが、料理はおいしい
4 雰囲気やサービスも良くないし、料理も口に合わない

最もよいものは１番です。解答用紙の問題３の例のところを見てください。最もよいものは１番ですから、答えはこのように書きます。では、始めます。

1 분위기나 서비스는 좋지만, 요리는 입에 맞지 않는다
2 분위기나 서비스도 좋고, 요리도 맛있다
3 분위기나 서비스는 좋지 않지만, 요리는 맛있다
4 분위기나 서비스도 좋지 않고, 요리도 입에 맞지 않는다

가장 알맞은 것은 1번입니다. 답안 용지의 문제 3의 예시 부분을 봐주세요. 가장 알맞은 것은 1번이므로, 정답은 이렇게 표시합니다. 그러면, 시작합니다.

1 중상

[음성]
大学の授業で先生が話しています。

F：最近は、会社に所属しながら出社することなく、家でできる仕事が増えています。政府はこの流れを利用して地方に住む人を増やし、大都市の人口集中問題を解決したいと考えています。確かに、地方に住めば、家賃や食費など生活にかかる費用を抑えられるというメリットがあります。しかし、現時点では完全に出社する必要がないとしている企業は少なく、最低でも週に1回など定期的に出社を求めている場合がほとんどです。また、家で会社と同じように仕事ができる環境を整えることが費用面で難しい場合もあり、結果的に地方への移住を諦める人が少なくありません。

先生は、何について話していますか。
1 都市に人口が増加している原因
2 政府による人口集中問題の解決方法
3 都市部の生活と地方の生活の比較
4 地方移住が進まない理由

[음성]
대학 수업에서 선생님이 이야기하고 있습니다.

F：최근에는, 회사에 소속되어 있으면서 출근하지 않고, 집에서 할 수 있는 일이 늘고 있습니다. 정부는 이 흐름을 이용해서 지방에 사는 사람을 늘리고, 대도시의 인구 집중 문제를 해결하고 싶다고 생각하고 있습니다. 확실히, 지방에 살면, 집세나 식비 등 생활에 드는 비용을 억제할 수 있다는 메리트가 있습니다. 하지만, 현시점에서는 완전히 출근할 필요가 없다는 기업은 적고, 최소한 주 1회 등 정기적으로 출근을 요구하고 있는 경우가 대부분입니다. 또, 집에서 회사와 똑같이 일할 수 있는 환경을 갖추는 것이 비용 면에서 어려운 경우도 있어, 결과적으로 지방으로의 이주를 포기하는 사람이 적지 않습니다.

선생님은, 무엇에 대해서 이야기하고 있습니까?
1 도시에 인구가 증가하고 있는 원인
2 정부에 의한 인구 집중 문제의 해결 방법
3 도심부의 생활과 지방의 생활 비교
4 지방 이주가 진척되지 않는 이유

해설 선생님이 대학 수업에서 어떤 이야기를 하는지 전체적인 흐름을 파악하며 주의 깊게 듣는다. 선생님이 'しかし、現時点では完全に出社する必要がないとしている企業は少なく、最低でも週に1回など定期的に出社を求めている場合がほとんどです', '費用面で難しい場合もあり結果的に地方への移住を諦める人が少なくありません'이라고 했다. 질문에서 선생님이 무엇에 대해 이야기하고 있는지 묻고 있으므로, 4 地方移住が進まない理由가 정답이다.

어휘 **所属** しょぞく 명 소속 **出社** しゅっしゃ 명 출근 **政府** せいふ 명 정부 **流れ** ながれ 명 흐름 **地方** ちほう 명 지방 **増やす** ふやす 동 늘리다 **大都市** だいとし 명 대도시 **集中** しゅうちゅう 명 집중 **解決** かいけつ 명 해결 **家賃** やちん 명 집세 **食費** しょくひ 명 식비 **費用** ひよう 명 비용 **抑える** おさえる 동 억제하다 **メリット** 명 메리트 **現時点** げんじてん 명 현시점 **完全だ** かんぜんだ な형 완전하다 **企業** きぎょう 명 기업 **最低** さいてい 명 최소, 최저 **週** しゅう 명 주 **定期的だ** ていきてきだ な형 정기적이다 **求める** もとめる 동 요구하다 **環境** かんきょう 명 환경 **整える** ととのえる 동 갖추다 **費用面** ひようめん 명 비용 면 **結果的だ** けっかてきだ な형 결과적이다 **移住** いじゅう 명 이주 **諦める** あきらめる 동 포기하다 **都市** とし 명 도시 **増加** ぞうか 명 증가 **方法** ほうほう 명 방법 **都市部** としぶ 명 도심부 **比較** ひかく 명 비교

꼭! 알아두기 しかし(하지만), でも(그러나)와 같은 역접 표현 뒤에 언급되는 내용이 화자가 말하고자 하는 핵심 포인트이므로 유의해서 듣는다.

2 중상

[음성]

テレビで男の人が話しています。

M：地球温暖化の原因として広く知られているのは、大気汚染による二酸化炭素の増加ではないでしょうか。しかし、人間の活動によって引き起こされたものではないと唱える学者もいます。例えば太陽が放出するエネルギー量の変化に原因があるとする立場です。地球は太陽からの熱エネルギーによって温められるので、太陽が放出するエネルギー量が増えると自動的に地球の温度も上昇するという考えです。また、温暖化は、地球が本来持つ気候変動のサイクルにより、自然と起こるものだという説もあります。地球は数万年単位で寒冷期と温暖期を繰り返しており、気温の変化は必然的に訪れるというのです。このように、二酸化炭素の増加を原因とする考えはあくまで一つの説にすぎないのです。

男の人は、何について話していますか。

1 地球温暖化による環境問題
2 地球と太陽エネルギーの関係
3 気候変動による気温の変化
4 地球温暖化を引き起こす原因

[음성]

텔레비전에서 남자가 이야기하고 있습니다.

M：지구 온난화의 원인으로서 널리 알려져 있는 것은, 대기 오염에 의한 이산화 탄소의 증가가 아닐까요? 하지만, 인간의 활동에 의해 야기된 것이 아니라고 주장하는 학자도 있습니다. 예를 들면 태양이 방출하는 에너지양의 변화에 원인이 있다고 하는 입장입니다. 지구는 태양에서의 열에너지에 의해 데워지기 때문에, 태양이 방출하는 에너지양이 늘면 자동적으로 지구의 온도도 상승한다는 생각입니다. 또, 온난화는, 지구가 본래 지니는 기후 변동의 사이클에 의해, 자연스럽게 일어나는 것이라는 설도 있습니다. 지구는 수만 년 단위로 한랭기와 온난기를 반복하고 있어, 기온의 변화는 필연적으로 찾아온다는 것입니다. 이와 같이, 이산화 탄소의 증가를 원인으로 하는 생각은 어디까지나 하나의 설에 지나지 않는 것입니다.

남자는, 무엇에 대해서 이야기하고 있습니까?

1 지구 온난화에 의한 환경 문제
2 지구와 태양 에너지의 관계
3 기후 변동에 의한 기온의 변화
4 지구 온난화를 야기하는 원인

해설 남자가 텔레비전에서 어떤 이야기를 하는지 전체적인 흐름을 파악하며 주의 깊게 듣는다. 남자가 '地球温暖化の原因として広く知られているのは、大気汚染による二酸化炭素の増加ではないでしょうか', '人間の活動によって引き起こされたものではないと唱える学者もいます', '太陽が放出するエネルギー量の変化に原因があるとする立場です', '地球が本来持つ気候変動のサイクルにより、自然と起こるものだという説もあります'라고 했다. 질문에서 남자가 무엇에 대해 이야기하고 있는지 묻고 있으므로, 4 地球温暖化を引き起こす原因이 정답이다.

어휘 地球 ちきゅう 명 지구　温暖化 おんだんか 명 온난화　大気 たいき 명 대기　汚染 おせん 명 오염　二酸化炭素 にさんかたんそ 명 이산화 탄소
増加 ぞうか 명 증가　人間 にんげん 명 인간　活動 かつどう 명 활동　引き起こす ひきおこす 동 야기하다　唱える となえる 동 주장하다
学者 がくしゃ 명 학자　太陽 たいよう 명 태양　放出 ほうしゅつ 명 방출　エネルギー量 エネルギーりょう 명 에너지양　変化 へんか 명 변화
熱エネルギー ねつエネルギー 명 열에너지　温める あたためる 동 데우다　自動的だ じどうてきだ な형 자동적이다　温度 おんど 명 온도
上昇 じょうしょう 명 상승　本来 ほんらい 명 본래　気候 きこう 명 기후　変動 へんどう 명 변동　サイクル 명 사이클　自然と しぜんと 자연스럽게
起こる おこる 동 일어나다　説 せつ 명 설　数万年 すうまんねん 수만 년　単位 たんい 명 단위　寒冷期 かんれいき 명 한랭기
温暖期 おんだんき 명 온난기　繰り返す くりかえす 동 반복하다　気温 きおん 명 기온　必然的だ ひつぜんてきだ な형 필연적이다
訪れる おとずれる 동 찾아오다　あくまで 부 어디까지나　環境 かんきょう 명 환경　エネルギー 명 에너지

3 상

[음성]

テレビで水族館の人が話しています。

F：当館は、この度半年の休館を経て、来月からリニューアルオープンすることとなりました。館内の施設や通路、水槽の配置などに変化はございませんが、魚たちの飼育環境を大きく変化させております。特に、「世界の海」と題しまして、世界中の海に住む魚を

[음성]

텔레비전에서 수족관의 사람이 이야기하고 있습니다.

F：본관은, 이번에 반년의 휴관을 거쳐, 다음 달부터 리뉴얼 오픈하게 되었습니다. 관내 시설이나 통로, 수조의 배치 등에 변화는 없습니다만, 물고기들의 사육 환경을 크게 변화시키고 있습니다. 특히, '세계의 바다'라고 제목을 붙여서, 전 세계의 바다에 사는 물고기를 지역마다 나누어 전시하고, 수조 내의 레

地域ごとに分けて展示し、水槽内のレイアウトにこだわりました。各海域の環境に合わせた海藻を配置したり海底の地形を再現することで、それぞれの魚の生態を楽しんでいただけるようになっております。皆さまにご来館いただき、魚たちの多様な生態をご覧いただければと思います。

水族館の人は、何について話していますか。

1 地域によって異なる魚の生態
2 改装後の水槽内の工夫
3 魚の飼育に必要な環境
4 水族館を改装した目的

이아웃에 신경 썼습니다. 각 해역의 환경에 맞춘 해조를 배치하거나 해저의 지형을 재현하는 것으로, 각각의 물고기의 생태를 즐겨주실 수 있도록 되어 있습니다. 여러분이 내관해 주시고, 물고기들의 다양한 생태를 봐주셨으면 하고 생각합니다.

수족관의 사람은, 무엇에 대해서 이야기하고 있습니까?

1 지역에 따라 다른 물고기의 생태
2 개장 후의 수조 내의 궁리
3 물고기의 사육에 필요한 환경
4 수족관을 개장한 목적

해설 수족관의 사람이 텔레비전에서 수족관과 관련하여 어떤 이야기를 하는지 전체적인 흐름을 파악하며 주의 깊게 듣는다. 수족관의 사람이 '来月からリニューアルオープンすることとなりました', '魚たちの飼育環境を大きく変化させております', '水槽内のレイアウトにこだわりました', '海域の環境に合わせた海藻を配置したり海底の地形を再現する'라고 했다. 질문에서 수족관의 사람이 무엇에 대해서 이야기하고 있는지 묻고 있으므로, 2 改装後の水槽内の工夫가 정답이다.

어휘 水族館 すいぞくかん [명] 수족관　当館 とうかん [명] 본관　この度 このたび [명] 이번　半年 はんとし [명] 반년　休館 きゅうかん [명] 휴관
～を経て ～をへて ~을 거쳐　リニューアル [명] 리뉴얼　オープン [명] 오픈　館内 かんない [명] 관내　施設 しせつ [명] 시설　通路 つうろ [명] 통로
水槽 すいそう [명] 수조　配置 はいち [명] 배치　変化 へんか [명] 변화　飼育 しいく [명] 사육　環境 かんきょう [명] 환경　題する だいする [동] 제목을 붙이다
地域 ちいき [명] 지역　分ける わける [동] 나누다　展示 てんじ [명] 전시　レイアウト [명] 레이아웃, 배치　こだわる [동] 신경 쓰다　海域 かいいき [명] 해역
合わせる あわせる [동] 맞추다　海藻 かいそう [명] 해조　海底 かいてい [명] 해저　地形 ちけい [명] 지형　再現 さいげん [명] 재현　それぞれ [명] 각각
生態 せいたい [명] 생태　皆さま みなさま [명] 여러분　来館 らいかん [명] 내관　多様だ たようだ [な형] 다양하다　異なる ことなる [동] 다르다
改装 かいそう [명] 개장　工夫 くふう [명] 궁리　目的 もくてき [명] 목적

4 상

[음성]

会社で男の人と女の人が話しています。

M：高橋さん、昇格したってね。おめでとう。

F：ありがとうございます。でも自分に務まるかどうか不安で。

M：そうか。高橋さんは、理想の上司って言うとどんな人を想像する?

F：そうですね、人の上に立って組織を引っ張っていけるような人ですかね。

M：確かにそういう人を思い浮かべやすいんだけど、最近は共感型のリーダーシップを持った上司が注目されているんだよ。

F：共感型ですか…。

M：うん。部下の意見にもよく耳を傾けて、様々な立場の人の気持ちを考えられる人。そういう人がリーダーだと、結果的にチーム内でアイディアが生まれやすくなるんだ。

F：なるほど。一人一人の能力を引き出す環境を作ることが大事なんですね。

[음성]

회사에서 남자와 여자가 이야기하고 있습니다.

M : 다카하시 씨, 승격했다며. 축하해.

F : 감사합니다. 하지만 자신이 감당해 낼 수 있을지 어떨지 불안해서.

M : 그런가. 다카하시 씨는, 이상적인 상사라고 말하면 어떤 사람을 상상해?

F : 그렇네요, 사람 위에 서서 조직을 끌고 갈 수 있을 것 같은 사람일까요.

M : 확실히 그런 사람을 떠올리기 쉽지만, 최근에는 공감형 리더십을 가진 상사가 주목받고 있어.

F : 공감형인가요….

M : 응. 부하의 의견에도 잘 귀를 기울이고, 다양한 입장의 사람의 마음을 생각할 수 있는 사람. 그런 사람이 리더라면, 결과적으로 팀 내에서 아이디어가 생기기 쉬워져.

F : 과연 그렇군요. 개개인의 능력을 끌어내는 환경을 만드는 것이 중요한 거네요.

M : 그 말대로야. 그런 면에서는 다카하시 씨, 잘 할 거라고 생각해. 자신답게 힘내.

M：その通り。そういう面では高橋さん、上手くやれると思うよ。自分らしく頑張って。

F：ありがとうございます。

男の人は、何について話していますか。

1 自分が理想とする上司の特徴
2 リーダーシップと共感力の関係性
3 上司による部下の能力の引き出し方
4 今後求められる上司が持つべき能力

F : 감사합니다.

남자는, 무엇에 대해서 이야기하고 있습니까?

1 자신이 이상으로 하는 상사의 특징
2 리더십과 공감력의 관계성
3 상사에 의한 부하의 능력을 끌어내는 방법
4 앞으로 요구되는 상사가 지녀야 하는 능력

해설 남자와 여자가 회사에서 어떤 이야기를 하는지 전체적인 흐름을 파악하며 주의 깊게 듣는다. 남자가 '最近は共感型のリーダーシップを持った上司が注目されているんだよ', '部下の意見にもよく耳を傾けて、様々な立場の人の気持ちを考えられる人。そういう人がリーダーだと、結果的にチーム内でアイディアが生まれやすくなるんだ'라고 했다. 질문에서 남자가 무엇에 대해서 이야기하고 있는지 묻고 있으므로, 4 今後求められる上司が持つべき能力가 정답이다.

어휘 昇格 しょうかく 명 승격　務まる つとまる 동 감당해 내다, 잘 수행해 내다　不安だ ふあんだ な형 불안하다　理想 りそう 명 이상　上司 じょうし 명 상사　想像 そうぞう 명 상상　組織 そしき 명 조직　引っ張る ひっぱる 동 이끌다　思い浮かべる おもいうかべる 동 떠올리다　～やすい ~기 쉽다　共感型 きょうかんがた 명 공감형　リーダーシップ 명 리더십　注目 ちゅうもく 명 주목　部下 ぶか 명 부하　耳を傾ける みみをかたむける 귀를 기울이다　様々だ さまざまだ な형 다양하다　立場 たちば 명 입장　リーダー 명 리더　結果的だ けっかてきだ な형 결과적이다　チーム内 チームない 명 팀 내　アイディア 명 아이디어　一人一人 ひとりひとり 명 개개인　能力 のうりょく 명 능력　引き出す ひきだす 동 끌어내다　環境 かんきょう 명 환경　その通り そのとおり 그 말대로임, 그대로임　面 めん 명 면　特徴 とくちょう 명 특징　共感力 きょうかんりょく 명 공감력　関係性 かんけいせい 명 관계성　今後 こんご 명 앞으로　求める もとめる 동 요구하다

5 중상

[음성]

講演会で専門家が話しています。

M：山登りや森に行った時などに、地面に生えているきのこを見たことがある方がいらっしゃると思いますが、実は私達が生活している町の中でもきのこを見ることができるのをご存知でしょうか。例えば公園の木の下や、川沿いなどでも少し歩けば見つけることができます。ではもし、自分の家の庭にきのこが生えていたら、採って食べてもいいのでしょうか。専門家の立場から申し上げますと、これは絶対に控えていただきたい行動です。山であれ家の近くの公園であれ、私達が比較的簡単に目にすることができるきのこのほとんどには毒があります。専門家ですら毒がないものかどうかを判断するのは難しいのが現状なんです。一見、スーパーで売られているきのこと同じものに見えても、毒のある種類もあるということを覚えておいてください。

講演会のテーマは何ですか

1 野生のきのこに注意すべき理由
2 毒があるきのこの種類
3 きのこが生えている環境
4 食べられるきのこの見つけ方

[음성]

강연회에서 전문가가 이야기하고 있습니다.

M : 등산이나 숲에 갔을 때 등에, 지면에 자라 있는 버섯을 본 적이 있는 분이 계실 거라고 생각합니다만, 실은 우리들이 생활하고 있는 마을 안에서도 버섯을 볼 수 있는 것을 알고 계시나요? 예를 들면 공원의 나무 아래나, 강가 등에서도 조금 걸으면 발견할 수 있습니다. 그러면 만약, 자신의 집 정원에 버섯이 자라고 있다면, 따서 먹어도 괜찮을까요? 전문가의 입장에서 말씀드리면, 이것은 절대로 피해주셨으면 하는 행동입니다. 산이며 집 근처의 공원이며, 우리들이 비교적 간단하게 볼 수 있는 버섯의 대부분에는 독이 있습니다. 전문가조차 독이 없는 것일지 어떨지를 판단하는 것은 어려운 것이 현실입니다. 언뜻 보기에, 슈퍼에서 팔리고 있는 버섯과 같은 것으로 보여도, 독이 있는 종류도 있다는 것을 기억해두세요.

강연회의 테마는 무엇입니까?

1 야생의 버섯에 주의해야 하는 이유
2 독이 있는 버섯의 종류
3 버섯이 자라고 있는 환경
4 먹을 수 있는 버섯을 발견하는 방법

해설 전문가가 강연회에서 어떤 이야기를 하는지 전체적인 흐름을 파악하며 주의 깊게 듣는다. 전문가가 '山であれ家の近くの公園であれ、私達が比較的簡単に目にすることができるきのこのほとんどには毒があります。専門家ですら毒がないものかどうかを判断するのは難しいのが現状なんです', 'スーパーで売られているきのこと同じものに見えても、毒のある種類もあるということを覚えておいてください'라고 했다. 질문에서 강연회의 테마를 묻고 있으므로, 1 野生のきのこに注意すべき理由가 정답이다.

어휘 講演会 こうえんかい 명 강연회　専門家 せんもんか 명 전문가　山登り やまのぼり 명 등산　地面 じめん 명 지면　生える はえる 동 자라다　きのこ 명 버섯　実は じつは 부 실은　私達 わたしたち 명 우리들　川沿い かわぞい 명 강가　採る とる 동 따다, 채취하다　立場 たちば 명 입장　絶対に ぜったいに 절대로　控える ひかえる 동 피하다　比較的 ひかくてき 명 비교적　目にする めにする 보다　毒 どく 명 독　判断 はんだん 명 판단　現状 げんじょう 명 현실, 현상　一見 いっけん 명 언뜻 봄　種類 しゅるい 명 종류　テーマ 명 테마　野生 やせい 명 야생　環境 かんきょう 명 환경

☞ 문제 4는 문제지에 아무것도 인쇄되어 있지 않습니다. 따라서, 예제를 들려줄 때, 그 내용을 들으면서 p.21 즉시 응답의 문제 풀이 전략을 떠올려 봅니다. 음성에서 では、始めます(그러면, 시작합니다)가 들리면, 곧바로 문제 풀 준비를 합니다.

문제 4의 디렉션과 예제

[음성]

問題4では、問題用紙に何も印刷されていません。まず文を聞いてください。それから、それに対する返事を聞いて、1から3の中から、最もよいものを一つ選んでください。では、練習しましょう。

M：練習はしたものの、本番でうまくやれなかったらどうしよう。

F：1 なんで練習しなかったの?
　2 本番はうまくやってたね。
　3 そんなに心配することないよ。

最もよいものは3番です。解答用紙の問題4の例のところを見てください。最もよいものは3番ですから、答えはこのように書きます。では、始めます。

[음성]

문제 4에서는 문제 용지에 아무것도 인쇄되어 있지 않습니다. 우선 문장을 들어주세요. 그리고 나서, 그것에 대한 대답을 듣고, 1에서 3 중에, 가장 알맞은 것을 하나 골라주세요. 그러면, 연습합시다.

M : 연습은 했지만, 실전에서 잘 못하면 어쩌지.

F : 1 왜 연습하지 않은 거야?
　2 실전은 잘했네.
　3 그렇게 걱정할 것 없어.

가장 알맞은 것은 3번입니다. 답안 용지의 문제 4의 예시 부분을 봐주세요. 가장 알맞은 것은 3번이므로, 정답은 이렇게 표시합니다. 그러면, 시작합니다.

1 중

[음성]

M：あれ? 今日は何か、いつもと感じが違うんじゃない?

F：1 ええ、雰囲気が同じなんですよ。
　2 ええ、少し髪型を変えてみました。
　3 ええ、勘違いしたようです。

[음성]

M : 어라? 오늘은 뭔가, 여느 때와 느낌이 다르지 않아?

F : 1 네, 분위기가 똑같아요.
　2 네, 조금 머리 모양을 바꿔 보았습니다.
　3 네, 착각한 것 같습니다.

해설 남자가 여자에게 여느 때와 느낌이 다르다며 궁금해하는 상황이다.
1 (X) ええ 뒤에는 맞다는 내용이 나와야 하므로 오답이다.
2 (O) 분위기가 다르게 느껴지는 이유를 설명하고 있으므로 적절한 응답이다.
3 (X) 感じが違う(かんじがちがう)와 발음이 비슷한 勘違い(かんちがい)를 사용하여 혼동을 준 오답이다.

어휘 感じ かんじ 명 느낌　雰囲気 ふんいき 명 분위기　髪型 かみがた 명 머리 모양　勘違い かんちがい 명 착각, 잘못 생각함

꼭! 알아두기　あれ(어라)는 의아함을 나타내므로 이유나 해답을 알려주는 내용의 선택지를 정답으로 고른다.

2 상

[음성]

F：禁煙中とはいえ、あんなにイライラされるとねえ。

M：1 え、これから禁煙するってことですか？

2 ほんと、迷惑ですよね。

3 禁煙って楽なんですね。

[음성]

F : 금연 중이라고는 해도, 저렇게 안달복달하다니 말이야.

M : 1 앗, 이제부터 금연한다는 건가요?

2 정말, 민폐네요.

3 금연이란 쉬운 거네요.

해설 여자가 금연하면서 안달복달하는 어떤 사람에 대해 불평하는 상황이다.

1 (X) 이미 금연 중인 상황에 맞지 않다.

2 (O) 여자의 불평에 동의하고 있으므로 적절한 응답이다.

3 (X) 금연 중이라서 안달복달한다는 말과 맞지 않다.

어휘 禁煙 きんえん 명 금연　イライラ 부 안달복달하다, 초조해하다　迷惑 めいわく 명 민폐　楽だ らくだ な형 쉽다

3 중상

[음성]

M：スピーチを頼むなら、田中さんをおいて他にいないよ。

F：1 ああ、田中さんには難しいかもね。

2 そうだね。他の人に聞いてみよう。

3 そうかな。意外と林さんも評判がいいよ。

[음성]

M : 스피치를 부탁한다면, 다나카 씨를 빼놓고 달리 없어.

F : 1 아, 다나카 씨에게는 어려울지도 모르겠네.

2 그렇네. 다른 사람에게 물어보자.

3 그런가? 의외로 하야시 씨도 평판이 좋아.

해설 남자가 스피치를 부탁할 사람은 다나카밖에 없다며 의견을 제시하는 상황이다.

1 (X) 다나카에게 스피치를 부탁하자는 말에 적절한 응답이 아니다.

2 (X) そうだね 뒤에는 남자의 말에 동의하는 말이 나와야 하므로 오답이다.

3 (O) 하야시의 평판도 좋다며 다른 의견을 제시하고 있으므로 적절한 응답이다.

어휘 スピーチ 명 스피치　～をおいて ~를 빼고　他に ほかに 달리　意外と いがいと 의외로　評判 ひょうばん 명 평판

4 상

[음성]

F：途中で止めるくらいなら、最初からやらない方がいいと思わない？

M：1 ええ、やらないとは限らないですよね。

2 いいえ、おしまいまでやらなかったんです。

3 まあ、とにかく最後までやってほしいですよね。

[음성]

F : 도중에 그만두느니, 애초에 하지 않는 편이 좋다고 생각하지 않아?

M : 1 네, 하지 않는다고는 할 수 없지요.

2 아니오, 마지막까지 하지 않았습니다.

3 뭐, 어쨌든 마지막까지 해주었으면 하네요.

해설 여자가 도중에 그만둘거면 애초에 하지 않는 것이 낫다며 동의를 구하는 상황이다.

1 (X) やらない를 반복 사용하여 혼동을 준 오답이다.

2 (X) いいえ 뒤에는 동의하지 않는다는 내용이 나와야 하므로 오답이다.

3 (O) 여자의 말에 대해 자신의 생각을 이야기하고 있으므로 적절한 응답이다.

어휘 ～くらいなら ~하느니　おしまい 명 끝　とにかく 부 어쨌든　～とは限らない ～とはかぎらない ~라고는 할 수 없다

5 중상

[음성]	[음성]
M：一度失敗したくらいで落ち込んでいるようじゃ、まだまだだよ。	M : 한 번 실패한 정도로 의기소침해 있어서야, 아직 멀었군.
F：1 はい、まだまだ時間がかかると思います。	F : 1 네, 아직 시간이 걸릴 거라고 생각합니다.
2 自分では、もう少しできると思ったんです。	**2 스스로는, 조금 더 잘 할 수 있을 거라고 생각했거든요.**
3 失敗はしないと思います。	3 실패는 하지 않을 거라고 생각합니다.

해설 남자가 실패로 의기소침해 있는 여자를 나무라는 상황이다.

1 (X) まだまだ를 반복 사용하여 혼동을 준 오답이다.

2 (O) 의기소침해 있는 이유를 말하고 있으므로 적절한 응답이다.

3 (X) 실패로 의기소침해 있다는 말과 맞지 않다.

어휘 **落ち込む** おちこむ 동 의기소침하다 **～ようじゃ** ~해서야 **まだまだ** 부 아직 멀

6 상

[음성]	[음성]
M：さっき、角から自転車が飛び出してきてさ、ぶつかるとこだったよ。	M : 아까, 모퉁이에서 자전거가 튀어나와서 말이야, 부딪힐 뻔했어.
F：1 何もなくてよかったねえ。	F : **1 아무 일도 없어서 다행이네.**
2 それは大変だ。傷はどう？	2 그건 큰일이다. 상처는 어때?
3 そう、じゃあ自転車を直さないとね。	3 그래, 그럼 자전거를 고치지 않으면 안 되겠네.

해설 남자가 자전거에 부딪힐 뻔했다며 안도하는 상황이다.

1 (O) 자전거에 부딪힐 뻔한 남자를 위로하고 있으므로 적절한 응답이다.

2 (X) 부딪힐 뻔한, 즉 부딪히지 않았다는 남자의 말과 맞지 않다.

3 (X) 自転車(じてんしゃ)를 반복 사용하여 혼동을 준 오답이다.

어휘 **飛び出す** とびだす 동 튀어나오다 **ぶつかる** 동 부딪히다 **～とこだった** ~할 뻔했다 **傷** きず 명 상처

7 중상

[음성]	[음성]
F：人事部に新しく来た人、すごくできるんだって？	F : 인사부에 새로 온 사람, 굉장히 잘 한다면서?
M：1 新しい部署ができるんですか？	M : 1 새로운 부서가 생기는 건가요?
2 人事部は仕事が多いみたいですね。	2 인사부는 일이 많은 것 같아요.
3 社内で評判になってるようですね。	**3 사내에서 유명해진 것 같아요.**

해설 여자가 인사부에 새로온 사람이 잘 한다는 소문에 대해 말하는 상황이다.

1 (X) 질문의 新しい(あたらしい)와 できる를 반복 사용하여 혼동을 준 오답이다.

2 (X) 人事部(じんじぶ)를 반복 사용하여 혼동을 준 오답이다.

3 (O) 소문에 동의하고 있으므로 적절한 응답이다.

어휘 **人事部** じんじぶ 명 인사부 **部署** ぶしょ 명 부서 **社内** しゃない 명 사내 **評判になる** ひょうばんになる 유명해지다

8 상

[음성]
F：もっとよく考えて、他の商品も調べてから買うんだった。
M：1 へえ、そんなに気に入っているんだね。
2 まあ、買い物に失敗はつきものだよ。
3 ちゃんと他の商品も売っているよ。

[음성]
F : 좀 더 잘 생각해서, 다른 상품도 조사하고 나서 사는 거였어.
M : 1 우와, 그렇게 마음에 들었구나.
2 뭐, 쇼핑에 실패는 늘상 있는 일이야.
3 제대로 다른 상품도 팔고 있어.

해설 여자가 잘못 산 물건에 대해 후회하는 상황이다.
1 (X) 후회하고 있는 상황에 적절한 응답이 아니다.
2 (O) 쇼핑을 잘못할 수도 있다는 위로의 의미이므로 적절한 응답이다.
3 (X) 他の商品(ほかのしょうひん)을 반복 사용하여 혼동을 준 오답이다.

어휘 **商品** しょうひん 명 상품 **気に入る** きにいる 마음에 들다 **つきもの** 명 늘상 있는 일 **ちゃんと** 부 제대로

9 중상

[음성]
F：このくらいの仕事に3日もかかっているようじゃねえ…。
M：**1 すみません。次からもっと頑張ります。**
2 時間がずいぶん余っているようですね。
3 ええ、そんなに大変じゃなかったようです。

[음성]
F : 이 정도의 일에 3일이나 걸리고 있어서야….
M : **1 죄송합니다. 다음부터 더 분발하겠습니다.**
2 시간이 꽤 남은 것 같네요.
3 네, 그렇게 힘들지 않았던 것 같습니다.

해설 여자가 남자의 일하는 속도가 느리다며 나무라는 상황이다.
1 (O) 일하는 속도가 느리다는 남자의 지적에 반성하고 있으므로 적절한 응답이다.
2 (X) 3일이나 걸리는, 즉 시간이 오래 걸리고 있다는 남자의 말과 맞지 않다.
3 (X) 3일이나 걸려서 일을 하고 있다는 상황과 맞지 않다.

어휘 **余る** あまる 동 남다

10 상

[음성]
F：念のため、こちらにご連絡先をご記入いただけますか。
M：1 ええ、連絡してもらう予定です。
2 もう電話番号はいただいております。
3 わかりました。ここですね。

[음성]
F : 만약을 위해, 이쪽에 연락처를 기입해 주실 수 있을까요?
M : 1 네, 연락받을 예정입니다.
2 벌써 전화번호는 받았습니다.
3 알겠습니다. 여기죠?

해설 여자가 연락처 기입을 요청하는 상황이다.
1 (X) 連絡(れんらく)를 반복 사용하여 혼동을 준 오답이다.
2 (X) 연락처를 기입해 달라고 요청받은 상황에 적절한 응답이 아니다.
3 (O) 연락처를 기입해 달라는 여자의 요청에 응하고 있으므로 적절한 응답이다.

어휘 **念のため** ねんのため 만약을 위해 **連絡先** れんらくさき 명 연락처 **記入** きにゅう 명 기입 **電話番号** でんわばんごう 명 전화번호

11 상

[음성]

F：就職活動が始まるのにインターンシップに参加できずじまいだよ。

M：1 実際に働いてみてどうだった？

2 ゼミでの研究をアピールできれば問題ないよ。

3 面接で忙しいのに参加できるの？

[음성]

F : 취직 활동이 시작되는데 인턴십에 참가하지 못했어.

M : 1 실제로 일해보니 어땠어?

2 세미나에서의 연구를 어필할 수 있으면 문제없어.

3 면접으로 바쁜데 참가할 수 있어?

해설 여자가 취직 활동이 곧 시작되는데 인턴십에 참가하지 못했다는 문제점을 언급한 상황이다.

1 (X) 인턴십에 참가하지 못했다는 말과 맞지 않다.

2 (O) 세미나에서의 연구를 대안으로 알려주고 있으므로 적절한 응답이다.

3 (X) 취직 활동과 관련된 **面接**(면접), **参加**(참가)를 사용하여 혼동을 준 오답이다.

어휘 **就職** しゅうしょく 명 취직　**活動** かつどう 명 활동　**インターンシップ** 명 인턴십　**参加** さんか 명 참가　**～ずじまいだ** ~하지 못하다
実際 じっさい 명 실제　**ゼミ** 명 세미나　**アピール** 명 어필　**面接** めんせつ 명 면접

꼭! 알아두기 ～ずじまいだ(~지 못하고 끝나다)는 어떤 행위를 하지 못한 안타까움을 나타내는 표현이므로 위로하거나 공감하는 내용의 선택지를 정답으로 고른다.

☞ **문제 5**는 긴 이야기를 듣습니다. 예제가 없으므로 바로 문제를 풀 준비를 합니다. 문제지에 들리는 내용을 적극적으로 메모하며 문제를 풀어봅시다.

문제 5의 디렉션

[음성]

問題５では、長めの話を聞きます。この問題には練習はありません。問題用紙にメモをとってもかまいません。

１番　問題用紙に何も印刷されていません。まず話を聞いてください。それから、質問とせんたくしを聞いて、１から４の中から、最もよいものを一つ選んでください。では、始めます。

[음성]

문제 5에서는, 긴 이야기를 듣습니다. 이 문제에는 연습은 없습니다. 문제 용지에 메모를 해도 상관없습니다.

1번　문제 용지에 아무것도 인쇄되어 있지 않습니다. 우선 이야기를 들어주세요. 그리고 나서, 질문과 선택지를 듣고, 1에서 4중에, 가장 알맞은 것을 하나 골라주세요. 그러면, 시작합니다.

1 중상

[음성]

会社で同僚三人が新しい商品について話しています。

M1：明日の会議の前に二人に意見を聞きたいんだけど、ちょっといいかな？

F：ああ、新しく出す傘の案件だよね。

M2：どれどれ？ へえ、なかなか目立つ色を採用したんだね。これなら売り場に置いても他社の商品に負けない存在感があると思うよ。

F：でも、この色、ピンクや赤だとどうしても女性的なイメージが強い気がするから、もう少し中性的な色にしてみるのは？ 性別関係なくいろんな人に使ってもらいたい商品なんでしょう？

[음성]

회사에서 동료 3명이 새로운 상품에 대해서 이야기하고 있습니다.

M1 : 내일 회의 전에 두 사람에게 의견을 듣고 싶은데, 잠깐 괜찮을까?

F : 아, 새롭게 낼 우산 안건이지?

M2 : 어디 보자. 우와, 꽤 눈에 띄는 색을 채용했네. 이거라면 매장에 놓아도 타사 상품에 지지 않는 존재감이 있다고 생각해.

F : 하지만, 이 색, 핑크나 빨강이라면 아무래도 여성적인 이미지가 강한 느낌이 드니까, 조금 더 중성적인 색으로 해 보는 건? 성별 관계없이 여러 사람이 사용해 주었으면 하는 상품인 거지?

M1：それもそうだな。

F：あとは、日傘機能を付けてみるのはどう？ 最近は紫外線を気にする人も多いし。兼用できるなら、日傘を使ったことがない人でも手が出しやすいと思う。

M1：なるほど。

M2：僕が気になったのは、重さかな。前のサンプルよりだいぶ重くなったんじゃない？ 丈夫さにこだわったのは分かるけど、長時間差すと腕が痛くなりそうで。もっと軽い素材に変えられないか一度調べてみたら？

M1：ああ、そうだよなあ。

F：価格も少し高めなんじゃない？ 自分がこの金額を出してまで買いたいかって言ったら、うーん。他社のはどのくらいなの？

M1：ああ、確かに他社より少し高めに設定はしてあるんだ。これは部長と一緒に検討しないといけないな。それに機能や素材から調べ直すと明日の会議までにまとまらなそうだから。とりあえずこの女性的なイメージを変えてみるよ。

M1 : 그것도 그렇네.

F : 그리고, 양산 기능을 붙여보는 것은 어때? 최근에는 자외선을 신경 쓰는 사람도 많고. 겸용할 수 있다면, 양산을 사용한 적이 없는 사람이라도 손을 뻗기 쉬울 거라고 생각해.

M1 : 과연 그렇군.

M2 : 내가 마음에 걸린 건, 무게이려나. 전의 샘플보다 제법 무거워진 거 아니야? 튼튼함을 신경 쓴 것은 알지만, 장시간 쓰면 팔이 아파질 것 같아서. 좀 더 가벼운 소재로 바꿀 수 없을지 한 번 조사해 보면?

M1 : 아, 그렇네.

F : 가격도 조금 비싼 편인거 아니야? 내가 이 금액을 내면서까지 사고 싶은가 하면, 으음. 타사 것은 어느 정도야?

M1 : 아, 확실히 타사보다 조금 비싸게 설정은 해두었어. 이건 부장님과 함께 검토하지 않으면 안 되겠네. 게다가 기능이나 소재부터 다시 조사하면 내일 회의까지 정리되지 않을 것 같으니까. 우선 이 여성적인 이미지를 바꿔볼게.

明日の会議までに何をすることにしましたか。

1 **色を選び直す**
2 機能を付け足す
3 重さを見直す
4 価格を下げる

내일 회의까지 무엇을 하기로 했습니까?

1 **색을 다시 고른다**
2 기능을 추가한다
3 무게를 재검토한다
4 가격을 내린다

해설 대화를 들으며 언급되는 사항과 특징, 세 사람의 최종 결정 사항을 재빨리 메모하며 주의 깊게 듣는다.

[메모] 새로운 상품. 내일 회의 전 의견. 우산
- 여성 이미지, 중성적인 색으로: 성별 관계 X
- 양산 기능 → 내일 회의까지 불가
- 무게, 가벼운 소재로: → 내일 회의까지 불가
- 가격 비쌈 → 부장님과 함께 검토
남자1 : 우선 여성적 이미지 바꿈

질문에서 내일 회의까지 무엇을 하기로 했는지 묻고 있다. 남자1이 우선 여성적인 이미지를 바꿔 보겠다고 했으므로, 여성적 이미지라고 한 1 色を選び直す가 정답이다.

어휘 **同僚** どうりょう 명 동료 **商品** しょうひん 명 상품 **案件** あんけん 명 안건 **どれどれ** 어디 보자 **目立つ** めだつ 동 눈에 띄다 **採用** さいよう 명 채용 **他社** たしゃ 명 타사 **存在感** そんざいかん 명 존재감 **ピンク** 명 핑크 **どうしても** 부 아무래도 **女性的だ** じょせいてきだ な형 여성적이다 **イメージ** 명 이미지 **気がする** きがする 느낌이 들다 **中性的だ** ちゅうせいてきだ な형 중성적이다 **性別** せいべつ 명 성별 **日傘** ひがさ 명 양산 **機能** きのう 명 기능 **紫外線** しがいせん 명 자외선 **兼用** けんよう 명 겸용 **気になる** きになる 마음에 걸리다 **重さ** おもさ 명 무게 **サンプル** 명 샘플 **丈夫さ** じょうぶさ 명 튼튼함 **こだわる** 동 신경 쓰다 **長時間** ちょうじかん 명 장시간 **差す** さす 동 (우산 등을) 쓰다 **素材** そざい 명 소재 **価格** かかく 명 가격 **高めだ** たかめだ な형 비싼 편이다 **金額** きんがく 명 금액 **設定** せってい 명 설정 **検討** けんとう 명 검토 **調べ直す** しらべなおす 다시 조사하다 **まとまる** 동 정리되다 **とりあえず** 부 우선 **選び直す** えらびなおす 다시 고르다 **付け足す** つけたす 동 추가하다 **見直す** みなおす 동 재검토하다

문제 5의 디렉션

[음성]
2番　まず話を聞いてください。それから、二つの質問を聞いて、それぞれ問題用紙の1から4の中から、最もよいものを一つ選んでください。では、始めます。

[음성]
2번 우선 이야기를 들어주세요. 그리고 나서, 두개의 질문을 듣고, 각각 문제 용지의 1에서 4중에, 가장 알맞은 것을 하나 골라주세요. 그러면, 시작합니다.

2 중

[음성]
ラジオでアナウンサーが学習塾について話しています。

F1: 今日は、キャンペーンを行っている小学生向けの学習塾を4つご紹介します。「山中塾」は、全国で小学生への指導を50年続けています。多くのベテラン教師とその経験から生み出された教材によって、全ての教科をバランスよく学ぶことができると評判です。「星丸学習塾」は、オリジナルの教育方法で人気を集めています。特に、計算と漢字が苦手だった子どもの成績が上がったという声が多く寄せられているようです。「高田ゼミナール」はオンライン授業で注目されています。自宅にいながらにして、パソコンはもちろんスマートフォンでも全ての授業が受けられます。送り迎えの手間もなく気軽に始められると好評です。最後は「頭脳研」です。中学受験のための学習塾として有名です。基礎的な知識を覚えるだけでなく、自分の頭で考える能力を伸ばす教育に力を入れています。

M: 優美も5年生になるし、そろそろ塾に入れたほうがいいかもしれないね。

F2: そうね。あの子ときたら、学校の宿題以外、全然勉強しないから…。家で塾に通うのと同じように勉強ができるって、魅力的だと思うんだけど、どう?

M: うーん、確かに気軽に始められそうだね。でも、集中して勉強できるものなのかな…。

F2: 中学受験をするわけではないし、勉強する習慣を身につけるには十分じゃないかな。一応、明日電話して色々聞いてみるよ。

M: うん、わかった。優美の考えも聞いてみよう。うん…。でも、僕は、教室で授業を受けるのもいいと思うんだよな。より効果がある気がして。

F2: ああ、確かに優美はなかなか集中できなくて苦労してるみたい。特に漢字を覚えるときなんかは。漢字を念入りに教えてくれるところも悪くないと思うけど…。

[음성]
라디오에서 아나운서가 강습소에 대해서 이야기하고 있습니다.

F1 : 오늘은, 캠페인을 실시하고 있는 초등학생 대상의 강습소를 4개 소개합니다. '야마나카 학원'은, 전국에서 초등학생으로의 지도를 50년 계속하고 있습니다. 많은 베테랑 교사와 그 경험에서 만들어진 교재에 의해, 모든 교과를 밸런스 좋게 배울 수 있다고 인기가 있습니다. '호시마루 강습소'는, 오리지널 교육 방법으로 인기를 모으고 있습니다. 특히, 계산과 한자가 서툴렀던 아이의 성적이 올랐다는 목소리가 많이 밀려오고 있는 것 같습니다. '다카다 세미나'는 온라인 수업으로 주목받고 있습니다. 자택에 가만히 있으면서, PC는 물론 스마트폰으로도 모든 수업을 받을 수 있습니다. 배웅과 마중의 수고도 없이 부담 없이 시작할 수 있다고 호평입니다. 마지막은 '두뇌연'입니다. 중학교 수험을 위한 강습소로서 유명합니다. 기초적인 지식을 배울 뿐만 아니라, 자신의 머리로 생각하는 능력을 기르는 교육에 힘을 쏟고 있습니다.

M : 유미도 5학년이 되고, 슬슬 학원에 넣는 편이 좋을지도 모르겠네.

F2: 그러네. 그 애로 말할 것 같으면, 학교 숙제 이외, 전혀 공부하지 않으니까…. 집에서 학원에 다니는 것과 똑같이 공부가 가능하다니, 매력적이라고 생각하는데, 어때?

M : 음, 확실히 부담 없이 시작할 수 있을 것 같네. 하지만, 집중해서 공부할 수 있는 걸까….

F2: 중학교 수험을 하는 것은 아니고, 공부하는 습관을 습득하기에는 충분하지 않을까? 일단, 내일 전화해서 여러 가지 물어볼게.

M : 응, 알겠어. 유미의 생각도 들어보자. 음…. 하지만, 나는, 교실에서 수업을 받는 것도 좋다고 생각하는데. 보다 효과가 있는 느낌이 들어서.

F2: 아, 확실히 유미는 좀처럼 집중할 수 없어서 고생하고 있는 것 같아. 특히 한자를 배우거나 할 때는. 한자를 공들여서 가르쳐 주는 곳도 나쁘지 않다고 생각하는데….

M：うーん、独特な指導法よりも、経験を積んだ先生に教えてもらうのが、長期的に見るといいと思う。だから、僕はここの資料を請求しておくよ。それも優美に見せてみよう。

F2：そうね、じゃ、そっちはよろしく。

質問1 女の人はどの塾に電話をしますか。

1 山中塾
2 星丸学習塾
3 高田ゼミナール
4 頭脳研

質問2 男の人はどの塾の資料を請求しますか。

1 山中塾
2 星丸学習塾
3 高田ゼミナール
4 頭脳研

M : 음, 독특한 지도법보다도, 경험을 쌓은 선생님이 가르쳐 주는 것이, 장기적으로 보면 좋다고 생각해. 그러니, 나는 이곳의 자료를 청구해 둘게. 그것도 유미에게 보여줘 보자.

F2: 그렇네, 그럼, 그쪽은 잘 부탁해.

질문1 여자는 어느 학원에 전화를 합니까?

1 야마나카 학원
2 호시마루 강습소
3 다카다 세미나
4 두뇌연

질문2 남자는 어느 학원에 자료를 청구합니까?

1 야마나카 학원
2 호시마루 강습소
3 다카다 세미나
4 두뇌연

해설 각 선택지와 관련하여 언급되는 내용을 재빨리 메모하며 주의 깊게 듣고, 두 명의 대화자가 최종적으로 선택하는 것에 유의하며 대화를 듣는다.

[메모] 강습소 4곳

① 50년, 베테랑 강사, 밸런스 좋음
② 오리지널, 계산, 한자
③ 온라인, 배웅과 마중의 수고 ×
④ 중학 수험, 생각하는 능력

여자 : 집에서 똑같이, 공부 습관 → 전화해 봄
남자 : 교실에서, 경험 선생님 → 자료 청구

질문 1은 여자가 전화 할 학원을 묻고 있다. 여자는 집에서 학원에 다니는 것과 똑같이 공부가 가능한 것이 매력적이라고 했으므로, 온라인 수업이 특징인 3 高田ゼミナール가 정답이다.

질문 2는 남자가 자료를 청구할 학원을 묻고 있다. 남자는 경험을 쌓은 선생님이 가르쳐 주는 것이 장기적으로 좋다고 했으므로, 50년 전통의 베테랑 선생님이 있는 1 山中塾가 정답이다.

어휘 学習塾 がくしゅうじゅく 명 강습소 キャンペーン 명 캠페인 小学生 しょうがくせい 명 초등학생 塾 じゅく 명 학원 全国 ぜんこく 명 전국 指導 しどう 명 지도 ベテラン 명 베테랑 教師 きょうし 명 교사 生み出す うみだす 동 만들다, 만들어 내다 教材 きょうざい 명 교재 全て すべて 명 모든 것, 모두 教科 きょうか 명 교과 バランス 명 밸런스 学ぶ まなぶ 동 배우다 評判 ひょうばん 명 인기가 있음, 평판 オリジナル 명 오리지널 方法 ほうほう 명 방법 人気 にんき 명 인기 計算 けいさん 명 계산 苦手だ にがてだ な형 서툴다 成績 せいせき 명 성적 寄せる よせる 동 밀려오다 ゼミナール 명 세미나 オンライン 명 온라인 注目 ちゅうもく 명 주목 自宅 じたく 명 자택 いながらにして 가만히 있으면서 スマートフォン 명 스마트폰 送り迎え おくりむかえ 명 배웅과 마중 手間 てま 명 수고 気軽だ きがるだ な형 부담 없다 好評 こうひょう 명 호평 頭脳 ずのう 명 두뇌 受験 じゅけん 명 수험 基礎的だ きそてきだ な형 기초적이다 知識 ちしき 명 지식 能力 のうりょく 명 능력 伸ばす のばす 동 기르다 力を入れる ちからをいれる 힘을 쏟다 魅力的だ みりょくてきだ な형 매력적이다 集中 しゅうちゅう 명 집중 身につける みにつける 습득하다 一応 いちおう 부 일단 効果 こうか 명 효과 苦労 くろう 명 고생 念入りだ ねんいりだ な형 공들이다 独特だ どくとくだ な형 독특하다 指導法 しどうほう 명 지도법 積む つむ 동 쌓다 長期的だ ちょうきてきだ な형 장기적이다 資料 しりょう 명 자료 請求 せいきゅう 명 청구

실전모의고사 제2회

언어지식(문자・어휘)

문제 1	
1	3
2	4
3	3
4	1
5	2
6	4
문제 2	
7	4
8	2
9	3
10	1
11	1
12	4
13	2
문제 3	
14	3
15	1
16	4
17	2
18	2
19	3

문제 4	
20	4
21	3
22	1
23	1
24	1
25	2

언어지식(문법)

문제 5	
26	2
27	1
28	3
29	2
30	1
31	3
32	2
33	4
34	1
35	2
문제 6	
36	3
37	1
38	1
39	2
40	3
문제 7	
41	4
42	4
43	2
44	3
45	4

독해

문제 8	
46	1
47	2
48	3
49	3
문제 9	
50	2
51	2
52	4
53	1
54	3
55	2
56	4
57	3
58	2
문제 10	
59	2
60	3
61	4
62	2
문제 11	
63	1
64	2
문제 12	
65	2
66	1
67	3
68	4
문제 13	
69	3
70	1

청해

문제 1	
1	1
2	2
3	4
4	3
5	3
문제 2	
1	3
2	2
3	3
4	3
5	2
6	3
문제 3	
1	3
2	1
3	3
4	4
5	3

문제 4	
1	1
2	2
3	2
4	3
5	2
6	1
7	2
8	2
9	3
10	3
11	1
문제 5	
1	3
2 질문1	2
질문2	1

언어지식 (문자·어휘) p.87

1 중상

빈부貧富의 차이를 없애는 방법 따위 있는 것일까?

해설 貧富는 3 ひんぷ로 발음한다. 貧富는 貧의 두 가지 음독 ひん과 びん중 ひん으로 발음하고, ぷ가 반탁음인 것에 주의한다.

어휘 貧富 ひんぷ 명 빈부　差 さ 명 차이　方法 ほうほう 명 방법

2 상

형용사의 역할 중 하나가 명사를 수식修飾하는 것입니다.

해설 修飾는 4 しゅうしょく로 발음한다. 修飾는 修의 두 가지 음독 しゅう와 しゅ중 しゅう로 발음하는 것에 주의한다.

어휘 修飾 しゅうしょく 명 수식　形容詞 けいようし 명 형용사
役割 やくわり 명 역할　名詞 めいし 명 명사

꼭! 알아두기 修를 음독 しゅう로 발음하는 명사로 修理(しゅうり,수리), 修正(しゅうせい, 수정), 修復(しゅうふく, 수복)를 함께 알아둔다.

3 중상

이 도시는 일본 굴지의 무역 도시로서 번창하고栄えて 있다.

해설 栄えて는 3 さかえて로 발음한다.

어휘 栄える さかえる 동 번창하다　都市 とし 명 도시　日本 にほん 명 일본
有数 ゆうすう 명 굴지, 유수　貿易 ぼうえき 명 무역

4 중상

그녀의 온화穏やか한 웃는 얼굴을 보면 어쩐지 안심된다.

해설 穏やか는 1 おだやか로 발음한다.

어휘 穏やかだ おだやかだ な형 온화하다　笑顔 えがお 명 웃는 얼굴
なんだか 부 어쩐지

5 상

관절을 삐어서, 발목이 크게 붓고腫れて 말았다.

해설 腫れて는 2 はれて로 발음한다.

어휘 腫れる はれる 동 붓다　ねんざ 명 관절을 삠, 염좌
足首 あしくび 명 발목

6 중상

에도 막부에 의한 통치統治가 260년간 동안이나 계속되었다.

해설 統治는 4 とうち로 발음한다. とう가 탁음이 아닌 것에 주의한다.

어휘 統治 とうち 명 통치　江戸 えど 명 에도 (도쿄의 옛 이름)
幕府 ばくふ 명 막부 (무가 정권)

7 중상

서류 재발행 신청서를 작성할 때, (　　　) 이 필요합니다.

1 신호　　2 기호
3 봉투　　**4 인감**

해설 선택지가 모두 명사이다. 괄호 뒤의 내용과 함께 쓸 때 封筒が必要となります(봉투가 필요합니다), 印鑑が必要となります(인감이 필요합니다) 모두 자연스러우므로 문장 전체의 문맥을 파악해야 한다. 전체 문맥 書類再発行の申込書を作成する際、印鑑が必要となります(서류 재발행 신청서를 작성할 때, 인감이 필요합니다)가 가장 자연스러우므로 4 印鑑(인감)이 정답이다. 1은 合図が送られる(신호가 보내지다), 2는 記号がつけられる(기호가 붙여지다)와 같이 쓰인다.

어휘 書類 しょるい 명 서류　再発行 さいはっこう 명 재발행
申込書 もうしこみしょ 명 신청서　作成 さくせい 명 작성
際 さい 명 때　合図 あいず 명 신호　記号 きごう 명 기호
印鑑 いんかん 명 인감

8 중상

미용사인 언니에게 기르기만 했던 앞머리를 (　　　) 했다.

1 지키게　　**2 정돈하게**
3 거두게　　4 채우게

해설 선택지가 모두 동사이다. 괄호 앞뒤의 내용과 함께 쓸 때 前髪を整えてもらった(앞머리를 정돈하게 했다)가 가장 자연스러우므로 2 整えて(정돈하게)가 정답이다. 1은 環境を保って(환경을 지키게), 3은 成果を収めて(성과를 거두게), 4는 箱を詰めて(상자를 채우게)와 같이 쓰인다.

어휘 美容師 びようし 명 미용사　伸びる のびる 동 기르다
前髪 まえがみ 명 앞머리　保つ たもつ 동 지키다, 지니다
整える ととのえる 동 정돈하다　収める おさめる 동 거두다, 담다
詰める つめる 동 채우다

9 중상

야근이 계속된 주의 주말은, (　　　) 점심이 지나서까지 집에서 자고 있다.

1 도저히　　2 당분간
3 대개　　4 수많이

해설 선택지가 모두 부사이다. 괄호 뒤의 昼過ぎまで家で寝ている(점심이 지나서까지 집에서 자고 있다)와 함께 쓸 때 大概昼過ぎまで家で寝ている(대개 점심이 지나서까지 집에서 자고 있다)가 가장 자연스러우므로 3 大概(대개)가 정답이다. 1은 到底追いつけない(도저히 따라갈 수 없다), 2는 当分連絡できない(당분간 연락할 수 없다), 4는 幾多の苦難を乗り越える(수많은 고난을 극복하다)와 같이 쓰인다.

어휘 残業 ざんぎょう 명 야근, 잔업　週末 しゅうまつ 명 주말
昼過ぎ ひるすぎ 명 점심이 지남　到底 とうてい 부 도저히
当分 とうぶん 부 당분간　大概 たいがい 부 대개
幾多 いくた 부 수많이

10 중

관료에 의한 부정이 잇따라 명백해져서, 나라 (　　　) 의 이상적인 상태가 문책당하고 있다.

1 행정　2 지시
3 결속　4 운용

해설 선택지가 모두 명사이다. 괄호 앞뒤의 내용과 함께 쓸 때 **国の行政の在り方**(나라 행정의 이상적인 상태)가 가장 자연스러우므로 1 **行政**(행정)가 정답이다. 2는 **上司の指図**(상사의 지시), 3은 **国民の結束**(국민의 결속), 4는 **資金の運用**(자금의 운용)와 같이 쓰인다.

어휘 官僚 かんりょう 명 관료　不正 ふせい 명 부정
立て続け たてつづけ 명 잇따라
明らかだ あきらかだ な형 명백하다, 분명하다
在り方 ありかた 명 이상적인 상태　問う とう 동 문책하다, 묻다
行政 ぎょうせい 명 행정　指図 さしず 명 지시　結束 けっそく 명 결속
運用 うんよう 명 운용

11 상

본가로부터 보내져 온 소포의 안은 좋아하는 물건으로 넘쳐나고 있어, 부모님의 다정함이 몸에 (　　　).

1 사무쳤다　2 번졌다
3 젖었다　4 눅눅해졌다

해설 선택지가 모두 동사이다. 괄호 앞의 **身に**와 함께 쓰여 **身に染みる**(몸에 사무치다)라는 관용구를 만드는 1 **染みた**(스며들었다)가 정답이다. 2는 **インクが紙ににじんだ**(잉크가 종이에 번졌다), 3은 **夕立にぬれた**(소나기에 젖었다), 4는 **家の中が湿っている**(집 안이 눅눅하다)와 같이 쓰인다.

어휘 実家 じっか 명 본가　小包 こづつみ 명 소포
好物 こうぶつ 명 좋아하는 물건　溢れる あふれる 동 넘쳐나다
優しさ やさしさ 명 다정함
身に染みる みにしみる 몸에 사무치다, 뼈저리게 느끼다
にじむ 동 번지다　湿る しめる 동 눅눅해지다

꼭! 알아두기 身와 관련된 관용구로 **身に染みる**(몸에 사무치다), **身に余る**(분수에 넘치다), **身も蓋もない**(지나치게 노골적이다)를 함께 알아둔다.

12 중

학생 시절, 시험 중에 (　　　) 을 해서 자주 선생님에게 혼나고는 했다.

1 체크　2 트릭
3 타이밍　**4 컨닝**

해설 선택지가 모두 명사이다. 괄호 앞의 **試験中に**(시험 중에)와 함께 쓸 때 **試験中にカンニングをして**(시험 중에 컨닝을 해서)가 가장 자연스러우므로 4 **カンニング**(컨닝)가 정답이다. 1은 **チェックを繰り返す**(체크를 반복하다), 2는 **トリックを仕掛ける**(트릭을 준비하다), 3은 **タイミングを合わせる**(타이밍을 맞추다)와 같이 쓰인다.

어휘 試験中 しけんちゅう 시험 중　トリック 명 트릭　タイミング 명 타이밍
カンニング 명 컨닝

13 상

설명서를 읽고, 기재되어 있는 (　　　) 대로 조립해 주세요.

1 이치　**2 순서**
3 과정　4 배열

해설 선택지가 모두 명사이다. 괄호 뒤의 **通りに組み立ててください**(대로 조립해 주세요)와 함께 쓸 때 **手順通りに組み立ててください**(순서대로 조립해 주세요)가 가장 자연스러우므로 2 **手順**(순서)이 정답이다. 1은 **道筋をたどる**(이치를 더듬어가다), 3은 **過程を経る**(과정을 거치다), 4는 **配列を変える**(배열을 바꾸다)와 같이 쓰인다.

어휘 説明書 せつめいしょ 명 설명서　記載 きさい 명 기재
組み立てる くみたてる 동 조립하다　道筋 みちすじ 명 이치
手順 てじゅん 명 순서　過程 かてい 명 과정　配列 はいれつ 명 배열

14 중상

길가에서 선전 전단을 뿌렸다**ばらまいた**.

1 인쇄했다　2 작성했다
3 배부했다　4 지참했다

해설 **ばらまいた**는 '뿌렸다'라는 의미로, 동의어인 3 **配布した**(배부했다)가 정답이다.

어휘 道端 みちばた 명 길가　宣伝 せんでん 명 선전　チラシ 명 전단
ばらまく 동 뿌리다　印刷 いんさつ 명 인쇄　作成 さくせい 명 작성
配布 はいふ 명 배부　持参 じさん 명 지참

15 중상

돌연**突如**, 나를 부르는 목소리가 들렸다.

1 갑작스럽게　2 다시
3 빈번하게　4 먼 곳에서

해설 **突如**는 '돌연'이라는 의미로, 동의어인 1 **不意に**(갑작스럽게)가 정답이다.

어휘 突如 とつじょ 부 돌연　不意だ ふいだ な형 갑작스럽다
再び ふたたび 명 다시　しきりだ な형 빈번하다　遠方 えんぽう 명 먼 곳

16 상

상사에게 답장을 채근당했다**せかされた**.

1 강요당했다　2 침범당했다
3 떠내려갔다　**4 재촉당했다**

해설 **せかされた**는 '채근당했다'라는 의미로, 동의어인 4 **急がされた**

(재촉당했다)가 정답이다.

어휘 上司 じょうし 명 상사　せかす 동 채근하다
強いる しいる 동 강요하다　侵す おかす 동 침범하다
流す ながす 동 떠내려 보내다, 흘리다　急がす いそがす 동 재촉하다

꼭! 알아두기 せかす(채근하다)의 동의어로 急がす(재촉하다), 催促する(독촉하다)를 함께 알아둔다.

17 상

감독은 자신의 포부抱負를 말했다.

1 견해　**2 결의**
3 반성　4 주장

해설 抱負는 '포부'라는 의미로, 동의어인 2 決意(결의)가 정답이다.

어휘 監督 かんとく 명 감독　抱負 ほうふ 명 포부　述べる のべる 동 말하다
見解 けんかい 명 견해　決意 けつい 명 결의　反省 はんせい 명 반성
主張 しゅちょう 명 주장

18 중상

오늘따라, 웬일인지 일이 순탄하다はかどる.

1 손에 안 잡힌다　**2 순조롭게 진행된다**
3 날아들어 온다　4 잘되지 않는다

해설 はかどる는 '순탄하다'라는 의미로, 단어의 뜻을 올바르게 풀어 쓴 표현인 2 順調に進む(순조롭게 진행된다)가 정답이다.

어휘 なぜか 부 웬일인지　はかどる 동 순탄하다
順調だ じゅんちょうだ な형 순조롭다　舞い込む まいこむ 동 날아들다

19 중상

반대의 목소리는 있었지만, 공사를 밀어붙였다押し切った.

1 연기했다　2 중단했다
3 강행했다　4 의뢰했다

해설 押し切った는 '밀어붙였다'라는 의미로, 동의어인 3 強行した(강행했다)가 정답이다.

어휘 工事 こうじ 명 공사　押し切る おしきる 동 밀어붙이다
延期 えんき 명 연기　中断 ちゅうだん 명 중단
強行 きょうこう 명 강행　依頼 いらい 명 의뢰

20 상

악랄하다

1 부장님은 거절하고 거절해도, 악랄하게 식사를 권유해 온다.
2 문장을 쓸 때는, 에두르는 악랄한 표현은 피해야 한다.
3 그녀는 악랄한 음주를 계속한 결과, 병을 앓았다.
4 사람을 속이는 것과 같은 악랄한 상술이 허용되면 안 된다.

해설 あくどい(악랄하다)는 잔인하고 악질인 것을 나타내는 경우에 사용한다. 4의 人をだますようなあくどい商法(사람을 속이는 것과 같은 악랄한 상술)에서 올바르게 사용되었으므로 4가 정답이다. 참고로, 1은 しつこい(끈질기다), 2는 くどい(장황하다), 3은 度が過ぎた(どがすぎた, 정도가 지나친)를 사용하는 것이 올바른 문장이다.

어휘 あくどい い형 악랄하다　断る ことわる 동 거절하다
誘う さそう 동 권유하다
遠回しだ とおまわしだ な형 에두르다, 완곡하다
表現 ひょうげん 명 표현　避ける さける 동 피하다
飲酒 いんしゅ 명 음주　結果 けっか 명 결과　わずらう 동 (병을) 앓다
だます 동 속이다　商法 しょうほう 명 상술, 상법
許す ゆるす 동 허용하다

21 중상

안달하다

1 신입 사원의 건방진 태도는, 온후한 부장님조차도 안달하게 했다.
2 사랑하는 우리 아이를 한시라도 빨리 보고 싶어서 집으로의 발걸음을 안달했다.
3 예기치 못한 질문에는, 안달하지 말고 잘 생각해서 대답하는 것이 좋다.
4 인간은 머리가 안달하면, 냉정한 판단을 할 수 없게 되는 법이다.

해설 焦る(안달하다)는 조바심을 내며 안절부절 못하는 경우에 사용한다. 3의 予期せぬ質問には、焦らず(예기치 못한 질문에는, 안달하지 말고)에서 올바르게 사용되었으므로 3이 정답이다. 참고로, 1은 いらだつ(애가 타다), 2는 急ぐ(いそぐ, 서두르다), 4는 パニックになる(패닉이 되다)를 사용하는 것이 올바른 문장이다.

어휘 焦る あせる 동 안달하다　新人 しんじん 명 신입
社員 しゃいん 명 사원　生意気だ なまいきだ な형 건방지다
態度 たいど 명 태도　温厚だ おんこうだ な형 온후하다
愛 あい 명 사랑　我が子 わがこ 명 우리 아이
一刻も早く いっこくもはやく 한 시라도 빨리
家路 いえじ 명 집으로의 발걸음, 귀로　予期せぬ よきせぬ 예기치 못한
回答 かいとう 명 대답　人間 にんげん 명 인간
冷静だ れいせいだ な형 냉정하다　判断 はんだん 명 판단

꼭! 알아두기 焦らず(안달하지 말고)는 回答する(대답하다), 対応する(대응하다)와 같은 대책이나 조치를 나타내는 어휘와 함께 자주 사용된다.

22 중상

관록

1 그의 위엄 있는 등에서는 베테랑의 관록이 느껴진다.
2 장래가 기대된 관록은, 부상으로 선수 생명이 끊겼다.
3 엄숙한 관록 속, 창립 기념 의식이 행해졌습니다.
4 화려하고 관록이 감도는 가게 안은 흰색을 바탕으로 하고 있었다.

해설 貫禄(관록)는 오랜 경험에서 나오는 중후함이나 품격을 나타내는 경우에 사용한다. 1의 ベテランの貫禄(베테랑의 관록)에서 올바르게 사용되었으므로 1이 정답이다. 참고로, 2는 逸材(いつざい, 인재), 3은 雰囲気(ふんいき, 분위기), 4는 気品(きひん, 기품)을 사용하는 것이 올바른 문장이다.

어휘 貫禄 かんろく 명 관록　威厳 いげん 명 위엄　ベテラン 명 베테랑
感じる かんじる 동 느끼다　将来 しょうらい 명 장래
期待 きたい 명 기대　選手 せんしゅ 명 선수　生命 せいめい 명 생명
絶つ たつ 동 끊다　厳かだ おごそかだ な형 엄숙하다
創立 そうりつ 명 창립　記念 きねん 명 기념
式典 しきてん 명 의식, 식전　華やかだ はなやかだ な형 화려하다
漂う ただよう 동 감돌다, 떠돌다　店内 てんない 명 가게 안
基調 きちょう 명 바탕, 기조

23 상

능숙

1 1만 명의 관객은 소년의 능숙한 기타 솜씨에 시선을 빼앗겼다.
2 기겁을 해서, 사고의 상황을 능숙하게 설명할 수 없었다.
3 능숙하게 무릎을 꿇고, 다도를 하는 딸의 모습이 할머니와 겹쳤다.
4 이렇게까지 성능이 능숙한 카메라는 어디를 찾아도 다른 것은 없다.

해설 巧み(능숙)는 기교를 발휘하여 일을 솜씨 좋고 익숙하게 해내는 경우에 사용한다. 1의 巧みなギターさばき(능숙한 기타 솜씨)에서 올바르게 사용되었으므로 1이 정답이다. 참고로, 2는 うまい(잘하다), 3은 丁寧だ(ていねいだ, 정중하다), 4는 素晴らしい(すばらしい,훌륭하다)를 사용하는 것이 올바른 문장이다.

어휘 巧みだ たくみだ な형 능숙하다　観客 かんきゃく 명 관객
少年 しょうねん 명 소년　さばき 명 솜씨
目を奪われる めをうばわれる 시선을 빼앗기다
気が転倒する きがてんとうする 기겁을 하다　状況 じょうきょう 명 상황
ひざまずく 동 무릎을 꿇다　茶道 さどう 명 다도　姿 すがた 명 모습
重なる かさなる 동 겹치다　性能 せいのう 명 성능　他 ほか 명 다른 것

꼭! 알아두기　巧みだ(능숙하다)는 기술이나 기교와 관련된 어휘와 함께 사용된다.

24 중상

간결

1 그녀의 해설은 간결해서, 초보자라도 이해하기 쉬웠다.
2 정답률 8할을 넘는 간결한 문제를 틀려버렸다.
3 남동생은 간결해서, 금새 사람이 말하는 것을 믿어버린다.
4 퇴직 후는 사치를 하지 않고, 간결한 생활을 보내고 있다.

해설 簡潔(간결)는 간단하지만 요령이 있는 상태를 나타내는 경우에 사용한다. 1의 解説は簡潔で、初心者でも理解しやすかった(해설은 간결해서, 초보자라도 이해하기 쉬웠다)에서 올바르게 사용되었으므로 1이 정답이다. 참고로, 2는 簡単だ(かんたんだ, 간단하다), 3은 単純だ(たんじゅんだ, 단순하다), 4는 簡素だ(かんそだ, 간소하다)를 사용하는 것이 올바른 문장이다.

어휘 簡潔だ かんけつだ な형 간결하다　解説 かいせつ 명 해설
初心者 しょしんしゃ 명 초보자　理解 りかい 명 이해
正解率 せいかいりつ 명 정답률　割 わり 명 할, 비율
超える こえる 동 넘다　信じる しんじる 동 믿다
退職後 たいしょくご 퇴직 후　贅沢 ぜいたく 명 사치

25 상

명심하다

1 유아를 노린 범죄에는 충분히 명심해 주세요.
2 항상 겉모습으로 사람을 판단하지 않도록 명심하고 있다.
3 실패만 명심하고 있어서는, 아무것도 앞으로 나아가지 않아.
4 정치가는 이익보다도 국민의 생활을 명심해야만 한다.

해설 心掛ける(명심하다)는 항상 마음에 새겨두고 잊지 않도록 하는 경우에 사용한다. 2의 判断しないように心掛けて(판단하지 않도록 명심하고)에서 올바르게 사용되었으므로 2가 정답이다. 참고로, 1은 注意する(ちゅういする, 주의하다), 3은 心配する(しんぱいする, 걱정하다), 4는 優先する(ゆうせんする, 우선하다)를 사용하는 것이 올바른 문장이다.

어휘 心掛ける こころがける 동 명심하다　幼児 ようじ 명 유아
狙う ねらう 동 노리다　犯罪 はんざい 명 범죄　常に つねに 부 항상
見た目 みため 명 겉모습　判断 はんだん 명 판단
何も なにも 부 아무것도　政治家 せいじか 명 정치가
利益 りえき 명 이익　国民 こくみん 명 국민

언어지식 (문법) p.92

26 중상

저 배우, 딸의 생일에 1,000만 엔 (　　　) 차를 선뜻 선물했다고 해요.

1 에 충분한　**2 이나 하는**
3 을 아랑곳하지 않고　4 씩이나 되는

해설 적절한 문형을 고르는 문제이다. 괄호 앞의 가격을 나타내는 수량사 1,000万円(1,000만 엔)에 접속할 수 있는 문형은 1 に足る, 2 からする, 3 をよそに이다. 4 からある는 무게, 거리, 크기 등을 나타내는 수량사 뒤에 접속하므로 오답이다. 괄호 뒤 車をぽんとプレゼントしたそうですよ(차를 선뜻 선물했다고 해요)로 이어지는 문맥을 보면 '1,000만 엔이나 하는 차를 선뜻 선물했다고 해요'가 가장 자연스럽다. 따라서 2 からする(이나 하는)가 정답이다. 1 に足る는 '~에 충분한', 3 をよそに는 '~을 아랑곳하지 않고', 4 からある는 '~씩이나 되는'이라는 의미의 문형임을 알아둔다.

어휘 俳優 はいゆう 명 배우　ぽんと 부 선뜻, 탁

~に足る ~にたる ~에 충분한　~からする ~이나 하는 (가격)
~をよそに ~을 아랑곳하지 않고
~からある ~씩이나 되는 (무게, 거리, 크기 등)

27 중상

(대학 교수에게 인터뷰에서)
청자: 올해 학생들의 취직 상황은 어떻습니까?
교수: 꽤 냉엄하네요. 학생 수에 비해 기업 측의 모집 인원수가 적은 편이니까요. (　　) 대기업을 희망한다면, 상당한 난관이 되겠지요.

1 **하물며**　　2 온통
3 자칫하면　　4 가장

해설 적절한 부사를 고르는 문제이다. 괄호 앞의 **学生の数に対して企業側の募集人数が少なめですから**(학생 수에 비해 기업 측의 모집 인원수가 적은 편이니까요)와 괄호 뒤의 **大企業を希望するとなると、かなりの難関となるでしょうね**(대기업을 희망한다면, 상당한 난관이 되겠지요)와 문맥상 어울리는 말은 '하물며 대기업을 희망한다면'이다. 따라서 1 **まして**(하물며)가 정답이다.

어휘 **教授** きょうじゅ 명 교수　**インタビュー** 명 인터뷰
聞き手 ききて 명 청자, 듣는 사람　**就職** しゅうしょく 명 취직
状況 じょうきょう 명 상황　**数** かず 명 수
~に対して ~にたいして ~에 비해, ~에 대해
企業 きぎょう 명 기업　**募集** ぼしゅう 명 모집
人数 にんずう 명 인원수
少なめだ すくなめだ な형 적은 편이다, 약간 적다
大企業 だいきぎょう 명 대기업　**希望** きぼう 명 희망
~となると ~한다면　**かなり** 부 상당히　**難関** なんかん 명 난관
まして 부 하물며　**もっぱら** 부 온통　**ともすると** 부 자칫하면
もっとも 부 가장, 제일

꼭! 알아두기 まして(하물며), なおさら(더욱더), さらに(더욱이)는 앞서 언급된 내용보다 심한 내용을 덧붙일 때 사용할 수 있다.

28 중상

올해 데뷔한 신인 가수가 주목을 모으고 있는 것 같다. 그 가창력은, 개성적인 목소리 (　　) 듣는 사람의 마음에 울리는 훌륭한 것이라며, 여기저기에서 평가되고 있다.

1 를 바탕으로　　2 에 이르러
3 **와 맞물려**　　4 를 겸하여

해설 적절한 문형을 고르는 문제이다. 모든 선택지가 괄호 앞의 명사 **声**(목소리)에 접속할 수 있다. 괄호 뒤 **聞く人の心に響く素晴らしいもの**(듣는 사람의 마음에 울리는 훌륭한 것)로 이어지는 문맥을 보면 '그 가창력은, 개성적인 목소리와 맞물려 듣는 사람의 마음에 울리는 훌륭한 것'이 가장 자연스럽다. 따라서 3 **と相まって**(와 맞물려)가 정답이다. 1 **を踏まえて**는 '~을 바탕으로', 2 **に及んで**는 '~에 이르러', 4 **をかねて**는 '~을 겸하여'라는 의미의 문형임을 알아둔다.

어휘 **デビュー** 명 데뷔　**新人** しんじん 명 신인　**歌手** かしゅ 명 가수
注目 ちゅうもく 명 주목　**歌唱力** かしょうりょく 명 가창력
個性的だ こせいてきだ な형 개성적이다　**響く** ひびく 동 울리다
あちこち 명 여기저기　**評価** ひょうか 명 평가
~を踏まえて ~をふまえて ~을 바탕으로, ~에 입각하여
~に及んで ~におよんで ~에 이르러
~と相まって ~とあいまって ~와 맞물려　**~をかねて** ~을 겸하여

29 중

이전에는 생각할 수 없었던 일이지만, 이 앱을 사용하면, 자택에 (　　) 면서, 일류 요리사로부터 일식 만드는 법을 배울 수 있다고 한다.

1 있다　　2 **있으**
3 없으　　4 있자

해설 동사의 올바른 활용형을 고르는 문제이다. 괄호 뒤의 문형 **ながらにして**(~하면서)와 접속할 수 있는 동사의 활용형은 **ます형**이므로 2 **い**(있으)가 정답이다. '이 앱을 사용하면, 자택에 있으면서, 일류 요리사로부터 일식 만드는 법을 배울 수 있다'라는 문맥에도 맞다.

어휘 **以前** いぜん 명 이전　**アプリ** 명 앱, 어플　**自宅** じたく 명 자택
~ながらにして ~하면서　**一流** いちりゅう 명 일류
料理人 りょうりにん 명 요리사, 요리인　**和食** わしょく 명 일식, 일본 요리
作り方 つくりかた 명 만드는 법

30 중

이번 국제 피아노 콩쿠르는 참가자가 많아, 입상하는 것이 어려울 것이라고 (　　), 어느 상에도 뽑히지 않았기 때문에 의기소침해졌다.

1 **예상하고 있었다고는 해도**　　2 예상된 끝에
3 예상하게 된 채　　4 예상하고 있던 반면

해설 적절한 문형을 고르는 문제이다. 괄호 앞뒤 문맥을 보면, '입상하는 것이 어려울 것이라고 예상하고 있었다고는 해도, 어느 상에도 뽑히지 않았기 때문에 의기소침해졌다'가 가장 자연스럽다. 따라서 1 **予想していたとはいえ**(예상하고 있었다고는 해도)가 정답이다. 2의 **あげく**는 '~끝에', 3의 **たきり**는 '~한 채', 4의 **反面**은 '~반면'이라는 의미의 문형임을 알아둔다.

어휘 **今回** こんかい 명 이번　**コンクール** 명 콩쿠르
参加者 さんかしゃ 명 참가자　**入賞** にゅうしょう 명 입상
賞 しょう 명 상　**落ち込む** おちこむ 동 의기소침해지다
予想 よそう 명 예상　**~とはいえ** ~라고는 해도　**~あげく** ~끝에
~たきり ~한 채　**~反面** ~はんめん ~반면

31 중상

기무라: 가와노 씨의 업적을 홈페이지에서 (　　) 만, 다양한 분야에서 활약하고 계신 것 같네요.
가와노: 감사합니다. 그렇게 대단한 것은 아닙니다만….

1 보셨습니다　　2 오셨습니다
3 **보았습니다**　　4 보여드렸습니다

해설 적절한 경어 표현을 고르는 문제이다. 기무라가 가와노의 업적을

홈페이지에서 봤다고 말하는 상황이므로 자신의 행위를 낮추는 ホームページで拝見しましたが(홈페이지에서 보았습니다만)가 가장 자연스럽다. 따라서 3 拝見しました(보았습니다)가 정답이다. 여기서 拝見する(보다)는 見る(보다)의 겸양어이다. 1 ご覧になりました(보셨습니다)는 見る(보다)의 존경어, 2 お見えになりました(오셨습니다)는 来る(오다)의 존경어, 4 お目にかけました(보여드렸습니다)는 見せる(보이다)의 겸양어를 활용한 것이다.

어휘 業績 ぎょうせき 명 업적　ホームページ 명 홈페이지
さまざまだ な형 다양하다　分野 ぶんや 명 분야
活躍 かつやく 명 활약　大した たいした 대단한
ご覧になる ごらんになる 보시다 (見る의 존경어)
お見えになる おみえになる 오시다 (来る의 존경어)
拝見する はいけんする 보다 (見る의 겸양어)
お目にかける おめにかける 보여드리다 (見せる의 겸양어)

32 중상

우에노: 어라? 어딘가 여행을 가는 건가요?
오츠카: 응. 최근, (　　) 가족과 지내지 않았었으니까, 다음 연휴는 온천에라도 라고 생각해서.
우에노: 그것참, 가족 분들도 좋아하겠네요.

1 일은 제쳐두고　**2 일에 얽매여서**
3 일도 돌아보지 않고　4 일의 체면상

해설 적절한 문형을 고르는 문제이다. 괄호 앞뒤 문맥을 보면, '최근, 일에 얽매여서 가족과 지내지 않았었으니까'가 가장 자연스럽다. 따라서 2 仕事にかまけて(일에 얽매여서)가 정답이다. 1의 はさておき는 '~은 제쳐두고', 3의 も顧みず는 '~도 돌아보지 않고', 4의 手前는 '~체면상'이라는 의미의 문형임을 알아둔다.

어휘 過ごす すごす 동 지내다, 보내다　連休 れんきゅう 명 연휴
温泉 おんせん 명 온천　～はさておき ~은 제쳐두고
～にかまけて ~에 얽매여서
～も顧みず ～もかえりみず ~도 돌아보지 않고
～手前 ～てまえ ~체면상

꼭! 알아두기 ～にかまけて(~에 얽매여서)는 반드시 ～ない(~지 않다), ～ず(~지 않고)와 같은 부정 표현과 함께 사용된다.

33 중상

매년 1회전에서 패퇴하고 있고, 작년에 겨우 2회전까지 진출했다. 그것만으로 야단법석이 되는 약소 팀이니까, 결승 진출 따위 (　　).

1 바랄지도 모른다　2 바라지 않는 것도 아니다
3 바랄 수밖에 없다　**4 바랄 수도 없다**

해설 적절한 문형을 고르는 문제이다. 괄호 앞 문맥을 보면, '약소 팀이니까, 결승 진출 따위 바랄 수도 없다'가 가장 자연스럽다. 따라서 4 望むべくもない(바랄 수도 없다)가 정답이다. 1의 ないとも限らない는 '~일지도 모른다', 2의 なくはない는 '~않는 것도 아니다', 3의 よりほかない는 '~일 수밖에 없다'라는 의미의 문형임을 알아둔다.

어휘 一回戦 いっかいせん 1회전　敗退 はいたい 명 패퇴
二回戦 にかいせん 2회전　お祭り騒ぎ おまつりさわぎ 명 야단법석
弱小 じゃくしょう 명 약소　チーム 명 팀　決勝 けっしょう 명 결승
進出 しんしゅつ 명 진출　望む のぞむ 명 바라다
～ないとも限らない ～ないともかぎらない ~일지도 모른다
～なくはない ~않는 것도 아니다　～よりほかない ~일 수밖에 없다
～べくもない ~할 수도 없다

34 중상

사사키 교수의 수업은, 학생들에게 인기가 있어서 언제나 만원이다. 흥미를 끄는 수업의 (　　), 교수님 이야기의 재미가, 학생들을 사로잡고 있는 이유라고 한다.

1 내용도 그러하지만　2 내용은 어떨지 몰라도
3 내용은커녕　4 내용에도 아랑곳하지 않고

해설 적절한 문형을 고르는 문제이다. 괄호 앞뒤 문맥을 보면, '흥미를 끄는 수업의 내용도 그러하지만, 교수님 이야기의 재미가, 학생들을 사로잡고 있는 이유'가 가장 자연스럽다. 따라서 1 内容もさることながら(내용도 그러하지만)가 정답이다. 2의 はいざ知らず는 '~은 어떨지 몰라도', 3의 はおろか는 '~은커녕', 4의 をものともせず는 '~에도 아랑곳하지 않고'라는 의미의 문형임을 알아둔다.

어휘 教授 きょうじゅ 명 교수, 교수님　人気 にんき 명 인기
満員 まんいん 명 만원　面白さ おもしろさ 명 재미
ひきつける 동 사로잡다, (마음을) 끌다　内容 ないよう 명 내용
～もさることながら ~도 그러하지만
～はいざ知らず ～はいざしらず ~은 어떨지 몰라도
～はおろか ~은커녕　～をものともせず ~에도 아랑곳하지 않고

35 중

(텔레비전에서)
아나운서: 요즈음 비가 많아서, 야채의 관리가 힘들지 않습니까?
농가 사람: 이야, 정말로 힘듭니다. 내리지 않는 것도 곤란하지만, 이렇게 매일 (　　).

1 내리지 않을 수 없어요　**2 내려져서는 견딜 수 없어요**
3 내릴 리가 없어요　4 내리는 것에만 그치지 않아요

해설 적절한 문형을 고르는 문제이다. 특히 선택지 2의 수동 표현 降られる에 유의하여 선택지를 해석한다. 괄호 앞 문맥을 보면, '내리지 않는 것도 곤란하지만, 이렇게 매일 내려져서는 견딜 수 없어요'가 가장 자연스럽다. 따라서 수동 표현 降られる(내려지다)가 사용된 2 降られてはかなわないですよ(내려져서는 견딜 수 없어요)가 정답이다. 1의 ないではすまない는 '~하지 않을 수 없다', 3의 っこない는 '~일 리가 없다', 4의 にとどまらない는 '~에 그치지 않다'라는 의미의 문형임을 알아둔다.

어휘 ここのところ 요즈음, 지금 현재로는　管理 かんり 명 관리
農家 のうか 명 농가　～ないではすまない ~하지 않을 수 없다
～てはかなわない ~해서는 견딜 수 없다　～っこない ~일 리가 없다
～だけ 조 ~만　～にとどまらない ~에 그치지 않다

36 중상

> 근처에 살고 있는 숙부는, 고령임에도 불구하고 장보기도 가사도 혼자서 하고 있고, 놀랄 정도로 건강하다. 85세에 간호를 필요로 하지 않는 그의 ★건강의 비밀은 무엇인지 물어보고 싶다고 언제나 생각하고 있다.
>
> 1 물어보고 싶다 　 2 그의
> **3 건강의 비밀은 무엇인지** 　 4 간호를 필요로 하지 않는다

해설 선택지들끼리 연결 가능한 문형이 없으므로 의미적으로 배열하면 4 介護を必要としない 2 彼の 3 健康の秘密は何か 1 聞いてみたい(간호를 필요로 하지 않는 그의 건강의 비밀은 무엇인지 물어보고 싶다)가 되면서 전체 문맥과도 어울린다. 따라서 3 健康の秘密は何か(건강의 비밀은 무엇인지)가 정답이다.

어휘 高齢 こうれい 명 고령 　 ～にもかかわらず ~임에도 불구하고
家事 かじ 명 가사 　 健康 けんこう 명 건강 　 秘密 ひみつ 명 비밀
介護 かいご 명 간호, 개호

> 꼭! 알아두기 빈칸 바로 앞에 で(에), を(을), も(도)와 같은 조사가 있을 경우 문맥상 연결 가능한 선택지를 먼저 배열한다.

37 중

> 일본인은 옛날부터 목욕을 좋아했던 것 같지만, 일본의 목욕탕은, 심신을 맑게 할 뿐만 아니라 보양이나 사교의 장으로서의 ★역할도 하는 등 독자적인 과정을 나아가 현재와 같은 형태로 발전해온 것 같다.
>
> **1 역할도 하는 등** 　 2 뿐만 아니라
> 3 심신을 맑게 할 　 4 보양이나 사교의 장으로서의

해설 2 だけでなく는 명사나, 동사의 사전형에 접속하므로 먼저 3 心身を清らかにする 2 だけでなく(심신을 맑게 할 뿐만 아니라)로 연결할 수 있다. 이것을 나머지 선택지와 함께 문맥에 맞게 배열하면 3 心身を清らかにする 2 だけでなく 4 保養や社交の場としての 1 役割も担うなど(심신을 맑게 할 뿐만 아니라 보양이나 사교의 장으로서의 역할도 하는 등)가 되면서 전체 문맥과도 어울린다. 따라서 1 役割も担うなど(역할도 하는 등)가 정답이다.

어휘 日本人 にほんじん 명 일본인 　 お風呂好き おふろずき 목욕을 좋아함
日本 にほん 명 일본 　 独自 どくじ 명 독자 　 経過 けいか 명 과정, 경과
たどる 동 나아가다, 더듬어 가다 　 現在 げんざい 명 현재
発展 はってん 명 발전 　 役割を担う やくわりをになう 역할을 하다
～だけでなく ~뿐만 아니라 　 心身 しんしん 명 심신
清らかだ きよらかだ な형 맑다 　 保養 ほよう 명 보양
社交 しゃこう 명 사교 　 場 ば 명 장, 장소 　 ～として ~로서

38 중

> 일본에는, 어린 시절부터 로봇 애니메이션을 보고 자라, 어른이 되어 ★움직이는 로봇을 만들기 위해 로봇 개발자를 목표로 했다고 하는 사람이 여럿 있다.
>
> **1 움직이는 로봇을** 　 2 로봇 개발자를
> 3 만들기 위해 　 4 목표로 했다고 하는

해설 선택지들끼리 연결 가능한 문형이 없으므로 의미적으로 배열하면 1 動くロボットを 3 作るべく 2 ロボット開発者を 4 目指したという(움직이는 로봇을 만들기 위해 로봇 개발자를 목표로 했다고 하는)가 되면서 전체 문맥과도 어울린다. 따라서 1 動くロボットを(움직이는 로봇을)가 정답이다.

어휘 日本 にほん 명 일본 　 子供の頃 こどものころ 어린 시절
ロボット 명 로봇 　 アニメ 명 애니메이션 　 育つ そだつ 동 자라다
開発者 かいはつしゃ 명 개발자 　 ～べく ~하기 위해
目指す めざす 동 목표로 하다 　 ～という ~라고 한다

39 상

> 스트레스는 싫은 법이다. 하지만, 적당한 스트레스가 있기 때문에야말로, 활력이나 의욕이 생기는 것이니까, 필요 불가결한 것이라고도 말할 수 있는 ★것 이 아닐까.
>
> 1 말할 수 있는 　 **2 것**
> 3 이 아닐까 　 4 이라고도

해설 2 の는 3 ではないか와 함께 쓰여 문형 のではないか(~것이 아닐까)가 되므로 먼저 2 の 3 ではないか(것이 아닐까)로 연결할 수 있다. 이것을 나머지 선택지와 함께 문맥에 맞게 배열하면 4 とも 1 いえる 2 の 3 ではないか(라고도 말할 수 있는 것이 아닐까)가 되면서 전체 문맥과도 어울린다. 따라서 2 の(것)가 정답이다.

어휘 ストレス 명 스트레스 　 ～ものだ ~인 법이다
適度だ てきどだ な형 적당하다 　 ～からこそ ~이기 때문에, ~이야말로
活力 かつりょく 명 활력 　 やる気 やるき 명 의욕, 할 마음
不可欠だ ふかけつだ な형 불가결하다
～のではないか ~것이 아닐까, ~가 아닌가 　 ～と 조 ~라고
～も 조 ~도

40 중

> 이것이야말로 독창적인 발상이라고 생각해도, 잘 조사해보면, 이전부터 있는 것을 가공했을 뿐인 것이었다와 같은 ★일 도 적지 않다.
>
> 1 같은 　 2 도
> **3 일** 　 4 와

해설 선택지들끼리 연결 가능한 문형이 없으므로 의미적으로 배열한다. 선택지 중 빈칸 뒤의 少なくない(적지 않다) 바로 앞에 올 수 있는 것은 2 も(도)이므로 가장 뒤에 배치한다. 나머지 선택지를 문맥에 맞게 배열하면 4 という 1 ような 3 こと 2 も 少なくない(와 같은 일도 적지 않다)가 되면서 전체 문맥과도 어울린다. 따라서 3 こと(일)가 정답이다.

어휘 ～こそ 조 ~야말로 　 独創的だ どくそうてきだ な형 독창적이다
発想 はっそう 명 발상 　 以前 いぜん 명 이전 　 加工 かこう 명 가공
～ような ~같은, ~듯한 　 ～も 조 ~도 　 ～という ~라는

> 꼭! 알아두기 ような(같은)는 ～というような(~와 같은), ～のような(~와 같은)와 같은 형태로 자주 사용된다.

41-45

부모님의 대화

'이것 저것 그것'만으로 회화가 거의 이루어지는 관계가 있다. 나의 부모님이 바로 그렇다.

오랜만에 본가로 돌아와 [41]거실에서 편안히 쉬고 있으면, 부모님이 이야기하고 있는 것이 들려온다. 그 대화를 41 듣고 있는 것인데, 하여간 그 내용이 전혀라고 해도 될 정도로 이해 불가능인 것이다. 어려운 이야기를 하고 있는 것도, 외국어로 이야기하고 있는 것도 아닌데. 예를 들면 이렇다.

아버지: 그러고 보니, 그거, 어디에 있었지?

어머니: 그거라니?

아버지: 어제 얘기했던 그거 말이야, 그거.

어머니: 아, 그거. 네네, 이미 꺼내 놨어요. 서두른다고 말했었으니까.

아버지: 아니, 서두르는 건 그쪽이 아니라, 이쪽인데.

어머니: 이쪽이라니, 어느 거야?

아버지: 이거 말이야, 이거.

어머니: 아아, 그거. 그럼, 저기에 놔두세요.

아버지: 네네. 여기 말이지.

라는 느낌이다.

이것은 내 부모님에 국한된 일은 아닐 것이다. [42]오랫동안 부부로 같이 살고 있으면, 서로 말하지 않아도 아는 것이다. 42, [42]이제 세세한 커뮤니케이션은 필요 없다는 것일 것이다. [43]아무리 자신의 부모 일이라고는 해도, 43 은 [43]스스로 경험해보지 않으면 알 수 없는 것일지도 모른다.

누군가와 사귀거나, 결혼을 하거나 할 때의 결정타는, 가치관이나 말이 통한다는 것이라고 자주 말해지고 있지만, 실제로 공동생활을 하고 있으면, 그런 것은 별로 44.

[44]다른 사람은 몰라도, 두 사람이라면 '그거'로 통한다. 많은 시간을 함께 지내고, 서로의 사고를 공유해 온 증거다. 아마 이야기 따위 하지 않아도, [45]공기처럼 함께 있는 것만으로 부부라는 것은 성립하는 것일 것이다. 부모님을 보고 있으면 절실히 그렇게 45.

(주1) 편안히 쉬다: 느긋하게 있다
(주2) 부부로 같이 살다: 부부로서 함께 있다
(주3) 결정타: 결정하는 요인이나 포인트

어휘 ほぼ 부 거의　成り立つ なりたつ 동 이루어지다, 성립되다
まさに 부 바로, 틀림없이　実家 じっか 명 본가　居間 いま 명 거실
くつろぐ 동 편안히 쉬다　とにかく 부 하여간, 어쨌든
内容 ないよう 명 내용　全く まったく 부 전혀, 완전히
理解 りかい 명 이해　不能だ ふのうだ な형 불가능이다, 불능이다
外国語 がいこくご 명 외국어　そういえば 그러고 보니
～といった ~라는, ~라고 하는　感じ かんじ 명 느낌
～に限ったことではない ~にかぎったことではない ~에 국한된 것은 아니다
～はずだ ~일 것이다　長い間 ながいあいだ 오랫동안
連れ添う つれそう 동 부부로 같이 살다　お互い おたがい 서로
コミュニケーション 명 커뮤니케이션　いくら 부 아무리
～とはいえ ~라고는 해도　～かもしれない ~일지도 모른다
付き合う つきあう 동 사귀다, 교제하다
決め手 きめて 명 결정타, 결정자　価値観 かちかん 명 가치관
話が合う はなしがあう 말이 통하다　実際 じっさい 명 실제
共同生活 きょうどうせいかつ 명 공동생활　さほど 부 별로, 그다지
通じる つうじる 동 통하다　多く おおく 명 많음　共に ともに 함께
過ごす すごす 동 지내다, 보내다　思考 しこう 명 사고
共有 きょうゆう 명 공유　証 あかし 명 증거, 증명　おそらく 부 아마
夫婦 ふうふ 명 부부　成立 せいりつ 명 성립　つくづく 부 절실히
のんびり 부 느긋하게　～として ~로서　要因 よういん 명 요인
ポイント 명 포인트

41 중

1 들을 만해서	2 듣는다고 생각했더니
3 듣는 한편으로	**4 특별히 들으려는 생각 없이**

해설 적절한 문형을 고르는 문제이다. 빈칸 앞에서 居間でくつろいでいると、両親が話しているのが聞こえてくる라고 언급하였으므로 その会話を聞くともなしに聞いているのだが가 가장 자연스럽다. 따라서 4 聞くともなしに가 정답이다.

어휘 ～べくして ~할 만해서
～と思いきや ~とおもいきや ~라고 생각했더니
～かたわら ~하는 한편으로　～ともなしに 특별히 ~하려는 생각 없이

42 중상

1 더구나	2 그렇다고 하더라도
3 또는	**4 즉**

해설 적절한 부사를 고르는 문제이다. 빈칸 앞에서 長い間連れ添っていると、お互いに言わなくてもわかるのだ라고 하고, 빈칸 뒤에서 もう細かいコミュニケーションは必要ないということなのだろう라며 앞의 내용을 정리하여 다시 언급하였다. 따라서 4 つまり가 정답이다.

어휘 なお 부 더구나, 더욱　とはいえ 접 그렇다고 하더라도
あるいは 접 또는　つまり 부 즉, 결국

43 중상

1 이 정도	**2 이것만**
3 그 정도	4 그런 식으로

해설 적절한 단어를 고르는 문제이다. 빈칸 앞에서 いくら自分の親のこととはいえ라고 하고, 빈칸 뒤에서 自分で経験してみないとわからないことなのかもしれない라고 언급하였으므로 こればかりは自分で経験してみないとわからないことなのかもしれない가 가장 자연스럽다. 따라서 2 こればかり가 정답이다.

어휘 ～ぐらい 조 ~정도　～ばかり 조 ~만　～ほど 조 ~정도
そんな 그런　ふう 명 식, 방법

44 중상

1 중요한 것임에 틀림없다
2 중요하게 하려고 해도 할 수 없다

3 중요하지 않은 것일지도 모른다
4 중요하지 않은 것은 아니다

해설 적절한 문형을 고르는 문제이다. 글 전반적으로 필자는 부모님을 보며 부부란 세세한 커뮤니케이션을 하지 않아도 서로의 생각을 알아차릴 수 있는 것이라고 했다. 빈칸 뒤에서 他の人にはわからなくても、二人なら「あれ」で通じる라고 언급하였으므로 誰かと付き合ったり、結婚をしたりする時の決め手は、価値観や話が合うことだなんてよく言われているが、実際に共同生活をしていると、そんなことはさほど大切ではないのかもしれない가 가장 자연스럽다. 따라서 3 大切ではないのかもしれない가 정답이다.

어휘 ～に違いない ～にちがいない ~임에 틀림없다
～ようにも～ない ~하려고 해도 ~할 수 없다
～かもしれない ~일지도 모른다　～わけではない ~인 것은 아니다

꼭! 알아두기 さほど(별로), それほど(그다지)는 반드시 ～ない(~지 않다)와 같은 부정과 함께 사용된다.

45 상

1 알려지는 법이다　　2 생각된다
3 알게 되는 법이다　　**4 생각하게 된다**

해설 적절한 문형을 고르는 문제이다. 선택지 1과 2에는 수동 표현, 3과 4에는 사역수동 표현이 사용되었으므로 빈칸 주변에서 행위의 주체나 대상을 파악하는 것에 유의한다. 빈칸 앞 문맥을 볼 때, 부모님을 보고 空気のように一緒にいるだけで夫婦というものは成立するのだろう라고 생각하게 되는 주체는 필자이다. 따라서 사역수동 표현이면서 문맥에 맞는 의미인 4 思わせられる가 정답이다.

어휘 ～ものだ ~인 법이다

독해 p.98

46 중상

'킨츠기'란, 파손된 도자기 등을 수선하는 일본의 전통적인 기법입니다. 깨지거나 이가 빠지거나 한 파손 부분을 감추는 것이 아니라, 금으로 장식하여, 굳이 보여주는 것으로, 본래의 도자기와는 다른 풍미와 아름다움을 가지게 하는 것입니다. '깨진 그릇을 복원해서, 다시 한번 사용한다'라는, 물건을 소중히 하는 마음과, 일본 독자의 미에 대한 의식으로부터 태어난 수법이라고 말할 수 있겠지요.

킨츠기를 한 도자기는 현대에서도 예술 작품으로서 평가되고 있습니다만, 유감스럽게도, 근래 이 기술을 가진 사람이 점점 감소하고 있습니다. 물건이 넘치고 있는 현대에야말로, 이 기법의 본질적인 정신을 다시 보고, 기술을 지켜가는 것이 필요한 것은 아닐까요?

(주) 도자기 : 흙이나 광물을 구워서 만들어진 것, 접시 등

킨츠기에 대해서, 필자의 생각에 맞는 것은 어느 것인가?

1 '킨츠기'는 현대에도 그 전통 기술과 정신을 잃는 일 없이 계승되어야 한다.
2 '킨츠기'의 기술을 통해서 일본 특유의 도자기 수선 기법을 많은 사람에게 널리 퍼트려야 한다.
3 '킨츠기'는 풍요로운 시대에야말로 예술적 가치가 높기 때문에 남겨진 작품을 소중히 지켜야 한다.
4 '킨츠기'의 전통적 기법을 이어받을 사람을 늘려서, 예술 작품으로 남겨가야 한다.

해설 에세이로 필자의 생각을 묻고 있다. 후반부에서 物が溢れている現代こそ、この手法の本質的な精神を見直し、技術を守っていくことが必要なのではないでしょうか라고 서술하고 있으므로, 1「金継ぎ」は現代でもその伝統技術と精神を失うことなく引き継がれるべきだ가 정답이다.

어휘 金継ぎ きんつぎ 명 킨츠기 (도자기의 깨진 부분에 금을 칠하는 수선 방식)　破損 はそん 명 파손　陶磁器 とうじき 명 도자기　修繕 しゅうぜん 명 수선, 수리
日本 にほん 명 일본　伝統的だ でんとうてきだ な형 전통적이다　手法 しゅほう 명 기법, 수법　欠ける かける 동 이가 빠지다, 흠지다
部分 ぶぶん 명 부분　隠す かくす 동 감추다　金 きん 명 금　装飾 そうしょく 명 장식　あえて 부 굳이　もと 명 본래　味わい あじわい 명 풍미, 맛
美しさ うつくしさ 명 아름다움　もたせる 동 가지게 하다　器 うつわ 명 그릇　修復 しゅうふく 명 복원　大事にする だいじにする 소중히 하다
独自 どくじ 명 독자　美 び 명 미, 아름다움　～に対する ～にたいする ~에 대한　意識 いしき 명 의식　言える いえる 동 말할 수 있다
施す ほどこす 동 하다, 가하다　現代 げんだい 명 현대　芸術 げいじゅつ 명 예술　作品 さくひん 명 작품　評価 ひょうか 명 평가　近年 きんねん 명 근래
徐々に じょじょに 부 점점　減少 げんしょう 명 감소　溢れる あふれる 동 넘치다　本質的だ ほんしつてきだ な형 본질적이다　精神 せいしん 명 정신
見直す みなおす 동 다시 보다　守る まもる 동 지키다　土 つち 명 흙　鉱物 こうぶつ 명 광물　焼く やく 명 굽다　失う うしなう 동 잃다
引き継ぐ ひきつぐ 동 계승하다, 이어받다　～べきだ ~해야 한다　～を通して ～をとおして ~을 통해서　特有 とくゆう 명 특유
広める ひろめる 동 널리 퍼트리다　豊かだ ゆたかだ な형 풍요롭다　芸術的だ げいじゅつてきだ な형 예술적이다　価値 かち 명 가치
増やす ふやす 동 늘리다　残す のこす 동 남기다

꼭! 알아두기 ～ではないでしょうか(~은 아닐까요?), ～はどうだろうか(~은 어떨까?)를 포함한 문장에는 필자의 생각이나 주장이 자주 담겨 있으므로 특히 꼼꼼히 읽는다.

47 중상

이하는, 어느 스포츠 단체가 보낸 이메일의 내용이다.

회원 여러분

매주 이용해 주시고 있는 니시 운동장입니다만, 로커의 일부를 우리 단체가 계속 사용할 수 있게 되었습니다.

1~20번 로커를 당 단체에서 확보했기 때문에, 장기 이용 희망인 분은 이번 달 말까지 연락 주세요. 연락 주신 다음 달부터 원칙 3개월간 이용 가능하며, 사용료로 1,000엔 받습니다. 3개월 이상의 이용을 희망하시는 분은, 연락 시에 말씀해 주세요.

또한, 희망자 인원수에 따라서는, 추첨이나 사용료 변경을 시행할 예정이기 때문에, 미리 양해해 주세요.

또, 통상의 로커를 이용하고 싶으신 분은, 계속해서 매주 개별로 운동장 접수처에서 신청을 부탁드립니다.

다나카

로커 이용에 대해서, 이 이메일은 무엇을 알리고 있는가?

1 이 단체가 운동장의 로커를 3개월 전세할 수 있도록 되었다는 것
2 단체가 빌린 로커를 장기간 사용하고 싶은 사람은 연락해 주었으면 한다는 것
3 운동장 로커 이용 규칙이 3개월 1,000엔으로 변경된 것
4 로커를 3개월간 이용하고 싶은 경우에는 추첨회로의 참가가 필요한 것

해설 이메일 형식의 실용문으로, 로커 이용에 대한 글의 내용을 묻고 있다. 중반부에서 1~20番のロッカーを当団体で押さえましたので、長期ご利用希望の方は今月末までにご連絡くださいます라고 언급하고 있으므로, 2 団体が借りたロッカーを長期間使いたい人は連絡してほしいということ가 정답이다.

어휘 **団体** だんたい 명 단체 **メール** 명 이메일 **内容** ないよう 명 내용 **会員** かいいん 명 회원 **皆様** みなさま 명 여러분 **運動場** うんどうじょう 명 운동장 **ロッカー** 명 로커 **一部** いちぶ 명 일부 **私達** わたしたち 명 우리들 **継続** けいぞく 명 계속 **当団体** とうだんたい 당 단체 **押さえる** おさえる 동 확보하다 **長期** ちょうき 명 장기 **希望** きぼう 명 희망 **今月末** こんげつまつ 이번 달 말 **翌月** よくげつ 명 다음 달 **原則** げんそく 명 원칙 **可能だ** かのうだ な형 가능하다 **使用料** しようりょう 명 사용료 **以上** いじょう 명 이상 **なお** 접 또한 **希望者** きぼうしゃ 명 희망자 **人数** にんずう 명 인원수 **~によって** ~에 따라 **抽選** ちゅうせん 명 추첨 **変更** へんこう 명 변경 **あらかじめ** 부 미리 **ご了承** ごりょうしょう 양해, 승낙함 **通常** つうじょう 명 통상 **引き続き** ひきつづき 부 계속해서 **個別** こべつ 명 개별 **申請** しんせい 명 신청 **願う** ねがう 동 부탁하다 **貸し切り** かしきり 명 전세 **長期間** ちょうきかん 명 장기간 **抽選会** ちゅうせんかい 명 추첨회 **参加** さんか 명 참가

48 상

최근, 남성에 비해 여성이 사회적으로 불리한 상황에 놓이기 쉬운 것이, 공공연하게 이야기되게 되어 왔다. 그러는 한편으로, 남성 측의 문제에 대해서는 문제 삼는 사람이 아직 적다고 말할 수 있을 것이다.

예를 들어 남성은 사회 안에서 높은 지위를 얻는 것이 중요하고, 경쟁 사회 안에서 항상 위를 목표로 하지 않으면 안 된다는 분위기가 있다. 여기서 문제인 것은, 자신의 의지로 사회적 지위의 높음을 바라고 있는지 어떤지 본인이 자각하고 있지 않은 경우가 많은 것이다. 그들 중에는, 자신의 존재 의의가 지위의 높음 위에 성립하고 있다고 생각하는 사람도 있다. 그러한 사람은 자신의 지위를 위협하는 것으로서, 여성의 사회적 지위 향상에 비난의 목소리를 높이는 경우가 있다.

필자에 의하면, 사회 안에서 남성에게 일어나기 쉬운 문제는 무엇인가?

1 사회적으로 불리한 조건에 놓여있는데, 문제가 공공연하게 이야기되지 않는 것
2 남성은 사회 안에서 높은 지위에 오르기 위해서, 항상 경쟁하지 않으면 안 되는 것
3 자신이 바라고 있는 것인지 어떤지에 관계없이, 지위의 높음을 추구하는 것
4 남성에게 있어서 여성은 경쟁 상대이며, 이기지 않으면 안 된다고 생각하는 것

해설 에세이로 사회 안에서 남성에게 일어나기 쉬운 문제에 대한 필자의 생각을 묻고 있다. 중반부에서 ここで問題なのは、自分の意志で社会的地位の高さを望んでいるかどうか当人が自覚していない場合が多いことだ라고 서술하고 있으므로, 3 自身が望んでいることなのかどうかに関係なく、地位の高さを求めること가 정답이다.

어휘 ~に比べて ~にくらべて ~에 비해　社会的だ しゃかいてきだ な형 사회적이다　不利だ ふりだ な형 불리하다　状況 じょうきょう 명 상황
~がちだ ~하기 쉽다　公 おおやけ 명 공공연　語る かたる 동 이야기하다　一方 いっぽう 명 한편　男性側 だんせいがわ 남성 측
取り上げる とりあげる 동 문제 삼다　言える いえる 동 말할 수 있다　地位 ちい 명 지위　得る える 동 얻다　重要だ じゅうようだ な형 중요하다
常に つねに 부 항상　目指す めざす 동 목표로 하다　~なくてはならない ~지 않으면 안 된다　ムード 명 분위기, 무드　意志 いし 명 의지
高さ たかさ 명 높음　望む のぞむ 동 바라다　当人 とうにん 명 본인　自覚 じかく 명 자각　存在 そんざい 명 존재　意義 いぎ 명 의의
成り立つ なりたつ 동 성립하다　脅かす おびやかす 동 위협하다　向上 こうじょう 명 향상　非難 ひなん 명 비난
声を上げる こえをあげる 목소리를 높이다　起こる おこる 동 일어나다　条件 じょうけん 명 조건　就く つく 동 오르다, 취임하다
~なければならない ~지 않으면 안 된다　自身 じしん 명 자신　求める もとめる 동 추구하다　相手 あいて 명 상대

49 중상

심리학자 드웩 씨에 의하면, 사람의 배움이나 두뇌에 대한 생각에는 2종류가 있다고 한다. 한 가지는 사람의 재능은 선천적인 것이며, 아무리 노력해도 후천적으로는 향상되지 않는다고 하는 생각, 또 한 가지는 사람의 능력은 언제든지 발달하기 때문에 노력하면 바꿀 수 있다는 생각이다.

나는 단연, 후자의 생각을 지지하고 싶다. 벽에 부딪혀도 포기하지 않고, 한결같이 계속할 수 있다면 재능이 개화한다. 그렇게 생각하면, 매사에 임하는 방법이나 그 인식 방법은 달라질 것이다. 본인의 흥미와 의지와 동기 부여가 있다면, 사람은 실패를 두려워하지 않고 도전하여, 성장해갈 수 있는 것이다.

이 글에서 필자가 말하고 있는 것은 무엇인가?

1 타고난 재능이 있는 사람은, 노력을 하지 않기 때문에 능력이 향상되지 않는다.
2 재능이 있는 사람도 없는 사람도, 실패했을 때 포기하면 능력이 향상되지 않는다.
3 어떤 때에도 희망을 버리지 않고 계속하려는 태도를 유지할 수 있다면, 능력이 향상된다.
4 잘되지 않는 일이 계속되어도, 생각을 바꾸는 것만으로 능력이 향상된다.

해설 에세이로 필자의 생각을 묻고 있다. 중반부에서 壁にぶつかっても諦めずに、ひたすら継続できれば才能が開花する라고 서술하고 있으므로, 3 どんなときも望みを捨てずに続けようとする態度を維持できれば、能力が伸びる가 정답이다.

어휘 心理学者 しんりがくしゃ 명 심리학자　~によると ~에 의하면　学び まなび 명 배움　頭脳 ずのう 명 두뇌　~に対する ~にたいする ~에 대한
考え方 かんがえかた 명 생각, 사고방식　種類 しゅるい 명 종류　才能 さいのう 명 재능　先天的だ せんてんてきだ な형 선천적이다
努力 どりょく 명 노력　後天的だ こうてんてきだ な형 후천적이다　伸びる のびる 동 향상되다, 늘다　能力 のうりょく 명 능력　発達 はったつ 명 발달
断然 だんぜん 부 단연　後者 こうしゃ 명 후자　支持 しじ 명 지지　ぶつかる 동 부딪치다　諦める あきらめる 동 포기하다　ひたすら 부 한결같이
継続 けいぞく 명 계속　開花 かいか 명 개화　物事 ものごと 명 매사　取り組み方 とりくみかた 명 임하는 방법　捉え方 とらえかた 명 인식 방법
本人 ほんにん 명 본인　意志 いし 명 의지　モチベーション 명 동기 부여　失敗 しっぱい 명 실패　恐れる おそれる 동 두려워하다
挑戦 ちょうせん 명 도전　成長 せいちょう 명 성장　生まれつき うまれつき 명 타고남　望み のぞみ 명 희망　態度 たいど 명 태도　維持 いじ 명 유지

50-52

일본은 현재 굉장한 속도로 고령화가 진행되고 있다. [53]65세 이상의 인구는 일본 총인구의 30%에 육박할 기세로, 25년 후에는 50%를 넘는 현도 나온다고 시산되고 있다. [53]일본의 인구는 2009년을 피크로 감소를 계속하여, 고령자의 비율은 점점 높아지고 있는 것이다.

그런 가운데 주목을 받고 있는 것이, 한계 집락이다. 한계 집락이라는 것은, 이사 등으로 인구 감소가 진행되어, 생활 유지가 곤란해지고 있는 지역인 것이다. 가구수가 한 자릿수가 되어버리면, 공공의 도로나 상하수도, 의료와 같은 인프라의 유지도 힘들어지고, 머지않아 그 지역은 무인이 된다. 그러한 장소가 일본 도처에 나타나고 있고, 그 대개는 고령자가 대부분을 차지하는 지역이다.

'사람이 살지 않게 되면 자연으로 되돌리면 되지 않는가?'라는 사고방식도 있지만, 그런 간단한 문제가 아니다. 한번 사람의 손이 미친 산림은 손질을 계속하지 않으면 몹시 황폐해져버리고, 풍부한 물을 만들거나, 산사태를 방지하거나 하는 것이 불가능해진다. [54]농업에 의해서 물의 흐름이 관리되고 있던 장소는, 농경지가 방치되는 것에 의해서 태풍이나 큰비 때의 강의 관리가 되지 않아서, 재해가 증가할 우려도 있다. 자연 속에서 사람이 관리하고 있던 부분을 내버려 두면 악영향이 생기기 때문에, [55]무인이 된 지역을 그대로 둘 수는 없는 것이다.

하지만, 현상을 바꾸는 것은 몹시 곤란하다. 도시로부터의 전입자를 불러들이는 것은 쉽지 않기 때문에, 이미 한계 집락이된 장소는 쇠퇴해갈 뿐이다. 앞으로는, [55]사람이 없어진 지역을 어떻게 관리할지를 생각해가지 않으면 안 될 것이다.

(주1) 한 자릿수 : 1부터 9의 수
(주2) 몹시 황폐하다 : 이 이상 나빠지지 않을 정도까지, 난잡한 상태가 되다
(주3) 전입자 : 그 지역으로 이사오는 사람

어휘 日本 にほん 명 일본　現在 げんざい 명 현재　ものすごい い형 굉장하다　速さ はやさ 명 속도　高齢化 こうれいか 명 고령화
総人口 そうじんこう 명 총인구　迫る せまる 동 육박하다, 다가오다　勢い いきおい 명 기세　四半世紀 しはんせいき 명 25년, 사반세기
超える こえる 동 넘다　試算 しさん 명 시산, 어림잡아 하는 계산　ピーク 명 피크　減少 げんしょう 명 감소　高齢者 こうれいしゃ 명 고령자
比率 ひりつ 명 비율　注目 ちゅうもく 명 주목　限界集落 げんかいしゅうらく 명 한계 집락　転居 てんきょ 명 이사　維持 いじ 명 유지
困難だ こんなんだ な형 곤란하다　地域 ちいき 명 지역　世帯数 せたいすう 명 가구수　一桁 ひとけた 명 한 자릿수　公共 こうきょう 명 공공
道路 どうろ 명 도로　上下水道 じょうげすいどう 명 상하수도　医療 いりょう 명 의료　インフラ 명 인프라　やがて 부 머지않아　無人 むじん 명 무인
いたるところに 도처에　現れる あらわれる 동 나타나다　多く おおく 명 대개　大部分 だいぶぶん 명 대부분　占める しめる 동 차지하다
自然 しぜん 명 자연　考え方 かんがえかた 명 사고방식　一度 いちど 명 한번　手が入る てがはいる 손이 미치다　山林 さんりん 명 산림
手入れ ていれ 명 손질　荒れ果てる あれはてる 동 몹시 황폐해지다　豊かだ ゆたかだ な형 풍부하다　土砂崩れ どしゃくずれ 명 산사태
防ぐ ふせぐ 동 방지하다　農業 のうぎょう 명 농업　流れ ながれ 명 흐름　管理 かんり 명 관리　農耕地 のうこうち 명 농경지　放置 ほうち 명 방치
大雨 おおあめ 명 큰비　際 さい 명 때　災害 さいがい 명 재해　増加 ぞうか 명 증가　～恐れがある ～おそれがある ~할 우려가 있다
部分 ぶぶん 명 부분　手離す てばなす 동 내버려 두다　悪影響 あくえいきょう 명 악영향　そのまま 명 그대로　～わけにはいかない ~할 수는 없다
現状 げんじょう 명 현상　困難 こんなん 명 곤란함　極める きわめる 동 몹시 ~하다　都会 とかい 명 도시　転入者 てんにゅうしゃ 명 전입자
呼び込む よびこむ 동 불러들이다　容易だ よういだ な형 쉽다, 용이하다　既に すでに 부 이미　衰退 すいたい 명 쇠퇴
～一方だ ～いっぽうだ ~할 뿐이다　～ざるを得ない ～ざるをえない ~지 않을 수 없다　乱雑だ らんざつだ な형 난잡하다
状態 じょうたい 명 상태

50 중상

일본의 인구에 대해서, 필자는 어떻게 말하고 있는가?

1 전체 인원수가 줄고 있지만, 65세 이상의 인원수는 늘고 있다.
2 전체 인원수가 줄고, 65세 이상의 비율이 커지고 있다.
3 전체 인원수의 절반이 65세 이상의 고령자인 현이 늘고 있다.
4 전체 인원수의 3할 이상이 65세 이상의 고령자가 되고 있다.

해설 일본의 인구에 대한 필자의 생각을 묻고 있다. 첫 번째 단락에서 **65歳以上の人口は日本の総人口の30%に迫る勢い**라고 하고, **日本の人口は2009年をピークに減少を続け、高齢者の比率はどんどん上がっている**라고 서술하고 있으므로, 2 **全体の人数が減り、65歳以上の比率が大きくなっている**가 정답이다.

어휘 全体 ぜんたい 명 전체　人数 にんずう 명 인원수　減る へる 동 줄다　半数 はんすう 명 절반, 반수　～つつある ~하고 있다　割 わり 명 할

51 상

그런 간단한 문제가 아니다라고 되어 있는데, 어째서인가?

1 사람이 없는 지역을 그대로 두어도, 자연의 상태로는 돌아가지 않기 때문에
2 사람이 관리하지 않게 된 지역에서는, 자연재해가 발생하기 쉬워지기 때문에
3 사람이 살지 않는 장소는, 관리를 계속하지 않으면 자연의 상태로 돌아가지 않기 때문에
4 사람이 토지의 관리를 했기 때문에 나쁜 영향이 생겨 버리고 있기 때문에

해설 **そのような簡単な問題ではない**라고 한 이유를 묻고 있다. 밑줄의 뒷부분에서 **農業により水の流れが管理されていた場所は、農耕地が放置されることによって台風や大雨の際の川の管理ができず、災害が増加する恐れもある**라고 서술하고 있으므로, 2 **人が管理しなくなった地域では、自然災害が発生しやすくなるから**가 정답이다.

어휘 自然災害 しぜんさいがい 명 자연재해　発生 はっせい 명 발생　影響 えいきょう 명 영향

52 상

이 글에서 필자가 가장 말하고 싶은 것은 무엇인가?

1 한계 집락은 앞으로도 늘어가기 때문에, 그 지역의 유지 방법을 생각할 필요가 있다.
2 생활의 유지가 되지 않게 된 지역은, 인구가 계속 줄어들기 때문에, 대책을 생각해야 한다.
3 젊은 사람이 적어진 지역은 한계 집락이 되기 쉽기 때문에, 사람을 늘릴 궁리가 필요하다.
4 사람이 살지 않게 된 토지를 방치할 수 없기 때문에, 관리 방법을 생각해 가지 않으면 안 된다.

해설 필자가 글을 통해 말하고자 하는 내용을 묻고 있다. 세 번째 단락에서 無人となった地域をそのままにしておくわけにはいかないのだ라고 하고, 네 번째 단락에서 人のいなくなった地域をどのように管理するかを考えていかざるを得ないだろう라고 서술하고 있으므로, 4 人が住まなくなった土地を放置できないので、管理方法を考えていかなければならない가 정답이다.

어휘 方法 ほうほう 명 방법　対策 たいさく 명 대책　～べきだ ~해야 한다　工夫 くふう 명 궁리　～なければならない ~지 않으면 안 된다

53-55

재택근무라는 근무 방식의 보급으로, 사원 전원이 인터넷을 통해서 자택에서 일을 하게 되어, 사무실 자체가 없어졌다는 사람들이 있다. 출근하지 않아도 되는 것은 필시 편할 것이라고 생각되었지만, [50]엘리베이터나 휴게실에서 나누는 시시한 대화가 꽤 재미있어서 사실은 낙이었다든가, 사무실에서 잡담하는 일이 없어진 것은 정말 외롭다는 소리가 여기저기에서 들리는 것이다. 직장은 물론 일을 하기 위한 장소이지만, 그것만이 아닌 부가 가치가 있는 것이라고 뼈저리게 느끼게 된다.

[51]잡담으로 나눠지는 대화는 대개 세상 이야기, 소문, 푸념, 자랑 등 그다지 고상하다고는 할 수 없는, 거의 의미 없는 내용일 것이다. 그런 의미 없는 수다에 어울리고 싶지 않다는 사람의 기분도 잘 알지만, 애초에 우리들은 평소 친한 사람과도 그 정도 의미 있는 대화를 하고 있는 것일까? 인간의 대화의 90% 이상은 의미가 없다고 하는 연구를 무언가에서 읽은 적이 있다. 생각해 보면, 친구와 여태까지 나눴던 무수한 수다도 대부분은 의미 없는 것이고 기억하고 있지도 않고, 앞으로도 그것은 변하지 않을 것이다.

단지, 우리는 시간 죽이기 같은 잡담 속에서 상대의 인품이나 사람끼리의 거리감을 민감하게 헤아려 알고 있다. [52]언뜻 보기에 무의미하게 생각되지만, 그것에 의해 세상의 이상적인 상태를 학습하거나, 자신의 호불호를 알거나, 인간관계를 쌓는 초석을 형성하거나 한다. 그것은 대화를 듣고 있는 것만으로도 같은 것이다. 잡담에 효용이나 의의를 추구하는 것은 어울리지 않지만, '의미 없는 대화'의 중요함을 새삼스럽게 생각하고 있다.

(주1) 헤아려 알다 : 모습이나 상황으로부터, 상상해서 이해한다
(주2) 초석 : 기초가 되는 중요한 것

어휘 在宅勤務 ざいたくきんむ 명 재택근무　働き方 はたらきかた 명 근무 방식　普及 ふきゅう 명 보급　社員 しゃいん 명 사원　全員 ぜんいん 명 전원　インターネット 명 인터넷　～を通じて ～をつうじて ~을 통해서　自宅 じたく 명 자택　オフィス 명 사무실　自体 じたい 명 자체　出勤 しゅっきん 명 출근　さぞ 부 필시, 틀림없이　楽だ らくだ な형 편하다　休憩室 きゅうけいしつ 명 휴게실　交わす かわす 동 나누다, 주고받다　たわいない い형 시시하다, 하찮다　実は じつは 부 사실은　雑談 ざつだん 명 잡담　実に じつに 부 정말, 실로　あちこち 명 여기저기　職場 しょくば 명 직장　付加 ふか 명 부가　価値 かち 명 가치　思い知らす おもいしらす 동 뼈저리게 느끼게 하다　世間話 せけんばなし 명 세상 이야기　うわさ話 うわさばなし 명 소문　愚痴 ぐち 명 푸념　自慢 じまん 명 자랑　上品 じょうひん 명 고상함　内容 ないよう 명 내용　おしゃべり 명 수다　付き合う つきあう 동 어울리다, 동조하다　そもそも 명 애초　我々 われわれ 명 우리　普段 ふだん 명 평소　人間 にんげん 명 인간　親友 しんゆう 명 친구　数限りない かずかぎりない 무수하다, 무수히 많다　大半 たいはん 명 대부분　この先 このさき 앞으로　時間つぶし じかんつぶし 명 시간 죽이기　相手 あいて 명 상대　人柄 ひとがら 명 인품　人間同士 にんげんどうし 사람끼리　距離感 きょりかん 명 거리감　敏感だ びんかんだ な형 민감하다　察知 さっち 명 헤아려 앎, 찰지　一見 いっけん 부 언뜻 보기에　無意味だ むいみだ な형 무의미하다　世の中 よのなか 명 세상　在り方 ありかた 명 이상적인 상태　学習 がくしゅう 명 학습　好き嫌い すききらい 명 호불호　人間関係 にんげんかんけい 명 인간관계　築く きずく 동 쌓다　礎 いしずえ 명 초석　形成 けいせい 명 형성　効用 こうよう 명 효용　意義 いぎ 명 의의　求める もとめる 동 추구하다　似合う にあう 동 어울리다　重要さ じゅうようさ 명 중요함　改めて あらためて 부 새삼스럽게　様子 ようす 명 모습　状況 じょうきょう 명 상황　想像 そうぞう 명 상상　理解 りかい 명 이해　元 もと 명 기초

53 중

부가 가치라고 되어 있는데, 어떤 것인가?

1 회사 내에서 다른 사람과 대화를 할 수 있다는 것
2 즐겁게 대화할 수 있는 장소가 정해져있다는 것
3 사람과 우연히 마주칠 장소가 있다는 것
4 누군가와 즐겁게 휴식할 수 있다는 것

해설 付加価値가 어떤 것인지 묻고 있다. 밑줄의 앞부분에서 エレベーターや休憩室で交わすたわいない会話が結構面白くて実は楽しみだったとか、オフィスで雑談することがなくなったのは実に寂しい라고 서술하고 있으므로, 1 会社内で他の人と会話ができるということ가 정답이다.

어휘 偶然 ぐうぜん 부 우연히　出会う であう 동 마주치다　休憩 きゅうけい 명 휴식

54 중상

필자에 의하면, 잡담이란 어떤 것인가?

1 의미가 거의 없기 때문에, 가치가 없는 내용인 것
2 고상함은 부족하지만, 하고 싶다고 생각하는 사람이 있는 것
3 일상적으로 행해지는, 그다지 의미가 없는 내용인 것
4 사이가 좋은 사람과 하지만, 기억하고 있을 수 없는 것

해설 필자가 말하는 잡담이 어떤 것인지 묻고 있다. 두 번째 단락에서 雑談で交わされる会話はたいてい世間話、うわさ話、愚痴、自慢などあまり上品とは言えない、ほとんど意味のない内容だろう라고 서술하고 있으므로, 3 日常的に行われる、さほど意味がない内容のもの가 정답이다.

어휘 欠ける かける 동 부족하다, 모자라다　日常的だ にちじょうてきだ な형 일상적이다　さほど 부 그다지　仲 なか 명 사이

꼭! 알아두기 지문에 사용된 어구가 오답 선택지에 그대로 사용되기도 하므로, 각 선택지를 꼼꼼하게 읽고 지문에서 서술한 내용과 일치하는 것을 고른다.

55 중상

이 글에서 필자가 말하고 싶은 것은 무엇인가?

1 잡담 속에서야말로, 중요한 기분을 전달할 수 있다.
2 잡담을 통해서, 자기 자신이나 타인과의 관계에 대해서 인식할 수 있다.
3 잡담이라면, 이야기가 서투른 사람이라도 인간관계에 대해서 배울 수 있다.
4 잡담은 배우는 것이 많기 때문에, 자신의 생각을 명확하게 할 수 있다.

해설 필자가 글을 통해 말하고자 하는 내용을 묻고 있다. 세 번째 단락에서 一見無意味に思えるが、それにより世の中の在り方を学習したり、自分の好き嫌いを知ったり、人間関係を築く礎を形成したりする라고 서술하고 있으므로, 2 雑談を通じて、自分自身や他人との関わりについて認識できる가 정답이다.

어휘 自分自身 じぶんじしん 명 자기 자신　他人 たにん 명 타인　関わり かかわり 명 관계　認識 にんしき 명 인식　苦手だ にがてだ な형 서투르다　明確だ めいかくだ な형 명확하다

56-58

이전에, 세계의 다양한 나라에서 찍힌 사진을 모은 어느 사진집이 화제가 되었다. 이 사진집의 특이한 점은, [56]집 안의 물건을 전부 밖으로 꺼내서, 그것을 앞에 두고 가족 사진이 찍혀있었다는 것이다. 사진집의 마지막은 일본 가족 4명이 찍혀 있는 사진이었는데, 이상할 만큼 물건이 많았다. 하지만, 아마 이것이 ① 일본의 평균이고, 내 물건도 길에 꺼내면 이 정도는 있을 것 같은 양이었다. 물건에는 그것을 가진 사람들의 인생이 드러난다.

우리들은 물건에 둘러싸여 살아가고 있지만, 그런 가운데, 되도록 ② 물건을 가지지 않는 생활을 하자하고 라이프 스타일을 바꾼 사람들이 있다. 방을 꾸미기 위한 물건은 두지 않는다, 옷은 적은 수로 돌려 입을 수 있도록 무늬가 없고 심플한 디자인으로, 식기도 요리를 가리지 않는 무늬가 없는 것으로 한다, 등이다. 그들은 소유물을 엄선하여, 쇼핑에도 신중할 것이다. [57]이처럼 심플한 생활을 계속 추구하면, 집 안은 마치 막 체크인 한 호텔처럼 무기질이 된다. 그러다 보면 자신을 속박하는 물건이 없어지고, 언제라도 이 장소를 떠날 수 있다고 생각하게 될지도 모른다. 그런 생활 방식은 과연 행복할까?

전술한 사진집에 나온 일본인 가족은 행복한 듯한 웃는 얼굴이었다. 일상의 물건 하나하나에 작은 이야기가 있음에 틀림없다. [58]우리들은 다양한 생각을 품고서 구입하거나, 받거나 한 물건에 둘러싸이는 것으로, 인생을 풍부하게 하고 있는 것이라고 생각한다. 불필요한 물건까지 간직해 둘 필요는 없지만, [58]심플함을 추구한 나머지 인생에 중요한 '쓸데없어 보이는 것'까지 떨쳐 버리는 일이 없도록 하고 싶은 것이다.

(주1) 특이한 : 다른 것과 특히 다르다
(주2) 돌려 입음 : 옷의 조합을 바꿔서, 여러 가지 옷차림에 사용하는 것
(주3) 엄선하다 : 잘 생각해서 고르다
(주4) 무기질 : 여기서는, 생활감이 없는 모습

어휘 以前 いぜん 명 이전에, 그 전　様々だ さまざまだ な형 다양하다　写真集 しゃしんしゅう 명 사진집　話題 わだい 명 화제　特異だ とくいだ な형 특이하다　全て すべて 명 전부, 모두　最後 さいご 명 마지막　日本 にほん 명 일본　映る うつる 동 찍히다　異常だ いじょうだ な형 이상하다　～までに ~만큼　おそらく 부 아마　平均 へいきん 명 평균　量 りょう 명 양　人生 じんせい 명 인생　表れる あらわれる 동 드러나다, 나타나다

私達 わたしたち 명 우리들　囲む かこむ 동 둘러싸다　暮らす くらす 동 살아가다　なるべく 부 되도록　ライフスタイル 명 라이프 스타일
数 かず 명 수　着回し きまわし 명 돌려 입음　無地 むじ 명 무늬가 없음, 무지　シンプルだ な형 심플하다　デザイン 명 디자인　食器 しょっき 명 식기
柄 がら 명 무늬　持ち物 もちもの 명 소유물　厳選 げんせん 명 엄선　慎重だ しんちょうだ な형 신중하다　まるで 부 마치　チェックイン 명 체크인
～たばかり 막 ~하다　無機質 むきしつ 명 무기질　そのうち 부 그러다 보면, 그럭저럭하는 사이에　縛る しばる 동 속박하다
離れる はなれる 동 떠나다　～かもしれない ~지도 모른다　生き方 いきかた 명 생활 방식　はたして 부 과연　幸せだ しあわせだ な형 행복하다
前述 ぜんじゅつ 명 전술　日本人 にほんじん 명 일본인　笑顔 えがお 명 웃는 얼굴　身近だ みぢかだ な형 일상이다　物語 ものがたり 명 이야기
～に違いない ～にちがいない ~임에 틀림 없다　抱く いだく 동 (생각을) 품다　購入 こうにゅう 명 구입　豊かだ ゆたかだ な형 풍부하다
不要だ ふようだ な형 불필요하다　とっておく 간직해 두다　シンプルさ 명 심플함　無駄だ むだだ な형 쓸데없다
捨て去る すてさる 동 떨쳐 버리다, 버리고 가다　異なる ことなる 동 다르다　組み合わせ くみあわせ 명 조합　装い よそおい 명 옷차림
生活感 せいかつかん 명 생활감　様子 ようす 명 모습

56 중상

① 일본의 평균이라고 되어 있는데, 무엇이 평균인가?

1 가족이 4명이면 많은 물건을 소유하고 있는 것
2 이상할 정도로 물건을 소유하고 싶다고 생각하는 것
3 다른 나라 사람들의 평균보다 많은 물건을 소유하고 있는 것
4 소유하고 있는 물건이 상당히 많다고 생각할 정도로 있는 것

해설 日本の平均이 무엇인지 묻고 있다. 밑줄의 앞부분에서 家の中のモノを全て外に出し、それを前にして家族の写真が撮られていたことだ。写真集の最後は日本の家族４人が映っている写真なのだが、異常なまでにモノが多かった라고 서술하고 있으므로, 4 所有している物が非常に多いと思うくらいあること가 정답이다.

어휘 所有 しょゆう 명 소유　他国 たこく 명 다른 나라

57 상

필자에 의하면, ② 물건을 가지지 않는 생활이란 어떤 생활인가?

1 자신다운 소유물 보다 누구라도 쓸 수 있을 것 같은 물건만을 사용하는 생활
2 집 안에 두는 것을 적게 해서, 호텔처럼 깨끗하게 하는 생활
3 소유물에 심플함을 추구해서, 생활감이 없어져 가는 생활
4 소유물을 적게 해서, 언제라도 이사할 수 있을 만큼의 양을 가지는 생활

해설 モノを持たない生活란 어떤 생활인지 묻고 있다. 밑줄의 뒷부분에서 このようにシンプルな生活を求め続けると、家の中はまるでチェックインしたばかりのホテルのように無機質になる라고 서술하고 있으므로, 3 持ち物にシンプルさを追求し、生活感がなくなっていく生活가 정답이다.

어휘 追求 ついきゅう 명 추구　転居 てんきょ 명 이사

58 중상

이 글에서 필자가 가장 말하고 싶은 것은 무엇인가?

1 쓸데없다고 생각하는 물건이 인생을 행복한 것으로 하고 있기 때문에, 심플함을 추구할 필요는 없다.
2 쓸데없다고 생각하는 물건이라도 인생을 풍부하게 하는 것이 있기 때문에, 모두 버릴 필요는 없다.
3 생활이 심플하면 쓸데없음이 적어서 좋지만, 추억이 있는 물건은 소중히 해야 한다.
4 생활에 심플함을 계속 추구하면 인생이 자유로워지기 때문에, 필요한 물건 이외에는 버려야 한다.

해설 필자가 글을 통해 말하고자 하는 내용을 묻고 있다. 세 번째 단락에서 私達は様々な思いを抱きながら購入したり、もらったりしたモノに囲まれることで、人生を豊かにしている라고 하고, シンプルさを求めるあまり人生に大切な「無駄に見えるもの」まで捨て去ることがないようにしたいものだ라고 서술하고 있으므로, 2 無駄だと思うものでも人生を豊かにしていることがあるので、何もかも捨てる必要はない가 정답이다.

어휘 求める もとめる 동 추구하다　何もかも なにもかも 모두, 무엇이든　思い出 おもいで 명 추억　～べきだ ~해야 한다

59-62

[59]어릴 때, 도시락을 가지고 가는 날은 특별했다. 내가 다니던 학교에는 급식이 있어서, 평소에는 학교의 모든 아이들이 같은 메뉴의 점심을 먹었었기 때문에, 도시락은 소풍이나 운동회와 같은 이벤트 때의 특별한 것이었다. 그래서, 도시락은 들뜬 기분과 연결된 즐거운 것이었다. [59]그렇지만, 부모가 되어, 아이의 도시락을 매일 만들게 되고, 도시락에 대한 기쁨은 사라져 버렸다. 식탁에 내는 요리와 달리, 식어도 맛있는 양념으로 하지 않으면 안 되고, 조리한 후에는 식히고 나서가 아니면 도시락 통에 넣을 수 없다. [59]도시락은 수고와 시간이 드는 것이다. 가능한 한 수고를 덜기 위해, [60]냉동식품이나 슈퍼의 찬을 사 와서, 담기만 해버리는 일도 있지만, ① 그것에 대해 어쩐지 양심에 찔리는 기분을 품는 것은, 자신의 어머니는 제대로 만들어 주었었다는 추억 탓일 것이다.

그렇다고 해도, 내 어머니 세대와는 달리, 현재의 일본은 많은 부부가 맞벌이이다. 아버지도 어머니도 바쁘다. 출근 전에 손이 많이 가는 도시락을 만들려면, 수면 시간을 줄이지 않으면 안 된다. 그 때문인지, 일본 주부의 수면 시간은 남성과 비교해도, 그리고 세계적으로 봐도 짧다. 주부용 잡지를 보면, 일에 더하여 가사도 육아도, 그리고 도시락 만들기까지 하고 있는 여성을 '슈퍼 주부'로서 칭송하고 있다. 마치 그것이 주부의 바람직한 모습이라고 말하는 듯이.

가전제품을 만들고 있는 제조 회사의 최근 경향은, '시간 단축 가사'라고 한다. 얼마나 짧은 시간에 가사를 끝낼 수 있는지, 그것을 위한 전자제품을 만들면 팔린다는 것이, 기업의 생각일 것이다. 사회의 변화를 민감하게 받아들여, 실태에 맞춘 상품 개발이 행해지고 있다고 할 수 있다. 하지만, 우리 자신은 ② 좀처럼 생각을 바꿀 수 없다. 일이 있고, 수면 시간도 확보하고 싶다. 그러나, [61]가사를 허투루 하고 있다고 여기게 하고 싶지 않다고 생각해 버리는 것이다. 이것은 세간을 신경 쓰기 쉬운 일본인의 안 좋은 점이다. 사실은 자신이 좋아하는 방식으로, 가능한 범위의 노력만으로 자유롭게 생활할 수 있으면 좋을 텐데, 아무래도 [61]다른 사람의 눈이 마음에 걸려 버린다. 그러니까, 도시락 통의 뚜껑을 열었을 때에, 보기 좋은 요리가 들어있지 않은 것은 '아이가 불쌍하다'고 생각해 버려서, 다른 아이의 부모와 경쟁하듯이, 지나치게 노력해 버리는 것이다.

도시락 만들기에 시간을 쓰는 것을 그만두면, 상당히 스트레스가 줄 것이라고 생각한다. [62]자신의 방식에 납득할 수 있다면, 다른 사람과 비교하는 일도 없어질 것이다. 자신을 구속하고 있는 '이래야만 한다'는 생각으로부터 누구나가 벗어날 수 있다면, 사회는 보다 평온하고 자유롭고, 살기 좋은 것이 될지도 모른다.

(주1) 찬 : 일상의 식사 반찬
(주2) 양심에 찔리다 : 자신이 나쁜 짓을 했다고 느끼다
(주3) 칭송하다 : 맹렬히 칭찬하다

어휘 給食 きゅうしょく 명 급식　普段 ふだん 명 평소　メニュー 명 메뉴　昼食 ちゅうしょく 명 점심　遠足 えんそく 명 소풍　運動会 うんどうかい 명 운동회
イベント 명 이벤트　スペシャルだ な형 특별하다　ウキウキ 부 (마음이) 들뜬　気分 きぶん 명 기분　繋がる つながる 동 연결되다
～に対する ～にたいする ~에 대한　うれしさ 명 기쁨　消え去る きえさる 동 사라지다, 사라져 없어지다　食卓 しょくたく 명 식탁
冷める さめる 동 식다　味付け あじつけ 명 양념　～なければいけない ~지 않으면 안 된다　調理 ちょうり 명 조리　冷ます さます 동 식히다
～てからでないと ~하고 나서가 아니면　お弁当箱 おべんとうばこ 도시락 통　手間 てま 명 수고　省く はぶく 동 덜다, 줄이다
冷凍食品 れいとうしょくひん 명 냉동식품　スーパー 명 슈퍼　惣菜 そうざい 명 찬, 반찬　詰める つめる 동 담다　なんとなく 부 어쩐지
後ろめたい うしろめたい い형 양심에 찔리다, 떳떳하지 못하다　抱く いだく 동 품다　母親 ははおや 명 어머니　きちんと 부 제대로
思い出 おもいで 명 추억　とはいえ 접 그렇다고 해도　世代 せだい 명 세대　現在 げんざい 명 현재　日本 にほん 명 일본　夫婦 ふうふ 명 부부
共働き ともばたらき 명 맞벌이　父親 ちちおや 명 아버지　出勤 しゅっきん 명 출근　手が込む てがこむ 손이 많이 가다　睡眠 すいみん 명 수면
削る けずる 동 줄이다　主婦 しゅふ 명 주부　世界的だ せかいてきだ な형 세계적이다　主婦向け しゅふむけ 명 주부용
～に加えて ～にくわえて ~에 더하여　家事 かじ 명 가사　育児 いくじ 명 육아　お弁当作り おべんとうづくり 도시락 만들기　讃える たたえる 동 칭송하다
まるで 부 마치　あるべき姿 あるべきすがた 바람직한 모습　～んばかりに ~하는 듯이　家電製品 かでんせいひん 명 가전제품
メーカー 명 제조 회사, 메이커　傾向 けいこう 명 경향　時短 じたん 명 시간 단축　いかに 부 얼마나　電化 でんか 명 전자　製品 せいひん 명 제품
企業 きぎょう 명 기업　思惑 おもわく 명 생각, 의도　変化 へんか 명 변화　敏感だ びんかんだ な형 민감하다　受け止める うけとめる 동 받아들이다
実態 じったい 명 실태　合わせる あわせる 동 맞추다　商品 しょうひん 명 상품　開発 かいはつ 명 개발　我々 われわれ 명 우리　自身 じしん 명 자신
確保 かくほ 명 확보　手を抜く てをぬく 허투루 하다　世間 せけん 명 세간　気にする きにする 신경 쓰다　～がちだ ~하기 쉽다
日本人 にほんじん 명 일본인　やり方 やりかた 명 방식　範囲 はんい 명 범위　努力 どりょく 명 노력　どうしても 부 아무래도
気になる きになる 마음에 걸리다　ふた 명 뚜껑　見栄え みばえ 명 보기 좋음　かわいそうだ な형 불쌍하다　競う きそう 동 경쟁하다
～かのように ~하듯이　過剰だ かじょうだ な형 지나치다, 과잉하다　ストレス 명 스트레스　減る へる 동 줄다　納得 なっとく 명 납득
他人 たにん 명 다른 사람, 타인　縛る しばる 동 구속하다　離れる はなれる 동 벗어나다, 떠나다　伸びやかだ のびやかだ な형 평온하다
～かもしれない ~일지도 모른다　日常 にちじょう 명 일상　おかず 명 반찬　感じる かんじる 동 느끼다

59 중상

필자의 도시락에 대한 생각은 어떤 것인가?

1 행사 때만 먹는 것이지만, 제대로 만드는 것이 어려운 것
2 어릴 때의 즐거운 추억이 있지만, 지금은 만드는 것이 힘든 것
3 이전에는 어머니가 만드는 것이 보통이었지만, 지금은 자신을 위해 만드는 것
4 만드는 것은 귀찮지만, 즐거운 때의 좋은 추억이 되는 것

해설 도시락에 대한 필자의 생각을 묻고 있다. 첫 번째 단락에서 子供の時、お弁当を持っていく日は特別だった라고 하고, だが、親になり、子供のお弁当を毎日作るようになって、お弁当に対するうれしさは消え去ってしまった라고 하고, お弁当は手間と時間がかかるのだ라고 서술하고 있으므로, 2 子供の頃の楽しい思い出があるが、今は作るのが大変なもの가 정답이다.

어휘 行事 ぎょうじ 명 행사　面倒だ めんどうだ な형 귀찮다

60 중

① 그것이란 어떤 것인가?

1 도시락을 만드는 것이 귀찮다고 생각해 버리는 것
2 수고가 드는 것은 하고 싶지 않다고 생각하는 것
3 냉동식품이나 산 찬을 도시락에 사용하는 것
4 반찬만을 넣은 도시락을 만드는 것

해설 それ가 어떤 것인지 묻고 있다. 밑줄의 앞부분에서 冷凍食品やスーパーのお惣菜を買ってきて、詰めるだけにしてしまうこと라고 서술하고 있으므로, 3 冷凍食品や買ったお惣菜をお弁当に使うこと가 정답이다.

61 중

② 좀처럼 생각을 바꿀 수 없다고 되어 있는데, 어째서인가?

1 맞벌이라는 사회의 변화에 대응할 수 없기 때문에
2 일이 너무 바빠서, 가사를 할 수 없기 때문에
3 단시간의 가사로는 필요한 것을 할 수 없다고 생각하기 때문에
4 주위 사람들에게 제대로 하고 있지 않다고 생각되고 싶지 않기 때문에

해설 なかなか考えを変えることができない의 이유를 묻고 있다. 밑줄의 뒷부분에서 家事の手を抜いていると思われたくないと考えてしまうのだ라고 하고, 他人の目が気になってしまう라고 서술하고 있으므로, 4 周囲の人達にきちんとしていないと思われたくないから가 정답이다.

어휘 対応 たいおう 명 대응　短時間 たんじかん 명 단시간　周囲 しゅうい 명 주위

62 상

필자의 생각으로 맞는 것은 어느 것인가?

1 다른 사람의 눈을 기준으로 하여, 똑같이 하지 않으면 안 된다고 생각하는 편이 좋다.
2 다른 사람과 비교하여 행동하기 보다, 자기 나름의 생각에 따라 행동하는 편이 좋다.
3 스스로 이래야만 한다고 정한 것은, 마지막까지 해내는 편이 좋다.
4 자신이 좋아하는 방식을 찾아서, 가능한 한 스트레스를 느끼지 않는 편이 좋다.

해설 필자의 생각을 묻고 있다. 네 번째 단락에서 自分のやり方に納得できれば、他人と比べることもなくなるだろう라고 서술하고 있으므로, 2 他人と比べて行動するより、自分なりの考えに従って行動したほうがいい가 정답이다.

어휘 基準 きじゅん 명 기준　～たほうがいい ~하는 편이 좋다　行動 こうどう 명 행동　～に従って ～にしたがって ~에 따라　最後 さいご 명 마지막
やり遂げる やりとげる 동 (끝까지) 해내다, 완수하다　できるだけ 가능한 한

63-64

A

장기 이식이란, 중증의 병이나 사고 등으로 인해 신체의 일부분인 장기의 기능이 저하된 사람에 대해, 다른 사람의 건강한 장기를 옮겨 넣어서 기능을 회복시키는 의료입니다. 이 의료 행위는 제삼자의 선의에 의해 성립하는 것으로, [63]제공자가 생명의 끝에 할 수 있는 최후의 선물이기도 합니다.

근래, 본인의 의사가 불분명한 경우에도 가족의 승낙이 있으면 장기 제공이 가능해졌습니다. 또한, 15세 미만인 사람으로부터의 장기 제공도 시행할 수 있게 되어서, 이전보다 많은 생명을 유지할 수 있게 되었습니다. 이것도 제삼자의 선의의 결단 덕분입니다. 그러는 한편으로, [64]제공자의 수는 아직 충분하지 않습니다. 수술을 늘리려면, 개개인이 장기 제공을 하는지 안 하는지라는 의사 표시를 하는 것이 우선 중요합니다. 그것이 의료에 대해서 생각하는 계기가 되어, 누군가의 생명을 구하는 것으로 연결될 것입니다.

B

사고나 무거운 병에 의해, [63]최선의 구명 치료를 거쳐도 회복할 가망이 없다고 진단받는 일이 있습니다. 그 경우, 그 사람의 가족은 장기 제공의 의지를 확인받게 되겠지요. [63]장기를 제공하는 것에 의해 알지 못하는 누군가를 살릴 수 있는 것입니다.

하지만, 실제로 빈사의 가족을 눈앞에 두고, 장기 제공을 그 자리에서 결단할 수 있을까요? 분명 가족의 몸의 일부가 빼앗기는 것에 대한 복잡한 생각으로 괴로워하는 사람도 적지 않을 것입니다. 본인이 승낙하고 있어도 가족이 허락하지 않는 경우도 많다고 듣습니다.

일본인의 장기 제공에의 의식은 미국과 유럽의 여러 나라에 비해서 낮습니다. [64]언제 자신의 몸에 일어나도 이상하지 않은 이야기이지만, 어딘가 남의 일처럼 생각하고 있는 것은 아닐까요? 우선은 누구나가 자신과 관계가 있는 것이라고 인식할 수 있도록, 나라가 정보를 퍼트려 가는 것이 필요합니다.

(주) 빈사 : 지금이라도 죽을 것 같은 것

어휘 **臓器** ぞうき 명 장기 **移植** いしょく 명 이식 **重度** じゅうど 명 중증, 중도 **身体** しんたい 명 신체 **一部分** いちぶぶん 명 일부분 **機能** きのう 명 기능 **低下** ていか 명 저하 **~に対し** ~にたいし ~에 대해 **他者** たしゃ 명 다른 사람 **健康だ** けんこうだ な형 건강하다 **移し替える** うつしかえる 동 옮겨 넣다, 옮겨 바꾸다 **回復** かいふく 명 회복 **医療** いりょう 명 의료 **行為** こうい 명 행위 **第三者** だいさんしゃ 명 제삼자 **善意** ぜんい 명 선의 **成り立つ** なりたつ 동 성립하다 **提供者** ていきょうしゃ 명 제공자 **命** いのち 명 생명, 목숨 **近年** きんねん 명 근래 **本人** ほんにん 명 본인 **意思** いし 명 의사 **不明だ** ふめいだ な형 불분명하다 **承諾** しょうだく 명 승낙 **提供** ていきょう 명 제공 **可能だ** かのうだ な형 가능하다 **未満** みまん 명 미만 **つなぎ止める** つなぎとめる 동 유지하다 **決断** けつだん 명 결단 **まだまだ** 부 아직 **手術** しゅじゅつ 명 수술 **増やす** ふやす 동 늘리다 **一人ひとり** ひとりひとり 명 개개인 **表示** ひょうじ 명 표시 **~について** ~에 대해서 **きっかけ** 명 계기 **救う** すくう 동 구하다 **つながる** 동 연결되다 **~によって** ~에 의해 **最善** さいぜん 명 최선 **救命** きゅうめい 명 구명 **治療** ちりょう 명 치료 **経る** へる 동 거치다 **見込み** みこみ 명 가망, 희망 **診断** しんだん 명 진단 **意志** いし 명 의지 **確認** かくにん 명 확인 **見知らぬ** みしらぬ 알지 못하는, 낯선 **助ける** たすける 동 살리다 **実際** じっさい 명 실제 **瀕死** ひんし 명 빈사 **即座** そくざ 명 그 자리, 당장 **一部** いちぶ 명 일부 **奪う** うばう 동 빼앗다 **~に対する** ~にたいする ~에 대한 **苦しむ** くるしむ 동 괴로워하다 **許す** ゆるす 동 허락하다 **日本人** にほんじん 명 일본인 **意識** いしき 명 의식 **欧米** おうべい 명 미국과 유럽 **諸国** しょこく 명 여러 나라 **~に比べて** ~にくらべて ~에 비해서 **起こる** おこる 동 일어나다 **他人事** たにんごと 명 남의 일 **認識** にんしき 명 인식 **情報** じょうほう 명 정보 **広める** ひろめる 동 퍼트리다

꼭! 알아두기 통합이해에서는 しかし(그러나), でも(하지만), ところで(그런데)와 같은 접속사 뒤에 필자가 진짜로 말하고자 하는 내용이 자주 언급된다.

63 중상

장기 제공에 대해서, A와 B는 어떻게 말하고 있는가?

1 A도 B도, 사람이 생명의 끝에서 다른 사람을 위해 할 수 있는 행위라고 말하고 있다.
2 A도 B도, 죽음에 직면한 사람의 가족의 선의에 의해 성립하는 의료 행위라고 말하고 있다.
3 A는 장기 기능이 저하된 사람에게 행해져야 하는 의료 행위라고 말하고, B는 죽음에 직면한 사람의 가족이 해야 하는 결단이라고 말하고 있다.
4 A는 모든 사람이 제공으로의 명확한 의사를 보여야 한다고 말하고, B는 나라가 국민의 의지를 촉구해야 한다고 말하고 있다.

해설 장기 제공에 대한 A와 B의 견해를 각 지문에서 찾는다. A는 지문의 중반부에서 **提供者が命の終わりにできる最後の贈り物**라고 서술하고 있고, B도 지문의 초반부에서 **最善の救命治療を経ても回復する見込みがないと診断されることがあります**라고 하고, **臓器を提供することによって見知らぬ誰かを助けることができる**라고 서술하고 있으므로, 1 **AもBも、人が命の終わりに他の人のためにできる行為だと述べている**가 정답이다.

어휘 **明確だ** めいかくだ な형 명확하다 **示す** しめす 동 보이다, 나타내다 **国民** こくみん 명 국민 **促す** うながす 동 촉구하다

64 중상

일본의 장기 제공의 현상에 대해서, A와 B는 어떻게 말하고 있는가?

1 A는 가족에 의한 승낙이 있으면 가능해졌다고 말하고, B는 실제로는 복잡한 심경에 빠진 가족이 늘었다고 말하고 있다.

2 A는 장기 제공자의 수는 충분하지 않다고 말하고, B는 나와 가까운 문제로서 인식하고 있는 사람은 아직 적다고 말하고 있다.

3 A는 많은 장기 이식 대기자가 구제되고 있다고 말하고, B는 최종적인 가족의 의사 결정이 하기 쉬워졌다고 말하고 있다.

4 A는 가족의 승낙에 의해 장기 이식 수가 늘었다고 말하고, B는 제공자의 의지를 이해하고 있는 가족은 적다고 말하고 있다.

해설 일본의 장기 제공의 현상에 대한 A와 B의 견해를 각 지문에서 찾는다. A는 지문의 중반부에서 提供者の数はまだまだ足りていません이라고 서술하고 있고, B는 지문의 후반부에서 いつ自分の身に起こってもおかしくない話ですが、どこか他人事のように思っているのではないでしょうか라고 서술하고 있으므로, 2 Aは臓器提供者の数は十分ではないと述べ、Bは身近な問題として捉えている人はまだ少ないと述べている가 정답이다.

어휘 現状 げんじょう 명 현상　心境 しんきょう 명 심경　陥る おちいる 동 빠지다　提供者 ていきょうしゃ 명 제공자　身近だ みぢかだ な형 나와 가깝다　捉える とらえる 동 인식하다　待機者 たいきしゃ 명 대기자　最終的だ さいしゅうてきだ な형 최종적이다　決定 けってい 명 결정　理解 りかい 명 이해

65-68

학교 교육에 프로그래밍이 본격적으로 도입됨과 거의 동시에, 고전 문학을 배우는 것은 불필요하다고 하는 논조가 나타났다. 학교 수업이라는 시간 수가 한정된 가운데 과목이 하나 늘어났기 때문에, 무언가를 줄이지 않을 수 없는 것은 도리이다. 옛말을 배우는 고전 문학은 취미와 같은 것이라고 하는 사람도 있고, [65]앞으로의 세계에서 살아가기 위해서 보다 중요하다고 생각되는 기술의 습득에 시간을 할애해야 한다는 의견도 있다. 하지만 그렇다고 해서, 학교에 있어서 고전은 불필요하다고 잘라 버리는 것은 어떠한가?

축구라는 스포츠는 전 세계에서 행해지고 있지만, 일본에서 프로 스포츠가 된 것은 1992년의 일이다. 프로 세계가 생기자마자 잘하는 사람들이 나타난 것은, 물론 아니다. 그 이전부터 [66]아마추어 스포츠로서 애호가가 많이 있어, 넓은 들판이 있던 것이 프로 스포츠의 원점이 되어 있다. 축구뿐만 아니라 어느 스포츠라도, [66]프로 선수를 일정 수 만들어 내기 위해서는, 그들을 배출하기 위한 토양이 필요한 것이다.

고전으로 이야기를 되돌리자. 고전을 해독하는 힘은 문학만이 아니라 역사 연구에 있어서도 기초가 된다. 역사는 우리의 본연의 모습을 바라보며, 같은 일이 일어날 경우에 어떻게 대처하면 보다 좋은 결과가 되는지를 보여주는 것이다. 역사의 연구는 우리의 생업의 변하지 않는 부분을 부각시켜서, 앞으로의 세상을 최적화하기 위한 도구가 되는 것이라고도 말할 수 있다. 그 역사를 배울 필요성을 부정하는 사람은 없을 것이다. 그리고, 우리나라에 있어서 역사를 연구하기 위해서는, 옛 시대에 쓰인 서적을 접하는 것이 일반적이다. 그러기 위해서는 고어의 지식은 빼놓을 수 없다. 여기서 중학교나 고등학교에서 고전 문학을 학습에서 빼는 것은, 앞으로 옛 시대의 생활이나 사람들의 생각을 아는 사람이 적어진다는 것을 의미한다. 이것은, 축구에 있어서 아마추어 애호가가 적어지는 것과 같다. [67]고전 학습의 배제로부터 역사 연구 전체의 레벨이 낮아지고, 잘못된 역사관이 유포되어도 그것을 바로잡을 사람이 나타나지 않을 우려도 있다.

연구자 이외의 사람들이 컴퓨터를 사용하게 되어, [68]많은 '아마추어'가 생긴 것에 의해 정보 공학이 발전해 간 것처럼, 스포츠도 학문도, 레벨의 차이는 있어도, [68]그것을 하는 사람들이 어쨌든 많이 있는 것이 전체의 레벨을 밀어올리는 힘이 된다. 고전뿐만 아니라 소설이나 수학이나 물리가 도대체 어떤 도움이 되는가 하는 것은 많은 아이들이 품는 의문일 것이다. 아이들에게는, 이렇게 전하고 싶다. [68]우리가 학교에서 배우는 것은, 우리 자신을 위해서만이 아니라, 앞으로의 사회 전체를 바꿔 가는 힘이 되는 것이라고.

(주1) 도리 : 그러함
(주2) 들판 : 여기서는, 기초가 되는 것
(주3) 토양 : 여기서는, 매사를 발생, 발전시키기 위한 기반
(주4) 유포 : 세상에 정보로써 널리 퍼지는 것

어휘 本格的だ ほんかくてきだ な형 본격적이다　導入 どうにゅう 명 도입　ほぼ 부 거의　同時だ どうじだ な형 동시 이다　古典 こてん 명 고전　不要だ ふようだ な형 불필요하다　論調 ろんちょう 명 논조　現れる あらわれる 동 나타나다　限る かぎる 동 한정하다　科目 かもく 명 과목　減る へる 동 줄다　～ざるを得ない ～ざるをえない ~하지 않을 수 없다　道理 どうり 명 도리　重要 じゅうよう 명 중요　習得 しゅうとく 명 습득　割く さく 동 할애하다　～べきだ ~해야 한다　だからといって 그렇다고 해서　～において ~에 있어서　切り捨てる きりすてる 동 잘라 버리다　いかがだ な형 어떻다　サッカー 명 축구　世界中 せかいじゅう 명 전 세계　日本 にほん 명 일본　プロ 명 프로　以前 いぜん 명 이전　アマチュア 명 아마추어　愛好者 あいこうしゃ 명 애호가　裾野 すその 명 들판　原点 げんてん 명 원점　～に限らず ～にかぎらず ~뿐만 아니라　選手 せんしゅ 명 선수　一定 いってい 명 일정　生み出す うみだす 동 만들어 내다　輩出 はいしゅつ 명 배출　土壌 どじょう 명 토양　戻す もどす 동 되돌리다　読み解く よみとく 동 해독하다　～のみならず ~만이 아니라　基礎 きそ 명 기초　我々 われわれ 명 우리　在り方 ありかた 명 본연의 모습　見つめる みつめる 동 바라보다　対処 たいしょ 명 대처　結果 けっか 명 결과　示す しめす 동 보이다, 나타내다　営み いとなみ 명 생업　部分 ぶぶん 명 부분　浮き彫り うきぼり 명 부각시킴　世の中 よのなか 명 세상　最適化 さいてきか 명 최적화　ツール 명 도구, 수단　必要性 ひつようせい 명 필요성　否定 ひてい 명 부정　～まい ~않을 것이다, 않겠지　我が国 わがくに 우리나라

書物 しょもつ 명 서적　あたる 동 접하다　一般的だ いっぱんてきだ な형 일반적이다　古語 こご 명 고어　知識 ちしき 명 지식　欠かす かかす 동 빼다
中学 ちゅうがく 명 중학교　学習 がくしゅう 명 학습　外す はずす 동 빼다　今後 こんご 명 앞으로　考え かんがえ 명 생각　同様だ どうようだ な형 같다
排除 はいじょ 명 배제　全体 ぜんたい 명 전체　レベル 명 레벨　誤る あやまる 동 잘못되다, 틀리다　歴史観 れきしかん 명 역사관　流布 るふ 명 유포
正す ただす 동 바로잡다　~恐れがある ~おそれがある ~할 우려가 있다　研究者 けんきゅうしゃ 명 연구자　情報 じょうほう 명 정보
工学 こうがく 명 공학　発展 はってん 명 발전　学問 がくもん 명 학문　差 さ 명 차이　とにかく 부 어쨌든　押し上げる おしあげる 동 밀어올리다
物理 ぶつり 명 물리　抱く いだく 동 품다　疑問 ぎもん 명 의문　自身 じしん 명 자신　物事 ものごと 명 매사　発生 はっせい 명 발생
基盤 きばん 명 기반　広まる ひろまる 동 널리 퍼지다

65 중상

고전 문학을 배우는 것은 불필요하다고 되어 있는데, 그런 의견이 나온 것은 어째서인가?

1 학교의 프로그램이 변경되어서, 인기가 없는 과목은 줄여야한다고 생각되고 있기 때문에
2 옛 시대의 말을 배우는 것은, 현대 사회에 있어서 도움이 되지 않는다고 생각되고 있기 때문에
3 문학은 학교의 수업이 아니라, 개인의 취미로서 즐겨야 한다고 생각되고 있기 때문에
4 세계에서 활약하기 위해서, 세계에서 공통해서 배우는 과목이 중요하다고 생각되고 있기 때문에

해설 古典文学を学ぶことは不要だ라는 의견이 나온 이유를 묻고 있다. 밑줄의 뒷부분에서 これからの世界で生きているためにより重要と思われる技術の習得に時間を割くべきだという意見もある라고 서술하고 있으므로, 2 古い時代の言葉を学ぶことは、現代社会において役に立たないと考えられているから가 정답이다.

어휘 現代 げんだい 명 현대　個人 こじん 명 개인　活躍 かつやく 명 활약　共通 きょうつう 명 공통

66 상

프로 스포츠 선수에 대해서, 필자는 어떻게 말하고 있는가?

1 그 스포츠를 하는 사람이 많이 존재하는 것이, 프로 선수를 만들어 내는 기초가 된다.
2 아마추어로서 스포츠를 하는 사람들 속에서밖에, 프로 선수는 나타나지 않는다.
3 잘하는 프로 선수가 있는 곳에는, 반드시 많은 잘하는 아마추어 선수가 있다.
4 프로 선수가 자라는 데에는, 그 스포츠를 하기 위한 넓은 연습 장소가 필요하다.

해설 프로 스포츠 선수에 대한 필자의 생각을 묻고 있다. 두 번째 단락에서 アマチュアのスポーツとして愛好者が多くおり、広い裾野があったことがプロスポーツの原点이라고 하고, プロ選手を一定数生み出すためには、彼らを輩出するための土壌が必要なのだ라고 서술하고 있으므로, 1 そのスポーツをする人が多く存在することが、プロの選手を生み出す基礎となる가 정답이다.

어휘 存在 そんざい 명 존재

꼭! 알아두기 지문의 裾野(들판)나 土壌(토양)가 정답의 基礎(기초)를 나타내는 비유적인 표현인 것처럼, 지문에서 비유가 사용될 때 그 의미를 특히 더 정확히 이해해야 한다.

67 중

필자는 고전을 학습하지 않는 것으로, 어떠한 지장이 있다고 말하고 있는가?

1 고전과 역사의 관계를 아는 사람이 줄어들 가능성이 있다.
2 일본의 고전 연구가 불필요해질 가능성이 있다.
3 역사 연구 전체의 레벨이 낮아질 가능성이 있다.
4 프로 역사 연구자가 나타나지 않을 가능성이 있다.

해설 고전을 학습하지 않으면 어떤 지장이 있는지 묻고 있다. 세 번째 단락에서 古典学習の排除から歴史研究全体のレベルが下がり、誤った歴史観が流布してもそれを正す人が現れなくなる恐れもある라고 서술하고 있으므로, 3 歴史研究の全体のレベルが下がる可能性がある가 정답이다.

어휘 不都合 ふつごう 명 지장　可能性 かのうせい 명 가능성

68 상

이 글에서 필자가 가장 말하고 싶은 것은 무엇인가?

1 사회 전체를 바꿔 가기 위해서는, 다양한 과목을 배우는 사람이 일정 수 있는 것을 빼놓을 수 없다.
2 사회 전체의 의식을 바꿔 가기 위해서는, 다양한 분야에서의 아마추어의 활약을 빼놓을 수 없다.
3 사회 전체를 발전시키기 위해서는, 고전적인 학습을 하고 있는 많은 사람들의 참가를 빼놓을 수 없다.
4 사회 전체를 발전시키기 위해서는, 기초적인 것을 알고 있는 많은 사람의 존재를 빼놓을 수 없다.

해설 필자가 글을 통해 말하고자 하는 내용을 묻고 있다. 네 번째 단락에서 多くの「アマチュア」が生まれたことによって情報工学が発展していったように ～ それをする人々がとにかく多くいることが全体のレベルを押し上げる力になる라고 하고, 我々が学校で学ぶことは、我々自身のためだけではなく、これからの社会全体を変えていく力になる라고 서술하고 있으므로, 4 社会全体を発展させるためには、基礎的なことを知っている多くの人の存在が欠かせない가 정답이다.

어휘 様々だ さまざまだ [な형] 다양하다 意識 いしき [명] 의식 分野 ぶんや [명] 분야 活躍 かつやく [명] 활약 古典的だ こてんてきだ [な형] 고전적이다 参加 さんか [명] 참가 基礎的だ きそてきだ [な형] 기초적이다

69-70

오른쪽 페이지는, 음악제 참가자 모집의 안내이다.

69 중상

오토모 씨는 일과 동시에 취미로 재즈 밴드를 결성하고 있다. 밴드의 동료들과 공적인 자리에서 연주하고 싶은데, 오토모 씨들이 참가할 수 있는 일정은 어느 것인가?

1 음악제 기간의 3일간
2 음악제 기간 중 1일
3 금요일과 토요일 중 1일
4 금요일과 토요일 2일간

해설 오토모 씨가 참가 가능한 일정을 묻는 문제이다. 질문에서 제시된 상황 '趣味', 'ジャズバンド', '公の場で演奏'에 따라, 지문의 演奏家募集부분에서 'ただし、ジャズは15日(金)と16日(土)のみ', 'アマチュア演奏家歓迎(ただし, 参加は1日のみとなります。)'라고 언급하고 있으므로, 3 金曜と土曜のうち 1 日가 정답이다.

어휘 かたわら [부] ~와 동시에, ~하는 한편 ジャズ [명] 재즈 バンド [명] 밴드 組む くむ [동] 결성하다, 짜다 仲間 なかま [명] 동료 公 おおやけ [명] 공적임, 공공 演奏 えんそう [명] 연주 参加 さんか [명] 참가 日程 にってい [명] 일정 音楽祭 おんがくさい [명] 음악제 期間 きかん [명] 기간 金曜 きんよう [명] 금요일 土曜 どよう [명] 토요일

70 상

마리 씨는 하나조노 시에 있는 서점에서 5년 정도 근무하고 있다. 매년 음악제를 기대하고 있지만, 올해는 무언가 도울 수 있는 것이 있다면 참가하고 싶다. 단, 매주 토요일은 일이 있고, 장기에 걸친 참가도 할 수 없다. 마리 씨가 음악제에 참가하려면 어떻게 하면 좋은가?

1 운영 자원봉사에 응모하고, 25일 설명회에 나갈 수 없다고 기입한다.
2 운영 자원봉사에 응모하고, 25일 설명회에 나갈 수 없다고 이메일 한다.
3 사무국 자원봉사에 응모하고, 8월 참가가 불가능하다고 연락한다.
4 사무국 자원봉사에 응모하고, 그때 참가할 수 없는 날을 기입한다.

해설 마리 씨가 해야 할 행동을 묻는 문제이다. 질문에서 제시된 상황 毎週土曜日は仕事があり、長期にわたる参加もできない에 따라, 지문의 運営ボランティア募集부분에서 '2日以上参加できる方を歓迎', '9月25日の説明会に参加できない方には、別途説明の機会を作ります。お申し込みの際、備考欄にその旨をお書きください'라고 언급하고 있으므로, 1 運営ボランティアに応募し、25日の説明会に出られないと記入する가 정답이다.

어휘 長期 ちょうき [명] 장기 ～にわたる ~에 걸친 運営 うんえい [명] 운영 ボランティア [명] 자원봉사 応募 おうぼ [명] 응모 説明会 せつめいかい [명] 설명회 記入 きにゅう [명] 기입 メール [명] 이메일 事務局 じむきょく [명] 사무국

가을의 하나조노 음악제

'하나조노 음악제'는, 하나조노 시를 살아 보고 싶은 마을, 풍요롭게 지낼 수 있는 마을로 하고 싶다는 마음에서, 마을 조성의 일환으로 시작되었습니다. 올해로 10년째. 매년 2회, 봄과 가을에 많은 분이 참가하고 있습니다.

음악제는 연주가와 자원봉사 여러분의 협력에 의해 실시되고 있습니다. 지역 활동이므로, 보수는 드릴 수 없지만, 음악을 좋아하는 여러분의 참가를 진심으로 환영합니다.

연주가 모집

・10월 15일(금)~17일(일) 중에서, 연주 가능한 날을 선택해 주세요.
・연주 장소는 하나조노 공원 및 하나조노 역 주변의 특설 무대, 하나조노 시민 센터의 로비입니다.
・음악 장르는 가리지 않습니다.
* [69]단, 재즈는 15일(금)과 16일(토)만, 록밴드는 16일(토) 오후만
* [69]아마추어 연주가 환영(단, 참가는 하루뿐입니다.)

운영 자원봉사 모집

・회장 설치 운영을 맡깁니다. [70]2일 이상 참가할 수 있는 분을 환영합니다.
・9월의 설명회에 가능한 한 참가 가능한 분, 시내 거주・재직자 만
・설명회 : 9월 25일(토) 14:00-16:00　하나조노 시민 센터 A 회의실
* [70]9월 25일 설명회에 참가할 수 없는 분에게는, 별도 설명 기회를 만듭니다. 신청 때 비고란에 그 의사를 써 주세요.

사무국 자원봉사 모집

・연주회에 참가하시는 분과의 조정, 포스터 배부, 자원봉사의 접수 등을 합니다.
・8월 중순부터의 매주 주말 활동에 참가 가능한 분, 시내 거주・재직자만
* 형편이 좋지 않은 날이 있으시면 사전에 알려 주세요.

・신청 방법 아래의 웹 사이트에서 신청해 주세요.
연주가 https://www.hanazonoongakusai/musician　응모 마감　8월 31일 (화) 23 : 59
운영 자원봉사 https://www.hanazonoongakusai/b2　응모 마감　9월 6일 (월) 23:59
사무국 자원봉사 https://www.hanazonoongakusai/b1　응모 마감　8월 2일 (월) 23:59

문의　이메일로 연락 주세요. 전화로의 문의는 접수하지 않습니다.
e-mail : hanazonoongakusai@npo.com 하나조노 음악제 실행 위원회

어휘 **住む** すむ 동 살다　**街** まち 명 마을, 거리　**豊かだ** ゆたかだ な형 풍요롭다, 풍부하다　**暮らす** くらす 동 지내다, 살아가다　**想い** おもい 명 마음　**街づくり** まちづくり 명 마을 조성　**一環** いっかん 명 일환　**スタート** 명 시작, 스타트　**大勢** おおぜい 명 많은 사람　**演奏家** えんそうか 명 연주가　**協力** きょうりょく 명 협력　**～により** ~에 의해　**実施** じっし 명 실시　**地域** ちいき 명 지역　**活動** かつどう 명 활동　**報酬** ほうしゅう 명 보수　**心より** こころより 진심으로　**歓迎** かんげい 명 환영　**募集** ぼしゅう 명 모집　**可能だ** かのうだ な형 가능하다　**及び** および 부 및　**周辺** しゅうへん 명 주변　**特設** とくせつ 명 특설　**ステージ** 명 무대　**センター** 명 센터　**ロビー** 명 로비　**ジャンル** 명 장르　**問う** とう 동 가리다, 묻다　**ただし** 접 단　**ロック** 명 록　**アマチュア** 명 아마추어　**設営** せつえい 명 설치 운영, 설영　**任せる** まかせる 동 맡기다　**なるべく** 부 가능한 한　**市内** しない 명 시내　**在住** ざいじゅう 명 거주, 재주　**在勤者** ざいきんしゃ 명 재직자　**会議室** かいぎしつ 명 회의실　**別途** べっと 명 별도　**申し込み** もうしこみ 명 신청　**際** さい 명 때　**備考欄** びこうらん 명 비고란　**旨** むね 명 의사, 뜻　**調整** ちょうせい 명 조정　**ポスター** 명 포스터　**配布** はいふ 명 배부　**受付** うけつけ 명 접수　**中旬** ちゅうじゅん 명 중순　**事前** じぜん 명 사전　**方法** ほうほう 명 방법　**ウェブサイト** 명 웹 사이트　**締切** しめきり 명 마감　**問い合わせ** といあわせ 명 문의　**受け付ける** うけつける 동 접수하다, 받아들이다　**実行** じっこう 명 실행　**委員会** いいんかい 명 위원회

청해 p.121

문항별 분할 파일 바로 듣기

☞ 문제 1의 디렉션과 예제를 들려줄 때 1번부터 5번까지의 선택지를 미리 읽고 내용을 재빨리 파악해둡니다. 음성에서 では、始めます(그러면, 시작합니다)가 들리면, 곧바로 문제 풀 준비를 합니다. 디렉션과 예제는 실전모의고사 제1회의 해설(p.27)에서 확인할 수 있습니다.

1 중상

[음성]

レストランで男の店員と女の店員がパーティーの準備をしています。男の店員はこのあとまず何をしなければなりませんか。

F：加藤さん、準備、どこまで進んでる？

M：はい、テーブルと椅子のセッティングはあと少しで終わりそうです。各テーブルに飾る花は、開始2時間前には届くはずです。

F：2時間前か。ギリギリだね。飾るのにけっこう時間かかるから、他のことは花が届く前に終わらせておこう。

M：はい。あの、テーブルのとは別に受付に飾る花がさっき届いたんですが、山田さんの話によると、注文していたものと違うデザインのものが届いてるみたいで…。

F：えー。それは困ったな。でも、もう時間もないし、[2]今から私が確認して何とかしておくよ。受付の設置は終わってるの？

M：それは花が届いてからと思っていたので、会場準備の後、取り掛かる予定でした。

F：そうだったね。じゃあ、[3]それもこっちでやっとくから、加藤さんは料理の確認、お願いできる？

M：それでしたら、[4]先程厨房で確認しまして、仕込みは予定通りに進んでいるとのことでした。

F：じゃあ、安心だね。そしたら、[1]とりあえず元の仕事に戻ってもらって、終わったらまた声をかけてくれる？

M：[1]わかりました。

男の店員はこのあとまず何をしなければなりませんか。

[문제지]

1 テーブルと椅子を配置する
2 届いた花を受付テーブルに飾る
3 受付の準備を手伝う
4 料理の準備を確認しに行く

[음성]

레스토랑에서 남자 점원과 여자 점원이 파티의 준비를 하고 있습니다. 남자 점원은 이 다음에 우선 무엇을 해야 합니까?

F : 가토 씨, 준비, 어디까지 진행됐어?

M : 네, 테이블과 의자 세팅은 앞으로 조금이면 끝날 것 같습니다. 각 테이블에 장식할 꽃은, 개시 2시간 전에는 도착할 겁니다.

F : 2시간 전인가. 아슬아슬하네. 장식하는 데에 꽤 시간 걸리니까, 다른 일은 꽃이 도착하기 전에 끝내 놓자.

M : 네. 저, 테이블 것과는 별도로 접수처에 장식할 꽃이 아까 도착했습니다만, 야마다 씨의 이야기에 따르면, 주문했던 것과 다른 디자인의 물건이 도착해 있는 것 같아서….

F : 으음. 그건 곤란하네. 하지만, 이제 시간도 없고, [2]지금부터 내가 확인해서 어떻게든 해놓을게. 접수처의 설치는 끝났어?

M : 그건 꽃이 도착하고 나서라고 생각하고 있었기 때문에, 회장 준비 후, 착수할 예정이었습니다.

F : 그랬구나. 그럼, [3]그것도 이쪽에서 해둘 테니까, 가토 씨는 요리 확인, 부탁할 수 있을까?

M : 그거라면, [4]조금 전 주방에서 확인해서, 준비 작업은 예정대로 진행되고 있다고 했습니다.

F : 그럼, 안심이네. 그러면, [1]우선 원래 일로 돌아가고, 끝나면 다시 불러줄래?

M : [1]알겠습니다.

남자 점원은 이 다음에 우선 무엇을 해야 합니까?

[문제지]

1 테이블과 의자를 배치한다
2 도착한 꽃을 접수처 테이블에 장식한다
3 접수처의 준비를 돕는다
4 요리 준비를 확인하러 간다

해설 남자가 가장 먼저 해야 할 일을 묻는 문제이다. 대화에서, 남자는 테이블과 의자 세팅을 하던 도중 여자에게 요리 확인을 부탁받았고, 그것을 이미 했다고 대답했다. 그 말에 여자가 とりあえず元の仕事に戻ってもらって라고 하자, 남자가 わかりました라고 했으므로, 1 テーブルと椅子を配置する가 정답이다. 선택지 2, 3은 여자가 하기로 했고, 4는 남자가 이미 했으므로 오답이다.

어휘 セッティング [명] 세팅　開始 かいし [명] 개시　届く とどく [동] 도착하다　ギリギリ [부] 아슬아슬　注文 ちゅうもん [명] 주문　デザイン [명] 디자인　確認 かくにん [명] 확인　設置 せっち [명] 설치　取り掛かる とりかかる [동] 착수하다　先程 さきほど [명] 조금 전　厨房 ちゅうぼう [명] 주방　仕込み しこみ [명] 준비 작업　予定通り よていどおり 예정대로　とりあえず [부] 우선　元 もと [명] 원래　声をかける こえをかける 부르다, 말을 걸다　配置 はいち [명] 배치

꼭! 알아두기　とりあえずA(우선 A), 先にA(먼저 A)는 A를 먼저 하라는 또는 하겠다는 의미이므로 とりあえず, 先に 뒤에 언급된 행동이 정답일 가능성이 높다.

2 상

[음성]

会社で女の人と男の人が話しています。女の人はこのあとどうしますか。

F：すみません、あのう、2時にお見えになるはずの川本商店の方、まだいらっしゃらないんですが。

M：え？来てないの？[1]今回の営業セミナーの発表者だよね。準備もあるでしょうに。

F：そうなんですよ。発表は3時からなんで、2時に来るっておっしゃっていたんですが。

M：連絡もない？

F：ええ、何も。こちらから2回お電話差し上げたんですが、お出にならなくて。

M：電車は遅れてないんだよね？

F：はい。もう少し待ってみたほうがいいでしょうか。

M：会社には電話してみた？

F：[3]ええ、もうとっくに着いているころだと言われました。

M：うーん、もう2時半になるから、[2]引き続き連絡取ってみてくれる？

F：[2]はい、もし着くのがギリギリになりそうだったら、発表の順番変えたほうがいいですよね。

M：そうだな。うちの高橋君のを3時からにして、川本商店さんのは後に回すことはできるけど、[4]それは連絡が取れてから決定しようか。高橋君には伝えとくよ。

F：はい、わかりました。

女の人はこのあとどうしますか。

[문제지]

1 発表の準備をする
2 発表者に電話をする
3 発表者の会社に電話をする
4 発表の順番を変える

[음성]

회사에서 여자와 남자가 이야기하고 있습니다. 여자는 이 다음에 어떻게 합니까?

F：실례합니다, 저, 2시에 오실 예정인 가와모토 상점 분, 아직 오시지 않았는데요.

M：뭐? 안 왔어? [1]이번 영업 세미나 발표자이지? 준비도 있을 텐데.

F：맞아요. 발표는 3시부터이기 때문에, 2시에 온다고 말씀하셨는데요.

M：연락도 없어?

F：네, 아무것도. 이쪽에서 두 차례 전화드렸습니다만, 받지 않으셔서.

M：전철은 지연되지 않았지?

F：네. 조금 더 기다려보는 편이 좋을까요?

M：회사에는 전화해봤어?

F：[3]네, 벌써 진작에 도착했을 시간이라고 들었어요.

M：음, 벌써 2시 반이 되니까, [2]계속해서 연락 취해 봐줄래?

F：[2]네, 만약 도착하는 것이 아슬아슬해질 것 같으면, 발표 순서 바꾸는 편이 좋겠죠?

M：그렇지. 우리 다카하시 군 것을 3시부터로 해서, 가와모토 상점분 것은 뒤로 미룰 수는 있지만, [4]그건 연락이 되고 나서 결정할까? 다카하시 군에게는 전달해 둘게.

F：네, 알겠습니다.

여자는 이 다음에 어떻게 합니까?

[문제지]

1 발표 준비를 한다
2 발표자에게 전화를 한다
3 발표자의 회사에 전화를 한다
4 발표 순서를 바꾼다

해설 여자가 앞으로 해야 할 일을 묻는 문제이다. 대화에서, 여자가 가와모토 상점 분이 전화를 받지 않는다고 하고, 남자가 引き続き連絡取ってみてくれる？라고 하자, 여자가 はい라고 했으므로, 2 発表者に電話をする가 정답이다. 선택지 1은 가와모토 상점 사람이 할 일이고, 3은 이미 했으며, 4는 연락이 되고 난 다음에 할 일이므로 오답이다.

어휘 お見えになる おみえになる 오시다 (来る의 존경 표현)　商店 しょうてん 명 상점　今回 こんかい 명 이번　営業 えいぎょう 명 영업　セミナー 명 세미나
発表者 はっぴょうしゃ 명 발표자　発表 はっぴょう 명 발표　差し上げる さしあげる 동 드리다 (やる의 겸양어)　とっくに 부 진작에, 훨씬 전에
引き続き ひきつづき 부 계속해서　ギリギリ 부 아슬아슬　順番 じゅんばん 명 순서　後に回す あとにまわす 뒤로 미루다　決定 けってい 명 결정

3 상

[음성]

男の人が引っ越しサービスの会社に電話をしています。男の人はこのあと何をしますか。

F：はい、あおぞら引っ越しサービスです。

M：あの、今週末に引っ越しをお願いしている長瀬ですが、引っ越しの前にやっておくべきことについてお聞きしたいんですが。

F：はい。どのようなことでしょうか。

M：友人から洗濯機とかは、早めに使うのをやめたほうがいいって聞いたんですが、そうなんですか。

F：ああ、洗濯機ですね。内部に水が溜まっていることが多いので、ホースの中の水を抜いておいていただけると助かります。他の荷物が濡れたり、洗濯機が故障したりしますから。でも、運び出す前に私どもでも行いますから、[1]そのままでも構いません。

M：そうですか。冷蔵庫はどうでしょうか。

F：[2][4]冷蔵庫の中は空にして、電源を切っておいてください。2日前にしていただけるとありがたいですが、前日でも構いません。そのあと、内部に水分が残らないようによく拭いておいてください。

M：わかりました。[3][4]先に食べ物や氷を減らしておいたほうがいいですね。入ってる物、確認しておかないと。

F：ええ、あと数日ですが、計画的に減らしていくことをおすすめします。

M：わかりました。ありがとうございます。

男の人はこのあと何をしますか。

[문제지]

1 洗濯機から水を抜く
2 洗濯機の電源を切る
3 冷蔵庫の内部を拭く
4 冷蔵庫の中身をチェックする

[음성]

남자가 이사 서비스 회사에 전화를 하고 있습니다. 남자는 이 다음에 무엇을 합니까?

F : 네, 아오조라 이사 서비스입니다.

M : 저, 이번 주말에 이사를 부탁한 나가세입니다만, 이사 전에 해두어야 할 일에 대해서 여쭤보고 싶은데요.

F : 네. 어떤 일인가요?

M : 친구에게 세탁기라든가는, 일찌감치 쓰는 걸 멈추는 편이 좋다고 들었습니다만, 그런가요?

F : 아, 세탁기요. 내부에 물이 고여 있는 경우가 많기 때문에, 호스 안의 물을 빼놓아 주시면 도움이 됩니다. 다른 짐이 젖거나, 세탁기가 고장 나거나 하기 때문에요. 하지만, 옮겨서 밖으로 꺼내기 전에 저희들도 하니까, [1]그대로도 상관없습니다.

M : 그런가요? 냉장고는 어떨까요?

F : [2][4]냉장고 안은 비우고, 전원을 꺼놓아주세요. 2일 전에 해주시면 감사하겠습니다만, 전날이라도 상관없습니다. 그 다음, 내부에 수분이 남지 않도록 잘 닦아 놓아주세요.

M : 알겠습니다. [3][4]먼저 먹을 것과 얼음을 줄여놓는 편이 좋겠네요. 들어있는 것, 확인해두지 않으면.

F : 네, 앞으로 며칠이지만, 계획적으로 줄여나가는 것을 추천드립니다.

M : 알겠습니다. 감사합니다.

남자는 이 다음에 무엇을 합니까?

[문제지]

1 세탁기에서 물을 뺀다
2 세탁기의 전원을 끈다
3 냉장고의 내부를 닦는다
4 냉장고의 내용물을 체크한다

해설 남자가 앞으로 해야 할 일을 묻는 문제이다. 대화에서, 여자가 冷蔵庫の中は空にして、電源を切っておいてください라고 하자, 남자가 先に食べ物や氷を減らしておいたほうがいいですね。入ってる物、確認しておかないと라고 했으므로, 4 冷蔵庫の中身をチェックする가 정답이다. 선택지 1은 할 필요가 없으며, 2는 세탁기가 아니라 냉장고의 전원을 끄라고 했으며, 3은 냉장고를 비운 후에 할 일이므로 오답이다.

어휘 引っ越し ひっこし 명 이사　サービス 명 서비스　今週末 こんしゅうまつ 명 이번 주말　友人 ゆうじん 명 친구　洗濯機 せんたくき 명 세탁기
早めに はやめに 일찌감치　内部 ないぶ 명 내부　溜まる たまる 동 고이다　ホース 명 호스　抜く ぬく 동 빼다　助かる たすかる 동 도움이 되다
濡れる ぬれる 동 젖다　運び出す はこびだす 동 옮겨서 밖으로 꺼내다　構わない かまわない 상관없다　空 から 명 빔　電源 でんげん 명 전원
ありがたい い형 감사하다　前日 ぜんじつ 명 전날　水分 すいぶん 명 수분　拭く ふく 동 닦다　先に さきに 부 먼저　氷 こおり 명 얼음

減らす へらす 동 줄이다　確認 かくにん 명 확인　数日 すうじつ 명 며칠　計画的だ けいかくてきだ な형 계획적이다　おすすめ 추천
中身 なかみ 명 내용물

꼭! 알아두기　~たほうがいい(~하는 편이 좋다)는 それより(그것보다)와 함께 출제되기도 하며, 권유·제안의 의미이므로 앞에 언급된 행동이 정답일 가능성이 높다.

4 중상

[음성]

大学で女の学生と男の学生が話しています。女の学生はこのあとまず何をしますか。

F：私、インターンシップをやってみようと思ってるんですけど、どうやって進めたらいいのかよく分からないんです。森先輩は今年の春にインターンシップ、やってましたよね。どうやって応募したんですか。

M：ああ、まず、希望の企業を選んで。そのあと、エントリーシートに大学の成績と勤務可能日数と自己PRを記入するんだよ。勤務日数は、長期、短期、それに1日っていうのもあるよ。

F：うーん。広告会社に行きたいから、[1]何社か検索してるんですけど、広告業界って人気があるから難しそうで。自己PRもまだ書けてないですし。

M：そっか。じゃあ、短期の選考は難しくないから、まず短期を狙って応募するのがいいんじゃないかな。長期は適性が認められればそのまま内定をもらえることが多いから、競争が厳しいんだ。

F：なるほど。じゃあ、短期のものに応募するのがよさそうですね。

M：でも、[2][3]まずは、自己PRを頑張って考えなくちゃね。これが一番時間かかるから。あ、あと、成績表を取り寄せるのも忘れないで。

F：[4]成績表はキャリアセンターに頼めばすぐ取れますから、[3]先に大変そうなのから取り掛かります。

M：あ、そうそう。書類が通れば企業から面接のメールが届くはずだよ。

F：わかりました。頑張ってみます。

女の学生はこのあとまず何をしますか。

[문제지]

1 希望の企業を検索する
2 インターンシップに応募する
3 自己PRを作成する
4 大学の成績表を取り寄せる

[음성]

대학에서 여학생과 남학생이 이야기하고 있습니다. 여학생은 이 다음에 우선 무엇을 합니까?

F : 저, 인턴십을 해보려고 생각하고 있습니다만, 어떻게 진행하면 좋을지 잘 모르겠어요. 모리 선배는 올해 봄에 인턴십, 했었죠? 어떻게 응모한 거예요?

M : 아, 우선, 희망 기업을 골라. 그 다음, 입사 지원서에 대학 성적과 근무 가능 일수와 자기 PR을 기입하는 거야. 근무 일수는, 장기, 단기, 게다가 1일이라는 것도 있어.

F : 음. 광고 회사에 가고 싶어서, [1]몇 회사인가 검색하고 있는데요, 광고 업계란 인기가 있으니까 어려울 것 같아서. 자기 PR도 아직 쓰지 못했고요.

M : 그렇구나. 그럼, 단기 전형은 어렵지 않으니까, 우선 단기를 노려서 응모하는 것이 좋지 않을까? 장기는 적성을 인정받으면 그대로 내정을 받을 수 있는 경우가 많아서, 경쟁이 심해.

F : 과연 그렇군요. 그럼, 단기인 것에 응모하는 것이 좋을 것 같네요.

M : 하지만, [2][3]우선은, 자기 PR을 힘내서 생각하지 않으면 안 돼. 이것이 가장 시간 걸리니까. 아, 그리고, 성적표를 가져오는 것도 잊지 말고.

F : [4]성적표는 커리어 센터에 부탁하면 바로 얻을 수 있으니까, [3]먼저 힘들 것 같은 것부터 착수하겠습니다.

M : 아, 맞다맞다. 서류가 통과하면 기업으로부터 면접 이메일이 도착할 거야.

F : 알겠습니다. 열심히 해보겠습니다.

여학생은 이 다음에 우선 무엇을 합니까?

[문제지]

1 희망 기업을 검색한다
2 인턴십에 응모한다
3 자기 PR을 작성한다
4 대학 성적표를 가져온다

해설 여자가 가장 먼저 해야 할 일을 묻는 문제이다. 대화에서, 남자가 まずは、自己PRを頑張って考えなくちゃね。これが一番時間かかるから라고 하자, 여자가 先に大変そうなのから取り掛かります라고 했으므로, 3 自己PRを作成する가 정답이다. 선택지 1은 이미 했고, 2, 4는 자기 PR을 작성한 다음에 할 일이므로 오답이다.

어휘 インターンシップ 명 인턴십　進める すすめる 동 진행하다　応募 おうぼ 명 응모　希望 きぼう 명 희망　企業 きぎょう 명 기업
エントリーシート 명 입사 지원서　成績 せいせき 명 성적　勤務 きんむ 명 근무　可能 かのう 명 가능　日数 にっすう 명 일수　自己 じこ 명 자기
記入 きにゅう 명 기입　長期 ちょうき 명 장기　短期 たんき 명 단기　広告 こうこく 명 광고　検索 けんさく 명 검색　業界 ぎょうかい 명 업계
選考 せんこう 명 전형　狙う ねらう 동 노리다　適性 てきせい 명 적성　認める みとめる 동 인정하다　内定 ないてい 명 내정
成績表 せいせきひょう 명 성적표　取り寄せる とりよせる 동 가져오다, 들여오다　キャリアセンター 명 커리어 센터　先に さきに 부 먼저
取り掛かる とりかかる 동 착수하다　書類 しょるい 명 서류　面接 めんせつ 명 면접　作成 さくせい 명 작성

5 상

[음성]

大学で男の学生と女の学生が話しています。女の学生はこのあとまず何をしますか。

M：あと一か月で選挙だね。投票のお知らせ、届いた？

F：ううん、まだ。私、今年が初めての投票なんだけど、どうやって候補者を選べばいいのかな。

M：投票日の1週間くらい前に、家に候補者の一覧が届くから、それを読むといいよ。家でゆっくり読めるから。

F：1週間か。[2]もっと早く知れる方法はない？

M：うん。テレビでも候補者が意見を言う番組があるよ。政見放送っていうんだけど、どんな人なのかよくわかるから、見ると選挙にも興味が持てると思うよ。放送時間は朝と、夕方と、あとは夜。

F：うーん、[1]アルバイトも授業もあるし、時間が決まってるとなあ。それ、インターネットでも見られればいいのにね。

M：インターネットなら、[3]候補者の政策をまとめているサイトがあるよ。初めての選挙なら、そこからかな。それぞれの候補者を比べてみると政策の違いがよくわかるよ。

F：なるほど。あ、あと友達や親の意見も聞いた方がいいよね。

M：うーん、でも最後に決めるのは自分だからね。親の世代は若者より高齢者向けの政策を重要視するし。

F：[4]ああ、そうか。じゃ、[3]まずはおすすめの方法で。できることからやってみるよ。

女の学生はこのあとまず何をしますか。

[문제지]

1 テレビで候補者の話を聞く
2 家で候補者の一覧を読む
3 インターネットで政策を比較する
4 身近な人の意見を聞く

[음성]

대학에서 남학생과 여학생이 이야기하고 있습니다. 여학생은 이 다음에 우선 무엇을 합니까?

M : 앞으로 한 달이면 선거네. 투표 알림, 도착했어?

F : 아니, 아직. 나, 올해가 첫 투표인데, 어떻게 후보자를 고르면 좋은 걸까.

M : 투표일 1주일 정도 전에, 집에 후보자 일람이 도착하니까, 그것을 읽으면 돼. 집에서 느긋하게 읽을 수 있으니까.

F : 1주일인가. [2]좀 더 빨리 알 수 있는 방법은 없어?

M : 응. 텔레비전에서도 후보자가 의견을 말하는 프로그램이 있어. 정견 방송이라고 하는데, 어떤 사람인지 잘 알 수 있으니까, 보면 선거에도 흥미를 가질 수 있을 거라고 생각해. 방송 시간은 아침과, 저녁과, 그리고 밤.

F : 음, [1]아르바이트도 수업도 있고, 시간이 정해져 있으면 좀. 그거, 인터넷으로도 볼 수 있으면 좋을 텐데.

M : 인터넷이라면, [3]후보자의 정책을 정리하고 있는 사이트가 있어. 첫 선거라면, 그거부터이려나. 각각의 후보자를 비교해서 보면 정책의 차이를 잘 알 수 있어.

F : 과연 그렇구나. 아, 그리고 친구나 부모님의 의견도 듣는 편이 좋겠지?

M : 음, 하지만 마지막에 정하는 것은 자신이니까 말이야. 부모님 세대는 젊은이보다 고령자를 위한 정책을 중요시하고.

F : [4]아, 그런가. 그럼, [3]우선은 추천 방법으로. 가능한 것부터 해볼게.

여학생은 이 다음에 우선 무엇을 합니까?

[문제지]

1 텔레비전에서 후보자의 이야기를 듣는다
2 집에서 후보자 일람을 읽는다
3 인터넷에서 정책을 비교한다
4 가까운 사람의 의견을 듣는다

해설 여자가 가장 먼저 해야 할 일을 묻는 문제이다. 대화에서, 남자가 候補者の政策をまとめているサイトがあるよ。初めての選挙なら、そこからかな라고 하자, 여자가 가까운 사람의 의견을 듣는 것에 대해 물어본 후, まずはおすすめの方法で라고 했으므로, 3 インターネットで政策を比較する가 정답이다. 선택지 1은 시간이 맞지 않아 하지 않기로 했고, 2는 좀 더 빨리 알고 싶다고 했으며, 4는 우선 추천하는 방법으로 하겠다고 했으므로 오답이다.

어휘 **選挙** せんきょ 명 선거　**投票** とうひょう 명 투표　**お知らせ** おしらせ 알림　**候補者** こうほしゃ 명 후보자　**投票日** とうひょうび 명 투표일
一覧 いちらん 명 일람　**政見** せいけん 명 정견　**インターネット** 명 인터넷　**政策** せいさく 명 정책　**まとめる** 동 정리하다　**サイト** 명 사이트
それぞれ 명 각각　**違い** ちがい 명 차이　**親** おや 명 부모님　**世代** せだい 명 세대　**若者** わかもの 명 젊은이　**高齢者向け** こうれいしゃむけ 고령자를 위함
重要視 じゅうようし 명 중요시　**おすすめ** 추천　**方法** ほうほう 명 방법　**比較** ひかく 명 비교　**身近だ** みぢかだ な형 가깝다

☞ **문제 2**의 디렉션과 예제를 들려줄 때 1번부터 6번까지의 선택지를 미리 읽고 내용을 재빨리 파악해둡니다. 음성에서 **では、始めます**(그러면, 시작합니다)가 들리면, 곧바로 문제 풀 준비를 합니다. 디렉션과 예제는 실전모의고사 제1회의 해설(p.32)에서 확인할 수 있습니다.

1 상

[음성]

男の人と女の人が話しています。女の人は猫のどんなことに最も驚いたと言っていますか。

M：最近、猫を飼い始めたんだって？
F：うん。前に鳥を飼ってたことがあるから同じような感じかと思ってたら、全然違って驚くことが多いよ。
M：へえ。例えば？
F：うーん、まずはトイレのことかな。猫ってきれい好きらしくて、基本的に同じ場所でトイレをする習性があるんだって。鳥にはそういうのないし、全然教えてないのにすぐに同じ場所だけでするようになって、偉いなって。ただ、肉食だから臭いがあるのは気になってるけど。
M：まあ、トイレの臭いはしょうがないよね。
F：うん、でも何より、一匹で留守番していても私への反応が変わらないところかな。以前飼育していた鳥は基本的に群れで暮らす種類のだったから、私が出かけるとすぐ寂しがってたんだ。
M：へえ。田中さんのこと、仲間だと思ってたのかな。
F：そうかもしれない。寂しがるかどうかは猫にもよるみたいだけどね。ほら、猫って昼間はほとんど寝てるじゃない？鳥は人間と活動時間帯が同じだったけど、猫は逆で、睡眠時間が長いんだよね。

女の人は猫のどんなことに最も驚いたと言っていますか。

[문제지]

1 基本的にトイレの場所が決まっていること
2 肉食だからトイレから臭いがすること
3 飼い主がいなくても寂しくなさそうなこと
4 睡眠時間が長くて昼間は寝ていること

[음성]

남자와 여자가 이야기하고 있습니다. 여자는 고양이의 어떤 것에 가장 놀랐다고 말하고 있습니까?

M : 최근, 고양이를 키우기 시작했다면서?
F : 응. 전에 새를 키운 적이 있어서 비슷한 느낌인가 하고 생각했더니, 전혀 달라서 놀라는 일이 많아.
M : 흐음. 예를 들면?
F : 음, 우선은 화장실에 관한 것일까? 고양이란 깨끗한 것을 좋아하는 것 같아서, 기본적으로 같은 장소에서 볼일을 보는 습성이 있대. 새에게는 그런 것이 없고, 전혀 가르치지 않았는데 바로 같은 장소에서만 하게 되어서, 대단하구나 하고. 다만, 육식이라서 냄새가 있는 것은 신경 쓰이지만.
M : 뭐, 화장실의 냄새는 어쩔 수 없지.
F : 응, 하지만 무엇보다, 한 마리가 집 보기를 하고 있어도 나에게로의 반응이 바뀌지 않는 것일까? 이전에 사육하고 있었던 새는 기본적으로 무리로 생활하는 종류의 것이었으니까, 내가 외출하면 금세 외로워했어.
M : 오. 다나카 씨를, 동료라고 생각했던 걸까?
F : 그럴지도 몰라. 외로워하는지 어떤지는 고양이 나름인 것 같지만 말이야. 봐, 고양이란 낮은 거의 자고 있잖아? 새는 인간과 활동 시간대가 같았지만, 고양이는 반대로, 수면 시간이 길어.

여자는 고양이의 어떤 것에 가장 놀랐다고 말하고 있습니까?

[문제지]

1 기본적으로 화장실 장소가 정해져 있는 것
2 육식이라서 화장실에서 냄새가 나는 것
3 주인이 없어도 외롭지 않은 것 같은 것
4 수면 시간이 길어서 낮은 자고 있는 것

해설 고양이에게 가장 놀란 점을 묻는 문제이다. 대화에서, 여자가 でも何より、一匹で留守番していても私への反応が変わらないところかな。以前飼育していた鳥は基本的に群れで暮らす種類のだったから、私が出かけるとすぐ寂しがってたんだ라고 했으므로, 3 飼い主がいなくても寂しくなさそうなこと가 정답이다. 선택지 1, 4는 가장 놀란 점으로 언급한 것이 아니고, 2는 놀란 점이 아니라 신경 쓰이는 점이라고 했으므로 오답이다.

어휘 最も もっとも 부 가장　飼い始める かいはじめる 동 키우기 시작하다　飼う かう 동 키우다　全然 ぜんぜん 부 전혀
きれい好き きれいずき 명 깨끗한 것을 좋아함　基本的だ きほんてきだ な형 기본적이다　トイレをする 볼일을 보다　習性 しゅうせい 명 습성
偉い えらい い형 대단하다　ただ 부 다만　肉食 にくしょく 명 육식　臭い におい 명 냄새　気になる きになる 신경 쓰이다　しょうがない 어쩔 수 없다
留守番 るすばん 명 집 보기　反応 はんのう 명 반응　以前 いぜん 명 이전　飼育 しいく 명 사육　群れ むれ 명 무리　暮らす くらす 동 생활하다
種類 しゅるい 명 종류　仲間 なかま 명 동료　人間 にんげん 명 인간　活動 かつどう 명 활동　時間帯 じかんたい 명 시간대　逆 ぎゃく 명 반대
睡眠 すいみん 명 수면　飼い主 かいぬし 명 주인

2 상

[음성]

女の人と男の人が話しています。男の人は引っ越しを決めたのはどうしてだと言っていますか。

F：急に引っ越したからびっくりしたよ。でも、ここは緑も多くて環境がいいわね。秋には家族も増えるんだし、こんなところで子育てができるんだから、最高じゃない。

M：うん、こっちに来てからそういった面でもよかったなって気付いたよ。

F：でも、生まれてから引っ越してもよかったんじゃない?ここから病院に行くの、時間がかかるし。

M：うん。でも、前のアパート、4月から家賃を上げるって急に言われてね。会社にも自転車で行けるから便利だったし、友達も近くに住んでいたし、悩んだんだけど。でも、同じぐらいの家賃で庭付きの広いうちに住めるから、思い切って引っ越したんだ。

F：そうだったんだ。通勤、大変じゃない?

M：そう思ってたんだけど、電車の中だと本を読んだり、メールを見たりできるんだよ。自転車だとそれができないからね。かえってよかったよ。

F：それもそうね。実家にも近くなったんじゃない?

M：うん、そうだね。

男の人は引っ越しを決めたのはどうしてだと言っていますか。

[문제지]

1 子どもを育てるのにいい環境だから
2 アパートの家賃が値上がりするから
3 電車で通勤ができるから
4 実家の近くに住めるから

[음성]

여자와 남자가 이야기하고 있습니다. 남자는 이사를 정한 것은 어째서라고 말하고 있습니까?

F : 갑자기 이사해서 깜짝 놀랐어. 그래도, 여기는 초목도 많고 환경이 좋네. 가을에는 가족도 늘어나고, 이런 곳에서 육아가 가능하다니, 최고잖아.

M : 응, 이쪽에 오고 나서 그런 면에서도 다행이었다고 깨달았어.

F : 하지만, 태어나고 나서 이사해도 괜찮았던 거 아니야? 여기에서 병원에 가는 거, 시간이 걸리고.

M : 응. 하지만, 전의 아파트, 4월부터 집세를 올린다는 말을 갑자기 들어서 말이야. 회사에도 자전거로 갈 수 있어서 편리했고, 친구도 근처에 살고 있었고, 고민했는데. 그래도, 비슷한 집세로 정원이 딸린 넓은 집에 살 수 있으니까, 큰맘 먹고 이사한 거야.

F : 그랬구나. 통근, 힘들지 않아?

M : 그렇게 생각하고 있었는데, 전철 안이라면 책을 읽거나, 이메일을 보거나 할 수 있어. 자전거라면 그것이 불가능하니까 말이야. 오히려 잘 됐어.

F : 그것도 그렇네. 본가에도 가까워졌지 않아?

M : 응, 맞아.

남자는 이사를 정한 것은 어째서라고 말하고 있습니까?

[문제지]

1 아이를 키우는데 좋은 환경이기 때문에
2 아파트의 집세가 오르기 때문에
3 전철로 통근이 가능하기 때문에
4 본가 근처에 살 수 있기 때문에

해설 남자가 이사를 정한 이유를 묻는 문제이다. 대화에서, 남자가 でも、前のアパート、4月から家賃を上げるって急に言われてね라고 하고, 同じぐらいの家賃で庭付きの広いうちに住めるから、思い切って引っ越したんだ라고 했으므로, 2 アパートの家賃が値上がりするから가 정답이다. 선택지 1은 이사한 후에 깨달은 점이고, 3은 이유로 언급한 것이 아니며, 4는 본가와 가까워졌다고는 했지만 이사를 정한 이유는 아니므로 오답이다.

어휘 引っ越し ひっこし 명 이사　びっくり 부 깜짝　環境 かんきょう 명 환경　子育て こそだて 명 육아　最高 さいこう 명 최고　気付く きづく 동 깨닫다
家賃 やちん 명 집세　悩む なやむ 동 고민하다　庭付き にわつき 명 정원이 딸림　思い切って おもいきって 부 큰맘 먹고　通勤 つうきん 명 통근
メール 명 이메일　かえって 부 오히려　実家 じっか 명 본가　値上がり ねあがり 명 (값이) 오름

3 중상

[음성]

喫茶店で、男の人と女の人が話しています。男の人は留学するにあたり、何が心配だと言っていますか。

M：実は、8月に会社をやめて、アメリカの大学院に留学することにしたんだ。

F：えっ、すごいね。おめでとう。

M：ありがとう。入学試験に受かったときはすごく嬉しかったんだけど、出発が近づくにつれてだんだん心配も大きくなってきて･･･。

F：英語しか通じない環境に飛び込むんだもんね。

M：まあね。でも、それは何とかなるかなと思ってるんだ。大学の時は英語が苦手だったけど、ここ数年は会社帰りや休日に結構勉強してたんだ。授業のレベルが高くてついていけない可能性もあるけど、そこは頑張るしかないしね。でも、こっちに帰ってきたとき、希望する会社に入れるのかなって思ったりしてさ。思ったような結果が出せなくて、結局留学した意味がなかったなんて状況になったら･･･。

F：えーっ。そんなこと今から心配しても仕方ないよ。きっと大丈夫だよ。

男の人は留学するにあたり、何が心配だと言っていますか。

[문제지]

1 英語があまり得意ではないこと
2 大学院での勉強が難しすぎること
3 帰国後に就職活動に失敗すること
4 大学院で良い結果が出せないこと

[음성]

찻집에서, 남자와 여자가 이야기하고 있습니다. 남자는 유학하는 데 있어서, 무엇이 걱정이라고 말하고 있습니까?

M : 실은, 8월에 회사를 그만두고, 미국의 대학원에 유학하기로 했어.

F : 와, 대단하네. 축하해.

M : 고마워. 입학시험에 합격했을 때는 굉장히 기뻤는데, 출발이 다가옴에 따라서 점점 걱정도 커져 와서….

F : 영어밖에 통하지 않는 환경에 뛰어드는 거니까.

M : 뭐. 하지만, 그건 어떻게든 되려나 하고 생각하고 있어. 대학 때는 영어를 잘 못했지만, 요 몇 년은 회사 퇴근길이나 휴일에 꽤 공부했어. 수업 레벨이 높아서 따라갈 수 없을 가능성도 있지만, 그건 노력할 수밖에 없고. 하지만, 이쪽에 돌아왔을 때, 희망하는 회사에 들어갈 수 있는 걸까 하고 생각하거나 해서 말이야. 생각한 것과 같은 결과를 낼 수 없어서, 결국 유학한 의미가 없었다 따위의 상황이 된다면….

F : 뭐? 그런 것 지금부터 걱정해도 소용없어. 분명 괜찮을 거야.

남자는 유학하는 데 있어서, 무엇이 걱정이라고 말하고 있습니까?

[문제지]

1 영어를 그다지 잘하지 못하는 것
2 대학원에서의 공부가 너무 어려운 것
3 귀국 후에 취직 활동에 실패하는 것
4 대학원에서 좋은 결과를 낼 수 없는 것

해설 남자가 유학하는 데 있어서 걱정하고 있는 것을 묻는 문제이다. 대화에서, 남자가 こっちに帰ってきたとき、希望する会社に入れるのかなって思ったりしてさ。思ったような結果が出せなくて結局留学した意味がなかったなんて状況になったら…라고 했으므로, 3 帰国後に就職活動に失敗すること가 정답이다. 선택지 1은 요 몇 년간 영어 공부를 열심히 했다고 했고, 2는 노력할 수밖에 없다고 했으며, 4는 언급되지 않았으므로 오답이다.

어휘 **実は** じつは 부 실은 **大学院** だいがくいん 명 대학원 **入学試験** にゅうがくしけん 명 입학시험 **受かる** うかる 동 합격하다 **嬉しい** うれしい い형 기쁘다 **出発** しゅっぱつ 명 출발 **近づく** ちかづく 동 다가오다 **通じる** つうじる 동 통하다 **環境** かんきょう 명 환경 **飛び込む** とびこむ 동 뛰어들다 **苦手だ** にがてだ な형 잘 못하다 **数年** すうねん 명 몇 년 **会社帰り** かいしゃがえり 명 회사 퇴근길 **休日** きゅうじつ 명 휴일 **レベル** 명 레벨 **ついていく** 따라가다 **可能性** かのうせい 명 가능성 **希望** きぼう 명 희망 **結果** けっか 명 결과 **結局** けっきょく 명 결국 **状況** じょうきょう 명 상황 **仕方ない** しかたない い형 소용없다 **得意だ** とくいだ な형 잘하다 **就職** しゅうしょく 명 취직 **活動** かつどう 명 활동

4 중

[음성]

大学の歴史の授業で先生が歴史上の人物について話しています。先生は最近の発見で、どんなことがわかったと言っていますか。

[음성]

대학의 역사 수업에서 선생님이 역사상의 인물에 대해서 이야기하고 있습니다. 선생님은 최근의 발견에서, 어떤 것을 알았다고 말하고 있습니까?

M：この人物は、従来の研究において政治的な能力は高くないと言われていました。事実、国内を自分の父親と同じ方法で治めていたことがわかっており、行政面では大きな改革ができなかったことが見て取れます。えー、しかし実は、今回新たに発掘された住居跡から、この国としては特殊な加工がされた器が見つかりました。これは当時の先進国で流行していた新しい技術を用いたものです。以前に発見された彼の手紙からは外国との貿易には消極的な様子が読み取れ、他国との交流に積極的ではなかったと考えられていましたが、今回の発見は新たな一面を示すものと言えるでしょう。

先生は最近の発見で、どんなことがわかったと言っていますか。

[문제지]

1 国を管理する能力が低かったこと
2 父親の統治の方法を変えなかったこと
3 諸外国と交流し、新技術を取り入れていたこと
4 諸外国との貿易に積極的ではなかったこと

M : 이 인물은, 종래의 연구에 있어서 정치적인 능력은 높지 않다고 일컬어지고 있었습니다. 사실, 국내를 자신의 부친과 똑같은 방법으로 다스리고 있던 것이 알려져 있어, 행정면에서는 큰 개혁을 할 수 없었던 것을 알 수 있습니다. 음, 하지만 실은, 이번에 새롭게 발굴된 주거지 터에서, 이 나라로서는 특수한 가공이 된 그릇이 발견되었습니다. 이것은 당시의 선진국에서 유행하고 있던 새로운 기술을 사용한 것입니다. 이전에 발견된 그의 편지로부터는 외국과의 무역에는 소극적인 모습을 파악할 수 있고, 타국과의 교류에 적극적이지 않았다고 생각되고 있었습니다만, 이번의 발견은 새로운 일면을 나타내는 것이라고 말할 수 있겠지요.

선생님은 최근의 발견에서, 어떤 것을 알았다고 말하고 있습니까?

[문제지]

1 나라를 관리하는 능력이 낮았던 것
2 부친의 통치 방법을 바꾸지 않았던 것
3 여러 외국과 교류하고, 신기술을 받아들였던 것
4 여러 외국과의 무역에 적극적이지 않았던 것

해설 최근의 발견에서 알게 된 것을 묻는 문제이다. 선생님 즉, 남자가 しかし実は、今回新たに発掘された住居跡から、この国としては特殊な加工がされた器が見つかりました。これは当時の先進国で流行していた新しい技術を用いたものです라고 하고, 他国との交流に積極的ではなかったと考えられていましたが、今回の発見は新たな一面を示す라고 했으므로, 3 諸外国と交流し、新技術を取り入れていたこと가 정답이다. 선택지 1은 언급되지 않았고, 2, 4는 이미 알려져 있던 사실이므로 오답이다.

어휘 歴史上 れきしじょう 명 역사상 人物 じんぶつ 명 인물 発見 はっけん 명 발견 従来 じゅうらい 명 종래 政治的だ せいじてきだ な형 정치적이다 能力 のうりょく 명 능력 事実 じじつ 명 사실 国内 こくない 명 국내 父親 ちちおや 명 부친 方法 ほうほう 명 방법 治める おさめる 동 다스리다 行政面 ぎょうせいめん 명 행정면 改革 かいかく 명 개혁 見て取る みてとる 동 알아차리다 実は じつは 부 실은 今回 こんかい 명 이번 新ただ あらただ な형 새롭다 発掘 はっくつ 명 발굴 住居跡 じゅうきょあと 주거지 터 特殊だ とくしゅだ な형 특수하다 加工 かこう 명 가공 器 うつわ 명 그릇 当時 とうじ 명 당시 先進国 せんしんこく 명 선진국 流行 りゅうこう 명 유행 用いる もちいる 동 사용하다 以前 いぜん 명 이전 消極的だ しょうきょくてきだ な형 소극적이다 様子 ようす 명 모습 読み取る よみとる 동 파악하다 他国 たこく 명 타국 交流 こうりゅう 명 교류 積極的だ せっきょくてきだ な형 적극적이다 一面 いちめん 명 일면 示す しめす 동 나타내다, 보이다 管理 かんり 명 관리 統治 とうち 명 통치 諸外国 しょがいこく 명 여러 외국 新技術 しんぎじゅつ 명 신기술 取り入れる とりいれる 동 받아들이다

꼭! 알아두기 최근의 일이나 변화를 묻는 경우 しかし(하지만), ～が(~지만)와 같은 표현 뒤에 언급되는 내용이 자주 정답의 단서가 된다.

5 중

[음성]

テレビでアナウンサーが女の人にインタビューしています。女の人はボウリングを始めたきっかけは何だと言っていますか。

M：今日は、先日行われたシニアスポーツ大会のボウリングで優勝された吉田さんにお越しいただいております。吉田さん、まずは優勝おめでとうございます。

F：ありがとうございます。

[음성]

텔레비전에서 아나운서가 여자에게 인터뷰하고 있습니다. 여자는 볼링을 시작한 계기는 무엇이라고 말하고 있습니까?

M : 오늘은, 요전에 행해진 시니어 스포츠 대회의 볼링에서 우승하신 요시다 씨가 와주셨습니다. 요시다 씨, 우선은 우승 축하드립니다.

F : 감사합니다.

M：ボウリングは若いころからなさっていたんですか。
F：いえいえ、始めたのは、実は、60を過ぎてからなんです。もう10年ですね。
M：そうですか。きっかけは何だったんでしょうか。
F：学生の頃はテニスをやっていて、日常的に体を動かしていたんですけどね。でもね、ある時、孫娘がボウリング教室に通い始めて、私も時々迎えに行くようになったんですけど、毎回孫が楽しそうで。おばあちゃんもやったらと言われたんですけど、もうこの年でしょう。無理だと思ってたところに、たまたま市内のボウリングクラブにシニア対象の教室ができたので、軽い気持ちで入ったんですよ。そしたら気持ちよくてね、体を動かすのが。それで続けているんです。
M：大会には5年前からお出になってますね。
F：ええ、コーチに勧められて大会に出るようになって。試合だと順位も付くでしょう。努力したことが目に見える結果になるのが楽しくて。おまけに、ボウリングを始めて体調がすごく良くなったんですよ。
M：そうですか。
F：今回の優勝はたまたまです。これからものんびり続けたいと思ってます。

女の人はボウリングを始めたきっかけは何だと言っていますか。

[문제지]

1 孫がボウリングを勧めてくれたから
2 自分に合うボウリング教室ができたから
3 日常的に体を動かしたいと思ったから
4 ボウリングは体に良いと聞いたから

M : 볼링은 젊을 때부터 하셨던 것인가요?
F : 아뇨 아뇨, 시작한 것은, 실은, 60을 넘고 나서부터입니다. 벌써 10년이네요.
M : 그런가요? 계기는 무엇이었을까요?
F : 학생 때는 테니스를 해서, 일상적으로 몸을 움직이고 있었는데 말이에요. 하지만, 어느 때, 손녀가 볼링 교실에 다니기 시작해서, 저도 때때로 마중 나가게 되었습니다만, 매번 손주가 즐거운 것 같아서. 할머니도 하면 이라고 들었습니다만, 벌써 이 나이잖아요? 무리라고 생각한 참에, 우연히 시내의 볼링 클럽에 시니어 대상의 교실이 생겨서, 가벼운 마음으로 들어갔어요. 그랬더니 기분이 좋아서요, 몸을 움직이는 것이. 그래서 계속하고 있습니다.
M : 대회에는 5년 전부터 나오고 계시죠?
F : 네, 코치에게 권유받아 대회에 나오게 되어서. 시합이라면 순위도 붙잖아요? 노력한 것이 눈에 보이는 결과가 되는 것이 즐거워서. 게다가, 볼링을 시작하고 몸 상태가 굉장히 좋아졌어요.
M : 그런가요.
F : 이번 우승은 우연이에요. 앞으로도 느긋하게 계속하고 싶다고 생각하고 있습니다.

여자는 볼링을 시작한 계기는 무엇이라고 말하고 있습니까?

[문제지]

1 손주가 볼링을 권유해 주었기 때문에
2 자신에게 맞는 볼링 교실이 생겼기 때문에
3 일상적으로 몸을 움직이고 싶다고 생각했기 때문에
4 볼링은 몸에 좋다고 들었기 때문에

해설 여자가 볼링을 시작한 계기를 묻는 문제이다. 대화에서, 여자가 たまたま市内のボウリングクラブにシニア対象の教室ができたので、軽い気持ちで入ったんですよ。そしたら気持ちよくてね、体を動かすのが。それで続けているんです라고 했으므로, 2 自分に合うボウリング教室ができたから가 정답이다. 선택지 1은 무리라고 생각했다고 했고, 3은 볼링이 아니라 테니스를 했던 학생 때의 이야기이고, 4는 언급되지 않았으므로 오답이다.

어휘 インタビュー 명 인터뷰　ボウリング 명 볼링　先日 せんじつ 명 요전　シニア 명 시니어　大会 たいかい 명 대회　優勝 ゆうしょう 명 우승　実は じつは 부 실은　きっかけ 명 계기　日常的だ にちじょうてきだ な형 일상적이다　動かす うごかす 동 움직이다　孫娘 まごむすめ 명 손녀　通い始める かよいはじめる 동 다니기 시작하다　毎回 まいかい 명 매번　孫 まご 명 손주　たまたま 부 우연히　市内 しない 명 시내　クラブ 명 클럽　対象 たいしょう 명 대상　コーチ 명 코치　勧める すすめる 동 권유하다　順位 じゅんい 명 순위　努力 どりょく 명 노력　結果 けっか 명 결과　おまけに 접 게다가　体調 たいちょう 명 몸 상태　のんびり 부 느긋하게

6 상

[음성]

ラジオで心理学の専門家が話しています。この専門家は他人の相談を聞く時に良い方法は何だと言っていますか。

[음성]

라디오에서 심리학 전문가가 이야기하고 있습니다. 이 전문가는 타인의 상담을 들을 때에 좋은 방법은 무엇이라고 말하고 있습니까?

F：友達が落ち込んでいたら、相手の気持ちに共感を示す人は多いと思います。ただ、心理学的には同情は良しとされていません。人の心は簡単にわかるものではなく、「あなたのことがわかる」という言葉は、無責任だと捉えられかねないからです。また、相手が「話したくない」と言った時に、それを真に受けるのも良くありません。その言葉の裏には、あなたを信頼し、救ってほしいという気持ちがあるためです。このような時には、寄り添い続けることを相手に伝えるのが最も効果的ですが、ここでポジティブなアドバイスを追加することは控えましょう。

F : 친구가 의기소침해 있으면, 상대의 기분에 공감을 나타내는 사람은 많을거라고 생각합니다. 다만, 심리학적으로는 동정은 좋다고 여겨지지 않습니다. 사람의 마음은 간단하게 알 수 있는 것이 아니고, '당신을 이해한다'라는 말은, 무책임하다고 받아들여질 수도 있기 때문입니다. 또, 상대가 '이야기하고 싶지 않다'고 말했을 때에, 그것을 곧이 듣는 것도 좋지 않습니다. 그 말의 뒤에는, 당신을 신뢰하고, 도와주길 바란다는 마음이 있기 때문입니다. 이와 같은 때에는, 계속 곁에 있겠다는 것을 상대에게 전달하는 것이 가장 효과적입니다만, 여기서 긍정적인 충고를 추가하는 것은 삼갑시다.

この専門家は他人の相談を聞く時に良い方法は何だと言っていますか。

이 전문가는 타인의 상담을 들을 때에 좋은 방법은 무엇이라고 말하고 있습니까?

[문제지]

1 相手に同情していることを示すこと
2 相手が話したくない場合は距離をとること
3 相手にいつでも助ける気持ちがあると伝えること
4 相手が落ち着いてから前向きな助言をすること

[문제지]

1 상대에게 동정하고 있는 것을 나타내는 것
2 상대가 이야기하고 싶지 않은 경우에는 거리를 두는 것
3 상대에게 언제라도 도울 마음이 있다고 전달하는 것
4 상대가 안정되고 나서 긍정적인 조언을 하는 것

해설 타인의 상담을 들을 때 좋은 방법을 묻는 문제이다. 전문가 즉, 여자가 寄り添い続けることを相手に伝えるのが最も効果的라고 했으므로, 3 相手にいつでも助ける気持ちがあると伝えること가 정답이다. 선택지 1, 2, 4는 좋은 방법이 아니라 좋지 않은 방법이라고 했으므로 오답이다.

어휘 心理学 しんりがく 명 심리학　専門家 せんもんか 명 전문가　他人 たにん 명 타인　方法 ほうほう 명 방법　落ち込む おちこむ 동 의기소침하다
相手 あいて 명 상대　共感 きょうかん 명 공감　示す しめす 동 나타내다　ただ 부 다만　同情 どうじょう 명 동정　良しとする よしとする 좋다고 여기다
無責任だ むせきにんだ な형 무책임하다　捉える とらえる 동 받아들이다　真に受ける まにうける 곧이 듣다　信頼 しんらい 명 신뢰
救う すくう 동 도와주다　寄り添う よりそう 동 곁에 있다, 곁에 다가서다　最も もっとも 부 가장　効果的だ こうかてきだ な형 효과적이다
ポジティブだ な형 긍정적이다　アドバイス 명 충고, 조언　追加 ついか 명 추가　控える ひかえる 동 삼가다　距離 きょり 명 거리
助ける たすける 동 돕다　落ち着く おちつく 동 안정되다　前向きだ まえむきだ な형 긍정적이다　助言 じょげん 명 조언

☞ 문제 3은 문제지에 아무것도 인쇄되어 있지 않습니다. 따라서, 예제를 들려줄 때, 그 내용을 들으면서 p.20 개요 이해의 문제 풀이 전략을 떠올려 봅니다. 음성에서 では､始めます(그러면, 시작합니다)가 들리면, 곧바로 문제 풀 준비를 합니다. 디렉션과 예제는 실전모의고사 제1회의 해설(p.39)에서 확인할 수 있습니다.

1 상

[음성]

大学の授業で男の先生が話しています。

M：皆さん、突然ですが、昨日の晩に何を食べましたか。昨日のお昼はどうですか。朝ご飯まで覚えているでしょうか。毎日同じものを食べるという人以外、昨日食べたものを正確に思い出すのは難しいことでしょう。このように、記憶というものは非常にあいまいなものです。昨日の記憶があいまいな一方、何かがきっかけとなって、昔の記憶がふっとよみがえることがあります。また、記憶は人の都合で勝手に違う

[음성]

대학 수업에서 남자 선생님이 이야기하고 있습니다.

M : 여러분, 갑작스럽습니다만, 어젯밤에 무엇을 먹었습니까? 어제 점심은 어떻습니까? 아침밥까지 기억하고 있을까요? 매일 같은 것을 먹는다는 사람 이외, 어제 먹은 것을 정확하게 생각해 내는 것은 어려운 일이겠죠. 이와 같이, 기억이라는 것은 상당히 애매한 것입니다. 어제의 기억이 애매한 한편, 무언가가 계기가 되어, 옛 기억이 문득 되살아나는 경우가 있습니다. 또, 기억은 사람의 사정으로 제멋대로 다른 것으로 어느샌가

ものにすり替わることもあります。幼いころ、自分が両親に怒られたはずなのに、いつの間にか弟が怒られたことになっていたりします。このように記憶は消えたり現れたり姿を変えたり、とても不安定です。ですから、記憶を信じすぎると思わぬところで失敗するかもしれません。こまめに記録するなど対策を考えることも大切でしょう。

男の先生の話のテーマは何ですか。

1 記憶の変化の仕方
2 記憶の不思議さとその効果
3 記憶の不確かさ
4 記憶の重要性

바뀌는 경우도 있습니다. 어릴 때, 자신이 부모님에게 혼났을 터인데, 어느새 인가 남동생이 혼났던 것으로 되어 있거나 합니다. 이와 같이 기억은 사라지거나 나타나거나 모습을 바꾸거나, 매우 불안정합니다. 그렇기 때문에, 기억을 너무 믿으면 뜻밖의 곳에서 실패할지도 모릅니다. 부지런히 기록하는 등 대책을 생각하는 것도 중요하겠지요.

남자 선생님의 이야기의 테마는 무엇입니까?

1 기억의 변화하는 방법
2 기억의 불가사의함과 그 효과
3 기억의 부정확함
4 기억의 중요성

해설 선생님이 대학 수업에서 어떤 이야기를 하는지 전체적인 흐름을 파악하며 주의 깊게 듣는다. 선생님이 'このように記憶というものは非常にあいまいなものです', '記憶は人の都合で勝手に違うものにすり替わることもあります', 'このように記憶は消えたり現れたり姿を変えたり、とても不安定です'라고 했다. 질문에서 이야기의 테마에 대해 묻고 있으므로, 3 記憶の不確かさ가 정답이다.

어휘 **突然だ** とつぜんだ な형 갑작스럽다 **晩** ばん 명 밤 **正確だ** せいかくだ な형 정확하다 **思い出す** おもいだす 동 생각해 내다 **記憶** きおく 명 기억 **あいまいだ** な형 애매하다 **きっかけ** 명 계기 **ふっと** 부 문득 **よみがえる** 동 되살아나다 **勝手だ** かってだ な형 제멋대로이다 **すり替わる** すりかわる 동 어느샌가 바뀌다 **幼い** おさない い형 어리다 **いつの間にか** いつのまにか 어느새 **現れる** あらわれる 동 나타나다 **姿** すがた 명 모습 **不安定だ** ふあんていだ な형 불안정하다 **信じる** しんじる 동 믿다 **思わぬ** おもわぬ 뜻밖의 **こまめだ** な형 부지런하다 **記録** きろく 명 기록 **対策** たいさく 명 대책 **変化** へんか 명 변화 **不思議さ** ふしぎさ 명 불가사의함 **効果** こうか 명 효과 **不確かさ** ふたしかさ 명 부정확함 **重要性** じゅうようせい 명 중요성

꼭! 알아두기 このように(이와 같이), このような(이와 같은) 다음에 화자가 말하고자 하는 진짜 이야기가 자주 언급되므로 특히 유의하여 듣는다.

2 중상

[음성]

テレビでレポーターが話しています。

F：私は今、乳製品の製造工場にお邪魔しています。ここではオリジナルのケーキ作りが体験できますが、ケーキを作る際に使う牛乳にはちょっとした秘密があります。ご覧ください。工場には牧場が隣接されており、とれたてのおいしい牛乳を使ってケーキを作ることができるんです。この工場では、とれたての牛乳だけではなく、チーズやヨーグルト、バターなどの乳製品が製造されて、全国各地へと出荷されています。全国どこでも手に入れることは可能ですが、自分でケーキを作るという経験ができるのはここだけです。身近な食品をより深く知るためにも、ここは、ぜひ皆さんに体験していただきたいおすすめスポットです。

レポーターは何を紹介していますか。

1 手作り体験ができる工場
2 工場で作られている製品の種類

[음성]

텔레비전에서 리포터가 이야기하고 있습니다.

F：저는 지금, 유제품 제조 공장에 방문해 있습니다. 여기에서는 오리지널 케이크 만들기를 체험할 수 있습니다만, 케이크를 만들 때에 사용하는 우유에는 약간의 비밀이 있습니다. 봐주십시오. 공장에는 목장이 인접해 있어, 갓 수확한 맛있는 우유를 사용해서 케이크를 만드는 것이 가능한 것입니다. 이 공장에서는, 갓 수확한 우유뿐만 아니라, 치즈나 요구르트, 버터 등의 유제품이 제조되어, 전국 각지에 출하되고 있습니다. 전국 어디에서도 손에 넣는 것은 가능합니다만, 스스로 케이크를 만든다는 경험이 가능한 것은 이곳뿐입니다. 친밀한 식품을 보다 깊이 알기 위해서도, 이곳은, 꼭 여러분이 체험해 주셨으면 하는 추천 장소입니다.

리포터는 무엇을 소개하고 있습니까?

1 손수 만드는 체험이 가능한 공장
2 공장에서 만들어지고 있는 제품의 종류

3 牧場の牛乳のおいしさ	3 목장 우유의 맛있음
4 食品を知ることができる場所	4 식품을 알 수 있는 장소

해설 리포터가 텔레비전에서 어떤 이야기를 하는지 전체적인 흐름을 파악하며 주의 깊게 듣는다. 리포터가 '乳製品の製造工場にお邪魔しています', 'オリジナルのケーキ作りが体験できます', '自分でケーキを作るという経験ができるのはここだけです', 'ここは、ぜひ皆さんに体験していただきたいおすすめのスポットです'라고 했다. 질문에서 리포터가 무엇을 소개하고 있는지 묻고 있으므로, 1 **手作り体験ができる工場**가 정답이다.

어휘 **レポーター** 명 리포터　**乳製品** にゅうせいひん 명 유제품　**製造** せいぞう 명 제조　**お邪魔する** おじゃまする 방문하다　**オリジナル** 명 오리지널　**体験** たいけん 명 체험　**際** さい 명 때　**ちょっとした** 약간의　**秘密** ひみつ 명 비밀　**牧場** ぼくじょう 명 목장　**隣接** りんせつ 명 인접　**とれたて** 명 갓 수확함　**チーズ** 명 치즈　**ヨーグルト** 명 요구르트　**全国** ぜんこく 명 전국　**各地** かくち 명 각지　**出荷** しゅっか 명 출하　**可能だ** かのうだ な형 가능하다　**身近だ** みぢかだ な형 친밀하다　**食品** しょくひん 명 식품　**おすすめ** 추천　**スポット** 명 장소　**手作り** てづくり 명 손수 만듦, 수제　**製品** せいひん 명 제품　**種類** しゅるい 명 종류

3 상

[음성]	[음성]
テレビで食堂の店長が話しています。	텔레비전에서 식당의 점장이 이야기하고 있습니다.
M：今は、ついにこの日がという感じです。高校を卒業しておじの食堂を手伝い始め、ある程度仕事を覚えたころ、この町で独立しました。大学の近くで、お腹を空かせた学生さんのための食堂をやりたいって思ったんです。それからかれこれもう50年。そろそろ私も引退の年だと思い、今月いっぱいで店をたたむ決断をしました。閉店をするということがインターネットで広まったようで、噂を聞きつけて、常連だった人達が日本全国からやって来てくれました。ここに通っていたときは大学生だったのに、みんな立派なおじさん、おばさんになっていましたよ。それで、ああ、長いことやってたんだなって思いました。中には閉店を惜しんで、泣いてくれる人までいましたよ。感謝しかありません。経営が大変だったこともありましたが、今までやっていてよかったと心から思っています。	M : 지금은, 마침내 이날이라는 느낌입니다. 고등학교를 졸업하고 백부의 식당을 돕기 시작하여, 어느 정도 일을 익혔을 때, 이 마을에서 독립했습니다. 대학 근처에서, 배가 고픈 학생을 위한 식당을 하고 싶다고 생각했습니다. 그 후 이러니저러니 벌써 50년. 슬슬 저도 은퇴할 나이라고 생각하여, 이번 달 말로 가게를 접을 결단을 했습니다. 폐점을 한다는 것이 인터넷에서 퍼진 것 같아서, 소문을 듣고, 단골이었던 사람들이 일본 전국에서 찾아와주었습니다. 여기에 다녔던 때는 대학생이었는데, 모두 훌륭한 아저씨, 아주머니가 되어 있었어요. 그래서, 아, 오랫동안 해왔구나 하고 생각했습니다. 그중에는 폐점을 아쉬워하며, 울어주는 사람까지 있었어요. 감사할 따름입니다. 경영이 힘들었던 적도 있었습니다만, 지금까지 해서 다행이라고 진심으로 생각하고 있습니다.
店長は何について話していますか。	점장은 무엇에 대해서 이야기하고 있습니까?
1 常連が増えたきっかけ	1 단골이 늘어난 계기
2 この地に開店した理由	2 이 땅에 개점한 이유
3 店をたたむ現在の気持ち	**3 가게를 접는 현재의 마음**
4 この店でやり残したこと	4 이 가게에서 못다한 일

해설 식당의 점장이 텔레비전에서 식당과 관련하여 어떤 이야기를 하는지 전체적인 흐름을 파악하며 주의 깊게 듣는다. 점장이 '店をたたむ決断をしました', 'ああ、長いことやってたんだなって思いました', '感謝しかありません, 今までやっていてよかったと心から思っています'라고 했다. 질문에서 점장이 무엇에 대해 이야기하는지 묻고 있으므로, 3 **店をたたむ現在の気持ち**가 정답이다.

어휘 **店長** てんちょう 명 점장　**ついに** 부 마침내　**感じ** かんじ 명 느낌　**手伝い始める** てつだいはじめる 동 돕기 시작하다　**程度** ていど 명 정도　**独立** どくりつ 명 독립　**かれこれ** 부 이러니저러니　**引退** いんたい 명 은퇴　**たたむ** 동 접다　**決断** けつだん 명 결단　**閉店** へいてん 명 폐점　**インターネット** 명 인터넷　**広まる** ひろまる 동 퍼지다　**噂** うわさ 명 소문　**聞きつける** ききつける 동 듣다, 정보를 얻다　**常連** じょうれん 명 단골　**日本** にほん 명 일본　**全国** ぜんこく 명 전국　**やってくる** 동 찾아오다　**長いこと** ながいこと 오랫동안　**惜しむ** おしむ 동 아쉬워하다

感謝しかない かんしゃしかない 감사할 따름이다　経営 けいえい 명 경영　心から こころから 부 진심을 담아　きっかけ 명 계기　地 ち 명 땅
開店 かいてん 명 개점　現在 げんざい 명 현재　やり残す やりのこす 동 못다하다

4 중상

[음성]
セミナーで女の人が話しています。

F：進学や就職のために、春から一人暮らしを始めた人が多いでしょう。そんな一人暮らし1年生のために、きちんとした生活をするための方法を伝えるのが今回のセミナーです。えー、一人暮らしで何が一番大変かと尋ねると、多くの人は食事の準備だと言います。買った野菜を使い切らないうちに悪くして、捨ててしまうことも多いようです。そうなると、料理をしなくなり、食事がおろそかになりがちです。今日は、毎日料理をして食材をうまく使い切る方法についてお伝えします。上手に食事の準備ができると、料理が大変じゃなくなり、経済的にも助かりますよ。インスタント食品に偏りがちな一人暮らしの食生活を改善していきましょう。

今日このあとの話のテーマは何ですか。

1 生活に必要な知恵
2 一人暮らしのための準備
3 食生活の改善を勧める理由
4 食材を無駄にしない方法

[음성]
세미나에서 여자가 이야기하고 있습니다.

F：진학이나 취직 때문에, 봄부터 자취를 시작한 사람이 많겠지요. 그런 자취 1학년생을 위해서, 말끔한 생활을 하기 위한 방법을 전하는 것이 이번 세미나입니다. 음, 자취에서 무엇이 가장 힘든가라고 물으면, 많은 사람은 식사 준비라고 말합니다. 구입한 야채를 다 사용하지 못하는 동안 상해, 버려 버리는 경우도 많은 것 같습니다. 그렇게 되면, 요리를 하지 않게 되고, 식사가 소홀해 지기 쉽습니다. 오늘은, 매일 요리를 해서 식재료를 솜씨 좋게 다 사용하는 방법에 대해서 전해드리겠습니다. 능숙하게 식사 준비를 할 수 있으면, 요리가 힘들지 않게 되고, 경제적으로도 도움이 됩니다. 인스턴트식품에 치우치기 쉬운 자취 식생활을 개선해 나갑시다.

오늘 이다음의 이야기의 테마는 무엇입니까?

1 생활에 필요한 지혜
2 자취를 위한 준비
3 식생활 개선을 권하는 이유
4 식재료를 낭비하지 않는 방법

해설 여자가 세미나에서 어떤 이야기를 하는지 전체적인 흐름을 파악하며 주의 깊게 듣는다. 여자가 '買った野菜を使い切らないうちに悪くして、捨ててしまうことも多いようです', '毎日料理をして食材をうまく使い切る方法についてお伝えします'라고 했다. 질문에서 이다음의 이야기의 테마에 대해 묻고 있으므로, 4 食材を無駄にしない方法가 정답이다.

어휘 セミナー 명 세미나　進学 しんがく 명 진학　就職 しゅうしょく 명 취직　一人暮らし ひとりぐらし 명 자취　きちんと 부 말끔한　方法 ほうほう 명 방법
今回 こんかい 명 이번　使い切る つかいきる 동 다 사용하다　おろそかだ な형 소홀하다　食材 しょくざい 명 식재료
経済的だ けいざいてきだ な형 경제적이다　助かる たすかる 동 도움이 되다　インスタント食品 インスタントしょくひん 명 인스턴트식품
偏る かたよる 동 치우치다　食生活 しょくせいかつ 명 식생활　改善 かいぜん 명 개선　知恵 ちえ 명 지혜　勧める すすめる 동 권하다
無駄 むだ 명 낭비

5 중상

[음성]
ラジオで動物研究者が話しています。

F：人の声を真似することができる動物は、皆さんご存知のように鳥が有名です。しかし、これは鳥の発声器官が他の動物より発達しているためです。あくまで私たちが話す言葉の音声を真似しているに過ぎず、意味を理解して話しているわけではありません。猿や犬は人間の言葉を理解する代表的な動物で、人の声を聞いてその内容通りに反応することができますが、彼らもその言葉自体の意味を正しく理解してい

[음성]
라디오에서 동물 연구자가 이야기하고 있습니다.

F：사람의 목소리를 흉내 내는 것이 가능한 동물은, 여러분 알고 계시는 것처럼 새가 유명합니다. 하지만, 이것은 새의 발성 기관이 다른 동물보다 발달해 있기 때문입니다. 어디까지나 우리들이 이야기하는 말의 음성을 흉내 내는 것에 지나지 않고, 의미를 이해해서 이야기하고 있는 것이 아닙니다. 원숭이나 개는 인간의 말을 이해하는 대표적인 동물로, 사람의 목소리를 듣고 그 내용대로 반응할 수 있습니다만, 그들도 그 말 자체의 의미를 바르게 이해하고 있다고는 말할 수 없는 것과 같습

るとは言えないのと同じです。鳥が声真似をする理由ははっきりわかっていませんが、人間を仲間だと感じる時に行うようです。

니다. 새가 목소리 흉내를 내는 이유는 확실히 알려져 있지 않습니다만, 인간을 동료라고 느낄 때에 행하는 것 같습니다.

動物研究者は何について話していますか。

1 人間と動物の声の出し方が同じこと
2 鳥が猿や犬などの動物と違うこと
3 鳥が人間の声に似せて鳴くこと
4 人間と会話できる動物がいること

동물 연구자는 무엇에 대해서 이야기하고 있습니까?

1 인간과 동물의 목소리를 내는 방법이 같은 것
2 새가 원숭이나 개 등의 동물과 다른 것
3 새가 인간의 목소리를 모방해서 우는 것
4 인간과 대화할 수 있는 동물이 있는 것

해설 동물 연구자가 라디오에서 동물과 관련하여 어떤 이야기를 하는지 전체적인 흐름을 파악하며 주의 깊게 듣는다. 동물 연구자가 '人の声を真似することができる動物は、皆さんご存知のように鳥が有名です', '意味を理解して話しているわけではありません', '鳥が声真似をする理由ははっきりわかっていませんが、人間を仲間だと感じる時に行うようです'라고 했다. 질문에서 동물 연구자가 무엇에 대해 이야기하는지 묻고 있으므로, 3 鳥が人間の声に似せて鳴くこと가 정답이다.

어휘 研究者 けんきゅうしゃ 명 연구자　真似 まね 명 흉내　ご存知 ごぞんじ 알고 계심 (知る의 존경어)　発声 はっせい 명 발성　器官 きかん 명 기관　発達 はったつ 명 발달　あくまで 부 어디까지나　音声 おんせい 명 음성　理解 りかい 명 이해　猿 さる 명 원숭이　人間 にんげん 명 인간　代表的だ だいひょうてきだ な형 대표적이다　内容 ないよう 명 내용　反応 はんのう 명 반응　自体 じたい 명 자체　仲間 なかま 명 동료　感じる かんじる 동 느끼다　似せる にせる 동 모방하다

☞ **문제 4**는 문제지에 아무것도 인쇄되어 있지 않습니다. 따라서, 예제를 들려줄 때, 그 내용을 들으면서 p.21 즉시 응답의 문제 풀이 전략을 떠올려 봅니다. 음성에서 では､始めます(그러면, 시작합니다)가 들리면, 곧바로 문제 풀 준비를 합니다. 디렉션과 예제는 실전모의고사 제1회의 해설(p.44)에서 확인할 수 있습니다.

1 중

[음성]
M：お忙しいところお手数をおかけして申し訳ありません。
F：**1 いえいえ、かまいませんよ。**
2 いいえ、大変申し訳ありませんでした。
3 はい、どうぞよろしくお願いいたします。

[음성]
M : 바쁘신 가운데 수고를 끼쳐 죄송합니다.
F : **1 아뇨 아뇨, 괜찮습니다.**
2 아니요, 대단히 죄송했습니다.
3 네, 잘 부탁드립니다.

해설 남자가 바쁜 와중에도 도와준 여자에게 죄송해하는 상황이다.
1 (O) 죄송해하지 않아도 된다는 말이므로 적절한 응답이다.
2 (X) いいえ 뒤에는 죄송해하지 않아도 된다는 내용이 나와야 하므로 오답이다.
3 (X) 남자가 죄송해하는 상황과 맞지 않다.

어휘 お忙しいところ おいそがしいところ 바쁘신 가운데　手数をかける てすうをかける 수고를 끼치다　申し訳ない もうしわけない い형 죄송하다

2 상

[음성]
F：昨日のレストランのおいしさったらなかったなあ。
M：1 ああ、それは残念だったね。
2 へえ、そんなにおいしかったんだ。
3 そうか、やっぱりなかったんだ。

[음성]
F : 어제 레스토랑 맛있기 그지없었어.
M : 1 아, 그건 유감이었네.
2 우와, 그렇게 맛있었구나.
3 그렇구나, 역시 없었구나.

해설 여자가 어제의 레스토랑에 대해 자신의 감상을 말하는 상황이다.
1 (X) 맛이 좋았다는 여자의 말과 맞지 않다.

2 (O) 그렇게 맛있었냐며 맞장구치고 있으므로 적절한 응답이다.
3 (X) なかった를 반복 사용하여 혼동을 준 오답이다.

어휘 おいしさ 명 맛있음, 맛　~ったらない ~하기 그지없다, 매우 ~하다

3 중상

[음성]	[음성]
M：こんなに簡単(かんたん)なもの、部長(ぶちょう)に確認(かくにん)するまでもないよ。	M : 이렇게 간단한 것, 부장님에게 확인할 것까지도 없어.
F：1 そうですね、明日(あした)確認(かくにん)してみます。	F : 1 그렇군요, 내일 확인해 보겠습니다.
2 じゃあ、このまま自分(じぶん)でやってみます。	**2 그럼, 이대로 스스로 해보겠습니다.**
3 ええ、昨日(きのう)見(み)てもらったんです。	3 네, 어제 봐주셨습니다.

해설 남자가 간단한 것은 부장에게 확인할 필요가 없다고 조언하는 상황이다.
1 (X) 확인할 필요가 없다고 했는데 확인하겠다고 하고 있으므로 오답이다.
2 (O) 그럼 스스로 해 보겠다며 남자의 조언을 수용하는 적절한 응답이다.
3 (X) 확인 받을 필요가 없다고 조언하는 상황과 맞지 않다.

어휘 確認 かくにん 명 확인　~までもない ~할 것까지도 없다, ~할 필요 없다

4 중상

[음성]	[음성]
M：いまさら報告書(ほうこくしょ)を書(か)き直(なお)したところで、もう会議(かいぎ)に間(ま)に合(あ)わないよ。	M : 이제 와서 보고서를 고쳐 써봤자, 더는 회의에 제때 맞출 수 없어.
F：1 よかった。じゃあ急(いそ)ごう。	F : 1 다행이다. 그럼 서두르자.
2 そうね。間(ま)に合(あ)うといいね。	2 그렇네. 제때 맞출 수 있으면 좋겠네.
3 だめでもいいから、やってみようよ。	**3 안 돼도 괜찮으니까, 해보자.**

해설 남자가 이제 와서 보고서를 고쳐 써도 회의에 맞출 수 없다며 포기하려고 하는 상황이다.
1 (X) よかった(다행이다)는 회의에 제때 맞출 수 없다는 상황에 적절하지 않은 응답이다.
2 (X) 間に合う(まにあう)를 반복 사용하여 혼동을 준 오답이다.
3 (O) 포기하려고 하는 남자를 격려하는 적절한 응답이다.

어휘 いまさら 부 이제 와서　報告書 ほうこくしょ 명 보고서　書き直す かきなおす 동 고쳐 쓰다　~たところで ~해봤자

꼭! 알아두기 ~たところで(~해봤자)는 의욕 상실이나 낙담을 나타내는 표현이므로 격려하거나 공감하는 응답을 정답으로 고른다.

5 중상

[음성]	[음성]
M：田中(たなか)さん、いつにもまして仕事(しごと)が早(はや)くて、助(たす)かるよ。	M : 다나카 씨, 평소보다 더 일이 빨라서, 도움이 돼.
F：1 え、もっと急(いそ)ぐんですか?	F : 1 아, 더 서두르나요?
2 ありがとうございます。	**2 감사합니다.**
3 すみません、すぐやります。	3 죄송합니다, 바로 하겠습니다.

해설 남자가 평소보다 일이 빠른 여자를 칭찬하는 상황이다.
1 (X) 일이 빠르다는 칭찬과 맞지 않다.
2 (O) 칭찬을 듣고 고맙다고 하였으므로 적절한 응답이다.
3 (X) 일이 빠르다는 칭찬과 맞지 않다.

어휘 いつにもまして 평소보다 더　助かる たすかる 동 도움이 되다

6 중상

[음성]
F：時間があるから、散歩がてら駅まで送ろうか。
M：**1 え、いいの？ じゃ、一緒に。**
2 急いでるから、早く行こう。
3 いや、歩いて行くから、いいよ。

[음성]
F : 시간이 있으니까, 산책 겸 역까지 배웅할까?
M : **1 아, 괜찮아? 그럼, 함께.**
2 서두르고 있으니까, 빨리 가자.
3 아니, 걸어서 갈 테니까, 괜찮아.

해설 여자가 남자를 역까지 배웅하겠다고 제안하는 상황이다.
1 (O) 배웅해준다는 제안을 받아들이는 의미이므로 적절한 응답이다.
2 (X) 시간이 있어 산책 겸 역까지 배웅하겠다는 제안에 빨리 가자는 말은 적절하지 않으므로 오답이다.
3 (X) 散歩(산책)와 관련된 歩く(걷다)를 사용하여 혼동을 준 오답이다.

어휘 ～がてら ~겸

7 중상

[음성]
M：ちょっと、この書類を見せていただいてもいいですか。
F：1 どうぞいらっしゃってください。
2 ええ、どうぞご覧ください。
3 あ、差し上げることはできないんですよ。

[음성]
M : 잠깐, 이 서류를 봐도 괜찮을까요?
F : 1 부디 와주세요.
2 네, 보세요.
3 아, 드리는 것은 불가능해요.

해설 남자가 서류를 봐도 되는지 허락을 구하는 상황이다.
1 (X) 허락을 구하는 상황에 どうぞ(부디)를 사용하여 혼동을 준 오답이다.
2 (O) 보라고 허락하고 있으므로 적절한 응답이다.
3 (X) いただく(받다)와 관련된 差し上げる(드리다)를 사용하여 혼동을 준 오답이다.

어휘 ご覧ください ごらんください 보세요　書類 しょるい 명 서류

8 중상

[음성]
F：最近の新人ときたら、挨拶すらちゃんとできないんだから。
M：1 ほんとにちゃんとしてるよね。
2 まあ、そう怒らないで。
3 一緒に来たんだから、いいじゃない。

[음성]
F : 최근의 신입으로 말할 것 같으면, 인사조차 똑바로 못한다니까.
M : 1 정말로 똑바로 하고 있지.
2 뭐, 그렇게 화내지 마.
3 함께 왔으니까, 괜찮지 않아?

해설 여자가 신입이 인사조차 똑바로 못한다며 약간 화를 내는 상황이다.
1 (X) 인사조차 똑바로 못한다는 여자의 말과 맞지 않다.
2 (O) 여자의 화를 달래주는 적절한 응답이다.
3 (X) 여자가 화를 내는 상황과 맞지 않다.

어휘 新人 しんじん 명 신입　ちゃんと 부 똑바로　～ときたら ~로 말할 것 같으면

9 상

[음성]
M：山田さんともあろう人が、こんな間違いをするなんて。
F：1 ああ、あれが山田さんですよ。
2 あれ？ 山田さんじゃなかったんですか？

[음성]
M : 야마다 씨나 되는 사람이, 이런 실수를 하다니.
F : 1 아, 저 사람이 야마다 씨예요.
2 어라? 야마다 씨가 아니었나요?

3 **本当に信じられないですよね。**

3 **정말로 믿을 수 없네요.**

해설 남자가 야마다가 실수를 한 것에 대해 놀라워하는 상황이다.

1 (X) 山田さん(やまださん)을 반복 사용하여 혼동을 준 오답이다.

2 (X) 질문에서 '실수'라는 뜻으로 사용된 **間違い**를 '착각'이라는 뜻으로 사용하여 혼동을 준 오답이다.

3 (O) 여자가 놀라워하는 상황에 동의하고 있으므로 적절한 응답이다.

어휘 **～ともあろう** ~나 되는, ~씩이나 되는 **間違い** まちがい 명 실수 **信じる** しんじる 동 믿다

10 상

[음성]

M：ああ、もう。食べたら食べっぱなしなんだから。

F：1 もう片付けちゃったよ。

2 そうそう、食べ忘れたんだ。

3 ああ、ごめんごめん。

[음성]

M : 아, 정말이지. 먹으면 먹은 채로 둔다니까.

F : 1 벌써 정리해버렸어.

2 그래 그래, 먹는 것을 잊었어.

3 아, 미안 미안.

해설 남자가 먹은 채로 두는 여자에게 불평하는 상황이다.

1 (X) 먹은 채로 둔다, 즉 치워야 하는 상황과 맞지 않다.

2 (X) 食べ(たべ)를 반복 사용하여 혼동을 준 오답이다.

3 (O) 남자의 불평에 사과하고 있으므로 적절한 응답이다.

어휘 **～っぱなし** ~인 채로 두다

11 중상

[음성]

F：木村さんが作ったポスター、やっぱり私達のとは全然違うよね。

M：**1 本当に素晴らしいよね。**

2 それ、木村さんが作るって？

3 そんなにひどかったっけ。

[음성]

F : 기무라 씨가 만든 포스터, 역시 우리들 것과는 전혀 다르네.

M : **1 정말로 훌륭하네.**

2 그거, 기무라 씨가 만든대?

3 그렇게 지독했었나.

해설 여자가 기무라의 포스터는 우리들 것과는 다르다며 칭찬하는 상황이다.

1 (O) 여자의 칭찬에 동의하고 있으므로 적절한 응답이다.

2 (X) **作った(つくった)**와 발음이 비슷한 **作るって(つくるって)**를 사용하여 혼동을 준 오답이다.

3 (X) 칭찬하는 상황과 맞지 않다.

어휘 **ポスター** 명 포스터

꼭! 알아두기 ~よね(~네)는 사실을 확인하며 동의를 구하는 표현이므로 동의하거나 공감하는 내용의 선택지를 정답으로 고른다

☞ **문제 5**는 긴 이야기를 듣습니다. 예제가 없으므로 바로 문제를 풀 준비를 합니다. 문제지에 들리는 내용을 적극적으로 메모하며 문제를 풀어봅시다. 디렉션은 실전모의고사 제1회의 해설(p.48)에서 확인할 수 있습니다.

1 중상

[음성]

コンビニを経営する会社の商品開発部で、上司と社員二人が話しています。

[음성]

편의점을 경영하는 회사의 상품 개발부에서, 상사와 사원 두 명이 이야기하고 있습니다.

M1：先月発売したチョコレートケーキ、売り上げは予想以上なんだが、材料費が高すぎて利益があまり出ていないんだよね。それが、昨日の経営会議で問題となってしまってね。今から、材料費を削減できるかな。

F：そうですか。費用削減に一番効果があるのは、クリームの量を減らすことかなと思います。クリームに一番お金がかかっていますから。

M1：ああ、そうだね。

F：でもそうすると、どうしても全体の味のバランスが崩れてしまいますね。

M2：クリームに使っているチョコレートを変えるのはどうですか。今はかなり高価なチョコレートを使っていますが、もう少し価格をおさえたものにしても、味にはそれほど影響が出ないと思います。

M1：そうだな。

F：でも、お客様はそういう変化に敏感ですよ。全く同じ味が出せればいいですが、もしおいしくなくなったら、きっと今ほど売れなくなると思います。ケーキではなくて、プラスチックケースの材料を変えるのはどうでしょうか。現在の品質を保ちながらも、今より費用がかからないものを探してみますけど。

M1：なるほど。

M2：でも、もう一度ケースを作り直すのは、結構な手間と時間がかかりそうですよね。思い切って、ケーキのサイズを少しだけ小さくするのはどうですか。そうすれば、味は一切変わらず、材料費を下げられます。

M1：確かにね。でも、やっぱり、この商品は味にこだわって開発したんだし、お客様が損をするような形になってしまうのも嫌だしね。まずは、ケーキには直接影響のない方法を試してみよう。

材料費を削減するために、何をすることにしましたか。

1 クリームの量を少なくする
2 安いチョコレートを使う
3 包装の素材を変更する
4 商品のサイズを変える

M1 : 저번 달 발매한 초콜릿 케이크, 매상은 예상 이상인데, 재료비가 너무 비싸서 이익이 그다지 나지 않고 있단 말이지. 그것이, 어제 경영 회의에서 문제가 되어버려서 말이야. 지금부터, 재료비를 삭감할 수 있을까?

F : 그런가요? 비용 삭감에 가장 효과가 있는 것은, 크림의 양을 줄이는 것일까라고 생각합니다. 크림에 가장 돈이 들고 있으니까요.

M1: 음, 그렇지.

F : 하지만 그렇게 하면, 아무래도 전체의 맛의 균형이 무너져버리죠.

M2 : 크림에 사용하고 있는 초콜릿을 바꾸는 것은 어떤가요? 지금은 꽤 고가인 초콜릿을 사용하고 있습니다만, 조금 더 가격을 억제한 것으로 해도, 맛에는 그렇게 영향이 나오지 않을 거라고 생각합니다.

M1 : 그렇군.

F : 하지만, 고객은 그러한 변화에 민감해요. 완전히 같은 맛을 낼 수 있으면 괜찮습니다만, 만약 맛있지 않게 된다면, 분명 지금만큼 팔리지 않게 될 거라고 생각합니다. 케이크가 아니라, 플라스틱 케이스의 재료를 바꾸는 것은 어떨까요? 현재의 품질을 유지하면서도, 지금보다 비용이 들지 않는 것을 찾아보겠습니다만.

M1 : 과연 그렇군.

M2 : 하지만, 한 번 더 케이스를 다시 만드는 것은, 상당한 수고와 시간이 걸릴 것 같은데요. 큰마음 먹고, 케이크의 사이즈를 조금만 작게 하는 것은 어떤가요? 그렇게 하면, 맛은 일절 바뀌지 않고, 재료비를 내릴 수 있습니다.

M1 : 확실히 그러네. 하지만, 역시, 이 상품은 맛에 신경 써서 개발한 것이고, 고객님이 손해를 보는 것 같은 형태가 되어 버리는 것도 싫고 말이야. 우선은, 케이크에는 직접 영향이 없는 방법을 시험해 보자.

재료비를 삭감하기 위해서, 무엇을 하기로 했습니까?

1 크림의 양을 적게 한다
2 싼 초콜릿을 사용한다
3 포장의 소재를 변경한다
4 상품의 사이즈를 바꾼다

해설 대화에서 언급되는 여러 선택 사항과 특징, 최종 결정 사항을 재빨리 메모하며 주의 깊게 듣는다.

[메모] 초콜릿 케이크, 이익 ×, 재료비 삭감
- 크림 양: 가장 돈이 듦 → 맛 균형 무너짐
- 초콜릿: 고가, 맛에는 영향 × → 고객은 변화 민감, 안 팔림
- 케이스: 품질 유지, 비용이 적은 재료 → 수고와 시간
- 사이즈: 맛 변화 ×, 재료비 내림 → 고객 손해

남자1 → 맛, 고객 손해 ×, 영향 없는 것

질문에서 재료비 삭감을 위해 무엇을 하기로 했는지 묻고 있다. 남자1이 케이크에 직접 영향이 없는 방법을 시도하자고 했으므로, 메모에서 품질을 유지하면서도 비용이 적은 재료로 바꾸는 3 **包装の素材を変更する**가 정답이다.

어휘 **コンビニ** 명 편의점 **経営** けいえい 명 경영 **商品** しょうひん 명 상품 **開発部** かいはつぶ 명 개발부 **上司** じょうし 명 상사 **社員** しゃいん 명 사원 **発売** はつばい 명 발매 **チョコレート** 명 초콜릿 **売り上げ** うりあげ 명 매상 **予想** よそう 명 예상 **材料費** ざいりょうひ 명 재료비 **利益** りえき 명 이익 **削減** さくげん 명 삭감 **費用** ひよう 명 비용 **効果** こうか 명 효과 **クリーム** 명 크림 **量** りょう 명 양 **減らす** へらす 동 줄이다 **どうしても** 부 아무래도 **全体** ぜんたい 명 전체 **バランス** 명 균형 **崩れる** くずれる 동 무너지다 **かなり** 부 꽤 **高価だ** こうかだ な형 고가이다 **価格** かかく 명 가격 **おさえる** 동 억제하다 **影響** えいきょう 명 영향 **お客様** おきゃくさま 고객님 **変化** へんか 명 변화 **敏感だ** びんかんだ な형 민감하다 **全く** まったく 부 완전히 **売れる** うれる 동 팔리다 **プラスチック** 명 플라스틱 **ケース** 명 케이스 **材料** ざいりょう 명 재료 **現在** げんざい 명 현재 **品質** ひんしつ 명 품질 **保つ** たもつ 동 유지하다 **作り直す** つくりなおす 동 다시 만들다 **手間** てま 명 수고 **思い切る** おもいきる 동 큰마음 먹다 **サイズ** 명 사이즈 **一切** いっさい 부 일절 **こだわる** 동 신경 쓰다 **開発** かいはつ 명 개발 **損をする** そんをする 손해를 보다 **直接** ちょくせつ 명 직접 **方法** ほうほう 명 방법 **試す** ためす 동 시험하다 **包装** ほうそう 명 포장 **素材** そざい 명 소재 **変更** へんこう 명 변경

꼭! 알아두기 음성에서 ~てみよう(~보자), ~しよう(~하자)와 같은 청유 표현과 함께 언급된 선택지가 자주 정답의 후보가 된다.

2 상

[음성]

美術コンクールの展示会場で男の人が受賞作品について話しています。

M1：今年の美術コンクールの受賞作品をご紹介いたします。金賞に輝いたのは高校生が描いた大自然の絵画です。森林の豊かさがテーマで、たくさんの色を組み合わせた大胆な色使いで、とてもダイナミックに描かれています。銀賞には、少女と老人が手をつないで立っている像が選ばれました。テーマは世代を超えたつながりです。銅で作られていますが、少女と老人の温かい雰囲気が伝わってきます。そして特別賞は、りんごを描いた版画とグラスを描いた絵画の二作品です。たった一つの物でこんなに存在感を出すのは簡単ではありません。特に、版画は細かい線で、テーマとなる柔らかさを上手に表現しています。どの作品もテーマ性や表現方法がとても個性的で、時代の変化を感じる新しい美術作品だと言えるでしょう。ぜひこれらの作品をご覧になって下さい。

F：どの作品も興味深いね。どれから見る？

M2：僕、実は最近ね、絵を習い始めたんだ。だから、やっぱり一番に輝いた作品が見てみたいな。若くして賞をもらうなんてすごいよ。

F：そうね。今回の受賞作品の中で一番注目されているものね。きっと混み合うから、最後にしたほうがよくない？私はまず彫刻が見たいな。テーマが興味深いの。

M2：うーん、僕はやっぱり像より絵かな。でも、確かに金賞なら混み合うと思うから後のほうがいいよね。そういえば、特別賞を受賞したの、僕の知り合い

[음성]

미술 콩쿠르의 전시회장에서 남자가 수상 작품에 대해서 이야기하고 있습니다.

M1 : 올해의 미술 콩쿠르의 수상 작품을 소개해드리겠습니다. 금상에 빛난 것은 고등학생이 그린 대자연의 그림입니다. 삼림의 풍부함이 테마로, 많은 색을 조합한 대담한 색 사용법으로, 매우 다이내믹하게 그려져 있습니다. 은상에는, 소녀와 노인이 손을 잡고 서 있는 조각상이 뽑혔습니다. 테마는 세대를 넘은 유대입니다. 구리로 만들어져 있습니다만, 소녀와 노인의 따뜻한 분위기가 전해져 옵니다. 그리고 특별상은, 사과를 그린 판화와 유리를 그린 그림의 두 작품입니다. 단 하나의 물건으로 이렇게 존재감을 내는 것은 간단하지 않습니다. 특히, 판화는 세심한 선으로, 테마가 되는 부드러움을 능숙하게 표현하고 있습니다. 어느 작품도 테마성이나 표현 방법이 매우 개성적이어서, 시대의 변화를 느끼는 새로운 미술 작품이라고 말할 수 있겠지요. 꼭 이들 작품을 봐주세요.

F : 어느 작품도 흥미 깊네. 어느 것부터 볼래?

M2 : 나, 실은 최근에 말이야, 그림을 배우기 시작했어. 그래서, 역시 가장 빛난 작품이 보고 싶어. 어린데 상을 받다니 대단해.

F : 그렇네. 이번 수상 작품 중에서 가장 주목받고 있지. 분명 붐빌 테니, 마지막으로 하는 편이 좋지 않아? 나는 우선 조각을 보고 싶어. 테마가 흥미 깊어.

M2 : 음, 나는 역시 조각상보다 그림이려나. 하지만, 확실히 금상이라면 붐빌 거라고 생각하니까 나중 쪽이 좋겠네. 그러고 보니, 특별상을 수상한 것, 내 지인이야. 제작 중에 조금 보여주었는데, 굉장했어. 판화라고는 생각할 수 없을 정도로. 오늘은 제대로 보지 않으면.

なんだよ。制作中少し見せてもらったんだけど、すごかったよ。版画とは思えないくらいで。今日はしっかり見ないと。

F：え、そう。そんなにすごかったなら私も見たい。

M2：いいよ。いろいろ説明してあげるよ。

F：あ、でも、時間がそんなにないのよね。像もゆっくり見たいし。やっぱり混むのを最後に一緒に見ない?

M2：そうだね。わかった。じゃ、あとで合流しよう。

質問 1　女の人はどの作品を初めに見に行きますか。

[문제지]

1 自然を描いた絵画
2 少女と老人の像
3 果物を描いた版画
4 物を描いた絵画

質問 2　二人はどの作品を一緒に見ますか。

[문제지]

1 自然を描いた絵画
2 少女と老人の像
3 果物を描いた版画
4 物を描いた絵画

F : 오, 그래. 그렇게 굉장했다면 나도 보고 싶어.

M2 : 좋아. 여러 가지 설명해 줄게.

F : 아, 하지만, 시간이 그렇게 없지? 조각상도 느긋하게 보고 싶고. 역시 붐비는 것을 마지막에 함께 보지 않을래?

M2 : 그렇네. 알겠어. 그럼, 나중에 합류하자.

질문1 여자는 어느 작품을 처음으로 보러 갑니까?

[문제지]

1 자연을 그린 그림
2 소녀와 노인의 동상
3 과일을 그린 판화
4 물건을 그린 그림

질문2 두 사람은 어느 작품을 함께 봅니까?

[문제지]

1 자연을 그린 그림
2 소녀와 노인의 동상
3 과일을 그린 판화
4 물건을 그린 그림

해설 각 선택지와 관련하여 언급되는 내용을 재빨리 메모하며 주의 깊게 듣고, 두 명의 대화자가 최종적으로 선택하는 것에 유의하며 대화를 듣는다.

[메모] 수상 작품 4개

① 금상, 고등학생, 삼림의 풍부함, 많은 색 조합, 다이내믹
② 은상, 세대를 넘은 유대, 구리, 따뜻한 분위기
③ 특별상, 존재감, 세심한 선, 부드러움
④ 특별상, 존재감
남자 → 가장 빛난 작품, 조각보다 그림, 금상은 붐빌 테니 나중, 지인, 판화
여자 → 조각 보고 싶음, 붐비는 것 마지막에 함께

질문 1은 여자가 처음으로 보러 가는 작품을 묻고 있다. 여자는 조각이 보고 싶다고 했으므로, 2 少女と老人の像가 정답이다.
질문 2는 두 사람이 선택한 작품을 묻고 있다. 남자가 금상은 붐빌 테니 나중이 좋다고 했고, 여자도 붐비는 것을 마지막에 함께 보자고 했으므로 1 自然を描いた絵画가 정답이다.

어휘 美術 びじゅつ 명 미술　コンクール 명 콩쿠르　展示会場 てんじかいじょう 명 전시회장　受賞 じゅしょう 명 수상　作品 さくひん 명 작품　金賞 きんしょう 명 금상　輝く かがやく 동 빛나다　描く えがく 동 그리다　大自然 だいしぜん 명 대자연　絵画 かいが 명 그림　森林 しんりん 명 삼림　豊かさ ゆたかさ 명 풍부함　テーマ 명 테마　組み合わせる くみあわせる 동 조합하다　大胆だ だいたんだ な형 대담하다　色使い いろづかい 명 색 사용법　ダイナミックだ な형 다이내믹하다　銀賞 ぎんしょう 명 은상　少女 しょうじょ 명 소녀　老人 ろうじん 명 노인　手をつなぐ てをつなぐ 손을 잡다　像 ぞう 명 조각상　世代 せだい 명 세대　超える こえる 동 넘다　つながり 명 유대　銅 どう 명 구리, 동　雰囲気 ふんいき 명 분위기　伝わる つたわる 동 전해지다　特別賞 とくべつしょう 명 특별상　りんご 명 사과　版画 はんが 명 판화　たった 부 단　存在感 そんざいかん 명 존재감　柔らかさ やわらかさ 명 부드러움　表現 ひょうげん 명 표현　テーマ性 テーマせい 명 테마성　方法 ほうほう 명 방법　個性的だ こせいてきだ な형 개성적이다　変化 へんか 명 변화　感じる かんじる 동 느끼다　興味深い きょうみぶかい い형 흥미 깊다　実は じつは 부 실은　習い始める ならいはじめる 동 배우기 시작하다　若くして わかくして 어린데　賞 しょう 명 상　今回 こんかい 명 이번　注目 ちゅうもく 명 주목　混み合う こみあう 동 붐비다　彫刻 ちょうこく 명 조각　そういえば 그러고 보니　知り合い しりあい 명 지인　制作 せいさく 명 제작　混む こむ 동 붐비다　合流 ごうりゅう 명 합류　自然 しぜん 명 자연

꼭! 알아두기　희망을 나타내는 ~たい(~고 싶다), ~にする(~로 하다) 주변에서 자주 정답의 단서가 언급된다.

실전모의고사 제3회

언어지식(문자・어휘)

문제 1	
1	4
2	2
3	3
4	2
5	1
6	4
문제 2	
7	1
8	3
9	4
10	2
11	3
12	1
13	4
문제 3	
14	1
15	2
16	3
17	4
18	4
19	1

문제 4	
20	3
21	1
22	2
23	3
24	4
25	4

언어지식(문법)

문제 5	
26	3
27	2
28	1
29	1
30	1
31	1
32	4
33	3
34	3
35	4
문제 6	
36	1
37	1
38	4
39	3
40	2
문제 7	
41	3
42	2
43	2
44	1
45	3

독해

문제 8	
46	3
47	4
48	2
49	1
문제 9	
50	3
51	4
52	2
53	2
54	3
55	1
56	3
57	3
58	2
문제 10	
59	2
60	3
61	4
62	1
문제 11	
63	4
64	1
문제 12	
65	3
66	2
67	4
68	2
문제 13	
69	1
70	4

청해

문제 1	
1	4
2	4
3	3
4	2
5	3
문제 2	
1	4
2	3
3	4
4	2
5	1
6	4
문제 3	
1	1
2	3
3	2
4	4
5	1

문제 4	
1	2
2	1
3	2
4	2
5	1
6	2
7	3
8	1
9	1
10	2
11	2
문제 5	
1	3
2 질문1	1
질문2	2

1 중

삼권 분립에 의해 힘의 균형**均衡**이 유지되고 있다.

해설 **均衡**는 4 **きんこう**로 발음한다. **こう**가 탁음이 아닌 것에 주의한다.

어휘 **均衡** きんこう 명 균형　**三権** さんけん 명 삼권　**分立** ぶんりつ 명 분립
保つ たもつ 동 유지하다

2 상

겉모양**体裁**만을 꾸미고 있어도 의미가 없다.

해설 **体裁**는 2 **ていさい**로 발음한다. **体裁**는 **体**의 두 가지 음독 **てい**와 **たい** 중 **てい**로 발음하고, **裁**의 **さい**가 탁음이 아닌 것에 주의한다.

어휘 **体裁** ていさい 명 겉모양, 외관
取り繕う とりつくろう 동 꾸미다, 수선하다

3 중

습도가 높은 곳에서는 해충의 번식**繁殖**이 왕성해진다.

해설 **繁殖**는 3 **はんしょく**로 발음한다.

어휘 **繁殖** はんしょく 명 번식　**湿度** しつど 명 습도
害虫 がいちゅう 명 해충　**盛んだ** さかんだ な형 왕성하다

4 중상

수중**手元**에 자료가 없기 때문에, 구두로 설명하겠습니다.

해설 **手元**는 2 **てもと**로 발음한다. **手元**는 훈독 명사로 **手**(**て**)와 **元**(**もと**) 모두 훈독인 것에 주의한다.

어휘 **手元** てもと 명 수중　**資料** しりょう 명 자료　**口頭** こうとう 명 구두

꼭! 알아두기 手를 훈독 て로 발음하는 명사로 手際(てぎわ, 솜씨), 手立て(てだて, 수단), 手掛かり(てがかり, 단서)를 함께 알아둔다.

5 상

일찍이 봉건**封建** 시대는 엄격한 신분의 차가 존재하고 있었다.

해설 **封建**은 1 **ほうけん**으로 발음한다. **封建**은 **封**의 두 가지 음독 **ほう**와 **ふう** 중 **ほう**로 발음하고, **建**의 두 가지 음독 **けん**과 **こん** 중 **けん**으로 발음하는 것에 주의한다.

어휘 **封建** ほうけん 명 봉건　**かつて** 부 일찍이
厳格だ げんかくだ な형 엄격하다　**身分** みぶん 명 신분
差 さ 명 차, 차이　**存在** そんざい 명 존재

6 상

파산 수속을 했기 때문에, 부채의 변제 의무는 면했다**免れた**.

해설 **免れた**는 4 **まぬがれた**로 발음한다.

어휘 **免れる** まぬがれる 동 면하다　**破産** はさん 명 파산
手続き てつづき 명 수속　**負債** ふさい 명 부채　**返済** へんさい 명 변제
義務 ぎむ 명 의무

7 상

어느 업무에 어느 정도의 인원을 (　　　) 할지가, 작업 전체의 효율화를 도모하는 열쇠가 된다.

1 투입　　2 모집
3 수용　　4 방출

해설 선택지가 모두 명사이다. 괄호 앞뒤의 내용과 함께 쓸 때 **どのタスクにどのくらいの人員を投入するか**(어느 업무에 어느 정도의 인원을 투입할지)가 가장 자연스러우므로 1 **投入**(투입)가 정답이다. 2는 **会員を募集するか**(회원을 모집할지), 3은 **患者を収容するか**(환자를 수용할지), 4는 **汚水を放出するか**(오수를 방출할지)와 같이 쓰인다.

어휘 **タスク** 명 업무　**人員** じんいん 명 인원　**作業** さぎょう 명 작업
全体 ぜんたい 명 전체　**効率化** こうりつか 명 효율화
図る はかる 동 도모하다　**投入** とうにゅう 명 투입
募集 ぼしゅう 명 모집　**収容** しゅうよう 명 수용
放出 ほうしゅつ 명 방출

8 중

역사 있는 악단이 업적 부진에 의해, 존속의 위기에 (　　　) 해 있다.

1 대립　　2 명중
3 직면　　4 충돌

해설 선택지가 모두 명사이다. 괄호 앞뒤의 내용과 함께 쓸 때 **危機に直面している**(위기에 직면해 있다)가 가장 자연스러우므로 3 **直面**(직면)이 정답이다. 1은 **政府に対立**(정부에 대립), 2는 **目標に命中**(목표에 명중), 4는 **列車に衝突**(열차에 충돌)와 같이 쓰인다.

어휘 **楽団** がくだん 명 악단　**業績** ぎょうせき 명 업적　**不振** ふしん 명 부진
存続 そんぞく 명 존속　**危機** きき 명 위기　**対立** たいりつ 명 대립
命中 めいちゅう 명 명중　**直面** ちょくめん 명 직면
衝突 しょうとつ 명 충돌

9 중상

주재처에서의 아내의 적응 능력에는 감탄했지만, (　　　) 언어 습득의 빠름에는 놀랐다.

1 더욱더　　2 오히려
3 유난히　　**4 무엇보다**

해설 선택지가 모두 부사이다. 괄호 뒤의 내용과 함께 쓸 때 **むしろ言語の習得の早さには驚いた**(오히려 언어 습득의 빠름에는 놀랐다), **なにより言語の習得の早さには驚いた**(무엇보다 언어 습득의 빠름에는 놀랐다) 모두 자연스러우므로 문장 전체의 문맥을

파악해야 한다. 전체 문맥 **駐在先での妻の適応能力には感心したが、なにより言語の習得の早さには驚いた**(주재처에서의 아내의 적응 능력에는 감탄했지만, 무엇보다 언어 습득의 빠름에는 놀랐다)가 가장 자연스러우므로 4 **なにより**(무엇보다)가 정답이다. 1은 **その態度になおさらむかついた**(그 태도에 더욱더 화가 났다), 3은 **やけに神経質になった**(유난히 신경질적이 되었다)와 같이 쓰인다.

어휘 **駐在先** ちゅうざいさき 명 주재처 **適応** てきおう 명 적응
能力 のうりょく 명 능력 **感心** かんしん 명 감탄 **言語** げんご 명 언어
習得 しゅうとく 명 습득 **早さ** はやさ 명 빠름 **なおさら** 부 더욱더
むしろ 부 오히려 **やけに** 부 유난히 **なにより** 부 무엇보다

10 중

그것은 꽃의 이름이 붙은 ( ) 과는 전혀 동떨어진 참신한 작품이었다.

1 장르	**2 타이틀**
3 코멘트	4 메뉴

해설 선택지가 모두 명사이다. 괄호 앞의 내용과 함께 쓸 때 **花の名前がついたタイトル**(꽃의 이름이 붙은 타이틀), **花の名前がついたメニュー**(꽃의 이름이 붙은 메뉴) 모두 자연스러우므로 문장 전체의 문맥을 파악해야 한다. 전체 문맥 **それは花の名前がついたタイトルからは全くかけ離れた斬新な作品だった**(그것은 꽃의 이름이 붙은 타이틀과는 전혀 동떨어진 참신한 작품이었다)가 가장 자연스러우므로 2 **タイトル**(타이틀)가 정답이다. 1은 **新しく分類されたジャンル**(새롭게 분류된 장르), 3은 **力になるコメント**(힘이 되는 코멘트)와 같이 쓰인다.

어휘 **全く** まったく 부 전혀 **かけ離れる** かけはなれる 동 동떨어지다
斬新だ ざんしんだ な형 참신하다 **作品** さくひん 명 작품
ジャンル 명 장르 **タイトル** 명 타이틀 **コメント** 명 코멘트
メニュー 명 메뉴

11 중

이 방송에서는 육아 지원을 목적으로 하여, 아이 양육에 관한 ( ) 정보를 전송해 갑니다.

1 유망한	2 유능한
3 유익한	4 유리한

해설 선택지가 모두 형용사이다. 괄호 앞뒤의 내용과 함께 쓸 때 **子育てに関する有益な情報**(아이 양육에 관한 유익한 정보)가 가장 자연스러우므로 3 **有益な**(유익한)가 정답이다. 1은 **将来が有望な選手**(장래가 유망한 선수), 2는 **交渉に有能な人材**(교섭에 유능한 인재), 4는 **投資に有利な条件**(투자에 유리한 조건)과 같이 쓰인다.

어휘 **育児** いくじ 명 육아 **支援** しえん 명 지원 **目的** もくてき 명 목적
子育て こそだて 명 아이 양육 **情報** じょうほう 명 정보
配信 はいしん 명 전송, 송신 **有望だ** ゆうぼうだ な형 유망하다
有能だ ゆうのうだ な형 유능하다 **有益だ** ゆうえきだ な형 유익하다
有利だ ゆうりだ な형 유리하다

12 중상

올해는 가을의 ( ) 을 대표하는 송이버섯의 풍년이라고 한다.

1 미각	2 시식
3 음미	4 쓴맛

해설 선택지가 모두 명사이다. 괄호 앞뒤의 내용과 함께 쓸 때 **秋の味覚を代表する**(가을의 미각을 대표하는)가 가장 자연스러우므로 1 **味覚**(미각)가 정답이다. 2는 **料理の味見を頼む**(요리의 시식을 부탁하다), 3은 **プレゼント用のワインを吟味する**(선물용 와인을 음미하다), 4는 **素材の苦味を取り除く**(소재의 쓴맛을 제거하다)와 같이 쓰인다.

어휘 **代表** だいひょう 명 대표 **マツタケ** 명 송이버섯
当たり年 あたりどし 명 풍년 **味覚** みかく 명 미각
味見 あじみ 명 시식, 간을 봄 **吟味** ぎんみ 명 음미
苦味 にがみ 명 쓴맛

13 상

모집 요항의 조건을 하나라도 ( ) 지 않은 경우, 응모하는 것 조차 불가능하다.

1 수반하	2 보충하
3 미치	**4 충족시키**

해설 선택지가 모두 동사이다. 괄호 앞뒤의 내용과 함께 쓸 때 **条件を一つでも満たしていない場合**(조건을 하나라도 충족시키지 않은 경우)가 가장 자연스러우므로 4 **満たして**(충족시키)가 정답이다. 1은 **変化を伴っていない場合**(변화를 수반하지 않은 경우), 2는 **水分を補っていない場合**(수분을 보충하지 않은 경우), 3은 **影響を及ぼしていない場合**(영향을 미치지 않은 경우)와 같이 쓰인다.

어휘 **募集** ぼしゅう 명 모집 **要項** ようこう 명 요항 **条件** じょうけん 명 조건
応募 おうぼ 명 응모 **伴う** ともなう 동 수반하다
補う おぎなう 동 보충하다 **及ぼす** およぼす 동 미치다
満たす みたす 동 충족시키다

꼭! 알아두기 **満たす**(충족시키다)는 **条件**(조건), **要求**(요구), **基準**(기준)과 함께 자주 사용된다.

14 중

신종 <u>박테리아</u>가 발견되었다.

1 세균	2 동물
3 약물	4 곤충

해설 **バクテリア**는 '박테리아'라는 의미로, 동의어인 1 **細菌**(세균)이 정답이다.

어휘 **新種** しんしゅ 명 신종 **バクテリア** 명 박테리아
発見 はっけん 명 발견 **細菌** さいきん 명 세균
薬物 やくぶつ 명 약물 **昆虫** こんちゅう 명 곤충

15 상

선수의 전성기라고도 부를 수 있는 이십 대 중반에 <u>접어들었다</u>.

1 은퇴했다	**2 도달했다**
3 활약했다	4 복귀했다

해설 さしかかった는 '접어들었다'라는 의미로, 이와 교체하여도 문장의 의미가 바뀌지 않는 2 到達した(도달했다)가 정답이다.

어휘 選手 せんしゅ 명 선수　全盛期 ぜんせいき 명 전성기
二十代 にじゅうだい 명 이십 대　半ば なかば 명 중반
さしかかる 동 접어들다　引退 いんたい 명 은퇴
到達 とうたつ 명 도달　活躍 かつやく 명 활약　復帰 ふっき 명 복귀

16 중

자료를 정성 들여 확인해서, 제출할 생각이다.

1 대충 대략적으로	2 한번 더
3 세세하고 신중하게	4 사전에

해설 入念に는 '정성 들여'라는 의미로, 단어의 뜻을 올바르게 풀어 쓴 표현인 3 細かく丁寧に(세세하고 신중하게)가 정답이다.

어휘 資料 しりょう 명 자료　入念だ にゅうねんだ な형 정성 들이다
確認 かくにん 명 확인　提出 ていしゅつ 명 제출　ざっと 부 대충
大まかだ おおまかだ な형 대략적이다
丁寧だ ていねいだ な형 신중하다, 공손하다　事前に じぜんに 사전에

17 중

아들은 기숙사 생활에 친숙해진 듯하다.

1 피곤해진	2 동경해온
3 감수해온	**4 익숙해진**

해설 なじんできた는 '친숙해진'이라는 의미이다. 이와 교체하여도 문장의 의미가 바뀌지 않는 4 慣れてきた(익숙해진)가 정답이다.

어휘 寮 りょう 명 기숙사　なじむ 동 친숙해지다
憧れる あこがれる 동 동경하다　甘んじる あまんじる 동 감수하다

18 중

그 통지를 듣고, 기겁했다.

1 안심했다	2 울컥했다
3 아주 기뻤다	**4 아주 놀랐다**

해설 仰天した는 '기겁했다'라는 의미이다. 이와 교체하여도 문장의 의미가 바뀌지 않는 4 とても驚いた(아주 놀랐다)가 정답이다.

어휘 知らせ しらせ 명 통지, 알림　仰天 ぎょうてん 명 기겁
ほっとする 안심하다　むっとする 울컥하다

꼭! 알아두기　仰天する(기겁하다)의 유의어로 とても驚く(아주 놀라다), 非常にびっくりする(상당히 놀라다), 腰を抜かす(소스라치다)를 함께 알아둔다.

19 중상

좀처럼 업무의 전망이 서지 않는다.

1 예측	2 수습
3 기세	4 정리

해설 めど는 '전망'이라는 의미로, 동의어인 1 見通し(예측)가 정답이다.

어휘 めどがつく 전망이 서다　見通し みとおし 명 예측, 전망
収拾 しゅうしゅう 명 수습　勢い いきおい 명 기세　整理 せいり 명 정리

20 상

관행

1 20대에서의 대표 취임은 관행이 없기 때문에, 당원으로부터 비판의 표적이 되었다.
2 해외에 살고 있으면, 자신의 관행이 뒤집어지는 일이 차례차례로 발생한다.
3 법률에는 정해져 있지 않지만, 검찰총장의 임기는 관행으로 2년으로 되어 있다.
4 취업의 관행에 의해, 기업 비밀을 유출시킨 사원은 무조건적으로 해고되었다.

해설 慣行(관행)는 오래 전부터 관례나 풍습처럼 행해지는 경우에 사용한다. 3의 検事総長の任期は慣行で2年(검찰총장의 임기는 관행으로 2년)에서 올바르게 사용되었으므로 3이 정답이다. 참고로, 1은 前例(ぜんれい, 전례), 2는 習慣(しゅうかん, 습관), 4는 規則(きそく, 규칙)를 사용하는 것이 올바른 문장이다.

어휘 慣行 かんこう 명 관행　代表 だいひょう 명 대표
就任 しゅうにん 명 취임　党員 とういん 명 당원　批判 ひはん 명 비판
的 まと 명 표적　海外 かいがい 명 해외　覆す くつがえす 동 뒤집다
次々に つぎつぎに 차례차례로　起こる おこる 동 발생하다, 일어나다
定める さだめる 동 정하다　検事総長 けんじそうちょう 명 검찰총장
任期 にんき 명 임기　就業 しゅうぎょう 명 취업　企業 きぎょう 명 기업
秘密 ひみつ 명 비밀　流出 りゅうしゅつ 명 유출　社員 しゃいん 명 사원
否応なしに いやおうなしに 무조건적으로　解雇 かいこ 명 해고

21 상

맡다

1 재산 분여로는 분쟁이 일어나지 않았지만, 아이를 누가 맡는가로 의논이 길어졌다.
2 거절하지 못하고, 중요한 역할을 맡아 버린 것을 이제 와서 후회하고 있다.
3 정상까지 얼마 남지 않았으니까, 여기서 맡는 것은 아까워.
4 전 수상의 의지를 맡아, 이번 내각도 외교에 힘을 쏟고 있는 것 같다.

해설 引き取る(맡다)는 자신의 책임 하에 거두어 돌보는 경우에 사용한다. 1의 子供を誰が引き取るか(아이를 누가 맡는가)에서 올바르게 사용되었으므로 1이 정답이다. 참고로, 2는 引き受ける(ひきうける, 도맡다), 3은 引き返す(ひきかえす, 되돌아가다), 4는 受け継ぐ(うけつぐ, 이어 받다)를 사용하는 것이 올바른 문장이다.

어휘 引き取る ひきとる 동 맡다　財産 ざいさん 명 재산
分与 ぶんよ 명 분여　もめる 동 분쟁이 일어나다
話し合い はなしあい 명 의논　長引く ながびく 동 길어지다, 지연되다
断る ことわる 동 거절하다　重要だ じゅうようだ な형 중요하다
役割 やくわり 명 역할　今更 いまさら 부 이제 와서
後悔 こうかい 명 후회　頂上 ちょうじょう 명 정상

残りわずかだ のこりわずかだ 얼마 남지 않다
もったいない い형 아깝다　首相 しゅしょう 명 수상
意志 いし 명 의지　今回 こんかい 명 이번　内閣 ないかく 명 내각
外交 がいこう 명 외교　力を入れる ちからをいれる 힘을 쏟다

꼭! 알아두기 引き取る(맡다)와 引き受ける(도맡다)는 비슷한 의미를 가지고 있지만 引き取る는 인물이나 사물을 나타내는 명사와, 引き受ける는 직위나 책임과 같이 추상적인 명사와 함께 사용된다.

22 중상

심의

1 소득 격차를 테마로 한 심의는, 날카로운 주장이 난비하여 대단히 고조되었다.

2 의회에서 금년도의 예산 할당이 적당했는지 심의해서, 내년도의 예산안에 반영한다.

3 제삼자가 사이에 들어가지 않고, 사고의 당사자만으로 합의금을 심의하는 것도 가능하다.

4 당일 식에서 문제가 발생하지 않도록, 신랑 신부와 면밀히 심의를 거듭했다.

해설 審議(심의)는 자세히 조사하고 검토해서 좋고 나쁨을 가리는 경우에 사용한다. 2의 予算割当が適当だったか審議(예산 할당이 적당했는지 심의)에서 올바르게 사용되었으므로 2가 정답이다. 참고로, 1은 ディベート(토론), 3은 交渉(こうしょう, 교섭), 4는 打ち合わせ(うちあわせ, 협의)를 사용하는 것이 올바른 문장이다.

어휘 審議 しんぎ 명 심의　所得 しょとく 명 소득　格差 かくさ 명 격차
テーマ 명 테마　鋭い するどい い형 날카롭다　主張 しゅちょう 명 주장
飛び交う とびかう 동 난비하다　盛り上がる もりあがる 동 고조되다
議会 ぎかい 명 의회　今年度 こんねんど 명 금년도
予算 よさん 명 예산　割当 わりあて 명 할당
来年度 らいねんど 명 내년도　予算案 よさんあん 명 예산안
反映 はんえい 명 반영　第三者 だいさんしゃ 명 제삼자
当事者 とうじしゃ 명 당사자　和解金 わかいきん 명 합의금
可能だ かのうだ な형 가능하다　当日 とうじつ 명 당일　式 しき 명 식
発生 はっせい 명 발생　新郎 しんろう 명 신랑　新婦 しんぷ 명 신부
綿密だ めんみつだ な형 면밀하다　重ねる かさねる 동 거듭하다, 겹치다

23 중상

색채

1 최근 색채가 나쁜 날이 계속된다고 생각하여, 병원에 갔더니 빈혈이라고 진단 받았다.

2 그는 자신의 이름이 불리자, 기쁜 듯한 색채를 띄우며 대답을 했다.

3 같은 화가의 작품이라도, 그려진 시대에 따라 색채가 전혀 다른 경우가 있다.

4 긴 세월 부부로서 함께 살았기 때문인지, 지금은 목소리의 색채만으로 아내의 기분을 알 수 있게 되었다.

해설 色彩(색채)는 어떤 것에 드러난 일정한 경향을 나타내는 경우에 사용한다. 3의 描かれた時代によって色彩が(그려진 시대에 따라 색채가)에서 올바르게 사용되었으므로 3이 정답이다. 참고로, 1은 血色(けっしょく, 혈색), 2는 表情(ひょうじょう, 표정), 4는 トーン(톤)을 사용하는 것이 올바른 문장이다.

어휘 色彩 しきさい 명 색채　貧血 ひんけつ 명 빈혈　診断 しんだん 명 진단
浮かべる うかべる 동 띄우다　画家 がか 명 화가
作品 さくひん 명 작품　描く えがく 동 그리다　全く まったく 부 전혀
異なる ことなる 동 다르다　長年 ながねん 명 긴 세월
連れ添う つれそう 동 부부로서 함께 살다

24 중상

건재

1 의사에게 비만을 지적받아, 폭음 폭식을 피한 건재한 생활을 시작하기로 했다.

2 언론의 자유가 보장되어 있어도, 서적은 건재한 사회를 어지럽히는 것이어서는 안 된다.

3 홍수에 의해 자동차는 수몰했지만, 승차하고 있었던 부모 자식은 기적적으로 건재했다.

4 오랫동안 피아노를 만지지 않았던 것 같지만, 그녀의 훌륭한 솜씨는 지금도 건재하다.

해설 健在(건재)는 예전과 다름없이 능력이나 역량을 발휘하는 경우에 사용한다. 4의 腕前は今も健在だ(솜씨는 지금도 건재하다)에서 올바르게 사용되었으므로 4가 정답이다. 참고로, 1은 健康だ(けんこうだ, 건강하다), 2는 健全だ(けんぜんだ, 건전하다), 3은 無事だ(ぶじだ, 무사하다)를 사용하는 것이 올바른 문장이다.

어휘 健在だ けんざいだ な형 건재하다　肥満 ひまん 명 비만
指摘 してき 명 지적　暴飲 ぼういん 명 폭음　暴食 ぼうしょく 명 폭식
控える ひかえる 동 피하다　言論 げんろん 명 언론
保障 ほしょう 명 보장　書物 しょもつ 명 서적
乱す みだす 동 어지럽히다　洪水 こうずい 명 홍수
水没 すいぼつ 명 수몰　乗車 じょうしゃ 명 승차
親子 おやこ 명 부모 자식　奇跡的だ きせきてきだ な형 기적적이다
長らく ながらく 부 오랫동안　触れる ふれる 동 만지다
優れる すぐれる 동 훌륭하다　腕前 うでまえ 명 솜씨

25 상

(돈을) 마련

1 다양한 지도 방법을 모색해서 마련해 봤지만, 그 학생에게는 효과가 없었다.

2 자원은 유한한 것이기 때문에, 물이나 전기 등 사소한 것부터 마련해야 한다.

3 어떻게든 목격 정보를 마련해서, 범인의 인물상을 추측하기까지에 이르렀다.

4 학비를 마련하기 위해서 부모님이나 친척에게 사정해서, 겨우 목표 금액에 도달했다.

해설 工面(마련)은 여러 수단과 방법을 궁리해서 금전을 준비하는 경우에 사용한다. 4의 学費を工面(학비를 마련)에서 올바르게 사용되었으므로 4가 정답이다. 참고로, 1은 工夫(くふう, 궁리), 2는 節約(せつやく, 절약), 3은 調達(ちょうたつ, 조달)를 사용하는 것

이 올바른 문장이다.

어휘 工面 くめん 명 (돈을) 마련　様々だ さまざまだ な형 다양하다
指導 しどう 명 지도　方法 ほうほう 명 방법　模索 もさく 명 모색
効果 こうか 명 효과　資源 しげん 명 자원
有限だ ゆうげんだ な형 유한하다　些細だ ささいだ な형 사소하다
なんとか 부 어떻게든　目撃 もくげき 명 목격
情報 じょうほう 명 정보　犯人 はんにん 명 범인
人物像 じんぶつぞう 명 인물상　推測 すいそく 명 추측
至る いたる 동 이르다　学費 がくひ 명 학비
親戚 しんせき 명 친척　頼み込む たのみこむ 동 사정하다
目標 もくひょう 명 목표　金額 きんがく 명 금액
達する たっする 동 도달하다

꼭! 알아두기 工面(마련)은 資金(자금), 費用(비용), 時間(시간)과 같이 금전과 관련된 명사와 함께 자주 사용된다.

언어지식 (문법) p.146

26 중상

동료에게 권유 받아 복싱을 시작했지만, 너무나도 힘들어서 3일 (　　) 이어지지 않았다.

1 에　　2 만
3 도　　4 정도

해설 적절한 조사를 고르는 문제이다. 괄호 앞의 3日(3일)와 괄호 뒤의 続かなかった(이어지지 않았다)와 문맥상 어울리는 말은 '3일도 이어지지 않았다'이다. 따라서 3 と(도)가 정답이다. 조사 と가 대표적인 뜻 '~와' 외에, 수량사 뒤에서 부정 표현과 함께 쓰일 때 '~도' 의 뜻으로 사용될 수 있음을 알아둔다.

어휘 同僚 どうりょう 명 동료　勧める すすめる 동 권유하다
ボクシング 명 복싱, 권투　あまりだ な형 너무하다
きつい い형 힘들다, 고되다　~に 조 ~에　~だけ 조 ~만
~と 조 ~도, ~와　~ほど 조 ~정도

27 중

가토: 정말로 아쉬웠네요. 야마다 씨라면, 분명히 합격할 수 있을 거라고 생각하고 있었습니다만….
야마다: 아뇨 아뇨. 하지만 뭐, 또 기회가 있으니까요. 다음 번에도 (　　) 면 그만입니다.

1 열심히 해서　　**2 열심히 하**
3 열심히 하려　　4 열심히 할 수 있으

해설 동사의 올바른 활용형을 고르는 문제이다. 괄호 뒤의 문형 までのことだ(~하면 그만이다)와 접속할 수 있는 동사의 활용형은 사전형 또는 た형이므로 2 頑張る(열심히 하)가 정답이다. '다음 번에도 열심히 하면 그만입니다'라는 문맥에도 맞다.

어휘 合格 ごうかく 명 합격　チャンス 명 기회, 찬스
次回 じかい 명 다음 번　~までのことだ ~하면 그만이다, ~할 뿐이다

28 중상

담당인 프로젝트가 순조롭게 진행되고 있기 때문에, 부장님께 칭찬받겠다 (　　) 마지막까지 방심하지 않도록 이라며 엄하게 주의 받아버렸다.

1 고 생각했더니　　2 고 할지라도
3 는 듯이　　4 는 것인지

해설 적절한 문형을 고르는 문제이다. 모든 선택지가 괄호 앞의 동사 보통형 褒められる(칭찬받겠다)에 접속할 수 있다. 괄호 뒤 最後まで油断しないようにと厳しく注意されてしまった(마지막까지 방심하지 않도록 이라며 엄하게 주의 받아버렸다)로 이어지는 문맥을 보면 '칭찬받겠다고 생각했더니 마지막까지 방심하지 않도록 이라며 엄하게 주의 받아버렸다'가 가장 자연스럽다. 따라서 1 と思いきや(고 생각했더니)가 정답이다. 2 と言えども는 '~라고 할지라도', 3 とばかりに는 '~라는 듯이', 4 とみえて는 '~인 것인지'라는 의미의 문형임을 알아둔다.

어휘 担当 たんとう 명 담당　プロジェクト 명 프로젝트
順調だ じゅんちょうだ な형 순조롭다　油断 ゆだん 명 방심, 부주의
~と思いきや ~とおもいきや ~라고 생각했더니
~と言えども ~といえども ~라고 할지라도　~とばかりに ~라는 듯이
~とみえて ~인 것인지

29 중상

인터넷상에 거짓이나 근거 없는 소문이 포함되어 있는 정보가 많은 것 (　　) 때문에, 그대로 받아들여서는 안 된다.

1 은 부정할 수 없기　　2 을 금할 수 없기
3 을 어쩔 수 없이 하게 되기　　4 임에 틀림없기

해설 적절한 문형을 고르는 문제이다. 모든 선택지가 괄호 앞의 명사 こと(것)에 접속할 수 있다. 괄호 뒤 鵜呑みにしてはいけない(그대로 받아들여서는 안 된다)로 이어지는 문맥을 보면 '근거 없는 소문이 포함되어 있는 정보가 많은 것은 부정할 수 없기 때문에, 그대로 받아들여서는 안 된다'가 가장 자연스럽다. 따라서 1 は否めない(은 부정할 수 없기)가 정답이다. 2 を禁じ得ない는 '~을 금할 수 없다', 3 を余儀なくされる는 '~을 어쩔 수 없이 하게 되다', 4 に他ならない는 '~임에 틀림없다'라는 의미의 문형임을 알아둔다.

어휘 ネット上 ネットじょう 인터넷상　根拠 こんきょ 명 근거
噂 うわさ 명 소문　含む ふくむ 동 포함하다　情報 じょうほう 명 정보
鵜呑み うのみ 명 그대로 받아들임
~は否めない ~はいなめない ~은 부정할 수 없다
~を禁じ得ない ~をきんじえない ~을 금할 수 없다

～を余儀なくされる ～をよぎなくされる ~을 어쩔 수 없이 하게 되다
～に他ならない ～にほかならない ~임에 틀림없다

30 중상

> 좋은 경험이 되니까 라며 과장님에게 억지로 신제품 프로젝트의 책임자로 (　　　), 잘 할 자신이 없다.
>
> **1 시켜지기는 했으나**　　2 시켜질 것이지만
> 3 시켜 보았자　　4 시킨다고 하면

해설 적절한 문형을 고르는 문제이다. 특히 선택지 1과 2의 사역수동 표현 **させられる**, 선택지 3과 4의 사역 표현 **させる**에 유의하여 선택지를 해석한다. 괄호 앞뒤 문맥을 보면, '억지로 신제품 프로젝트의 책임자로 시켜지기는 했으나, 잘 할 자신이 없다'가 가장 자연스럽다. 따라서 사역수동 표현 **させられる**(시켜지다)가 사용된 1 **させられたものの**(시켜지기는 했으나)가 정답이다. 3의 **たところで**는 '~해 보았자', 4의 **ともなると**는 '~라고 하면'이라는 의미의 문형임을 알아둔다.

어휘 **無理やり** むりやり 부 억지로　**新製品** しんせいひん 명 신제품
プロジェクト 명 프로젝트　**責任者** せきにんしゃ 명 책임자
自信 じしん 명 자신　**～ものの** ~이기는 하나
～たところで ~해 보았자　**～ともなると** ~라고 하면

31 중

> 학부를 신설하여, 다른 곳과의 차별화를 꾀하려고 하는 대학이 늘고 있다. 대학 독자의 특색을 내는 (　　　) 수험생에게 어필할 수 없다고 생각하기 때문이다.
>
> **1 노력 없이**　　2 노력과 함께
> 3 노력 끝에　　4 노력을 조건으로

해설 적절한 문형을 고르는 문제이다. 괄호 앞뒤 문맥을 보면, '대학 독자의 특색을 내는 노력 없이 수험생에게 어필할 수 없다고 생각'이 가장 자연스럽다. 따라서 1 **努力なしに**(노력 없이)가 정답이다. 2의 **とともに**는 '~과 함께', 3의 **のすえに**는 '~끝에', 4의 **のもと**는 '~을 조건으로'라는 의미의 문형임을 알아둔다.

어휘 **新設** しんせつ 명 신설　**差別化** さべつか 명 차별화
図る はかる 동 꾀하다　**独自** どくじ 명 독자　**特色** とくしょく 명 특색
受験生 じゅけんせい 명 수험생　**アピール** 명 어필, 호소
努力 どりょく 명 노력　**～なしに** ~없이　**～とともに** ~과 함께
～のすえに ~끝에　**～のもと** ~을 조건으로

32 중

> 햇살이 강해지는 여름은, 뭐니 뭐니 해도 정원의 손질이 힘들다. 아침저녁의 물 주기에 더해, 2주일마다 제초도 하지 않으면 안 돼서, (　　　).
>
> 1 귀찮을 리가 없다　　2 귀찮을 까닭이 없다
> 3 귀찮다고는 할 수 없다　　**4 귀찮기 짝이 없다**

해설 적절한 문형을 고르는 문제이다. 괄호 앞 문맥을 보면, '2주일마다 제초도 하지 않으면 안 돼서, 귀찮기 짝이 없다'가 가장 자연스럽다. 따라서 4 **面倒くさいったらない**(귀찮기 짝이 없다)가 정답이다. 1의 **はずがない**는 '~일 리가 없다', 2의 **わけがない**는 '~까닭이 없다', 3의 **とは限らない**는 '~라고는 할 수 없다'라는 의미의 문형임을 알아둔다.

어휘 **日差し** ひざし 명 햇살　**何といっても** なんといっても 뭐니 뭐니 해도
手入れ ていれ 명 손질　**朝晩** あさばん 명 아침저녁
水やり みずやり 명 물 주기　**加える** くわえる 동 더하다
～ごとに ~마다　**草むしり** くさむしり 명 제초
面倒くさい めんどうくさい い형 귀찮다, 성가시다
～はずがない ~일 리가 없다
～わけがない ~까닭이 없다, ~일 리가 없다
～とは限らない ～とはかぎらない ~라고는 할 수 없다
～ったらない ~이기 짝이 없다

> 꼭! 알아두기 ～ったらない(~이기 짝이 없다) 외에 ～ったらありゃしない(~이기 이루 말할 수 없다)도 자주 출제된다.

33 상

> 사토: 신세를 지고 있습니다. 저, 시로마루 수산 주식회사의 사토라고 합니다.
> 다구치: 아, 이름은 (　　　). 저, 다구치라고 합니다. 요전에는 저희 회사의 스즈키가 신세를 졌습니다.
>
> 1 들으시겠습니까　　2 여쭙고 싶다고 생각합니다
> **3 알고 있었습니다**　　4 알고 계셨습니까

해설 적절한 경어 표현을 고르는 문제이다. 다구치가 사토의 이름을 들은 뒤 반응하는 상황이므로, 알고 있다는 자신의 행위를 낮추는 **お名前は存じ上げておりました**(이름은 알고 있었습니다)가 가장 자연스럽다. 따라서 3 **存じ上げておりました**(알고 있었습니다)가 정답이다. 여기서 **存じ上げる**(알다)는 **知る**(알다)의 겸양어이다. 1의 **お聞きになる**(들으시다)는 **聞く**(듣다)의 존경어, 2의 **伺う**(여쭙다)는 **聞く**(묻다)의 겸양어, 4의 **ご存じだ**(알고 계시다)는 **知る**(알다)의 존경어이다.

어휘 **お世話になる** おせわになる 신세를 지다　**水産** すいさん 명 수산
株式会社 かぶしきがいしゃ 명 주식회사　**先日** せんじつ 명 요전
弊社 へいしゃ 명 저희 회사, 폐사
お聞きになる おききになる 들으시다 (聞く의 존경어)
伺う うかがう 동 여쭙다, 듣다 (聞く의 겸양어)
存じる ぞんじる 동 생각하다, 알다 (思う, 知る의 겸양어)
存じ上げる ぞんじあげる 동 알다 (知る의 겸양어)
ご存じだ ごぞんじだ 알고 계시다 (知る의 존경어)

34 중상

> 각 정당의 정책에 대해서 자세하게 (　　　), 사회인으로서 어느 정도의 일반 상식은 습득해두고 싶다.
>
> 1 알 정도라면　　2 알고 나서가 아니면
> **3 알지는 않더라도**　　4 알지 않으면

해설 적절한 문형을 고르는 문제이다. 괄호 앞뒤 문맥을 보면, '자세하게 알지는 않더라도, 사회인으로서 어느 정도의 일반 상식은 습득해두고 싶다'가 가장 자연스럽다. 따라서 3 **知らないまでも**(알지는 않

더라도)가 정답이다. 1의 くらいなら는 '~정도라면', 2의 からでないとは '~하고 나서가 아니면', 4의 ないことには는 '~않으면'이라는 의미의 문형임을 알아둔다.

어휘 各政党 かくせいとう 명 각 정당 政策 せいさく 명 정책
~について ~에 대해서 詳しい くわしい い형 자세하다
社会人 しゃかいじん 명 사회인 ~として ~로서 程度 ていど 명 정도
一般 いっぱん 명 일반 常識 じょうしき 명 상식
身につける みにつける 습득하다, 몸에 익히다
~くらいなら ~정도라면 ~からでないと ~하고 나서가 아니면
~ないまでも ~하지는 않더라도 ~ないことには ~않으면

35 중상

(유원지에서)
마쓰모토: 아, 결국 내리기 시작해 버렸네. 재미있는 놀이기구를 아무것도 탈 수 없어. 이런 날에 유원지 따위 (　　　) 어.
오노: 자자. 실내에서도 즐길 수 있을 것 같은 곳은 있고, 오후부터는 개는 것 같으니까, 놀이기구는 오후의 즐거움으로 삼자.

1 오지 않을 수 없었　　2 올 필요도 없었
3 오는 것보다 더 좋은 것은 없었　　**4 오는 게 아니었**

해설 적절한 문형을 고르는 문제이다. 괄호 앞뒤 문맥을 보면, '이런 날에 유원지 따위 오는 게 아니었어'가 가장 자연스럽다. 따라서 4 来るんじゃなかった(오는 게 아니었)가 정답이다. 1의 ずにはすまない는 '~하지 않을 수 없다', 2의 までもない는 '~할 필요도 없다', 3의 に越したことはない는 '~보다 더 좋은 것은 없다'라는 의미의 문형임을 알아둔다.

어휘 遊園地 ゆうえんち 명 유원지 ついに 부 결국, 드디어
~なんて 조 ~따위 室内 しつない 명 실내
楽しみにする たのしみにする 즐거움으로 삼다, 기대하다
~ずにはすまない ~하지 않을 수 없다
~までもない ~할 필요도 없다
~に越したことはない ~にこしたことはない ~보다 더 좋은 것은 없다
~じゃない ~가 아니다

꼭! 알아두기 ~んじゃなかった(~게 아니었다)는 なんて(따위), なんか(따위), など(따위)와 같은 표현과 함께 자주 사용된다.

36 중

감기뿐만 아니라, 온갖 질병의 예방에 유효하고, 누구라도 할 수 있는 간단한 방법은, 귀가 직후의 손 씻기를 빠뜨리지 않고 하는 ★것이 라고 한다.

1 것이　　2 하는
3 빠뜨리지 않고　　4 라고 한다

해설 선택지들끼리 연결 가능한 문형이 없으므로 의미적으로 배열하면 3 欠かさず 2 する 1 ことだ 4 そうだ(빠뜨리지 않고 하는 것이라고 한다)가 되면서 전체 문맥과도 어울린다. 따라서 1 ことだ(것이)가 정답이다.

어휘 ~に限らず ~にかぎらず ~뿐만 아니라 あらゆる 온갖
予防 よぼう 명 예방 有効だ ゆうこうだ な형 유효하다
方法 ほうほう 명 방법 帰宅 きたく 명 귀가 直後 ちょくご 명 직후
手洗い てあらい 명 손 씻기 欠かす かかす 동 빠뜨리다

37 상

파티의 사회라니 자신이 없지만, 무슨 일이 있어도 라고 네가 부탁한다면 못할 ★것도 아니라고, 선배에게 들었다.

1 것도　　2 아니라
3 다면　　4 못할

해설 4의 ない 1 でも 2 ない는 함께 쓰여 문형 ないでもない(~하지 않는 것도 아니다)가 되므로 먼저 4 やれない 1 でも 2 ない(못할 것도 아니라)로 연결할 수 있다. 이것을 나머지 선택지와 함께 문맥에 맞게 배열하면 3 のなら 4 やれない 1 でも 2 ない(다면 못할 것도 아니라) 또는 4 やれない 1 でも 2 ない 3 のなら(못할 것도 아니라면)로 배열할 수 있다. 둘 중 빈칸 앞의 '네가 부탁한'과 문맥상 어울리는 말은 3 のなら 4 やれない 1 でも 2 ない(다면 못할 것도 아니라)로, 전체 문맥과도 어울린다. 따라서 1 でも(것도)가 정답이다.

어휘 司会 しかい 명 사회 ~なんて 조 ~라니, ~따위 自信 じしん 명 자신
どうしても 무슨 일이 있어도, 꼭 ~のなら ~라면
~ないでもない ~하지 않는 것도 아니다

38 중상

우에노 선생님은 대학에서 긴 세월 가르치고 있었던 ★만큼의 가치가 있어서 퇴직한 지금도 사람을 끌어당기는 화법을 쓴다.

1 가르치고 있었던　　2 퇴직한
3 긴 세월　　**4 만큼의 가치가 있어서**

해설 4 だけのことはあって는 동사의 보통형이나 명사에 접속하므로 먼저 1 教えていた 4 だけのことはあって(가르치고 있었던 만큼의 가치가 있어서) 또는 2 退職した 4 だけのことはあって(퇴직한 만큼의 가치가 있어서) 또는 3 長年 4 だけのことはあって(긴 세월 만큼의 가치가 있어서)로 연결할 수 있다. 이것을 나머지 선택지와 함께 문맥에 맞게 배열하면 3 長年 1 教えていた 4 だけのことはあって 2 退職した(긴 세월 가르치고 있었던 만큼의 가치가 있어서 퇴직한)가 되면서 전체 문맥과도 어울린다. 따라서 4 だけのことはあって(만큼의 가치가 있어서)가 정답이다.

어휘 ひきつける 동 끌어당기다 話し方 はなしかた 명 화법, 말투
退職 たいしょく 명 퇴직 長年 ながねん 명 긴 세월
~だけのことはある ~인 만큼의 가치가 있다

꼭! 알아두기 ~だけのことはある(~인 만큼의 가치가 있다) 외에 ~だけあって(~인 만큼)도 자주 출제된다.

39 중

> 신사옥은, 당초 계획으로는 올해 준공되는 것으로 되어 있었다. 그러나, 건축 공사가 지연되어, 지금 상황으로 보아 오피스의 이전 ★까지는 앞으로 대략 2년 정도일 것이다.
>
> 1 오피스의 이전　　2 대략 2년 정도
> **3 까지는 앞으로**　　4 지금 상황으로 보아

해설 선택지들끼리 연결 가능한 문형이 없으므로 의미적으로 배열하면 4 今の状況からして 1 オフィスの移転 3 まではあと 2 2年といったところ(지금 상황으로 보아 오피스의 이전까지는 앞으로 대략 2년 정도)가 되면서 전체 문맥과도 어울린다. 따라서 3 まではあと(까지는 앞으로)가 정답이다.

어휘 新社屋 しんしゃおく 명 신사옥　当初 とうしょ 명 당초
竣工 しゅんこう 명 준공　だが 접 그러나　建築 けんちく 명 건축
工事 こうじ 명 공사　長引く ながびく 동 지연되다　オフィス 명 오피스
移転 いてん 명 이전　～といったところだ 대략 ~정도이다
～まで 조 ~까지　あと 명 앞으로　状況 じょうきょう 명 상황
～からして ~으로 보아

40 중

> 그는 평소, 직장에서 우수하다고 평판이 좋기 때문에, 리더로서도 능력을 발휘해 줄 ★것으로 기대하고 있었지만 시킨 일을 할 뿐이어서 전혀 의지가 되지 않는다.
>
> 1 시킨 일을 할　　**2 것으로 기대하고 있었지만**
> 3 리더로서도　　4 능력을 발휘해 줄

해설 선택지들끼리 연결 가능한 문형이 없으므로 의미적으로 배열하면 3 リーダーとしても 4 能力を発揮してくれる 2 と期待していたが 1 言われたことをする(리더로서도 능력을 발휘해 줄 것으로 기대하고 있었지만 시킨 일을 할)가 되면서 전체 문맥과도 어울린다. 따라서 2 と期待していたが(것으로 기대하고 있었지만)가 정답이다.

어휘 普段 ふだん 명 평소　職場 しょくば 명 직장
優秀だ ゆうしゅうだ な형 우수하다　評判 ひょうばん 명 평판
全く まったく 부 전혀　頼り たより 명 의지
言われたこと いわれたこと 시킨 일, 하라고 들은 일
期待 きたい 명 기대　リーダー 명 리더　～として ~로서
能力 のうりょく 명 능력　発揮 はっき 명 발휘

41-45

> 텔레비전 드라마와 만화
>
> 나는 텔레비전 드라마를 좋아해서, 집에 있는 밤에는 반드시라고 해도 될 정도로 텔레비전을 틀고 있다. 나에게 있어서는 마음 편하게 즐길 수 있는 손쉬운 오락이지만, 그 텔레비전 드라마에 대해 이제 와서 알아차린 것이 있다. [41]화제가 되는 재미있는 드라마에는, 반드시 원작이 있는 것이다. 게다가 드라마 원작의 대부분이 만화다. [41]벌써 몇 년이나 전부터 텔레비전 드라마는 만화에 [41].
>
> 일본의 만화가 애니메이션이 되고, 전 세계에서 사랑 받고 있는 것은 이제는 주지의 사실이지만, 텔레비전 드라마의 세계에도 세력을 떨치고 있었다니 놀랍다.
>
> [42]이유의 하나로는 만화가라는 직업이 일본에서 성립되어 있어서, 많은 뛰어난 스토리텔러가 만화가를 목표로 하는 것이 들어진다. 어릴 적부터 동경하고, 열중했던 만화를 스스로도 만들어 보고 싶다고 생각하는 것은 자연스러운 일이다. 이야기를 만들 수 있고, 그림이 능숙한 사람의 대부분이, 만화가를 목표로 하는 것이다. [42] [42]만화는 히트하면 막대한 수입을 얻을 수 있다.
>
> [43]방송국 입장에서 보면, 이미 완성되어 있고 팬이 딸려 있는 만화 작품은, 비즈니스로서 [43]. [43]드라마화하면 거의 틀림없이 시청률이 높아지고, 많은 사람이 봐 줄 수 있는 프로그램으로써 기대된다면 스폰서도 붙기 쉽고, 돈이 되기 쉽다.
>
> 그렇지만 말이다. [45]만화에만 의존하는 텔레비전 드라마 업계는, 새로운 것을 만들어 내는 활력이 부족한 것은 아닐까. 처음부터 [44]많은 사람에게 [44]고 알고 있는 것만으로는, 발전이 멈춰버리고 만다.
>
> 해외의 텔레비전 드라마에도 재미있는 것은 많이 있다만, 그 대부분이, 드라마의 우수한 스토리텔러나 훌륭한 스태프의 손에 의해 탄생한 것이다. 일본의 텔레비전 드라마 세계에도, 새로운 재능이 생겨나는 것을 [45].
>
> (주1) 세력을 떨치다: 힘이 있는 존재가 되다
> (주2) 스토리텔러: 이야기를 생각하는 사람
> (주3) 막대한: 대단히 큰
> (주4) 스폰서: 여기에서는, 프로그램에 텔레비전 광고 방송을 제공하고 방송국에 돈을 지불하는 기업

어휘 ドラマ 명 드라마　在宅 ざいたく 명 집에 있음, 재택
～にとって ~에게 있어서　気楽だ きらくだ な형 마음 편하다
手軽だ てがるだ な형 손쉽다　娯楽 ごらく 명 오락
～について ~에 대해　今頃になって いまごろになって 이제 와서
気付く きづく 동 알아차리다　話題 わだい 명 화제
原作 げんさく 명 원작　しかも 접 게다가　ほとんど 명 대부분
日本 にほん 명 일본　アニメ 명 애니메이션
世界中 せかいじゅう 명 전 세계　愛する あいする 동 사랑하다
いまや 부 이제는　周知 しゅうち 명 주지　事実 じじつ 명 사실
幅を利かせる はばをきかせる 세력을 떨치다, 활개 치다
驚き おどろき 명 놀라움　漫画家 まんがか 명 만화가
職業 しょくぎょう 명 직업　成立 せいりつ 명 성립
多く おおく 명 많음, 대부분　優れる すぐれる 동 뛰어나다, 우수하다
ストーリーテラー 명 스토리텔러　目指す めざす 동 목표로 하다
憧れる あこがれる 동 동경하다　夢中になる むちゅうになる 열중하다
自然だ しぜんだ な형 자연스럽다　ストーリー 명 이야기, 스토리
得意だ とくいだ な형 능숙하다　ヒット 명 히트
莫大だ ばくだいだ な형 막대하다　収入 しゅうにゅう 명 수입
得る える 동 얻다　テレビ局 テレビきょく 명 방송국
～にしてみれば ~입장에서, ~입장에서 보면　既に すでに 부 이미
出来上がる できあがる 동 완성되다　ファン 명 팬
作品 さくひん 명 작품　ビジネス 명 비즈니스　～として ~로서
ドラマ化 ドラマか 명 드라마화　ほぼ 부 거의

間違い まちがい 명 틀림　視聴率 しちょうりつ 명 시청률
期待 きたい 명 기대　スポンサー 명 스폰서　依存 いぞん 명 의존
業界 ぎょうかい 명 업계　生み出す うみだす 동 (새로) 만들어 내다
活力 かつりょく 명 활력　欠ける かける 동 부족하다
発展 はってん 명 발전　海外 かいがい 명 해외
優秀だ ゆうしゅうだ な형 우수하다　スタッフ 명 스태프
~によって ~에 의해　才能 さいのう 명 재능　存在 そんざい 명 존재
非常だ ひじょうだ な형 대단하다　提供 ていきょう 명 제공
企業 きぎょう 명 기업

41 상

1 의존하고 있었을 것이다	2 의존하는 것에 그치지 않는다
3 의존하고 있었던 것 같다	4 의존할 수도 없다

해설 적절한 문형을 고르는 문제이다. 빈칸이 포함된 단락에서 話題になるおもしろいドラマには、必ず原作があるのだ라고 하고, 빈칸 앞에서 もう何年も前からテレビドラマは漫画に라고 언급하였으므로 もう何年も前からテレビドラマは漫画に依存していたようだ가 가장 자연스럽다. 따라서 3 依存していたようだ가 정답이다. 1의 はずだ는 '~일 것이다'라는 의미의 문형으로, 확실한 근거에 의해 반드시 그럴 것이라는 강한 확신에 대해 사용하기 때문에 드라마의 원작이 대부분 만화라서 몇 년간 드라마가 만화에 의존했을 것이라고 추측하는 문맥에는 맞지 않으므로 오답이다.

어휘 ~はずだ ~일 것이다　~にとどまらない ~에 그치지 않다
~ようだ ~인 것 같다　~ようもない ~할 수도 없다

42 중

1 그렇다고는 하나	**2 게다가**
3 혹은	4 즉

해설 적절한 접속사를 고르는 문제이다. 빈칸 앞에서 理由のひとつには漫画家という職業が日本で成立していて、多くの優れたストーリーテラーが漫画家を目指すことが挙げられる라며 만화 원작인 드라마가 많은 이유를 언급하고, 빈칸 뒤에서 漫画はヒットすれば莫大な収入を得ることができる라며 또 다른 이유를 언급하였다. 따라서 2 それに가 정답이다.

어휘 とはいえ 접 그렇다고는 하나　それに 접 게다가
それとも 접 혹은, 아니면　すなわち 접 즉, 곧

꼭! 알아두기 それに(게다가), さらに(더욱이), 加えて(덧붙여)는 앞서 언급된 것보다 정도가 심한 내용이 이어질 때 사용된다.

43 중

1 성공할 것이 어렵다	**2 성공할 것이 분명하다**
3 성공할 것을 바라고 있다	4 성공할 것을 포기하고 있다

해설 적절한 문장을 고르는 문제이다. 빈칸 앞에서 テレビ局にしてみれば、既に出来上がっていてファンがついている漫画作品は、ビジネスとして라고 하고, 빈칸 뒤에서 ドラマ化すればほぼ間違いなく視聴率が高くなるし、多くの人に見てもらえる番組として期待されればスポンサーも付きやすく、お金になりやすい라고 언급하였으므로 ファンがついている漫画作品は、ビジネスとして成功することが明らかだ가 가장 자연스럽다. 따라서 2 成功することが明らかだ가 정답이다.

어휘 成功 せいこう 명 성공　明らかだ あきらかだ な형 분명하다
望む のぞむ 동 바라다　諦める あきらめる 동 포기하다

44 상

1 받아들여진다	2 받아 내진다
3 받아들이게 하다	4 받아 내게 하다

해설 적절한 문형을 고르는 문제이다. 선택지 1과 2에는 수동 표현, 3과 4에는 사역 표현이 사용되었으므로 빈칸 주변에서 행위의 주체나 대상을 파악하는 것에 유의한다. 빈칸 앞뒤 문맥을 볼 때, 多くの人에게 받아들여질 것임을 처음부터 알 수 있는 대상은 만화를 원작으로 하는 드라마이다. 따라서 수동 표현이면서 문맥에 맞는 의미인 1 受け入れられる가 정답이다.

어휘 受け入れる うけいれる 동 받아들이다
受け止める うけとめる 동 받아내다

45 상

1 생각하지 않을 수 없다	2 생각하면 끝이 없다
3 바라지 않을 수 없다	4 바라도 소용없다

해설 적절한 문형을 고르는 문제이다. 글 전반적으로 필자는 만화 원작에 의존하는 일본 텔레비전 드라마 업계의 현실과 그 이유를 설명하였다. 빈칸 앞 단락에서 漫画だけに依存するテレビドラマ業界は、新しいものを生み出す活力に欠けているのではないだろうか라고 언급하였으므로 日本のテレビドラマの世界にも、新しい才能が生まれてくることを願わずにはいられない가 가장 자연스럽다. 따라서 3 願わずにはいられない가 정답이다.

어휘 ~ざるをえない ~하지 않을 수 없다　~ばきりがない ~하면 끝이 없다
願う ねがう 동 바라다　~ずにはいられない ~하지 않을 수 없다
~ても始まらない ~てもはじまらない ~해도 소용없다

독해 p.152

46 중상

식자란 문자의 읽고 쓰기가 가능한 것입니다. 일본에서는 의무 교육이 확립되어 있기 때문에, 식자율에 대해서 거론되는 경우는 드뭅니다만, 세계에서는 그 수준의 낮음이 문제가 되고 있는 나라가 아직도 적지 않습니다. 이와 같은 격차에는 역사적, 지리적 요인을 생각할 수 있습니다.

식자율이 향상되면, 직업의 선택, 선거 투표 등의 사회 참가가 가능하게 되고, 인권의 옹호로 이어지는 것은 말할 것도 없습니다. 아무리 빈곤이나 분쟁이 있다고 해도, 전 세계의 어린이에게 포괄적인 동시에 공평한 교육을 제공하는 것이 요구됩니다.

(주 1) 옹호 : 권리나 이익의 침해로부터 지키는 것
(주 2) 포괄적 : 폭넓게 전체를 포함하고 있는 모습

이 글에서 필자가 서술하고 있는 것은 무엇인가?

1 어린이에게 문자의 읽고 쓰기를 할 기회를 줘야만 한다.
2 어린이의 식자율의 낮음을 인식하지 않으면 안 된다.
3 어린이는 교육을 받을 기회를 평등하게 제공받아야만 한다.
4 어린이를 빈곤이나 분쟁으로부터 지키지 않으면 안 된다.

해설 에세이로 필자의 생각을 묻고 있다. 후반부에서 貧困や紛争があろうとも、世界中の子供に包括的かつ公平な教育を与えることが求められます라고 서술하고 있으므로, 3 子供は教育を受ける機会を平等に与えられるべきだ가 정답이다.

어휘 **識字** しきじ 명 식자 **文字** もじ 명 문자 **読み書き** よみかき 명 읽고 쓰기 **義務** ぎむ 명 의무 **教育** きょういく 명 교육 **確立** かくりつ 명 확립 **識字率** しきじりつ 명 식자율 **まれだ** な형 드물다 **水準** すいじゅん 명 수준 **いまだに** 부 아직도 **格差** かくさ 명 격차 **要因** よういん 명 요인 **向上** こうじょう 명 향상 **職業** しょくぎょう 명 직업 **選択** せんたく 명 선택 **選挙** せんきょ 명 선거 **投票** とうひょう 명 투표 **社会** しゃかい 명 사회 **参加** さんか 명 참가 **可能だ** かのうだ な형 가능하다 **人権** じんけん 명 인권 **擁護** ようご 명 옹호 **つながる** 동 이어지다 **いかに** 부 아무리 **貧困** ひんこん 명 빈곤 **紛争** ふんそう 명 분쟁 **包括的だ** ほうかつてきだ な형 포괄적이다 **かつ** 부 동시에 **公平だ** こうへいだ な형 공평하다 **与える** あたえる 동 제공하다, 주다 **権利** けんり 명 권리 **侵害** しんがい 명 침해 **守る** まもる 동 지키다, 보호하다 **幅広い** はばひろい い형 폭넓다 **全体** ぜんたい 명 전체 **含む** ふくむ 동 포함하다 **様子** ようす 명 모습 **認識** にんしき 명 인식

47 중상

기업에 취직한 후, 그 기업의 내부에 자신의 목표를 두는 것은 잘못이다. 기업의 수명은 약 30년이라고 일컬어지고 있어, 지금, 기세가 있는 기업이라도 30년 지나면 그 비즈니스 모델이 통용되지 않게 될 가능성이 높고, 그 간격은 보다 짧아지고 있다. 정년까지 40년 일한다고 한다면, 대부분의 사람이 그 도중에 소속된 기업이나 산업의 '죽음'을 어쩔 수 없이 경험하게 된다. 그러나, 그 후에도 자기 자신의 인생은 계속되어 가는 것이기 때문에, 기업의 틀을 넘어서 활약할 수 있는 힘의 획득을 목표로 하는 것이 중요한 것이다.

이 글에서 필자가 서술하고 있는 것은 무엇인가?

1 기세가 있는 기업이라고 하더라도, 종래의 경영 모델을 계속 사용해서는 안 된다.
2 기업의 도산이라는 위기는 피할 수 없지만, 도산하기 전에 퇴직해서는 안 된다.
3 30년 이상 일한다면, 기업이 지니는 비즈니스 모델의 유지를 목표로 해야만 한다.
4 기업보다 인생 쪽이 길기 때문에, 어디에서나 통용되는 능력의 획득을 목표로 해야만 한다.

해설 에세이로 필자의 생각을 묻고 있다. 후반부에서 自分自身の人生は続いていくのだから、企業の枠を超えて活躍できる力の獲得を目指すことが重要なのだ라고 서술하고 있으므로, 4 企業より人生のほうが長いので、どこでも通用する能力の獲得を目標とすべきだ가 정답이다.

어휘 **企業** きぎょう 명 기업 **就職** しゅうしょく 명 취직 **内部** ないぶ 명 내부 **目標** もくひょう 명 목표 **間違い** まちがい 명 잘못 **寿命** じゅみょう 명 수명 **勢い** いきおい 명 기세 **経つ** たつ 동 지나다 **ビジネス** 명 비즈니스 **モデル** 명 모델 **通用** つうよう 명 통용 **可能性** かのうせい 명 가능성 **間隔** かんかく 명 간격 **～つつある** ~고 있다 **定年** ていねん 명 정년 **～とすると** ~라고 한다면 **所属** しょぞく 명 소속 **死** し 명 죽음 **～余儀なくされる** ～よぎなくされる 어쩔 수 없이 ~하게 되다 **人生** じんせい 명 인생 **枠** わく 명 틀 **超える** こえる 동 넘다 **活躍** かつやく 명 활약 **獲得** かくとく 명 획득 **目指す** めざす 동 목표로 하다 **重要だ** じゅうようだ な형 중요하다 **従来** じゅうらい 명 종래 **経営** けいえい 명 경영 **～べきではない** ~서는 안 된다 **倒産** とうさん 명 도산 **危機** きき 명 위기 **避ける** さける 동 피하다 **退職** たいしょく 명 퇴직 **維持** いじ 명 유지 **～べきだ** ~해야만 한다

48 중상

이하는, 어느 잡화점으로부터 도착한 이메일이다.

손님 여러분

~유럽 잡화의 가게 · petit로부터의 공지~

점내 리모델링을 위해 일시 휴업을 하고 있어, 손님께는 대단히 폐를 끼치고 있습니다.

이번 주 3일 토요일부터 영업 재개라고 전해드렸습니다만, 공사 지연에 따라, 다시 휴업 기간을 연장하게 되었습니다.
예정하고 있던 개장 기념 세일에 대해서는, 개시일을 영업 재개일에 맞춰서 연기하고, 최종일도 11월 말로 변경하겠습니다.

웹 숍은 계속해서, 통상 영업하고 있기 때문에, 급하신 손님은 그쪽을 이용해 주세요.

영업 개시일: 11월 10일 (토) 10:00~
웹 숍은 이쪽: https://www.petit.com

이 이메일은, 무엇을 알리고 있는가?

1 리모델링 공사가 다음 주부터 시작되는 것
2 가게의 휴업 기간이 1주일 연장되는 것
3 11월 말부터 개장 기념 세일을 개최하는 것
4 이번 주 토요일부터 웹 숍만 재개하는 것

해설 이메일 형식의 실용문으로, 글의 목적을 묻고 있다. 중반부에서 今週の3日土曜日より営業再開とお伝えしておりましたが、工事の遅れに伴い、さらに休業期間を延長させていただくことになりました라고 하고, 후반부에서 営業再開日 : 11月10日(土)라고 언급하고 있으므로, 2 店の休業期間が1週間延びること가 정답이다.

어휘 **雑貨店** ざっかてん 명 잡화점 **届く** とどく 동 도착하다 **メール** 명 이메일 **各位** かくい 명 여러분 **ヨーロッパ** 명 유럽 **雑貨** ざっか 명 잡화 **店内** てんない 명 점내 **改装** かいそう 명 리모델링, 개장 **休業** きゅうぎょう 명 휴업 **迷惑** めいわく 명 폐 **営業** えいぎょう 명 영업 **再開** さいかい 명 재개 **工事** こうじ 명 공사 **遅れ** おくれ 명 지연 **~に伴い** ~にともない ~에 따라 **さらに** 부 다시, 거듭 **延長** えんちょう 명 연장 **記念** きねん 명 기념 **セール** 명 세일 **~につきまして** ~에 대해서 **開始日** かいしび 명 개시일 **合わせる** あわせる 동 맞추다 **延期** えんき 명 연기 **最終日** さいしゅうび 명 최종일 **変更** へんこう 명 변경 **ウェブショップ** 명 웹 숍 **引き続き** ひきつづき 부 계속해서 **通常** つうじょう 명 통상, 보통 **急ぎ** いそぎ 명 급함 **延びる** のびる 동 연장되다 **開催** かいさい 명 개최

꼭! 알아두기 고객을 대상으로 하는 글에서는 ~させていただきます(~하겠습니다), お·ご~する와 같은 겸양 표현이 자주 사용되므로 겸양 표현을 확실하게 알아둔다.

49 중상

일본은 호우나 지진과 같은 자연재해에 빈번하게 덮쳐지는 나라입니다. 하지만, 요즘의 재해는, 경제를 우선하고 풍족함을 누린 결과로서 초래한 인재, 즉 사람의 행동이 원인이 되고 있다고 말하지 않을 수 없습니다.

자연재해는 지금 와서 시작된 것이 아니라, 고대부터 일어나고 있던 것입니다. 이 이상 인재를 늘리지 않기 위해서, 역사를 읽고, 선인의 지혜를 해독하는 것으로, 풍족함이 초래한 나쁜 여파를 복원할 수 있을 것입니다. 역사를 되돌리는 것은 불가능합니다만, 지금이야말로 선인에게 배워, 불필요한 것을 잘라내고 간소한 생활로 되돌려야만 합니다. 차세대를 위해서 미래를 바꿔가려면, 역사에게 배우는 것이야말로 무엇보다 중요한 것이 아닐까요?

(주) 읽다 : 여기에서는, 과거를 되돌아보다

이 글에서, 필자가 가장 말하고 싶은 것은 무엇인가?

1 경제 우선에 의한 재해를 줄이려면, 과거를 되돌아볼 필요가 있다.
2 자연재해의 피해로부터 벗어나기 위해서, 생활을 간소하게 해서 대비할 필요가 있다.
3 자연재해의 피해를 줄이기 위해서, 풍족한 생활을 포기할 필요가 있다.
4 경제 우선에 의한 재해에 대처하려면, 원인을 조사할 필요가 있다.

해설 에세이로 필자의 생각을 묻고 있다. 초반부에서 経済を優先し豊かさを享受した結果として招いた人災라고 하고, 중반부에서 これ以上人災を増やさないために、歴史をひもとき、先人の知恵を読み解くことで、豊かさがもたらしたひずみを修復できるはずです라고 서술하고 있으므로, 1 経済優先による災害を減らすには、過去を振り返る必要がある가 정답이다.

어휘 豪雨 ごうう 명 호우　～といった ~와 같은　自然災害 しぜんさいがい 명 자연재해　ひんぱんだ な형 빈번하다　見舞う みまう 동 덮치다
近頃 ちかごろ 명 요즘　災害 さいがい 명 재해　優先 ゆうせん 명 우선　豊かさ ゆたかさ 명 풍족함　享受 きょうじゅ 명 누림, 향수
結果 けっか 명 결과　招く まねく 동 초래하다　人災 じんさい 명 인재　行動 こうどう 명 행동　～ざるを得ない ～ざるをえない ~하지 않을 수 없다
古代 こだい 명 고대　ひもとく 동 읽다, 펴서 읽다　先人 せんじん 명 선인　知恵 ちえ 명 지혜　読み解く よみとく 동 해독하다　もたらす 동 초래하다
ひずみ 명 나쁜 여파　修復 しゅうふく 명 복원, 수복　巻き戻す まきもどす 동 되돌리다　不可能だ ふかのうだ な형 불가능하다
不要だ ふようだ な형 불필요하다　そぎ落とす そぎおとす 동 잘라내다　簡素だ かんそだ な형 간소하다　戻す もどす 동 되돌리다
～べきだ ~해야만 한다　次世代 じせだい 명 차세대, 다음 세대　未来 みらい 명 미래　肝心だ かんじんだ な형 중요하다
振り返る ふりかえる 동 (과거를) 되돌아보다　減らす へらす 동 줄이다　過去 かこ 명 과거　被害 ひがい 명 피해　逃れる のがれる 동 벗어나다
備える そなえる 동 대비하다　あきらめる 동 포기하다　対処 たいしょ 명 대처

50-52

토요일 밤에, 장기에 걸쳐서 계속되고 있는 텔레비전 방송이 있다. 미술을 테마로 한 방송으로, 회화나 조각, 건축 등의 보는 방법에 대해서 자세하게 설명해 간다는 스타일을 취하고 있다.

나는 어릴 때부터 예술 관계에는 어둡고, 이전엔 유명한 그림을 보고 '예쁘다', '좋은 그림이구나'라고 생각한 적은 있어도, 그 이상 깊이 파고들어서 감상하는 일은 없었다. 하지만, 이 방송을 보는 것이 습관이 된 이후로, ① 그림을 보는 방법이 바뀌어왔다. 예를 들어 그림에 그려져있는 남자가 물고기를 들고 있다고 한다면, 남자는 어떤 사람인지, 왜 물고기인지, 물고기에 어떤 의미가 있는지 등, [50]그림이 그려진 시대나 그 배경에 있는 것을 생각하면서 감상하게 된 것이다.

그리고, [51]한 장의 회화로부터 받아들이는 정보가 많아졌다. 아마 그것은, 보는 쪽의 말하자면 '받아들이는 능력'이 올랐기 때문일 것이다.

② 이러한 것은 회화뿐만이 아니라, 세상의 모든 것에도 적용된다고 생각한다. 요컨대, [52]다양한 사물과 현상은 받아들이는 쪽이 가지고 있는 지식이나 통찰력에 의해 보는 방법이 싹 달라진다고 할 수 있을 것이다. 그리고 기초가 되는 지식은, 평소에는 머릿속에 정리되지 않고 담겨 있는 듯한 것이지만, 정작 필요한 때에는 마치 그 날을 위해 있었던 것처럼, 눈앞의 사실과 현상과 이어지는 것이다.

지금의 자신을 교양이 있다고 하는 것은 건방지지만, 이전의 나로는 아마 그림 속의 물고기의 의미 따위 깨닫지 못했을 것임에 틀림없다. 지금은 그림을 보는 즐거움이 늘어난 것은 말할 것도 없다.

(주1) 어둡다 : 자세하지 않다
(주2) 깊이 파고들다 : 여기서는, 깊게 생각하다
(주3) 통찰력 : 보고 생각하는 힘
(주4) 건방지다 : 주제넘다

어휘 土曜 どよう 명 토요(일)　長期 ちょうき 명 장기　～にわたって ~에 걸쳐서　美術 びじゅつ 명 미술　テーマ 명 테마　絵画 かいが 명 회화
彫刻 ちょうこく 명 조각　建築 けんちく 명 건축　見方 みかた 명 보는 방법　スタイル 명 스타일　芸術 げいじゅつ 명 예술
疎い うとい い형 (사정에) 어둡다, 잘 모르다　以前 いぜん 명 이전　掘り下げる ほりさげる 동 깊이 파고들다　鑑賞 かんしょう 명 감상
～て以来 ～ていらい ~한 이후, ~한 이래　描く えがく 동 그리다　～としたら ~라고 한다면　背景 はいけい 명 배경　受け取る うけとる 동 받아 들이다
情報 じょうほう 명 정보　おそらく 부 아마, 어쩌면　いわば 부 말하자면　能力 のうりょく 명 능력　～に限らず ～にかぎらず ~뿐만 아니라
世の中 よのなか 명 세상　全て すべて 명 모두　当てはまる あてはまる 동 적용되다　つまり 부 요컨대　様々だ さまざまだ な형 다양하다
事象 じしょう 명 사실과 현상, 사상　知識 ちしき 명 지식　洞察力 どうさつりょく 명 통찰력　～によって ~에 의해　がらり 부 싹　基礎 きそ 명 기초
普段 ふだん 명 평소　整理 せいり 명 정리　しまう 동 담다, 간수하다　いざ 부 정작　まるで 부 마치　～かのように ~것처럼
結び付く むすびつく 동 이어지다, 결부되다　教養 きょうよう 명 교양　口幅ったい くちはばったい い형 건방지다　気づく きづく 동 깨닫다, 눈치채다
～に違いない ～にちがいない ~임에 틀림없다　言うまでもない いうまでもない 말할 것도 없다, 물론이다　生意気だ なまいきだ な형 주제넘다, 건방지다

50 중

① 그림을 보는 방법이 바뀌어왔다고 되어 있는데, 어떻게 바뀌었는가?

1 유명한 회화의 세부까지 눈여겨보게 되었다.
2 감상 방법을 배워서, 예술 작품에 많은 설명을 더하면서 보게 되었다.
3 제작된 당시의 사정이나 상황 등을 생각하면서 보게 되었다.
4 작품 안에 있는 것의 의미에 대해서 조사하면서 보게 되었다.

해설 絵の見方が変わってきた의 내용을 묻고 있다. 밑줄의 뒷부분에서 絵が描かれた時代やその背景にあるものを考えながら鑑賞するよう

になったのだ라고 서술하고 있으므로, 3 制作された当時の事情や状況などを考えながら見るようになった가 정답이다.

어휘 細部 さいぶ 명 세부　目を凝らす めをこらす 눈여겨보다, 응시하다　作品 さくひん 명 작품　加える くわえる 동 더하다, 첨가하다　制作 せいさく 명 제작　当時 とうじ 명 당시　事情 じじょう 명 사정　状況 じょうきょう 명 상황

51 중

② 이러한 것이란, 어떤 것인가?

1 텔레비전 방송 덕분에 매사를 보는 방법이 달라지는 것
2 텔레비전을 보는 것으로, 많은 정보를 받아들일 수 있는 것
3 정보가 늘어나는 것으로 인해, 받아들이는 능력이 높아지는 것
4 받아들이는 능력에 따라, 이해할 수 있는 정보량이 많아지는 것

해설 このようなこと가 무엇인지 묻고 있다. 밑줄의 앞단락 一枚の絵画から受け取る情報が多くなった。おそらくそれは、観る側のいわば「受け取る能力」が上がったからだろう라고 서술하고 있으므로, 4 受け取る能力に応じて、読み取れる情報量が増すこと가 정답이다.

어휘 物事 ものごと 명 매사　~に応じて ~におうじて ~에 따라　読み取る よみとる 동 이해하다　情報量 じょうほうりょう 명 정보량　増す ます 동 많아지다

꼭! 알아두기 오답 선택지 3번처럼 지문의 인과관계를 반대로 제시하는 선택지가 출제되어 혼동을 주므로 지문을 읽을 때 인과관계를 꼼꼼하게 파악하며 읽어야 한다.

52 상

지식과 사상의 관계에 대해서, 필자는 어떻게 생각하고 있는가?

1 풍부한 지식만 있으면, 하나의 사실과 현상에서 많은 정보를 얻을 수 있을 것이다.
2 풍부한 지식과 사상이 이어지는 것으로, 다양한 사실과 현상에의 보는 방법이 달라지는 법이다.
3 사실과 현상을 판단할 때에 사용하는 지식은, 저절로 머리 속에서 정리되어있는 것이다.
4 다양한 지식은 예술적인 사실과 현상을 즐길 때에 없어서는 안 되는 것이다.

해설 지식과 사상의 관계에 대한 필자의 생각을 묻고 있다. 네 번째 단락에서 様々な事象は受け取る側が持っている知識や洞察力によって見方ががらりと違ってくると言えよう라고 서술하고 있으므로, 2 豊富な知識と事象が結びつくことで、様々な事象への見方が変わるものだ가 정답이다.

어휘 豊富だ ほうふだ な형 풍부하다　~さえ~ば ~만 ~하면　得る える 동 얻다　~はずだ (당연히)~할 것이다　判断 はんだん 명 판단　際 さい 명 때　芸術的だ げいじゅつてきだ な형 예술적이다　なくてはならない 없어서는 안된다

53-55

[53]조부모의 집이 있는 K시의 수돗물은 지하수라고 어렸을 적부터 들어왔다. 여름은 시원하고, 겨울은 미지근하고, 물론 수도꼭지에서 그대로 마셔도 굉장히 맛있다. 이웃 현에 살고 있던 나는, 같은 쌀을 사용하고 있는데도 우리 집 밥은 평범하고 조부모 집의 것은 월등히 맛있다는 것이 신기했는데, [53]물이 달랐던 것이다.

K시는 세계에서도 유수의 대화산 인근에 위치하고 있으며, 그 대자연의 은혜를 받아 인구 50만 명 이상의 도시로서 수도 수원의 전체를 지하수로 조달하고 있다. 화산은 약 27만 년 전부터 약 9만 년 전 사이에 4번에 걸쳐서 대분화를 일으켰다고 한다. 그 때문에 [54]화쇄류가 두껍게 층층이 쌓여, 풍부한 물을 품는, 틈새가 많은 대지가 형성되어 갔다. 지하에 침투한 물은 세월을 걸쳐서 양질의 천연 미네랄워터가 되어, 현재도 K시를 포함한 주변 지역으로 널리 퍼져있다. 또한 16·17세기, 이 지방의 정치가가 하천을 다스리는데 대단히 뛰어난 인물이었다는 것도, 웅대한 자연의 은총을 토대로 더욱더 지하수가 풍부해진 이유이다. [55]맛있는 물에는 자연의 힘과 사람의 힘의 쌍방이 필요한 것이다.

한편, 고향에서 멀리 떨어져, S시로 이주하게 된 나는 친숙하지 않은 토지에 불안을 느끼고 있었는데, 어떤 한마디로 기분이 바뀌었다. S시의 수돗물 공급은 F산을 근원으로 하는 두 개의 수계로 이루어져 있어, 물이 좋다고 기상청 근무의 전문가에게 들었던 것이다. [55]물이 좋은 곳, 그것만으로도 생활은 쾌적하다고 생각한다.

(주1) 화쇄류 : 산의 분화로, 화산 내부에서 나온 여러 가지 것이 강처럼 흘러나오는 것, 또는 흘러나온 혼합물
(주2) 수계 : 하나의 강과 그것에 이어지는 지류, 호수, 늪 등

어휘 祖父母 そふぼ 명 조부모　水道水 すいどうすい 명 수돗물　地下水 ちかすい 명 지하수　幼い頃 おさないころ 어렸을 적　蛇口 じゃぐち 명 수도꼭지　そのまま 부 그대로　県 けん 명 현　使う つかう 동 사용하다　我が家 わがや 명 우리 집　とびきりだ な형 월등하다　不思議だ ふしぎだ な형 신기하다　有数 ゆうすう 명 유수　大火山 だいかざん 명 대화산　近隣 きんりん 명 인근　位置 いち 명 위치　大自然 だいしぜん 명 대자연

恩恵 おんけい 명 은혜　都市 とし 명 도시　～にして ~로서　水道 すいどう 명 수도　水源 すいげん 명 수원　すべて 명 전체　まかなう 동 조달하다　火山 かざん 명 화산　約 やく 부 약　～にわたって ~에 걸쳐서　大噴火 だいふんか 명 대분화　火砕流 かさいりゅう 명 화쇄류　幾層にも いくそうにも 층층이　積もる つもる 동 쌓이다　豊かだ ゆたかだ な형 풍부하다　育む はぐくむ 동 품다　すきま 명 틈새　富む とむ 동 많다, 풍부하다　大地 だいち 명 대지　形成 けいせい 명 형성　地下 ちか 명 지하　浸透 しんとう 명 침투　歳月をかけて さいげつをかけて 세월을 걸쳐서　良質だ りょうしつだ な형 양질이다　天然 てんねん 명 천연　ミネラルウォーター 명 미네랄워터　現在 げんざい 명 현재　含む ふくむ 동 포함하다　周辺 しゅうへん 명 주변　地域 ちいき 명 지역　行き渡る ゆきわたる 동 널리 퍼지다　地方 ちほう 명 지방　政治家 せいじか 명 정치가　河川 かせん 명 하천　治める おさめる 동 다스리다　優れる すぐれる 동 뛰어나다　人物 じんぶつ 명 인물　雄大だ ゆうだいだ な형 웅대하다　自然 しぜん 명 자연　恵み めぐみ 명 은총, 은혜　～を土台に ~をどだいに ~을 토대로　ますます 부 더욱더　豊富だ ほうふだ な형 풍부하다　さて 접 한편, 그런데　故郷 こきょう 명 고향　離れる はなれる 동 떨어지다　移り住む うつりすむ 동 이주하다　なじみ 명 친숙함　土地 とち 명 토지　不安 ふあん 명 불안　感じる かんじる 동 느끼다　一言 ひとこと 명 한마디　供給 きょうきゅう 명 공급　源 みなもと 명 근원, 수원　水系 すいけい 명 수계　成る なる 동 이루어지다　気象庁 きしょうちょう 명 기상청　勤務 きんむ 명 근무　専門家 せんもんか 명 전문가　快適だ かいてきだ な형 쾌적하다　噴火 ふんか 명 분화　内部 ないぶ 명 내부　さまざまだ な형 여러 가지다　流れ出る ながれでる 동 흘러나오다　混合物 こんごうぶつ 명 혼합물　～につながる ~에 이어지다　支流 しりゅう 명 지류　沼 ぬま 명 늪

53 중상

조부모 집의 것은 월등히 맛있다라고 되어 있는데, 어째서인가?

1 어렸을 적부터, 먹어온 쌀이기 때문에
2 지하수인 수돗물로 밥을 짓기 때문에
3 화산 근처의 지역에서 난 쌀이기 때문에
4 정수된 수돗물을 사용하고 있기 때문에

해설 祖父母の家のはとびきりおいしい의 이유를 묻고 있다. 밑줄의 앞부분에서 祖父母の家があるK市の水道水は地下水라고 하고, 뒷부분에서 水が違ったのだ라고 서술하고 있으므로, 2 地下水の水道水で炊いているから가 정답이다.

어휘 炊く たく 동 밥을 짓다　浄水 じょうすい 명 정수

54 상

K시에 지하수가 풍부하게 있는 이유로, 필자가 본문에서 들고 있는 것은 어느 것인가?

1 비가 지하에서 바로 양질의 미네랄워터가 될 수 있는 지형인 점
2 많은 화산에 둘러싸여 있어, 자연이 풍부한 토지인 점
3 화산의 분화로 형성된 틈이 많은 대지인 점
4 옛날 정치가가 만든 것과 똑같은 수도가 지금도 있는 점

해설 K시에 지하수가 풍부하게 있는 이유에 대해 묻고 있다. 두 번째 단락에서 火砕流が厚く幾層にも積もり、豊かな水を育む、すきまに富んだ大地が形成されていった。地下に浸透した水は歳月をかけて良質な天然のミネラルウォーターとなり、現在もK市を含む周辺地域へ行き渡っている라고 서술하고 있으므로, 3 火山の噴火で形成されたすきまの多い大地であること가 정답이다.

어휘 地形 ちけい 명 지형　囲む かこむ 동 둘러싸다　大地 だいち 명 대지　自然環境 しぜんかんきょう 명 자연환경

55 상

물의 맛에 대해서, 필자는 어떻게 생각하고 있는가?

1 물의 맛은 토지와 사람의 노력으로 정해지며, 그 질의 좋음은 생활을 쾌적한 것으로 만든다.
2 물의 맛은 지하수의 양과 사람의 우수함으로 정해지며, 수돗물이 맛있는 토지는 안심할 수 있다.
3 물의 맛으로 식사가 바뀌기 때문에, 수돗물이 맛있는 것은 생활함에 있어 소중하다.
4 물의 맛은 그 토지의 자연에 따라 바뀌기 때문에, 익숙하지 않은 토지에 살 때에는 불안하다.

해설 물의 맛에 대한 필자의 생각을 묻고 있다. 두 번째 단락에서 おいしい水には自然の力と人の力の両方が必要なのである라고 하고, 세 번째 단락에서 水が良い所、それだけでも生活は快適だと思う라고 서술하고 있으므로, 1 水のおいしさは土地と人の努力で決まり、その質の良さは生活を快適なものにする가 정답이다.

어휘 おいしさ 명 맛, 맛있음　努力 どりょく 명 노력　良さ よさ 명 좋음　量 りょう 명 양　優秀さ ゆうしゅうさ 명 우수함　不安だ ふあんだ な형 불안하다

56-58

음독이라고 하는 읽는 법이 있다. 말 그대로, 목소리를 내어, 글을 소리로 해서 읽는 방법이다. 우리들 대부분은 우선 소리를 통해서 언어를 배우고, 이것을 어느 정도 이해할 수 있게 되고 나서 문장어를 배운다. [56]문장어에 익숙하지 않은 어린 시절은, 음독하는 것으로 내용을 이해할 수 있었을 것이다. 이윽고 글을 읽는 것에 익숙해지고, 소리를 내지 않는 묵독이 가능하게 되어, 음독은 행해지지 않게 된다. 아이 같은 행위처럼 느끼는 것일 것이다.

실제로, 묵독을 할 수 있게 되면 읽는 속도가 비약적으로 빨라지고, 내용의 이해도도 높아지게 된다는 데이터가 있다. 과연, 아이와 어른은 읽는 법이 다르니, 문장어로의 이해를 몸에 익힌 뒤에는 음독 따위 필요 없다는 증거가 될 법하다. 그러나, 음독은 옛날부터 행해졌으며, 그리고 현재도 행해지고 있다.

일본의 교육 현장에서는 음독이 많이 사용되어 왔다. 옛날엔 10살에도 미치지 않은 연령부터 어려운 한문 등을 음독해서, 외우고, 암송했던 것이다. 일본뿐만이 아니다. 세계의 많은 종교 교본도, [57]우선 음독해서, 그것을 외우는 것부터 시작한다. 내용을 깊이 이해하기 이전에, 그 문장을 신체에 새겨 넣는 것처럼 몸에 익히는 것이다.

음독이라고 하는 독서법의 특필할 점은, 이 신체성일 것이다. [58]많은 문장이나 표현을 입에서 자동적으로 재생할 수 있을 때까지 몸에 익히는 것은, 곧 그것이 자신의 사고의 정보원으로서 저장되는 것임에 틀림없다. 그리고, [58]이것이야말로 교양의 기초가 되는 것이 아닐까? 통째로 암기하는 것에 무슨 의미가 있느냐며 현재의 교육에서는 부정 당하는 경향이 있지만, 언어 활동으로써의 음독을 결코 경시해서는 안 된다.

(주1) 한문 : 중국어로 쓰여진 고전 글
(주2) 암송 : 외운 글을, 아무것도 보지 않고 소리로 내는 것
(주3) 저장하다 : 보존하다

어휘 **音読** おんどく 명 음독, 소리내어 읽음 **読み方** よみかた 명 읽는 법 **読んで字のごとく** よんでじのごとく 말 그대로, 읽는 글자 그대로
方法 ほうほう 명 방법 **我々** われわれ 명 우리들 **多く** おおく 명 대부분 **言語** げんご 명 언어 **学ぶ** まなぶ 동 배우다 **ある程度** あるていど 어느 정도
理解 りかい 명 이해 **書き言葉** かきことば 명 문장어 **幼少のころ** ようしょうのころ 어린 시절 **内容** ないよう 명 내용 **やがて** 부 이윽고
黙読 もくどく 명 묵독 **行為** こうい 명 행위 **感じる** かんじる 동 느끼다 **実際** じっさい 명 실제 **速度** そくど 명 속도
飛躍的だ ひやくてきだ な형 비약적이다 **理解度** りかいど 명 이해도 **データ** 명 데이터 **身に付ける** みにつける 몸에 익히다
不要だ ふようだ な형 필요 없다 **証拠** しょうこ 명 증거 **古く** ふるく 명 옛날 **現在** げんざい 명 현재 **日本** にほん 명 일본 **現場** げんば 명 현장
用いる もちいる 동 사용하다 **満たない** みたない 미치지 않다 **年齢** ねんれい 명 연령 **漢文** かんぶん 명 한문 **暗唱** あんしょう 명 암송
宗教 しゅうきょう 명 종교 **教本** きょうほん 명 교본 **以前** いぜん 명 이전 **身体** しんたい 명 신체 **刻み込む** きざみこむ 동 새기다
読書法 どくしょほう 명 독서법 **特筆** とくひつ 명 특필 **身体性** しんたいせい 명 신체성 **文** ぶん 명 문장 **表現** ひょうげん 명 표현
自動的だ じどうてきだ な형 자동적이다 **再生** さいせい 명 재생 **すなわち** 접 곧, 즉 **思考** しこう 명 사고 **情報源** じょうほうげん 명 정보원
ストック 명 저장, 보존 **～ほかならない** ~임에 틀림없다 **教養** きょうよう 명 교양 **基礎** きそ 명 기초 **丸暗記** まるあんき 명 통째로 암기함
否定 ひてい 명 부정 **～がちだ** ~하는 경향이 있다 **活動** かつどう 명 활동 **軽視** けいし 명 경시 **中国語** ちゅうごくご 명 중국어
古典 こてん 명 고전 **保存** ほぞん 명 보존

56 중상

아이일 때에 음독을 하는 것은 어째서인가?

1 말을 배울 때의 방법으로써 최적이기 때문에
2 소리로 듣는 말은 쉽게 이해할 수 있기 때문에
3 글을 읽는 것에 익숙하지 않기 때문에
4 묵독보다 빨리 읽을 수 있기 때문에

해설 아이일 때에 음독을 하는 이유를 묻고 있다. 첫 번째 단락에서 **書き言葉に慣れていない幼少のころは、音読することで内容を理解することができたはずだ**라고 서술하고 있으므로, 3 **文章を読むことに慣れていないから**가 정답이다.

어휘 **最適だ** さいてきだ な형 최적이다

57 상

문장을 신체에 새겨 넣는이라고 되어 있는데, 어떠한 것인가?

1 어렸을 때에, 어려운 글을 많이 주는 교육을 하는 것
2 아무리 어려운 글이라도, 의미를 이해하고나서 음독하는 것
3 이해할 수 없어도 글이 입에서 나올 정도로, 음독해서 외우는 것
4 어려운 종교의 책에 나오는 내용을, 음독하면서 이해해 가는 것

해설 文章を身体に刻み込むが 어떤 의미인지 묻고 있다. 밑줄을 포함한 부분에서 まず音読し、それを覚えることから始める。内容を深く理解する以前に、その文章を身体に刻み込むかのように身に付けるのだ라고 서술하고 있으므로, 3 理解できなくても文章が口から出るくらい、音読して覚えること가 정답이다.

어휘 与える あたえる 동 주다

58 중상

> 필자가 음독을 교양의 기초가 되는 것이라고 생각하는 이유는 무엇인가?
>
> 1 글을 암기하는 습관을 몸에 익히는 것으로, 기억력이 올라가기 때문에
>
> **2 음독했던 글의 내용이, 만사를 생각할 때의 정보의 근원이 되기 때문에**
>
> 3 목소리를 내서 글을 읽는 것이, 내용을 이해하기에 가장 좋은 방법이기 때문에
>
> 4 글을 통째로 암기하는 것에 의해서, 지식이 늘어나기 때문에

해설 필자가 음독을 교양의 기초가 되는 것이라고 생각하는 이유를 묻고 있다. 네 번째 단락에서 多くの文や表現が口から自動的に再生できるまでに身に付けることは、すなわちそれが自身の思考の情報源としてストックされることにほかならない라고 하고, これこそが教養の基礎となるものではないだろうか라고 서술하고 있으므로, 2 音読した文章の内容が、物事を考えるときの情報の元となるから가 정답이다.

어휘 筆者 ひっしゃ 명 필자　暗記 あんき 명 암기　記憶力 きおくりょく 명 기억력　物事 ものごと 명 만사, 일　情報 じょうほう 명 정보　元 もと 명 근원　まるごと 부 통째로　~によって ~에 의해서　知識 ちしき 명 지식

59-62

> '최근의 젊은 사람은'이라는 표현은 신물이 나도록 들은 데다가 정말이지 스스로가 시시한 중년이라고 생각되어서 싫은 것이지만, 그럼에도 말하고 싶어지는 경우가 있다. 실패하는 것에 대해서도 그렇다. 온갖 정보가 간단히 손에 들어오는 현대, 다방면에서 경험보다도 정보 쪽이 크게 이기고 있기 때문에, 실패를 피하는 것은 옛날보다 현격히 용이할 것이다. 덧붙여 근래 아이의 수가 줄어, 어렸을 때부터 한 명의 아이에 대해 부모나 어른들이 필요 이상으로 살피고, 도움을 주는 경향이 있다. [59]과도한 보호를 받고, 더욱이 정보 수집으로 무장한다면 실패를 회피하는 시스템은 저절로 완성되어, 어느새 실패할 기회를 놓치게 되어버렸다고 해도 좋다. 정보의 바닷속에서 나고 자란 사람들은 ① 그 시스템이 몸에 배어있기 때문에, 실패를 경험하지 않은 채 성장해 버리는 케이스가 많다.
>
> 이렇게 말하는 나도 생애를 통틀어 항상 신중히 무난한 길을 골라 왔다. 큰 실패나 굴욕을 맛볼 일 없이 반세기 이상 살아올 수 있었던 것은 행복이라고 생각하고 있었지만, 최근에야 아들의 실패를 눈앞에서 보고, 동요했다. 아들도 현대의 젊은이답게 그다지 무리하지 않고 능숙하게, 순조로운 인생을 지금까지 보내왔음에 틀림없다. 그러나 생각지 못한 곳에서 실패하여 충격을 받고, 이런저런 생각으로 괴로워하며 스스로를 부끄러워하는 모습을 곁에서 지켜보자니, [60]이상하게도 걱정보다도 점점 부러운 기분이 되어왔다. 내가 모르는, 아니 인식하지 못했던 감각이나 감정을 그는 체험하고 있다. 말하자면 근육 트레이닝으로 평소 의식한 적 없는 근육을 쓰는 것처럼, 전신의 근육을 풀로 사용하고 있는 듯한 기분이 든 것이다.
>
> 예를 들어 학업도 운동도 우수, 친구 복도 있고, 좋아하는 일을 하며 성공해서 사회적 결점은 하나도 없는, [61]좌절도 후회도 없는 인생이 있다고 하자. 그러한 인생은 과연 부러울까? 아니, 언뜻 보기에 부족함 없는 듯하지만, ② 한 사람의 인간으로서는 불완전하다고 생각한다. 처음부터 완전한 인간은 없다고 너무 잘 알고 있지만, 그럼에도 [61]지금 괴로워하고 있는 아들보다 불완전하다고 생각하는 것이다.
>
> [62]슬픔이나 굴욕, 실망과 같은 감각이나 감정도 인간이 가진 풍부한 가능성이며, 그다지 경험하고 싶지 않다고는 해도, 그것들이 전혀 없는 삶의 방식은 주어진 기능을 마음껏 사용하지 않은 것이 된다. 실패해서 부끄러운 기분을 느끼는 것은 근육 트레이닝과 같이 평소 깨닫지 못한 감성을 자극할 것이다. 성공이나 행복과는 또 다른 색채의 감각, 감성을 알게 되며, [62]그것은 스스로의 기능, 능력, 가능성의 발견이기도 하다. 실패하는 것을 과잉으로 피하려고 하는 것은 스스로 인생을 해치고 있는 것과 같다는 것이다. 한 개체로서 아들에게 지고 있다고 생각한 스스로를 반성하며, 젊은 사람에게는 굳이 실패를 추천하고 싶다.
>
> (주1) 놓치다 : 없애다
> (주2) 풀로 : 전력으로
> (주3) 너무 잘 알고 있음 : 알고도 남다

어휘 言い方 いいかた 명 표현　聞き飽きる ききあきる 동 신물이 나도록 듣다　~上に ~うえに ~데다가
いかにも 정말이지　年配者 ねんぱいしゃ 명 중년, 연배가 있는 사람　それでも 접 그럼에도　ありとあらゆる 온갖　情報 じょうほう 명 정보
手に入る てにはいる 손에 들어오다　現代 げんだい 명 현대　多方面 たほうめん 명 다방면　避ける さける 동 피하다　格段だ かくだんだ な형 현격하다
容易だ よういだ な형 용이하다　加える くわえる 동 덧붙이다　近年 きんねん 명 근래　数 かず 명 수　減る へる 동 줄어들다　幼い おさない 어리다
親 おや 명 부모　大人達 おとなたち 명 어른들　目を配る めをくばる 살피다　助ける たすける 동 도움을 주다, 돕다　傾向 けいこう 명 경향

過度 かど 명 과도　保護 ほご 명 보호　さらに 부 더욱이, 게다가　収集 しゅうしゅう 명 수집　武装 ぶそう 명 무장　回避 かいひ 명 회피
システム 명 시스템　自ずと おのずと 부 저절로　出来上がる できあがる 동 완성되다　もはや 부 어느새　逸する いっする 동 놓치다
生まれ育つ うまれそだつ 나고 자라다　人達 ひとたち 명 사람들　身に付く みにつく 몸에 배다　～まま ~한 채　成長 せいちょう 명 성장
ケース 명 케이스, 경우　かくいう 이렇게 말하는　生涯 しょうがい 명 생애　～を通して ～をとおして ~을 통틀어　常に つねに 부 항상
慎重だ しんちょうだ な형 신중하다　無難だ ぶなんだ な형 무난하다　屈辱 くつじょく 명 굴욕　味わう あじわう 동 맛보다　半世紀 はんせいき 명 반세기
幸せ しあわせ 명 행복　目の当たりにする まのあたりにする 눈앞에서 보다　動揺 どうよう 명 동요　若者 わかもの 명 젊은이
順調だ じゅんちょうだ な형 순조롭다　人生 じんせい 명 인생　これまで 지금까지　過ごす すごす 동 보내다
～に違いない ～にちがいない ~임에 틀림없다　思わぬ おもわぬ 생각지 못한　つまずく 동 실패하다　ショックを受ける ショックをうける 충격을 받다
思い悩む おもいなやむ 동 이런저런 생각으로 괴로워하다　恥じる はじる 동 부끄러워하다　様子 ようす 명 모습　傍 そば 명 곁
うらやましい い형 부럽다　認識 にんしき 명 인식　感覚 かんかく 명 감각　感情 かんじょう 명 감정　体験 たいけん 명 체험　いわば 부 말하자면
筋肉 きんにく 명 근육　トレーニング 명 트레이닝　普段 ふだん 명 평소　意識 いしき 명 의식　全身 ぜんしん 명 전신　フルで 전력으로
気がする きがする 기분이 든다　学業 がくぎょう 명 학업　優秀 ゆうしゅう 명 우수　～に恵まれる ～にめぐまれる ~복이 있다　成功 せいこう 명 성공
社会的 しゃかいてき 명 사회적　欠点 けってん 명 결점　挫折 ざせつ 명 좌절　後悔 こうかい 명 후회　果たして はたして 부 과연
一見 いっけん 부 언뜻 보기에　不足 ふそく 명 부족함　人間 にんげん 명 인간　不完全だ ふかんぜんだ な형 불완전하다　もとより 부 처음부터
完全だ かんぜんだ な형 완전하다　百も承知 ひゃくもしょうち 너무 잘 알고 있음　苦しむ くるしむ 동 괴로워하다　悲しみ かなしみ 명 슬픔
失望 しつぼう 명 실망　豊かだ ゆたかだ な형 풍부하다　可能性 かのうせい 명 가능성　全く まったく 부 전혀　生き方 いきかた 명 삶의 방식
与えられる あたえられる 동 주어지다　機能 きのう 명 기능　存分だ ぞんぶんだ な형 마음껏하다, 실컷하다
思いをする おもいをする 기분을 느끼다, 기분이 들다　筋トレ きんトレ 근육 트레이닝　気づく きづく 동 깨닫다　感性 かんせい 명 감성
刺激 しげき 명 자극　幸福 こうふく 명 행복　彩り いろどり 명 색채　能力 のうりょく 명 능력　発見 はっけん 명 발견　過剰だ かじょうだ な형 과잉이다
損なう そこなう 동 해치다　等しい ひとしい い형 같다　一個体 いちこたい 명 한 개체　省みる かえりみる 동 반성하다　あえて 부 굳이
勧める すすめる 동 추천하다　わかりきる 동 알고도 남다, 자명하다

59 상

> ① 그 시스템이란 무엇인가?
>
> 1 어른들이 항상 아이를 보호하고, 실패하지 않도록 도우려고 하는 것
> **2 주위의 어른들에게 보호받으면서, 다양한 정보를 얻어 실패를 피하는 것**
> 3 정보를 모으는 것으로 스스로를 보호하면서, 성장해 가는 것
> 4 자신의 경험보다도, 모아진 정보를 믿고 살아가는 것

해설 そのシステム가 무엇인지 묻고 있다. 밑줄의 앞부분에서 過度の保護を受け、さらに情報収集で武装すれば失敗を回避するシステム라고 서술하고 있으므로, 2 周りの大人達に守られつつ、様々な情報を得て失敗を避けること가 정답이다.

어휘 守る まもる 동 보호하다, 지키다　～つつ ~하면서　様々だ さまざまだ な형 다양하다　得る える 동 얻다

60 중상

> 아들에 대한 필자의 기분과 맞는 것은 어느 것인가?
>
> 1 눈앞에서 큰 실패를 한 아들을 보고, 놀라버렸다.
> 2 아들이 이런저런 생각으로 괴로워하는 모습을 보고, 이상하다고 느꼈다.
> **3 자신이 한 적 없는 경험을 가진 아들을 부러워하고 있다.**
> 4 자신으로서는 생각지 않았던 곳에서 실패하여, 충격을 받았다.

해설 아들에 대한 필자의 기분을 묻고 있다. 두 번째 단락에서 おかしなことに心配よりもだんだんとうらやましい気持ちになってきた。私が知らない、いや認識できなかった感覚や感情を彼は体験している라고 서술하고 있으므로, 3 自分がしたことのない経験を持つ息子をうらやんでいる가 정답이다.

어휘 目の前 めのまえ 눈앞　姿 すがた 명 모습　感じる かんじる 동 느끼다　うらやむ 동 부러워하다　衝撃 しょうげき 명 충격

61 중상

> ② 한 사람의 인간으로서는 불완전하다라고 되어 있는데, 어째서인가?
>
> 1 온몸으로 감정을 나타낸 적이 없기 때문에
> 2 타인을 부럽다고 생각하고 있기 때문에

3 좌절이나 후회라는 경험이 조금밖에 없기 때문에
4 실패해서 괴로운 기분을 느낀 적이 없기 때문에

해설 一人の人間としては不完全だ라고 한 이유를 묻고 있다. 밑줄의 앞부분에서 挫折も後悔もない人生があったとしよう。そんな人生は果たしてうらやましいだろうか。いや라고 하고, 뒷부분에서 今苦しんでいる息子より不完全だと思うのだ라고 서술하고 있으므로, 4 失敗して苦しい思いをしたことがないから가 정답이다

어휘 表す あらわす 동 나타내다　他人 たにん 명 타인　苦しい くるしい い형 괴롭다

62 중상

필자의 생각에 맞는 것은 어느 것인가?

1 좌절이나 후회를 통해서, 자신의 능력이나 가능성을 발견할 수 있다.
2 슬픔이나 분함을 경험하는 것은, 인생에 반드시 필요한 것이다.
3 실패한 경험이 없는 사람은, 결점이 많은 인간이 되어 버린다.
4 감성을 풍부하게 하기 위해서는, 실패라는 경험이 불가결하다.

해설 필자가 글을 통해 말하고자 하는 내용을 묻고 있다. 네 번째 단락에서 悲しみや屈辱、失望といった感覚や感情も人間の持つ豊かな可能性であり、あまり経験したくないとはいえ라고 하고, それは自らの機能、能力、可能性の発見でもある라고 서술하고 있으므로, 1 挫折や後悔を通じて、自分の能力や可能性を見つけられる가 정답이다.

어휘 ～を通じて ～をつうじて ~을 통해서　悲しさ かなしさ 명 슬픔　悔しさ くやしさ 명 분함　不可欠だ ふかけつだ な형 불가결하다

63-64

A

[63]음악 감상이란, 단순히 음악을 '흘려듣는' 것이 아니다. '듣고 받아들인다'라는 표현이 타당하다. 마음에 든 악곡을 차분히 반복해 듣는 것으로 더욱더 그 악곡의 이해가 깊어지고, 목소리나 악기의 음색, 가사를 세부까지 청취하는 것이 가능해 진다.

악곡의 이해를 깊게 한다는 관점에서는, [64]마음에 든 악곡을 축으로, 작곡가에 대한 지식을 익히거나, 다른 악곡으로 시야를 넓히는 것도 의의가 있다. 클래식 음악으로 말하자면, 하나의 악곡을 복수의 악단이나 다른 지휘자의 연주와 비교하거나, 악보를 참조하면서 듣는 것도 이것에 해당할 것이다. 또한, 한 사람의 뮤지션의 악곡을 얼추 망라하여 보는 것도 좋다. 그 뒤 다시 마음에 드는 곡을 들었을 때, 처음 들었을 때와는 또 다른 감동을 만날 수 있는 것도 음악 감상의 묘미이다.

B

[63]음악 감상이란 사전에 의하면, '콘서트 회장, 또는 자택 등에서 음악 작품을 음미하고 이해하는 것'이라고 한다. 음악 작품은 요리와 마찬가지로, 언어를 거치지 않고 음미하는 것이 가능한 것이지만, 때로는 [64]음악 이외의 요소가 작품의 이해를 깊게 하는 것에 도움되는 경우가 있다. 고품질의 오디오 기기를 갖추거나, 앉았을 때 편한 의자를 준비하거나 하는 것도, 음악을 차분히 음미하는 것으로 이어진다고 말할 수 있을 것이다.

또한 재미있게도, 음악은 다른 행위와 병행하면서 즐기는 것으로 맛이 증폭하는 경우가 있다고 한다. 예를 들면, 자택에서 커피나 서적을 한 손에 들고 있으면서, 또는, 레스토랑에서 식사나 술을 즐기면서 연주를 듣는 것으로, 감수성이 높아져 진심으로 감동에 빠져들 수 있다고 한다. 음악 그 자체뿐만 아니라, [64]자신에게 있어 기분 좋은 환경 속에서 듣는 것도, 음악 감상에 있어서 중요한 포인트인 것 같다.

(주1) 망라하다 : 모두 남김없이 모아 거두다
(주2) 묘미 : 깊은 맛이나 진짜 재미

어휘 鑑賞 かんしょう 명 감상　単に たんに 부 단순히　聞き流す ききながす 동 흘려듣다　聴き込む ききこむ 동 듣고 받아들이다　表現 ひょうげん 명 표현　妥当だ だとうだ な형 타당하다　気に入る きにいる 마음에 들다　楽曲 がっきょく 명 악곡　じっくり 부 차분히　繰り返す くりかえす 동 반복하다　さらに 부 더욱더　理解 りかい 명 이해　深まる ふかまる 동 깊어지다　声色 こわいろ 명 목소리, 음색　楽器 がっき 명 악기　音色 ねいろ 명 음색　歌詞 かし 명 가사　細部 さいぶ 명 세부　聴き取る ききとる 동 청취하다　観点 かんてん 명 관점　軸 じく 명 축　作曲者 さっきょくしゃ 명 작곡가　知識 ちしき 명 지식　身に付ける みにつける (몸에) 익히다　視野 しや 명 시야　広げる ひろげる 동 넓히다　有意義だ ゆういぎだ な형 의의가 있다　クラシック 명 클래식　複数 ふくすう 명 복수　楽団 がくだん 명 악단　異なる ことなる 동 다르다　指揮者 しきしゃ 명 지휘자　演奏 えんそう 명 연주　比較 ひかく 명 비교　楽譜 がくふ 명 악보　参照 さんしょう 명 참조　該当 がいとう 명 해당　ミュージシャン 명 뮤지션, 음악가　一通り ひととおり 명 얼추　網羅 もうら 명 망라　その後 そのあと 그 뒤　再び ふたたび 부 다시　曲 きょく 명 곡　聴く きく 동 듣다　感動 かんどう 명 감동　出会う であう 동 만나다　醍醐味 だいごみ 명 묘미　自宅 じたく 명 자택, 집　作品 さくひん 명 작품

味わう あじわう 동 음미하다, 맛보다　～と一緒で ～といっしょで ~와 마찬가지로　言語 げんご 명 언어　介する かいする 동 거치다, (사이에) 끼다
要素 ようそ 명 요소　役立つ やくだつ 동 도움되다　高品質 こうひんしつ 명 고품질　オーディオ 명 오디오　機器 きき 명 기기
揃える そろえる 동 갖추다　座り心地の良い すわりごこちのよい 앉았을 때 편하다　繋がる つながる 동 이어지다　～ことに ~하게도
行為 こうい 명 행위　並行 へいこう 명 병행　増幅 ぞうふく 명 증폭　書籍 しょせき 명 서적　片手 かたて 명 한 손　感受性 かんじゅせい 명 감수성
心から こころから 부 진심으로　浸る ひたる 동 빠져들다, 젖다　心地よい ここちよい い형 기분 좋다　環境 かんきょう 명 환경
重要だ じゅうようだ な형 중요하다　ポイント 명 포인트　全て すべて 명 모두　残す のこす 동 남기다　取り入れる とりいれる 동 거두다, 안에 넣다
おもしろさ 명 재미

63 중상

음악 감상에 대해, A와 B는 어떻게 서술하고 있는가?

1 A도 B도, 반복해서 계속 듣는 것이 필요하다고 하고 있다.
2 A도 B도, 목소리나 악기의 음색, 가사를 세부까지 즐기는 것이라고 하고 있다.
3 A는 목소리나 악기의 음색, 가사를 세심하게 청취해 이해하는 것이라고 하고 있고, B는 음악으로의 감수성을 높이는 것이라고 하고 있다.
4 A는 악곡을 듣고 받아들여 이해를 깊게 하는 것이라고 하고, B는 음악을 깊이 음미하는 것이라고 하고 있다.

해설 음악 감상에 대한 A와 B의 견해를 각 지문에서 찾는다. A는 지문의 초반부에서 音楽鑑賞とは、単に音楽を「聞き流す」ことではない。「聴き込む」といった表現が妥当である。気に入った楽曲をじっくり繰り返し聴くことでさらにその楽曲の理解が深まり라고 서술하고 있고, B는 지문의 초반부에서 音楽鑑賞とは辞書によれば、「コンサート会場、または自宅などで音楽作品を味わい理解すること」とある라고 서술하고 있으므로, 4 Aは楽曲を聴き込んで理解を深めることだと述べ、Bは音楽を深く味わうことだと述べている가 정답이다.

64 상

음악으로의 이해를 깊게 하기 위해 중요한 것에 대해, A와 B는 어떻게 서술하고 있는가?

1 A는 악곡이나 작곡가에 대한 지식을 깊게 할 궁리를 하는 것이라고 하고, B는 악곡을 즐기는 환경을 궁리하는 것이라고 하고 있다.
2 A는 마음에 든 악곡과는 다른 악곡을 들어보는 것이라고 하고, B는 우선은 언어를 거치지 않고 음미해보는 것이라고 하고 있다.
3 A는 세부에 주목하여 하나의 악곡을 몇번이나 반복해서 듣는 것이라고 하고, B는 다른 동작과 병행해서 듣는 것이라고 하고 있다.
4 A는 마음에 든 악곡과는 다른 악곡으로 시야를 넓히는 것이라고 하고, B는 콘서트 회장이나 자택 등에서 음악의 깊이를 아는 것이라고 하고 있다.

해설 음악으로의 이해를 깊게 하기 위해 중요한 것에 대한 A와 B의 견해를 각 지문에서 찾는다. A는 지문의 중반부에서 気に入った楽曲を軸に、作曲者についての知識を身に付けたり、他の楽曲に視野を広げることも有意義である라고 서술하고 있고, B는 지문의 중반부에서 音楽以外の要素が作品の理解を深めることに役立つことがある라고 하고, 후반부에서 自分にとって心地よい環境の中で聴くことも、音楽鑑賞において重要なポイントであるように思う라고 서술하고 있으므로, 1 Aは楽曲や作曲者についての知識を深める工夫をすることだと述べ、Bは楽曲を楽しむ環境を工夫することだと述べている가 정답이다.
어휘 工夫 くふう 명 궁리　動作 どうさ 명 동작

65-68

[65]현재, 책만으로 장사를 하고 있는 서점 따위 전무할 것이다. 대부분의 서점은 가게의 한쪽 구석에서 문방구도 팔고 있고, 카페를 병설하고 있는 곳도 드물지 않다. [65]서점이 책만으로 유지될 수 없게 된 것은, 책이 인터넷 쇼핑몰에서 구입하는 물건이 되었기 때문이다. 작은 서점은 많은 서적을 취급할 수는 없기 때문에, 고전을 면치 못하고 있다.

그런 와중, 재미있는 서점의 이야기를 들었다. 그곳은 인구가 8,000명 정도인 작은 마을에 있는 평범한 서점인데, 근래 착실히 매상을 늘리고 있다고 한다. 이 서점의 좋은 점은, [66]이 서점이 마을 사람들의 '알고 싶다'는 마음을 잘 끌어 올리고 있는 것에 있다. 가게의 입구에서 바라다보면, 깔끔히 책이 진열되어 있다. 하지만, 잘 보면 레시피 책과 함께, 조미료도 놓여 있다. 여기까지는 흔히 있는 평범한 서점이지만, 다른 것은 이 다음이다. 이 조미료를 써보고 싶다고 생각했을 때에 어떤 요리 책을 읽으면 되는지, 점원이 친절하게 답해주는 것이다. 그리고, 희귀한 야채를 받았으니 요리법을, 라디오가 고장나버렸으니 수리할 수 있는 곳을, 과 같은 식으로, [66]마을 사람들이 곤란할 때에 의지하는 것이 이 서점이고, 이곳은 해결 방법을 얻기 위한 '지식의 장소'가 되어 있다고 한다. '라디오는 수리할 수 없지만, 수리할 수 있는 장소를 조사할 수는 있다'고 점장은 말한다. 점원은 마치 우수한 도서관 직원같아서, 이 가게라면 해결 방법을 알 수 있을지도 모른다는 신뢰를 얻고 있다.

본래는 도서관이 그런 장소였다. 해결 방법은 알지 못해도, 함께 조사하는, 조사하는 방법을 제시할 수 있는 도서관 사서라는 직함을 가진 사람이 있는 장소다. 도서관은 지식의 데이터베이스이고, 그곳에 놓을 책을, 자세히 조사하고, 갖추는 것도 사서의 일이다. 하지만, [67]현재의 일본에서는 이 사서라는 일이 전문직으로서의 처우를 받기 어려워지고 있다. 그렇게 된 이유는, 많은 시읍면이 인구 감소에 시달려, 세금 수입

이 줄어들어 도서관을 유지하는 것이 어려워졌기 때문이다. 조금이라도 행정의 부담을 줄이기 위해, 도서관의 운영을 민간에 맡기는 자치체가 늘고 있다. 민간 기업은, 싼 임금으로 고용할 수 있는 파트타이머, 아르바이트에게 [67]대출 업무를 맡기고 이익을 낸다. 전문 서적이 보이지 않고, 조사 방법도 얻을 수 없는, 아마도 제대로 된 사서를 고용하고 있지 않은 것이 아닌가 하고 생각되는 듯한 도서관도 나타나고 있다. [68]'지식의 장소'여야 할 도서관이, 그저 그런 렌털 숍이 되어버린 듯하다. 과연 이것은 도서관이라고 할 수 있는것일까?

[68]사람들이 모이는 마을의 서점처럼 신뢰받는 장소였던 예전의 모습. 그 마땅히 있어야 할 모습을, 그곳에 관계되는 사람들이 다시 생각해 주었으면 하고 간절히 바란다.

(주1) 전무: 전혀 없다
(주2) 마치: 예를 든다면
(주3) 간절히: 진심으로

어휘 現在 げんざい 명 현재　商売 しょうばい 명 장사　本屋 ほんや 명 서점, 책방　皆無 かいむ 명 전무, 전혀 없음　おおかた 부 대부분
片隅 かたすみ 명 한쪽 구석　文房具 ぶんぼうぐ 명 문방구　カフェ 명 카페　併設 へいせつ 명 병설　成り立つ なりたつ 동 (장사가) 유지되다
ネットショップ 명 인터넷 쇼핑몰, 넷 숍　購入 こうにゅう 명 구입　書籍 しょせき 명 서적　扱う あつかう 동 취급하다
苦戦を強いられる くせんをしいられる 고전을 면치 못하다　近年 きんねん 명 근래, 근년　着実だ ちゃくじつだ な형 착실하다　売り上げ うりあげ 명 매상
伸ばす のばす 동 늘리다　人々 ひとびと 명 사람들　すくい上げる すくいあげる 동 끌어 올리다, 건져 올리다　見渡す みわたす 동 바라보다, 전망하다
きちんと 부 깔끔히, 정확히　レシピ 명 레시피　調味料 ちょうみりょう 명 조미료　丁寧だ ていねいだ な형 친절하다, 정중하다
料理法 りょうりほう 명 요리법　修理 しゅうり 명 수리　～といった ~와 같은　具合 ぐあい 명 식, 방식　頼りにする たよりにする 의지하다
解決 かいけつ 명 해결　方法 ほうほう 명 방법　得る える 동 얻다　知 ち 명 지식, 앎　店長 てんちょう 명 점장　さながら 부 마치, 흡사
優秀だ ゆうしゅうだ な형 우수하다　図書館員 としょかんいん 명 도서관 직원, 도서관원　信頼 しんらい 명 신뢰　本来 ほんらい 명 본래
提示 ていじ 명 제시　司書 ししょ 명 사서　肩書 かたがき 명 직함　データベース 명 데이터베이스　精査 せいさ 명 자세히 조사함
揃える そろえる 동 갖추다　日本 にほん 명 일본　専門職 せんもんしょく 명 전문직　～として ~로서, ~로써　処遇 しょぐう 명 처우
というのも 그렇게 된 이유는　市町村 しちょうそん 명 시읍면, 시정촌　減少 げんしょう 명 감소　悩む なやむ 동 시달리다, 고민하다
税金 ぜいきん 명 세금　収入 しゅうにゅう 명 수입　減る へる 동 줄다, 적어지다　維持 いじ 명 유지　行政 ぎょうせい 명 행정　負担 ふたん 명 부담
減らす へらす 동 줄이다　～ため ~위해　運営 うんえい 명 운영　民間 みんかん 명 민간　任せる まかせる 동 맡기다　自治体 じちたい 명 자치체
企業 きぎょう 명 기업　賃金 ちんぎん 명 임금　雇用 こよう 명 고용　貸出 かしだし 명 대출　業務 ぎょうむ 명 업무　利益 りえき 명 이익
専門書 せんもんしょ 명 전문 서적　見当たる みあたる 동 보이다, 눈에 띄다　調べ方 しらべかた 명 조사 방법　おそらく 부 아마도, 어쩌면
まともだ な형 제대로 되다, 성실하다　雇う やとう 동 고용하다　現れる あらわれる 동 나타나다　～つつある ~하고 있다　ただの 그저 그런
レンタルショップ 명 렌털 숍　はたして 부 과연　かつて 부 예전, 예전부터　姿 すがた 명 모습　あるべき 마땅히 있어야 할
関わる かかわる 동 관계되다, 상관하다　改めて あらためて 부 다시, 새삼스럽게　切に せつに 부 간절히, 진심으로　願う ねがう 동 바라다
全く まったく 부 전혀　例える たとえる 동 예를 들다　心から こころから 부 진심으로

65 중상

서점의 현재 상황에 대해, 필자는 어떻게 서술하고 있는가?

1 책 이외의 물건도 파는 등, 손님의 니즈에 부응하는 가게가 되어 있다.
2 갖고 싶은 책이 좀처럼 손에 들어오지 않아, 불편하게 되어 있다.
3 책의 판매만으로는, 가게의 경영이 잘 돌아가지 않게 되어 있다.
4 인터넷 판매 등, 다양한 판매 방법을 도입하고 있다.

해설 서점의 현재 상황에 대한 필자의 생각을 묻고 있다. 첫 번째 단락에서 現在、本だけで商売をしている本屋など皆無だろう라고 하고, 本屋が本だけで成り立たなくなっているのは라고 서술하고 있으므로, 3 本の販売だけでは、店の経営がうまく回らなくなっている가 정답이다.

어휘 状況 じょうきょう 명 상황　ニーズ 명 니즈　応える こたえる 동 부응하다　手に入る てにはいる 손에 들어오다　販売 はんばい 명 판매
経営 けいえい 명 경영　インターネット 명 인터넷　様々だ さまざまだ な형 다양하다　取り入れる とりいれる 동 도입하다

66 중상

이 서점의 좋은 점이란 어떤 것인가?

1 책과 책 이외의 물건을 짝지어서 판매하고 있는 점
2 도움이 필요할 때, 어떻게 대처해야 하는지 알려 주는 점
3 많은 서적을 취급하고 있고, 점원이 친절하게 접객하고 있는 점

4 점원이 책의 내용에 대해 잘 알고 있어서, 신뢰할 수 있는 점

해설 この本屋のいいところ가 무엇인지 묻고 있다. 밑줄의 뒷부분에서 この本屋が町の人々の「知りたい」という気持ちを上手にすくい上げていることにある라고 하고, 町の人達が困ったときに頼りにするのがこの本屋で、ここは解決方法を得るための「知の場所」となっているそうだ라고 서술하고 있으므로, 2 助けが必要なとき、どう対処すべきか教えてくれるところ가 정답이다.

어휘 組み合わせる くみあわせる 동 짝짓다, 짜맞추다　助け たすけ 명 도움　対処 たいしょ 명 대처　接客 せっきゃく 명 접객　内容 ないよう 명 내용

67 상

필자는, 현재의 도서관을 어떻게 생각하고 있는가?

1 민간 기업에 고용된 파트타이머나 아르바이트인 사서밖에 없게 되어버렸다.
2 사람들이 빌리고 싶다고 생각하는 오락을 위한 책만을 갖춘 장소가 되어 있다.
3 도서관 사서가 없기 때문에, 도서관 내에 있는 책의 질이 떨어져 버렸다.
4 책의 대출은 하고 있으나, 의문을 해결할 수 있는 장소로는 되어 있지 않다.

해설 현재의 도서관에 대한 필자의 생각을 묻고 있다. 세 번째 단락에서 現在の日本では ～ 貸出業務を任せて利益を出す。専門書が見当たらず、調べ方も得られない라고 서술하고 있으므로, 4 本の貸出は行っているが、疑問を解決できる場所にはなっていない가 정답이다.

어휘 娯楽 ごらく 명 오락　質 しつ 명 질　疑問 ぎもん 명 의문

꼭! 알아두기 질문에 現在(현재), 今(지금)와 같은 표현이 사용된 경우, 지문에서 이 표현을 재빨리 찾아 주변 내용을 정확하게 파악한다.

68 상

이 글에서 필자가 말하고 싶은 것은 무엇인가?

1 도서관은, 사람들의 '지식의 장소'를 지킬 수 있는 도서관 사서를 고용해야 한다.
2 도서관은, 사람들의 '알고 싶다'는 마음에 부응할 수 있는 장소여야 한다.
3 자치체는, 도서관의 운영이 어려워도 사람들의 문제 해결을 위해서 전문 서적을 갖춰야 한다.
4 자치체는, 도서관의 운영을 민간에 위탁하는 것을 그만두고 우수한 도서관 직원을 키워야 한다.

해설 필자가 글을 통해 말하고자 하는 내용을 묻고 있다. 세 번째 단락에서 「知の場所」であるべき図書館が、ただのレンタルショップになってしまっているようだ라고 하고, 네 번째 단락에서 人々が集まる町の本屋のように信頼される場所だったかつての姿。そのあるべき姿を、そこに関わる人々に改めて考えてほしいと切に願う라고 서술하고 있으므로, 2 図書館は、人々の「知りたい」という気持ちに応えられる場所であるべきだ가 정답이다.

어휘 守る まもる 동 지키다　～べきだ ~해야 한다　委託 いたく 명 위탁

69-70

오른쪽 페이지는, 자원봉사 모집 안내이다.

69 중상

마쓰모토 씨는 추오 시에 있는 대학교에 다니고 있는 대학교 1학년이다. 주말에 자원봉사 활동을 하고 싶다고 생각하고 있는데, 참가하기 위해서는 어떻게 신청하면 되는가?

1 엽서나 이메일로 4월 27일까지 신청한다.
2 엽서나 이메일로 4월 1일 설명회에 신청한다.
3 설명회에 반드시 참가하여, 엽서나 이메일로 4월10일까지 신청한다.
4 협의에 반드시 참가하여, 이메일로 4월27일까지 신청한다.

해설 마쓰모토 씨가 해야 할 행동을 묻는 문제이다. 질문에서 제시된 상황 週末にボランティア活動を行いたい에 따라, 지문의 ①ごみゼロ活動 부분에서 募集締め切り：4月27日, 毎週土曜日라고 언급하고 있고, 登録方法 부분에서 はがきかEメールでお申し込みください라고 언급하고 있으므로, 1 はがきかEメールで4月27日までに申し込む가 정답이다.

어휘 ボランティア 명 자원봉사　参加 さんか 명 참가　申し込む もうしこむ 동 신청하다　Eメール 명 이메일　説明会 せつめいかい 명 설명회

꼭! 알아두기 해야할 행동을 묻는 문제는 지문에서 申込(신청), 参加(참가), 登録方法(등록 방법)와 같이 방법이나 프로세스를 알려주는 부분에서 단서를 찾는다.

70 상

마리나 씨는 추오 시에 살고 있는 주부이다. 4월부터 꽃 가득 활동에 참가할 예정인데, 5월의 추오 축제의 참가도 생각하고 있다. 자원봉사 보험의 지불 방법으로써 올바른 것은, 다음의 어느 것인가?

1 4월의 꽃 가득 활동 첫날에 300엔을 지불한다.
2 4월의 꽃 가득 활동 첫날에 200엔, 추오 축제 당일에 100엔을 지불한다.
3 4월의 꽃 가득 활동 첫날에 200엔, 추오 축제 1주일 전까지 200엔을 지불한다.
4 4월의 꽃 가득 활동 첫날에 200엔, 추오 축제 1주일 전에 100엔을 지불한다.

해설 마리나씨가 해야 할 행동을 묻는 문제이다. 질문에서 제시된 상황 **4月から花いっぱい活動に参加するつもりだが、5月の中央まつりの参加も考えている**에 따라, 지문의 **ご注意** 부분에서 **保険料：①② 200円 (参加初日に支払い)、③1回参加100円 (打ち合わせ時に支払い)**라고 언급하고, 지문의 **③ 中央まつり スタッフ** 부분에서 **事前打ち合わせが開催日の1週間前にあります**라고 언급하고 있으므로, 4 **4月の花いっぱい活動初日に200円、中央まつり1週間前に100円を支払う**가 정답이다.

어휘 **主婦** しゅふ 명 주부 **活動** かつどう 명 활동 **まつり** 명 축제 **保険** ほけん 명 보험 **支払い方** しはらいかた 명 지불 방법 **初日** しょにち 명 첫날 **支払う** しはらう 동 지불하다 **当日** とうじつ 명 당일 **1週間前** いっしゅうかんまえ 1주일 전

~ 추오 시 자원봉사 모집 ~

추오 시에서는 시민 활동의 자원봉사를 모집하고 있습니다.

① 쓰레기 제로 활동	마을의 미화를 위해, 추오 역 주변의 청소 활동을 시행합니다. ✓ 모집 대상 : 고등학생, 대학생 1~2학년 ✓ [69]모집 마감 : 4월 27일 ✓ 5월부터 [69]매주 토요일 아침 8시~
② 꽃 가득 활동	역에서 마을의 중심부에 걸쳐진 일대의 꽃과 수목의 손질을 시행합니다. ✓ 모집 대상 : 누구나 ✓ 주 2~3회 평일 오전 (활동 시간은 1일 3~4시간)
③ 추오 축제 스태프	5월과 9월에 시행하는 '추오 축제'에서, 회장의 준비나 정리, 스테이지 진행의 도움을 시행합니다. 어느 한쪽의 일정만 참가도 가능합니다. ✓ 모집 대상 : 20세 이상인 분 ✓ 모집 마감 : 4월 10일 ✓ [70]사전 협의가 개최일 1주일 전에 있습니다. (참가 필수)

【등록 방법】
이하를 명기한 다음, [69]엽서나 이메일로 신청해 주십시오.
☞ 성명, 주소, 연령, 전화번호, 참가를 희망하는 자원봉사의 번호
* ③을 희망하시는 분은, 참가 가능 시기를 알려주십시오.
* 학생분은 학교명도 함께 알려주십시오.

【주의】
• 등록은 시내 거주, 재직, 또는 시내의 고등학교 · 대학교 등에 통학하고 계신 분 한정입니다.
• 참가하실 때는 자원봉사 보험으로의 가입이 필요합니다. 보험료는 본인 부담이 되겠습니다.
[70]보험료 : ①② 200엔 참가 (참가 첫날에 지불), ③1회 참가 100엔 (협의 시에 지불)
• 자원봉사의 자세한 내용에 대해서는, 설명회에서 확인해 주십시오. (참가 임의)
설명회 : 4월1일(목) 10:00~11:00, 16:00~17:00, 19:00~20:00 시민플라자 A회의실
설명회로의 참가 신청은 불필요합니다. 직접 회장으로 와 주십시오.

어휘 **募集** ぼしゅう 명 모집 **ゼロ** 명 제로, 영 **美化** びか 명 미화 **周辺** しゅうへん 명 주변 **対象** たいしょう 명 대상 **締め切り** しめきり 명 마감 **中心部** ちゅうしんぶ 명 중심부 **~にかけて** ~에 걸쳐서 **一帯** いったい 명 일대 **樹木** じゅもく 명 수목 **手入れ** ていれ 명 손질 **どなたでも** 누구나 **平日** へいじつ 명 평일 **スタッフ** 명 스태프 **片付け** かたづけ 명 정리 **ステージ** 명 스테이지, 무대 **進行** しんこう 명 진행 **手伝い** てつだい 명 도움

どちらか 어느, 어느 쪽　片方 かたほう 명 한쪽　日程 にってい 명 일정　可能だ かのうだ な형 가능하다　事前 じぜん 명 사전
打ち合わせ うちあわせ 명 협의　開催日 かいさいび 명 개최일　必須 ひっす 명 필수　登録 とうろく 명 등록　方法 ほうほう 명 방법
明記 めいき 명 명기　申し込み もうしこみ 명 신청　年齢 ねんれい 명 연령　電話番号 でんわばんごう 명 전화번호　希望 きぼう 명 희망
時期 じき 명 시기　知らせる しらせる 동 알리다　学校名 がっこうめい 명 학교명　併せて あわせて 함께, 동시에　市内 しない 명 시내
在住 ざいじゅう 명 거주, 재주　在勤 ざいきん 명 재직　通学 つうがく 명 통학　限定 げんてい 명 한정　際 さい 명 때　加入 かにゅう 명 가입
保険料 ほけんりょう 명 보험료　自己 じこ 명 본인　負担 ふたん 명 부담　詳しい くわしい い형 자세하다　内容 ないよう 명 내용
～につきましては ~에 대해서는　確認 かくにん 명 확인　任意 にんい 명 임의　不要だ ふようだ な형 불필요하다　直接 ちょくせつ 명 직접
お越し おこし 명 오심, 가심

청해 p.173

문항별 분할 파일 바로 듣기

☞ 문제 1의 디렉션과 예제를 들려줄 때 1번부터 5번까지의 선택지를 미리 읽고 내용을 재빨리 파악해둡니다. 음성에서 では、始めます(그러면, 시작합니다)가 들리면, 곧바로 문제 풀 준비를 합니다. 디렉션과 예제는 실전모의고사 제1회의 해설(p.27)에서 확인할 수 있습니다.

1 중상

[음성]

会社で女の人と男の人が話しています。男の人はまず何をしますか。

F：田中さん、先週お願いしていた資料、できてる？

M：あ、いえ、まだです。金曜日が締め切りと伺っていたので、明日やろうと思っていたんですが…。すみません、急ぎますか。

F：[1]いや、それならちょうどよかった。ちょっとその資料に変更してほしいところがあるんだ。さっきメールで送った表を追加して、作っておいてくれない？

M：あ、このメールですね。わかりました。今すぐ追加して作ります。

F：あ、そうだ。その表と先週のミーティングで使ったデータと合わせて、入れたほうがいいかも。できる？

M：[2]先週のデータはどなたがお持ちなんですか？

F：[4]部長か山田さんだと思うんだけど。でも、山田さんは今週いっぱい出張だって言ってたような…。部長も明日は終日外出みたいだし。

M：[3][4]わかりました。それでは、部長にまず確認してみます。

F：ごめんね。じゃあ、お願いね。

男の人はまず何をしますか。

[문제지]

1 資料を急いで作る
2 資料に表を追加する

[음성]

회사에서 여자와 남자가 이야기하고 있습니다. 남자는 우선 무엇을 합니까?

F : 다나카 씨, 지난주 부탁했던 자료, 다 됐어?

M : 아, 아니요, 아직입니다. 금요일이 마감이라고 들었기 때문에, 내일 하려고 생각하고 있었습니다만…. 죄송합니다, 서두를까요?

F : [1]아냐, 그렇다면 마침 잘 됐다. 좀 그 자료에 변경해 줬으면 하는 곳이 있어. 아까 이메일로 보낸 표를 추가해서, 만들어 놓아주지 않을래?

M : 아, 이 이메일 말이죠. 알겠습니다. 지금 바로 추가해서 만들겠습니다.

F : 아, 맞다. 그 표랑 지난주의 미팅에서 사용한 데이터랑 합쳐서, 넣는 편이 좋을지도. 가능해?

M : [2]지난주의 데이터는 어느 분이 가지고 계신가요?

F : [4]부장님이나 야마다 씨라고 생각하는데. 하지만, 야마다 씨는 이번 주 내내 출장이라고 말했던 것 같은데…. 부장님도 내일은 종일 외근인 것 같고.

M : [3][4]알겠습니다. 그럼, 부장님에게 먼저 확인해 볼게요.

F : 미안해. 그럼, 부탁할게.

남자는 우선 무엇을 합니까?

[문제지]

1 자료를 서둘러 만든다
2 자료에 표를 추가한다

3 山田さんと一緒に出張に行く

4 部長にデータがあるか聞く

3 야마다 씨와 함께 출장에 간다

4 부장에게 데이터가 있는지 묻는다

해설 남자가 가장 먼저 해야 할 일을 묻는 문제이다. 대화에서, 데이터는 누가 가지고 있는지 묻는 남자의 말에 여자가 部長か山田さんだと思うんだけど。でも、山田さんは今週いっぱい出張だって言ってたような…。部長も明日は終日外出みたいだし라고 하자, 남자가 わかりました。それでは、部長にまず確認してみます라고 했으므로, 4 部長にデータがあるか聞く가 정답이다. 선택지 1, 2는 부장에게 데이터가 있는지 물은 다음에 할 일이고, 3은 할 필요가 없으므로 오답이다.

어휘 願う ねがう 동 부탁하다　資料 しりょう 명 자료　まだだ な형 아직이다　締め切り しめきり 명 마감　それなら 접 그렇다면　変更 へんこう 명 변경　メール 명 이메일　表 ひょう 명 표　追加 ついか 명 추가　ミーティング 명 미팅　データ 명 데이터　合わせる あわせる 동 합치다　今週いっぱい こんしゅういっぱい 이번 주 내내　出張 しゅっちょう 명 출장　終日 しゅうじつ 명 종일　外出 がいしゅつ 명 외근, 외출　確認 かくにん 명 확인

꼭! 알아두기 それでは(그럼) 다음에는 앞으로 어떻게 할 것인지에 대한 내용이 이어지므로 특히 유의해서 듣는다.

2 중

[음성]

通信販売のお客様相談係と女の人が電話で話しています。女の人はどのように商品を返品しますか。

F：あの、すみません。一昨日の注文を取り消していただきたいんですが。名前は佐藤洋子と申します。

M：はい、ただ今、お客様の注文が確認できました。発送前でしたら取り消しが可能なのですが、あいにく既に商品を発送しておりまして。お手数ですが、返品していただけますでしょうか。

F：ああ、もう少し早く連絡しておけば…。じゃあ、返品手続きをお願いします。

M：申し訳ございません。[1][3][4]返品手続きは当社ホームページの返品フォームからのみ承っております。

F：わかりました。それは商品を受け取った後に、した方がいいんでしょうか。

M：申請自体は今すぐされても構いません。ですがその場合、到着後に商品回収の申請を別途行っていただくことになります。

F：ああ、じゃあ、[2][4]あとで一緒にします。

女の人はどのように商品を返品しますか。

[문제지]

1 商品到着前に電話で

2 商品到着前にホームページで

3 商品到着後に電話で

4 商品到着後にホームページで

[음성]

통신 판매의 고객 상담 담당자와 여자가 전화로 이야기하고 있습니다. 여자는 어떻게 상품을 반품합니까?

F : 저기, 실례합니다. 엊그제의 주문을 취소하고 싶습니다만. 이름은 사토 요코라고 합니다.

M : 네, 방금, 고객님의 주문이 확인되었습니다. 발송 전이시라면 취소가 가능하겠습니다만, 공교롭게도 이미 상품을 발송해드려서요. 수고스러우시겠지만, 반품해 주실 수 있으신가요?

F : 아, 좀 더 빨리 연락해 두었다면…. 그럼, 반품 수속을 부탁드립니다.

M : 죄송합니다. [1][3][4]반품 수속은 본사 홈페이지의 반품 폼에서만 받고 있습니다.

F : 알겠습니다. 그건 상품을 수취한 후에, 하는 편이 좋을까요?

M : 신청 자체는 지금 당장 하셔도 상관없습니다. 하지만 그 경우, 도착 후에 상품 회수 신청을 별도로 해주시게 됩니다.

F : 아, 그럼, [2][4]나중에 한꺼번에 하겠습니다.

여자는 어떻게 상품을 반품합니까?

[문제지]

1 상품 도착 전에 전화로

2 상품 도착 전에 홈페이지로

3 상품 도착 후에 전화로

4 상품 도착 후에 홈페이지로

해설 여자가 앞으로 해야 할 일을 묻는 문제이다. 대화에서, 남자가 返品手続きは当社ホームページの返品フォームからのみ承っております라고 하자, 여자가 상품을 받고 나서 하는 편이 좋으냐고 물은 후, 남자가 받기 전에 신청하면 회수 신청을 별도로 해야 한다고 해서 여자가 あとで一緒にします라고 했으므로, 4 商品到着後にホームページで가 정답이다.

어휘 通信 つうしん 명 통신　販売 はんばい 명 판매　お客様 おきゃくさま 고객, 고객님　相談係 そうだんがかり 상담 담당자　商品 しょうひん 명 상품
返品 へんぴん 명 반품　注文 ちゅうもん 명 주문　取り消す とりけす 동 취소하다　確認 かくにん 명 확인　発送 はっそう 명 발송
取り消し とりけし 명 취소　可能だ かのうだ な형 가능하다　あいにく 부 공교롭게도　既に すでに 부 이미　手数 てすう 명 수고, 불편
手続き てつづき 명 수속　当社 とうしゃ 명 본사　ホームページ 명 홈페이지　フォーム 명 폼　のみ 조 만
承る うけたまわる 동 받다 (引き受ける의 겸양어)　受け取る うけとる 동 수취하다　申請 しんせい 명 신청　自体 じたい 명 자체
構わない かまわない 상관없다　到着 とうちゃく 명 도착　回収 かいしゅう 명 회수　別途 べっと 명 별도　一緒 いっしょ 명 한꺼번, 동시

꼭! 알아두기 질문이 방법을 묻는 경우, のみ(만), だけ(뿐) 주변에서 제한적인 방법이나 수단이 자주 언급되므로 특히 주의깊게 듣는다.

3 중상

[음성]

会社で女の人と部長が話しています。女の人はこのあとまず何をしなければなりませんか。

F：部長、来月のカナダからのお客様の件ですが、最終日の会食のお店、そろそろ予約しないといけませんね。
M：ああ、そうだね。もう来月か。それより、ホテルの予約はどうなった？そっちのほうが先だよ。ちょうど混む時期だから。
F：それは先日部長に伺ったとおり、駅から近いホテルにしました。入金も済んでいます。
M：それならよかった。最終日って、何人だっけ。
F：ええと、[1]お一人は先に帰国されるので、その日は3名ですね。私たちを入れて合計6名です。
M：じゃあ、そのホテル内の焼肉屋さんでいいんじゃないかな。個室を用意してもらって。あそこ、先月の会食で使ったけど、味も雰囲気もなかなかよかったよ。
F：そうですか。では、予約しておきます。[2][3]念のため、アレルギーや食べられないものがあるか聞いてみてからにしますね。
M：[3]そうだな。ベジタリアンの人もいるかもしれないから、[4]返事によっては場所を変えないといけないしな。そうなったら、店を探してくれないか。それから、その日はここで会議をしてから食事に行くから、タクシーの予約も頼める？
F：はい、承知いたしました。

女の人はこのあとまず何をしなければなりませんか。

[문제지]

1 食事に行く人の数を確認する
2 レストランの個室を予約する
3 お客様に苦手な食べ物の有無を聞く
4 タクシー会社に連絡をする

[음성]

회사에서 여자와 부장이 이야기하고 있습니다. 여자는 이 다음에 우선 무엇을 해야 합니까?

F：부장님, 다음 달 캐나다에서의 손님 건입니다만, 마지막날 회식 가게, 슬슬 예약하지 않으면 안되겠죠.
M：아아, 그렇네. 벌써 다음 달인가. 그것보다, 호텔의 예약은 어떻게 됐어? 그쪽이 먼저야. 마침 붐빌 시기니까.
F：그건 일전에 부장님께 들은 대로, 역에서 가까운 호텔로 했습니다. 입금도 끝나 있습니다.
M：그렇다면 다행이다. 마지막날에, 몇 명이었지?
F：으음, [1]한 분은 먼저 귀국하시기 때문에, 그날은 3명이네요. 저희들을 넣어서 합계 6명입니다.
M：그럼, 그 호텔 내의 고깃집으로 괜찮지 않을까? 독실을 준비해 달라고 해서. 거기, 저번 달 회식에서 사용했는데, 맛도 분위기도 꽤나 좋았어.
F：그렇군요. 그럼, 예약해 두겠습니다. [2][3]만일을 위해, 알레르기나 먹을 수 없는 것이 있는지 물어보고 나서 하겠습니다.
M：[3]그렇네. 채식주의자인 사람도 있을지도 모르니까, [4]대답에 따라서는 장소를 바꾸지 않으면 안 되고 말이지. 그렇게 되면, 가게를 찾아주지 않을래? 그리고, 그날은 여기서 회의를 하고 나서 식사에 갈 테니, 택시 예약도 부탁할 수 있을까?
F：네, 알겠습니다.

여자는 이 다음에 우선 무엇을 해야 합니까?

[문제지]

1 식사에 갈 사람의 수를 확인한다
2 레스토랑의 독실을 예약한다
3 손님에게 거북한 음식의 유무를 묻는다
4 택시 회사에 연락을 한다

해설 여자가 가장 먼저 해야 할 일을 묻는 문제이다. 대화에서 여자가 念のため、アレルギーや食べられないものがあるか聞いてみてからにしますね라고 하자, 남자가 そうだな。ベジタリアンの人もいるかもしれないから、返事によっては場所を変えないといけないしな라고

했으므로, 3 お客様に苦手な食べ物の有無を聞く가 정답이다. 선택지 1은 이미 했고, 2, 4는 손님에게 거북한 음식의 유무를 물은 다음에 할 일이므로 오답이다.

어휘 カナダ 명 캐나다　お客様 おきゃくさま 손님　件 けん 명 건　最終日 さいしゅうび 명 마지막날, 최종일　会食 かいしょく 명 회식　混む こむ 동 붐비다
時期 じき 명 시기　先日 せんじつ 명 일전　入金 にゅうきん 명 입금　それなら 접 그렇다면　何人 なんにん 명 몇 명　先に さきに 부 먼저
帰国 きこく 명 귀국　私たち わたしたち 명 저희들　合計 ごうけい 명 합계　焼肉屋 やきにくや 명 고깃집　個室 こしつ 명 독실
雰囲気 ふんいき 명 분위기　念のため ねんのため 만일을 위해　アレルギー 명 알레르기　ベジタリアン 명 채식주의자　数 かず 명 수, 수량
確認 かくにん 명 확인　苦手だ にがてだ な형 거북하다　有無 うむ 명 유무

4 상

[음성]

大学で同じサークルの男の学生と女の学生が話しています。女の学生はこのあとまず何をしますか。

M：夏休みの合宿のことだけど、今年は例年と違う場所も候補に入れて考えたいと思ってるんだ。他の候補地を探すの、ちょっと手伝ってもらっていい？

F：そうですね。まだ申し込み時期まで時間がありますし、少し探してみます。

M：うん、僕も探してみるから。[1]とりあえず来週の頭にもう一度この件について話し合おうか。

F：わかりました。ところで、新入部員のことなんですけど…。

M：そうそう。入ったばかりなのに、もう来なくなっちゃった人がいるんだって？

F：ええ。鈴木さんという人で、直接理由を聞けてないのでよくわからないんですが、他の新入生の話だと、指導が厳しいからって言ってるみたいで…。

M：そっか。今、新入生の練習を担当してるのは、田中さんと佐藤さん？

F：そうです。

M：そしたら、[3]田中さん達にそれぞれ話を聞いてみたほうがいいかな。じゃ、このあと僕から連絡してみるよ。[2]本人にも話を聞いてみたいけど、そっちは任せてもいいかな？早めでお願い。

F：[2]わかりました。あ、あとさくら大学との週末の練習試合の最終確認メールはどうしましょうか。

M：あ、そうだった。[4]内容は後でメールで指示するから、それを見て、できたらすぐみんなに送っておいてもらえる？

F：わかりました。

女の学生はこのあとまず何をしますか。

[문제지]

1 合宿の候補地を探す
2 鈴木さんに連絡する
3 田中さんと佐藤さんに連絡する

[음성]

대학에서 같은 동아리인 남학생과 여학생이 이야기하고 있습니다. 여학생은 이 다음에 우선 무엇을 합니까?

M : 여름방학 합숙 말인데, 올해는 예년과 다른 장소도 후보에 넣어서 고려하고 싶다고 생각하고 있어. 다른 후보지를 찾는 것, 좀 도와줄 수 있어?

F : 그렇네요. 아직 신청 시기까지 시간이 있으니, 조금 찾아볼게요.

M : 응, 나도 찾아볼 테니까. [1]일단 다음 주 초에 다시 한번 이 건에 대해서 서로 이야기해볼까?

F : 알겠습니다. 그런데, 신입 부원 말인데요….

M : 맞아 맞아. 이제 막 들어왔는데, 벌써 오지 않게 돼버린 사람이 있다면서?

F : 네. 스즈키 씨라고 하는 사람으로, 직접 이유를 듣지 못했기 때문에 잘 모르겠습니다만, 다른 신입생의 이야기로는, 지도가 엄격해서라고 말하고 있다는 것 같아서….

M : 그렇군. 지금, 신입생의 연습을 담당하고 있는 것은, 다나카 씨와 사토 씨?

F : 맞아요.

M : 그러면, [3]다나카 씨들에게 각각 이야기를 들어보는 편이 좋겠네. 그럼, 이다음 내가 연락해 볼게. [2]본인에게도 이야기를 들어보고 싶은데, 그쪽은 맡겨도 될까? 빨리 부탁해.

F : [2]알겠습니다. 아, 그리고 사쿠라 대학과의 주말 연습 시합의 최종 확인 이메일은 어떻게 할까요?

M : 아, 그랬지. [4]내용은 나중에 이메일로 지시할 테니까, 그것을 보고, 다 되면 바로 모두에게 보내둬 줄래?

F : 알겠습니다.

여학생은 이 다음에 우선 무엇을 합니까?

[문제지]

1 합숙 후보지를 찾는다
2 스즈키 씨에게 연락한다
3 다나카 씨와 사토 씨에게 연락한다

4 練習試合についてのメールを送る	4 연습 시합에 대한 이메일을 보낸다

해설 여자가 가장 먼저 해야 할 일을 묻는 문제이다. 대화에서, 남자가 신입 부원 스즈키가 그만둔 건에 대해 신입생 연습 담당인 다나카 씨들에게 연락해 보겠다고 하며, 本人にも話を聞いてみたいけど、そっちは任せてもいいかな？早めでお願い라고 하자, 여자가 わかりました라고 했으므로, 2 鈴木さんに連絡する가 정답이다. 선택지 1은 다음 주 초까지 하면 되고, 3은 남자가 해야 할 일이며, 4는 스즈키 씨에게 연락한 다음에 할 일이므로 오답이다.

어휘 サークル 명 동아리, 서클　合宿 がっしゅく 명 합숙　例年 れいねん 명 예년　候補 こうほ 명 후보　候補地 こうほち 명 후보지　申し込み もうしこみ 명 신청　時期 じき 명 시기　とりあえず 부 일단　件 けん 명 건　話し合う はなしあう 동 서로 이야기하다　ところで 접 그런데　新入 しんにゅう 명 신입　部員 ぶいん 명 부원　直接 ちょくせつ 명 직접　新入生 しんにゅうせい 명 신입생　指導 しどう 명 지도　担当 たんとう 명 담당　それぞれ 명 각각　本人 ほんにん 명 본인　任せる まかせる 동 맡기다　早めだ はやめだ な형 빠르다, 이르다　願う ねがう 동 부탁하다　週末 しゅうまつ 명 주말　最終 さいしゅう 명 최종　確認 かくにん 명 확인　メール 명 이메일　内容 ないよう 명 내용　指示 しじ 명 지시

꼭! 알아두기 早めで(빨리), 急いで(서둘러서)와 같은 재촉하는 표현 주변에서 언급되는 행동은 자주 정답의 단서가 되므로 특히 주의 깊게 듣는다.

5 상

[음성]

家計管理の専門家と男の人が話しています。男の人はこれから何をしますか。

F：支出を減らす方法ですけど、まず、どんなことにいくらずつ使っているかリストを見ましょうか。

M：はい。家賃に７万５千円で、光熱費は全部で２万円くらい。あとはスマホに５千円、娯楽費に４万円くらい…。

F：うーん、例えば家賃を下げるために安い物件に引っ越しすることは可能ですか。

M：[1]今は難しいけど、来年なら…。

F：それでしたら、今すぐでなくて結構ですので、お引っ越しされることをおすすめします。家賃は長い目で見た時に、やはり出費が大きいですから。それと、食費が毎月6万円くらいと、かなり高めですね。

M：あ、これは外食費も一緒に計算していて。仕事柄、いろいろなお店に行って新しい料理を食べると勉強になるんで…。

F：そうですか。もし下げられるなら下げたほうがいいと思いますが、[2]お仕事と関連しているとなると、安易に節約すべきではないと思います。この娯楽費は？

M：ゲームが好きで頻繁に買ったり、[3]毎月イベントに参加したりしてて。イベント、減らそうかなあ。

F：そうですね。この、月刊誌の１万円もお仕事関係ですか。

M：[4]そうです。減らすわけには…。

F：では、[3]まずは頻度を減らせそうなこちらから手をつけましょうか。

M：わかりました。

[음성]

가계 관리의 전문가와 남자가 이야기하고 있습니다. 남자는 앞으로 무엇을 합니까?

F : 지출을 줄이는 방법입니다만, 우선, 어떤 것에 얼마씩 사용하고 있는지 리스트를 볼까요?

M : 네. 집세에 7만 5천 엔이고, 광열비는 전부해서 2만엔 정도. 다음은 스마트폰에 5천 엔, 오락비에 4만 엔 정도….

F : 으음, 예를 들어 집세를 내리기 위해서 저렴한 물건으로 이사를 하시는 것은 가능한가요?

M : [1]지금은 어렵지만, 내년이라면….

F : 그러시다면, 지금 당장이 아니어도 괜찮으니, 이사하시는 것을 추천합니다. 집세는 긴 안목으로 보았을 때, 역시 비용이 크니까요. 그리고, 식비가 매월 6만 엔 정도로, 상당히 높은 편이네요.

M : 아, 이건 외식비도 함께 계산하고 있어서요. 업무 특성상, 여러 가게에 가서 새로운 요리를 먹으면 공부가 되기 때문에….

F : 그런가요? 혹시 내릴 수 있다면 내리는 편이 좋다고 생각합니다만, [2]일과 관련되어 있다고 하면, 안이하게 절약해서는 안 된다고 생각합니다. 이 오락비는?

M : 게임을 좋아해서 빈번히 사거나, [3]매월 이벤트에 참가하거나 하고 있어서. 이벤트, 줄일까.

F : 그러네요. 이, 월간지의 1만 엔도 업무 관계인가요?

M : [4]맞아요. 줄일 수는….

F : 그럼, [3]우선은 빈도를 줄일 수 있을 것 같은 이쪽부터 손을 대볼까요?

M : 알겠습니다.

男の人はこれから何をしますか。

[문제지]

1 家賃が安いところに引っ越す
2 外食の回数を減らす
3 イベントに行く回数を少なくする
4 雑誌を読むのをやめる

남자는 앞으로 무엇을 합니까?

[문제지]

1 집세가 저렴한 곳으로 이사한다
2 외식의 횟수를 줄인다
3 이벤트에 가는 횟수를 적게 한다
4 잡지를 읽는 것을 그만둔다

해설 남자가 앞으로 해야 할 일을 묻는 문제이다. 대화에서, 남자가 게임을 좋아한다고 말하며 **毎月イベントに参加したりしてて。イベント、減らそうかなあ**라고 한 후, 월간지도 업무 관계로 줄일 수 없다고 해서, 여자가 **まずは頻度を減らせそうなこちらから手をつけましょうか**라고 했으므로 3 イベントに行く回数を少なくする가 정답이다. 선택지 1은 지금은 어렵다고 했고, 2는 일과 관련되어 안이하게 절약하지 않기로 했으며, 4는 업무 관계로 줄일 수 없다고 했으므로 오답이다.

어휘 家計 かけい 명 가계 管理 かんり 명 관리 専門家 せんもんか 명 전문가 支出 ししゅつ 명 지출 減らす へらす 동 줄이다 方法 ほうほう 명 방법 リスト 명 리스트 家賃 やちん 명 집세 光熱費 こうねつひ 명 광열비 スマホ 명 스마트폰 娯楽費 ごらくひ 명 오락비 物件 ぶっけん 명 물건 引っ越し ひっこし 명 이사 可能 かのう 명 가능 結構だ けっこうだ な형 괜찮다 おすすめ 추천 長い目で見る ながいめでみる 긴 안목으로 보다 出費 しゅっぴ 명 비용, 출비 食費 しょくひ 명 식비 かなり 부 상당히 高めだ たかめだ な형 높은 편이다 外食費 がいしょくひ 명 외식비 計算 けいさん 명 계산 仕事柄 しごとがら 명 업무 특성상 関連 かんれん 명 관련 安易だ あんいだ な형 안이하다 節約 せつやく 명 절약 ゲーム 명 게임 頻繁だ ひんぱんだ な형 빈번하다 イベント 명 이벤트 参加 さんか 명 참가 月刊誌 げっかんし 명 월간지 頻度 ひんど 명 빈도 手をつける てをつける 손을 대다

☞ 문제 2의 디렉션과 예제를 들려줄 때 1번부터 6번까지의 선택지를 미리 읽고 내용을 재빨리 파악해둡니다. 음성에서 **では、始めます**(그러면, 시작합니다)가 들리면, 곧바로 문제 풀 준비를 합니다. 디렉션과 예제는 실전모의고사 제1회의 해설(p.32)에서 확인할 수 있습니다.

1 중상

[음성]

会社で男の人と女の人が話しています。女の人はドライブの一番の魅力はどんなことだと言っていますか。

M：最近車を買ったんだって？

F：そうなの。知り合いに安く譲ってもらった中古車なんだけど、休みの日には友達とドライブしたりして楽しんでるんだ。

M：ああ、友達といろいろ話しながらのドライブって楽しいよね。

F：そうそう。話してるとあっという間に時間が過ぎちゃうよね。それに車の中だと不思議といろいろ話せたりしてコミュニケーションが深まる気がするよね。

M：そうだね。やっぱりドライブって、友達とか家族とかと一緒に楽しむのが一番だよね。

F：でもさ、実は一人でドライブすることも多くて。なにか考え事や悩み事があっても、景色見ながら運転していると、何となく頭がリフレッシュされて、ぱっと解決策が浮かんだりするんだよね。

M：あ、分かるなあ。僕もそういうこと、あるよ。

F：そんなときは車を買って本当に良かったなあって思うな。運転しながら自分と会話するような感じで、頭の

[음성]

회사에서 남자와 여자가 이야기하고 있습니다. 여자는 드라이브의 최고 매력은 어떤 것이라고 말하고 있습니까?

M：최근 자동차를 샀다면서?

F：맞아. 지인에게 싸게 양도받은 중고차지만, 휴일에는 친구들과 드라이브하거나 하면서 즐기고 있어.

M：아아, 친구들과 여러 이야기하면서 하는 드라이브란 즐겁지.

F：맞아 맞아. 이야기하고 있으면 눈 깜짝할 새에 시간이 지나가 버려. 게다가 자동차 안이라면 신기하게도 여러 가지 이야기할 수 있게 되거나 해서 커뮤니케이션이 깊어지는 느낌이 들어.

M：맞아. 역시 드라이브란, 친구나 가족과 함께 즐기는 것이 최고지.

F：하지만 말이야, 사실은 혼자서 드라이브 한 적도 많거든. 뭔가 생각할 거리나 고민거리가 있어도, 경치 보면서 운전하고 있으면, 왠지 모르게 머리가 환기되어서, 확 하고 해결책이 떠오르기도 하는 거 있지.

M：아, 알 것 같아. 나도 그런 적, 있어.

F：그럴 때는 자동차를 사서 정말로 다행이라고 생각해. 운전하면서 스스로와 대화하는 듯한 느낌이고, 생각의 정리가 된다고 해야 하나. 이게 방이었다면, 무의식중에 텔레비전이나 스마트폰을 봐 버린다든가, 이것저것 할 것이 있거나 해서 산만해져버리거든.

整理ができるっていうか。これが部屋だと、ついつい テレビやスマホを見ちゃったり、あれこれやることが あったりして気が散っちゃうんだよね。

女の人はドライブの一番の魅力はどんなことだと言っていますか。

여자는 드라이브의 최고 매력은 어떤 것이라고 말하고 있습니까?

[문제지]

1 身近な人との関係を深められること
2 時間を気にせず過ごせること
3 きれいな景色を眺められること
4 自分と向き合う時間を持てること

[문제지]

1 가까운 사람과의 관계를 깊게 할 수 있는 것
2 시간을 신경 쓰지 않고 보낼 수 있는 것
3 예쁜 경치를 바라볼 수 있는 것
4 스스로와 마주보는 시간을 가질 수 있는 것

해설 드라이브의 최고 매력을 묻는 문제이다. 대화에서, 여자가 何となく頭がリフレッシュされて、ぱっと解決策が浮かんだりするんだよね라고 하고, そんなときは車を買って本当に良かったなあって思うな。運転しながら自分と会話するような感じで、頭の整理ができるっていうか라고 했으므로, 4 自分と向き合う時間を持てること가 정답이다. 선택지 1, 3은 최고의 매력으로 언급한 것이 아니고, 2는 시간을 신경 쓰지 않고 보낼 수 있는 것이 아니라 눈 깜짝할 새에 시간이 지나간다고 했으므로 오답이다.

어휘 **ドライブ** 명 드라이브 **魅力** みりょく 명 매력 **知り合い** しりあい 명 지인 **譲る** ゆずる 동 양도하다 **中古車** ちゅうこしゃ 명 중고차 **あっという間** あっというま 눈 깜짝할 새 **不思議だ** ふしぎだ な형 신기하다 **コミュニケーション** 명 커뮤니케이션 **深まる** ふかまる 동 깊어지다 **気がする** きがする 느낌이 들다 **実は** じつは 부 사실은 **考え事** かんがえごと 명 생각할 거리 **悩み事** なやみごと 명 고민거리 **何となく** なんとなく 부 왠지 모르게 **リフレッシュ** 명 환기, 리프레쉬 **ぱっと** 부 확 하고 **解決策** かいけつさく 명 해결책 **浮かぶ** うかぶ 동 떠오르다 **整理** せいり 명 정리 **ついつい** 부 무의식중에 **スマホ** 명 스마트폰 **あれこれ** 부 이것저것 **気が散る** きがちる 산만해지다 **身近だ** みぢかだ な형 가깝다 **深める** ふかめる 동 깊게 하다 **気にせず** きにせず 신경 쓰지 않고 **過ごす** すごす 동 보내다 **眺める** ながめる 동 바라보다 **向き合う** むきあう 동 마주보다

2 중상

[음성]

テレビでアナウンサーと評論家が、新人賞受賞作家について話をしています。この作家の今後の課題は何ですか。

F：今回、新人賞を受賞した遠山さんですが、今後も作家として活躍していくためにはどんなことが必要だと思われますか。

M：そうですね。今回受賞された作品はなかなかよくできていましたね。ストーリー展開もテンポよく、読者を引き込む力を感じましたし、登場人物も幅広く、個性的で魅力的でした。また新人らしいピュアな感覚がところどころで感じられました。この部分は、失わずに変化させながら上手に使っていってほしいですね。気になった点をあげるとしたら、言葉や表現を巧みに使いこなす技がもう少しあればよかったということですね。この辺を工夫されると、更に文章に深みが増して、面白いだけではなく読み応えのある作品を発表できるだろうと思います。ぜひそこを目指して頑張っていってほしいですね。今後に期待しています。

[음성]

텔레비전에서 아나운서와 평론가가, 신인상 수상 작가에 대해 이야기를 하고 있습니다. 이 작가의 앞으로의 과제는 무엇입니까?

F : 이번에, 신인상을 수상한 도야마 씨입니다만, 앞으로도 작가로서 활약해 나가기 위해서는 어떤 것이 필요하다고 생각하십니까?

M : 글쎄요. 이번에 수상하신 작품은 꽤나 잘 만들어져 있었죠. 스토리 전개도 템포 좋게, 독자를 끌어들이는 힘을 느꼈고요, 등장인물도 폭넓고, 개성적이며 매력적이었습니다. 또한 신인다운 순수한 감각이 곳곳에서 느껴졌습니다. 이 부분은, 잃지 않고 변화시키면서 능숙하게 사용해 갔으면 싶네요. 신경 쓰인 점을 들어 보자면, 단어나 표현을 정교하게 구사하는 기술이 조금 더 있었으면 좋았겠다는 것이에요. 이 부분을 궁리하시면, 더욱이 문장에 깊이가 늘어나, 재미있을 뿐만 아니라 읽을 만한 가치가 있는 작품을 발표할 수 있을 거라고 생각합니다. 아무쪼록 그곳을 지향해서 열심히 해 나아가셨으면 하네요. 앞으로 기대하고 있겠습니다.

この作家の今後の課題は何ですか。

[문제지]

1 話の進ませ方をスムーズにすること

2 新人らしさを持ち続けること

3 言葉や表現のテクニックを増やすこと

4 面白くて深みのある文章にすること

이 작가의 앞으로의 과제는 무엇입니까?

[문제지]

1 이야기의 진행 방법을 부드럽게 하는 것

2 신인다움을 계속 가지는 것

3 단어나 표현의 테크닉을 늘리는 것

4 재미있고 깊이있는 문장으로 하는 것

해설 작가의 앞으로의 과제를 묻는 문제이다. 대화에서, 남자가 気になった点をあげるとしたら、言葉や表現を巧みに使いこなす技がもう少しあればよかったということですね라고 했으므로, 3 言葉や表現のテクニックを増やすこと가 정답이다. 선택지 1은 언급되지 않았고, 2는 신인다움을 잃지 말고 변화시켜야 한다고 했으며, 4는 단어나 표현을 정교하게 구사해야 재미있고 깊이있는 문장이 된다고 했으므로 오답이다.

어휘 評論家 ひょうろんか 명 평론가　新人賞 しんじんしょう 명 신인상　受賞 じゅしょう 명 수상　作家 さっか 명 작가　今後 こんご 명 앞으로, 향후　課題 かだい 명 과제　今回 こんかい 명 이번　活躍 かつやく 명 활약　作品 さくひん 명 작품　ストーリー 명 스토리　展開 てんかい 명 전개　テンポ 명 템포　読者 どくしゃ 명 독자　引き込む ひきこむ 동 끌어들이다　感じる かんじる 동 느끼다　登場人物 とうじょうじんぶつ 명 등장인물　幅広い はばひろい い형 폭넓다　個性的だ こせいてきだ な형 개성적이다　魅力的だ みりょくてきだ な형 매력적이다　新人 しんじん 명 신인　ピュアだ な형 순수하다　感覚 かんかく 명 감각　ところどころで 곳곳에서　部分 ぶぶん 명 부분　失う うしなう 동 잃다　変化 へんか 명 변화　気になる きになる 신경 쓰이다　表現 ひょうげん 명 표현　巧みだ たくみだ な형 정교하다　使いこなす つかいこなす 동 구사하다　技 わざ 명 기술　もう少し もうすこし 부 조금 더　この辺 このへん 이 부분　工夫 くふう 명 궁리　更に さらに 부 더욱이　深み ふかみ 명 깊이　増す ます 동 늘어나다　読み応え よみごたえ 명 읽을만한 가치　発表 はっぴょう 명 발표　目指す めざす 동 지향하다　期待 きたい 명 기대　スムーズだ な형 부드럽다　テクニック 명 테크닉　増やす ふやす 동 늘리다

3 상

[음성]

市民講座で男の人が話しています。男の人は人と話すときに何が一番大切だと言っていますか。

M：今日は会話の際に注意するとより効果的にコミュニケーションがとれるポイントについてお伝えしたいと思います。えー、まず、これはどんな時も必要ですが、相手の目を見て話すことです。そして、適度に身振り手振りを交えて話すと、わかりにくさを補うこともできますね。また、よく大きい声で話す人がいますが、声の大きさは場所や状況から判断することが大切です。しかし、以上のことがどんなにできても、あいづちがないと、いいコミュニケーションにはならないでしょう。なぜなら、自分が話を聞いているということを相手にわかってもらうことが何よりも重要だからです。

男の人は人と話すときに何が一番大切だと言っていますか。

[문제지]

1 きちんと相手を見ること

2 ジェスチャーを加えること

3 大きい声で話すこと

4 あいづちを打つこと

[음성]

시민 강좌에서 남자가 이야기하고 있습니다. 남자는 사람과 이야기할 때에 무엇이 가장 중요하다고 말하고 있습니까?

M : 오늘은 회화할 때에 주의하면 보다 효과적으로 커뮤니케이션을 할 수 있는 포인트에 대해 전달하고 싶다고 생각합니다. 음, 우선, 이것은 어느 때고 필요합니다만, 상대의 눈을 보고 이야기하는 것입니다. 그리고, 적당히 손짓 발짓을 섞어서 이야기하면, 알기 어려움을 보충하는 것도 가능하겠죠. 또한, 자주 큰 소리로 이야기하는 사람이 있습니다만, 목소리의 크기는 장소나 상황으로부터 판단하는 것이 중요합니다. 그러나, 이상의 것이 아무리 잘 되더라도, 맞장구가 없으면, 좋은 커뮤니케이션은 될 수 없겠죠. 왜냐하면, 자신이 이야기를 듣고 있다는 것을 상대에게 알게 하는 것이 무엇보다도 중요하기 때문입니다.

남자는 사람과 이야기할 때에 무엇이 가장 중요하다고 말하고 있습니까?

[문제지]

1 제대로 상대를 보는 것

2 제스처를 더하는 것

3 큰 소리로 이야기하는 것

4 맞장구를 치는 것

해설 사람과 이야기할 때에 무엇이 가장 중요한지 묻는 문제이다. 남자가 以上のことがどんなにできても、あいづちがないと、いいコミュニケーションにはならないでしょう。なぜなら、自分が話を聞いているということを相手にわかってもらうことが何よりも重要だからです라고 했으므로, 4 あいづちを打つこと가 정답이다. 선택지 1, 2는 가장 중요하다고 언급한 것이 아니고, 3은 장소나 상황에 따라 판단해야 한다고 했으므로 오답이다.

어휘 講座 こうざ 명 강좌　際 さい 명 때, 적　より 부 보다　効果的だ こうかてきだ な형 효과적이다　コミュニケーション 명 커뮤니케이션　ポイント 명 포인트　相手 あいて 명 상대　適度だ てきどだ な형 적당하다　身振り手振り みぶりてぶり 손짓 발짓　交える まじえる 동 섞다　補う おぎなう 동 보충하다　大きさ おおきさ 명 크기　状況 じょうきょう 명 상황　判断 はんだん 명 판단　あいづち 명 맞장구　なぜなら 접 왜냐하면　重要だ じゅうようだ な형 중요하다　きちんと 부 제대로　ジェスチャー 명 제스처　加える くわえる 동 더하다　あいづちを打つ あいづちをうつ 맞장구를 치다

꼭! 알아두기 以上のことがどんなにできても(이상의 것이 아무리 잘 되더라도), それもありますが (그것도 있습니다만)와 같은 표현 뒤에서 화자가 가장 중요하게 생각하는 것이 자주 언급되므로 특히 유의하여 듣는다.

4 중상

[음성]

テレビで男の人が話しています。男の人は、少子化問題の解決のために政府はまず何をするべきだと言っていますか。

M：えー、日本の出生率は2005年に最低値を記録し、その後わずかに増加してきているものの、現在の政府の取り組みでは出生率の回復は見込めないでしょう。政府が進めてきた働き方改革により、父親である男性も育児に参加しやすい環境になってきてはいるものの、子育て費用の支援については未だに十分とは言えません。少子化対策が開始され、20年以上が経過してもなお、問題は解決されていないという現状を政府は重く受け止めなければなりません。えー、まずは早急に経済的な支援改革に乗り出すべきだと思いますね。安心して子供を産み育てられる社会体制を構築しなければ、問題解決には至らないでしょう。

男の人は、少子化問題の解決のために政府はまず何をするべきだと言っていますか。

[문제지]

1 男性の働き方の見直し
2 **子育てにかかる費用の支援**
3 育児をする家庭の現状把握
4 安全な出産のための環境作り

[음성]

텔레비전에서 남자가 이야기하고 있습니다. 남자는, 저출산 문제의 해결을 위해서 정부는 우선 무엇을 해야만 한다고 말하고 있습니까?

M : 으음, 일본의 출생률은 2005년에 최저치를 기록하고, 그 후 근소하게 증가해 오고 있지만, 현재의 정부 대처로는 출생률의 회복은 기대할 수 없겠죠. 정부가 진행해 온 일하는 방식 개혁에 의해, 아버지인 남성도 육아에 참가하기 쉬운 환경이 되어 오고는 있지만, 양육 비용의 지원에 대해서는 아직도 충분하다고는 말할 수 없습니다. 저출산 대책이 개시되고, 20년 이상이 경과했지만 역시, 문제는 해결되지 않고 있다는 현상을 정부는 무겁게 받아들이지 않으면 안됩니다. 어, 우선은 시급히 경제적인 지원 개혁에 착수해야 한다고 생각합니다. 안심하고 아이를 낳아 기를 수 있는 사회 체제를 구축하지 않으면, 문제 해결에는 도달하지 않을 것입니다.

남자는, 저출산 문제의 해결을 위해서 정부는 우선 무엇을 해야만 한다고 말하고 있습니까?

[문제지]

1 남성의 일하는 방식의 재검토
2 **양육에 드는 비용의 지원**
3 육아를 하는 가정의 현상 파악
4 안전한 출산을 위한 환경 만들기

해설 저출산 문제의 해결을 위해서 정부가 무엇을 해야하는지 묻는 문제이다. 남자가 まずは早急に経済的な支援改革に乗り出すべきだと思いますね。安心して子供を産み育てられる社会体制を構築しなければ、問題解決には至らないでしょう라고 했으므로, 2 子育てにかかる費用の支援이 정답이다. 선택지 1은 정부의 일하는 방식 개혁에 의해 이미 개선되고 있고, 3, 4는 언급되지 않았으므로 오답이다.

어휘 少子化 しょうしか 명 저출산　問題 もんだい 명 문제　解決 かいけつ 명 해결　政府 せいふ 명 정부　日本 にほん 명 일본　出生率 しゅっしょうりつ 명 출생률　最低値 さいていち 명 최저치　記録 きろく 명 기록　その後 そのご 그 후　わずかだ な형 근소하다　増加 ぞうか 명 증가　現在 げんざい 명 현재　取り組み とりくみ 명 대처, 대책　回復 かいふく 명 회복　見込む みこむ 동 기대하다, 예상하다

進める すすめる [동] 진행하다　働き方改革 はたらきかたかいかく 일하는 방식 개혁　父親 ちちおや [명] 아버지　育児 いくじ [명] 육아　参加 さんか [명] 참가
環境 かんきょう [명] 환경　子育て こそだて [명] 양육, 육아　費用 ひよう [명] 비용　支援 しえん [명] 지원　未だに いまだに [부] 아직도
十分だ じゅうぶんだ [な형] 충분하다　対策 たいさく [명] 대책　開始 かいし [명] 개시　経過 けいか [명] 경과　なお [부] 역시　現状 げんじょう [명] 현상
受け止める うけとめる [동] 받아들이다　早急だ そうきゅうだ [な형] 시급하다　経済的だ けいざいてきだ [な형] 경제적이다　改革 かいかく [명] 개혁
乗り出す のりだす [동] 착수하다　産み育てる うみそだてる 낳아 기르다　体制 たいせい [명] 체제　構築 こうちく [명] 구축　至る いたる [동] 도달하다
働き方 はたらきかた [명] 일하는 방식　見直し みなおし [명] 재검토　把握 はあく [명] 파악　出産 しゅっさん [명] 출산　環境作り かんきょうづくり 환경 만들기

5 중상

[음성]

ラジオでアナウンサーと女の人が話しています。女の人が地方に移住したきっかけは何ですか。

M：最近、都会から地方に移住する方が増えていますが、本日は先月この町に引っ越してきたばかりの方にお話を伺います。中村さんです。よろしくお願いいたします。

F：よろしくお願いいたします。

M：早速ですが、中村さんはどうしてこちらに移住をしようと思ったんですか？

F：やはり何と言っても、今年から会社が在宅勤務を推進しているのが大きかったです。もともと田舎で生活したいとは思ってたんですが、仕事をやめるわけにもいかなくて…。

M：そうなんですね。

F：通勤する時間も長かったので、だいぶ楽になりました。仕事の効率も良くなったように思います。

M：なるほど。

F：それに自然豊かな環境のおかげか、子どものアトピーも良くなりまして。

M：それはいいことずくめですね。

F：はい。でも、最初は新しいコミュニティーになじむのに時間がかかるんじゃないかと少し心配もありました。幸いこの地域は自治体が移住をサポートしてくれるので、安心して引っ越しできました。

M：地方も経済活性化に繋がるので、移住のサポート体制がしっかりしているんですね。

女の人が地方に移住したきっかけは何ですか。

[문제지]

1 家で仕事ができるようになったこと
2 会社に通う移動時間が長くなったこと
3 子どもの病状がひどくなったこと
4 自治体の支援サービスを知ったこと

[음성]

라디오에서 아나운서와 여자가 이야기하고 있습니다. 여자가 지방으로 이주한 계기는 무엇입니까?

M : 최근, 도시에서 지방으로 이주하는 분이 늘고 있습니다만, 오늘은 저번 달 이 마을로 막 이사오신 분에게 이야기를 여쭙겠습니다. 나카무라 씨입니다. 잘 부탁드립니다.

F : 잘 부탁드립니다.

M : 바로 본론입니다만, 나카무라 씨는 어째서 이쪽으로 이주를 하려고 생각하셨나요?

F : 역시 뭐니 뭐니 해도, 올해부터 회사가 재택근무를 추진하고 있는 것이 컸어요. 원래 시골에서 생활하고 싶다고는 생각하고 있었습니다만, 일을 그만둘 수도 없는 노릇이고….

M : 그렇겠네요.

F : 통근하는 시간도 길었기 때문에, 상당히 편해졌어요. 일의 효율도 좋아졌다고 생각해요.

M : 과연.

F : 게다가 자연이 풍부한 환경 덕분인지, 아이의 아토피도 좋아져서요.

M : 그거 참 좋은 것 투성이네요.

F : 네. 그래도, 처음에는 새로운 커뮤니티에 적응하는데 시간이 걸리는 것은 아닐까 하고 조금 걱정도 있었습니다. 다행히 이 지역은 자치체가 이주를 서포트해 주기 때문에, 안심하고 이사할 수 있었습니다.

M : 지방도 경제 활성화로 연결되기 때문에, 이주 서포트 체제가 제대로 되어 있군요.

여자가 지방으로 이주한 계기는 무엇입니까?

[문제지]

1 집에서 일을 할 수 있게 된 것
2 회사에 다니는 이동 시간이 길어진 것
3 아이의 병상이 심해진 것
4 자치체의 지원 서비스를 안 것

해설 여자가 지방으로 이주한 계기를 묻는 문제이다. 대화에서, 여자가 やはり何と言っても、今年から会社が在宅勤務を推進しているのが大きかったです라고 했으므로, 1 家で仕事ができるようになったこと가 정답이다. 선택지 2는 언급되지 않았고, 3은 이주 후에 아이의 아토피가

좋아졌다고 했으며, 4는 안심하고 이사할 수 있었던 이유이므로 오답이다.

어휘 地方 ちほう 명 지방　移住 いじゅう 명 이주　きっかけ 명 계기　都会 とかい 명 도시　本日 ほんじつ 명 오늘　早速 さっそく 명 바로 본론, 즉시
何と言っても なんといっても 뭐니 뭐니 해도　在宅勤務 ざいたくきんむ 명 재택근무　推進 すいしん 명 추진　もともと 부 원래　通勤 つうきん 명 통근
楽だ らくだ な형 편하다　効率 こうりつ 명 효율　自然 しぜん 명 자연　豊かだ ゆたかだ な형 풍부하다　環境 かんきょう 명 환경　アトピー 명 아토피
いいことずくめ 명 좋은 것 투성이　コミュニティー 명 커뮤니티　なじむ 동 적응하다　幸い さいわい 부 다행히　地域 ちいき 명 지역
自治体 じちたい 명 자치체　サポート 명 서포트　引っ越し ひっこし 명 이사　活性化 かっせいか 명 활성화　繋がる つながる 동 연결되다
体制 たいせい 명 체제　移動 いどう 명 이동　病状 びょうじょう 명 병상　支援 しえん 명 지원

6 중상

[음성]

大学で男の学生と女の学生が話しています。女の学生はどうして今日メガネをかけていますか。

M：あれ？今日はなんだか感じが違うと思ったら、メガネにしたんだね。
F：ああ、気付いてくれた？さっきから誰にも何も言われなくって。
M：それは悲しいね。目が悪くなった？
F：もともと目は悪かったのよ。前はメガネをかけないでいたんだけど、やっぱり見えにくくて。それで、友達に勧められて1年ぐらい前から、コンタクトにしたの。
M：コンタクトだったんだ。全然知らなかったよ。
F：それがコンタクトのいいところよね。見た目は、目がいい人と何も変わらないんだもん。目にも違和感がなくて、すごく快適なの。
M：でも、今日はコンタクトじゃないんだね。
F：コンタクトよ。
M：え？じゃあ、コンタクトとメガネ両方してるの？
F：そうだよ。これはね、おしゃれでしているのよ。

女の学生はどうして今日メガネをかけていますか。

[문제지]

1　コンタクトよりも好きだから
2　友達にいいと言われたから
3　コンタクトが目に合わないから
4　ファッションを楽しみたいから

[음성]

대학에서 남학생과 여학생이 이야기하고 있습니다. 여학생은 어째서 오늘 안경을 쓰고 있습니까?

M : 어라? 오늘은 어쩐지 느낌이 다르다고 생각했더니, 안경으로 했구나.
F : 아, 눈치채 주었어? 아까부터 아무한테도 아무것도 듣지 못해서 말이야.
M : 그건 슬프네. 눈이 나빠졌어?
F : 원래부터 눈은 나빴어. 전에는 안경을 쓰지 않고 있었는데, 역시 보기 힘들어서. 그래서, 친구에게 추천받아서 1년 정도 전부터, 콘택트렌즈로 한 거야.
M : 콘택트렌즈였구나. 전혀 몰랐어.
F : 그게 콘택트렌즈의 좋은 점이지. 겉모습은, 눈이 좋은 사람과 아무것도 다르지 않은걸. 눈에도 위화감이 없어서, 굉장히 쾌적해.
M : 그런데, 오늘은 콘택트렌즈가 아니네.
F : 콘택트렌즈야.
M : 어? 그럼, 콘택트렌즈랑 안경 모두 하고 있는 거야?
F : 맞아. 이건 말이야, 멋으로 하고 있는 거야.

여학생은 어째서 오늘 안경을 쓰고 있습니까?

[문제지]

1　콘택트렌즈보다도 좋아하기 때문에
2　친구에게 좋다고 들었기 때문에
3　콘택트렌즈가 눈에 맞지 않기 때문에
4　패션을 즐기고 싶기 때문에

해설 여학생이 어째서 오늘 안경을 쓰고 있는지 묻는 문제이다. 대화에서, 여자가 これはね、おしゃれでしているのよ라고 했으므로 4 ファッションを楽しみたいから가 정답이다. 선택지 1은 언급되지 않았고, 2는 콘택트렌즈로 한 이유이며, 3은 쾌적하다고 했으므로 오답이다.

어휘 メガネ 명 안경　なんだか 부 어쩐지　気付く きづく 동 눈치채다　何も なにも 부 아무것도　もともと 부 원래부터　勧める すすめる 동 추천하다
コンタクト 명 콘택트렌즈　見た目 みため 명 겉모습　違和感 いわかん 명 위화감　快適だ かいてきだ な형 쾌적하다　おしゃれ 명 멋
ファッション 명 패션

☞ **문제 3**은 문제지에 아무것도 인쇄되어 있지 않습니다. 따라서, 예제를 들려줄 때, 그 내용을 들으면서 p.20 개요 이해의 문제 풀이 전략을 떠올려 봅니다. 음성에서 では、始めます(그러면, 시작합니다)가 들리면, 곧바로 문제 풀 준비를 합니다. 디렉션과 예제는 실전모의고사 제1회의 해설(p.39)에서 확인할 수 있습니다.

1 중상

[음성]

会議で女の人が男の人に意見を聞いています。

F：10月に開催を予定しているぶどう狩りの件ですが、何かご意見はございますか。

M：私も実際に時間制限があるぶどう狩りに参加したことがあるんですが、参加料が安くてうれしい反面、ゆっくり選んだり採ったりできなかったのが残念に感じた点です。ぶどうを食べることはもちろん、思い出づくりとして参加する方々も多いと思うので、時間を気にせずに楽しんでいただくためには制限を設けず、それに合わせて料金を上げるべきだと考えます。ぶどうの種類が多いのでいろんな種類の食べ比べもできますし、そう考えれば安い参加料ではないでしょうか。

男の人は、ぶどう狩りについてどう考えていますか。

1 時間を無制限にし、参加料を上げるべきだ

2 時間の制限を決め、参加料を値下げすべきだ

3 ぶどうの種類を増やし、時間を無制限にすべきだ

4 参加料を上げ、ぶどうの種類を増やすべきだ

[음성]

회의에서 여자가 남자에게 의견을 묻고 있습니다.

F：10월에 개최를 예정하고 있는 포도 따기의 건입니다만, 무언가 의견은 있으십니까?

M：저도 실제로 시간제한이 있는 포도 따기에 참가한 적이 있습니다만, 참가료가 싸서 기쁜 반면, 천천히 고르거나 따거나 할 수 없었던 것이 유감스럽게 느꼈던 점입니다. 포도를 먹는 것은 물론, 추억 만들기로써 참가하는 분들도 많다고 생각하기 때문에, 시간을 신경 쓰지 않고 즐겨 주시기 위해서는 제한을 두지 말고, 그에 맞춰서 요금을 올려야 한다고 생각합니다. 포도의 종류가 많아서 여러 가지 종류를 먹고 비교할 수도 있고, 그렇게 생각하면 저렴한 참가료가 아닐까요?

남자는, 포도 따기에 대해서 어떻게 생각하고 있습니까?

1 시간을 무제한으로 하고, 참가료를 올려야 한다

2 시간의 제한을 정하고, 참가료를 가격 인하 해야 한다

3 포도의 종류를 늘리고, 시간을 무제한으로 해야 한다

4 참가료를 올리고, 포도의 종류를 늘려야 한다

해설 여자가 남자에게 의견을 묻고 있으므로, 남자의 이야기를 전체적인 흐름을 파악하여 주의 깊게 듣는다. 남자가 '参加料が安くてうれしい反面、ゆっくり選んだり採ったりできなかったのが残念に感じた点です', '時間を気にせずに楽しんでいただくためには制限を設けず、それに合わせて料金をあげるべきだと考えます'라고 했고, 질문에서 남자가 포도 따기에 대해서 어떻게 생각하고 있는지 묻고 있으므로, 1 時間を無制限にし、参加料を上げるべきだ가 정답이다.

어휘 **開催** かいさい 명 개최　**ぶどう狩り** ぶどうがり 포도 따기　**件** けん 명 건　**実際** じっさい 명 실제　**時間制限** じかんせいげん 시간제한　**参加** さんか 명 참가　**参加料** さんかりょう 명 참가료　**反面** はんめん 명 반면　**採る** とる 동 따다　**残念だ** ざんねんだ な형 유감이다　**感じる** かんじる 동 느끼다　**もちろん** 명 물론　**思い出づくり** おもいでづくり 추억 만들기　**方々** かたがた 명 분들　**制限** せいげん 명 제한　**設ける** もうける 동 두다, 마련하다　**合わせる** あわせる 동 맞추다　**料金** りょうきん 명 요금　**考える** かんがえる 동 생각하다　**種類** しゅるい 명 종류　**食べ比べ** たべくらべ 명 먹고 비교함　**無制限** むせいげん 명 무제한　**値下げ** ねさげ 명 가격 인하　**増やす** ふやす 동 늘리다

꼭! 알아두기 ~だと考える/思う(~고 생각하다)로 끝나는 문장에서 자주 화자가 주장하고자 하는 바가 언급되므로 특히 주의 깊게 듣는다.

2 중상

[음성]

講演会で女の人が話しています。

F：絶滅が心配される動物を指定された保護区で保護し、繁殖を進めていくという活動があります。その結果、数を増やすことができたケースも多いのですが、その裏で他の動物の生息数が減ってしまい、新たな絶滅の危機を招くことがあります。えー、これまでは保護対象の動物が住む地域の環境を守れば、他の動物の生存にも有効だと考えられてきました。しかし、保護区を指定することで全体のバランスが崩れ、

[음성]

강연회에서 여자가 이야기하고 있습니다.

F：멸종이 우려되는 동물을 지정된 보호구에서 보호하여, 번식을 진행해 간다는 활동이 있습니다. 그 결과, 수를 늘리는 것이 가능했던 케이스도 많습니다만, 그 이면에서 다른 동물의 생식 수가 줄어버려, 새로운 멸종 위기를 초래하는 경우가 있습니다. 음, 지금까지는 보호 대상인 동물이 사는 지역의 환경을 지키면, 다른 동물의 생존에도 유효하다고 생각되어 왔습니다. 그러나, 보호구를 지정하는 것으로 전체의 균형이 무너져,

もともとその地域に住んでいた数が少ない動物の生息地が失われてしまうのです。人の手が入ることで、新たな問題が生まれていると言えます。

女の人は主に何について話していますか。

1 絶滅が心配される動物の保護方法
2 動物の保護区を設ける必要性
3 特定の動物を保護することで生じる問題
4 保護区での動物の数の減少

원래부터 그 지역에 살고 있었던 수가 적은 동물의 생식지를 잃고 마는 것입니다. 사람의 손이 미치는 것으로, 새로운 문제가 생겨나고 있다고 말할 수 있습니다.

여자는 주로 무엇에 대해서 이야기하고 있습니까?

1 멸종이 우려되는 동물의 보호 방법
2 동물의 보호구를 마련할 필요성
3 특정 동물을 보호하는 것으로 생기는 문제
4 보호구에서의 동물의 수 감소

해설 여자가 강연회에서 어떤 이야기를 하는지 전체적인 흐름을 파악하며 주의 깊게 듣는다. 여자가 '絶滅が心配される動物を指定された保護区で保護し、繁殖を進めていくという活動があります', 'しかし、保護区を指定することで全体のバランスが崩れ、もともとその地域に住んでいた数が少ない動物の生息地が失われてしまうのです'라고 했다. 질문에서 여자가 주로 무엇에 대해 이야기하는지 묻고 있으므로 3 特定の動物を保護することで生じる問題가 정답이다.

어휘 講演会 こうえんかい 명 강연회　絶滅 ぜつめつ 명 멸종　指定 してい 명 지정　保護区 ほごく 명 보호구　保護 ほご 명 보호　繁殖 はんしょく 명 번식　進める すすめる 동 진행하다　活動 かつどう 명 활동　結果 けっか 명 결과　数 かず 명 수　増やす ふやす 동 늘리다　ケース 명 케이스　他 ほか 명 다름, 외　生息数 せいそくすう 명 생식 수　減る へる 동 줄다　新ただ あらただ な형 새롭다　危機 きき 명 위기　招く まねく 동 초래하다　対象 たいしょう 명 대상　地域 ちいき 명 지역　環境 かんきょう 명 환경　守る まもる 동 지키다　生存 せいぞん 명 생존　有効だ ゆうこうだ な형 유효하다　全体 ぜんたい 명 전체　バランス 명 균형, 밸런스　崩れる くずれる 동 무너지다　もともと 부 원래부터　生息地 せいそくち 명 생식지　失う うしなう 동 잃다　手が入る てがはいる 손이 미치다　方法 ほうほう 명 방법　設ける もうける 동 마련하다, 설치하다　必要性 ひつようせい 명 필요성　特定 とくてい 명 특정　生じる しょうじる 동 생기다　減少 げんしょう 명 감소

3 중

[음성]

セミナーで建築デザイナーが発表をしています。

M：建築物や製品を設計する際に用いられるユニバーサルデザインという考え方があります。これは、障がい者など体が不自由な人のために特別な配慮をするのではなく、最初から全ての人が過ごしやすい環境を整えようとデザインするものです。似たような考え方にバリアフリーがありますが、こちらは障がい者や高齢者だけを対象とした設計です。設計されたものが、結果として、どちらも同じデザインになることがありますが、根底にある思想は異なります。ユニバーサルデザインは、あくまで多くの人々に使いやすいものを作る設計手法として考えられたものだからです。

建築デザイナーは、何について話していますか。

1 ユニバーサルデザインの設計
2 ユニバーサルデザインの思想
3 障がい者のためのデザインの仕方
4 使いやすいデザインのための配慮

[음성]

세미나에서 건축 디자이너가 발표를 하고 있습니다.

M : 건축물이나 제품을 설계할 때에 사용되는 유니버설 디자인이라고 하는 사고방식이 있습니다. 이것은, 장애인 등 몸이 자유롭지 않은 사람을 위해 특별한 배려를 하는 것이 아니라, 처음부터 모든 사람이 지내기 편한 환경을 갖추고자 디자인 하는 것입니다. 비슷한 사고방식으로 배리어프리가 있습니다만, 이쪽은 장애인이나 고령자만을 대상으로 한 설계입니다. 설계된 것이, 결과로서는, 모두 같은 디자인이 되는 경우가 있습니다만, 밑바탕에 있는 사상은 다릅니다. 유니버설 디자인은, 어디까지나 많은 사람들이 사용하기 편한 것을 만드는 설계 수법으로서 생각된 것이기 때문입니다.

건축 디자이너는, 무엇에 대해 이야기하고 있습니까?

1 유니버설 디자인의 설계
2 유니버설 디자인의 사상
3 장애인을 위한 디자인 방식
4 사용하기 편한 디자인을 위한 배려

해설 건축 디자이너가 세미나에서 건축과 관련하여 어떤 말을 하는지 전체적인 흐름을 파악하며 주의 깊게 듣는다. 건축 디자이너가 '建築物や製品を設計する際に用いられるユニバーサルデザインという考え方があります', '最初から全ての人が過ごしやすい環境を整えようとデ

ザインするものです', 'ユニバーサルデザインは、あくまで多くの人々に使いやすいものを作る設計手法として考えられたものだからです'라고 했다. 질문에서 건축 디자이너가 무엇에 대해 이야기하는지 묻고 있으므로, 2 ユニバーサルデザインの思想가 정답이다.

어휘 セミナー [명] 세미나　建築 けんちく [명] 건축　デザイナー [명] 디자이너　発表 はっぴょう [명] 발표　建築物 けんちくぶつ [명] 건축물
製品 せいひん [명] 제품　設計 せっけい [명] 설계　際 さい [명] 때, 경우　用いる もちいる [동] 사용하다　ユニバーサルデザイン [명] 유니버설 디자인
考え方 かんがえかた [명] 사고방식　障がい者 しょうがいしゃ [명] 장애인　不自由だ ふじゆうだ [な형] 자유롭지 않다　配慮 はいりょ [명] 배려
全て すべて [명] 모든　過ごす すごす [동] 지내다, 보내다　環境 かんきょう [명] 환경　整える ととのえる [동] 갖추다, 정돈하다　デザイン [명] 디자인
バリアフリー [명] 배리어프리　高齢者 こうれいしゃ [명] 고령자　対象 たいしょう [명] 대상　結果 けっか [명] 결과　どちらも 모두
根底 こんてい [명] 밑바탕, 근저　思想 しそう [명] 사상　異なる ことなる [동] 다르다　あくまで [부] 어디까지나　人々 ひとびと [명] 사람들
手法 しゅほう [명] 수법

4 중상

[음성]

ラジオでスポーツインストラクターが話しています。

F：一般的に年を取るにしたがって筋肉量が減っていくものです。筋肉量の減少が引き起こす問題として、階段の上り下りや激しい運動が困難になるなど運動機能の低下に目が向けられがちです。しかし、それ以上に深刻なのは老化による筋肉量低下で、とっさの時にうまく体のバランスがとれずに転倒してしまい、予期せぬ大きな怪我を負ってしまうことです。そのため、私はお年寄りにこそヨガを勧めたいと思います。ヨガにも様々な種類があります。激しくないものであれば体の筋肉に適度な負荷を与えることで、基礎的な筋肉量が維持できる上に、バランス感覚を養うこともできます。

インストラクターは、何について話していますか。

1 高齢者の運動不足の解消方法
2 運動機能とバランス感覚の関係
3 いろいろなヨガの種類と効能
4 高齢者にヨガを勧める理由

[음성]

라디오에서 스포츠 강사가 이야기하고 있습니다.

F：일반적으로 나이를 먹음에 따라 근육량이 줄어가는 법입니다. 근육량의 감소가 일으키는 문제로서, 계단의 오르내리기나 격렬한 운동이 어려워지는 등 운동 기능의 저하에 눈이 가기 십상입니다. 그러나, 그 이상으로 심각한 것은 노화로 인한 근육량 저하로, 한 순간의 때에 바르게 몸의 균형을 잡지 못하고 넘어져 버려, 예기치 못한 큰 부상을 입게 되는 것입니다. 그렇기 때문에, 저는 어르신께야말로 요가를 추천하고 싶다고 생각합니다. 요가에도 다양한 종류가 있습니다. 격렬하지 않은 것이라면 몸의 근육에 적당한 부하를 주는 것으로, 기초적인 근육량을 유지할 수 있는 데다가, 균형 감각을 기를 수도 있습니다.

강사는 무엇에 대해 이야기하고 있습니까?

1 고령자의 운동 부족의 해소 방법
2 운동 기능과 균형 감각의 관계
3 여러 가지 요가의 종류와 효능
4 고령자에게 요가를 추천하는 이유

해설 스포츠 강사가 라디오에서 운동과 관련하여 어떤 말을 하는지 전체적인 흐름을 파악하며 주의 깊게 듣는다. 스포츠 강사가 '一般的に年を取るにしたがって筋肉量が減っていくものです', '深刻なのは老化による筋肉量低下で、とっさの時にうまく体のバランスがとれずに転倒してしまい、予期せぬ大きな怪我を負ってしまうことです。そのため、私はお年寄りにこそヨガを勧めたいと思います'라고 했다. 질문에서 강사가 무엇에 대해 이야기하고 있는지 묻고 있으므로 4 高齢者にヨガを勧める理由가 정답이다.

어휘 インストラクター [명] 강사, 인스트럭터　一般的だ いっぱんてきだ [な형] 일반적이다　年を取る としをとる 나이를 먹다　筋肉量 きんにくりょう [명] 근육량
減る へる [동] 줄다　減少 げんしょう [명] 감소　引き起こす ひきおこす [동] 일으키다　上り下り のぼりおり [명] 오르내리기　激しい はげしい [い형] 격렬하다
困難になる こんなんになる 어려워지다, 곤란하게 되다　機能 きのう [명] 기능　低下 ていか [명] 저하　向く むく [동] 가다, 향하다
深刻だ しんこくだ [な형] 심각하다　老化 ろうか [명] 노화　とっさ [명] 한 순간　転倒 てんとう [명] 넘어짐, 전도　予期 よき [명] 예기　負う おう [동] 입다
お年寄り おとしより 어르신　ヨガ [명] 요가　勧める すすめる [동] 추천하다　様々だ さまざまだ [な형] 다양하다　種類 しゅるい [명] 종류
筋肉 きんにく [명] 근육　適度だ てきどだ [な형] 적당하다　負荷 ふか [명] 부하　与える あたえる [동] 주다　基礎的だ きそてきだ [な형] 기초적이다
維持 いじ [명] 유지　感覚 かんかく [명] 감각　養う やしなう [동] 기르다　運動不足 うんどうぶそく 운동부족　解消 かいしょう [명] 해소
方法 ほうほう [명] 방법　効能 こうのう [명] 효능

5 상

[음성]

テレビで男の人が話しています。

M：近年、生活環境の改善により、ペットとして飼われている生き物の寿命が延びています。そして、高齢のペットは人間同様、介護が必要になる場合が多いです。高齢の飼い主が高齢のペットの介護をしなければならなくなった場合、飼い主側の負担が大きくなり、ペットの介護を続けられなくなってしまうことがあります。または、ペットが元気だったとしても飼い主の健康面に問題が出てしまった場合は、ペットを飼い続けることが難しくなるでしょう。犬や猫の寿命は一般的に人より短いですから、ペットの老後を心配する人は少ないと思います。しかし、そうも言っていられない時代になっているのです。

男の人は何について話していますか。

1 ペットの高齢化に伴う問題
2 飼い主とペットの関係性を維持する方法
3 飼い主の負担増加とその対処の仕方
4 ペットの死後に発生する課題

[음성]

텔레비전에서 남자가 이야기하고 있습니다.

M : 근래, 생활 환경의 개선에 의해, 반려동물로 길러지고 있는 생물의 수명이 길어지고 있습니다. 그리고, 고령의 반려동물은 인간과 같이, 간호가 필요해지는 경우가 많습니다. 고령의 주인이 고령의 반려동물의 간호를 하지 않으면 안 되게 된 경우, 주인 측의 부담이 커지며, 반려동물의 간호를 계속하지 못하게 되어버리는 일이 있습니다. 또는, 반려동물이 건강했다고 해도 주인의 건강 면에 문제가 나타나 버린 경우는, 반려동물을 계속해서 기르는 것이 어려워질 것입니다. 개나 고양이의 수명은 일반적으로 사람보다 짧기 때문에, 반려동물의 노후를 걱정하는 사람은 적다고 생각합니다. 그러나, 그렇게 말하고 있을 수 없는 시대가 되고 있는 것입니다.

남자는 무엇에 대해 이야기하고 있습니까?

1 반려동물의 고령화에 따른 문제
2 주인과 반려동물의 관계성을 유지하는 방법
3 주인의 부담 증가와 그 대처 방식
4 반려동물의 사후에 발생하는 과제

해설 남자가 텔레비전에서 어떤 이야기를 하는지 전체적인 흐름을 파악하며 주의 깊게 듣는다. 남자가 '近年、生活環境の改善により、ペットとして飼われている生き物の寿命が延びています', '高齢の飼い主が高齢のペットの介護をしなければならなくなった場合、飼い主側の負担が大きくなり、ペットの介護を続けられなくなってしまうことがあります'라고 했다. 질문에서 남자가 무엇에 대해 이야기하고 있는지 묻고 있으므로 1 ペットの高齢化に伴う問題가 정답이다.

어휘 近年 きんねん 명 근래　環境 かんきょう 명 환경　改善 かいぜん 명 개선　飼う かう 동 기르다　生き物 いきもの 명 생물　寿命 じゅみょう 명 수명　延びる のびる 동 길어지다, 연장되다　高齢 こうれい 명 고령　人間 にんげん 명 인간　同様 どうよう 명 같음, 같은 모양　介護 かいご 명 간호, 개호　飼い主 かいぬし 명 주인, 사육주　負担 ふたん 명 부담　続ける つづける 동 계속하다　健康 けんこう 명 건강　面 めん 명 면　一般的だ いっぱんてきだ な형 일반적이다　老後 ろうご 명 노후　高齢化 こうれいか 명 고령화　伴う ともなう 동 따르다, 동반하다　関係性 かんけいせい 명 관계성　維持 いじ 명 유지　方法 ほうほう 명 방법　増加 ぞうか 명 증가　対処 たいしょ 명 대처　死後 しご 명 사후　発生 はっせい 명 발생　課題 かだい 명 과제

꼭! 알아두기　近年(근래), 今(지금)와 같은 표현 다음에 자주 주제가 언급되므로, 近年, 今 뒤에 언급된 내용의 선택지가 정답일 가능성이 높다.

☞ **문제 4**는 문제지에 아무것도 인쇄되어 있지 않습니다. 따라서, 예제를 들려줄 때, 그 내용을 들으면서 p.21 즉시 응답의 문제 풀이 전략을 떠올려 봅니다. 음성에서 では、始めます(그러면, 시작합니다)가 들리면, 곧바로 문제 풀 준비를 합니다. 디렉션과 예제는 실전모의고사 제1회의 해설(p.44)에서 확인할 수 있습니다.

1 중상

[음성]

M：今日は朝から晩まで、まるで嵐のような一日だったね。

F：1 うん、すごい風だったね。
　 2 本当に、忙しかったね。

[음성]

M : 오늘은 아침부터 밤까지, 마치 태풍과도 같은 하루였네.

F : 1 응, 굉장한 바람이었지.
　 2 정말로, 바빴네.

3 じゃあ、明日も行こうね。	3 그럼, 내일도 가자.

해설 남자가 태풍과도 같이 바빴던 하루를 떠올리는 상황이다.

1 (X) 嵐(태풍)와 관련된 風(바람)를 사용하여 혼동을 준 오답이다.

2 (O) 바쁜 하루였다는 남자의 말에 동의하고 있으므로 적절한 응답이다.

3 (X) 今日(오늘)와 관련된 明日(내일)를 사용하여 혼동을 준 오답이다.

어휘 晩 ばん 명 밤　まるで 부 마치　嵐 あらし 명 태풍

2 중상

[음성]	[음성]
M：あれ？研究室、今日はずいぶんがらんとしてるね。	M : 어라? 연구실, 오늘은 꽤나 텅 비어있네?
F：**1 みんな、もう帰っちゃったんですよ。**	F : **1 모두, 벌써 돌아가버렸어요.**
2 はい、みんな元気いっぱいです。	2 네, 모두 원기왕성 합니다.
3 すみません、すぐに片付けちゃいます。	3 죄송합니다, 바로 정리해 버리겠습니다.

해설 남자가 연구실이 텅 빈 것에 대해 의아해하는 상황이다.

1 (O) 연구실이 텅 빈 이유를 알려주고 있으므로 적절한 응답이다.

2 (X) がらんと(텅 빈)와 관련된 いっぱい(가득)를 사용하여 혼동을 준 오답이다.

3 (X) 텅 비어있다는 남자의 말과 맞지 않다.

어휘 がらんと 부 텅 빈　元気いっぱいだ げんきいっぱいだ 원기왕성 하다

3 중상

[음성]	[음성]
F：この資料、整理しといて。分かんないことは、私なり田中さんなりに聞いてね。	F : 이 자료, 정리해 둬. 모르는 것은, 나나 다나카 씨에게 물어봐.
M：1 はい、田中さんにお伝えします。	M : 1 네, 다나카 씨에게 전하겠습니다.
2 はい、すぐに取りかかります。	**2 네, 바로 착수하겠습니다.**
3 はい、資料の確認お願いします。	3 네, 자료 확인 부탁드립니다.

해설 여자가 남자에게 자료를 정리하되 모르는 것은 다나카에게 물어보라고 지시하는 상황이다.

1 (X) 다나카에게 물어보라는 남자의 말과 맞지 않다.

2 (O) 여자의 지시를 수행하겠다는 의미이므로 적절한 응답이다.

3 (X) 資料를 반복 사용하여 혼동을 준 오답이다.

어휘 資料 しりょう 명 자료　整理 せいり 명 정리　取りかかる とりかかる 동 착수하다　確認 かくにん 명 확인　願う ねがう 동 부탁하다

4 중상

[음성]	[음성]
M：今年の新人は、すぐに周囲になじんだみたいですね。	M : 올해 신입은, 금방 주위에 적응한 것 같네요.
F：1 ええ、全く見分けがつかないですよね。	F : 1 네, 전혀 분간이 서지 않네요.
2 ええ、すっかり溶け込んでいますね。	**2 네, 완전히 녹아들었네요.**
3 ええ、かなり立ち直っていますね。	3 네, 꽤나 회복해 있네요.

해설 남자가 신입이 금새 주위에 적응한 것 같다는 의견을 말하는 상황이다.

1 (X) ええ(네) 다음에는 남자의 말에 동의하는 내용이 이어져야 하므로 맞지 않다.

2 (O) 남자의 의견에 동의하고 있으므로 적절한 응답이다.

3 (X) 신입이 적응한 것 같다는 상황과 맞지 않다.

어휘 新人 しんじん 명 신입　周囲 しゅうい 명 주위　なじむ 동 적응하다, 익숙해지다　全く まったく 부 전혀　見分けがつく みわけがつく 분간이 서다
溶け込む とけこむ 동 녹아들다　かなり 부 꽤나　立ち直る たちなおる 동 회복하다

5 중상

[음성]	[음성]
M：この仕事(しごと)、明日(あした)残業(ざんぎょう)するくらいなら、今日(きょう)頑張(がんば)ってやっちゃわない？	M : 이 업무, 내일 야근할 정도라면, 오늘 힘내서 해 버리지 않을래?
F：**1 うん、明日(あした)は早(はや)く帰(かえ)りたいしね。**	F : **1 응, 내일은 빨리 돌아가고 싶고 말이야.**
2 え、もう終(お)わっちゃったの？	2 아, 벌써 끝나버렸어?
3 じゃあ、続(つづ)きは明日(あした)ね。	3 그럼, 다음은 내일이네.

해설 남자가 여자에게 내일 야근할 거라면 오늘 힘내서 끝내자고 권유하는 상황이다.
1 (O) 남자의 권유를 받아들이고 있으므로 적절한 응답이다.
2 (X) 오늘 끝내자는 권유와 맞지 않으므로 오답이다.
3 (X) じゃあ 뒤에는 권유를 받아들이는 말이 나와야하므로 오답이다.

어휘 残業 ざんぎょう 명 야근, 잔업　続き つづき 명 다음, 계속

6 상

[음성]	[음성]
F：この前(まえ)のこと、部長(ぶちょう)が大目(おおめ)に見(み)てくれるって。	F : 요 전의 일, 부장님이 넘어가 준대.
M：1 よく見(み)えなかったのかな。	M : 1 잘 안보였던 걸까?
2 それはありがたいね。	**2 그건 감사하네.**
3 多(おお)すぎても困(こま)るよ。	3 너무 많아도 곤란해.

해설 여자가 부장이 잘못을 넘어가 주어 안도하는 상황이다.
1 (X) 見て를 見え로 반복 사용하여 혼동을 준 오답이다.
2 (O) 안도하는 여자의 말에 공감하는 적절한 응답이다.
3 (X) 大目(おおめ)와 발음이 비슷한 多すぎ(おおすぎ)를 사용하여 혼동을 준 오답이다.

어휘 この前 このまえ 명 요 전　大目に見る おおめにみる (잘못, 실수를) 넘어가 주다　ありがたい い형 감사하다

7 중상

[음성]	[음성]
M：新製品(しんせいひん)の発売延期(はつばいえんき)なんて、驚(おどろ)くには当(あ)たらないよ。	M : 신제품의 발매 연기라니, 놀랄 일은 아니야.
F：1 ああ、いよいよなんですね。	F : 1 아아, 드디어네요.
2 ええ、よく当(あ)たるんですけどねえ。	2 예, 잘 맞는데 말이에요.
3 え？珍(めずら)しいことじゃないんですか。	**3 예? 드문 일이 아닌가요?**

해설 남자가 신제품 발매 연기가 놀랄 일은 아니라는, 즉 자주 있는 일이라는 의도로 말하는 상황이다.
1 (X) 발매가 연기된 상황과 맞지 않다.
2 (X) 当たる(あたる)를 반복 사용하여 혼동을 준 오답이다.
3 (O) 남자의 말에 놀라 반문하고 있으므로 적절한 응답이다.

어휘 新製品 しんせいひん 명 신제품　発売 はつばい 명 발매　延期 えんき 명 연기　~には当たらない ~にはあたらない ~할 일은 아니다, ~할 정도는 아니다
いよいよ 부 드디어　当たる あたる 동 맞다

8 중상

[음성]

M：今日提出の企画書、今更、内容変更だなんて。

F：1 **もっと早く言ってもらわないと困るよね。**

2 頑張って提出したもんね。

3 今回は早めに決まって助かったね。

[음성]

M : 오늘 제출인 기획서, 이제 와서, 내용 변경이라니.

F : 1 **더 빨리 말해주지 않으면 곤란하지.**

2 분발해서 제출했는데 말이야.

3 이번에는 빨리 정해져서 도움이 됐네.

해설 남자가 오늘까지 제출해야 하는 기획서의 내용을 변경해야 해서 불평하는 상황이다.

1 (O) 불평하는 남자의 말에 공감하고 있으므로 적절한 응답이다.

2 (X) 오늘이 제출이라고 한 남자의 말과 시점이 맞지 않다.

3 (X) 이제와서, 즉 뒤늦게 결정되었다는 남자의 말과 맞지 않다.

어휘 **提出** ていしゅつ 명 제출　**企画書** きかくしょ 명 기획서　**今更** いまさら 부 이제 와서　**内容** ないよう 명 내용　**変更** へんこう 명 변경　**今回** こんかい 명 이번　**早めだ** はやめだ な형 빠르다, 빠른 편이다　**助かる** たすかる 동 도움이 되다

9 중상

[음성]

F：先月入れたシステムなんですが、稀にエラーが出るようです。

M：1 **少しでも不具合があると困りますね。**

2 どこが間違っていたんですか？

3 ほとんど入れたということですか？

[음성]

F : 저번 달에 넣은 시스템말입니다만, 드물게 에러가 나오는 것 같아요.

M : 1 **조금이라도 오류가 있으면 곤란하죠.**

2 어디가 잘못되어 있었나요?

3 대부분 넣었다는 건가요?

해설 여자가 시스템에 에러가 나오는 것을 걱정하는 상황이다.

1 (O) 시스템 에러를 걱정하는 여자의 말에 공감하고 있으므로 적절한 응답이다.

2 (X) エラー(에러)와 관련된 **間違う**(잘못되다)를 사용하여 혼동을 준 오답이다.

3 (X) **入れた**(いれた)를 반복 사용하여 혼동을 준 오답이다.

어휘 **システム** 명 시스템　**稀だ** まれだ な형 드물다　**エラー** 명 에러　**不具合** ふぐあい 명 오류, 상태가 좋지 않음　**ほとんど** 명 대부분

10 상

[음성]

F：引き出しにしまったものと思っていたんだけど、いくら探しても見つからなくて・・・。

M：1 しまったのはどこだったの？

2 **ほかのと勘違いしてるんじゃないの？**

3 引き出したなら、あるんじゃないの？

[음성]

F : 서랍에 넣어 두었다고 생각하고 있었는데, 아무리 찾아도 찾을 수 없어서….

M : 1 넣어 둔 건 어디였어?

2 **다른 거랑 착각하고 있는 거 아니야?**

3 꺼냈으면, 있는 거 아니야?

해설 여자가 서랍에 넣었다고 생각했던 물건이 없다는 문제점을 언급하는 상황이다.

1 (X) 여자가 서랍에 넣었다고 했으므로 맞지 않다.

2 (O) 서랍에 넣어 둔 것이 다른 것이 아니었는지 해결 방안을 제시하고 있으므로 적절한 응답이다.

3 (X) **引き出し**(ひきだし, 서랍)와 발음이 같은 **引き出す**(ひきだす, 꺼내다)를 사용하여 혼동을 준 오답이다.

어휘 **しまう** 동 넣다, 치우다　**いくら** 부 아무리　**勘違い** かんちがい 명 착각　**引き出す** ひきだす 동 꺼내다

11 상

[음성]

M：次の休暇、前からしたかった一人旅にあてようかと思ってて。

F：1 いつも一人でいるよね。

2 ふうん。どこに行く予定なの？

3 旅行、楽しかったよ。

[음성]

M : 다음 휴가, 전부터 하고 싶었던 나 홀로 여행에 할애하려고 생각하고 있거든.

F : 1 항상 혼자 있네.

2 흐음. 어디로 갈 예정이야?

3 여행, 즐거웠어.

해설 남자가 여자에게 다음 휴가는 홀로 여행을 할거라고 말하는 상황이다.

1 (X) 一人旅(ひとりたび)와 발음이 비슷한 一人(ひとり)를 사용하여 혼동을 준 오답이다.

2 (O) 남자의 말에 맞장구치는 적절한 응답이다.

3 (X) 다음 휴가라고 했으므로 시점이 맞지 않다.

어휘 休暇 きゅうか 명 휴가　一人旅 ひとりたび 명 나 홀로 여행　あてる 동 할애하다, 할당하다

꼭! 알아두기 ～と思っている(~고 생각하고 있다)는 앞으로의 예정을 나타내는 표현이므로 미래와 관련된 선택지가 정답일 가능성이 높다.

☞ 문제 5는 긴 이야기를 듣습니다. 예제가 없으므로 바로 문제를 풀 준비를 합니다. 문제지에 들리는 내용을 적극적으로 메모하며 문제를 풀어봅시다. 디렉션은 실전모의고사 제1회의 해설(p.48)에서 확인할 수 있습니다.

1 중

[음성]

会社の営業部で、上司と社員二人が話しています。

M1：先月発売になった野菜ジュースの売上が思ったより伸びてないんだ。売り上げを増やすために、何かいいアイデアはないかな。

F：絶対売れると思ってたんですけどねえ。全て国産の野菜を使ったこだわりのジュースで、味もおいしいですし。

M2：おいしさがいまいち伝わっていないのかもしれませんよね。誰か有名人に飲んでもらって、雑誌やテレビで宣伝してもらうのはどうですか。

M1：健康的なイメージの人だったらいいかもしれないな。ただ予算がなあ。

F：それよりも、インターネット上で、商品についてもっと発信していったらいいんじゃないでしょうか。最近は、インターネットを通した直接的な情報のほうが広まりやすいと言いますし。

M1：なるほどね。それなら予算内でできるかもしれないな。

M2：うーん。あの野菜ジュースは、どちらかというと年齢が高めで、健康に関心がある人向けの商品ですよね。今はスーパーでの販売がほとんどですが、そういった方たちがよく利用しているスポーツジムとか、飲食店で取り扱ってもらうのはどうですか。

[음성]

회사의 영업부에서, 상사와 사원 두 명이 이야기하고 있습니다.

M1 : 저번 달 발매된 야채 주스의 매상이 생각보다 늘지 않고 있어. 매상을 늘리기 위해서, 뭔가 좋은 아이디어 없을까?

F : 분명 팔릴 거라고 생각하고 있었는데 말이에요. 모두 국산 야채를 사용한 엄선한 주스로, 맛도 있고 말이죠.

M2 : 맛있음이 아직 잘 전달되지 않은 것일 수도 있겠어요. 누군가 유명인에게 마시게 해서, 잡지나 텔레비전으로 선전하게 하는 것은 어떤가요?

M1 : 건강한 이미지의 사람이라면 좋을지도 모르겠네. 다만 예산이 말야.

F : 그것보다도, 인터넷상에서, 상품에 대해 더 발신해 가면 좋지 않을까요? 최근에는, 인터넷을 통한 직접적인 정보인 편이 퍼지기 쉽다고 하고요.

M1 : 과연 그렇군. 그렇다면 예산 내에서 할 수 있을지도 모르겠네.

M2 : 으음. 저 야채 주스는, 굳이 말하자면 연령이 약간 높고, 건강에 관심이 있는 사람을 향한 상품이죠. 지금은 슈퍼에서의 판매가 대부분입니다만, 그러한 분들이 자주 이용하고 있는 스포츠 체육관이라든지, 음식점에서 취급하게 하는 것은 어떤가요?

M1：なるほど。売る場所を増やすのか。費用もあまりかからないしね。

F：多少費用はかかりますけど、人が多く集まる場所で、無料サンプルを配布するイベントを開くのもいいと思うんですが。一度飲んでみれば、野菜ジュースが好きな人は絶対気に入ってくれると思うんですよね。

M2：ああ、コーヒーの試飲とかでよくやってますよね。

M1：二人ともありがとう。やっぱり、ターゲット層にアピールすることが売り上げに繋がると思うから、お客様が商品を直接手に取る機会を増やしていくことに、力を入れるべきだな。コストをかけるわけにもいかないし、よし、まずは出費をおさえた取り組みから始めることにしよう。

売り上げを増やすために、何をすることにしましたか。

1 有名人を使って宣伝する

2 インターネットで情報を発信する

3 販売店を増やす

4 商品を無料で配る

M1 : 그렇군. 파는 장소를 늘리는 건가. 비용도 별로 들지 않을 것 같고.

F : 다소 비용은 듭니다만, 사람이 많이 모이는 장소에서, 무료 샘플을 배부하는 이벤트를 여는 것도 좋다고 생각합니다만. 한 번 마셔보면, 야채 주스를 좋아하는 사람은 분명 마음에 들어 해 줄 거라고 생각해요.

M2 : 아아, 커피의 시음 같은 걸로 자주 하고 있죠.

M1 : 둘 다 고마워. 역시, 타깃층에게 어필하는 것이 매상으로 이어진다고 생각하니까, 손님이 상품을 직접 손에 쥘 기회를 늘려가는 것에, 힘을 써야겠네. 비용을 들일수도 없는 노릇이고, 좋아, 우선은 지출을 줄인 대책부터 시작하기로 하자.

매상을 늘리기 위해, 무엇을 하기로 했습니까?

1 유명인을 써서 선전한다

2 인터넷에서 정보를 발신한다

3 판매점을 늘린다

4 상품을 무료로 나눠준다

해설 대화에서 언급되는 여러 선택 사항과 특징, 최종 결정 사항을 재빨리 메모하며 주의 깊게 듣는다.

[메모] 매상, 아이디어

- 안 알려짐 = 잡지 텔레비전 선전? → 예산이 문제
- 인터넷 발신 = 잘 퍼짐, 예산 내 가능
- 연령대 높음, 건강 관심 있는 사람 자주, 슈퍼 판매 대부분 = 스포츠 체육관, 음식점 판매? → 판매점 늘림, 비용 별로 안듦
- 비용이 들지만 무료 샘플 = 야채 주스 좋아하는 사람 어필

남자2 : 타겟층 어필, 손님 손에 쥘 기회, 비용 들이지 않음, 지출이 적은 대책부터

질문에서 매상을 늘리기 위해 무엇을 하기로 했는지 묻고 있다. 상사가 타깃층에 어필하고 손님이 손에 쥘 기회를 늘리고, 비용을 들이지 않으며, 지출이 적은 대책부터 하자고 했으므로 건강에 관심 있는 사람이 많은 체육관에서 팔고, 비용도 별로 안들 것 같다고 한 3 販売店を増やす가 정답이다.

어휘 営業部 えいぎょうぶ 명 영업부　上司 じょうし 명 상사　社員 しゃいん 명 사원　発売 はつばい 명 발매　ジュース 명 주스　売上 うりあげ 명 매상　伸びる のびる 동 늘다, 자라나다　増やす ふやす 동 늘리다, 증가시키다　何か なにか 무언가　アイデア 명 아이디어　絶対 ぜったい 명 분명, 절대　売れる うれる 동 팔리다　全て すべて 명 모두　国産 こくさん 명 국산　こだわり 명 엄선, 구애　おいしさ 명 맛있음　いまいち 부 아직 잘 안되는, 조금 덜한　伝わる つたわる 동 전달되다　有名人 ゆうめいじん 명 유명인　宣伝 せんでん 명 선전　健康的だ けんこうてきだ な형 건강하다　イメージ 명 이미지　ただ 부 다만, 단지　予算 よさん 명 예산　インターネット 명 인터넷　商品 しょうひん 명 상품　発信 はっしん 명 발신　直接的だ ちょくせつてきだ な형 직접적이다　情報 じょうほう 명 정보　広まる ひろまる 동 퍼지다　それなら 접 그렇다면　予算内 よさんない 명 예산 내　どちらかというと 굳이 말하자면　年齢 ねんれい 명 연령　高めだ たかめだ な형 약간 높다　健康 けんこう 명 건강　関心 かんしん 명 관심　販売 はんばい 명 판매　ジム 명 체육관　飲食店 いんしょくてん 명 음식점　取り扱う とりあつかう 동 취급하다　費用 ひよう 명 비용　多少 たしょう 부 다소　無料 むりょう 명 무료　サンプル 명 샘플　配布 はいふ 명 배부　イベント 명 이벤트　気にいる きにいる 마음에 들다　試飲 しいん 명 시음　ターゲット層 ターゲットそう 명 타깃층　アピール 명 어필　繋がる つながる 동 이어지다　お客様 おきゃくさま 손님　直接 ちょくせつ 명 직접　手に取る てにとる 손에 쥐다　力を入れる ちからをいれる 힘을 쓰다　コスト 명 비용, 코스트　出費 しゅっぴ 명 지출, 출비　おさえる 동 줄이다, 억누르다　取り組み とりくみ 명 대책, 대처　配る くばる 동 나눠 주다

꼭! 알아두기 よし(좋아)와 같은 감탄사는 앞으로의 각오를 다짐할 때에 사용되므로 よし 주변에 언급된 선택지가 정답이 될 가능성이 높다.

[음성]

大学で、事務職員が就職活動に関する説明会について話しています。

M1：今日は、就職活動に役立つ説明会についてお伝えします。説明会は今月7日金曜日から始まります。まず、毎週金曜日16時からは503教室で、履歴書の書き方についての説明会を行います。今月は外部から専門講師をお招きする予定です。履歴書に関する説明会は来月以降も継続して行いますが、来月以降は事務職員が担当します。次に、毎週月曜日13時から、401教室で面接での話し方について説明会をします。こちらは企業で人事を担当したことがある卒業生に来てもらいます。毎週火曜日と木曜日の午前10時と午後3時からは、209教室で業界研究の方法についてです。今までの卒業生の話を交えながら事務職員から説明いたします。そして、今年からは、就職活動の面接の一環であるグループディスカッションの進め方についての説明会も設けました。こちらは、今月26日の水曜日以降に、毎週水曜日13時から202教室で開催予定です。

F：田中君は、どれか行く？良かったら一緒に行こうよ。

M2：うん、いいよ。僕は、行くならまずは書類の書き方じゃないかなって思ってて。これがクリアできないと面接やディスカッションの対策をしても意味がないしね。

F：それなら、どんな仕事があるかとか、業界ごとの傾向とかを調べたり分析できるようになるほうが先じゃない？私はまだ全然具体的に考えられてないから、まずこれに申し込もうと思ってるんだけど。

M2：確かにそうだね。でも、実は僕ずっとやりたい仕事があって、他の仕事は考えてないからそれはいいかな。それに、これは今月しか聞けない話が聞けそうだから。

F：そうなんだね。じゃあ、面接とディスカッションはどうするつもり？

M2：最終的には全部行こうかと思ってるんだけど、今月後半はちょっとバイトが忙しいから、今月行くならこっちかな。

F：そっか。じゃ、私もそれに一緒に行こうかな。

M2：じゃ、決まりだね。これは僕がまとめて申し込んでおくよ。

質問1　男の学生は一人でどの説明会に申し込みますか。

[음성]

대학에서, 사무 직원이 취직 활동에 관한 설명회에 대해 이야기하고 있습니다.

M1 : 오늘은, 취직 활동에 도움되는 설명회에 대해 전달드리겠습니다. 설명회는 이번 달 7일 금요일부터 시작됩니다. 우선, 매주 금요일 16시부터는 503교실에서, 이력서 쓰는 법에 대한 설명회를 시행합니다. 이번 달은 외부에서 전문 강사를 초빙할 예정입니다. 이력서에 관한 설명회는 다음 달 이후도 계속해서 시행합니다만, 다음 달 이후는 사무 직원이 담당합니다. 다음으로, 매주 월요일 13시부터, 401교실에서 면접에서의 화법에 대해 설명회를 합니다. 이쪽은 기업에서 인사를 담당한 적이 있는 졸업생이 와 줄 겁니다. 매주 화요일과 목요일의 오전 10시와 오후 3시부터는, 209교실에서 업계 연구 방법에 대해서 입니다. 지금까지의 졸업생의 이야기를 섞어서 사무 직원이 설명해 드립니다. 그리고, 올해부터는, 취직 활동의 면접의 일환인 그룹 토론의 진행 방법에 대한 설명회도 마련했습니다. 이쪽은, 이번 달 26일 수요일 이후에, 매주 수요일 13시부터 202교실에서 개최 예정입니다.

F : 다나카 군은, 어딘가 가? 괜찮으면 함께 가자.

M2 : 응, 좋아. 나는, 간다면 우선은 서류 쓰는 법이지 않을까 생각해서. 이걸 클리어하지 못하면 면접이나 토론의 대책을 해도 의미가 없고 말이야.

F : 그렇다면, 어떤 일이 있는지 라든가, 업계별 경향이라든가를 알아보거나 분석할 수 있게 되는 쪽이 먼저이지 않아? 나는 아직 전혀 구체적으로 생각하지 못해서, 우선 이거에 신청해 볼까 하고 생각하고 있는데.

M2 : 확실히 그렇네. 근데, 사실은 나 쭉 하고싶은 일이 있어서, 다른 일은 생각하고 있지 않기 때문에 그건 됐어. 게다가, 이건 이번 달 밖에 못 듣는 이야기를 들을 수 있을 것 같으니까.

F : 그렇구나. 그럼, 면접이랑 토론은 어떻게 할 작정이야?

M2 : 최종적으로는 전부 갈까하고 생각하고 있지만, 이번 달 후반은 좀 아르바이트가 바쁘기 때문에, 이번 달 간다면 이쪽일까.

F : 그렇군. 그럼, 나도 그거에 함께 갈까.

M2 : 그럼, 결정이네. 이건 내가 모아서 신청해 둘게.

질문1 남학생은 혼자서 어느 설명회에 신청합니까?

[문제지]	[문제지]
1 履歴書の書き方	**1 이력서 쓰는 법**
2 面接のときの話し方	2 면접 때의 화법
3 業界研究の方法	3 업계 연구 방법
4 グループディスカッションの進め方	4 그룹 토론의 진행 방법
質問2 二人はどの説明会に一緒に申し込みますか。	질문2 두 사람은 어느 설명회에 함께 신청합니까?
[문제지]	[문제지]
1 履歴書の書き方	1 이력서 쓰는 법
2 面接のときの話し方	**2 면접 때의 화법**
3 業界研究の方法	3 업계 연구 방법
4 グループディスカッションの進め方	4 그룹 토론의 진행 방법

해설 각 선택지와 관련하여 언급되는 내용을 재빨리 메모하며 주의 깊게 듣고, 두 명의 대화자가 최종적으로 선택하는 것에 유의하며 대화를 듣는다.

[메모] 설명회 4개

① 매주 금요일 16시, 이번 달 외부 전문 강사, 다음 달 이후 사무 직원

② 매주 월요일 13시, 기업 인사 담당 졸업생

③ 매주 화, 목요일 오전 10시와 오후 3시, 졸업생 이야기, 사무 직원 설명

④ 이번 달 26일 이후, 매주 수요일 13시

남자 → 서류 쓰는 법, 이번 달 밖에 못 듣는 이야기, 이번 달 후반 아르바이트 바쁨

여자 → 업계별 경향이나 분석, 면접이나 토론 함께 갈까

질문 1은 남자가 선택한 설명회를 묻고 있다. 남자는 우선 서류 쓰는 법을 간다고 하고 이번 달 밖에 못 듣는 이야기를 듣고 싶다고 했으므로, 1 履歴書の書き方가 정답이다.

질문 2는 두 사람이 선택한 설명회를 묻고 있다. 여자가 면접과 토론에 대해 묻자 남자가 이번 달 후반은 바빠서 이쪽(면접)이라고 했고, 여자는 그럼 함께 가자고 했으므로 2 面接のときの話し方가 정답이다.

어휘 事務 じむ 명 사무　職員 しょくいん 명 직원　就職 しゅうしょく 명 취직　活動 かつどう 명 활동　説明会 せつめいかい 명 설명회
役立つ やくだつ 동 도움되다　金曜 きんよう 명 금요일　履歴書 りれきしょ 명 이력서　書き方 かきかた 명 쓰는 법　外部 がいぶ 명 외부
講師 こうし 명 강사　招く まねく 동 초빙하다　以降 いこう 명 이후　継続 けいぞく 명 계속　担当 たんとう 명 담당　面接 めんせつ 명 면접
話し方 はなしかた 명 화법　企業 きぎょう 명 기업　人事 じんじ 명 인사　卒業生 そつぎょうせい 명 졸업생　業界 ぎょうかい 명 업계
方法 ほうほう 명 방법　今まで いままで 부 지금까지　交える まじえる 동 섞다　一環 いっかん 명 일환　グループ 명 그룹
ディスカッション 명 토론, 디스커션　進め方 すすめかた 명 진행 방법　設ける もうける 동 마련하다, 설치하다　開催 かいさい 명 개최
書類 しょるい 명 서류　クリア 명 클리어　対策 たいさく 명 대책　それなら 접 그렇다면　傾向 けいこう 명 경향　分析 ぶんせき 명 분석
先 さき 명 먼저　具体的だ ぐたいてきだ な형 구체적이다　申し込む もうしこむ 동 신청하다　実は じつは 부 사실은　他 ほか 명 다른 것
最終的だ さいしゅうてきだ な형 최종적이다　後半 こうはん 명 후반　バイト 명 아르바이트　決まり きまり 명 결정　まとめる 동 모으다, 합치다

꼭! 알아두기 一緒に(함께), 合流(합류)와 같은 표현이 들리면 함께할 행동이므로 주변에 언급된 내용이 정답의 단서가 된다.

실전모의고사 제4회

언어지식(문자・어휘)

문제 1	
1	1
2	4
3	1
4	3
5	4
6	4
문제 2	
7	2
8	4
9	3
10	1
11	2
12	4
13	1
문제 3	
14	4
15	2
16	3
17	1
18	2
19	3

문제 4	
20	4
21	1
22	2
23	1
24	3
25	1

언어지식(문법)

문제 5	
26	3
27	1
28	2
29	1
30	3
31	3
32	4
33	2
34	1
35	2
문제 6	
36	1
37	4
38	1
39	4
40	2
문제 7	
41	1
42	2
43	3
44	4

독해

문제 8	
45	4
46	2
47	2
48	3
문제 9	
49	1
50	2
51	3
52	2
53	1
54	2
55	2
56	3
57	4
문제 10	
58	4
59	2
60	1
61	3
문제 11	
62	2
63	2
문제 12	
64	4
65	1
66	3
67	2
문제 13	
68	1
69	3

청해

문제 1	
1	4
2	2
3	2
4	3
5	3
문제 2	
1	4
2	2
3	4
4	3
5	2
6	3
문제 3	
1	3
2	3
3	2
4	2
5	4

문제 4	
1	2
2	3
3	2
4	1
5	1
6	1
7	3
8	2
9	2
10	2
11	1
문제 5	
1	1
2 질문1	1
질문2	3

언어지식 (문자·어휘) p.193

1 상

그녀의 무심한 말이 비위에 거슬렸다障った.

해설 障ったは 1 さわった로 발음한다.

어휘 気に障る きにさわる 비위에 거슬리다
何気ない なにげない い형 무심하다

2 상

그는 항상 이야기를 과장誇張해서 말하는 버릇이 있다.

해설 誇張는 4 こちょう로 발음한다. こ가 장음이 아닌 것에 주의한다.

어휘 誇張 こちょう 명 과장　癖 くせ 명 버릇

꼭! 알아두기 誇가 포함된 명사로 誇張(こちょう, 과장), 誇示(こじ, 과시), 誇大(こだい, 과대)를 함께 알아둔다.

3 상

자택에 방문해서 진료診療하는 것으로, 환자의 부담을 경감할 수 있다.

해설 診療는 1 しんりょう로 발음한다. しん이 탁음이 아니고, りょう가 요음 りょ인 것에 주의한다.

어휘 診療 しんりょう 명 진료　自宅 じたく 명 자택　訪問 ほうもん 명 방문
患者 かんじゃ 명 환자　負担 ふたん 명 부담　軽減 けいげん 명 경감

4 상

젊은이들 사이에서, 가냘픈華奢 반지가 유행하고 있는 것 같다.

해설 華奢는 3 きゃしゃ로 발음한다. きゃ와 しゃ가 요음인 것에 주의한다.

어휘 若者 わかもの 명 젊은이　華奢だ きゃしゃだ な형 가냘프다
指輪 ゆびわ 명 반지　流行る はやる 동 유행하다

5 중상

자신의 욕망欲望을 우선하기만 하면 반감을 살 거야.

해설 欲望는 4 よくぼう로 발음한다. ぼう가 장음인 것에 주의한다.

어휘 欲望 よくぼう 명 욕망　優先 ゆうせん 명 우선　反感 はんかん 명 반감

6 중

화장 전에 화장을 행하는施す 풍습이 있다.

해설 施す는 4 ほどこす로 발음한다.

어휘 施す ほどこす 동 행하다, 베풀다　火葬 かそう 명 화장
化粧 けしょう 명 화장　風習 ふうしゅう 명 풍습

7 중상

이번 대응에 관해서, 나라의 판단은 (　　　) 고 보는 국민이 대다수이다.

1 내려져 있었다　　**2 잘못되어 있었다**
3 속이고 있었다　　4 정체되어 있었다

해설 선택지가 모두 동사이다. 괄호 앞의 判断は(판단은)와 함께 쓸 때 判断は誤っていた(판단은 잘못되어 있었다)가 가장 자연스러우므로 2 誤っていた(잘못되어 있었다)가 정답이다. 1은 無罪判決が下った(무죄 판결이 내려졌다), 3은 身分を偽っていた(신분을 속이고 있었다), 4는 作業が滞っていた(작업이 정체되어 있었다)와 같이 쓰인다.

어휘 今回 こんかい 명 이번　対応 たいおう 명 대응　判断 はんだん 명 판단
国民 こくみん 명 국민　大多数 だいたすう 명 대다수
下る くだる 동 내려지다, 내리다　誤る あやまる 동 잘못되다, 틀리다
偽る いつわる 동 속이다　滞る とどこおる 동 정체하다

8 중

그 영상에는 과거의 실수를 (　　　), 반성하는 스타 선수의 모습이 있었다.

1 마음에 그리고　　2 생각에 잠기고
3 가늠하고　　**4 되돌아 보고**

해설 선택지가 모두 동사이다. 괄호 앞의 過ちを(실수를)와 함께 쓸 때 過ちを振り返り(실수를 되돌아 보고)가 가장 자연스러우므로 4 振り返り(되돌아 보고)가 정답이다. 1은 新婚生活を思い描き(신혼 생활을 마음에 그리고), 2는 眠れずに考え込み(잠들지 못하고 생각에 잠기고), 3은 適度な時期を見計らい(적당한 시기를 가늠하고)와 같이 쓰인다.

어휘 映像 えいぞう 명 영상　過去 かこ 명 과거　過ち あやまち 명 실수
反省 はんせい 명 반성　スター 명 스타　選手 せんしゅ 명 선수
姿 すがた 명 모습　思い描く おもいえがく 동 마음에 그리다, 상상하다
考え込む かんがえこむ 동 생각에 잠기다
見計らう みはからう 동 가늠하다　振り返る ふりかえる 동 되돌아 보다

9 상

처음인 연극치고는 (　　　) 하게 하고 있어서 장래가 유망하다.

1 세세　　2 차근차근
3 당당　　4 번쩍번쩍

해설 선택지가 모두 부사이다. 괄호 앞뒤의 내용과 함께 쓸 때 初めての芝居にしては堂々としていて(처음인 연극치고는 당당하게 하고 있어서)가 가장 자연스러우므로 3 堂々(당당)가 정답이다. 1은 初心者にしては背景まで細々と描いていて(초보자치고는 배경까지 세세하게 그리고 있어서), 2는 初めてのプロジェクトにしては着々と進んでいて(처음인 프로젝트치고는 차근차근 진행하고 있어서), 4는 真夜中にしてはネオンサインが煌々と輝いていて

(한밤중치고는 네온사인이 번쩍번쩍 빛나고 있어서)와 같이 쓰인다.

어휘 芝居 しばい 명 연극　将来 しょうらい 명 장래
有望だ ゆうぼうだ な형 유망하다　細々 こまごま 부 세세하게
着々 ちゃくちゃく 부 차근차근　堂々と どうどうと 당당하게
煌々と こうこうと 부 번쩍번쩍

10 중

오랜만에 병실에서 (　　) 한 할머니는 완전히 기력이 쇠해져 있었다.	
1 면회	2 면접
3 집합	4 합류

해설 선택지가 모두 명사이다. 괄호 앞의 **病室で**(병실에서)와 함께 쓸 때 **面会**(면회)가 가장 자연스러우므로 1 **面会**(면회)가 정답이다. 2는 **本社で面接**(본사에서 면접), 3은 **講堂で集合**(강당에서 집합), 4는 **旅行先で合流**(여행지에서 합류)와 같이 쓰인다.

어휘 久しぶりだ ひさしぶりだ な형 오랜만이다　病室 びょうしつ 명 병실
弱る よわる 동 (기력이) 쇠하다　面会 めんかい 명 면회
面接 めんせつ 명 면접　集合 しゅうごう 명 집합
合流 ごうりゅう 명 합류

11 중

후보자의 정책은 어느 것이나 비슷해서, 누구를 지지할지 (　　).	
1 방정맞다	**2 고민스럽다**
3 헷갈린다	4 민망스럽다

해설 선택지가 모두 형용사이다. 괄호 앞의 **誰を支持するか**(누구를 지지할지)와 함께 쓸 때 **悩ましい**(고민스럽다)가 가장 자연스러우므로 2 **悩ましい**(고민스럽다)가 정답이다. 1은 **言動がそそっかしい**(언행이 방정맞다), 3은 **道が紛らわしい**(길이 헷갈린다), 4는 **じっと見られてきまり悪い**(빤히 보아서 민망스럽다)와 같이 쓰인다.

어휘 候補者 こうほしゃ 명 후보자　政策 せいさく 명 정책　支持 しじ 명 지지
そそっかしい い형 방정맞다　悩ましい なやましい い형 고민스럽다
紛らわしい まぎらわしい い형 헷갈리다
きまり悪い きまりわるい い형 민망스럽다

12 중상

친구는 일도 육아도 (　　) 해내는 커리어우먼이다.	
1 애지중지	2 진작에
3 홀연	**4 척척**

해설 선택지가 모두 부사이다. 괄호 앞뒤의 내용과 함께 쓸 때 **仕事も育児もてきぱきこなす**(일도 육아도 척척 해내는)가 가장 자연스러우므로 4 **てきぱき**(척척)가 정답이다. 1은 **ちやほや甘やかす**(애지중지 응석을 받아주다), 2는 **かねがね伺っている**(진작에 들은 바 있다), 3은 **たちまち姿を消す**(홀연 자취를 감추다)와 같이 쓰인다.

어휘 友人 ゆうじん 명 친구　育児 いくじ 명 육아
こなす 동 해내다, 소화하다　キャリアウーマン 명 커리어우먼
ちやほや 부 애지중지　かねがね 부 진작에　たちまち 부 홀연
てきぱき 부 척척

꼭! 알아두기 てきぱき(척척)는 こなす(해내다), 働く(일하다), する(하다)와 함께 자주 사용된다.

13 중

차세대를 짊어질 인재를 (　　) 하기 위해서 만들어진 커리큘럼이 최대의 특징입니다.	
1 육성	2 부양
3 성숙	4 자립

해설 선택지가 모두 명사이다. 괄호 앞의 **人材を**(인재를)와 함께 쓸 때 **人材を育成**(인재를 육성)가 가장 자연스러우므로 1 **育成**(육성)가 정답이다. 2는 **両親を扶養**(부모를 부양), 3은 **実が成熟**(열매가 성숙), 4는 **経済的に自立**(경제적으로 자립)와 같이 쓰인다.

어휘 次世代 じせだい 명 차세대　担う になう 동 짊어지다
人材 じんざい 명 인재　カリキュラム 명 커리큘럼
最大 さいだい 명 최대　特徴 とくちょう 명 특징　育成 いくせい 명 육성
扶養 ふよう 명 부양　成熟 せいじゅく 명 성숙　自立 じりつ 명 자립

14 상

면접관의 날카로운 질문에 <u>간단하게</u> 대답했다.	
1 왠지 모르게	2 울며불며
3 안심하고	**4 무난히**

해설 **あっさり**는 '간단하게'라는 의미로, 동의어인 4 **難なく**(무난히)가 정답이다.

어휘 面接官 めんせつかん 명 면접관　鋭い するどい い형 날카롭다
あっさり 부 간단하게, 어려움 없이　回答 かいとう 명 대답
何となく なんとなく 부 왠지 모르게　泣く泣く なくなく 부 울며불며
心置きなく こころおきなく 부 안심하고, 거리낌 없이
難なく なんなく 부 무난히

꼭! 알아두기 あっさり(간단하게)의 유의어로 難なく(무난히), 簡単に(간단히), さらっと(시원스럽게)를 함께 알아둔다.

15 중

어떤 일도 <u>끈기 있게</u> 계속해서 도전하는 것이 성공으로의 지름길이다.	
1 앞을 향하고	**2 포기하지 않고**
3 손을 떼고	4 굴복하지 않고

해설 **粘り強く**는 '끈기 있게'라는 의미로, 단어의 뜻을 올바르게 풀어 쓴 표현인 2 **あきらめずに**(포기하지 않고)가 정답이다.

어휘 何事 なにごと 명 어떤 일　粘り強い ねばりづよい い형 끈기 있다
挑む いどむ 동 도전하다　成功 せいこう 명 성공
近道 ちかみち 명 지름길　向く むく 동 향하다　あきらめる 동 포기하다
手を引く てをひく 손을 떼다, 손을 잡아 끌다
へこむ 동 굴복하다, 움푹 패이다

16 중상

여동생은 나와 다르게 냄새에 민감하다.

1 상세하다　　2 잘 모르다
3 예민하다　　4 무관심하다

해설 敏感だ는 '민감하다'라는 의미로, 동의어인 3 神経質だ(예민하다)가 정답이다.

어휘 敏感だ びんかんだ なお 민감하다　詳しい くわしい い형 상세하다
疎い うとい い형 잘 모르다
神経質だ しんけいしつだ な형 예민하다, 신경질적이다
無関心だ むかんしんだ な형 무관심하다

17 중상

아버지는 나의 제멋대로인 주장을 나무랐다.

1 추궁했다　　2 반영했다
3 용인했다　　4 변호했다

해설 とがめた는 '나무랐다'라는 의미로, 동의어인 1 追及した(추궁했다)가 정답이다.

어휘 身勝手だ みがってだ な형 제멋대로이다　主張 しゅちょう 명 주장
とがめる 동 나무라다　追及 ついきゅう 명 추궁　反映 はんえい 명 반영
容認 ようにん 명 용인　弁護 べんご 명 변호

18 상

그 뉴스를 보고 쇼크를 받았다.

1 자극　　**2 충격**
3 영향　　4 감명

해설 ショック는 '쇼크'라는 의미로, 동의어인 2 衝撃(충격)가 정답이다.

어휘 ショック 명 쇼크　刺激 しげき 명 자극　衝撃 しょうげき 명 충격
影響 えいきょう 명 영향　感銘 かんめい 명 감명

19 상

부장의 치사한 행동에 전원이 질렸다.

1 이상한　　2 경솔한
3 꼴사나운　　4 믿을 수 없는

해설 あさましい는 '치사한'이라는 의미로, 동의어인 3 見苦しい(꼴사나운)가 정답이다.

어휘 あさましい い형 치사하다　行動 こうどう 명 행동
全員 ぜんいん 명 전원　呆れる あきれる 동 질리다
異常だ いじょうだ な형 이상하다　軽率だ けいそつだ な형 경솔하다
見苦しい みぐるしい い형 꼴사납다　信じる しんじる 동 믿다

20 상

편의

1 편의를 의식하면서 작업하는 것으로 생산성을 높이는 것이 가능하다.
2 집을 정함에 있어 양보할 수 없는 조건은, 방의 넓이와 교통 편의의 좋음이다.
3 약속을 잡을 때는, 먼저 상대방의 편의를 확인해 주세요.
4 고객 이용 시의 편의를 도모하기 위해, 보다 원활한 운영 방법을 모색하고 있다.

해설 便宜(편의)는 일상 속에서 형편이 좋거나 편한 경우에 사용한다. 3의 先方の便宜(상대방의 편의)와, 4의 顧客利用時の便宜(고객 이용 시의 편의) 모두 자연스러우므로, 문장 전체의 문맥을 파악해야 한다. 4의 顧客利用時の便宜を図るため、より円滑な運営方法を模索している(고객 이용 시의 편의를 도모하기 위해, 보다 원활한 운영 방법을 모색하고 있다)에서 올바르게 사용되었으므로 4가 정답이다. 참고로, 1은 効率(こうりつ, 효율), 2는 便(べん, 편), 3은 都合(つごう, 형편)를 사용하는 것이 올바른 문장이다.

어휘 便宜 べんぎ 명 편의　意識 いしき 명 의식　作業 さぎょう 명 작업
生産性 せいさんせい 명 생산성　高める たかめる 동 높이다
譲る ゆずる 동 양보하다　条件 じょうけん 명 조건　広さ ひろさ 명 넓이
良さ よさ 명 좋음　取り付ける とりつける 동 잡다, 설치하다
際 さい 명 때　始めに はじめに 먼저　先方 せんぽう 명 상대방
確認 かくにん 명 확인　顧客 こきゃく 명 고객　利用時 りようじ 이용 시
図る はかる 동 도모하다　円滑だ えんかつだ な형 원활하다
運営 うんえい 명 운영　方法 ほうほう 명 방법　模索 もさく 명 모색

꼭! 알아두기 便宜(편의)는 이미 긍정의 의미를 포함하고 있기 때문에 긍정의 의미인 良い(좋다), 優れる(훌륭하다)와 같은 동사와 함께 쓸 수 없다.

21 중상

원통

1 몇 개월도 전부터 준비해 왔던 기획이 중지라고 하는 원통한 결과로 끝났다.
2 주위 사람들은 달에 간다고 하는 그의 꿈을 너무나도 원통하다고 비웃었다.
3 걱정을 끼치지 않으려고, 풀 죽은 모습을 보이지 않고 원통하게 밝게 행동했다.
4 세금을 올리기 전에, 현재의 원통한 사용 용도에 대해서 재고할 필요가 있다.

해설 無念(원통)은 억울하고 애석한 경우에 사용한다. 1의 中止という無念な結果(중지라고 하는 원통한 결과)에서 올바르게 사용되었으므로 1이 정답이다. 참고로, 2는 無謀(むぼう, 무모), 3은 無理(むり, 무리), 4는 無駄(むだ, 쓸데없음)를 사용하는 것이 올바른 문장이다.

어휘 無念だ むねんだ な형 원통하다　企画 きかく 명 기획
結果 けっか 명 결과　周囲 しゅうい 명 주위　人々 ひとびと 명 사람들
あまりにも 너무나도　嘲笑う あざわらう 동 비웃다
落ち込む おちこむ 동 풀 죽다　姿 すがた 명 모습
ふるまう 동 행동하다　税金 ぜいきん 명 세금
現在 げんざい 명 현재　使用 しよう 명 사용　用途 ようと 명 용도
考え直す かんがえなおす 동 재고하다

22 상

조종하다

1 여기는 주차 금지 공간으로 되어 있기 때문에, 자동차를 조종해 주세요.

2 의도적으로 주가를 조종한 혐의가 있다고 해서, 유명 기업의 사장이 체포되었다.

3 그녀의 사람을 조종하는 발군의 리더십 덕분에, 클래스는 일치단결 했다.

4 경찰과 시민이 협력하는 것으로, 마을의 질서를 조종할 수 있다.

해설 **操る**(조종하다)는 숨어서 뜻대로 무언가를 움직이는 경우에 사용한다. 2의 **株価を操った疑い**(주가를 조종한 혐의)에서 올바르게 사용되었으므로 2가 정답이다. 참고로, 1은 **動かす**(うごかす, 움직이다), 3은 **束ねる**(たばねる, 통솔하다), 4는 **保つ**(たもつ, 유지하다)를 사용하는 것이 올바른 문장이다.

어휘 **操る** あやつる 동 조종하다　**禁止** きんし 명 금지
スペース 명 공간, 스페이스　**意図的だ** いとてきだ な형 의도적이다
株価 かぶか 명 주가　**疑い** うたがい 명 혐의　**企業** きぎょう 명 기업
逮捕 たいほ 명 체포　**抜群** ばつぐん 명 발군
リーダーシップ 명 리더십　**一致団結** いっちだんけつ 명 일치단결
協力 きょうりょく 명 협력　**秩序** ちつじょ 명 질서

23 상

스스럼없다

1 손윗사람에 대한 스스럼없는 태도는 스스로의 인상을 나쁘게 한다.

2 어느 상품도 스스럼없는 가격으로 서민에게도 손이 닿기 쉽다.

3 대판 싸웠던 아이들이 화해해서, 스스럼없는 광경이 보여졌다.

4 A사의 가죽 신발은 각각의 발에 스스럼없는 것이 특징입니다.

해설 **馴れ馴れしい**(스스럼없다)는 사이가 막역하여 허물없는 사이를 나타내는 경우에 사용한다. 1의 **目上の人への馴れ馴れしい態度**(손윗사람에 대한 스스럼없는 태도)에서 올바르게 사용되었으므로 1이 정답이다. 참고로, 2는 **親しみやすい**(したしみやすい, 가까이하기 쉽다), 3은 **ほほえましい**(흐뭇하다), 4는 **馴染みやすい**(なじみやすい, 익숙해지기 쉽다)를 사용하는 것이 올바른 문장이다.

어휘 **馴れ馴れしい** なれなれしい い형 스스럼없다
目上の人 めうえのひと 명 손윗사람　**態度** たいど 명 태도
印象 いんしょう 명 인상　**商品** しょうひん 명 상품
価格 かかく 명 가격　**庶民** しょみん 명 서민　**届く** とどく 동 닿다
大喧嘩 おおげんか 명 대판 싸움　**子供たち** こどもたち 명 아이들
仲直り なかなおり 명 화해　**光景** こうけい 명 광경
革靴 かわぐつ 명 가죽 신발　**それぞれ** 명 각각　**特徴** とくちょう 명 특징

24 중상

기척

1 수면부족이었기 때문인지, 통근 도중에 기척이 나빠졌다.

2 단골 카페의 점장은 상냥한 기척을 가지고 있다.

3 밤길에 뒤쪽에서 사람의 기척을 느꼈기 때문에, 주뼛주뼛 뒤돌아보았다.

4 아이를 둘러싼 기척이 어지럽게 변화하고 있다.

해설 **気配**(기척)는 막연하게 느껴지는 낌새나 눈치를 나타내는 경우에 사용한다. 3의 **人の気配**(사람의 기척)에서 올바르게 사용되었으므로 3이 정답이다. 참고로, 1은 **気分**(きぶん, 기분), 2는 **雰囲気**(ふんいき, 분위기), 4는 **状況**(じょうきょう, 상황)를 사용하는 것이 올바른 문장이다.

어휘 **気配** けはい 명 기척, 기색　**寝不足** ねぶそく 명 수면부족
通勤 つうきん 명 통근　**途中だ** とちゅうだ な형 도중이다
行きつけ いきつけ 명 단골　**カフェ** 명 카페　**店長** てんちょう 명 점장
夜道 よみち 명 밤길　**背後** はいご 명 뒤쪽, 배후
感じる かんじる 동 느끼다　**おそるおそる** 부 주뼛주뼛
振り返る ふりかえる 동 뒤돌아보다　**取り巻く** とりまく 동 둘러싸다
目まぐるしい めまぐるしい い형 어지럽다　**変化** へんか 명 변화

25 중상

환원

1 본사에서는 일 년에 두 번, 주주에게 회사 이익의 일부를 환원하고 있다.

2 그녀가 환원한 것으로, 국민의 유도로의 관심이 높아지고 있다.

3 잃어버린 신뢰를 환원하려면, 다대한 노력과 시간이 필요합니다.

4 최근에는 기계가 한자로 환원해 주기 때문에 한자를 점점 잊어간다.

해설 **還元**(환원)은 본래의 상태로 다시 되돌아가거나 그렇게 되게 하는 경우에 사용한다. 1의 **利益の一部を還元**(이익의 일부를 환원)에서 올바르게 사용되었으므로 1이 정답이다. 참고로, 2는 **復帰**(ふっき, 복귀), 3은 **取り戻す**(とりもどす, 회복하다), 4는 **変換**(へんかん, 변환)을 사용하는 것이 올바른 문장이다.

어휘 **還元** かんげん 명 환원　**本社** ほんしゃ 명 본사　**一年** いちねん 명 일 년
二度 にど 명 두 번　**株主** かぶぬし 명 주주　**利益** りえき 명 이익
一部 いちぶ 명 일부　**国民** こくみん 명 국민　**柔道** じゅうどう 명 유도
関心 かんしん 명 관심　**高まる** たかまる 동 높아지다
失う うしなう 동 잃다　**信頼** しんらい 명 신뢰
多大だ ただいだ な형 다대하다　**努力** どりょく 명 노력

언어지식 (문법) p.198

26 중상

오늘은 대규모의 불꽃놀이 대회가 개최되 (　　), 평소보다 더 길이 붐비고 있다.

1 수는 없어서　　2 기는커녕
3 어서　　4 는 것을 기회로

해설 적절한 문형을 고르는 문제이다. 모든 선택지가 괄호 앞의 동사 사전형 **開催される**(개최되)에 접속할 수 있다. 괄호 뒤 **いつもにも増して道が混んでいる**(평소보다 더 길이 붐비고 있다)로 이어지는 문맥을 보면 '불꽃놀이 대회가 개최되어서, 평소보다 더 길이 붐비고 있다'가 가장 자연스럽다. 따라서 3 **とあって**(어서)가 정답이다. 1 **わけにはいかず**는 '~할 수는 없어서', 2 **どころか**는 '~은커녕', 4 **のをいいことに**는 '~인 것을 기회로'라는 의미의 문형임을 알아둔다.

어휘 **大規模** だいきぼ 명 대규모　**花火** はなび 명 불꽃놀이
大会 たいかい 명 대회　**開催** かいさい 명 개최　**いつも** 명 평소
～にも増して ～にもまして ~보다 더　**混む** こむ 동 붐비다
～わけにはいかず ~할 수는 없다　**～どころか** ~은커녕
～とあって ~이어서, ~이라서　**～のをいいことに** ~인 것을 기회로

27 중상

일본은 저출산 고령화가 진행되고 있다. 인구 구성의 변화 (　　), 행정 서비스의 이상적인 형태를 재검토하는 편이 좋다.

1 를 바탕으로　　2 를 구실로
3 와 맞물려　　4 를 통해

해설 적절한 문형을 고르는 문제이다. 모든 선택지가 괄호 앞의 명사 **変化**(변화)에 접속할 수 있다. 괄호 앞뒤 문맥을 보면, '인구 구성의 변화를 바탕으로, 행정 서비스의 이상적인 형태를 재검토하는 편이 좋다'가 가장 자연스럽다. 따라서 1 **を踏まえて**(를 바탕으로)가 정답이다. 2 **にかこつけて**는 '~을 구실로', 3 **と相まって**는 '~와 맞물려', 4 **を通じて**는 '~을 통해'라는 의미의 문형임을 알아둔다. 4 **を通じて** '~을 통해'는 어떤 수단을 경유하여 정보 전달이나 관계 성립이 이루어지는 경우에 대해 사용하기 때문에 인구 구성의 변화로 이상적인 형태를 재검토한다는 문맥에는 맞지 않으므로 오답이다.

어휘 **日本** にほん 명 일본　**少子高齢化** しょうしこうれいか 명 저출산 고령화
構成 こうせい 명 구성　**変化** へんか 명 변화　**行政** ぎょうせい 명 행정
サービス 명 서비스　**あり方** ありかた 명 이상적인 형태
再検討 さいけんとう 명 재검토　**～ほうがいい** ~편이 좋다
～を踏まえて ～をふまえて ~을 바탕으로, ~에 입각하여
～にかこつけて ~을 구실로　**～と相まって** ～とあいまって ~와 맞물려
～を通じて ～をつうじて ~을 통해

28 중

고객에게 제출할 제안서를 (　　) 김에, 사내용 기획서도 만들어 버리자.

1 만들어서　　**2 만드는**
3 만든　　4 만들 수 있는

해설 동사의 올바른 활용형을 고르는 문제이다. 괄호 뒤의 문형 **がてら**(~김에)와 접속할 수 있는 동사의 활용형은 **ます**형이므로 2 **作り**(만드는)가 정답이다. '제안서를 만드는 김에, 사내용 기획서도 만들어 버리자'라는 문맥에도 맞다.

어휘 **顧客** こきゃく 명 고객　**提出** ていしゅつ 명 제출
提案書 ていあんしょ 명 제안서　**～がてら** ~김에, ~겸해서
社内 しゃない 명 사내　**～向け** ～むけ ~용, ~대상
企画書 きかくしょ 명 기획서

꼭! 알아두기 ～がてら(~김에) 외에 ～かたがた(~겸), ～ついでに(~김에)도 자주 출제된다.

29 중상

내년부터, 우리 회사에서도 사내에서의 공용어가 영어가 된다. (　　), 사원의 반 이상이 외국인이니까, 당연한 일일 것이다.

1 하긴　　2 요컨대
3 차라리　　4 따라서

해설 적절한 접속사를 고르는 문제이다. 괄호 앞의 **我が社でも社内での公用語が英語になる**(우리 회사에서도 사내에서의 공용어가 영어가 된다)와 괄호 뒤의 **社員の半数以上が外国人なのだから、当然のことだろう**(사원의 반 이상이 외국인이니까, 당연한 일일 것이다)와 문맥상 어울리는 말은 '하긴'이다. 따라서 1 **もっとも**(하긴)가 정답이다. **もっとも**는 접속사일 때 '하긴', 부사일 때 '가장'이라는 의미를 가진다.

어휘 **我が社** わがしゃ 우리 회사　**社内** しゃない 명 사내
公用語 こうようご 명 공용어　**社員** しゃいん 명 사원
半数 はんすう 명 반, 절반　**当然** とうぜん 명 당연함
もっとも 접 하긴, 그렇다고 하더라도　**要するに** ようするに 부 요컨대
いっそ 부 차라리　**したがって** 접 따라서

30 상

이마다: 오늘 아침 뉴스 봤어? 지사 (　　) 사람이, 건설 회사 사장으로부터 현금을 받고 있었다니.
아키야마: 정말, 믿을 수 없지.

1 다운　　2 에는 못 미치는
3 씩이나 되는　　4 와 같은

해설 적절한 문형을 고르는 문제이다. 모든 선택지가 괄호 앞의 명사 **知事**(지사)에 접속할 수 있다. 괄호 앞뒤 문맥을 보면, '지사씩이나 되는 사람이, 건설 회사 사장으로부터 현금을 받고 있었다니'가 가장 자연스럽다. 따라서 3 **ともあろう**(씩이나 되는)가 정답이다. 1 **ならではの**는 '~다운', 2 **には及ばない**는 '~에는 못 미치다', 4 **といった**는 '~와 같은'이라는 의미의 문형임을 알아둔다.

어휘 知事 ちじ 명 지사　建設 けんせつ 명 건설　現金 げんきん 명 현금
受け取る うけとる 동 받다, 받아들이다　～なんて 조 ~하다니, ~라니
信じる しんじる 동 믿다　～ならではの ~다운, ~가 아니면 안 되는
～には及ばない ～にはおよばない ~에는 못 미치다, ~할 필요는 없다
～ともあろう ~씩이나 되는　～といった ~와 같은, ~라는

31 중상

여동생은 자신의 가게를 가지고 싶으니까 열심히 저금하겠다고 (　　), 쇼핑하러 가서는 낭비만 하고 있다.

1 말한다 해도　　2 말하기 위해서
3 말하자마자　　4 말했다 하면

해설 적절한 문형을 고르는 문제이다. 괄호 앞뒤 문맥을 보면, '저금하겠다고 말하자마자, 쇼핑하러 가서는 낭비만 하고 있다'가 가장 자연스럽다. 따라서 3의 言ったそばから(말하자마자)가 정답이다. 1의 たところでは '~한다 해도', 2의 んがためには '~하기 위해서', 4의 たが最後는 '~했다 하면'이라는 의미의 문형임을 알아둔다.

어휘 貯金 ちょきん 명 저금　～ては 조 ~해서는, ~하고는
無駄遣い むだづかい 명 낭비　～ばかり 조 ~만
～たところで ~한다 해도, ~한들　～んがために ~하기 위해서
～たそばから ~하자마자　～たが最後 ～たがさいご ~했다 하면

32 상

(야마다 집의 현관에서)
야마다: 오늘은 일부러 와 주셔서 감사했습니다. 밖은 추우니, 부디 여기에서 코트를 (　　).
하야시: 아, 그렇습니까? 그럼, 실례합니다.

1 입으시는 것인가 생각합니다　　2 드셔 주세요
3 입어 주시는 것으로 합시다　　**4 입어 주세요**

해설 적절한 경어 표현을 고르는 문제이다. 현관에서 코트를 입으라고 말하는 상황이므로 상대방의 행위를 높이는 どうぞここでコートをお召しになってください(부디 여기에서 코트를 입어 주세요)가 가장 자연스럽다. 따라서 4 お召しになってください(입어 주세요)가 정답이다. 여기서 お召しになる(입으시다)는 着る(입다)의 존경 표현이다. 1의 召される(입으시다)는 着る(입다)의 존경어, 2의 召し上がる(드시다)는 食べる(먹다)의 존경어, 3의 お召しいただく(입어 주시다)는 着てもらう(입어 주다)의 존경 표현을 활용한 것이다.

어휘 わざわざ 부 일부러
お越しいただく おこしいただく 와 주시다 (来てもらう의 존경 표현)
召される めされる 동 입으시다 (着る의 존경어)
～かと思う ～かとおもう ~인가 생각하다
召し上がる めしあがる 동 드시다 (食べる의 존경어)
お召し おめし 명 입으시는 것 (着ること의 존경어)
お召しになる おめしになる 입으시다 (着る의 존경 표현)

꼭! 알아두기 着る(입다)의 존경어로 召す(입으시다), 着られる(입으시다)를 함께 알아둔다.

33 중상

많은 시간을 들여 열심히 조사해서, 간신히 다 쓴 논문이어도, 제출 기한에 (　　).

1 맞추지 못하고 끝이다　　**2 맞추지 않으면 그것으로 끝이다**
3 맞출 상황이 아니다　　4 맞추게 하지 않을 수 없다

해설 적절한 문형을 고르는 문제이다. 괄호 앞 문맥을 보면, '간신히 다 쓴 논문이어도, 제출 기한에 맞추지 않으면 그것으로 끝이다'가 가장 자연스럽다. 따라서 2 間に合わなければそれまでだ(맞추지 않으면 그것으로 끝이다)가 정답이다. 1의 ずじまいだ는 '~하지 못하고 끝이다', 3의 どころではない는 '~할 상황이 아니다', 4의 ずにはすまない는 '~하지 않을 수 없다'라는 의미의 문형임을 알아둔다.

어휘 書き上げる かきあげる 동 다 쓰다　論文 ろんぶん 명 논문
提出 ていしゅつ 명 제출　期限 きげん 명 기한
～ずじまいだ ~하지 못하고 끝이다
～ばそれまでだ ~하면 그것으로 끝이다
～どころではない ~할 상황이 아니다
～ずにはすまない ~하지 않을 수 없다

34 중상

(전화로)
이시카와: 조만간 (　　), 당사의 신제품을 안내하러 찾아 뵙고 싶습니다만.
사사키: 그렇습니까. 감사합니다. 그럼, 다음 주 수요일 등은 어떻습니까?

1 인사를 겸해서　　2 인사의 한편으로
3 인사 없이　　4 인사 여하를 불문하고

해설 적절한 문형을 고르는 문제이다. 괄호 앞뒤 문맥을 보면, '조만간 인사를 겸해서, 당사의 신제품을 안내하러 찾아 뵙고 싶습니다만'이 가장 자연스럽다. 따라서 1 ご挨拶かたがた(인사를 겸해서)가 정답이다. 2의 かたわら는 '~한편으로', 3의 なくしては '~없이', 4의 いかんによらず는 '~여하를 불문하고'라는 의미의 문형임을 알아둔다.

어휘 近いうちに ちかいうちに 조만간, 가까운 시일 내에
当社 とうしゃ 명 당사, 우리 회사　新製品 しんせいひん 명 신제품
伺う うかがう 동 찾아 뵙다 (訪ねる의 존경어)　～かたがた ~를 겸해서
～かたわら ~한편으로　～なくして ~없이
～いかんによらず ~여하를 불문하고

35 중

나카지마: 수납 장소도 없고, 1년에 몇 번이나 쓰는 것도 아니니까, 여행 가방 따위 (　　) 지.
모리타: 그렇지. 그럼, 부활동의 친구에게라도 빌리는 걸로 할게.

1 사지 않을 수 없　　**2 살 필요도 없**
3 사지 않고는 배길 수 없　　4 사는 것에 비할 바가 없

해설 적절한 문형을 고르는 문제이다. 괄호 앞뒤 문맥을 보면, '여행 가

방 따위 살 필요도 없지'가 가장 자연스럽다. 따라서 2 買うまでもない(살 필요도 없)가 정답이다. 1의 ざるを得ない는 '~하지 않을 수 없다', 3의 ずにはおかない는 '~하지 않고는 배길 수 없다', 4의 に越したことはない는 '~에 비할 바가 없다'라는 의미의 문형임을 알아둔다.

어휘 収納 しゅうのう 명 수납　~なんて 조 ~따위
部活 ぶかつ 명 부활동, 동아리 활동
~ざるを得ない ~ざるをえない ~하지 않을 수 없다
~までもない ~할 필요도 없다
~ずにはおかない ~하지 않고는 배길 수 없다
~に越したことはない ~にこしたことはない ~에 비할 바가 없다

36 중상

우리 아들은 대학에는 매일 다니고 있는데, ★입학 2년째 가 되어서야 처음으로 도서관에 갔다고 들어서 놀랐다.

1 입학　　2 2년째
3 처음으로　　4 가 되어서야

해설 4 にして는 명사에 접속하므로 먼저 1 入学 4 にして(입학이 되어서야) 또는 2 2年目 4 にして(2년째가 되어서야)로 연결할 수 있다. 둘 중 빈칸 앞의 '대학에는 매일 다니고 있는데'와 문맥상 어울리는 말은 2 2年目 4 にして(2년째가 되어서야)이다. 이것을 나머지 선택지와 함께 문맥에 맞게 배열하면 1 入学 2 2年目 4 にして 3 初めて(입학 2년째가 되어서야 처음으로)가 되면서 전체 문맥과도 어울린다. 따라서 ★이 있는 첫 번째 빈칸에 위치한 1 入学(입학)가 정답이다.

어휘 ~にして ~가 되어서야

37 중상

내 아내는 맏이에게는 예의범절을 엄하게 주의 주지만, 막내에게는 아무래도 물러지는 경향 이 있는 ★것 같다.

1 있는　　2 이
3 경향　　**4 것 같다**

해설 3 きらい 2 が 1 ある는 함께 쓰여 문형 きらいがある(~경향이 있다)가 되므로 3 きらい 2 が 1 ある(경향이 있는)로 먼저 연결할 수 있다. 이것을 나머지 선택지와 함께 문맥에 맞게 배열하면 3 きらい 2 が 1 ある 4 ようだ(경향이 있는 것 같다)가 되면서 전체 문맥과도 어울린다. 따라서 ★이 있는 네 번째 빈칸에 위치한 4 ようだ(것 같다)가 정답이다.

어휘 長子 ちょうし 명 맏이, 첫째　礼儀作法 れいぎさほう 명 예의범절
末っ子 すえっこ 명 막내　どうしても 부 아무래도
~きらいがある ~경향이 있다　~ようだ ~인 것 같다

꼭! 알아두기　~きらいがある(~인 경향이 있다)는 甘くなる(물러지다), 考えすぎる(너무 생각하다)와 같은 부정적인 표현과 함께 사용된다.

38 중상

나는 오랫동안, 다양한 지역의 설 요리에 대해 조사하고 있는데, 이번 연말연시는 현지 조사를 ★겸해서 북쪽 지방의 온천을 느긋하게 돌려고 계획하고 있다.

1 겸해서　　2 북쪽 지방의 온천을
3 현지 조사를　　4 연말연시는

해설 1 兼ねて는 조사 を와 함께 쓰여 문형 を兼ねて(~을 겸해서)가 되므로 먼저 2 北の地方の温泉を 1 兼ねて(북쪽 지방의 온천을 겸해서) 또는 3 現地調査を 1 兼ねて(현지 조사를 겸해서)로 연결할 수 있다. 둘 중 빈칸 뒤의 '느긋하게 돌려고 계획하고 있다'와 문맥상 어울리는 말은 4 年末年始は 3 現地調査を 1 兼ねて 2 北の地方の温泉を(연말연시는 현지 조사를 겸해서 북쪽 지방의 온천을)이다. 따라서 1 兼ねて(겸해서)가 정답이다.

어휘 長年 ながねん 명 오랫동안　様々だ さまざまだ な형 다양하다
地域 ちいき 명 지역　~について ~에 대해
巡る めぐる 동 돌다, 돌아다니다　~を兼ねて ~をかねて ~을 겸해서
地方 ちほう 명 지방　温泉 おんせん 명 온천　現地 げんち 명 현지
調査 ちょうさ 명 조사　年末年始 ねんまつねんし 명 연말연시

39 상

사고를 당한 사람을 방치하고 그 자리를 떠나다니, 경찰관으로서 해서는 안 될 행위라고 ★비난 받아도 어쩔 수가 없다고 생각한다.

1 해서는 안 될 행위라고　　2 경찰관으로서
3 어쩔 수가 없다고　　**4 비난 받아도**

해설 1의 あるまじき는 2의 조사 に와 함께 쓰여 문형 にあるまじき(~로서 해서는 안 될)가 되므로 먼저 2 警察官に 1あるまじき行為だと(경찰관으로서 해서는 안 될 행위라고)로 연결할 수 있다. 4의 ても는 3의 仕方がない와 함께 쓰여 문형 ても仕方がない(~해도 어쩔 수가 없다)가 되므로 4 非難されても 3 仕方がないと(비난 받아도 어쩔 수가 없다고)로 연결할 수 있다. 이것을 문맥에 맞게 배열하면 2 警察官に1 あるまじき行為だと 4 非難されても 3 仕方がないと(경찰관으로서 해서는 안 될 행위라고 비난 받아도 어쩔 수가 없다고)가 되면서 전체 문맥과도 어울린다. 따라서 4 非難されても(비난 받아도)가 정답이다.

어휘 遭う あう 동 당하다, 겪다　見捨てる みすてる 동 방치하다, 내버리다
その場 そのば 그 자리　立ち去る たちさる 동 떠나다
~なんて 조 ~라니　~にあるまじき ~로서 해서는 안 될
行為 こうい 명 행위　警察官 けいさつかん 명 경찰관
~ても仕方がない ~てもしかたがない ~해도 어쩔 수가 없다
非難 ひなん 명 비난

꼭! 알아두기　~にあるまじき(~로서 해서는 안 될)는 警察官(경찰관), 公務員(공무원)과 같은 직업이나 지위를 나타내는 명사와 함께 자주 사용된다.

40 중상

> 지지율이 큰 폭으로 하락함에 이르러도 ★정부는 아직까지도 제대로 된 정책을 내세우려고 조차 하지 않는다.
>
> 1 하락함에　　2 **정부는 아직까지도**
> 3 제대로 된 정책을　　4 이르러도

해설 4의 至っては 1의 조사 に와 함께 쓰여 문형 に至って(~에 이르러)가 되므로 먼저 1 下落するに 4 至っても(하락함에 이르러도)로 연결할 수 있다. 이것을 나머지 선택지와 함께 문맥에 맞게 배열하면 1 下落するに 4 至っても 2 政府はいまだに 3 まともな政策を(하락함에 이르러도 정부는 아직까지도 제대로 된 정책을)가 되면서 전체 문맥과도 어울린다. 따라서 2 政府はいまだに(정부는 아직까지도)가 정답이다.

어휘 **支持率** しじりつ 명 지지율　**大幅だ** おおはばだ な형 큰 폭이다
打ち出す うちだす 동 내세우다　**〜さえ** 조 ~조차　**下落** げらく 명 하락
政府 せいふ 명 정부　**いまだに** 부 아직까지도
まともだ な형 제대로 되다　**政策** せいさく 명 정책
〜に至って 〜にいたって ~에 이르러　**〜も** 조 ~도

41-44

> 동창회
>
> 고등학교 졸업식 날, '이 멤버 전원이 한 데 모이는 일은, 이제 없는 거야'라고, 선생님이 말했다. 나를 포함한 학급의 모두는, '그럴 리 없어'라고 선생님을 비웃었다.
>
> 매일 함께 수업을 받고, 매일 함께 점심 밥을 먹고, 학년에서 가장 사이가 좋다고 일컬어지는 이 학급. 모이려고 생각하면, 언제든지 모일 수 있다. 그런 [41]미래에의 희망이, 우리들을 [41]. 선생님은, 그런 우리들을 다정한 미소로 바라보고 있었다.
>
> 젊으면 젊을수록, 이별의 무게는 솔직히 별로 실감할 수 없다. [42]젊을 때에는, 이별을 슬퍼할 틈도 없을 정도로 새로운 사람이나 사건과의 만남이 차례차례로 찾아와서, 바빠서 어쩔 수 없는 법이다. [42], [42]인생에는 하고 싶은 것을 하기 위한 시간도, 만나고 싶은 사람을 만날 기회도 충분히 있는 것처럼 생각된다. 하지만 조금씩 해를 거듭해서, 간신히, [43]인생에는 할 수 없는 일 쪽이 많으며, 헤어진 사람과 다시 똑같이 만날 수 있는 보증은 어디에도 없는 것에, [43].
>
> 그날, 선생님이 말했던 것은 진실이었다. 졸업한 다음 해, 학급 전원을 부른 식사 모임이 개최되었으나, 3명 올 수 없었다. 성인식이 있던 해에는, 선술집에서 회식이 열렸지만, 참가자는 학급의 3분의 2 정도였다.
>
> 그리고, 졸업하고 10년 뒤, 선생님의 퇴직을 축하하는 모임이 행해졌지만, 들은 이야기에 따르면, 참가자는 학급의 절반 이하였다고 한다. 나도 그 날은, 출장이 있어서 갈 수가 없었다. 작은 비즈니스 호텔의 침대 위에서, 멍하니 선생님의 말을 회상하고 있었다.
>
> 졸업 날로부터 세월은 꽤 흘러, 작년, 학급 멤버 1명이 병으로 죽었다. 선생님이 말한 대로, [44]학급 전원이 모이는 일은 그날 이래 한 번도 없었고, 앞으로도 [44]은 [44]두 번 다시 찾아올 일은 없다.

어휘 **同窓会** どうそうかい 명 동창회　**卒業式** そつぎょうしき 명 졸업식
メンバー 명 멤버　**全員** ぜんいん 명 전원
揃って集まる そろってあつまる 한 데 모이다
含める ふくめる 동 포함하다　**学年一** がくねんいち 학년에서 가장
仲 なか 명 사이　**未来** みらい 명 미래　**希望** きぼう 명 희망
笑顔 えがお 명 미소　**見つめる** みつめる 동 바라보다, 응시하다
〜ば〜ほど 조 ~면 ~수록　**別れ** わかれ 명 이별　**重み** おもみ 명 무게
正直 しょうじき 부 솔직히　**実感** じっかん 명 실감
悲しむ かなしむ 동 슬퍼하다　**出来事** できごと 명 사건
出会い であい 명 만남　**次から次へと** つぎからつぎへと 차례차례로
やってくる 동 찾아오다　**仕方ない** しかたない い형 어쩔 수 없다
〜ものだ ~법이다　**人生** じんせい 명 인생
年を重ねる としをかさねる 해를 거듭하다　**保証** ほしょう 명 보증
語る かたる 동 말하다　**真実** しんじつ 명 진실
声を掛ける こえをかける 부르다, 말을 걸다
食事会 しょくじかい 명 식사 모임, 식사회　**開催** かいさい 명 개최
成人式 せいじんしき 명 성인식　**居酒屋** いざかや 명 선술집
飲み会 のみかい 명 회식　**参加者** さんかしゃ 명 참가자
程度 ていど 명 정도　**退職** たいしょく 명 퇴직　**祝う** いわう 동 축하하다
〜によると ~에 의하면　**半数** はんすう 명 절반
出張が入る しゅっちょうがはいる 출장이 있다
ビジネスホテル 명 비즈니스 호텔　**ぼんやりと** 부 멍하니
月日 つきひ 명 세월　**流れる** ながれる 동 흐르다
昨年 さくねん 명 작년　**〜通り** 〜とおり ~대로　**以来** いらい 명 이래

41 중상

> 1 **낙관적인 마음으로 만들고 있었다**
> 2 낙관적인 마음으로 되고 있었다
> 3 낙관적인 마음이 된 것이다
> 4 낙관적인 마음이 되었을 것이다

해설 적절한 문형을 고르는 문제이다. 선택지 1에는 사역 표현, 2에는 수동 표현이 사용되었으므로 빈칸 주변에서 행위의 주체나 대상을 파악하는 것에 유의한다. 빈칸 앞 문맥을 볼 때, 미래로의 희망이 낙관적인 마음으로 만드는 대상은 필자를 포함한 학급 멤버이다. 따라서 사역 표현이면서 문맥에 맞는 의미인 1 楽観的な気持ちにさせていた가 정답이다.

어휘 **楽観的だ** らっかんてきだ な형 낙관적이다　**〜わけだ** ~인 것이다
〜はずだ ~일 것이다

> 꼭! 알아두기 빈칸 앞에 조사 を가 있으면 사역 표현을, 조사 は가 있으면 수동 표현을 정답 후보로 먼저 검토한다.

42 중상

> 1 그러므로　　2 **덧붙여**
> 3 요컨대　　4 게다가

해설 적절한 접속사를 고르는 문제이다. 빈칸 앞에서 若い時には、別れを悲しむ暇もないくらい新しい人や出来事との出会いが次から次へとやってきて、忙しくて仕方ないものだ라고 하고, 빈칸 뒤에서 人生にはやりたいことをやるための時間も、会い

たい人に会う機会も十分にあるように思える라며 젊을수록 이별의 무게를 실감하지 못하는 이유를 추가로 언급하였다. 따라서 2 加えて가 정답이다. 4 おまけに는 여러 사태에 비슷한 사태가 추가되는 경우에 사용하는 접속사여서 이별의 무게를 실감하지 못하는 이유를 설명하는 문맥에 맞지 않으므로 오답이다.

어휘 ゆえに 접 그러므로　加えて くわえて 접 덧붙여
要するに ようするに 부 요컨대　おまけに 접 게다가

43 중상

1 깨닫게 할 필요도 없다	2 깨닫게 했다고 생각하는 것인가
3 깨닫게 되는 것이다	4 깨닫게 되었기 때문이다

해설 적절한 문형을 고르는 문제이다. 선택지 1과 2에는 사역 표현, 3과 4에는 사역수동 표현이 사용되었으므로 빈칸 주변에서 행위의 주체나 대상을 파악하는 것에 유의한다. 빈칸 앞의 문맥을 볼 때, 人生にはできないことの方が多く、別れた人とまた同じように会える保証はどこにもないこと를 깨닫게 되는 주체는 필자이다. 따라서 사역수동 표현이면서 문맥에 맞는 의미인 3 気づかされるのである가 정답이다.

어휘 気づく きづく 동 깨닫다　～までもない ~할 필요도 없다
～と思う ～とおもう ~라고 생각하다　～のか ~것인가
～のである ~인 것이다　～から 조 ~때문

44 중상

1 이 때	2 그 때
3 이런 날	**4 그런 날**

해설 적절한 지시어를 고르는 문제이다. 빈칸 뒤의 二度と訪れることはない는 빈칸 앞의 クラスの全員が集まること를 지칭한다. 따라서 학급 전원이 모였던 과거의 어느 날을 지시하는 4 そんな日가 정답이다.

독해 p.204

45 중상

어린 시절부터 피아노를 배우고 연습을 거듭하는 사람이 많이 있음에도 불구하고, 자신의 심정을 음색으로 바꿔서 연주할 수 있는 사람은 얼마 없다.

악기라는 것은 본래, 희로애락 등의 심정을, 목소리를 대신하여, 보다 풍부하게 표현하기 위해 만들어낸 것임에 틀림없다. 하지만, 근래의 일본에서는, 피아노는 기술을 습득하기 위한 배우는 것 중 하나가 되어 버리고 있다. 연주 기술을 연마하는 것에만 얽매이는 것이 아니라, 자신의 심정을 풍부하게 표현한다는 본래의 목적으로 되돌아가는 것은 어떨까?

(주) 연마하다 : 연습을 해서, 기술을 훌륭한 것으로 한다.

필자의 생각으로 맞는 것은 어느 것인가?

1 피아노를 아무리 연습해도 실력이 늘지 않는 사람이 많이 있는 것은 문제이다.
2 피아노뿐만 아니라 어떤 악기로도 감정을 표현할 수 없는 것은 문제이다.
3 피아노의 표현력을 높이기 위해서, 배우는 것에 착실하게 임해야 한다.
4 피아노는 마음속의 생각을 나타내는 것을 목표로 연습해야 한다.

해설 에세이로 필자의 생각을 묻고 있다. 후반부에서 演奏技術を鍛錬することだけにとらわれるのではなく、自分の心情を豊かに表現するという本来の目的に立ち戻ってはどうだろうか라고 서술하고 있으므로, 4 ピアノは心の中の思いを表すことを目指して練習すべきだ가 정답이다.

어휘 幼少期 ようしょうき 명 어린 시절　重ねる かさねる 동 거듭하다　～にもかかわらず ~임에도 불구하고　心情 しんじょう 명 심정　音色 ねいろ 명 음색
代える かえる 동 바꾸다, 대신하다　演奏 えんそう 명 연주　わずかだ な형 얼마 없다　楽器 がっき 명 악기　本来 ほんらい 명 본래
喜怒哀楽 きどあいらく 명 희로애락　～に代わって ～にかわって ~을 대신하여　～より 부 ~보다　豊かだ ゆたかだ な형 풍부하다
表現 ひょうげん 명 표현　生み出す うみだす 동 만들어내다　～に違いない ～にちがいない ~임에 틀림없다　近年 きんねん 명 근래
日本 にほん 명 일본　習得 しゅうとく 명 습득　習い事 ならいごと 명 배우는 것, 배우는 일　鍛錬 たんれん 명 연마, 단련　とらわれる 동 얽매이다
目的 もくてき 명 목적　立ち戻る たちもどる 동 되돌아가다　上達 じょうたつ 명 실력이 늚　感情 かんじょう 명 감정　表現力 ひょうげんりょく 명 표현력
高める たかめる 동 높이다　取り組む とりくむ 동 임하다　～べきだ ~해야 한다　表す あらわす 동 나타내다　目指す めざす 동 목표로 하다

46 중상

이하는, 시립 병원 홈페이지에 게재된 공지이다.

연말연시의 내과 외래 진료 시간에 대해서

12월 23일부터 다음 해 1월 7일까지의 진료 시간에 관한 알림입니다.

올해는 인플루엔자가 매우 유행하고 있기 때문에, 평일은 진료 시간을 통상 18시까지인 것을, 20시까지로 연장합니다. 토요일에 관해서도, 평일과 다름없이 종일 접수합니다. 일요일·공휴일 진료는 지금까지와 같이 하지 않습니다.

또, 연말은 12월 29일부터 다음 해 1월 3일까지 휴진합니다.

상기에 상관없이, 위급 환자의 경우는, 구급 창구로 와 주세요.

시립 병원　　사무국

연말연시의 진료 시간에 대해서, 무엇을 알리고 있습니까?

1 평일의 진료 접수 개시 시간이 연장되고, 토요일은 24시간 접수하는 점

2 평일의 진료 접수 시간이 연장되고, 토요일도 오전 오후 모두 진료 가능한 점

3 평일의 진료 시간은 연장되었지만, 토, 일, 공휴일은 지금까지와 같은 점

4 평일과 토요일의 진료 시간이 연장되고, 토요일만 접수 창구가 바뀌는 점

해설 공지 형식의 실용문으로, 연말연시의 진료 시간에 대한 글의 내용을 묻고 있다. 중반부에서 **平日は診療時間を通常18時までのところ、20時まで延長いたします。土曜日に関しましても、平日同様に終日受付をいたします**라고 언급하고 있으므로, 2 **平日の診療受付時間が延長され、土曜日も午前午後共に診療できること**가 정답이다.

어휘 **市立** しりつ 명 시립　**ホームページ** 명 홈페이지　**掲載** けいさい 명 게재　**お知らせ** おしらせ 공지　**年末年始** ねんまつねんし 명 연말연시
内科 ないか 명 내과　**外来** がいらい 명 외래　**診療** しんりょう 명 진료　**翌年** よくねん / よくとし 명 다음 해　**～に関して** ～にかんして ~에 관해서
インフルエンザ 명 인플루엔자　**流行** りゅうこう 명 유행　**平日** へいじつ 명 평일　**通常** つうじょう 명 통상　**延長** えんちょう 명 연장
同様だ どうようだ な형 다름없다　**終日** しゅうじつ 명 종일　**祝日** しゅくじつ 명 공휴일　**これまで通り** これまでどおり 지금까지와 같이
年末 ねんまつ 명 연말　**休診** きゅうしん 명 휴진　**上記** じょうき 명 상기　**～にかかわらず** ~에 상관없이　**急患** きゅうかん 명 위급 환자
救急 きゅうきゅう 명 구급　**窓口** まどぐち 명 창구　**お越し** おこし 오심　**事務局** じむきょく 명 사무국　**受け付ける** うけつける 동 접수하다
～共に ～ともに ~모두　**～のみ** 조 ~만, ~뿐

47 중상

오랫동안, 운동과는 인연이 없는 생활을 보내왔다. 하지만 작년 의사로부터, 건강을 위해서 하다못해 산책 정도는 하라는 말을 듣고, 아침저녁 30분 정도 근처를 산책하는 생활을 계속하고 있다. 의사로서는, 배 주변의 쓸데없는 살을 빼 줬으면 하는 생각에서의 조언이었을 것이고, 결과적으로 배도 움푹 들어갔지만, 무엇보다 산책은 마음에 효과가 있다는 것이 큰 발견이었다. 산책을 습관화하고부터, 분명히 고민거리가 줄고, 걱정거리가 머리에 떠올라서 잠들지 못하는 밤도 거의 없어졌다.

필자에 의하면, 산책으로 얻을 수 있었던 가장 큰 효과는 무엇인가?

1 몸보다도 마음에 변화가 일어나, 잘 잠들 수 있게 된 점

2 몸의 건강뿐만 아니라, 마음의 건강을 지킬 수 있게 된 점

3 복부가 가늘어지고, 건강에 대한 걱정이 없어진 점

4 살이 빠진 것으로 자신감이 붙어서, 밝은 기분이 된 점

해설 에세이로 산책으로 얻을 수 있었던 가장 큰 효과에 대한 필자의 생각을 묻고 있다. 중반부에서 **結果的にお腹もへこんだのだが、何より散歩は心に効くというのが大きな発見だった**라고 서술하고 있으므로, 2 **体の健康のみならず、心の健康を保てるようになったこと**가 정답이다.

어휘 **長い間** ながいあいだ 오랫동안　**縁がない** えんがない 인연이 없다　**健康** けんこう 명 건강　**せめて** 부 하다못해　**朝晩** あさばん 명 아침저녁
無駄だ むだだ な형 쓸데없다　**アドバイス** 명 조언　**結果的だ** けっかてきだ な형 결과적이다　**へこむ** 동 움푹 들어가다　**何より** なにより 무엇보다
効く きく 동 효과가 있다　**習慣化** しゅうかんか 명 습관화　**明らかだ** あきらかだ な형 분명하다　**悩みごと** なやみごと 명 고민거리　**減る** へる 동 줄다
心配ごと しんぱいごと 명 걱정거리　**浮かぶ** うかぶ 동 떠오르다　**得る** える 동 얻다　**効果** こうか 명 효과　**変化** へんか 명 변화

~のみならず ~뿐만 아니라　保つ たもつ 동 지키다　腹部 ふくぶ 명 복부　自信がつく じしんがつく 자신감이 붙다

꼭! 알아두기　何より(무엇보다), 特に(특히)와 같은 강조 표현이 나오면 필자의 주장과 관련성이 높으므로 이어지는 내용을 특히 유의해서 읽는다.

48　중상

이하는, 아이의 교육을 직업으로 하고 있는 사람이 쓴 글이다.

어른이어도 집중력을 지속시키는 것은 어려운 것이기 때문에, 그것이 아이라면 더더욱 그럴 것입니다. 공부 중에 마음이 흐트러져서 텔레비전 쪽으로 눈길을 돌리거나, 만화에 손을 뻗어버리거나 하면, 부모는 무심결에 그런 행동을 엄하게 혼내 버리기 십상입니다만, 그것으로 아이의 집중력이 높아지는가 하면 그런 것은 아닙니다.

실은, 신경 쓰이는 것을 과감하게 먼저 하게 해 버리는 것도 하나의 방법입니다. 저의 경험상, 숙제 전에 텔레비전을 보고 후련한 편이, 숙제가 잘 되는 아이도 많은 것입니다.

필자의 생각으로 맞는 것은 어느 것인가?

1 원래 어른보다도 아이 쪽이, 높은 집중력을 가지고 있는 법이다.
2 아이는 집중력을 지속시키기 위해서, 한 가지 일만을 하는 법이다.
3 집중력을 높이는 데에는, 집중을 방해하고 있는 것을 먼저 시키는 것도 효과가 있다.
4 공부보다도 텔레비전을 보는 편이, 아이의 집중력을 높이는 효과가 있다.

해설 에세이로 필자의 생각을 묻고 있다. 중반부에서 気になっていることを思い切って先にやらせてしまうのも一つの手です라고 하고, 宿題の前にテレビを見てすっきりした方が、宿題がはかどる子どもも多いのです라고 서술하고 있으므로, 3 集中力を高めるには、集中を妨げているものを先にさせるのも効果がある가 정답이다.

어휘 集中力 しゅうちゅうりょく 명 집중력　持続 じぞく 명 지속　なおさら 부 더더욱　気が散る きがちる 마음이 흐트러지다
目をやる めをやる 눈길을 돌리다, (그쪽을) 보다　のばす 동 뻗다　つい 부 무심결에　行動 こうどう 명 행동　きつい い형 엄하다
~がちだ ~하기 십상이다　高まる たかまる 동 높아지다　実は じつは 부 실은　気になる きになる 신경 쓰이다　思い切って おもいきって 부 과감하게
やらせる 동 하게 하다, 시키다　手 て 명 방법　すっきりする 후련하다　はかどる 동 잘 되다, 잘 진척되다　もともと 부 원래
妨げる さまたげる 동 방해하다　効果 こうか 명 효과

49-51

어느 날, 통근 도중에 아름다운 꽃들이 피고, 손질이 빈틈없이 된 초록 가득한 정원이 있는 집을 발견했다. 문득, 정원이 있는 독채에서 작은 레스토랑을 열자고, 어릴 적에 친구와 나누었던 약속을 떠올렸다. 매일같이 그것을 보고 있는 사이에, 그 기분은 점점 강해지고 있었다. 회사를 그만두고, 조리사 전문학교에 다니기로 한 나에 대해, 주위는 냉랭하여, [49]조리사가 되는 것은 좋지만, 가게를 갖는 것은 어려울 것이라고 말한다. 그 말대로, 초록 가득한 레스토랑은 꿈이고 실현할 가능성은 낮겠지만, 그것은 결코 슬픈 일이 아니다.

우리는 크건 작건 많은 꿈이나 희망을 품고, 많은 약속을 주고받으면서 하루하루 살고 있다. 필사적으로 노력해서, 혹은 행운으로, 꿈을 이룬 사람도 있지만, 보답받지 못한 사람 쪽이 많은 것은 틀림없다. [50]세계는 달성되지 못한 꿈이나 약속의 잔해투성이라고 해도 좋을 정도지만 결코 불행한 것이라고는 생각하지 않는다. 그것들의 달성되지 못한 꿈이나 약속의 조각이, 세계를 아름답게 하고 있다고까지 생각한다.

정년을 기다리지 못하고 돌아가신 할아버지는, 자신이 정년퇴직하면 함께 도쿄로 여행하자고 언제나 할머니에게 말했었다고 한다. 그 이야기를 몇 번이나 기쁜 듯이 이야기하는 할머니에게 있어서는, 달성되지 못한 약속이라도 원통하거나 슬픔을 동반하는 것이 아닌, 언제까지라도 계속되는 기쁨일 것이다.

[51]이루어질지 아닐지에 관계없이, 꿈이나 약속은 그것이 태어난 순간부터 그 사람의 일부이고 인생을 물들이는 것이다. 세계에는 그런 무수한 색채가 흩어져있다.

(주1) 보답받지 못하다 : 고생이나 노력에 대해, 상응하는 성과를 얻지 못하다
(주2) 잔해 : 원래의 형태가 알 수 없을 정도로 부서지고 남아 있는 것

어휘 通勤 つうきん 명 통근　花々 はなばな 명 꽃들　手入れ ていれ 명 손질　行き届く いきとどく 동 빈틈없다, 두루 미치다　ふと 부 문득
一軒家 いっけんや 명 독채　幼い おさない い형 어리다　親友 しんゆう 명 친구, 벗　交わす かわす 동 나누다, 주고받다　目にする めにする 보다
次第に しだいに 부 점점, 차츰　調理師 ちょうりし 명 조리사　専門学校 せんもんがっこう 명 전문학교　通う かよう 동 다니다
~に対し ~にたいし ~에 대해　周囲 しゅうい 명 주위　冷ややかだ ひややかだ な형 냉랭하다　実現 じつげん 명 실현　可能性 かのうせい 명 가능성
決して けっして 부 결코, 절대로　私達 わたしたち 명 우리　大なり小なり だいなりしょうなり 크건 작건　希望 きぼう 명 희망　抱く いだく 동 품다

日々 ひび 명 하루하루 必死だ ひっしだ な형 필사적이다 努力 どりょく 명 노력 あるいは 접 혹은 幸運 こううん 명 행운 かなう 동 이루다 報う むくう 동 보답하다 間違いない まちがいない 틀림없다 果たす はたす 동 달성하다 残骸だらけ ざんがいだらけ 명 잔해투성이 不幸だ ふこうだ な형 불행하다 かけら 명 조각 ～さえ 조 ~까지, ~그 위에 定年 ていねん 명 정년 定年退職 ていねんたいしょく 명 정년퇴직 東京 とうきょう 명 도쿄 常々 つねづね 명 언제나, 항상 ～にとって ~에게 無念 むねん 명 원통함, 분함 悲しみ かなしみ 명 슬픔 伴う ともなう 동 동반하다 喜び よろこび 명 기쁨 ～か否か ～かいなか ~인지 아닌지 ～にかかわらず ~에 관계없이 瞬間 しゅんかん 명 순간 一部 いちぶ 명 일부 人生 じんせい 명 인생 彩る いろどる 동 물들이다 無数 むすう 명 무수함 彩り いろどり 명 색채 散らばる ちらばる 동 흩어지다 苦労 くろう 명 고생 相応 そうおう 명 상응 成果 せいか 명 성과 得る える 동 얻다

49 중상

주위는 냉랭이라고 되어 있는데, 어째서인가?

1 가게를 가진다는 꿈이 이루어진다고는 생각할 수 없기 때문에
2 회사를 그만두고 전문학교에 입학했기 때문에
3 지금부터 조리사가 되는 것은 어렵기 때문에
4 아이일 적의 꿈을 실현할 수 있다고 믿고 있기 때문에

해설 周囲は冷ややかの 이유를 묻고 있다. 밑줄의 뒷부분에서 調理師になるのはいいが、店を持つのは難しいだろうと言う라고 서술하고 있으므로, 1 店を持つという夢がかなうとは思えないから가 정답이다.

50 중상

꿈이 이루어지지 않는 것에 대해서, 필자는 어떻게 생각하고 있는가?

1 꿈이 이루어지는 사람은 적기 때문에, 현실이 되지 않아도 문제는 없다.
2 꿈이 이루어지지 않는다고 해서, 반드시 슬프다고는 할 수 없다.
3 꿈은 현실이 되지 않는 편이 행복한 것도 있다.
4 꿈은 현실이 되지 않는 것으로, 보다 아름다운 꿈이 된다.

해설 꿈이 이루어지지 않는 것에 대한 필자의 생각을 묻고 있다. 두 번째 단락에서 世界は果たされなかった夢や約束の残骸だらけと言ってもいいくらいだが決して不幸なことだとは思わない라고 서술하고 있으므로, 2 夢がかなわないからといって、必ずしも悲しいとは限らない가 정답이다.

어휘 必ずしも かならずしも 부 반드시 ～とは限らない ～とはかぎらない ~라고는 할 수 없다 幸せだ しあわせだ な형 행복하다

꼭! 알아두기 지문의 果たされなかった夢(달성되지 못한 꿈)가 정답에서 夢がかなわないこと(꿈이 이루어지지 않는 것)로 표현된 것처럼 지문에서 사용된 표현이 정답에서 동의어나 유사한 의미의 표현으로 자주 바뀌어 제시되는 것에 유의한다.

51 중상

이 글에서 필자가 가장 말하고 싶은 것은 무엇인가?

1 작은 꿈이나 약속이 전 세계에 있기 때문에, 인생은 다채로운 것이 되고 있다.
2 꿈이나 약속이 많으면 기쁨이 오랜 기간 계속되어, 좋은 인생이 된다.
3 설령 그것이 이루어지지 않아도, 꿈이나 약속은 인생을 보다 풍부하게 한다.
4 달성되지 않은 꿈이나 약속이 있기 때문에, 많은 사람의 인생이 좌우된다.

해설 필자가 글을 통해 말하고자 하는 내용을 묻고 있다. 네 번째 단락에서 かなうか否かにかかわらず、夢や約束はそれが生まれた瞬間からその人の一部であり人生を彩るものである라고 서술하고 있으므로, 3 たとえそれが果たされなくても、夢や約束は人生をより豊かにする가 정답이다.

어휘 多彩だ たさいだ な형 다채롭다 期間 きかん 명 기간 たとえ 부 설령 豊かだ ゆたかだ な형 풍부하다 左右 さゆう 명 좌우

52-54

물고기는 우수한 청각을 가지고 있습니다. 물고기 중에는 16~13,000 헤르츠에 걸친 광범위한 주파수까지 알아들을 수 있는 것이 있고, 이것은 인간의 청각의 두 배 이상에 달합니다. 이 덕분에 물고기는, 외적이 내는 소리를 재빠르게 알아차리고 도망치거나, [52]동료나 다른 물고기가 먹이를 먹을 때의 소리를 알아차리고 그 장소로 모이거나 하는 것이라고 생각되고 있습니다.

[52]이러한 습성은, 가다랑어의 외줄낚시 물고기 잡는 법에 이용되고 있습니다. 처음에만 바닷속에 먹이를 투입하고, 이후는 해면에 물을 뿌려서 작은 물고기 무리를 연출하여, 가다랑어를 유인한다는 물고기 잡는 법입니다. 또, 해양 목장에서 방류한 치어를 키울 때, 먹이를 주는 시간에 매번 같은 음악을 틀면서 먹이를 주면, 경계가 없는 바다에 풀어놓아도, 그 음악을 틀면 먹이를 받을 수 있다고 생각해서 모여든다고 합니다.

더욱이, [53]물고기의 감각 기능 중에서 가장 뛰어난 것이 후각입니다. 물고기의 후각은 인간의 300배 가까이나 예민하다고도 일컬어지고, [53]물고기들은 적이나 사냥감의 장소나 종류까지, 냄새로 알아버린다고 합니다. 상어는 후각이 상당히 발달해 있어서, 50m 수영장에 한 방울 피를 떨어뜨린 것만으로 반응한다는 이야기나, 연어가 냄새의 기억을 더듬어서 산란기가 되면 태어난 고향의 강으로 돌아온다고 하는 가설도 유명합니다.

바닷속은 아무리 투명도가 높아도 시야는 겨우 40m 정도입니다. 그 때문에 물고기는, 시각보다도 청각이나 후각 쪽이 발달해 있습니다. [54]바닷속에 펼쳐진 세계에서는 물을 통해서 다양한 정보가 전해져 옵니다. 그것들을 민감하게 감지하여 행동하기 위해서, 방대한 세월을 걸쳐서 갖춰진 능력임에 틀림없습니다.

(주1) 주파수 : 교류·전파·빛 등에 있어 1초 간의 진동수로, 단위는 헤르츠

(주2) 외줄낚시 : 물고기 잡는 법의 하나로, 한 줄의 낚싯줄과 낚싯바늘로 물고기를 한 마리씩 낚는 방법

어휘 優れる すぐれる 동 우수하다 聴覚 ちょうかく 명 청각 ヘルツ 명 헤르츠 (Hz) 広範囲 こうはんい 명 광범위 周波数 しゅうはすう 명 주파수 聞き取る ききとる 동 알아듣다 人間 にんげん 명 인간 二倍 にばい 명 두 배 及ぶ およぶ 동 달하다, 이르다 外敵 がいてき 명 외적 素早い すばやい い형 재빠르다 察知 さっち 명 알아차림 仲間 なかま 명 동료, 한 무리 えさ 명 먹이 習性 しゅうせい 명 습성 カツオ 명 가다랑어 一本釣り いっぽんづり 명 외줄낚시 漁法 ぎょほう 명 물고기 잡는 법 海中 かいちゅう 명 바닷속 投入 とうにゅう 명 투입 海面 かいめん 명 해면 散水 さんすい 명 물을 뿌림 小魚 こざかな 명 작은 물고기 群れ むれ 명 무리 演出 えんしゅつ 명 연출 おびき寄せる おびきよせる 동 유인하다 海洋 かいよう 명 해양 牧場 ぼくじょう 명 목장 放流 ほうりゅう 명 방류 稚魚 ちぎょ 명 치어 際 さい 명 때 流す ながす 동 틀다, 흐르게 하다 与える あたえる 동 주다 仕切り しきり 명 경계, 구분 放す はなす 동 풀어놓다 さらに 부 더욱이 感覚 かんかく 명 감각 機能 きのう 명 기능 最も もっとも 부 가장 秀でる ひいでる 동 뛰어나다 嗅覚 きゅうかく 명 후각 鋭い するどい い형 예민하다 敵 てき 명 적 獲物 えもの 명 사냥감 種類 しゅるい 명 종류 におい 명 냄새 サメ 명 상어 発達 はったつ 명 발달 一滴 いってき 명 한 방울 垂らす たらす 동 떨어뜨리다 反応 はんのう 명 반응 サケ 명 연어 記憶 きおく 명 기억 たどる 동 더듬다, 더듬어 찾아가다 産卵期 さんらんき 명 산란기 故郷 こきょう 명 고향 仮説 かせつ 명 가설 透明度 とうめいど 명 투명도 視界 しかい 명 시야 せいぜい 부 겨우, 기껏 それゆえ 접 그 때문에 視覚 しかく 명 시각 広がる ひろがる 동 펼쳐지다 世界 せかい 명 세계 介する かいする 동 통하다, 사이에 세우다 様々だ さまざまだ な형 다양하다 情報 じょうほう 명 정보 伝わる つたわる 동 전해지다 敏感だ びんかんだ な형 민감하다 感じ取る かんじとる 동 감지하다 行動 こうどう 명 행동 膨大だ ぼうだいだ な형 방대하다 年月 ねんげつ 명 세월 ～をかけて ~을 걸쳐서 備わる そなわる 동 갖춰지다 能力 のうりょく 명 능력 ～に違いない ～にちがいない ~임에 틀림없다 交流 こうりゅう 명 교류 電波 でんぱ 명 전파 光 ひかり 명 빛 ～における ~에 있어서 振動数 しんどうすう 명 진동수 単位 たんい 명 단위 釣り糸 つりいと 명 낚싯줄 釣り針 つりばり 명 낚싯바늘 釣る つる 동 낚다 方法 ほうほう 명 방법

52 중

이러한 습성이라고 되어 있는데, 가다랑어의 외줄낚시에 이용되고 있는 습성은 무엇인가?

1 소리와 먹이를 연관시켜서 매번 같은 장소에 돌아오는 습성
2 동료가 먹이를 먹는 소리에 다가오는 습성
3 위험을 느낀 소리로부터 재빠르게 멀어지는 습성
4 작은 물고기가 내는 해면의 소리에 다가오는 습성

해설 こういった習性가 어떤 습성인지 묻고 있다. 밑줄이 있는 단락의 앞 단락에서 仲間や他の魚がえさを食べるときの音を察知してその場所へ集まったりするのだ라고 하고, 밑줄을 포함한 부분에서 こういった習性は、カツオの一本釣りの漁法に利用されています라고 서술하고 있으므로, 2 仲間がえさを食べる音に寄ってくる習性가 정답이다.

어휘 結びつける むすびつける 동 연관시키다 寄る よる 동 다가가다, 접근하다 危険 きけん 명 위험 遠ざかる とおざかる 동 멀어지다

53 중상

필자에 의하면, 물고기는 어느 능력이 가장 뛰어나다고 생각되는가?

1 바닷속에서 다양한 냄새를 냄새로 구분하고, 반응할 수 있는 능력
2 산란하기 위해서 돌아갈 강의 냄새를 기억하는 능력
3 바닷속에서 물고기만이 내는 작은 소리를 알아듣는 능력
4 어떠한 조건에서 먹이가 주어지는 것을 학습할 수 있는 능력

해설 물고기의 어느 능력이 가장 뛰어난지 묻고 있다. 세 번째 단락에서 魚の感覚機能の中で最も秀でているのが嗅覚です라고 하고, 魚たちは敵や獲物の場所や種類まで、においで分かってしまうそうです라고 서술하고 있으므로, 1 海中で多様なにおいを嗅ぎ分け、反応できる能力가 정답이다.

어휘 多様だ たようだ [な형] 다양하다 嗅ぎ分ける かぎわける [동] 냄새로 구분하다 産卵 さんらん [명] 산란 わずかだ [な형] 작다, 사소하다 条件 じょうけん [명] 조건 学習 がくしゅう [명] 학습

54 상

> 물고기가 가진 능력에 대해서, 필자는 어떻게 생각하고 있는가?
>
> 1 바닷속의 정보 변화에 순응하면서 천천히 몸에 익혀 간 힘이다.
>
> **2 물 속에서 사는데 필요한 정보를 얻기 위해 획득해 온 힘이다.**
>
> 3 물 속의 환경 변화를 민감하게 감지하기 위해 획득해온 힘이다.
>
> 4 바닷속에서 효율적으로 먹이를 얻기 위해 몸에 익히지 않으면 안 되었던 힘이다.

해설 물고기가 가진 능력에 대한 필자의 생각이 무엇인지 묻고 있다. 네 번째 단락에서 海中に広がる世界では水を介して様々な情報が伝わってきます。それらを敏感に感じ取り行動するために、膨大な年月をかけて備わった能力に違いありません이라고 서술하고 있으므로, 2 水の中で生きるのに必要な情報を得るために獲得してきた力である가 정답이다.

어휘 変化 へんか [명] 변화 順応 じゅんのう [명] 순응, 적응 身に付ける みにつける 몸에 익히다 獲得 かくとく [명] 획득 環境 かんきょう [명] 환경 効率的だ こうりつてきだ [な형] 효율적이다 ～なければならない ~지 않으면 안 된다

55-57

> 2012년, 한 연예인에 관한 보도를 계기로, 생활 보호 수급자에 대한 격렬한 비난이 느닷없이 분출했다. 생활 보호란, 빈곤 상태에 있는 사람에 대해 나라나 지자체가 최저한도의 생활을 보장하는 일본의 복지 제도이다. 그는 당시 [55]인기인으로서 충분한 수입을 얻고 있었지만, 그의 어머니가 생활 보호비를 수급하고 있는 사실이 세상에 알려져서, ① 세상 사람들로부터 비난의 대상이 되었다. 본인의 변명에 의하면, 일찍이 저소득일 때에 수속했던 것이 계속되고 있었던 것이고, 수입의 증가에 따라 적절하게 대응해야 했었다고 반성하며, 자신의 수입이 늘기 시작한 이후의 수년간의 수급분을 반환하기에 이르렀다. 그 후 매스컴의 큰 소동이 영향을 미쳐서, 격렬한 비난은 그에 대해서만이 아니라, 수급자 전체로 향해갔다.
>
> 복지에 대해서 부정을 의심하는 목소리는 항상 들려온다. 사실은 충분한 수입이 있는데도, 이익을 얻고 있는 것은 아닌가 하는 것이다. 어떠한 제도라도 부정을 저지르는 사람은 있을 것이다. 하지만 부정을 용서하지 않는 자세나 의혹의 시선만이 강해지게 되어, [56]정말로 곤란한 사람까지도 구제의 손길에서 흘러나와 버려서는, ② 그쪽이 훨씬 문제다. 실제, 생활 보호를 받으려면, 엄격한 조사가 행해지기 때문에, 필요한데도 받지 못하는 사람도 적지 않다고 듣는다.
>
> 하지만, 복지 제도는 모두가 안심하고 생활할 수 있는 사회를 목표로 하여 만들어지고 있다. 예의 연예인의 어머니도 악의를 가지고 돈을 받고 있었던 것은 아니고, 전체를 보면, 부정을 저지르는 사람 따위 극히 적을 것이다. 이 [57]제도에 의한 지원이 본래 목적에 따라서 필요한 사람들에게 세심하게 미치고 있는지. 국민이 감시해야 할 것은 부정 사용이 아니라, 그쪽일 것이다.
>
> (주1) 격렬한 비난 : 개인 또는 단체에 대한 과잉 비난
> (주2) 느닷없이 : 갑자기
> (주3) 인기인 : 매우 인기가 높고, 유행하고 있는 사람

어휘 芸能人 げいのうじん [명] 연예인 ～に関する ～にかんする ~에 관한 報道 ほうどう [명] 보도 ～をきっかけに ~을 계기로 生活 せいかつ [명] 생활 保護 ほご [명] 보호 受給者 じゅきゅうしゃ [명] 수급자 ～に対する ～にたいする ~에 대한 バッシング [명] 격렬한 비난 にわかだ [な형] 느닷없다 噴出 ふんしゅつ [명] 분출 貧困 ひんこん [명] 빈곤 状態 じょうたい [명] 상태 ～に対して ～にたいして ~에 대해 自治体 じちたい [명] 지자체 最低限度 さいていげんど [명] 최저한도 保障 ほしょう [명] 보장 日本 にほん [명] 일본 福祉 ふくし [명] 복지 制度 せいど [명] 제도 当時 とうじ [명] 당시 売れっ子 うれっこ [명] 인기인 収入 しゅうにゅう [명] 수입 得る える [동] 얻다 保護費 ほごひ [명] 보호비 受給 じゅきゅう [명] 수급 事実 じじつ [명] 사실 公になる おおやけになる 세상에 알려지다 世間 せけん [명] 세상 사람들, 세상 非難 ひなん [명] 비난 的 まと [명] 대상, 목표 本人 ほんにん [명] 본인 弁解 べんかい [명] 변명 かつて [부] 일찍이 低収入 ていしゅうにゅう [명] 저소득 頃 ころ [명] 때 手続き てつづき [명] 수속 継続 けいぞく [명] 계속 増加 ぞうか [명] 증가 ～に応じて ～におうじて ~에 따라 適切だ てきせつだ [な형] 적절하다 対応 たいおう [명] 대응 ～べきだ ~해야 한다 反省 はんせい [명] 반성 以降 いこう [명] 이후 数年間 すうねんかん 수년간 受給分 じゅきゅうぶん 수급분 返還 へんかん [명] 반환 ～に至る ～にいたる ~에 이르다 マスコミ [명] 매스컴 大騒ぎ おおさわぎ [명] 큰 소동 影響 えいきょう [명] 영향 ～だけでなく ~만이 아니라 全体 ぜんたい [명] 전체 向ける むける [동] 향하다 不正 ふせい [명] 부정 疑う うたがう [동] 의심하다 利益 りえき [명] 이익 ～わけだ ~인 것이다 不正を働く ふせいをはたらく 부정을 저지르다 許す ゆるす [동] 용서하다 姿勢 しせい [명] 자세 疑惑 ぎわく [명] 의혹 救済 きゅうさい [명] 구제

こぼれる 동 흘러나오다　はるかに 부 훨씬　実際 じっさい 명 실제　調査 ちょうさ 명 조사　目指す めざす 동 목표로 하다　悪意 あくい 명 악의
受け取る うけとる 동 받다, 수취하다　全体 ぜんたい 명 전체　ごく 부 극히, 대단히　わずかだ な형 적다, 사소하다　～による ~에 의한
支援 しえん 명 지원　本来 ほんらい 명 본래　目的 もくてき 명 목적　～に沿って ～にそって ~에 따라서
行き届く いきとどく 동 세심하게 미치다, 빈틈이 없다　国民 こくみん 명 국민　監視 かんし 명 감시　使用 しよう 명 사용　～はずだ ~일 것이다
個人 こじん 명 개인　団体 だんたい 명 단체　過剰だ かじょうだ な형 과잉이다　はやる 동 유행하다

55 중

① 세상 사람들로부터 비난의 대상이 되었다고 되어 있는데, 비난당한 것은 어째서인가?

1 수입 금액을 속여서, 생활 보호 신청을 했기 때문에
2 충분한 수입이 있는데도, 부모가 생활 보호를 받고 있었기 때문에
3 수입이 늘어난 것을 숨기고, 생활 보호를 받고 있었기 때문에
4 갚아야 하는 생활 보호비를 갚지 않았기 때문에

해설 世間から非難の的となった의 이유를 묻고 있다. 밑줄의 앞부분에서 売れっ子として十分な収入を得ていたのだが、彼の母が生活保護費を受給している事実라고 서술하고 있으므로, 2 十分な収入があるのに、親が生活保護を受けていたから가 정답이다.

어휘 金額 きんがく 명 금액　偽る いつわる 동 속이다　申請 しんせい 명 신청　隠す かくす 동 숨기다　～なければいけない ~해야 한다, ~지 않으면 안 된다

56 중

② 그쪽이 훨씬 문제다라고 되어 있는데, 필자는 무엇이 문제라고 생각하고 있는가?

1 제도를 이용한 부정을 용서하지 않고, 의심해 버리는 것
2 속여서 돈을 받으려고 하는 사람이 있는 것
3 생활 보호가 필요한데도 받지 못하는 사람이 있는 것
4 복지 제도의 이용 중에 엄격한 심사가 행해지고 있는 것

해설 そちらの方がはるかに問題だ의 문제점이 무엇인지 묻고 있다. 밑줄을 포함한 부분에서 本当に困っている人までも救済の手からこぼれてしまうのでは、そちらの方がはるかに問題だ라고 서술하고 있으므로, 3 生活保護が必要なのに受け取れない人がいること가 정답이다.

어휘 だます 동 속이다　審査 しんさ 명 심사

57 중상

이 글에서 필자가 가장 말하고 싶은 것은 무엇인가?

1 복지 제도는, 필요한 사람이 제대로 받을 수 있는 제도로 다시 만들어져야 한다.
2 복지 제도는, 정말로 곤란해하고 있는 사람들에 대해서만 이용되도록 해야 한다.
3 복지에 대해서는, 국민의 감시라는 제도를 사용해서 사용 목적을 명확하게 해야 한다.
4 복지에 대해서는, 부정을 걱정하기보다 적정하게 운용되고 있는지를 신경써야 한다.

해설 필자가 글을 통해 말하고자 하는 내용을 묻고 있다. 세 번째 단락에서 制度による支援が本来の目的に沿って必要な人々に行き届いているか。国民が監視すべきは不正使用ではなく、そちらのはずだ라고 서술하고 있으므로, 4 福祉に対しては、不正を気にするより適正に運用されているかを気にすべきだ가 정답이다.

어휘 作り直す つくりなおす 동 다시 만들다　困る こまる 동 곤란하다　明確だ めいかくだ な형 명확하다　適正だ てきせいだ な형 적정하다
運用 うんよう 명 운용　気にする きにする 신경쓰다

58-61

현대의 일본의 교육에서 자주 듣는 것 중 하나로, '자신의 머리로 생각할 수 있는 사람을 기른다'는 것이 있습니다. [58]들은 것을 할 뿐인 수동적인 자세를 가지는 것이 아니라, 자발적으로 생각하고 행동할 수 있는 사람을 기르자는 것이겠죠. 하지만, 그저 생각하기만 하면 되는 것은 아닙니다. 그럼, '자신의 머리로 생각한다'는 것은, 도대체 어떻게 하는 것일까요?

저는, 이것은 자신이 받아들인 것으로부터 새로운 이론을 재구축해가는 작업인 것은 아닐까 하고 생각합니다. 예를 들어, 거래처에 보낼 편지 작성법이 좋지 않다고 선배로부터 듣고, 선배가 지적하는 대로 고쳤다고 합시다. 고치는 것은 쉽게 할 수 있겠죠. 그때, [59]왜 좋지 않았는지를 돌아보지 않으면 같은 실패를 반복합니다. 이러한 사람에게 부족한 점은, ① 지시 내용을 자신의 것으로 하고 있지 않은 것입니다. 선배

가 지시하는 것을 그저 수용해서, 그대로 편지를 수정하는 것으로는, 사람은 성장하지 않습니다.

한편, [60]스스로 생각해서 답을 내는 것에 사로잡혀, 다른 사람의 의견을 배제해 버리는 것은 피해야 합니다. 왜냐하면, 스스로 도출한 생각에 대해, 사람은 적잖이 깊은 생각을 가져 버리기 때문입니다. 설령 그것이 좋지 않은 답이라도, 스스로 좋지 않은 점을 깨닫는 일은 드물겠죠. 이럴 때에 유효한 것은, 타인의 의견, 타인의 시선입니다. 자신의 일상생활에 있어서 즉시 재빠른 사고로 매사를 정해갈 때에는, ② 그것은 특별한 문제가 되지 않습니다. 하지만, 업무상의 문제처럼 타인을 끌어들이는 결단이 필요한 때에는, 자신의 의견을 객관시하는 시선이 필요해지고, 이때에 사용되는 것은 과거의 지견이나 타인의 방식입니다. 옛사람이 어떻게 해왔는지. 그 외에 유효한 방법은 없는지. 그러한 것을 조사하는 것으로, 자기 자신의 생각을 강화하거나, 수정하거나 하는 것이 가능할 것입니다.

인류의 긴 역사 가운데에, 사람은 다양한 지견을 얻어 왔습니다. 절차탁마해서, 많은 질문에 대해, 답을 계속 내온 것입니다. 그 과거의 지견의 축적에 접하는 것을 게을리하고 있지 않습니까? 스스로 답을 내는 것을 서두른 나머지, [61]제대로 조사도 하지 않고 안이하게 결론을 내고 있지 않습니까? '자신의 머리로 생각한다'는 것 자체는 그다지 칭찬할 만한 일도 아닐 것입니다. 누구나 매일 작은 결단을 반복하면서 살아가고 있는 것이기 때문에, 생각하는 것은 모든 사람이 하고 있는 것입니다. 무언가 문제가 발생해서, 그것에 대해 스스로 생각해서 답을 내려고 노력하는 것은 부정하지 않습니다. 하지만 [61]보다 좋은 방법을 구하는 것이라면, 자신의 생각을 고집하지 않는 것입니다. 그런 마음의 유연성을 가지는 것이야말로 불가결하다고 말할 수 있습니다.

(주1) 지견 : 보고 아는 것, 거기서부터 얻은 지식
(주2) 절차탁마하다 : 진지하게 노력하다

어휘 現代 げんだい 명 현대　日本 にほん 명 일본　受け身 うけみ 명 수동　姿勢 しせい 명 자세　自発的だ じはつてきだ な형 자발적이다　行動 こうどう 명 행동　いったい 부 도대체　取り入れる とりいれる 동 받아들이다　理論 りろん 명 이론　再構築 さいこうちく 명 재구축　作業 さぎょう 명 작업　取引先 とりひきさき 명 거래처　書き方 かきかた 명 작성법　指摘 してき 명 지적　容易だ よういだ な형 쉽다　振り返る ふりかえる 동 돌아보다　繰り返す くりかえす 동 반복하다　指示 しじ 명 지시　内容 ないよう 명 내용　受け入れる うけいれる 동 수용하다　そのまま 명 그대로　修正 しゅうせい 명 수정　成長 せいちょう 명 성장　一方 いっぽう 접 한편　とらわれる 동 사로잡히다, 얽매이다　排除 はいじょ 명 배제　避ける さける 동 피하다　~べきだ ~해야 한다　なぜなら 접 왜냐하면　導き出す みちびきだす 동 도출하다　~に対し ~にたいし ~에 대해　少なからず すくなからず 부 적잖이, 매우　思い入れ おもいいれ 명 깊이 생각함　ダメだ な형 좋지 않다, 안 된다　気付く きづく 동 깨닫다　稀だ まれだ な형 드물다　有効だ ゆうこうだ な형 유효하다　日常生活 にちじょうせいかつ 명 일상생활　その場 そのば 즉시, 그 자리　素早い すばやい い형 재빠르다　思考 しこう 명 사고　物事 ものごと 명 매사　大した たいした 특별한, 대단한　仕事上 しごとじょう 업무상　他人 たにん 명 타인　巻き込む まきこむ 동 끌어들이다　決断 けつだん 명 결단　客観視 きゃっかんし 명 객관시　過去 かこ 명 과거　知見 ちけん 명 지견, 지식과 견문　やり方 やりかた 명 방식　先人 せんじん 명 옛사람, 선인　方法 ほうほう 명 방법　自分自身 じぶんじしん 명 자기 자신　強化 きょうか 명 강화　~はずだ ~일 것이다　人類 じんるい 명 인류　様々だ さまざまだ な형 다양하다　得る える 동 얻다　切磋琢磨 せっさたくま 명 절차탁마　問い とい 명 질문　蓄積 ちくせき 명 축적　当たる あたる 동 접하다　怠る おこたる 동 게을리하다　ろくだ な형 제대로다　安易だ あんいだ な형 안이하다　結論 けつろん 명 결론　自体 じたい 명 자체　称賛 しょうさん 명 칭찬　全て すべて 명 모두　起こる おこる 동 발생하다, 일어나다　努力 どりょく 명 노력　否定 ひてい 명 부정　求める もとめる 동 구하다, 찾다　固執 こしつ 명 고집　柔軟性 じゅうなんせい 명 유연성　不可欠だ ふかけつだ な형 불가결하다　知識 ちしき 명 지식　真剣だ しんけんだ な형 진지하다

58 중상

필자에 의하면, 교육의 안에서 일컬어지는 '자신의 머리로 생각할 수 있는 사람'이란 어떤 사람인가?

1 들은 것과 생각하는 것 모두 할 수 있는 사람
2 아무것도 없는 곳에서부터 매사를 생각할 수 있는 사람
3 스스로 새로운 이론을 만들어낼 수 있는 사람
4 스스로 생각해서 행동할 수 있는 사람

해설 교육 안에서 일컬어지는 '자신의 머리로 생각하는 사람'이 어떤 사람인지 묻고 있다. 첫 번째 단락에서 言われたことをするだけの受け身の姿勢を持つのではなく、自発的に考え行動できる人を育てようということでしょう라고 서술하고 있으므로, 4 自分で考えて行動することができる人가 정답이다.

어휘 両方 りょうほう 명 모두, 양쪽　作り上げる つくりあげる 동 만들어내다

59 중상

① 지시 내용을 자신의 것으로 하고 있지 않은이란 어떤 의미인가?

1 지적대로 수정할 뿐, 편지의 내용을 이해하고 있지 않다.

2 지적받은 점에 대해서, 재차 생각하고 이해하려고 하지 않는다.
3 틀린 부분에 대해서, 간단하게 고칠 수 없다.
4 틀린 부분을 고칠 뿐, 편지의 재검토를 하지 않는다.

해설 指示内容を自分のものにしていない의 의미를 묻고 있다. 밑줄의 앞부분에서 なぜよくなかったのかを振り返らないと同じ失敗を繰り返しますす라고 서술하고 있으므로, 2 指摘された点について、再度考えて理解しようとしない가 정답이다.

어휘 指摘 してき 명 지적　内容 ないよう 명 내용　理解 りかい 명 이해　再度 さいど 명 재차, 두 번　部分 ぶぶん 명 부분
～に対して ～にたいして ~에 대해서　見直し みなおし 명 재검토

60 중상

② 그것이란 무엇을 가리키는가?

1 자신의 생각에 대한 다른 사람의 의견을 듣지 않는 것
2 일상생활에서 결단할 때에 다른 사람의 생각을 듣는 것
3 간단히 정한 아이디어의 나쁜 점을 깨닫는 것
4 자신의 아이디어에 깊은 생각을 가져버리는 것

해설 それ가 무엇을 가리키는지 묻고 있다. 밑줄의 앞부분에서 自分で考えて答えを出すことにとらわれ、他の人の意見を排除してしまうこと라고 서술하고 있으므로, 1 自分の考えに対する他の人の意見を聞かないこと가 정답이다.

어휘 アイディア 명 아이디어

61 상

필자의 생각으로 맞는 것은 어느 것인가?

1 중요한 문제를 해결하려면, 무엇보다도 유연하게 대응하는 힘이 필요하다.
2 중요한 문제를 해결하려면, 객관적인 시점을 가지고, 스스로 답을 내는 것이 필요하다.
3 중요한 결단을 할 때에는, 자신의 생각에만 사로잡히지 말고, 다양한 의견도 확인해야 한다.
4 중요한 결단을 할 때에는, 바로 결론을 내지 말고, 자신의 힘으로 깊게 생각하는 노력을 해야 한다.

해설 필자가 글을 통해 말하고자 하는 내용을 묻고 있다. 네 번째 단락에서 ろくに調べもせず安易に結論を出していないでしょうか라고 하고, より良い方法を求めるのであれば、自分の考えに固執しないことです。そのような心の柔軟性を持つことこそが不可欠だ라고 서술하고 있으므로, 3 大切な決断をするときには、自分の考えだけにとらわれず、様々な意見も確認するべきだ가 정답이다.

어휘 解決 かいけつ 명 해결　柔軟だ じゅうなんだ な형 유연하다　対応 たいおう 명 대응　客観的だ きゃっかんてきだ な형 객관적이다　視点 してん 명 시점
自ら みずから 명 스스로　考え かんがえ 명 생각　確認 かくにん 명 확인

꼭! 알아두기 ～は不可欠だ(~는 불가결하다), ～はずだ(반드시 ~이다)와 같은 표현을 사용한 문장에 필자의 생각이나 주장이 포함되어 있을 가능성이 크다.

62-63

A

일하는 고령자는 최근 20년간에 격증하고 있다. 고령화에 따라, 연금 수급 개시 연령이 늦어지고, [62]연금으로 받는 금액 자체도 줄어서, 고령자는 일하지 않을 수 없다는 것이 현상이다. 연금에 의해 생활이 보장되는 연령에 있어야 하는 고령자가, 노동력으로서 사회에 나와 있다. 우리나라의 연금 제도는 이미 연금으로서의 기능을 잃어버렸다고 말할 수 있다.

고령자의 대부분은 신체 기능이 쇠약하기 때문에, 젊은 세대와 똑같이는 일할 수 없다. 그 때문에, 파트 타임 노동에 종사하는 사람이 많고, 저임금 노동을 감수하는 경우가 많다. 충분한 연금이 없기 때문에 일하고 있는데 적은 임금밖에 받을 수 없어서는, 어떻게 해서 생활을 유지하면 좋단 말인가? [63]고령자에게 이 이상 무리를 강요해서는 안 된다. 본래 목적에 맞는 연금 지급액으로 하는 것을, 정부에서는 검토해 주었으면 한다.

B

긴 세월 회사에서 일해 온 사람이 정년 후에도 계약을 연장하여, 일을 계속하는 것도 보통의 일이 되어왔다. 연금을 받을 때까지는 열심히 일하려는 사람들이 많이 있는 것이다. [62]연금이 적기 때문이라는 목소리도 있고, 분명 그것만으로는 생활할 수 없는 것도 사실이다. 하지만, 현역 시절의 저금이 있는 사람이라도 계속 일하고 있다. 노동은 돈을 위한 것만은 아닐 것이다.

고령자가 일하는 것에 대해서는 젊은 세대의 일할 장소를 빼앗고 있다는 의견도 있지만, 각자의 연령에 맞는 일을 하고 있기 때문에, 별로 문제라고는 생각하지 않는다. 오히려, 간단한 작업은 고령자에게라는 것처럼 노동의 배분이 행해지고 있기 때문에, 젊은 세대에게는 보다 책임이 있는 일을 맡길 수 있을 것이다. [63]지긋한 나이여도 일할 의욕이 있는 사람은 마음껏 일을 해야 한다. 건강하게 일하는 고령자가 늘면, 사회는 보다 활성화된다고 생각한다.

(주1) 감수하다 : 참고 받아들이다
(주2) 현역 : 여기서는, 10대의 끝부터 50대에 걸친, 통상 노동자로서 일하고 있는 기간

어휘 高齢者 こうれいしゃ 명 고령자　激増 げきぞう 명 격증　高齢化 こうれいか 명 고령화　～に伴い ～にともない ~에 따라　年金 ねんきん 명 연금　受給 じゅきゅう 명 수급　開始 かいし 명 개시　年齢 ねんれい 명 연령　受け取る うけとる 동 받다　金額 きんがく 명 금액　自体 じたい 명 자체　減る へる 동 줄다　～ざるを得ない ～ざるをえない ~하지 않을 수 없다　現状 げんじょう 명 현상　～によって ~에 의해　保障 ほしょう 명 보장　労働力 ろうどうりょく 명 노동력　我が国 わがくに 명 우리나라　制度 せいど 명 제도　すでに 부 이미　機能 きのう 명 기능　失う うしなう 동 잃다　多く おおく 명 대부분　身体 しんたい 명 신체　衰える おとろえる 동 쇠약하다　世代 せだい 명 세대　就く つく 동 종사하다　低賃金 ていちんぎん 명 저임금　甘んじる あまんじる 동 감수하다, 만족하다　わずかだ な형 적다, 얼마 안 되다　賃金 ちんぎん 명 임금　維持 いじ 명 유지　強いる しいる 동 강요하다　～てはいけない ~해서는 안 된다　本来 ほんらい 명 본래　目的 もくてき 명 목적　支給額 しきゅうがく 명 지급액　政府 せいふ 명 정부　検討 けんとう 명 검토　長年 ながねん 명 긴 세월　定年 ていねん 명 정년　契約 けいやく 명 계약　延長 えんちょう 명 연장　暮らす くらす 동 생활하다　事実 じじつ 명 사실　現役 げんえき 명 현역　貯金 ちょきん 명 저금　～について ~에 대해서　奪う うばう 동 빼앗다　それぞれ 명 각자　さほど 부 별로　むしろ 부 오히려　軽作業 けいさぎょう 명 간단한 작업　振り分け ふりわけ 명 배분, 나눔　なす 동 행하다, 하다　責任 せきにん 명 책임　任す まかす 동 맡기다　年配 ねんぱい 명 지긋한 나이, 연배　意欲 いよく 명 의욕　思う存分 おもうぞんぶん 부 마음껏　～べきだ ~해야 한다　活性化 かっせいか 명 활성화　がまんする 동 참다　受け入れる うけいれる 동 받아들이다　～にかけて ~에 걸쳐서　通常 つうじょう 명 통상　労働者 ろうどうしゃ 명 노동자　期間 きかん 명 기간

62 중상

A와 B의 인식에서 공통된 것은 무엇인가?

1 고령자의 증가가 연금 제도에 영향을 주고 있는 것
2 고령자가 충분하지 않은 연금액으로 생활하고 있는 것
3 청년이 고령자에게 일할 장소를 빼앗기고 있는 것
4 일하는 고령자의 증가가 사회에 활력이 되고 있는 것

해설 A와 B의 공통된 견해가 무엇인지 각 지문에서 찾는다. A는 지문의 초반부에서 **年金として受け取る金額自体も減って、高齢者は働かざるを得ないというのが現状**라고 서술하고 있고, B는 지문의 초반부에서 **年金が少ないからだという声もあり、確かにそれだけでは暮らせないのも事実**라고 서술하고 있으므로, 2 **高齢者が十分ではない年金額で暮らしていること**가 정답이다.

어휘 認識 にんしき 명 인식　共通 きょうつう 명 공통　増加 ぞうか 명 증가　影響 えいきょう 명 영향　与える あたえる 동 주다　若者 わかもの 명 청년, 젊은이　活力 かつりょく 명 활력

꼭! 알아두기　두 지문에서 공통으로 서술하는 내용은 각 지문의 초반~중반부의 내용을 중점적으로 비교하며 파악한다.

63 상

고령자의 노동에 대해서, A와 B는 어떻게 말하고 있는가?

1 A는 저임금이 되기 쉬운 점이 문제라고 말하고, B는 간단한 작업이기 때문에 급료가 싼 것은 어쩔 수 없다고 말하고 있다.
2 A는 정년 후 일하지 않아도 되는 정책이 필요하다고 말하고, B는 의욕이 있는 사람은 일해야 한다고 말하고 있다.
3 A는 무리를 해서 계속 일하고 있다고 말하고, B는 연령에 맞춰 적합한 일을 고르고 있다고 말하고 있다.
4 A는 일해도 풍족한 생활을 할 수 없다고 말하고, B는 책임이 있는 일이 맡겨지는 경우가 많다고 말하고 있다.

해설 고령자의 노동에 대한 A와 B의 견해를 각 지문에서 찾는다. A는 지문의 후반부에서 **高齢者にこれ以上無理を強いてはいけない。本来の目的に合った年金支給額にすることを、政府には検討してほしい**라고 서술하고 있고, B도 지문의 후반부에서 **年配でも働く意欲のある人は思う存分仕事をするべきだ**라고 서술하고 있으므로, 2 **Aは定年後働かなくてもいいような施策が必要だと述べ、Bは意欲がある人は働くべきだと述べている**가 정답이다.

어휘 仕方がない しかたがない 어쩔 수 없다　～なくてもいい ~하지 않아도 된다　施策 しさく 명 정책, 시책　適する てきする 동 적합하다, 알맞다

64-67

독서라는 것은 도대체 무엇을 위해서 하는 것일까? 어릴 때의 나는 그런 것을 아버지의 책장을 보면서 생각한 적이 있다. 아버지가 학생 시절에 산 수많은 소설이나, 아마 일하게 되고 나서부터 구입한 비즈니스 관련 서적. 나는 책을 읽는 습관이 그다지 없는 초등학생이었지만, 어느 날 아버지가 거실 테이블에 내버려 두었던 책에 열중하게 되었다. 그 시절의 나는 학교에서 친구들과의 관계가 서먹서먹해서, 괴로워하면서 매일을 보내고 있었는데, 그 모험 소설이 새로운 세계를 보여준 것으로, 상당히 마음이 안정된 것이다.

사람은 실제 체험 속에서 매사를 파악하고, 그것을 언어화해서 세계를 인식하고 있는 것인데, 거기에 독서라는 체험이 들어오면 자신의 세계가 확장된다. [64]자신의 눈앞의 일뿐만 아니라 다양한 사상이 세계를 만들고 있는 것이라고 배우게 되는 것이다.

한편, 일본에서는 근래, 많은 외국인이 살게 되었다. 그중에는 아이들도 많이 있는데, 그들의 문제에서 큰 비율을 차지하고 있는 것은 언어에 관련된 문제라고 한다. [65]어릴 적에 일본에 온, 혹은 일본에서 태어난 아이들의 대부분은, 보통의 '일본에 사는 아이'로서 일본어를 다룰 수 있다. 그렇지만 일본인 부모 밑에서 태어난 아이들과 결정적으로 다른 것은, 가정 내에 일본어로 적힌 글이 적은 것이다. 일본어 책이나 신문이 없다. 부모들은 일본어보다도 모국어 쪽이 사용하기 쉽기 때문에, 일본어 문자로부터의 정보에 흥미가 생기지 않는 것도 무리는 아니다. 하지만 [65]학교의 교과서 이외의 책이 자신의 주위에 없는 것은, 언어를 사용해서 깊게 사고하거나, 세계를 넓히거나 하기 위한 수단을 가지고 있지 않은 것을 의미한다. 그래도 모국어로 쓰인 책이 일상에 있으면 좋지만, 그것조차도 손에 넣을 수 없다는 가정도 적지 않다.

[66]언어는 커뮤니케이션을 위해서만 있는 것은 아니다. 커뮤니케이션이라는 점에서 생각하면, 오히려 불편한 도구라고까지도 생각해 버린다. 내가 내뱉은 '기쁘다'와, 친구가 내뱉은 '기쁘다'가 같은 감정을 나타내고 있다는 증거는 어디에도 없기 때문이다. 그렇게 생각하면, [66]언어는 커뮤니케이션보다 오히려, 자기 인식을 위해 있는 것은 아닐까? 우리는 자신의 생각이나 기분을, 말을 사용해서 언어화한다. 그러기 위해서는 생각이나 기분을 가능한 한 적확하게 나타낼 수 있을 만큼의 어휘나 표현이 필요해진다. 유소년기부터 긴 시간을 들여서 말의 세계를 넓혀가고, 자신을 알아 가는 것이다.

사고의 세계는 무한으로 펼쳐져 있다. 그리고, [67]사고를 언어화하기 위해서는, 생각하는 기초가 되는 언어에 많이 접하는 것이 필요한 것이다. 예를 들면, 독서처럼. [67]독서는 우리가 보고 있는 세계를 넓힐 뿐 아니라, 우리의 내부 세계를 표현하기 위해서 있는 것이다.

(주1) 서먹서먹하다 : 여기서는, 인간관계가 매끄럽지 않음
(주2) 사상 : 사건이나 사정 등의 내용

어휘 読書 どくしょ 명 독서　数々 かずかず 명 수많음, 여러 가지　おそらく 부 아마　購入 こうにゅう 명 구입　ビジネス 명 비즈니스　関連 かんれん 명 관련
書籍 しょせき 명 서적　小学生 しょうがくせい 명 초등학생　居間 いま 명 거실　夢中だ むちゅうだ な형 열중하다, 몰두하다　友人 ゆうじん 명 친구
ぎくしゃくする 동 서먹서먹하다, 어색하다　悩む なやむ 동 괴로워하다, 고민하다　冒険 ぼうけん 명 모험　落ち着く おちつく 동 안정되다
実体験 じったいけん 명 실제 체험　物事 ものごと 명 매사　捉える とらえる 동 파악하다, 인식하다　言語化 げんごか 명 언어화　認識 にんしき 명 인식
体験 たいけん 명 체험　拡張 かくちょう 명 확장　様々だ さまざまだ な형 다양하다　事象 じしょう 명 사상, 사실과 현상　さて 접 한편, 그런데
日本 にほん 명 일본　近年 きんねん 명 근래　割合 わりあい 명 비율　占める しめる 동 차지하다　言語 げんご 명 언어　まつわる 동 관련되다
もしくは 접 혹은, 또는　日本語 にほんご 명 일본어　操る あやつる 동 다루다　日本人 にほんじん 명 일본인　もと 명 밑
決定的だ けっていてきだ な형 결정적이다　母語 ぼご 명 모국어　文字 もじ 명 문자　情報 じょうほう 명 정보　湧く わく 동 생기다, 솟아오르다
教科書 きょうかしょ 명 교과서　思考 しこう 명 사고　広げる ひろげる 동 넓히다　ツール 명 수단　身近 みぢか 명 일상, 신변　～すら 조 ~조차
手に入る てにはいる 손에 넣다　コミュニケーション 명 커뮤니케이션　むしろ 부 오히려　～さえ 조 ~까지도, ~마저　発する はっする 동 내뱉다, 발하다
感情 かんじょう 명 감정　表す あらわす 동 나타내다　証拠 しょうこ 명 증거　自己 じこ 명 자기　できる限り できるかぎり 가능한 한
的確だ てきかくだ な형 적확하다　語彙 ごい 명 어휘　表現 ひょうげん 명 표현　幼少期 ようしょうき 명 유소년기　無限だ むげんだ な형 무한하다
広がる ひろがる 동 펼쳐지다　基礎 きそ 명 기초　触れる ふれる 동 접하다, 닿다　内なる うちなる 내부　人間関係 にんげんかんけい 명 인간관계
なめらかだ な형 매끄럽다, 순조롭다　出来事 できごと 명 사건　事情 じじょう 명 사정　内容 ないよう 명 내용

64 중

자신의 세계가 확장된다고 되어 있는데, 어째서인가?

1 자신이 체험한 것만이 아닌, 다른 사람의 지식도 얻을 수 있기 때문에
2 이야기를 따라 하면, 인간관계가 좋아지는 경우가 있기 때문에
3 말을 사용해서 세상의 일을 나타낼 수 있게 되기 때문에
4 책을 통해서 주변의 일 이외에도 다양한 세계가 있다고 깨닫기 때문에

해설 自分の世界が拡張される의 이유를 묻고 있다. 밑줄의 뒷부분에서 自分の目の前のことだけでない様々な事象が世界を作っているのだと教えられるのである라고 서술하고 있으므로, 4 本を通じて身の回り以外にも様々な世界があるとわかるから가 정답이다.

어휘 知識 ちしき 명 지식　得る える 동 얻다　物語 ものがたり 명 이야기　真似 まね 명 따라함, 흉내　世の中 よのなか 명 세상
～を通じて ～をつうじて ~을 통해서　身の回り みのまわり 명 주변의 일

65 상

일본 거주의 외국인 아이들에 대해서, 필자는 어떻게 말하고 있는가?

1 일본어로의 회화는 할 수 있지만, 독서를 통해서 말이나 표현을 늘려가는 일이 없다.
2 일본인 아이와 같이 일본어 읽고 쓰기는 능숙하게 할 수 있지만, 책은 읽지 않는다.
3 일본어보다도 모국어 쪽이 능숙하기 때문에, 일본어로 쓰인 것을 읽는 습관이 없다.
4 학교의 교과서 이외의 책을 읽지 않기 때문에, 깊게 생각하는 것에 익숙하지 않다.

해설 일본 거주의 외국인 아이들에 대한 필자의 생각을 묻고 있다. 세 번째 단락에서 小さい頃に日本に来た、もしくは日本で生まれた子供達の多くは、普通の「日本に住む子供」として日本語を操ることができる라고 하고, 学校の教科書以外の本が自分の周りにないことは、言語を使って深く思考したり、世界を広げたりするためのツールを持たないこと라고 서술하고 있으므로, 1 日本語での会話はできるが、読書を通じて言葉や表現を増やしていくことがない가 정답이다.

어휘 在住 ざいじゅう 명 거주　増やす ふやす 동 늘리다　読み書き よみかき 명 읽고 쓰기　習慣 しゅうかん 명 습관

66 중상

필자는, 언어가 어떠한 것에 필요하다고 말하고 있는가?

1 언어는 주위의 사람에게 자신의 생각이나 기분을 나타내기 위해 필요하다.
2 언어는 자신의 생각을 표현할 뿐아니라, 다른 사람을 알기 위해서도 필요하다.
3 언어는 커뮤니케이션만이 아니라, 자신을 알기 위해서도 필요하다.
4 언어는 편리한 도구라고는 하기 힘들지만, 지식을 늘리기 위해서 필요하다.

해설 필자가 생각하는 언어의 필요성을 묻고 있다. 네 번째 단락에서 言語はコミュニケーションのためだけにあるのではない라고 하고, 言語はコミュニケーションよりむしろ、自己認識のためにあるのではないだろうか라고 서술하고 있으므로, 3 言語はコミュニケーションのみならず、自分を知るためにも必要である가 정답이다.

어휘 示す しめす 동 나타내다　他者 たしゃ 명 다른 사람　～のみならず ~만이 아니라

67 상

이 글에서 필자가 가장 말하고 싶은 것은 무엇인가?

1 독서는 자신을 생각하기 위한 언어를 제공하고, 세계 각지에서 일어나고 있는 일도 알려주는 것이다.
2 독서는 자신의 사고를 언어화하기 위한 말을 제공하고, 자신의 내면의 세계도 말로 나타낼 수 있도록 해주는 것이다.
3 사고를 표현하기 위해서는 많은 사고방식을 알 필요가 있고, 독서는 그것들을 부여해 주는 것이다.
4 사고를 표현하기 위해서는 많은 지식이 필요하고, 독서는 그것들의 기초를 부여해 주는 것이다.

해설 필자가 글을 통해 말하고자 하는 내용을 묻고 있다. 다섯 번째 단락에서 思考を言語化するためには、考える基礎となる言葉に多く触れることが必要なのだ라고 하고, 読書は私達の見ている世界を広げるだけでなく、私達の内なる世界を表現するためにある라고 서술하고 있으므로, 2 読書は自分の思考を言語化するための言葉を提供し、自分の内面の世界も言い表せるようにしてくれるものだ가 정답이다.

어휘 提供 ていきょう 명 제공　各地 かくち 명 각지　起こる おこる 동 일어나다　内面 ないめん 명 내면　言い表す いいあらわす 동 말로 나타내다, 표현하다　考え方 かんがえかた 명 사고방식　与える あたえる 동 부여하다, 주다

68-69

오른쪽 페이지는 기요하라 시에 있는 공회당의 이용 안내이다.

68 상

론 씨는 기요하라 시에서 일하고 있는 회사원이다. 론 씨가 참가하고 있는 국제 교류 그룹의 멤버가 100명 정도 참가하는 강연회를 열고 싶다고 생각하고 있다. 이용은 4개월 후지만, 지금부터라도 신청할 수 있는 시설은 어느 것인가?

1 홀
2 전시실

3 회의실 대
4 회의실 소

해설 론 씨가 신청할 수 있는 시설을 묻는 문제이다. 질문에서 제시된 조건 (1) 100名程度参加する講演会 (2) 利用は4か月先だが、今からでも申し込みできる施設에 따라,
(1) 100名程度参加する講演会 : 홀, 회의실 대 이용 가능
(2) 利用は4か月先だが、今からでも申し込みできる施設 : 이용일의 6개월 전부터 신청을 받는 홀은 지금부터라도 바로 신청 가능
따라서 1 ホール가 정답이다.

어휘 会社員 かいしゃいん 명 회사원 参加 さんか 명 참가 国際 こくさい 명 국제 交流 こうりゅう 명 교류 グループ 명 그룹
講演会 こうえんかい 명 강연회 申し込み もうしこみ 명 신청 施設 しせつ 명 시설 ホール 명 홀 展示室 てんじしつ 명 전시실

69 상

오늘은 4월 1일이다. 기요하라 시민인 야마다 씨는 댄스 발표회를 7월 8일에 실시하고 싶다고 생각하고 있다. 공회당에 전화했더니, 전시실이 이용 가능하다. 가능한 한 빨리 시설을 예약하기 위해서 야마다 씨가 하지 않으면 안 되는 일은, 다음의 어느 것인가?

1 조급히, 이용 신청서를 우송으로 제출하지 않으면 안 된다.
2 오늘 공회당에 가서, 추첨에 참가하지 않으면 안 된다.
3 1주일 후에, 주소를 확인할 수 있는 서류를 가지고 창구에 가지 않으면 안 된다.
4 접수 개시일까지, 학생의 부모님으로부터 동의서를 받지 않으면 안 된다.

해설 야마다 씨가 해야 할 행동을 묻는 문제이다. 질문에서 제시된 상황 '今日は4月1日', 'ダンスの発表会を7月8日に行いたい', '展示室が利用可能'에 따라, 지문의 受付開始日 부분에서 ②ホール以外の施設 利用日の3か月前라고 하고, 申込方法부분에서 '受付窓口にてお申込みください', '住所が確認できる書類をご持参ください'라고 언급하고 있으므로, 3 1週間後に、住所が確認できる書類を持って窓口へ行かなければならない가 정답이다.

어휘 ダンス 명 댄스 発表会 はっぴょうかい 명 발표회 公会堂 こうかいどう 명 공회당 ～たところ ~었더니, ~었던 바 可能だ かのうだ な형 가능하다
～なければならない ~지 않으면 안 된다 早急だ さっきゅうだ / そうきゅうだ な형 조급하다, 몹시 급하다 申込書 もうしこみしょ 명 신청서
郵送 ゆうそう 명 우송, 우편으로 보냄 提出 ていしゅつ 명 제출 本日 ほんじつ 명 오늘 抽選 ちゅうせん 명 추첨 確認 かくにん 명 확인
書類 しょるい 명 서류 窓口 まどぐち 명 창구 開始日 かいしび 명 개시일 同意書 どういしょ 명 동의서

기요하라 시 추오 공회당 이용 안내

○ 시설 안내

이용시설	정원	면적	비고	요금
홀	[68]500명	전체 700㎡ 무대 105㎡	분장실, 대기실도 붙어 있습니다. 공간이 부족한 경우는, 전시실이나 회의실을 합쳐서 이용해 주세요.	다음 페이지에 기재
전시실	80명	200㎡	전시회 외에, 댄스, 음악 발표회 등 각종 이벤트에 이용하실 수 있습니다.	
회의실 대	[68]100명	150㎡	회의나 강연회 등에 이용하실 수 있습니다. 방음실은 아닙니다. 음악이나 댄스 연습에는, 전시실을 이용해 주세요.	
회의실 소	20명	40㎡		

○ 신청 절차
<순서>
예약 접수 → 신청서 제출 → 요금 지불 → 사전 확인 → 당일 이용
※ 연속 4일 이상의 예약은 할 수 없습니다.
※ 회의실의 신청 절차가 가능한 것은 시민 및 시내 재직자뿐입니다.

[68] <접수 개시일>
[68]① 홀
이용일의 6개월 전 (예: 10월 1일에 이용 → 4월 1일에 접수 개시)
[69]② 홀 이외의 시설
이용일의 3개월 전 (예: 10월 1일에 이용 → 7월 1일에 접수 개시)

<신청 방법>

[69]접수창구에서 신청해 주세요. 시의 이벤트 등의 이용이 정해져 있는 경우가 있기 때문에, 접수 개시일이어도, 예약 상황을 확인하신 후, 내관해 주세요.

① 접수 개시일
10:00부터 접수를 개시합니다. 접수 개시 단계에서 복수의 신청이 있는 경우에는, 추첨을 실시합니다.

② 접수 개시일의 다음 날 이후
선착순으로 접수합니다. 접수 시간은 09:00~17:00입니다.

[69]※ 주소를 확인할 수 있는 서류를 지참해 주세요.
※ 20세 미만인 분이 신청하시는 경우는, 보호자의 동의서가 필요합니다.
※ 예약 접수 완료 후, 이용 신청서를 기입해 주세요. (후일 우송 가능)

어휘 **定員** ていいん [명] 정원　**面積** めんせき [명] 면적　**備考** びこう [명] 비고　**料金** りょうきん [명] 요금　**全体** ぜんたい [명] 전체　**舞台** ぶたい [명] 무대
楽屋 がくや [명] 분장실　**控室** ひかえしつ [명] 대기실　**スペース** [명] 공간　**併せる** あわせる [동] 합치다　**展示会** てんじかい [명] 전시회　**他** ほか [명] 외
各種 かくしゅ [명] 각종　**イベント** [명] 이벤트　**防音室** ぼうおんしつ [명] 방음실　**記載** きさい [명] 기재　**手続き** てつづき [명] 절차　**手順** てじゅん [명] 순서
支払い しはらい [명] 지불　**事前** じぜん [명] 사전　**当日** とうじつ [명] 당일　**連続** れんぞく [명] 연속　**及び** および [부] 및　**市内** しない [명] 시내
在勤者 ざいきんしゃ [명] 재직자　**～のみ** [조] ~뿐, ~만　**利用日** りようび [명] 이용일　**開始** かいし [명] 개시　**方法** ほうほう [명] 방법
状況 じょうきょう [명] 상황　**来館** らいかん [명] 내관　**段階** だんかい [명] 단계　**複数** ふくすう [명] 복수　**翌日** よくじつ [명] 다음 날, 익일
以降 いこう [명] 이후　**先着順** せんちゃくじゅん [명] 선착순　**持参** じさん [명] 지참　**未満** みまん [명] 미만　**保護者** ほごしゃ [명] 보호자
完了 かんりょう [명] 완료　**後日** ごじつ [명] 후일

청해 p.227

문항별 분할 파일 바로 듣기

☞ **문제 1**의 디렉션과 예제를 들려줄 때 1번부터 5번까지의 선택지를 미리 읽고 내용을 재빨리 파악해둡니다. 음성에서 **では、始めます**(그러면, 시작합니다)가 들리면, 곧바로 문제 풀 준비를 합니다. 디렉션과 예제는 실전모의고사 제1회의 해설(p.27)에서 확인할 수 있습니다.

1 중상

[음성]

大学で男の学生と女の学生が話しています。女の学生はまず何をしますか。

M：昨日橋本先生に、今度のゼミのプロジェクト、3年生と協力して進めてほしいって言われたんだけど、3年生のリーダーを田村さんにお願いしてもいい？

F：え？いいですけど。橋本先生のゼミって水曜日のですよね。

M：うん、商店街の状況について調べて、町の開発案を出すんだけど、商店街の人達への聞き取りを3年生にも手伝ってもらってって。[2]取材する内容はあとでメールで送るから。

F：なるほど、わかりました。まず、商店街に取材に行けばいいんですね。

M：うん、でもその前に、取材の日時を店の人と約束しないとね。[4]ゼミの3年生達と相談して、決めてくれる？

F：[4]はい。取材はいつまでにすればいいですか。

[음성]

대학에서 남학생과 여학생이 이야기하고 있습니다. 여학생은 우선 무엇을 합니까?

M : 어제 하시모토 선생님에게, 이번 세미나 프로젝트, 3학년과 협력해서 진행해 줬으면 한다고 들었는데, 3학년 리더를 다무라 씨에게 부탁해도 돼?

F : 네? 괜찮습니다만. 하시모토 선생님의 세미나라면 수요일 것 말이죠?

M : 응, 상점가의 상황에 대해 조사해서, 마을의 개발안을 내는 건데, 상점가 사람들에게 하는 청취 조사를 3학년에게도 돕게 하래. [2]취재할 내용은 나중에 이메일로 보낼 테니까.

F : 과연 그렇군요, 알겠습니다. 우선, 상점가에 취재를 가면 되는 거죠?

M : 응, 하지만 그전에, 취재 일시를 가게 사람과 약속하지 않으면 말이야. [4]세미나 3학년들과 상담해서, 정해 줄래?

F : [4]네. 취재는 언제까지 하면 될까요?

M : 다다음주의 세미나 때까지 해주면. [1]세미나 때에 취재한 내용을 토대로, 개발안을 내어 갈 예정이니까.

M：再来週のゼミの時までにしてくれれば。[1]ゼミの時に取材した内容をもとに、開発案を出していく予定だから。

F：ああ、じゃあ内容を報告する人も決めなきゃいけませんね。

M：まあ、でも[3]それは取材の後でもいいよ。まずはみんなで、やることを分担して取材してくれる？

F：はい。じゃあ、とりあえずみんなに声をかけてみます。

女の学生はまず何をしますか。

[문제지]

1 町の開発案を考える
2 取材する内容をメールで送る
3 取材の内容を報告する
4 3年生と日程を相談する

F : 아, 그럼 내용을 보고할 사람도 정하지 않으면 안 되겠네요.

M : 뭐, 근데 [3]그건 취재 후라도 괜찮아. 우선은 다 같이, 할 일을 분담해서 취재해 줄래?

F : 네. 그럼, 우선 모두에게 말을 걸어 보겠습니다.

여학생은 우선 무엇을 합니까?

[문제지]

1 마을의 개발안을 생각한다
2 취재할 내용을 이메일로 보낸다
3 취재 내용을 보고한다
4 3학년과 일정을 상담한다

해설 여자가 가장 먼저 해야 할 일을 묻는 문제이다. 대화에서, 남자가 ゼミの3年生達と相談して、決めてくれる？라고 하자, 여자가 はい라고 했으므로, 4 3年生と日程を相談する가 정답이다. 선택지 1, 2는 남학생이 할 일이고, 3은 취재한 다음에 할 일이므로 오답이다.

어휘 ゼミ 명 세미나　プロジェクト 명 프로젝트　協力 きょうりょく 명 협력　進める すすめる 동 진행하다　リーダー 명 리더　商店街 しょうてんがい 명 상점가　状況 じょうきょう 명 상황　開発案 かいはつあん 명 개발안　聞き取り ききとり 명 청취 조사　取材 しゅざい 명 취재　内容 ないよう 명 내용　メール 명 이메일　日時 にちじ 명 일시　報告 ほうこく 명 보고　分担 ぶんたん 명 분담　とりあえず 부 우선　声をかける こえをかける 말을 걸다　日程 にってい 명 일정

2 중상

[음성]

会社で男の人と女の人が話しています。女の人はこのあとまず何をするつもりですか。

M：田中さん、知ってる？来年から特別休暇が取りやすくなるんだよ。

F：うん、知ってるよ。それで私も申請しようと思ってるんだ。

M：そうなんだ。どの休暇を取るの？僕はリフレッシュ休暇。思い切って2週間くらい休もうと思ってて。

F：へえ。いいなあ。私は来年にでもボランティアに行こうと思ってる。実は親友の故郷がこの間の地震で被災したんだけど、復興に何年もかかるらしくて。休暇、何日ぐらい取れるんだっけ。

M：ええと。確かボランティアなら、最長1か月取れるはずだよ。リフレッシュ休暇は15日間までなんだけど。

F：そっか。長く休むことになるから、上司に相談しないとちょっと難しいかな。

M：今までは入社５年目から特別休暇が取れたんだけど、3年目からになったんだよね。あれ？田中さんって、入社何年目だっけ？

[음성]

회사에서 남자와 여자가 이야기하고 있습니다. 여자는 이 다음에 우선 무엇을 할 예정입니까?

M : 다나카 씨, 알고 있어? 내년부터 특별 휴가를 내기 쉬워져.

F : 응, 알고 있어. 그래서 나도 신청하려고 생각하고 있어.

M : 그렇구나. 어느 휴가를 낼 거야? 나는 리프레시 휴가. 큰맘 먹고 2주간 정도 쉬려고 생각하고 있어서.

F : 오. 좋겠네. 나는 내년에라도 자원봉사에 가려고 생각하고 있어. 실은 친구의 고향이 요전의 지진으로 재해를 입었는데, 부흥에 몇 년이나 걸린다는 것 같아서. 휴가, 며칠 정도 낼 수 있었지?

M : 음. 아마 자원봉사라면, 최장 1개월 낼 수 있을 거야. 리프레시 휴가는 15일간까지지만.

F : 그렇구나. 길게 쉬게 되니까, 상사에게 상담하지 않으면 좀 어려우려나.

M : 지금까지는 입사 5년차부터 특별 휴가를 낼 수 있었는데, 3년차부터로 된 거지. 어라? 다나카 씨는, 입사 몇 년차였지?

F : 3년차. [3]신청할 때는, 휴가 목적을 제출하는 거지?

M : [2]맞아 맞아. 일단, 목적에 따른 휴가니까.

F：3年目。[3]申請の時って、休暇の目的を提出するんだよね。

M：[2]そうそう。一応、目的ごとの休暇だから。

F：[1][2]それははっきりしてるから問題ないけど。やっぱり難しいのは、日程の調整だね。これは早めにしとかないと。

M：あと、[4]休暇の3か月前が申請の期限だから気を付けて。

F：ありがとう。余裕をもって申請しなくちゃ。

女の人はこのあとまず何をするつもりですか。

[문제지]

1 特別休暇を申請する
2 **休暇の時期を相談する**
3 休暇の目的を提出する
4 申請の期限を確認する

F : [1][2]그건 확실하니까 문제 없는데. 역시 어려운 것은, 일정 조정이네. 이건 일찌감치 해두지 않으면.

M : 그리고, [4]휴가 3개월 전이 신청 기한이니까 주의해.

F : 고마워. 여유를 가지고 신청해야겠어.

여자는 이 다음에 우선 무엇을 할 예정입니까?

[문제지]

1 특별 휴가를 신청한다
2 **휴가 시기를 상담한다**
3 휴가 목적을 제출한다
4 신청 기한을 확인한다

해설 여자가 가장 먼저 해야 할 일을 묻는 문제이다. 대화에서, 특별 휴가를 신청할 때는 휴가 목적을 제출하는 것이 맞냐는 여자의 말에 남자가 そうそう。一応、目的ごとの休暇だから라고 하자, 여자가 それははっきりしてるから問題ないけど。やっぱり難しいのは、日程の調整だね。これは早めにしとかないと라고 했으므로, 2 休暇の時期を相談する가 정답이다. 선택지 1은 상사와 상담을 한 다음에 할 일이고, 3은 휴가를 신청할 때 할 일이며, 4는 이미 확인했으므로 오답이다.

어휘 休暇 きゅうか 명 휴가 申請 しんせい 명 신청 リフレッシュ 명 리프레시 思い切って おもいきって 부 큰맘 먹고 ボランティア 명 자원봉사 実は じつは 부 실은 親友 しんゆう 명 친구 故郷 こきょう 명 고향 この間 このあいだ 명 요전 被災する ひさいする 재해를 입다 復興 ふっこう 명 부흥 最長 さいちょう 명 최장 上司 じょうし 명 상사 入社 にゅうしゃ 명 입사 目的 もくてき 명 목적 提出 ていしゅつ 명 제출 一応 いちおう 부 일단 日程 にってい 명 일정 調整 ちょうせい 명 조정 早めに はやめに 일찌감치 期限 きげん 명 기한 気を付ける きをつける 주의하다 余裕 よゆう 명 여유 時期 じき 명 시기 確認 かくにん 명 확인

3 상

[음성]

大学で女の学生と事務員が話しています。女の学生はまず何をしなければなりませんか。

F：すみません。学生証をなくしてしまって…。再発行をお願いしたいんですが。

M：あ、再発行ですか。それじゃ、この用紙に、名前と住所と学籍番号を記入してください。それから、本人確認ができるものが必要なんですが、免許証や保険証はありますか?

F：えっと。保険証ならあります。でも、最近引っ越しをしたので住所が変わったんです。その引っ越しの時に学生証をなくしてしまったみたいで…。

M：あ。そうなんですか。[1]住所の変更手続きがまだなら、まずそれからしてもらわないといけないですね。

F：そうですか。[2]それって、今ここでできますか?

M：[2]はい、できますよ。ただシステムの都合上、今日は住所の変更までしかできません。学生証を再発行す

[음성]

대학에서 여학생과 사무원이 이야기하고 있습니다. 여학생은 우선 무엇을 해야 합니까?

F : 실례합니다. 학생증을 잃어버려서…. 재발행을 부탁드리고 싶은데요.

M : 아, 재발행인가요? 그러면, 이 용지에, 이름과 주소와 학적 번호를 기입해 주세요. 그 다음에, 본인 확인을 할 수 있는 것이 필요합니다만, 면허증이나 보험증은 있나요?

F : 음. 보험증이라면 있어요. 하지만, 최근 이사를 했기 때문에 주소가 바뀌었어요. 그 이사 때에 학생증을 잃어버린 것 같아서….

M : 아. 그런가요? [1]주소 변경 수속이 아직이라면, 우선 그것부터 해주시지 않으면 안 되겠네요.

F : 그런가요? [2]그건, 지금 여기에서 가능한가요?

M : [2]네, 가능해요. 다만 시스템 사정상, 오늘은 주소 변경까지밖에 할 수 없습니다. 학생증을 재발행하려면, 내일 이후에 한 번 더 와주시지 않으면 안 됩니다만….

るには、明日以降にもう一度来てもらわなければならないんですが…。

F：えー、そうなんですか。

M：[3]明日は、証明写真も準備してきてくださいね。学生証に使うので。[4]あと、念のため、警察にも届けたほうがいいですよ。

F：はあ。いろいろ大変なんですね。

女の学生は、まず何をしなければなりませんか。

[문제지]

1 学生証再発行の手続きをする
2 **登録している住所を変更する**
3 学生証に使う写真を準備する
4 警察に紛失届を出す

F : 아, 그런가요?

M : [3]내일은, 증명사진도 준비해 와주세요. 학생증에 쓸 거라서. [4]그리고, 만일을 위해, 경찰에도 신고하는 편이 좋아요.

F : 휴우. 여러모로 힘드네요.

여학생은 우선 무엇을 해야 합니까?

[문제지]

1 학생증 재발행 수속을 한다
2 **등록한 주소를 변경한다**
3 학생증에 쓸 사진을 준비한다
4 경찰에 분실 신고서를 낸다

해설 여자가 가장 먼저 해야 할 일을 묻는 문제이다. 대화에서, 남자의 주소 변경 수속을 먼저 해야 한다는 말에, 여자가 それって、今ここでできますか？라고 하자 남자가 はい、できますよ라고 했으므로, 2 登録している住所を変更する가 정답이다. 선택지 1은 주소 변경 다음에 할 일이고, 3은 내일까지 할 일이며, 4는 할지 안 할지 언급되지 않았으므로 오답이다.

어휘 **事務員** じむいん 명 사무원　**学生証** がくせいしょう 명 학생증　**再発行** さいはっこう 명 재발행　**用紙** ようし 명 용지　**学籍** がくせき 명 학적　**記入** きにゅう 명 기입　**本人** ほんにん 명 본인　**確認** かくにん 명 확인　**免許証** めんきょしょう 명 면허증　**保険証** ほけんしょう 명 보험증　**引っ越し** ひっこし 명 이사　**変更** へんこう 명 변경　**手続き** てつづき 명 수속　**ただ** 부 다만　**システム** 명 시스템　**都合上** つごうじょう 사정상　**以降** いこう 명 이후　**証明写真** しょうめいしゃしん 명 증명사진　**念のため** ねんのため 만일을 위해　**登録** とうろく 명 등록　**紛失届** ふんしつとどけ 명 분실 신고서

4 중상

[음성]

和菓子屋で店長と男の店員が話しています。男の店員はこれから何をしますか。

F：いよいよ明日からマルキヤデパートでのイベントが始まるね。デパートの担当の方がインターネットや新聞に広告を出してくださっているから、お客様が多く来られると思うの。忙しくなるけど、よろしくね。

M：はい。お店のホームページにも「楽しみにしています」ってコメントを書いてくださっている方もいらっしゃいましたよ。

F：そうなんだ。それはうれしいわね。[2]これから会場のチェックに行くんだけど、何か確認しておくこと、ある？

M：打ち合わせどおりだったら問題ないと思いますよ。あ、そうだ。タナカパッケージさんに包装紙を直接デパートに送ってもらうように手配したのですが、届いているか確認したほうがいいですよね。

F：そうね。もう届いているはずだから、[1]私が確認しておくわ。

[음성]

화과자점에서 점장과 남자 점원이 이야기하고 있습니다. 남자 점원은 이제부터 무엇을 합니까?

F : 드디어 내일부터 마루키야 백화점에서 이벤트가 시작되네. 백화점 담당자 분이 인터넷이랑 신문에 광고를 내주고 계셔서, 손님이 많이 오실 거라고 생각해. 바빠지겠지만, 잘 부탁해.

M : 네. 가게 홈페이지에도 '기대하고 있습니다'라는 코멘트를 써 주신 분도 계셨어요.

F : 그렇구나. 그건 기쁘네. [2]이제부터 회장의 체크를 하러 가는데, 뭔가 확인해 둘 것, 있어?

M : 협의대로라면 문제없다고 생각해요. 아, 맞다. 다나카 패키지 분에게 포장지를 직접 백화점으로 보내달라고 준비했습니다만, 도착했는지 확인하는 편이 좋겠지요?

F : 그렇네. 이미 도착했을 테니까, [1]내가 확인해 둘게.

M : 알겠습니다. 그 매장, 상품을 놓을 공간이 충분히 있기 때문에, 과자를 넣을 상자도 놓을 수 있겠네요. [3]회장에서 상자를 조립하지 않아도 되도록, 여유 있게 상자를 만들어 두겠습니다.

F : [3]고마워. 여기에 있는 것, 전부 해둬. 내일 함께 옮길 테니까. 그리고 아르바이트인 니시무라 씨에게, 내일부터라는 것 만일

M：わかりました。あの売り場、商品を置くスペースが十分にあるので、お菓子を入れる箱も置けますね。[3]会場で箱を組み立てなくていいように、多めに箱を作っておきますね。

F：[3]ありがとう。ここにあるの、全部やっといて。明日一緒に運ぶから。それからアルバイトの西村さんに、明日からだっていうこと念のために連絡しておいて。

M：あ、西村さん、[4]さっきこちらに来たんで、話しました。西村さんちにお客さんが来るとかでお菓子、買いに来てて。

F：へえ、そうだったの。

男の店員はこれから何をしますか。

[문제지]

1 包装紙が届いているか確認する
2 会場の準備を手伝いに行く
3 お菓子を入れる箱を組み立てる
4 アルバイトの人に確認の連絡をする

을 위해 연락해 둬.

M : 아, 니시무라 씨, [4]아까 여기에 왔기 때문에, 얘기했습니다. 니시무라 씨 집에 손님이 온다던가 해서 과자, 사러 와서요.

F : 오, 그랬어?

남자 점원은 이제부터 무엇을 합니까?

[문제지]

1 포장지가 도착했는지 확인한다
2 회장의 준비를 도우러 간다
3 과자를 넣을 상자를 조립한다
4 아르바이트인 사람에게 확인 연락을 한다

해설 남자가 앞으로 해야 할 일을 묻는 문제이다. 대화에서, 남자가 会場で箱を組み立てなくていいように、多めに箱を作っておきますね라고 하자, 여자가 ありがとう。ここにあるの、全部やっといて라고 했으므로, 3 お菓子を入れる箱を組み立てる가 정답이다. 선택지 1은 여자가 할 일이고, 2는 할 필요가 없으며, 4는 이미 했으므로 오답이다.

어휘 **和菓子屋** わがしや 명 화과자점 **店長** てんちょう 명 점장 **いよいよ** 부 드디어 **イベント** 명 이벤트 **担当** たんとう 명 담당자, 담당 **インターネット** 명 인터넷 **広告** こうこく 명 광고 **お客様** おきゃくさま 손님 **ホームページ** 명 홈페이지 **コメント** 명 코멘트 **打ち合わせ** うちあわせ 명 협의 **パッケージ** 명 패키지 **包装紙** ほうそうし 명 포장지 **直接** ちょくせつ 명 직접 **手配** てはい 명 준비 **届く** とどく 동 도착하다 **商品** しょうひん 명 상품 **スペース** 명 공간 **組み立てる** くみたてる 동 조립하다 **多めに** おおめに 여유 있게 **念のために** ねんのために 만일을 위해 **確認** かくにん 명 확인

5 중상

[음성]

会社で部長と男の人が話しています。男の人はこのあとまず何をしなければいけませんか。

F：新規のお客様とのテレビ会議まであと2時間だね。今回の会議次第で取引が確定するから頑張ろうね。

M：ええ、ちょっと緊張してきました。足を引っ張らないよう頑張ります。

F：ところで、会議の資料とカタログ、もうお送りしてあるの？

M：ええ。おとといメールで送信しました。先方に事前に目を通していただけるようにと思いまして。

F：そう。ありがとう。すっかり任せっぱなしだったわね。そのカタログのデータ、新しいのに差し替えてくれた？先週、研究開発部から送られてきたものなんだけど。

[음성]

회사에서 부장과 남자가 이야기하고 있습니다. 남자는 이 다음에 우선 무엇을 해야 합니까?

F : 신규 고객과의 화상 회의까지 앞으로 2시간이네. 이번 회의에 따라 거래가 확정될 테니 힘내자.

M : 네, 좀 긴장되기 시작했습니다. 발목을 잡지 않도록 힘내겠습니다.

F : 그런데, 회의 자료와 카탈로그, 벌써 보내 드렸어?

M : 네. 그제 이메일로 송신했습니다. 상대편이 사전에 훑어봐 주셨으면 해서요.

F : 그래? 고마워. 완전히 맡겨둔 채였네. 그 카탈로그의 데이터, 새로운 것으로 바꿔 주었어? 저번 주, 연구 개발부에서 보내온 것인데.

M : [1]네, 보내온 그날에 바로 해두었습니다.

M：[1]はい、送られてきたその日にやっておきました。

F：よかった。気になってたんだけどバタバタしてて、確認できてなかったから。

M：あ、それから、今回使用する会議室なんですが、ちょっと片付けたほうがいいかもしれません。今からしておきますね。

F：ああ、それなら[2]加藤さんに手伝ってもらって昨日やったから大丈夫。これを機に要らない資料もずいぶん整理したのよ。備品も使ってないものもたくさんあったし。[3]あ、ネクタイ持ってる？会議の前にしといてね。

M：そうですね。忘れていました。[3]すぐつけます。

F：[4]それが済んだら、会議室のカメラとパソコンの設置、お願いね。

男の人はこのあとまず何をしなければいけませんか。

[문제지]

1 データを更新する
2 会議室を片付ける
3 ネクタイを締める
4 カメラとパソコンを準備する

F : 다행이다. 신경이 쓰였었는데 아등바등하느라, 확인 못했었으니까.

M : 아, 그리고, 이번에 사용할 회의실 말입니다만, 조금 정리하는 편이 좋을지도 몰라요. 지금부터 해두겠습니다.

F : 아, 그거라면 [2]가토 씨가 도와줘서 어제 했으니까 괜찮아. 이걸 계기로 필요 없는 자료도 꽤 정리했어. 비품도 사용하지 않은 것도 많이 있었고. [3]아, 넥타이 가지고 있어? 회의 전에 해둬.

M : 그렇군요. 잊고 있었습니다. [3]바로 하겠습니다.

F : [4]그게 끝나면, 회의실 카메라와 PC의 설치, 부탁해.

남자는 이 다음에 우선 무엇을 해야 합니까?

[문제지]

1 데이터를 갱신한다
2 회의실을 정리한다
3 넥타이를 맨다
4 카메라와 PC를 준비한다

해설 남자가 가장 먼저 해야 할 일을 묻는 문제이다. 대화에서, 여자가 あ、ネクタイ持ってる？会議の前にしといてね라고 하자, 남자가 すぐつけます라고 했으므로, 3 ネクタイを締める가 정답이다. 선택지 1은 남자가 이미 했고, 2는 가토와 여자가 이미 했으며, 4는 넥타이를 맨 다음에 할 일이므로 오답이다.

어휘 新規 しんき 명 신규　お客様 おきゃくさま 고객　テレビ会議 テレビかいぎ 명 화상 회의　今回 こんかい 명 이번　取引 とりひき 명 거래　確定 かくてい 명 확정　緊張 きんちょう 명 긴장　足を引っ張る あしをひっぱる 발목을 잡다, 방해를 하다　ところで 접 그런데　資料 しりょう 명 자료　カタログ 명 카탈로그　メール 명 이메일　送信 そうしん 명 송신　先方 せんぽう 명 상대편　事前 じぜん 명 사전　目を通す めをとおす 훑어보다　任せる まかせる 동 맡기다　データ 명 데이터　差し替える さしかえる 동 바꾸다　開発部 かいはつぶ 명 개발부　気になる きになる 신경이 쓰이다　バタバタ 부 아등바등　確認 かくにん 명 확인　使用 しよう 명 사용　整理 せいり 명 정리　備品 びひん 명 비품　設置 せっち 명 설치　更新 こうしん 명 갱신

꼭! 알아두기 すぐ(바로), 早速(곧)와 같은 표현이 들리면 가장 먼저 해야할 행동과 관련되므로 주변에서 언급된 내용이 정답이 될 가능성이 높다.

☞ 문제 2의 디렉션과 예제를 들려줄 때 1번부터 6번까지의 선택지를 미리 읽고 내용을 재빨리 파악해둡니다. 음성에서 では、始めます(그러면, 시작합니다)가 들리면, 곧바로 문제 풀 준비를 합니다. 디렉션과 예제는 실전모의고사 제1회의 해설(p.32)에서 확인할 수 있습니다.

1 중상

[음성]

テレビでアナウンサーが児童教育の専門家にインタビューをしています。専門家は家庭での教育について、どうするといいと言っていますか。

F：今日は、児童教育の専門家の中西さんにお話を伺いたいと思います。早速ですが、これからの時代の家庭での教育について、どのようにお考えでしょうか？

[음성]

텔레비전에서 아나운서가 아동 교육의 전문가에게 인터뷰를 하고 있습니다. 전문가는 가정에서의 교육에 대해서, 어떻게 하면 좋다고 말하고 있습니까?

F : 오늘은, 아동 교육의 전문가인 나카니시 씨에게 이야기를 여쭙고 싶다고 생각합니다. 바로 본론입니다만, 앞으로의 시대의 가정에서의 교육에 대해서 어떻게 생각하십니까?

M：そうですね。まずは子供の自己肯定感を高めてあげることが大切だと思います。つい、いろいろと欠点を指摘してしまうものですが、学力以外のことでも長所を見つけて、そこで自信をつけてあげることが大切ですね。

F：では、たくさん褒めてあげるのがいいということですね。

M：褒めて伸ばすのもいいんですが、わざとらしくなると子供は逆にしらけてしまいます。なので、認めてあげるという感じがいいですね。ほら、インターネット上のコミュニティーにある「いいね」ボタンのような、軽い同意のイメージです。その上で子供の長所を伝えて、それに気付かせてあげるといいですね。

F：なるほど。では、短所を改善するにはどのようにすればいいのでしょうか？

M：短所については触れないことです。短所はあとからでも直そうと思えば直すことができますから。どんなことでも長所を伸ばしてあげると、将来の可能性が広がると思いますよ。特にこれからの時代は、特別に優れているものを持っていることが大切になるでしょう。

F：今までの考え方とは、ずいぶん変わってきているんですね。

専門家は、家庭での教育について、どうするといいと言っていますか。

[문제지]

1 学校で得意なことをほめるといい
2 常に子供の意見に同意するといい
3 短所は自分で気付かせるといい
4 いいところを伸ばしてあげるといい

M：글쎄요. 우선은 아이의 자기 긍정감을 높여주는 것이 중요하다고 생각합니다. 무심코, 여러 가지로 결점을 지적해 버리는 법입니다만, 학력 이외의 것이라도 장점을 발견해서, 거기서 자신감을 붙여 주는 것이 중요합니다.

F：그럼, 많이 칭찬해 주는 것이 좋다는 것이군요.

M：칭찬해서 키우는 것도 좋습니다만, 꾸며낸 티가 나게 되면 아이는 역으로 흥이 깨져버립니다. 그렇기 때문에, 인정해 준다는 느낌이 좋겠네요. 보세요, 인터넷상의 커뮤니티에 있는 '좋아요' 버튼과 같은, 가벼운 동의의 이미지입니다. 그 다음에 아이의 장점을 전달하고, 그것을 알아차리게 해주면 좋습니다.

F：과연 그렇군요. 그럼, 단점을 개선하려면 어떻게 하면 좋을까요?

M：단점에 대해서는 손대지 않는 것입니다. 단점은 나중에라도 고치려고 생각하면 고칠 수 있으니까요. 어떤 것이라도 장점을 키워주면, 장래의 가능성이 넓어진다고 생각해요. 특히 앞으로의 시대는, 특별하게 뛰어난 것을 가지고 있는 것이 중요하게 되겠죠.

F: 지금까지의 사고방식과는, 몹시 달라져 온 거군요.

전문가는, 가정에서의 교육에 대해서, 어떻게 하면 좋다고 말하고 있습니까?

[문제지]

1 학교에서 잘하는 것을 칭찬하면 좋다
2 항상 아이의 의견에 동의하면 좋다
3 단점은 스스로 알아차리게 하면 좋다
4 좋은 부분을 키워 주면 좋다

해설 가정에서의 바람직한 교육 방법을 묻는 문제이다. 대화에서, 전문가 즉, 남자가 学力以外のことでも長所を見つけて、そこで自信をつけてあげることが大切ですね라고 하고, どんなことでも長所を伸ばしてあげると、将来の可能性が広がると思いますよ라고 했으므로, 4 いいところを伸ばしてあげるといい가 정답이다. 선택지 1은 학력 이외의 것을 칭찬하면 좋다고 했고, 2는 꾸며낸 티가 나지 않게 해야 한다고 했으며, 3은 단점에 대해서는 손대지 않아야 한다고 했으므로 오답이다.

어휘 児童 じどう 명 아동　専門家 せんもんか 명 전문가　インタビュー 명 인터뷰　早速 さっそく 명 바로 본론임　自己 じこ 명 자기
肯定感 こうていかん 명 긍정감　高める たかめる 동 높이다　つい 부 무심코　欠点 けってん 명 결점　指摘 してき 명 지적　学力 がくりょく 명 학력
長所 ちょうしょ 명 장점　自信 じしん 명 자신감　褒める ほめる 동 칭찬하다　伸ばす のばす 동 키우다, 신장시키다　わざとらしい い형 꾸며낸 티가 나다
逆だ ぎゃくだ な형 역이다　しらける 동 흥이 깨지다　認める みとめる 동 인정하다　インターネット 명 인터넷　コミュニティー 명 커뮤니티
同意 どうい 명 동의　イメージ 명 이미지　気付く きづく 동 알아차리다　短所 たんしょ 명 단점　改善 かいぜん 명 개선　触れる ふれる 동 손대다
可能性 かのうせい 명 가능성　広がる ひろがる 동 넓어지다　優れる すぐれる 동 뛰어나다　考え方 かんがえかた 명 사고방식
得意だ とくいだ な형 잘하다　常に つねに 부 항상

2 상

[음성]

大学で男の人と女の人が話しています。男の人は携帯電話の買い替えで何を重視すると言っていますか。

M：今使ってる携帯電話、だいぶ古くなってきて、バッテリーの持ちも良くなくてさ。新しいモデルが発売されるらしいから、この機会に買い替えようかと思ってるんだ。

F：あ、やっと買い替えるんだね。今度のはすごくいいカメラが付いてるみたいだよ。

M：うん、でもそんなにいいカメラ機能は無くても、普通に撮れさえすればね。ひとつ前のモデルが安くなるだろうから、そっちを買おうと思っててさ。

F：えー？せっかく新しいのが出るのに？

M：だって、今度出るのはすごく高いからちょっと手が出なくて。やっぱり出費は抑えたいんだよね。

F：なるほど、そこか。

M：高いのを買っても、どうせあまり使いこなせないだろうし。

F：そう？機能もアップしてて、画面もきれいになってるのになあ。

M：それはとても魅力的だね。でも、今使ってるのと同じ程度のことができれば、とりあえずは満足だよ。今のが壊れる前に買い替えないとね。

男の人は携帯電話の買い替えで何を重視すると言っていますか。

[문제지]

1 カメラの機能
2 価格の手頃さ
3 機能の多様性
4 画面の美しさ

[음성]

대학에서 남자와 여자가 이야기하고 있습니다. 남자는 휴대 전화를 새로 사서 바꾸는 것에서 무엇을 중시한다고 말하고 있습니까?

M : 지금 사용하고 있는 휴대 전화, 상당히 오래돼서, 배터리도 오래가지 않아서 말이야. 새로운 모델이 발매된다고 하니까, 이번 기회에 새로 사서 바꿀까 하고 생각하고 있어.

F : 아, 드디어 새로 사서 바꾸는구나. 이번 것은 굉장히 좋은 카메라가 붙어 있는 것 같아.

M : 응, 하지만 그렇게 좋은 카메라 기능은 없어도, 평범하게 찍을 수만 있으면 돼. 하나 전의 모델이 싸질 테니까, 그걸 사려고 생각하고 있어.

F : 뭐? 모처럼 새로운 것이 나오는데?

M : 그렇지만, 이번에 나오는 것은 굉장히 비싸니까 조금 손이 가지 않아서. 역시 지출은 막고 싶어.

F : 과연, 그 점인가.

M : 비싼 것을 사도, 어차피 그다지 잘 다룰 수 없을 거고.

F : 그래? 기능도 올라가서, 화면도 깨끗해졌는데 말이야.

M : 그건 매우 매력적이네. 하지만, 지금 쓰고 있는 것과 같은 정도의 일이 가능하면, 우선은 만족이야. 지금 것이 고장 나기 전에 새로 사서 바꾸지 않으면 안 되겠네.

남자는 휴대 전화를 새로 사서 바꾸는 것에서 무엇을 중시한다고 말하고 있습니까?

[문제지]

1 카메라의 기능
2 가격의 알맞음
3 기능의 다양성
4 화면의 아름다움

해설 남자가 휴대 전화를 새로 사서 바꾸는 것에서 중시하는 점을 묻는 문제이다. 대화에서, 남자가 今度出るのはすごく高いからちょっと手が出なくて。やっぱり出費は抑えたいんだよね라고 했으므로, 2 価格の手頃さ가 정답이다. 선택지 1은 평범하게 찍을 수만 있으면 좋겠다고 했고, 3, 4는 지금 쓰고 있는 것과 같은 정도라면 만족한다고 했으므로 오답이다.

어휘 携帯 けいたい 명 휴대　買い替え かいかえ 명 새로 사서 바꿈　重視 じゅうし 명 중시　バッテリー 명 배터리　モデル 명 모델　発売 はつばい 명 발매　買い替える かいかえる 동 새로 사서 바꾸다　機能 きのう 명 기능　せっかく 부 모처럼　だって 접 그렇지만　出費 しゅっぴ 명 지출　抑える おさえる 동 막다, 억제하다　どうせ 부 어차피　使いこなす つかいこなす 동 잘 다루다　アップ 명 올라감, 업　画面 がめん 명 화면　魅力的だ みりょくてきだ な형 매력적이다　程度 ていど 명 정도　とりあえず 부 우선　満足 まんぞく 명 만족　価格 かかく 명 가격　手頃さ てごろさ 명 알맞음　多様性 たようせい 명 다양성

[음성]

会社で女の人と男の人が話しています。男の人はどんなことが一番心配だと言っていますか。

F：今度、支店長に昇進されるそうですね。おめでとうございます。

M：ああ。どうもありがとう。来週には向こうに行かないといけないから、今は引継ぎやら準備やらであわただしいよ。

F：東京から九州だと引っ越しも大変ですよね。ご家族はどうするんですか？

M：うん。子供たちの学校のことも考えて、僕だけ単身赴任することにしたんだ。だから荷物も少ないし、必要なものは向こうで買えばいいし、引っ越しはそれほど大変ではないんだけどね…。

F：そうなんですか。でも、ご家族と離れるのは寂しいですね。

M：それもそうなんだけど、今まで家のことは妻に任せっきりで、ろくに家事をしてなくて。一人暮らしは学生時代以来だし、今から頭を悩ませてるよ。

F：ああ、なるほど。でも、やっていけばだんだん慣れて、できるようになるんじゃないですか。単身赴任をきっかけに、料理に目覚める人もいるみたいですよ。

M：そうだなあ。食事はとりあえず外で済ませたり、買ってきたりもできるけどね。掃除や洗濯は自信がないなあ。慣れるまではいろいろと苦労しそうだよ。

F：きっと奥さんのありがたみが、身に染みて分かりますね。

男の人はどんなことが一番心配だと言っていますか。

[문제지]

1 後任者に業務を説明すること
2 家族と離れて生活すること
3 妻に子供の世話を任せること
4 自分一人で家事をすること

[음성]

회사에서 여자와 남자가 이야기하고 있습니다. 남자는 어떤 것이 제일 걱정이라고 말하고 있습니까?

F : 이번에, 지점장으로 승진하신다고요. 축하드립니다.

M : 아. 정말 고마워. 다음 주에는 그쪽으로 가지 않으면 안 되니까, 지금은 인수인계며 준비로 분주해.

F : 도쿄에서 규슈라면 이사도 힘들겠네요. 가족은 어떻게 하시나요?

M : 응. 아이들의 학교 일도 생각해서, 나만 단신 부임하기로 했어. 그래서 짐도 적고, 필요한 것은 그쪽에서 사면 되고, 이사는 그렇게 힘들지 않지만 말이야….

F : 그렇습니까? 하지만, 가족과 떨어지는 것은 외롭겠네요.

M : 그것도 그렇지만, 지금까지 집의 일은 아내에게 맡긴 채, 제대로 가사를 하지 않아서. 자취는 학생 시절 이래이고, 지금부터 골머리를 앓게 하고 있어.

F : 아, 과연 그렇군요. 하지만, 해나가면 점점 익숙해져서, 할 수 있게 되잖아요? 단신 부임을 계기로, 요리에 눈을 뜨는 사람도 있는 것 같아요.

M : 그렇네. 식사는 우선 밖에서 해결하거나, 사 오거나 할 수 있지만 말이야. 청소나 세탁은 자신이 없네. 익숙해지기까지는 여러 가지로 고생할 것 같아.

F : 분명 사모님의 고마움을, 사무치게 알게 되겠네요.

남자는 어떤 것이 제일 걱정이라고 말하고 있습니까?

[문제지]

1 후임자에게 업무를 설명하는 것
2 가족과 떨어져서 생활하는 것
3 아내에게 아이 돌보기를 맡기는 것
4 자기 혼자서 집안일을 하는 것

해설 남자가 제일 걱정하고 있는 것을 묻는 문제이다. 대화에서, 남자가 今まで家のことは妻に任せっきりで、ろくに家事をしてなくて。一人暮らしは学生時代以来だし、今から頭を悩ませてるよ라고 했으므로, 4 自分一人で家事をすること가 정답이다. 선택지 1은 업무 인계로 분주하다고 했고, 2는 제일 걱정이라고 언급한 점이 아니고, 3은 언급되지 않았으므로 오답이다.

어휘 **支店長** してんちょう 명 지점장 **昇進** しょうしん 명 승진 **引継ぎ** ひきつぎ 명 인수인계 **あわただしい** い형 분주하다 **東京** とうきょう 명 도쿄 **九州** きゅうしゅう 명 규슈 **引っ越し** ひっこし 명 이사 **単身** たんしん 명 단신 **赴任** ふにん 명 부임 **離れる** はなれる 동 떨어지다 **任せる** まかせる 동 맡기다 **ろくだ** な형 제대로이다 **家事** かじ 명 가사 **一人暮らし** ひとりぐらし 명 자취 **以来** いらい 명 이래 **頭を悩ます** あたまをなやます 골머리를 앓다 **きっかけ** 명 계기 **目覚める** めざめる 동 눈을 뜨다 **とりあえず** 부 우선 **自信** じしん 명 자신 **苦労** くろう 명 고생 **ありがたみ** 명 고마움 **身に染みる** みにしみる 사무치다 **後任者** こうにんしゃ 명 후임자 **業務** ぎょうむ 명 업무

[음성]

テレビで女のアナウンサーと男の人が話しています。男の人はこの町の一番の魅力は何だと言っていますか。

F：木村さんは、東京で働いた後、数年前にご自分の故郷にお戻りになったんですよね。

M：ええ、町の人口がどんどん少なくなっているのを知って、3年前に戻りました。今はこの町の観光ガイドをしています。

F：失礼ながら、観光地としてはそんなに有名な町ではないと思うんですが…。

M：はい、どこにでもあるような自然豊かな小さい町で、大部分は農家です。でも、都会に住んでいる人にとっては、その何もないところがいいみたいで、最近はどんどん観光客が増えてきています。

F：何もないところ、ですか。

M：はい、のんびりするだけが目的の観光客も多いんです。また、この町ならではの体験も魅力の一つです。伝統工芸の工房を巡るツアーや、農作業の体験も観光客から好評です。

F：そうなんですね。

M：そして、何といっても、観光客の心を惹きつけるのが人と人との交流です。緑溢れるこの場所で、民宿や農家などで人と触れ合うことが、この町の観光の醍醐味です。普段接点のない人と交流する機会を提供し、人と人が繋がること、それがこの町の魅力だと思っています。

男の人はこの町の一番の魅力は何だと言っていますか。

[문제지]

1 のんびりできる町であること
2 この町で特別な体験ができること
3 町の住人と触れ合う機会があること
4 自然が豊かで緑が多いこと

[음성]

텔레비전에서 여자 아나운서와 남자가 이야기하고 있습니다. 남자는 이 마을의 가장 큰 매력은 무엇이라고 말하고 있습니까?

F : 기무라 씨는, 도쿄에서 일한 후, 몇 년 전에 자신의 고향으로 돌아오신 거죠?

M : 네, 마을의 인구가 점점 적어지고 있는 것을 알고, 3년 전에 돌아왔습니다. 지금은 이 마을의 관광 가이드를 하고 있습니다.

F : 실례지만, 관광지로서는 그렇게 유명한 마을이 아니라고 생각합니다만….

M : 네, 어디에라도 있을 것 같은 자연이 풍요로운 작은 마을로, 대부분은 농가입니다. 하지만, 도시에 살고 있는 사람에게 있어서는, 그 아무것도 없는 점이 좋은 것 같아서, 최근에는 점점 관광객이 늘어오고 있습니다.

F : 아무것도 없는 점, 인가요?

M : 네, 느긋하게 있는 것만이 목적인 관광객도 많습니다. 또, 이 마을만의 체험도 매력 중 하나입니다. 전통 공예의 공방을 도는 투어나, 농작업 체험도 관광객으로부터 호평입니다.

F : 그렇군요.

M : 그리고, 뭐니 뭐니 해도, 관광객의 마음을 사로잡는 것이 사람과 사람과의 교류입니다. 녹음이 우거진 이 장소에서, 민박이나 농가 등에서 사람과 접하는 것이, 이 마을 관광의 묘미입니다. 평소 접점이 없는 사람과 교류할 기회를 제공하고, 사람과 사람이 이어지는 것, 그것이 이 마을의 매력이라고 생각하고 있습니다.

남자는 이 마을의 가장 큰 매력은 무엇이라고 말하고 있습니까?

[문제지]

1 느긋하게 있을 수 있는 마을인 것
2 이 마을에서 특별한 체험을 할 수 있는 것
3 마을의 주민과 접할 기회가 있는 것
4 자연이 풍요롭고 녹음이 많은 것

해설 이 마을의 가장 큰 매력을 묻는 문제이다. 대화에서, 남자가 何といっても、観光客の心を惹きつけるのが人と人との交流です。緑溢れる場所で、民宿や農家などで人と触れ合うことが、この町の観光の醍醐味です라고 했으므로, 3 町の住人と触れ合う機会があること가 정답이다. 선택지 1, 2는 가장 큰 매력이라고 언급한 점이 아니고, 4는 이 마을의 특징이므로 오답이다.

어휘 魅力 みりょく 명 매력　東京 とうきょう 명 도쿄　数年 すうねん 명 몇 년　故郷 こきょう 명 고향　観光 かんこう 명 관광　ガイド 명 가이드　観光地 かんこうち 명 관광지　自然 しぜん 명 자연　豊かだ ゆたかだ な형 풍요롭다　大部分 だいぶぶん 명 대부분　農家 のうか 명 농가　都会 とかい 명 도시　観光客 かんこうきゃく 명 관광객　のんびり 부 느긋하게　目的 もくてき 명 목적　体験 たいけん 명 체험　伝統 でんとう 명 전통　工芸 こうげい 명 공예　工房 こうぼう 명 공방　巡る めぐる 동 돌다　ツアー 명 투어　農作業 のうさぎょう 명 농작업　好評 こうひょう 명 호평　惹きつける ひきつける 동 사로잡다　交流 こうりゅう 명 교류　緑溢れる みどりあふれる 녹음이 우거지다　民宿 みんしゅく 명 민박　触れ合う ふれあう 동 접하다　醍醐味 だいごみ 명 묘미　普段 ふだん 명 평소　接点 せってん 명 접점　提供 ていきょう 명 제공　繋がる つながる 동 이어지다　住人 じゅうにん 명 주민

5 중상

[음성]

ラジオで女の人が話しています。女の人は新聞への投書が減っているのはどうしてだと言っていますか。

F：新聞には投書が載っているページがありますよね。最近は投書をする人がだいぶ減っているそうです。新聞への投書は普通、投稿者の名前と年齢が書かれます。名前という個人を特定できる情報が載ることに抵抗を感じる人が増えているためだという意見もありますが、それよりインターネット上でのやり取りが増えたのが理由だと私は考えます。ネットなら自分の意見をすぐに述べることができますから。しかし、新聞の投稿をきっかけに、様々な意見が集まることもあります。短い意見文ですが、多くの人の目に触れるのが新聞の投書欄なのです。

女の人は新聞への投書が減っているのはどうしてだと言っていますか。

[문제지]

1 新聞に個人情報が載るから
2 インターネットを使う人が増えたから
3 自分の意見がすぐに出せるから
4 長い意見文が書けないから

[음성]

라디오에서 여자가 이야기하고 있습니다. 여자는 신문으로의 기고가 줄고 있는 것은 어째서라고 말하고 있습니까?

F : 신문에는 기고가 실려 있는 페이지가 있지요. 최근에는 기고를 하는 사람이 상당히 줄고 있다고 합니다. 신문으로의 기고는 보통, 투고자의 이름과 연령이 쓰입니다. 이름이라는 개인을 특정할 수 있는 정보가 실리는 것에 저항을 느끼는 사람이 늘고 있기 때문이라는 의견도 있습니다만, 그것보다 인터넷상에서의 교류가 늘어난 것이 이유라고 저는 생각합니다. 인터넷이라면 자신의 의견을 바로 말할 수 있으니까요. 하지만, 신문의 투고를 계기로, 다양한 의견이 모이는 경우도 있습니다. 짧은 의견문이지만, 많은 사람의 눈에 띄는 것이 신문 기고란인 것입니다.

여자는 신문으로의 기고가 줄고 있는 것은 어째서라고 말하고 있습니까?

[문제지]

1 신문에 개인 정보가 실리기 때문에
2 인터넷을 사용하는 사람이 늘었기 때문에
3 자신의 의견을 바로 낼 수 있기 때문에
4 긴 의견문을 쓸 수 없기 때문에

해설 여자가 생각하는 신문으로의 기고가 줄고 있는 이유를 묻는 문제이다. 여자가 という意見もありますが、それよりインターネット上でのやり取りが増えたのが理由だと私は考えます라고 했으므로, 2 インターネットを使う人が増えたから가 정답이다. 선택지 1은 여자의 의견이 아니고, 3은 인터넷의 장점으로 언급되었으며, 4는 언급되지 않았으므로 오답이다.

어휘 投書 とうしょ 명 기고, 투고　減る へる 동 줄다　載る のる 동 실리다　投稿者 とうこうしゃ 명 투고자　年齢 ねんれい 명 연령　個人 こじん 명 개인　特定 とくてい 명 특정　情報 じょうほう 명 정보　抵抗 ていこう 명 저항　感じる かんじる 동 느끼다　インターネット 명 인터넷　やり取り やりとり 명 교류, 주고받음　ネット 명 인터넷 (インターネット의 준말)　述べる のべる 동 말하다　投稿 とうこう 명 투고　きっかけ 명 계기　様々だ さまざまだ な형 다양하다　意見文 いけんぶん 명 의견문　目に触れる めにふれる 눈에 띄다　投書欄 とうしょらん 명 기고란, 투고란

꼭! 알아두기 ~という意見もありますが(~라는 의견도 있습니다만)와 같은 표현 뒤에는 다른 사람의 의견에 대한 화자의 의견이나 반박이 이어지므로 유의하여 듣는다.

6 상

[음성]

男の人と女の人が話しています。男の人はどうして旅行先を変えたほうがいいと言っていますか。

M：来週からの旅行のキャンセル、いつまでできるんだっけ？

F：え？キャンセル？私は行く気でいたんだけど。もう仕事の休みもとってあるし、太郎も楽しみにしてるよ。

M：僕も休みを取ってあるよ。ただ、現地の天候がね、あんまりよくないみたいなんだ。

[음성]

남자와 여자가 이야기하고 있습니다. 남자는 어째서 여행지를 바꾸는 편이 좋다고 말하고 있습니까?

M : 다음주부터의 여행 취소, 언제까지 가능하지?

F : 뭐? 취소? 나는 갈 마음으로 있었는데. 벌써 일의 휴가도 냈고, 다로도 기대하고 있어.

M : 나도 휴가를 냈어. 다만, 현지의 날씨가 말이야, 그다지 좋지 않은 것 같아.

F：あれ？私もテレビでチェックしたけど、大丈夫そうだったよ。ぎりぎり曇りだったはず。
M：曇りかあ。まあ雨が降らなければよしとするか。
F：それよりも、昨日からなんだか車の調子が悪いんだよね。明日ちょっと修理屋さんに見てもらおうと思ってるんだけど、もし修理が必要だったら、旅行、レンタカーにしない？
M：え、それは大変だ。天気より問題だね。レンタカーでもいいけど、四日間で長いから、高くついちゃうよ。もう少し近場で電車で行けるところにしたほうがいいんじゃない？
F：そうね。やっぱり旅行会社に連絡しておくわ。
M：よろしく。他に行けそうなところは僕が調べてみるよ。

男の人はどうして旅行先を変えたほうがいいと言っていますか。

[문제지]

1 休暇が取れなかったから
2 天気が悪くなりそうだから
3 車を使えないかもしれないから
4 旅行期間が長いから

F : 어라? 나도 텔레비전으로 체크했는데, 괜찮을 것 같았어. 아슬아슬 흐림이었을 거야.
M : 흐림인가. 뭐 비가 내리지 않으면 좋은 걸로 할까.
F : 그것보다, 어제부터 왠지 차의 상태가 나빠. 내일 좀 수리 기사에게 봐달라고 하려고 생각하고 있는데, 만약 수리가 필요하다면, 여행, 렌터카로 하지 않을래?
M : 앗, 그건 큰일이네. 날씨보다 문제야. 렌터카도 괜찮지만, 나흘간이라 기니까, 비싸게 붙어버릴 거야. 조금 더 가까운 곳으로 전철로 갈 수 있는 곳으로 하는 편이 좋지 않아?
F : 그렇네. 역시 여행 회사에 연락해 둘게.
M : 부탁해. 달리 갈 수 있을 것 같은 곳은 내가 조사해볼게.

남자는 어째서 여행지를 바꾸는 편이 좋다고 말하고 있습니까?

[문제지]

1 휴가를 낼 수 없었기 때문에
2 날씨가 나빠질 것 같기 때문에
3 차를 쓸 수 없을지도 모르기 때문에
4 여행 기간이 길기 때문에

해설 남자가 여행지를 바꾸는 편이 좋다고 한 이유를 묻는 문제이다. 대화에서, 여자가 もし、修理が必要だったら、旅行、レンタカーにしない라고 하자, 남자가 レンタカーでもいいけど、四日間で長いから、高くついちゃうよ。もう少し近場で電車で行けるところにしたほうがいいんじゃない？라고 했으므로, 3 車を使えないかもしれないから가 정답이다. 선택지 1은 이미 휴가를 냈다고 했고, 2은 비는 내리지 않으므로 좋다고 했으며, 4는 렌터카 비용이 비싸지는 이유이므로 오답이다.

어휘 旅行先 りょこうさき 명 여행지　キャンセル 명 취소　休みをとる 휴가를 내다　ただ 부 다만　現地 げんち 명 현지　天候 てんこう 명 날씨　ぎりぎり 부 아슬아슬　曇り くもり 명 흐림　調子 ちょうし 명 상태　修理屋 しゅうりや 명 수리 기사　レンタカー 명 렌터카　近場 ちかば 명 가까운 곳　休暇 きゅうか 명 휴가　期間 きかん 명 기간

☞ **문제 3**은 문제지에 아무것도 인쇄되어 있지 않습니다. 따라서, 예제를 들려줄 때, 그 내용을 들으면서 p.20 개요 이해의 문제 풀이 전략을 떠올려 봅니다. 음성에서 では、始めます(그러면, 시작합니다)가 들리면, 곧바로 문제 풀 준비를 합니다. 디렉션과 예제는 실전모의고사 제1회의 해설(p.39)에서 확인할 수 있습니다.

1 중상

[음성]

大学医学部の授業で先生が話しています。

M：今や先進国にとどまらず世界中で、心の病に悩む患者の数が増加しています。心の病は、生真面目で責任感が強く、疲労の蓄積に気付かないほど仕事熱心な人に発症のリスクが高いと、日本では言われてきました。しかし、これは多くの人に当てはまる特徴で、本当に性格だけが病に起因するのでしょうか。

[음성]

대학 의학부의 수업에서 선생님이 이야기하고 있습니다.

M : 이제는 선진국에 그치지 않고 전 세계에서, 마음의 병으로 괴로워하는 환자의 수가 증가하고 있습니다. 마음의 병은, 고지식하고 책임감이 강하고, 피로의 축적을 눈치채지 못할 만큼 일을 열심히 하는 사람에게 발증의 위험이 높다고, 일본에서는 일컬어져 왔습니다. 하지만, 이것은 많은 사람에게 적용되는 특징이고, 정말로 성격만이 병에 기인하는 것일까요? 업무

仕事の成果が重視されるようになり、失敗を許さない社会が人々を委縮させ、人間が本来持っている強さや適応能力を弱めているのではないかと、私は考えます。社会に失敗を許す寛容さがあれば、心の病はかなり回避できます。患者と向き合う時には、このような日本社会の背景を意識することも重要です。

先生は何について話していますか。

1 心の病を持つ患者の特徴
2 心の病になりやすい人の仕事
3 心の病を引き起こす原因
4 心の病を診察するときの心構え

의 성과가 중시되게 되고, 실패를 허용하지 않는 사회가 사람들을 위축시키고, 인간이 본래 가지고 있는 강함이나 적응 능력을 약화시키고 있는 것이 아닐까 하고, 저는 생각합니다. 사회에 실패를 허용하는 관용이 있으면, 마음의 병은 상당히 회피할 수 있습니다. 환자와 마주할 때에는, 이와 같은 일본 사회의 배경을 의식하는 것도 중요합니다.

선생님은 무엇에 대해서 이야기하고 있습니까?

1 마음의 병을 지니는 환자의 특징
2 마음의 병에 걸리기 쉬운 사람의 업무
3 마음의 병을 일으키는 원인
4 마음의 병을 진찰할 때의 마음가짐

해설 선생님이 대학 의학부의 수업에서 어떤 이야기를 하는지 전체적인 흐름을 파악하며 주의 깊게 듣는다. 선생님이 '心の病は、生真面目で責任感が強く、疲労の蓄積に気づかないほど仕事熱心な人に発症のリスクが高い', '仕事の成果が重視されるようになり、失敗を許さない社会が人々を委縮させ、人間が本来持っている強さや適応能力を弱めているのではないか'라고 했다. 질문에서 선생님이 무엇에 대해 이야기하고 있는지 묻고 있으므로, 3 心の病を引き起こす原因이 정답이다.

어휘 医学部 いがくぶ 명 의학부　今や いまや 부 이제는　先進国 せんしんこく 명 선진국　病 やまい 명 병　悩む なやむ 동 괴로워하다
患者 かんじゃ 명 환자　数 かず 명 수　増加 ぞうか 명 증가　生真面目だ きまじめだ な형 고지식하다　責任感 せきにんかん 명 책임감
疲労 ひろう 명 피로　蓄積 ちくせき 명 축적　気付く きづく 동 눈치채다　仕事熱心だ しごとねっしんだ な형 일을 열심히 하다　発症 はっしょう 명 발증
リスク 명 위험　日本 にほん 명 일본　当てはまる あてはまる 동 적용되다　特徴 とくちょう 명 특징　性格 せいかく 명 성격　起因 きいん 명 기인
成果 せいか 명 성과　重視 じゅうし 명 중시　許す ゆるす 동 허용하다　人々 ひとびと 명 사람들　委縮 いしゅく 명 위축　人間 にんげん 명 인간
本来 ほんらい 명 본래　適応 てきおう 명 적응　能力 のうりょく 명 능력　弱める よわめる 동 약화시키다　寛容さ かんようさ 명 관용
かなり 부 상당히　回避 かいひ 명 회피　向き合う むきあう 동 마주하다　背景 はいけい 명 배경　意識 いしき 명 의식
重要だ じゅうようだ な형 중요하다　引き起こす ひきおこす 동 일으키다　診察 しんさつ 명 진찰　心構え こころがまえ 명 마음가짐

꼭! 알아두기 ～のではないか(~것이 아닐까)는 의문형이지만 자신의 주장이나 생각을 확고히 나타내는 표현이다.

2 중상

[음성]

テレビで女の人が話しています。

F：日本に昔からある「もったいない」という考えが、様々な問題の解決につながり始めています。現在日本では、売れ残りや食べ残しで捨てられる食品の量が年間600万トンにも上り、食品ロス問題は深刻です。そのため、食品が余っている家庭が貧困で食事もままならない家庭のためにその食品を持ち寄り、助け合うフードドライブという活動が各自治体で広がりを見せています。これを成功させる秘訣は、いかに両者を結び付けるかなんです。着なくなり、タンスに眠ったままの衣服の交換にも同様な可能性があります。このように「もったいない」という考えから、人々の生活の無駄を減らし、様々な問題の解決にもつながる素晴らしい取り組みが生まれているのです。

女の人は何について話していますか。

[음성]

텔레비전에서 여자가 이야기하고 있습니다.

F : 일본에 옛날부터 있는 '아깝다'라는 생각이, 다양한 문제의 해결로 이어지기 시작하고 있습니다. 현재 일본에서는, 팔다 남은 것이나 먹다 만 음식으로 버려지는 식품의 양이 연간 600만 톤에나 이르고, 식품 낭비 문제는 심각합니다. 그 때문에, 식품이 남아 있는 가정이 빈곤해서 식사도 뜻대로 하지 못하는 가정을 위해 그 식품을 가지고 모여, 서로 돕는 푸드 드라이브라는 활동이 각 자치체에서 확산을 보이고 있습니다. 이것을 성공시키는 비결은, 어떻게 양쪽을 연결시키는가입니다. 입지 않게 되어, 장롱에 잠든 채인 의복의 교환에도 동일한 가능성이 있습니다. 이와 같이 '아깝다'라는 생각으로부터, 사람들의 생활의 낭비를 줄이고, 다양한 문제의 해결로도 이어지는 훌륭한 대처가 생겨나고 있는 것입니다.

여자는 무엇에 대해서 이야기하고 있습니까?

1 新しい取り組みの種類
2 食品ロスが増えている原因
3 無駄を削減するための活動
4 助け合いを成功させる方法

1 새로운 대처의 종류
2 식품 낭비가 늘고 있는 원인
3 낭비를 삭감하기 위한 활동
4 서로 돕는 것을 성공시키는 방법

해설 여자가 텔레비전에서 어떤 이야기를 하는지 전체적인 흐름을 파악하며 주의 깊게 듣는다. 여자가 '食品が余っている家庭が貧困で食事もままならない家庭のためにその食品を持ち寄り、助け合うフードドライブ', 'タンスに眠ったままの衣服の交換', '人々の生活の無駄を減らし、様々な問題の解決にもつながる素晴らしい取り組み'라고 했다. 질문에서 여자가 무엇에 대해 이야기하고 있는지 묻고 있으므로, 3 無駄を削減するための活動가 정답이다.

어휘 日本 にほん [명] 일본　もったいない [い형] 아깝다　様々だ さまざまだ [な형] 다양하다　解決 かいけつ [명] 해결　つながる [동] 이어지다
現在 げんざい [명] 현재　売れ残り うれのこり [명] 팔다 남은 것　食べ残し たべのこし [명] 먹다 만 음식　食品 しょくひん [명] 식품　量 りょう [명] 양
年間 ねんかん [명] 연간　ロス [명] 낭비　深刻だ しんこくだ [な형] 심각하다　余る あまる [동] 남다　貧困 ひんこん [명] 빈곤　ままならない 뜻대로 하지 못하다
持ち寄る もちよる [동] 가지고 모이다, 추렴하다　助け合う たすけあう [동] 서로 돕다　フードドライブ [명] 푸드 드라이브　活動 かつどう [명] 활동
自治体 じちたい [명] 자치체　広がり ひろがり [명] 확산, 퍼짐　成功 せいこう [명] 성공　秘訣 ひけつ [명] 비결　いかに [부] 어떻게　両者 りょうしゃ [명] 양쪽
結び付ける むすびつける [동] 연결시키다　タンス [명] 장롱　衣服 いふく [명] 의복　交換 こうかん [명] 교환　同様だ どうようだ [な형] 동일하다
可能性 かのうせい [명] 가능성　人々 ひとびと [명] 사람들　無駄 むだ [명] 낭비, 허비　減らす へらす [동] 줄이다　素晴らしい すばらしい [い형] 훌륭하다
取り組み とりくみ [명] 대처　種類 しゅるい [명] 종류　削減 さくげん [명] 삭감　助け合い たすけあい [명] 서로 돕는 것　方法 ほうほう [명] 방법

3 중상

[음성]
建築史の講座で講師が話しています。

F：ヨーロッパの街を歩くと、石で作られた道や壁、建物を見ることができます。中世の頃はヨーロッパに限らず、世界のあちこちで、石が建築材料として用いられていました。特に石を積んで作る高い壁は、多くの地域に共通してある建築物の一つですが、その技法や形、用いる石の加工方法などは地域によって様々です。日本では地震が多いことや、四方を海に囲まれていて外敵の侵入を防ぐという意識が乏しかったため、石積みで高い壁を作る技術はそれほど発達しませんでしたが、大陸の国々ではこのような技術が大いに発達したようです。

講師の話のテーマは何ですか。
1 西洋と東洋の石で作られた建築物
2 石を使った壁作りの地域差
3 中世の石造りの建築の技術力
4 中世の壁が石で作られた理由

[음성]
건축사 강좌에서 강사가 이야기하고 있습니다.

F：유럽의 거리를 걸으면, 돌로 만들어진 길이나 벽, 건물을 볼 수 있습니다. 중세 시기는 유럽뿐만 아니라, 세계의 여기저기에서, 돌이 건축 재료로서 사용되고 있었습니다. 특히 돌을 쌓아서 만드는 높은 벽은, 많은 지역에 공통해 있는 건축물의 하나입니다만, 그 기법이나 형태, 사용하는 돌의 가공 방법 등은 지역에 따라 다양합니다. 일본에서는 지진이 많은 것과, 사방이 바다로 둘러싸여 있어서 외적의 침입을 막는다는 의식이 부족했기 때문에, 돌 쌓기로 높은 벽을 만드는 기술은 그다지 발달하지 않았습니다만, 대륙의 여러 나라에서는 이와 같은 기술이 크게 발달한 것 같습니다.

강사의 이야기의 테마는 무엇입니까?
1 서양과 동양의 돌로 만들어진 건축물
2 돌을 사용한 벽 만들기의 지역차
3 중세의 석조 건축의 기술력
4 중세의 벽이 돌로 만들어진 이유

해설 강사가 건축사 강좌에서 건축과 관련하여 어떤 이야기를 하는지 전체적인 흐름을 파악하며 주의 깊게 듣는다. 강사가 '世界のあちこちで、石が建築材料として用いられていました', '石を積んで作る高い壁は、多くの地域に共通してある建築物の一つです', '技法や形、用いる石の加工方法などは地域によって様々です'라고 했다. 질문에서 이야기의 테마에 대해 묻고 있으므로, 2 石を使った壁作りの地域差가 정답이다.

어휘 建築史 けんちくし [명] 건축사　講座 こうざ [명] 강좌　講師 こうし [명] 강사　ヨーロッパ [명] 유럽　街 まち [명] 거리　中世 ちゅうせい [명] 중세
あちこち [명] 여기저기　建築 けんちく [명] 건축　材料 ざいりょう [명] 재료　用いる もちいる [동] 사용하다　積む つむ [동] 쌓다　地域 ちいき [명] 지역
共通 きょうつう [명] 공통　建築物 けんちくぶつ [명] 건축물　技法 ぎほう [명] 기법　加工 かこう [명] 가공　方法 ほうほう [명] 방법
様々だ さまざまだ [な형] 다양하다　日本 にほん [명] 일본　四方 しほう [명] 사방　囲む かこむ [동] 둘러싸다　外敵 がいてき [명] 외적

侵入 しんにゅう 명 침입　防ぐ ふせぐ 동 막다　意識 いしき 명 의식　乏しい とぼしい い형 부족하다　石積み いしづみ 명 돌 쌓기
発達 はったつ 명 발달　大陸 たいりく 명 대륙　国々 くにぐに 명 여러 나라　大いに おおいに 부 크게　東洋 とうよう 명 동양
壁作り かべづくり 명 벽 만들기　地域差 ちいきさ 명 지역차　石造り いしづくり 명 석조　技術力 ぎじゅつりょく 명 기술력

4 중상

[음성]

テレビで政治家が話しています。

M：えー、来年から税金が上がることは既に皆さん、ご存知だと思います。今回の増税は社会福祉を今の形で維持するために不可欠なものです。とはいえ、反対意見があるのも存じております。増税をしても支出を減らさなければ財政は変わらないだろうと言う人もいるでしょう。しかしながら、減らしてばかりでは社会を維持できません。国の支出が減ると民間企業の雇用にも影響が出てしまうのです。現在、社会福祉の状況は子育てや教育、インフラの整備など、多くの点で資金が足りず、毎年赤字を出しています。それを少しでも解消し、その負担を未来に残さないためにも、増税は、今、しなければいけないのです。

政治家は何について話していますか。

1 税金収入が足りていない現状
2 税金を上げなければいけない理由
3 税金の使い道に関する人々の意見
4 税金を減らすことによる影響

[음성]

텔레비전에서 정치가가 이야기하고 있습니다.

M : 음, 내년부터 세금이 오르는 것은 이미 여러분, 알고 계신다고 생각합니다. 이번 증세는 사회 복지를 지금의 형태로 유지하기 위해 불가결한 것입니다. 그렇다고는 하나, 반대 의견이 있는 것도 알고 있습니다. 증세를 해도 지출을 줄이지 않으면 재정은 바뀌지 않을 것이라고 말하는 사람도 있겠지요. 하지만, 줄이기만 해서는 사회를 유지할 수 없습니다. 나라의 지출이 줄면 민간 기업의 고용에도 영향이 나타나버리는 것입니다. 현재, 사회 복지의 상황은 육아나 교육, 인프라의 정비 등, 많은 점에서 자금이 부족하여, 매년 적자를 내고 있습니다. 그것을 조금이라도 해소하고, 그 부담을 미래에 남기지 않기 위해서라도, 증세는, 지금, 하지 않으면 안 되는 것입니다.

정치가는 무엇에 대해서 이야기하고 있습니까?

1 세금 수입이 충분하지 않은 현상
2 세금을 올리지 않으면 안 되는 이유
3 세금의 사용법에 관한 사람들의 의견
4 세금을 줄이는 것에 의한 영향

해설 정치가가 텔레비전에서 정치와 관련하여 어떤 이야기를 하는지 전체적인 흐름을 파악하며 주의 깊게 듣는다. 정치가가 '今回の増税は社会福祉を今の形で維持するために不可欠なものです', '社会福祉の状況は子育てや教育、インフラの整備など、多くの点で資金が足りず、毎年赤字を出しています, それを少しでも解消し、その負担を未来に残さないためにも、増税は、今、しなければいけないのです'라고 했다. 질문에서 정치가가 무엇에 대해 이야기하고 있는지 묻고 있으므로, 2 税金を上げなければいけない理由가 정답이다.

어휘 政治家 せいじか 명 정치가　税金 ぜいきん 명 세금　既に すでに 부 이미　今回 こんかい 명 이번　増税 ぞうぜい 명 증세　福祉 ふくし 명 복지
維持 いじ 명 유지　不可欠だ ふかけつだ な형 불가결하다　とはいえ 접 그렇다고는 하나　存じる ぞんじる 동 알다 (知る의 겸양어)
支出 ししゅつ 명 지출　減らす へらす 동 줄이다　財政 ざいせい 명 재정　減る へる 동 줄다　民間 みんかん 명 민간　企業 きぎょう 명 기업
雇用 こよう 명 고용　影響 えいきょう 명 영향　現在 げんざい 명 현재　状況 じょうきょう 명 상황　子育て こそだて 명 육아　インフラ 명 인프라
整備 せいび 명 정비　資金 しきん 명 자금　赤字 あかじ 명 적자　解消 かいしょう 명 해소　負担 ふたん 명 부담　未来 みらい 명 미래
残す のこす 동 남기다　収入 しゅうにゅう 명 수입　足りる たりる 동 충분하다　現状 げんじょう 명 현상　使い道 つかいみち 명 사용법

5 상

[음성]

テレビでアナウンサーが話しています。

F：最近、占いサイトなどインターネットを利用した詐欺の被害が増えています。国民生活センターによりますと、占いサイトやアプリなどに関する相談は、年間1,400件程度寄せられており、年々増加傾向にあるということです。無料だと思って気軽に占いサイトな

[음성]

텔레비전에서 아나운서가 이야기하고 있습니다.

F : 최근, 점괘 사이트 등 인터넷을 이용한 사기 피해가 늘고 있습니다. 국민 생활 센터에 따르면, 점괘 사이트나 어플 등에 관한 상담은, 연간 1,400건 정도 밀려오고 있고, 해마다 증가 경향에 있다는 것입니다. 무료라고 생각해서 부담 없이 점괘

どに登録をすると、占い師や鑑定士を名乗る人物から「金運がある」「良い出会いに恵まれる」などの連絡が来て、やり取りを続けていくうちに無料期間が終了したなどと言われ、結果的に高額な支払いをさせられるというケースが多いそうです。中には、300万円を支払ったケースもあり、6割以上の人が10万円以上支払っているとのことで、国民生活センターでは、安易に個人情報などを入力しないようにと呼びかけています。	사이트 등에 등록을 하면, 점쟁이나 감정사를 자칭하는 인물로부터 '금전운이 있다' '좋은 만남이 많다' 등의 연락이 와서, 교류를 계속해가는 사이에 무료 기간이 종료되었다는 등의 말을 듣고, 결과적으로 고액의 지불을 어쩔 수 없이 한다는 케이스가 많다고 합니다. 그중에는, 300만 엔을 지불한 케이스도 있고, 6할 이상의 사람이 10만 엔 이상 지불하고 있다는 점에서, 국민 생활 센터에서는, 안이하게 개인 정보 등을 입력하지 않도록 권고하고 있습니다.
アナウンサーは主に何について伝えていますか。 1 最近の詐欺の件数と被害額 2 占いを利用する際の支払いの注意点 3 占いサイトからの連絡への対処方法 **4 詐欺被害の実状とそれに対する注意**	아나운서는 주로 무엇에 대해서 전하고 있습니까? 1 최근의 사기 건수와 피해액 2 점괘를 이용할 때의 지불 주의점 3 점괘 사이트로부터의 연락 대처 방법 **4 사기 피해의 실상과 그것에 대한 주의**

해설 아나운서가 텔레비전에서 어떤 이야기를 하는지 전체적인 흐름을 파악하며 주의 깊게 듣는다. 아나운서가 'インターネットを利用した詐欺の被害が増えています', '占いサイトやアプリなどに関する相談は、年間1,400件程度寄せられており、年々増加傾向にある', 'やり取りを続けていくうちに無料期間が終了したなどと言われ、結果的に高額な支払いをさせられるというケースが多い', '国民生活センターでは、安易に個人情報などを入力しないようにと呼びかけています'라고 했다. 질문에서 아나운서가 주로 무엇에 대해서 전하고 있는지 묻고 있으므로, 4 詐欺被害の実状とそれに対する注意가 정답이다.

어휘 占い うらない 명 점괘　サイト 명 사이트　インターネット 명 인터넷　詐欺 さぎ 명 사기　被害 ひがい 명 피해　国民 こくみん 명 국민　センター 명 센터　アプリ 명 어플　年間 ねんかん 명 연간　程度 ていど 명 정도　寄せる よせる 동 밀려오다　年々 ねんねん 명 해마다　増加 ぞうか 명 증가　傾向 けいこう 명 경향　無料 むりょう 명 무료　気軽だ きがるだ な형 부담 없다　登録 とうろく 명 등록　占い師 うらないし 명 점쟁이　鑑定士 かんていし 명 감정사　名乗る なのる 동 자칭하다　人物 じんぶつ 명 인물　金運 きんうん 명 금전운　出会い であい 명 만남　恵まれる めぐまれる 동 많다, 축복받다　やり取り やりとり 명 교류, 주고받기　期間 きかん 명 기간　終了 しゅうりょう 명 종료　結果的だ けっかてきだ な형 결과적이다　高額だ こうがくだ な형 고액이다　支払い しはらい 명 지불　ケース 명 케이스　支払う しはらう 동 지불하다　安易だ あんいだ な형 안이하다　個人 こじん 명 개인　情報 じょうほう 명 정보　入力 にゅうりょく 명 입력　呼びかける よびかける 동 권고하다　件数 けんすう 명 건수　被害額 ひがいがく 명 피해액　注意点 ちゅういてん 명 주의점　対処 たいしょ 명 대처　方法 ほうほう 명 방법　実状 じつじょう 명 실상

☞ 문제 4는 문제지에 아무것도 인쇄되어 있지 않습니다. 따라서, 예제를 들려줄 때, 그 내용을 들으면서 p.21 즉시 응답의 문제 풀이 전략을 떠올려 봅니다. 음성에서 では、始めます(그러면, 시작합니다)가 들리면, 곧바로 문제 풀 준비를 합니다. 음성 디렉션과 예제는 실전모의고사 제1회의 해설(p.44)에서 확인할 수 있습니다.

1 중상

[음성]	[음성]
F：取引先に対して、このメールの書き方は失礼極まりないよ。	F : 거래처를 상대로, 이 이메일 작성법은 실례이기 짝이 없어.
M：1 そう言っていただけると、うれしいです。 **2 すみません。すぐ書き直します。** 3 じゃあ、このまま送信しておきますね。	M : 1 그렇게 말해주시면, 기쁩니다. **2 죄송합니다. 바로 고쳐 쓰겠습니다.** 3 그럼, 이대로 송신해 두겠습니다.

해설 여자가 남자의 이메일 작성법이 실례라며 주의를 주는 상황이다.
1 (X) 주의를 받고 있는 상황과 맞지 않다.
2 (O) 실례다, 즉 잘못 썼다는 여자의 말에 고쳐 쓰겠다고 하고 있으므로 적절한 응답이다.

3 (X) 실례가 되는 이메일을 송신하겠다는 응답은 적절하지 않으므로 오답이다.

어휘 **取引先** とりひきさき 명 거래처　**メール** 명 이메일　**書き方** かきかた 명 작성법　**失礼** しつれい 명 실례　**～極まりない** ～きわまりない ~이기 짝이 없다　**書き直す** かきなおす 동 고쳐 쓰다　**送信** そうしん 명 송신

꼭! 알아두기 **~極まりない**(~이기 짝이 없다)는 부정적인 어휘와 함께 쓰여 몹시 불편함을 나타내는 표현이므로 사과하거나 공감하는 내용을 정답으로 고른다.

2 중상

[음성]	[음성]
M：川北さん、初めてリーダーを任されたとあって、張り切ってるね。	M : 가와키타 씨, 처음으로 리더를 맡아서, 기운이 넘치네.
F：1 もっとやる気を出してくれたらいいんだけど。 2 うん、任せるの、やめるべきだったね。 **3 やりたがっていたから、うれしいんだろうね。**	F : 1 좀 더 의욕을 내주면 좋을 텐데. 2 응, 맡기는 거, 관둬야 했어. **3 하고 싶어 했으니까, 기쁜 걸 거야.**

해설 남자가 리더를 맡아 기운이 넘치는 가와키타에게 감탄하는 상황이다.

1 (X) 기운이 넘친다는 남자의 말과 맞지 않다.

2 (X) 任す(맡기다)를 반복 사용하여 혼동을 준 오답이다.

3 (O) 가와키타가 기운이 넘치는 이유를 설명하고 있으므로 적절한 응답이다.

어휘 **リーダー** 명 리더　**任す** まかす 동 맡기다　**～とあって** ~라서, ~때문에　**張り切る** はりきる 동 기운이 넘치다　**やる気** やるき 명 의욕　**任せる** まかせる 동 맡기다　**～べきだ** ~해야 한다

3 중상

[음성]	[음성]
M：どうぞ、足を崩してくださいね。	M : 부디, 편하게 앉으세요.
F：1 すみません、うっかりしてました。 **2 はい、それではお言葉に甘えて。** 3 それは、できかねますね。	F : 1 죄송합니다, 깜빡하고 있었습니다. **2 네, 그러면 염치 불고하고.** 3 그건, 하기 어렵겠습니다.

해설 남자가 여자에게 편하게 앉으라고 권유하는 상황이다.

1 (X) 편하게 앉으라는 권유에 적절하지 않으므로 오답이다.

2 (O) 권유를 받아들이는 의미이므로 적절한 응답이다.

3 (X) 편하게 앉으라는 권유에 하기 어렵다는 응답은 적절하지 않으므로 오답이다.

어휘 **足を崩す** あしをくずす 편하게 앉다　**うっかり** 부 깜빡　**お言葉に甘える** おことばにあまえる 염치 불고하다

4 중상

[음성]	[음성]
M：無断欠勤はあり得ないよ。学生じゃあるまいし。	M : 무단결근은 있을 수 없어. 학생도 아니고.
F：**1 大変申し訳ありませんでした。** 2 はい、その可能性はないです。 3 理由によるということですね。	F : **1 대단히 죄송했습니다.** 2 네, 그 가능성은 없습니다. 3 이유에 따라라는 것이군요.

해설 남자가 무단결근은 있을 수 없다며 여자를 혼내는 상황이다.

1 (O) 무단결근에 대해 사과하고 있으므로 적절한 응답이다.

2 (X) **あり得ない**(있을 수 없다)와 의미가 비슷한 **可能性はない**(가능성은 없다)를 사용하여 혼동을 준 오답이다.

3 (X) 무단결근은 있을 수 없다고 한 남자의 말과 맞지 않다.

어휘 **無断欠勤** むだんけっきん 명 무단결근　**あり得ない** ありえない 있을 수 없다　**～じゃあるまいし** ~도 아니고, ~도 아니니까

申し訳ない もうしわけない い형 죄송하다　可能性 かのうせい 명 가능성

꼭! 알아두기　질문이 주의를 주는 상황인 경우 申し訳ありませんでした(죄송했습니다), 気を付けます(주의하겠습니다)와 같은 사과 표현이 포함된 선택지가 자주 정답이 된다.

5　상

[음성]	[음성]
M：このサンプル、早く仕上げないと来月にしわ寄せが行っちゃうよ。	M：이 샘플, 빨리 완성하지 않으면 다음 달에 영향이 갈 거야.
F：1 **そうですね。さっさと済ませちゃいましょう。**	F：1 **그렇네요. 서둘러 끝내버립시다.**
2 そうですね。来月にしましょう。	2 그렇네요. 다음 달에 합시다.
3 はい、今のうちにしわを伸ばしておきます。	3 네, 지금 주름을 펴놓겠습니다.

해설 남자가 샘플을 빨리 완성해야 한다고 재촉하는 상황이다.
1 (O) 남자의 말에 동의하며 서둘러 끝내자고 했으므로 적절한 응답이다.
2 (X) そうですね 뒤에는 동의하는 내용이 나와야 하므로 오답이다.
3 (X) しわ寄せ(しわよせ)와 발음이 비슷한 しわ를 사용하여 혼동을 준 오답이다.

어휘 サンプル 명 샘플　仕上げる しあげる 동 완성하다　しわ寄せ しわよせ 명 영향, 여파　さっさ 부 서둘러　しわ 명 주름　伸ばす のばす 동 펴다

6　중상

[음성]	[음성]
M：社長、他の事業に手を広げようとしてるんだって。	M：사장, 다른 사업에 손을 넓히려고 하고 있대.
F：1 **この会社、ますます大きくなるんだね。**	F：1 **이 회사, 점점 커지는구나.**
2 ふうん、今の場所でも十分広いけどね。	2 흐음, 지금의 장소여도 충분히 넓은데.
3 へえ、今の事業はやめるんだ。	3 어, 지금의 사업은 그만두는구나.

해설 남자가 사장이 다른 사업에 손을 넓히려 한다며 걱정하는 상황이다.
1 (O) 손을 넓히다, 즉 사업의 규모를 넓힌다는 남자의 말에 공감하고 있으므로 적절한 응답이다.
2 (X) 広げる(ひろげる)와 발음이 비슷한 広い(ひろい)를 사용하여 혼동을 준 오답이다.
3 (X) 일을 확대하려는 상황이지 그만두는 것이 아니므로 남자의 말과 맞지 않다.

어휘 事業 じぎょう 명 사업　手を広げる てをひろげる 손을 넓히다, 일을 확대하다, 규모를 넓히다

7　상

[음성]	[음성]
F：昨日のゼミのディスカッション、福田君があんなこと言うもんだから。	F：어제의 세미나 토론, 후쿠다 군이 그런 말을 하니까.
M：1 福田君、いつも頼りになるよね。	M：1 후쿠다 군, 언제나 의지가 되지.
2 確かに、言わなくてもできるね。	2 확실히, 말하지 않아도 가능하지.
3 **結局話し合いにならなかったね。**	3 **결국 의논이 되지 않았지.**

해설 여자가 세미나 토론에서의 후쿠다의 문제적 행동에 대해 불평하는 상황이다.
1 (X) 후쿠다에 대해 불평하는 말에 의지가 된다는 응답은 적절하지 않다.
2 (X) 言う(いう)를 반복 사용하여 혼동을 준 오답이다.
3 (O) 문제적 행동에 대한 결과를 말하며 여자의 불평에 공감하고 있으므로 적절한 응답이다.

어휘 ゼミ 명 세미나　ディスカッション 명 토론　頼り たより 명 의지　結局 けっきょく 부 결국　話し合い はなしあい 명 의논

꼭! 알아두기　~もんだから(~니까)는 불평하거나 변명하는 표현이므로 동의하거나 공감하는 내용을 정답으로 고른다.

8 중상

[음성]	[음성]
M：部長のメール見た？あの注意の仕方はないよなあ。	M : 부장님의 이메일 봤어? 그런 주의 방식은 아니지.
F：1 そう？ 部長は本当にやさしいね。	F : 1 그래? 부장님은 정말로 친절하네.
2 いつものことじゃない。	**2 언제나 그렇잖아.**
3 部長、全然注意しなかったんだ。	3 부장님, 전혀 조심하지 않았구나.

해설 남자가 부장의 주의 방식에 대해 불평하는 상황이다.
1 (X) 부장에 대해 불평하는 말에 친절하다는 응답은 적절하지 않다.
2 (O) 부장의 잘못된 주의 방식에 대해 공감하고 있으므로 적절한 응답이다.
3 (X) 질문에서 '주의'라는 뜻으로 쓰인 **注意**를 '조심'이라는 뜻으로 사용하여 혼동을 준 오답이다.

어휘 メール 명 이메일

9 중상

[음성]	[음성]
F：課長は昔から川中さんの肩を持つのよね。	F : 과장님은 예전부터 가와나카 씨의 편을 들지.
M：1 川中さん、悪くないのにね。	M : 1 가와나카 씨, 나쁘지 않은데 말이야.
2 課長のお気に入りだからね。	**2 과장님의 마음에 드는 사람이니까 말이야.**
3 もう少し優しくできないのかな。	3 조금 더 상냥하게 할 수 없는 걸까.

해설 여자가 과장이 가와나카의 편을 드는 것에 대해 불평하는 상황이다.
1 (X) 여자의 불평에 가와나카가 나쁘지 않다는 말은 맞지 않다.
2 (O) 과장이 가와나카의 편을 드는 이유를 말하며 공감하고 있으므로 적절한 응답이다.
3 (X) 가와나카의 편만 든다는 상황에 맞지 않는 응답이다.

어휘 **肩を持つ** かたをもつ 편을 들다 **お気に入り** おきにいり 마음에 드는 사람

10 중상

[음성]	[음성]
M：ねえ、この荷物、2階に運べばいいんだっけ？	M : 있잖아, 이 짐, 2층으로 옮기면 되던가?
F：1 2階には持っていけないよね。	F : 1 2층에는 가지고 갈 수 없지?
2 あ、もしかして運んでくれるの？	**2 아, 혹시 옮겨주는 거야?**
3 なんで手伝ってくれないの？	3 어째서 도와주지 않는 거야?

해설 남자가 여자의 짐을 2층으로 옮겨주면 되는지를 확인하는 상황이다.
1 (X) 2階(にかい)를 반복 사용하여 혼동을 준 오답이다
2 (O) 남자가 짐을 옮겨주려는 상황에 반색하고 있으므로 적절한 응답이다.
3 (X) 짐을 옮겨주려는 남자의 의도와 맞지 않다.

어휘 もしかして 부 혹시

11 중상

[음성]	[음성]
M：ここまで来たら、なす術がないんじゃないかな。	M : 여기까지 오면, 하는 수 없지 않을까.
F：1 うん、諦めるしかないね。	**F : 1 응, 포기할 수밖에 없네.**
2 そうだね。あとちょっとだね。	2 그렇네. 앞으로 조금이네.
3 やれやれ、やっと完成だね。	3 아이고, 겨우 완성이네.

해설 남자가 하는 수 없다, 즉 포기하려는 상황이다.

1 (O) 남자의 포기에 동의하고 있으므로 적절한 응답이다.

2 (X) **そうだね** 뒤에는 포기하는 것에 동의하는 내용이 나와야 하므로 오답이다.

3 (X) 포기해야 한다는 남자의 말과 맞지 않다.

어휘 **なす術がない** なすすべがない 하는 수 없다　**諦める** あきらめる 동 포기하다　**やれやれ** 아이고　**やっと** 부 겨우　**完成** かんせい 명 완성

꼭! 알아두기 なす術がない는 어찌할 방법이 없어 불가능함을 의미하는 말이므로 동의하거나 격려하는 내용을 정답으로 고른다.

☞ **문제 5**는 긴 이야기를 듣습니다. 예제가 없으므로 바로 문제를 풀 준비를 합니다. 문제지에 들리는 내용을 적극적으로 메모하며 문제를 풀어봅시다. 디렉션은 실전모의고사 제1회의 해설(p.48)에서 확인할 수 있습니다.

1 상

[음성]

会社で同僚三人がパソコンについて話しています。

M1：最近、営業部からパソコンが調子悪いって言われることが多いので、そろそろ買い替えようと思うんですが。

F：あそこの部のパソコン、結構長く使ってますから、買い替え時ですよね。

M2：買い替えるなら、同じメーカーの最新モデルが安心なんじゃないですか。ここのはメーカー保証も3年で他より長いし、たしか、延長保証もオプションで付けられるはずです。

M1：ああ、そうでしたね。

F：でも、他のメーカーもいいのが出てますよ。私がうちで使ってる機種は、電池の持ちもいいので、営業で外にもっていくことが多いなら、おすすめですよ。

M1：へえ、そうですか。

M2：あとは、お試しで使ってみるっていうのもありますよ。二週間とか決まった期間、いろんなのを試してみて、納得してから気に入ったものを買えるサービスを取引先がしているそうです。

F：ああ、聞いたことあります。パソコンに限らず、家電製品なんかでも人気のサービスですよね。

M1：へえ、そんなことをしてるんですか。

F：でも、使い始めたら、取り替えるのは面倒じゃないですか。今はどんどん新しいものが出ていますから、一度、電気店に行って見てみましょうか。

M1：ああ、でも、今のプロジェクトが本当に忙しいみたいで、お店に行って選んでる暇がないそうなんです。今日にでも新しいものが欲しいぐらいだそうで。

M2：そうなると、早く手に入るものがいいですよね。

M1：そうですね。うーん…。でも外回りのときはタブレットを使っているので、持ち運びを重視するよりも

[음성]

회사에서 동료 3명이 PC에 대해서 이야기하고 있습니다.

M1 : 최근, 영업부에서 PC가 상태가 나쁘다고 듣는 일이 많아서, 슬슬 새로 사서 바꾸려고 생각합니다만.

F : 그 부의 PC, 꽤 오래 사용하고 있으니까, 새로 사서 바꿀 때네요.

M2 : 새로 사서 바꾼다면, 같은 제조 회사의 최신 모델이 안심이지 않습니까? 여기 것은 제조 회사 보증도 3년으로 다른 곳보다 길고, 분명, 연장 보증도 옵션으로 붙일 수 있을 겁니다.

M1 : 아, 그랬죠.

F : 하지만, 다른 제조 회사도 좋은 것이 나와있어요. 제가 집에서 사용하고 있는 기종은, 전지가 오래가기도 하기 때문에, 영업으로 밖에 가지고 가는 경우가 많다면, 추천이에요.

M1 : 오, 그렇습니까?

M2 : 그리고, 시험으로 사용해 본다는 것도 있어요. 2주간이라든가 정해진 기간, 다양한 것을 시험해 보고, 납득하고 나서 마음에 든 것을 살 수 있는 서비스를 거래처가 하고 있다고 합니다.

F : 아, 들은 적 있습니다. PC뿐만 아니라, 가전제품 등에서도 인기인 서비스지요.

M1 : 우와, 그런 걸 하고 있나요?

F : 하지만, 사용하기 시작하면, 교환하는 것은 귀찮지 않나요? 지금은 속속 새로운 것이 나오고 있기 때문에, 한번, 전기점에 가서 봐 볼까요?

M1 : 아, 하지만, 지금 프로젝트가 정말로 바쁜 것 같아서, 가게에 가서 고르고 있을 틈이 없다고 합니다. 오늘에라도 새로운 것이 갖고 싶을 정도라고 해서요.

M2 : 그렇게 되면, 빨리 손에 들어오는 것이 좋겠네요.

M1 : 그렇죠. 음…. 하지만 외근 때는 태블릿을 사용하고 있으니까, 들고 다니는 것을 중시하기보다도 보증이 확실한 것으로 합시다. 역시, 1년에 몇 번이나 새로 사서 바꾸는 것은 아니니까요.

保証がしっかりしたものにしましょう。やっぱり、年に何回も買い替えるわけじゃないですから。

パソコンの購入について、どうすることにしましたか。

1 今と同じメーカーのものを買う

2 女の人のと同じものを買う

3 しばらくパソコンをレンタルする

4 お店に行って詳しく見てみる

PC의 구입에 대해서, 어떻게 하기로 했습니까?

1 지금과 같은 제조 회사의 물건을 산다

2 여자의 것과 같은 물건을 산다

3 한동안 PC를 렌털한다

4 가게에 가서 자세히 봐 본다

해설 대화에서 언급되는 여러 선택 사항과 특징, 최종 결정 사항을 재빨리 메모하며 주의 깊게 듣는다.

[메모] PC 구입

- 같은 회사: 최신 모델, 보증 3년, 연장 보증 옵션
- 다른 회사: 여자 사용, 전지 오래감, 밖에 나갈 때 추천
- 시험 사용: 다양한 것, 맘에 드는것 삼, 인기 → 교환 귀찮음
- 전기점 가기: → 바빠서 고를 틈이 없음

남자1 : 휴대성 ×, 보증이 확실한 것

질문에서 PC 구입을 어떻게 하기로 했는지 묻고 있다. 마지막에 남자1이 보증이 확실한 것이 좋겠다고 했으므로, 보증 3년이면서 연장 보증 옵션도 있는 1 今と同じメーカーのものを買う가 정답이다.

어휘 **同僚** どうりょう 명 동료 **営業部** えいぎょうぶ 명 영업부 **調子悪い** ちょうしわるい 상태가 나쁘다 **買い替える** かいかえる 동 새로 사서 바꾸다 **部** ぶ 명 부 **メーカー** 명 제조 회사 **最新** さいしん 명 최신 **モデル** 명 모델 **保証** ほしょう 명 보증 **延長** えんちょう 명 연장 **オプション** 명 옵션 **機種** きしゅ 명 기종 **電池** でんち 명 전지 **持ちがいい** もちがいい 오래가다 **営業** えいぎょう 명 영업 **おすすめ** 추천 **試し** ためし 명 시험 **期間** きかん 명 기간 **試す** ためす 동 시험하다 **納得** なっとく 명 납득 **気に入る** きにいる 마음에 들다 **サービス** 명 서비스 **取引先** とりひきさき 명 거래처 **家電製品** かでんせいひん 명 가전제품 **人気** にんき 명 인기 **面倒だ** めんどうだ な형 귀찮다 **電気店** でんきてん 명 전기점 **プロジェクト** 명 프로젝트 **手に入る** てにはいる 손에 들어오다 **外回り** そとまわり 명 외근 **タブレット** 명 태블릿 **持ち運び** もちはこび 명 들고 다니는 것 **重視** じゅうし 명 중시 **購入** こうにゅう 명 구입 **レンタル** 명 렌털 **詳しい** くわしい い형 자세하다

꼭! 알아두기 ~より(~보다) 다음에 결정 사항과 관련된 특징이 자주 제시되므로 이어지는 내용에 유의하여 듣는다.

2 중

[음성]

団体旅行で、ツアーガイドがこれから行く町について話しています。

M1：今から向かう町は、古くからの街並みが残る観光名所です。絹織物の産業が盛んで、駅前にはお安く購入できる工芸品店もございますので、ぜひお立ち寄りください。駅前には絹織物以外にも、この地域ならではの野菜を利用した郷土料理店がございます。お昼ご飯にいかがでしょうか。駅前の中央通りを抜けると、この町の歴史を知ることができる博物館がございます。駅前から歩くと20分程度かかりますが、循環バスもご利用いただけます。バスは10分間隔で運行しております。また、温泉もお楽しみいただけます。こちらは、近くの小岩山からの源泉で、疲労回復の効能に加えて美容にも効果があり、人気の場所となっております。ただ、駅からタクシーやバスで片道30分近くかかり

[음성]

단체 여행에서, 투어 가이드가 이제부터 갈 마을에 대해서 이야기하고 있습니다.

M1 : 지금부터 향할 마을은, 옛날부터의 시가지가 남은 관광 명소입니다. 비단 직물 산업이 왕성해서, 역 앞에는 싸게 구입할 수 있는 공예품점도 있기 때문에, 꼭 들러주세요. 역 앞에는 비단 직물 이외에도, 이 지역만의 야채를 이용한 향토 요리점이 있습니다. 점심 식사로 어떠십니까? 역 앞의 중앙 거리를 빠져나오면, 이 마을의 역사를 알 수 있는 박물관이 있습니다. 역 앞에서 걸으면 20분 정도 걸립니다만, 순환 버스도 이용하실 수 있습니다. 버스는 10분 간격으로 운행하고 있습니다. 또, 온천도 즐기실 수 있습니다. 이쪽은, 근처의 고이와 산으로부터의 수원으로, 피로 회복의 효능에 더해 미용에도 효과가 있어, 인기 장소가 되고 있습니다. 다만, 역에서 택시나 버스로 편도 30분 가까이 걸립니다. 이쪽을 방문하실 때는, 집합 시간에 주의해 주세요.

ます。こちらを訪れる際は、集合時間にお気を付けください。

F：どこも面白そうだね。全部行きたいな。

M2：でも、時間が限られてるから全部は無理だよ。行きたいところを絞らなきゃ。

F：それなら、私は安く買えるこのお店は外せないな。この町の料理も楽しみたいけど、うーん、野菜料理かあ。

M2：僕はこの地方の歴史が知りたいから、ここかな。あと、遠いけどここは絶対行きたいな。

F：あ、それ、実は私も。でも、遠すぎるから集合時間に間に合わなくなっちゃうかなって思ってたんだけど。

M2：確かに時間がかかるけど行けないわけじゃないし、着いたらすぐ行って、それから駅前に戻って残った時間次第で近くを見るようにしたらいいんじゃないかな。

F：そうだね。じゃ、私も一緒に行ってもいい？

M2：もちろん。じゃあ最初にここに一緒に行って、駅前に戻ってきたら別行動ってことで。

質問1　女の人は一人でどこに行きますか。

[문제지]

1 工芸品店

2 郷土料理店

3 博物館

4 温泉

質問2　男の人は一人でどこに行きますか。

[문제지]

1 工芸品店

2 郷土料理店

3 博物館

4 温泉

F ：어느 곳도 재밌을 것 같네. 전부 가고 싶다.

M2 : 하지만, 시간이 한정되어 있으니까 전부는 무리야. 가고 싶은 곳을 추리지 않으면.

F ：그렇다면, 나는 싸게 살 수 있는 이 가게는 놓칠 수 없네. 이 마을의 요리도 즐기고 싶은데, 음, 야채 요리인가.

M2 : 나는 이 지방의 역사를 알고 싶으니까, 여기려나. 그리고, 멀지만 이곳은 무조건 가고 싶다.

F ：아, 그거, 실은 나도. 하지만, 너무 머니까 집합 시간에 맞추지 못하게 돼버리지 않을까 생각하고 있었는데.

M2 : 확실히 시간이 걸리지만 갈 수 없는 건 아니고, 도착하면 바로 가서, 그러고 나서 역 앞으로 돌아와서 남은 시간에 따라 근처를 보도록 하면 괜찮지 않을까.

F ：그렇네. 그럼, 나도 함께 가도 돼?

M2 : 물론. 그럼 처음에 이곳에 함께 가서, 역 앞으로 돌아오면 개별 행동이라는 것으로.

질문1 여자는 혼자서 어디에 갑니까?

[문제지]

1 공예품점

2 향토 요리점

3 박물관

4 온천

질문2 남자는 혼자서 어디에 갑니까?

[문제지]

1 공예품점

2 향토 요리점

3 박물관

4 온천

해설 각 선택지와 관련하여 언급되는 내용을 재빨리 메모하며 주의 깊게 듣고, 두 명의 대화자가 최종적으로 선택하는 것에 유의하며 대화를 듣는다.

[메모] 관광 명소 4곳

① 비단 직물, 역 앞, 싸게 구입

② 역 앞, 이 지역 야채

③ 마을 역사, 역 앞 걸어서 20분, 순환 버스

④ 피로 회복, 미용, 역에서 택시나 버스로 편도 30분, 집합 시간에 주의

여자 : 싸게 살 수 있는 가게, 야채 요리는 좀, 먼 곳 가고 싶음, 집합 시간 맞추지 못하게

남자 : 이 지방 역사, 멀지만 무조건 가고 싶음, 갈 수 없는 건 아님

질문 1은 여자가 혼자 가는 관광 명소를 묻고 있다. 여자는 싸게 살 수 있는 가게를 놓칠 수 없다고 했으므로, 1 工芸品店이 정답이다.

질문 2는 남자가 혼자 가는 관광 명소를 묻고 있다. 남자는 이 지방의 역사를 알고 싶다고 했으므로, 3 博物館이 정답이다.

어휘 団体 だんたい 명 단체　ツアー 명 투어　ガイド 명 가이드　街並み まちなみ 명 시가지　観光 かんこう 명 관광　名所 めいしょ 명 명소　絹織物 きぬおりもの 명 비단 직물　駅前 えきまえ 명 역 앞　購入 こうにゅう 명 구입　工芸品店 こうげいひんてん 명 공예품점　立ち寄る たちよる 동 들르다　地域 ちいき 명 지역　郷土 きょうど 명 향토　料理店 りょうりてん 명 요리점　抜ける ぬける 동 빠져나오다　博物館 はくぶつかん 명 박물관　程度 ていど 명 정도　循環 じゅんかん 명 순환　間隔 かんかく 명 간격　運行 うんこう 명 운행　温泉 おんせん 명 온천　源泉 げんせん 명 수원　疲労 ひろう 명 피로　回復 かいふく 명 회복　効能 こうのう 명 효능　美容 びよう 명 미용　効果 こうか 명 효과　人気 にんき 명 인기　ただ 부 다만　片道 かたみち 명 편도　訪れる おとずれる 동 방문하다　際 さい 명 때　集合 しゅうごう 명 집합　気を付ける きをつける 주의하다　限る かぎる 동 한정하다　絞る しぼる 동 추리다　外す はずす 동 놓치다　地方 ちほう 명 지방　絶対 ぜったい 부 무조건　実は じつは 부 실은　別行動 べつこうどう 명 개별 행동

일본어도 역시,
1위 해커스

japan.Hackers.com

실전모의고사 제5회

언어지식(문자・어휘)

문제 1	
1	3
2	2
3	4
4	2
5	3
6	1

문제 2	
7	4
8	2
9	1
10	4
11	1
12	1
13	4

문제 3	
14	1
15	4
16	2
17	1
18	3
19	4

문제 4	
20	1
21	3
22	4
23	2
24	1
25	3

언어지식(문법)

문제 5	
26	4
27	2
28	3
29	2
30	1
31	1
32	4
33	3
34	2
35	4

문제 6	
36	3
37	2
38	1
39	4
40	2

문제 7	
41	3
42	4
43	1
44	2
45	4

독해

문제 8	
46	2
47	3
48	4
49	3

문제 9	
50	1
51	4
52	1
53	2
54	3
55	4
56	4
57	2
58	1

문제 10	
59	1
60	3
61	2
62	4

문제 11	
63	2
64	1

문제 12	
65	3
66	2
67	1
68	4

문제 13	
69	4
70	2

청해

문제 1	
1	3
2	2
3	4
4	1
5	2

문제 2	
1	3
2	2
3	3
4	4
5	3
6	1

문제 3	
1	4
2	2
3	1
4	4
5	3

문제 4	
1	3
2	2
3	3
4	2
5	1
6	2
7	2
8	1
9	3
10	3
11	2

문제 5	
1	4
2 질문1	1
질문2	3

언어지식 (문자 · 어휘) p.247

1 중

그녀의 아들은 영리한賢い 것으로 유명하다.

해설 賢い는 3 かしこい로 발음한다.

어휘 賢い かしこい い형 영리하다

2 중상

만원 엘리베이터의 안은 매우 갑갑窮屈하다.

해설 窮屈는 2 きゅうくつ로 발음한다. きゅう가 요음 きゅ인 것에 주의한다.

어휘 窮屈だ きゅうくつだ な형 갑갑하다　満員 まんいん 명 만원

3 상

그 남자는 보험증을 위조偽造해서, 타인의 정보로 계좌를 개설했다.

해설 偽造는 4 ぎぞう로 발음한다. ぞう가 탁음인 것에 주의한다.

어휘 偽造 ぎぞう 명 위조　保険証 ほけんしょう 명 보험증
他人 たにん 명 타인　情報 じょうほう 명 정보　口座 こうざ 명 계좌
開設 かいせつ 명 개설

4 상

야채는 미리 가볍게 데쳐서 물기水気를 없애둔다.

해설 水気는 2 みずけ로 발음한다. 水는 훈독 みず, け가 탁음이 아닌 것에 주의한다.

어휘 水気 みずけ 명 물기　あらかじめ 부 미리　ゆでる 동 데치다

꼭! 알아두기 水를 훈독 みず로 발음하는 명사로 水気(みずけ, 물기), 水着(みずぎ, 수영복), 水辺(みずべ, 물가)를 함께 알아둔다.

5 중상

젊은 세대世代의 선거 기피 현상이 사회 문제가 되고 있다.

해설 世代는 3 せだい로 발음한다. 世代는 世의 두 가지 음독 せ와 よ 중 せ로 발음하고, 代의 두 가지 음독 だい와 たい 중 だい로 발음하는 것에 주의한다.

어휘 世代 せだい 명 세대　選挙離れ せんきょばなれ 명 선거 기피 현상

6 중상

콘테스트의 대상 수상을 축하하며 연회를 개최할催す 예정입니다.

해설 催す는 1 もよおす로 발음한다.

어휘 催す もよおす 동 개최하다, 열다　コンテスト 명 콘테스트
大賞 たいしょう 명 대상　受賞 じゅしょう 명 수상
祝する しゅくする 동 축하하다　宴会 えんかい 명 연회

7 중상

거래처인 회사에는 (　　　) 나가서, 정보 공유를 거르지 않도록 한다.

1 과밀하게　　2 방대히
3 경쾌하게　　**4 빈번히**

해설 선택지가 모두 형용사이다. 괄호 앞뒤의 내용과 함께 쓸 때 取引先の会社には頻繁に出向き(거래처인 회사에는 빈번히 나가서)가 가장 자연스러우므로 4 頻繁に(빈번히)가 정답이다. 1은 人口が過密になり(인구가 과밀하게 되어), 2는 データが膨大に集まり(데이터가 방대히 모여서) 3은 道路を軽快に走り(도로를 경쾌하게 달려서)와 같이 쓰인다.

어휘 取引先 とりひきさき 명 거래처　出向く でむく 동 나가다
情報 じょうほう 명 정보　共有 きょうゆう 명 공유
欠かす かかす 동 거르다　過密だ かみつだ な형 과밀하다
膨大だ ぼうだいだ な형 방대하다　軽快だ けいかいだ な형 경쾌하다
頻繁だ ひんぱんだ な형 빈번하다

8 상

초급 코스는 기초부터 시작하기 때문에, 미경험자라도 (　　　) 신청할 수 있다.

1 안이하게　　**2 부담 없이**
3 경솔하게　　4 간단히

해설 선택지가 모두 형용사이다. 괄호 뒤의 申し込める(신청할 수 있다)와 함께 쓸 때 気軽に申し込める(부담 없이 신청할 수 있다), 簡単に申し込める(간단히 신청할 수 있다) 모두 자연스러우므로 문장 전체의 문맥을 파악해야 한다. 전체 문맥 初級コースは基礎から始めるので、未経験者でも気軽に申し込める(초급 코스는 기초부터 시작하기 때문에, 미경험자라도 부담 없이 신청할 수 있다)가 가장 자연스러우므로 2 気軽に(부담 없이)가 정답이다. 1은 安易に考える(안이하게 생각하다), 3은 軽率にふるまう(경솔하게 행동하다)와 같이 쓰인다.

어휘 初級 しょきゅう 명 초급　コース 명 코스　基礎 きそ 명 기초
未経験者 みけいけんしゃ 명 미경험자　申し込む もうしこむ 동 신청하다
安易だ あんいだ な형 안이하다　気軽だ きがるだ な형 부담 없다
軽率だ けいそつだ な형 경솔하다

꼭! 알아두기 気軽に(부담 없이)는 가벼운 마음으로 하는 행동을 나타내는 어휘로 申し込む(신청하다), 連絡する(연락하다), 買い求める(구매하다)와 함께 자주 사용된다.

9 중

한번 (　　　) 생활 리듬을 원래로 되돌리는 것은 어려운 일이다.

1 흐트러진　　2 떨어진
3 끊어진　　4 빠진

해설 선택지가 모두 동사이다. 괄호 앞뒤의 내용과 함께 쓸 때 一度乱れた生活リズム(한번 흐트러진 생활 리듬)가 가장 자연스러우므로 1 乱れた(흐트러진)가 정답이다. 2는 散った花びら(떨어진 꽃잎), 3은 人跡の絶えた山奥(인적이 끊어진 산속), 4는 経営難に陥った企業(경영난에 빠진 기업)와 같이 쓰인다.

어휘 リズム 명 리듬　元 もと 명 원래　戻す もどす 동 되돌리다
乱れる みだれる 동 흐트러지다　散る ちる 동 떨어지다
絶える たえる 동 끊어지다　陥る おちいる 동 빠지다

10 중상

이 성은 50년 전에 화재로 붕괴했지만, 그 후 충실히 (　　　) 되었다.	
1 창조	2 개조
3 재개	**4 재건**

해설 선택지가 모두 명사이다. 괄호 앞뒤의 내용과 함께 쓸 때 忠実に改造された(충실히 개조되었다), 忠実に再建された(충실히 재건되었다) 모두 자연스러우므로 문장 전체의 문맥을 파악해야 한다. 전체 문맥 この城は50年前に火災で崩壊したが、その後忠実に再建された(이 성은 50년 전에 화재로 붕괴했지만, 그 후 충실히 재건 되었다)가 가장 자연스러우므로 4 再建(재건)이 정답이다. 1은 新たに創造された(새롭게 창조되었다), 3은 久しぶりに再開された(오랜만에 재개되었다)와 같이 쓰인다.

어휘 城 しろ 명 성　火災 かさい 명 화재　崩壊 ほうかい 명 붕괴
その後 そのご 그 후　忠実だ ちゅうじつだ な형 충실하다
創造 そうぞう 명 창조　改造 かいぞう 명 개조　再開 さいかい 명 재개
再建 さいけん 명 재건

11 중

남과 겹치지 않는 개성적인 (　　　) 의 옷을 입고 있다.	
1 디자인	2 시스템
3 레이아웃	4 파자마

해설 선택지가 모두 명사이다. 괄호 앞뒤의 내용과 함께 쓸 때 個性的なデザインの服(개성적인 디자인의 옷)가 가장 자연스러우므로 1 デザイン(디자인)이 정답이다. 2는 複雑なシステム(복잡한 시스템), 3은 自由なレイアウト(자유로운 레이아웃), 4는 真っ白なパジャマ(새하얀 파자마)와 같이 쓰인다.

어휘 個性的だ こせいてきだ な형 개성적이다　デザイン 명 디자인
システム 명 시스템　レイアウト 명 레이아웃　パジャマ 명 파자마

12 상

대학은 내년도를 목표로 유학생을 받아들일 (　　　) 를 가다듬고 있다.	
1 태세	2 채비
3 형식	4 정형

해설 선택지가 모두 명사이다. 괄호 앞뒤의 내용과 함께 쓸 때 受け入れる態勢を整えている(받아들일 태세를 가다듬고 있다)가 가장 자연스러우므로 1 態勢(태세)가 정답이다. 2는 支度を済ませている(채비를 끝내고 있다), 3은 形式を定めている(형식을 정하고 있다), 4는 定型にとらわれている(정형에 사로잡혀 있다)와 같이 쓰인다.

어휘 来年度 らいねんど 명 내년도　受け入れる うけいれる 동 받아들이다
整える ととのえる 동 가다듬다　態勢 たいせい 명 태세
形式 けいしき 명 형식　定型 ていけい 명 정형

13 중상

우연히 (　　　) 서점에서 찾고 있던 책을 발견했다.	
1 쫓아간	2 지나친
3 달려간	**4 들른**

해설 선택지가 모두 동사이다. 괄호 앞뒤의 내용과 함께 쓸 때 たまたま通り過ぎた本屋(우연히 지나친 서점), たまたま立ち寄った本屋(우연히 들른 서점) 모두 자연스러우므로 문장 전체의 문맥을 파악해야 한다. 전체 문맥 たまたま立ち寄った本屋で探していた本を見つけた(우연히 들른 서점에서 찾고 있던 책을 발견했다)가 가장 자연스러우므로 4 立ち寄った(들른)가 정답이다. 1은 犯人に追いついた犬(범인을 쫓아간 개), 2는 たまに通り過ぎた街(가끔 지나친 거리), 3은 必死に駆けつけた警察(필사적으로 달려간 경찰)와 같이 쓰인다.

어휘 たまたま 부 우연히　本屋 ほんや 명 서점
追いつく おいつく 동 쫓아가다, 따라가다
通り過ぎる とおりすぎる 동 지나치다
駆けつける かけつける 동 달려가다　立ち寄る たちよる 동 들르다

14 상

소스가 명확하지 않은 정보는 참고로 하지 말아 주세요.	
1 출처	2 필자
3 진위	4 증거

해설 ソース는 '소스'라는 의미로, 동의어인 1 出所(출처)가 정답이다.

어휘 ソース 명 소스　明確 めいかく 명 명확　情報 じょうほう 명 정보
参考 さんこう 명 참고　出所 しゅっしょ 명 출처　筆者 ひっしゃ 명 필자
真偽 しんぎ 명 진위　証拠 しょうこ 명 증거

꼭! 알아두기 ソース의 유의어로 出所(출처), 根拠(근거), 根源(근원)을 함께 알아둔다.

15 중

새롭게 개발된 약은, 가격이 비싸지만 효과는 발군이다.

1 다른 것과 비교해서 나쁘지 않다
2 다른 것과 비교해서 좋지 않다
3 다른 것과 비교해서 차라리 낫다
4 다른 것과 비교해서 특히 좋다

해설 抜群だ는 '발군이다'라는 의미로, 단어의 뜻을 올바르게 풀어 쓴 표현인 4 他と比べてとくにいい(다른 것과 비교해서 특히 좋다)가 정답이다.

어휘 開発 かいはつ 명 개발　値段 ねだん 명 가격　効果 こうか 명 효과
抜群だ ばつぐんだ な형 발군이다　ましだ な형 낫다

16 중

그녀는 시험이 잘되지 않아서 낙담하고 있는듯하다.

1 울고 있는　**2 실망하고 있는**
3 화내고 있는　4 초조해하고 있는

해설 落胆している는 '낙담하고 있는'이라는 의미이다. 이와 교체하여도 문장의 의미가 바뀌지 않는 2 がっかりしている(실망하고 있는)가 정답이다.

어휘 試験 しけん 명 시험　落胆 らくたん 명 낙담　がっかり 부 실망한
いらいら 부 초조한

17 중

수년 전부터 염려되고 있는 문제가 아직 해결되지 않았다.

1 여전히　2 공교롭게도
3 아마도　4 그다지

해설 未だ는 '아직'이라는 의미로, 동의어인 1 相も変わらず(여전히)가 정답이다.

어휘 数年 すうねん 명 수년　危ぶむ あやぶむ 동 염려하다
未だ いまだ 부 아직　解決 かいけつ 명 해결
相も変わらず あいもかわらず 여전히　あいにく 부 공교롭게도
おそらく 부 아마도　さほど 부 그다지

18 중상

경기가 회복해서, 회사는 적자 경영을 빠져나갔다.

1 해소했다　2 끝냈다
3 벗어났다　4 저지했다

해설 抜け出した는 '빠져나갔다'라는 의미로, 동의어인 3 脱した(벗어났다)가 정답이다.

어휘 景気 けいき 명 경기　回復 かいふく 명 회복　赤字 あかじ 명 적자
経営 けいえい 명 경영　抜け出す ぬけだす 동 빠져나가다
解消 かいしょう 명 해소　終える おえる 동 끝내다
脱する だっする 동 벗어나다　食い止める くいとめる 동 저지하다

19 중상

사건에 대해 극명하게 기록되어 있었다.

1 알기 쉽게　2 가능한 한
3 짧고 간결하게　**4 자세하고 정성스럽게**

해설 克明に는 '극명하게'라는 의미로, 단어의 뜻을 올바르게 풀어 쓴 표현인 4 詳しく丁寧に(자세하고 정성스럽게)가 정답이다.

어휘 事件 じけん 명 사건　克明だ こくめいだ な형 극명하다
記録 きろく 명 기록　できる限り できるかぎり 가능한 한
簡潔だ かんけつだ な형 간결하다　詳しい くわしい い형 자세하다
丁寧だ ていねいだ な형 정성스럽다

20 상

발을 들여놓다

1 그는 남의 프라이버시에 흙 묻은 발을 들여놓는 데가 있어서, 때때로 싸움이 된다.
2 처음은 우승을 향해 발을 들여놓고 있었지만, 실력의 차이를 통감해서 의욕이 저하했다.
3 시간이 걸려도 실수를 줄이기 위해서 반드시 소정의 수순을 발을 들여놓아 주세요.
4 저 선수는 부상의 트라우마를 극복하고, 아시아인 사상 첫 신기록에 발을 들여놓는다.

해설 踏み込む(발을 들여놓다)는 어떠한 일에 관여하거나 특정 장소에 들어가는 경우에 사용한다. 1의 人のプライバシーに土足で踏み込む(남의 프라이버시에 흙 묻은 발을 들여놓는)에서 올바르게 사용되었으므로 1이 정답이다. 참고로, 2는 意気込む(いきごむ, 분발하다), 3은 踏む(ふむ, 밟다), 4는 挑戦する(ちょうせんする, 도전하다)를 사용하는 것이 올바른 문장이다.

어휘 踏み込む ふみこむ 동 발을 들여놓다, 빠지다
プライバシー 명 프라이버시
土足で踏み込む どそくでふみこむ 흙 묻은 발을 들여놓다, (다른 사람의 사적인 영역에) 함부로 끼어들다　度々 たびたび 부 때때로
優勝 ゆうしょう 명 우승　実力 じつりょく 명 실력　差 さ 명 차이
痛感 つうかん 명 통감　意欲 いよく 명 의욕　低下 ていか 명 저하
ミス 명 실수, 미스　減らす へらす 동 줄이다　所定 しょてい 명 소정
手順 てじゅん 명 수순　選手 せんしゅ 명 선수　負傷 ふしょう 명 부상
トラウマ 명 트라우마　乗り越える のりこえる 동 극복하다
アジア人 アジアじん 명 아시아인　史上初 しじょうはつ 명 사상 첫
新記録 しんきろく 명 신기록

꼭! 알아두기 踏み込む(발을 들여놓다, 빠지다)는 プライバシー(프라이버시), 泥(수렁)와 같은 명사와 함께 자주 사용된다.

21 상

따르다

1 일본의 생활에도 따랐기 때문에, 슬슬 아르바이트를 시작하고 싶다.
2 오랜만에 고향에 돌아갔지만, 거리가 그 때 그대로라서 따랐다.
3 다나카 씨는 어릴 적부터 개를 길렀기 때문에, 동물이 금세 따른다.
4 어릴 적 친구와는 따르고 있기 때문에, 무엇이든 이야기할 수 있는 사이이다.

해설 なつく(따르다)는 경계심을 가지지 않고 친숙하게 다가가는 경우에 사용한다. 3의 動物にすぐなつかれる(동물이 금세 따른다)에서 올바르게 사용되었으므로 3이 정답이다. 참고로, 1은 慣れる(なれる, 익숙하다), 2는 懐かしい(なつかしい, 그립다), 4는 仲よくする(なかよくする, 친하게 지내다)를 사용하는 것이 올바른 문장이다.

어휘 なつく 동 따르다　日本 にほん 명 일본　故郷 こきょう 명 고향
街並み まちなみ 명 거리　あのころ 그 때　飼う かう 동 기르다

なんでも 부 무엇이든　間柄 あいだがら 명 사이

22 중상

어쩐지

1 이 방법으로 안 된다면, 어쩐지 착오가 있었다고 밖에 생각되지 않는다.
2 만약 모르는 것이 있으면, 걱정하지 말고 어쩐지 물어보세요.
3 야마모토 씨는 준비에 쫓기고 있다고 했으니까 어쩐지 참가 못 할 거야.
4 처음으로 혼자서 만든 된장국은 어쩐지 어딘가 부족한 맛이었다.

해설 何だか(어쩐지)는 원인이나 이유가 확실하지 않은 경우에 사용한다. 4의 何だか物足りない味(어쩐지 어딘가 부족한 맛)에서 올바르게 사용되었으므로 4가 정답이다. 참고로, 1은 何か(なにか, 무언가), 2는 何でも(なんでも, 무엇이든), 3은 多分(たぶん, 아마도)을 사용하는 것이 올바른 문장이다.

어휘 何だか なんだか 부 어쩐지　方法 ほうほう 명 방법
手違い てちがい 명 착오　追われる おわれる 동 쫓기다
参加 さんか 명 참가　物足りない ものたりない い형 어딘가 부족하다

23 상

사퇴

1 그 사건은 무사히 해결되어, 수사관을 현장에서 사퇴시켰다.
2 위원장으로 추천받았지만, 다른 업무로 힘에 부치기 때문에 사퇴했다.
3 그 의원은 부정한 거래를 한 것으로, 우위인 입장에서 사퇴했다.
4 갑작스럽게 몸 상태가 나빠졌기 때문에, 병원에 가기 위해서 학교를 사퇴했다.

해설 辞退(사퇴)는 어떤 직위나 권한을 스스로 그만두고 물러나는 경우에 사용한다. 1의 現場から辞退(현장에서 사퇴)와 2의 手一杯なので辞退(힘에 부치기 때문에 사퇴) 모두 자연스러우므로, 문장 전체의 문맥을 파악해야 한다. 2의 委員長に推薦されたが、他の業務で手一杯なので辞退した(위원장으로 추천받았지만, 다른 업무로 힘에 부치기 때문에 사퇴했다)에서 올바르게 사용되었으므로 2가 정답이다. 참고로, 1은 撤退(てったい, 철수), 3은 後退(こうたい, 후퇴), 4는 早退(そうたい, 조퇴)를 사용하는 것이 올바른 문장이다.

어휘 辞退 じたい 명 사퇴　事件 じけん 명 사건
無事だ ぶじだ な형 무사하다　解決 かいけつ 명 해결
捜査官 そうさかん 명 수사관　現場 げんば 명 현장
委員長 いいんちょう 명 위원장　推薦 すいせん 명 추천
業務 ぎょうむ 명 업무　手一杯 ていっぱい 명 힘에 부침
議員 ぎいん 명 의원　不正だ ふせいだ な형 부정하다
取引 とりひき 명 거래　優位 ゆうい 명 우위　立場 たちば 명 입장
急だ きゅうだ な형 갑작스럽다　体調 たいちょう 명 몸 상태

꼭! 알아두기　辞退(사퇴)는 委員長(위원장), 取締役(이사)와 같은 직함과 함께 자주 사용된다.

24 상

재해

1 평소부터 재해에 대비해서, 가족 5인분의 물이나 식량을 준비하고 있다.
2 아무렇지 않게 내뱉은 말이 재해를 초래하여, 트러블이 되는 경우도 있다.
3 사업 확장을 위해 막대한 비용을 들인 것이 커다란 재해가 되었다.
4 그는 어렸을 적, 놀이 기구에서 떨어져 오른발에 재해를 입고 말았다.

해설 災害(재해)는 천재지변 등의 재앙으로 인한 뜻밖의 피해를 나타내는 경우에 사용한다. 1의 普段から災害に備えて(평소부터 재해에 대비해서), 3의 大きな災害となった(커다란 재해가 되었다) 모두 자연스러우므로, 문장 전체의 문맥을 파악해야 한다. 1의 普段から災害に備えて、家族 5 人分の水や食糧を準備している(평소부터 재해에 대비해서, 가족 5인분의 물이나 식량을 준비하고 있다)에서 올바르게 사용되었으므로 1이 정답이다. 참고로, 2는 災い(わざわい, 재난), 3은 損害(そんがい, 손해), 4는 障害(しょうがい, 장애)를 사용하는 것이 올바른 문장이다.

어휘 災害 さいがい 명 재해　普段 ふだん 명 평소
食糧 しょくりょう 명 식량　何気ない なにげない い형 아무렇지 않다
発する はっする 동 내뱉다, 발하다　招く まねく 동 초래하다, 초대하다
トラブル 명 트러블　事業 じぎょう 명 사업　拡張 かくちょう 명 확장
莫大だ ばくだいだ な형 막대하다　費用 ひよう 명 비용
幼い おさない い형 어리다　遊具 ゆうぐ 명 놀이 기구
右足 みぎあし 명 오른발　負う おう 동 입다

25 상

견디기 어렵다

1 그 시험은 지금까지 공부해 온 내용보다도 월등히 견디기 어려웠다.
2 다 큰 어른이 한밤중에 길바닥에서 소란 피우다니, 몰상식도 견디기 어렵다.
3 어머니의 너무 이른 죽음은, 우리 가족에게 있어 견디기 어려운 고통이었다.
4 아침 일찍부터 상담에 방문한 사람은, 견디기 어려운 인상의 노인이었다.

해설 耐えがたい(견디기 어렵다)는 고통스럽거나 곤란한 상황 속에서 계속해서 버티기 힘든 경우에 사용한다. 3의 私たち家族にとって耐えがたい(우리 가족에게 있어 견디기 어려운)에서 올바르게 사용되었으므로 3이 정답이다. 참고로, 1은 難しい(むずかしい, 어렵다), 2는 甚だしい(はなはだしい, 유분수다), 4는 みすぼらしい(초라하다)를 사용하는 것이 올바른 문장이다.

어휘 耐えがたい たえがたい 견디기 어렵다　今まで いままで 부 지금까지

内容 ないよう 명 내용　はるかだ な형 월등하다　夜中 よなか 명 한밤중
道端 みちばた 명 길바닥　非常識 ひじょうしき 명 몰상식
早すぎる はやすぎる 너무 이르다　死 し 명 죽음

私たち わたしたち 명 우리　苦痛 くつう 명 고통
朝っぱら あさっぱら 명 아침 일찍　訪れる おとずれる 동 방문하다
印象 いんしょう 명 인상　年寄り としより 명 노인

언어지식 (문법) p.252

26 중

남동생에게 돈을 (　　　) 하면, 좋아하는 일에 다 써버릴 것임에 틀림없다.

1 주지 않고　　2 주기
3 주고　　**4 줬다**

해설 동사의 올바른 활용형을 고르는 문제이다. 괄호 뒤의 문형 **が最後**(~했다 하면)와 접속할 수 있는 동사의 활용형은 た형이므로 4 **渡した**(줬다)가 정답이다. '돈을 줬다 하면, 좋아하는 일에 다 써버릴 것임에 틀림없다'라는 문맥에도 맞다.

어휘 **お金** おかね 돈　**~が最後** ~がさいご ~했다 하면
使い果たす つかいはたす 동 다 쓰다
~に違いない ~にちがいない ~임에 틀림없다

27 중상

앞으로 연구를 계속해도, 꼭 만족을 얻을 수 있는 결과를 낼 수 있다고는 할 수 없다. (　　　), 요 10년의 나날을 생각하면, 이제 와서 그만두는 데에도 용기가 필요하다.

1 즉　　**2 그렇다고 해서**
3 그러므로　　4 혹은

해설 적절한 접속사를 고르는 문제이다. 괄호 앞의 **この先研究を続けていても、満足の得られる結果が出せるとは限らない**(앞으로 연구를 계속해도, 꼭 만족을 얻을 수 있는 결과를 낼 수 있다고는 할 수 없다)와 괄호 뒤의 **ここ10年の日々を思うと、今さら止めるのも勇気がいる**(요 10년의 나날을 생각하면, 이제 와서 그만두는 데에도 용기가 필요하다)와 문맥상 어울리는 말은 '그렇다고 해서'이다. 따라서 2 **さりとて**(그렇다고 해서)가 정답이다.

어휘 **この先** このさき 앞으로, 이후　**満足** まんぞく 명 만족
得る える 동 얻다　**結果** けっか 명 결과
~とは限らない ~とはかぎらない 꼭 ~라고는 할 수 없다
日々 ひび 명 나날, 하루하루　**~と** 조 ~하면
今さら いまさら 부 이제 와서, 새삼　**勇気** ゆうき 명 용기
すなわち 접 즉　**さりとて** 접 그렇다고 해서　**それゆえ** 접 그러므로
もしくは 접 혹은

꼭! 알아두기 さりとて(그렇다고 해서) 외에 とはいえ(라고 하지만), かと言って(그렇다고)도 앞서 언급한 내용을 인정하면서도 그와 반대되는 내용을 주장하는 문맥에서 사용된다.

28 중

평온했던 그 마을은, 호우에 의한 산사태로 하룻밤 사이에 차마 볼 (　　　) 모습으로 일변해버렸다.

1 가치가 없는　　2 만 하지도 않은
3 수 없는　　4 수 있는

해설 적절한 문형을 고르는 문제이다. 괄호 앞뒤 문맥을 보면, '차마 볼 수 없는 모습으로 일변해버렸다'가 가장 자연스럽다. 따라서 3 **にたえない**(수 없는)가 정답이다. 1의 **ず**는 '~없는', 2의 **もしない**는 '~하지도 않다', 4의 **うる**는 '~할 수 있다'라는 의미의 문형임을 알아둔다.

어휘 **穏やかだ** おだやかだ な형 평온하다, 온화하다　**豪雨** ごうう 명 호우
土砂崩れ どしゃくずれ 명 산사태, 토사 붕괴　**~で** 조 ~로
一晩 ひとばん 명 하룻밤　**姿** すがた 명 모습　**一変** いっぺん 명 일변
~へ 조 ~으로　**~にたえる** ~할 가치가 있다, ~할 만 하다
~ず ~없는　**~もしない** ~하지도 않다
~にたえない 차마 ~할 수 없다　**~うる** ~할 수 있다

29 중

그의 긴 세월의 노력 (　　　), 이렇게까지 훌륭한 성과를 올리는 것은 불가능했을 것이다.

1 과 맞물려　　**2 없이는**
3 에 그치지 않고　　4 도 그러하지만

해설 적절한 문형을 고르는 문제이다. 모든 선택지가 괄호 앞의 명사 **努力**(노력)에 접속할 수 있다. 괄호 뒤 **これほどまでにすばらしい成果を上げることはできなかっただろう**(이렇게까지 훌륭한 성과를 올리는 것은 불가능했을 것이다)로 이어지는 문맥을 보면 '노력 없이는'이 가장 자연스럽다. 따라서 2 **なくしては**(없이는)가 정답이다. 1 **とあいまっては** '~과 맞물려', 3 **にとどまらず**는 '~에 그치지 않고', 4 **もさることながら**는 '~도 그러하지만'이라는 의미의 문형임을 알아둔다.

어휘 **長年** ながねん / ちょうねん 명 긴 세월, 여러 해　**努力** どりょく 명 노력
これほどまでに 이렇게까지　**成果** せいか 명 성과
~とあいまって ~과 맞물려　**~なくしては** ~없이는
~にとどまらず ~에 그치지 않고　**~もさることながら** ~도 그러하지만

30 상

(인터뷰에서)
A : 문학상 수상 축하합니다. 지금의 기분을 들려주세요.
B : 감사합니다. 매우 기쁩니다. 받은 상 (　　　) 앞으로도 좋은

작품을 만들어나가고 싶다고 생각합니다.

1 에 부끄럽지 않도록 2 보다 더
3 을 시작으로 하여 4 에도 아랑곳하지 않고

해설 적절한 문형을 고르는 문제이다. 모든 선택지가 괄호 앞의 명사 **賞**(상)에 접속할 수 있다. 괄호 뒤 **これからもいい作品を作っていきたいと思います**(앞으로도 좋은 작품을 만들어나가고 싶다고 생각합니다)로 이어지는 문맥을 보면 '받은 상에 부끄럽지 않도록'이 가장 자연스럽다. 따라서 1 **に恥じないよう**(에 부끄럽지 않도록)가 정답이다. 3 **を皮切りにしては** '~을 시작으로 하여'라는 의미의 문형으로, 앞의 사건을 시작으로 같은 종류의 사건이 차례차례 일어나는 경우에 사용하기 때문에 수상한 것을 계기로 앞으로도 좋은 작품을 만들겠다는 각오를 말하는 문맥에는 맞지 않으므로 오답이다. 2 **にもましては** '~보다 더', 4 **をものともせずには** '~에도 아랑곳하지 않고'라는 의미의 문형임을 알아둔다.

어휘 **インタビュー** 명 인터뷰 **文学賞** ぶんがくしょう 명 문학상
受賞 じゅしょう 명 수상 **お気持ち** おきもち 기분, 감상
賞 しょう 명 상 **作品** さくひん 명 작품
~に恥じないよう ~にはじないよう ~에 부끄럽지 않도록
~にもまして ~보다 더
~を皮切りにして ~をかわきりにして ~을 시작으로 하여
~をものともせずに ~에도 아랑곳하지 않고

꼭! 알아두기 ~に恥じないように(~에 부끄럽지 않도록)는 賞(상), 名(이름)와 같은 지위나 명성을 나타내는 명사와 함께 사용된다.

31 중상

일에 보람을 ( ), 한창 불경기인 때 간단히 그만 둘 수는 없다.

1 가질 수 없다고 하더라도 2 느낀 보람도 없이
3 가질 수 없다고 생각했더니 4 느낄 뿐만 아니라

해설 적절한 문형을 고르는 문제이다. 괄호 앞뒤 문맥을 보면, '일에 보람을 가질 수 없다고 하더라도, 한창 불경기인 때 간단히 그만 둘 수는 없다'가 가장 자연스럽다. 따라서 1 **持てないからとて**(가질 수 없다고 하더라도)가 정답이다. 2의 **かいもなくは** '~인 보람도 없이', 3의 **と思いきやは** '~라고 생각했더니', 4의 **のみならずは** '~뿐만 아니라'라는 의미의 문형임을 알아둔다.

어휘 **やりがい** 명 보람, 할 만한 가치 **不景気** ふけいき 명 불경기
さなか 명 한창 ~인 때 **辞める** やめる 동 그만두다, 사직하다
~わけにはいかない ~할 수는 없다 **~からとて** ~라고 하더라도
~かいもない ~인 보람도 없다
~と思いきや ~とおもいきや ~라고 생각했더니
~のみならず ~뿐만 아니라

32 중상

(전화로)
A : 죄송합니다만, 내일 회의 시간을 오후 2시로 변경해 주시지 않겠습니까?
B : 알겠습니다. 그럼, 내일 오후 2시, 귀사로 ( ).

1 오시게 해서 죄송합니다 2 오십니다
3 내방해 주셨으면 합니다 **4 방문드리겠습니다**

해설 적절한 경어 표현을 고르는 문제이다. 내일 오후에 귀사로 방문하겠다고 말하는 상황이므로 자신의 행위를 낮추는 **御社にお邪魔させていただきます**(귀사로 방문드리겠습니다)가 가장 자연스럽다. 따라서 4 **お邪魔させていただきます**(방문드리겠습니다)가 정답이다. 여기서 **お邪魔させていただく**(방문드리다)는 **邪魔する**(방문하다)의 겸양 표현이다. 1 **ご足労おかけします**(오시게 해서 죄송합니다)는 **足労をかける**(오게 하다)의 존경 표현, 2 **お越しになります**(오십니다)는 **来る**(오다)의 존경 표현, 3의 **ご来訪いただく**(내방해 주시다)는 **来訪してもらう**(내방해 주다)의 겸양 표현을 활용한 것이다.

어휘 **申し訳ない** もうしわけない い형 죄송하다
打ち合わせ うちあわせ 명 회의 **変更** へんこう 명 변경
御社 おんしゃ 명 귀사
ご足労をかける ごそくろうをかける 오게(가게) 하다
お越しになる おこしになる 오시다 (来る의 존경 표현)
来訪 らいほう 명 내방 **お邪魔する** おじゃまする 방문하다, 방해하다

33 중상

이런 단순한 업무조차 남의 도움을 받지 않으면 만족스럽게 할 수 없다니, 능력이 부족하다 ( ).

1 는 정도일 것이다 2 고 할 뿐이다
3 고 말할 수밖에 없다 4 는 경향이 있는 듯하다

해설 적절한 문형을 고르는 문제이다. 괄호 앞 문맥을 보면, '능력이 부족하다고 말할 수밖에 없다'가 가장 자연스럽다. 따라서 3 **としか言いようがない**(고 말할 수밖에 없다)가 정답이다. 1의 **といったところだは** '(대략)~정도이다', 2 **までのことだは** '~할 뿐이다', 4의 **きらいがあるは** '~인 경향이 있다'라는 의미의 문형임을 알아둔다.

어휘 **単純だ** たんじゅんだ な형 단순하다 **業務** ぎょうむ 명 업무
~すら 조 ~조차 **手を借りる** てをかりる 도움을 받다
満足だ まんぞくだ な형 만족스럽다 **~なんて** 조 ~다니, ~라니
能力 のうりょく 명 능력 **欠ける** かける 동 부족하다, 없다
~といったところだ (대략) ~정도이다 **~までのことだ** ~할 뿐이다
~ようがない ~할 수가 없다 **~きらいがある** ~인 경향이 있다

34 상

(학교에서)
다카하시: 야스다 군, 선생님한테 엄청나게 야단맞고 있었지.
이시이: 응, 항상 있는 일이야. 선생님에게 ( ) 전혀 고치질 않으니까, 쓸데없이 야단맞는 거지.

1 무언가 들었다고 생각했더니 **2 무엇을 듣더라도**
3 무언가를 말하면 몰라도 4 무엇도 말하지 못한다고 한들

해설 적절한 문형을 고르는 문제이다. 괄호 앞뒤 문맥을 보면, '선생님에게 무엇을 듣더라도 전혀 고치질 않으니까'가 가장 자연스럽다. 따라서 2 **何を言われようが**(무엇을 듣더라도)가 정답이다. 1의 **と思いきやは** '~라고 생각했더니', 3의 **ならいざしらずは** '~라면

몰라도', 4의 とはいえ는 '~라고 한들'이라는 의미의 문형임을 알아둔다.

어휘 叱る しかる 동 야단치다, 꾸짖다　全然 ぜんぜん 부 전혀, 조금도
改める あらためる 동 고치다, 개선하다　~から 조 ~니까
余計だ よけいだ な형 쓸데없다, 불필요하다
~と思いきや ~とおもいきや ~라고 생각했더니
~ようが ~하더라도　~ならいざしらず ~라면 몰라도
~とはいえ ~라고 한들

35 상

(회사에서 거래처와)
A : 요전에 부탁드렸던 수량 변경 후의 견적서입니다만, 죄송하지만 조급히 (　　　).
B : 늦어져서 죄송합니다. 오늘 반드시 우송하겠습니다.

1 보내드리려고 합니다
2 보내게 해주셨으면 합니다
3 보내주실 수 있다고 생각합니다
4 보내주셨으면 합니다

해설 적절한 경어 표현을 고르는 문제이다. 거래처의 담당자에게 견적서를 요청하는 상황이므로 자신의 행위를 낮추는 恐縮ながら早急にお送りいただきたく存じます(죄송하지만 조급히 보내주셨으면 합니다)가 가장 자연스럽다. 따라서 4 お送りいただきたく存じます(보내주셨으면 합니다)가 정답이다. 여기서 お送りいただく(보내주시다)는 送ってもらう(보내주다)의 겸양 표현이다. 1 送らせていただく(보내드리다)는 送らせてもらう(보내다)의 겸양 표현, 2 送らせていただける(보내게 해주시다)는 送らせてもらえる(보내게 하다)의 겸양 표현, 3 お送りいただける(보내주실 수 있다)는 送ってもらえる(보내줄 수 있다)의 겸양 표현이다.

어휘 取引先 とりひきさき 명 거래처　先日 せんじつ 명 요전
願う ねがう 동 부탁하다, 바라다　数量 すうりょう 명 수량
変更後 へんこうご 변경 후　見積書 みつもりしょ 명 견적서
恐縮ながら きょうしゅくながら 죄송하지만
早急だ さっきゅうだ / そうきゅうだ な형 조급하다
申し訳ない もうしわけない い형 죄송하다　本日 ほんじつ 명 오늘
郵送 ゆうそう 명 우송, 우편으로 보냄
存じる ぞんじる 동 하려고 하다, 생각하다 (思う의 겸양어)

36 중상

작년 소설 대상을 수상한 이가와 하루코의 대망의 최신작은, 주인공이 시련을 극복하여, 배우로서뿐만 아니라 인간으로서도 성장해나가는 모습이 그려져 있어 ★누구든 감동하지 않을 수 없는 작품이 되어있다.

1 감동하지 않을 수 없는　2 모습이 그려져 있어
3 누구든　4 인간으로서도 성장해나가는

해설 선택지들끼리 연결 가능한 문형이 없으므로 의미적으로 배열하면 4 人としても成長していく 2 姿が描かれており 3 誰をも 1 感動させずにはおかない(인간으로서도 성장해나가는 모습이 그려져 있어 누구든 감동하지 않을 수 없는)가 되면서 전체 문맥과도 어울린다. 따라서 3 誰をも(누구든)가 정답이다.

어휘 昨年 さくねん 명 작년　大賞 たいしょう 명 대상　受賞 じゅしょう 명 수상
待望 たいぼう 명 대망　最新作 さいしんさく 명 최신작
主人公 しゅじんこう 명 주인공　試練 しれん 명 시련
乗り越える のりこえる 동 극복하다, 타고 넘다　俳優 はいゆう 명 배우
~だけでなく…も ~뿐만 아니라 …도　作品 さくひん 명 작품
感動 かんどう 명 감동　~ずにはおかない ~하지 않을 수 없다
姿 すがた 명 모습　描く えがく 동 그리다　成長 せいちょう 명 성장

37 상

어제 할아버지가 갑자기 쓰러져, 정밀 검사를 하게 되었는데, 쓰러졌을 때의 ★골절로 보행 곤란이 되어 검사 결과의 여하에 관계없이 입원할 수밖에 없게 되었다.

1 보행 곤란이 되어　**2 골절로**
3 검사 결과의　4 여하에 관계없이

해설 선택지들끼리 연결 가능한 문형이 없으므로 의미적으로 배열하면 2 骨折で 1 歩行困難となり 3 検査結果の 4 いかんによらず(골절로 보행 곤란이 되어 검사 결과의 여하에 관계없이)가 되면서 전체 문맥과도 어울린다. 따라서 ★이 있는 첫 번째 칸에 위치한 2 骨折で(골절로)가 정답이다.

어휘 突然 とつぜん 부 갑자기　精密 せいみつ 명 정밀　検査 けんさ 명 검사
~ざるを得ない ~ざるをえない ~할 수밖에 없다
歩行 ほこう 명 보행　困難 こんなん 명 곤란　骨折 こっせつ 명 골절
結果 けっか 명 결과　~いかんによらず ~여하에 관계없이

꼭! 알아두기　~となり(~가 되어)와 같이 결과를 나타내는 표현이 있으면 で(으로), のために(때문에), によって(에 의해)와 같이 원인을 나타내는 표현을 찾아 원인 → 결과의 순서로 먼저 연결한다.

38 중

폐점을 아쉬워하는 목소리를 수많이 들은 것도 있어, 할머니 대부터 60년간 계속된 구두 가게를 접지 않아도 ★된다면 그렇게 하고 싶었지만, 근처에 대형 쇼핑센터가 생긴 일로 결의가 굳었다.

1 된다면　2 구두 가게를 접지 않아도
3 그렇게 하고 싶었　4 할머니 대부터 60년간 계속된

해설 2의 ずに는 1의 済む와 함께 쓰여 문형 ずに済む(~하지 않아도 된다)가 되므로 먼저 2 靴屋をたたまずに 1 済むものなら(구두 가게를 접지 않아도 된다면)로 연결할 수 있다. 이것을 나머지 선택지와 함께 문맥에 맞게 배열하면 4 祖母の代から60年続く 2 靴屋をたたまずに 1 済むものなら 3 そうしたかった(할머니 대부터 60년간 계속된 구두 가게를 접지 않아도 된다면 그렇게 하고 싶었)가 되면서 전체 문맥과도 어울린다. 따라서 1 済むものなら(된다면)가 정답이다.

어휘 閉店 へいてん 명 폐점　惜しむ おしむ 동 아쉬워하다, 아끼다
数多い かずおおい い형 수많다　~が 조 ~지만　大型 おおがた 명 대형
ショッピングセンター 명 쇼핑센터　決意 けつい 명 결의
固まる かたまる 동 굳다　靴屋 くつや 명 구두 가게
たたむ 동 접다, 가게를 닫다　~ずに済む ~ずにすむ ~하지 않아도 된다
代 だい 명 대

39 중상

상점가에서 서명 활동으로의 협력을 호소했다. 제각기 사고방식이 다르기 때문에, 그다지 모이지 않아도 본전이라 ★고 생각하고 있었더니, 예상보다 많은 사람이 찬동해 주었다.

1 생각하고 2 본전이라
3 모이지 않아도 **4 고**

해설 2 もともとだ는 조사 て와 함께 쓰여 문형 てもともとだ(~해도 본전이다)가 되므로 먼저 1 思って 2 もともとだ(생각해도 본전이라) 또는 3 集まらなくて 2 もともとだ(모이지 않아도 본전이라)로 연결할 수 있다. 둘 중 빈칸 뒤의 '예상보다 많은 사람이 찬동해 주었다'와 문맥상 어울리는 말은 3 集まらなくて 2 もともとだ 4 と 1 思って(모이지 않아도 본전이라고 생각하고)이다. 따라서 4 と(고)가 정답이다.

어휘 商店街 しょうてんがい 명 상점가 署名 しょめい 명 서명
活動 かつどう 명 활동 協力 きょうりょく 명 협력
呼び掛ける よびかける 동 호소하다 それぞれ 명 제각기
考え方 かんがえかた 명 사고방식 さほど 부 그다지
予想 よそう 명 예상 賛同 さんどう 명 찬동, 찬성
~てもともとだ ~해도 본전이다 集まる あつまる 동 모이다

40 중상

딸은 좋은 대학에 들어가고 싶다고 말하면서, 공부에 몰두하는 기색도 없이, 매일 친구와 놀러 나가고 있다. 언제 가 되면 수험 공부를 시작할 ★것 인지.

1 인지 **2 것**
3 가 되면 4 수험 공부를 시작할

해설 2 こと는 1 やら와 함께 쓰여 문형 ことやら(~것 인지)가 되므로 먼저 2 こと 1 やら(것 인지)로 연결할 수 있다. 이것을 나머지 선택지와 함께 문맥에 맞게 배열하면 3 になったら 4 受験勉強を始める 2 こと 1 やら(가 되면 수험 공부를 시작할 것 인지)가 되면서 전체 문맥과도 어울린다. 따라서 2 こと(것)가 정답이다.

어휘 取り組む とりくむ 동 몰두하다, 맞붙다 様子 ようす 명 기색, 모양
受験 じゅけん 명 수험

41-45

학습 스타일의 변화

데라코야에서 시작된 [41]일본의 교육은, 예로부터, 교사가 학생에게 직접 가르치는 것으로 일반적 통념이 정해져 있었다. 여러 외국에 비해 디지털화가 뒤처진 것도 요인의 하나이기는 하지만, 바로 최근까지 영어 회화나 보습 학원 등의 수업은 대면으로 시행하 [41] 고 여겨지고 있었다.

특히 외국어 수업에 있어서는, 대면으로 하는 것이라는 선입관에 사로잡혀 있던 사람이 한창 많았던 때, [42]어떤 일본어 학교에서 학생으로부터의 '귀국 후에도 학습을 계속하고 싶다'라는 요청에 응한 온라인 레슨이 스타트했다고 한다. [42] 의 [42]레슨을 시작으로, 동일한 케이스가 잇따른 것 같다. 그리고 다른 일본어 학교에 있어서도, 서서히 온라인 레슨의 수요가 생겨나고 있었다.

그러던 중, 어떤 시기를 경계로 사회에 극적인 변화가 일어났다. 회사에 다니지 않고 [43]자택에서 일을 하는 재택근무가 급격히 퍼진 것이다. [43] , [43]공립 학교의 수업도 인터넷을 통해서 시행되는 것이 드물지 않게 되고, 어른도 아이도 집 안에서 지내는 시간이 증가했다.

이러한 생활의 변화와 함께 레슨의 온라인화가 가속하고, 다양한 레슨을 집에서 받을 수 있게 되었다. 이것은 일본어 학습에 있어서도 예외는 아니다.

현재, 외국어 교육은 [44] 、[44]화면을 사이에 두고 시행되게 되었다. 화면 너머의 교사를 상대로 일본어를 연습하고, 일본 문화에 대한 지식을 얻는 사람은, 앞으로도 늘어날 것이다. 교사에게 있어서는 교육 방법의 큰 변혁이 되었다고 해도 과언이 아니다.

물론 대면으로 시행하는 수업에는 대면의 장점이 있다. 학습자의 세세한 변화를 알아차리기 쉬운 것은, 압도적으로 대면 수업이다. 하지만, [45]학습 기회를 균등하게 한다는 관점에서 보면, 온라인 레슨의 보급은 [45] .

(주1) 데라코야: 에도 시대 (1603년~1868년)에 만들어진 교육 기관
(주2) 예로부터: 아주 옛날부터

어휘 学習 がくしゅう 명 학습 スタイル 명 스타일 変化 へんか 명 변화
寺子屋 てらこや 명 데라코야 (에도 시대에 보급된 서당)
日本 にほん 명 일본 古来 こらい 명 예로부터, 고래
教師 きょうし 명 교사 直接 ちょくせつ 명 직접
相場 そうば 명 일반적 통념, 시세 諸外国 しょがいこく 명 여러 외국
デジタル化 デジタルか 명 디지털화 後れを取る おくれをとる 뒤처지다
要因 よういん 명 요인 つい 부 바로 英会話 えいかいわ 명 영어 회화
学習塾 がくしゅうじゅく 명 보습 학원 対面 たいめん 명 대면
とりわけ 부 특히 外国語 がいこくご 명 외국어
~において ~에 있어서 ~という ~라는
先入観 せんにゅうかん 명 선입관 とらわれる 동 사로잡히다
さなか 명 한창 ~인 때 日本語 にほんご 명 일본어
~から 조 ~으로부터, ~에서 帰国 きこく 명 귀국
継続 けいぞく 명 계속 要望 ようぼう 명 요청, 요망
応える こたえる 동 응하다 オンライン 명 온라인 レッスン 명 레슨
スタート 명 스타트 ~を皮切りに ~をかわきりに ~을 시작으로
同様だ どうようだ な형 동일하다 ケース 명 케이스
相次ぐ あいつぐ 동 잇따르다 他 ほか 명 다름
徐々に じょじょに 부 서서히 需要 じゅよう 명 수요
~つつある ~하고 있다 時期 じき 명 시기 境 さかい 명 경계
劇的だ げきてきだ な형 극적이다 起こる おこる 동 일어나다
自宅 じたく 명 자택 在宅勤務 ざいたくきんむ 명 재택근무
急激だ きゅうげきだ な형 급격하다 広まる ひろまる 동 퍼지다
公立 こうりつ 명 공립 インターネット 명 인터넷
~を通じて ~をつうじて ~을 통해서 過ごす すごす 동 지내다
増加 ぞうか 명 증가 ~とともに ~와 함께
オンライン化 オンラインか 명 온라인화 加速 かそく 명 가속
様々だ さまざまだ な형 다양하다 例外 れいがい 명 예외
現在 げんざい 명 현재 画面 がめん 명 화면
介する かいする 동 사이에 두다, 개재시키다 相手 あいて 명 상대

～について ~에 대해서　知識 ちしき 명 지식　得る える 동 얻다
今後 こんご 명 앞으로, 금후　～にとって ~에게 있어서
教え方 おしえかた 명 교육 방법　変革 へんかく 명 변혁
～と言っても過言ではない ～といってもかごんではない ~라고 해도 과언이 아니다　良さ よさ 명 장점, 좋음　学習者 がくしゅうしゃ 명 학습자
気付く きづく 동 알아차리다, 깨닫다　～やすい ~하기 쉽다
圧倒的だ あっとうてきだ な형 압도적이다
均等だ きんとうだ な형 균등하다　観点 かんてん 명 관점
普及 ふきゅう 명 보급　江戸 えど 명 에도 (일본의 시대 구분 중 하나)
機関 きかん 명 기관

41 중상

1 기만으로는 충분하지 않다	2 기에는 옳지 않다
3 는 것이 제일이라	4 면 그만이라

해설 적절한 문형을 고르는 문제이다. 빈칸 앞에서 日本の教育は、古来、教師が生徒に直接教えるものと相場が決まっていた라고 언급하였으므로 つい最近まで英会話や学習塾などの授業は対面で行うに限ると考えられていた가 가장 자연스럽다. 따라서 3 に限る가 정답이다.

어휘 ～ではすまない ~로는 충분하지 않다
～には当たらない ～にはあたらない ~에는 옳지 않다
～に限る ～にかぎる ~인 것이 제일이다
～までのことだ ~하면 그만이다

42 상

1 저러한 학생	2 이러한 학생
3 저런 학생	**4 그 학생**

해설 적절한 지시어를 고르는 문제이다. 빈칸 뒤의 レッスン은 빈칸 앞의 ある日本語学校で学生からの「帰国後も学習を継続したい」という要望に応えたオンラインレッスン을 지칭한다. 따라서 귀국 후에도 학습을 계속하고 싶다고 요망한 일본어 학교의 학생을 가리키는 4 その学生가 정답이다.

어휘 あのような 저러한　ああいった 저런

43 중

1 더욱이	2 덕분에
3 그렇다고 하더라도	4 즉

해설 적절한 부사를 고르는 문제이다. 빈칸 앞에서 自宅で仕事をする在宅勤務が急激に広まったのだ라고 하고, 빈칸 뒤에서 公立学校の授業もインターネットを通じて行われることが珍しくなくなり라며 사회의 변화를 차례대로 언급하였다. 따라서 1 さらに가 정답이다.

어휘 さらに 부 더욱이　おかげで 덕분에　とはいえ 접 그렇다고 하더라도
すなわち 부 즉, 곧

44 중상

1 대면이라서	**2 대면에 그치지 않고**
3 대면이라 해도	4 대면임에 틀림없이

해설 적절한 문형을 고르는 문제이다. 빈칸 뒤에서 画面を介して行われるようになった라고 언급하였으므로 対面にとどまらず、画面を介して行われるようになった가 가장 자연스럽다. 따라서 2 対面にとどまらず가 정답이다.

어휘 ～とあって ~이라서　～にとどまらず ~에 그치지 않고
～といえども ~이라 해도
～に相違ない ～にそういない ~임에 틀림없다

45 상

1 바람직한 변화라고는 생각하기 어렵다
2 바람직한 변화가 될 수 없다
3 꼭 바람직한 변화라고는 할 수 없다
4 바람직한 변화라고 말할 수 있을 것이다

해설 적절한 문장을 고르는 문제이다. 빈칸 앞에서 学習機会を均等にするという観点から見れば라고 하며 온라인 레슨의 장점에 대해 언급하였으므로 オンラインレッスンの普及は好ましい変化だと言えよう가 가장 자연스럽다. 따라서 4 好ましい変化だと言えよう가 정답이다.

어휘 好ましい このましい い형 바람직하다　変化 へんか 명 변화
～かねる ~하기 어렵다　～得る ～える ~할 수 있다
～とは限らない ～とはかぎらない 꼭 ~라고는 할 수 없다
～よう ~일 것이다

꼭! 알아두기　빈칸 앞쪽에 ～ば와 같은 가정표현이 있으면 ～よう(~일 것이다), ～だろう(~일 것이다), ～はずだ(~일 것이다) 같은 추측표현을 사용한 선택지가 정답일 가능성이 높다.

46 중상

여성의 빈곤율은 전체로 보면 남성보다 낮지만, 독신 생활에 한정 지어 집계해보면, 20세부터 64세의 약 3분의 1, 65세 이상의 약 2분의 1이 빈곤 상태에 있다. 수로서는, 태어나고 자란 집에서 가족과 동거하고 있는 여성이나, 결혼하여 남편과 아이와 생활하고 있는 여성이 압도적으로 많기 때문에, 여성의 빈곤은 보이기 어렵게 되어 버려있을 뿐인 것이다. 어떠한 여성이라도 장래에는 혼자서 살 가능성이 있는 것이기 때문에, 이것은 일부 여성만의 문제라고 생각해서는 안 된다.

필자의 생각에 맞는 것은 어느 것인가?

1 여성의 독신 생활은 모든 사람과 관련이 있는 문제이다.
2 여성의 빈곤은 모든 여성과 관계가 있는 문제이다.
3 가족과 사는 여성에게 있어 빈곤은 절실한 문제이다.
4 빈곤은 남녀 불문하고 일어날 수 있는 문제이다.

해설 에세이로 필자의 생각을 묻고 있다. 후반부에서 どんな女性でも将来は一人で暮らす可能性があるのだから、これは一部の女性だけの問題だと考えるべきではない라고 서술하고 있으므로, 2 女性の貧困は全ての女性に関係がある問題だ가 정답이다.

어휘 **貧困率** ひんこんりつ 명 빈곤율　**全体** ぜんたい 명 전체　**一人暮らし** ひとりぐらし 명 독신 생활　**~に限って** ~にかぎって ~에 한정 지어
集計 しゅうけい 명 집계　**約** やく 부 약　**貧困** ひんこん 명 빈곤　**状態** じょうたい 명 상태　**数** かず 명 수, 숫자　**育つ** そだつ 동 자라다
同居 どうきょ 명 동거　**夫** おっと 명 남편　**圧倒的だ** あっとうてきだ な형 압도적이다　**~がゆえに** ~이기 때문에　**~にくい** ~하기 어렵다
将来 しょうらい 명 장래　**暮らす** くらす 동 살다　**可能性** かのうせい 명 가능성　**一部** いちぶ 명 일부　**~べきではない** ~해서는 안 되다
関わり かかわり 명 관련　**~にとって** ~에게 있어　**切実だ** せつじつだ な형 절실하다　**男女** だんじょ 명 남녀　**~問わず** ~とわず ~불문하고
~得る ~える ~할 수 있다

47 중상

사회 속에서는 다양한 상황에서 자원봉사자를 모집하는 일이 많지만, 자원봉사자 부족이 항상 문제가 되고 있다고 한다. 본래 자원봉사자는 자발적으로 활동에 참가하는 사람을 가리킨다. 그러나, 일본에서는 '공짜로 일하는 사람'이라는 의미로 받아들이는 사람이 많다. 확실히 행정이 모집하는 자원봉사자에는 무상의 것이 많이 보인다. 하지만 이것이, 기량을 가진 사람들을 사회 활동에 참가하기 어렵게 만들고 있지 않은가? 사람에게는 각자 생활이 있기 때문에, 무보수 노동으로는 곤란하다고 생각하는 사람이라도, 사례금이 나온다면 기꺼이 참가하려고 생각하지는 않을까? 노동에는 대가를 치러야 한다. 그 원칙을 사회 전체가 공유할 필요가 있을 것이다.

필자는, 자원봉사자가 부족한 이유에 대해서 어떻게 생각하고 있는가?

1 일본에서는, 행정 기관의 활동에 참가하는 사람이 감소하고 있기 때문에
2 일본에서는, 기량을 살려 자발적으로 노동을 제공하고 싶다고 생각하는 사람이 적기 때문에
3 일본에서는, 활동에 참가해도 자원봉사자에게는 돈이 지불되지 않는 일이 많기 때문에
4 일본에서는, 보수 없는 노동에 대한 사고방식이 공유되어 있지 않기 때문에

해설 에세이로 자원봉사자가 부족한 이유에 대한 필자의 생각을 묻고 있다. 중반부에서 たしかに行政が募るボランティアには無償のものが多々見られる。だがこのことが、技能を持った人々を社会活動に参加しづらくさせていないだろうか라고 서술하고 있으므로, 3 日本では、活動に参加してもボランティアにはお金が払われないことが多いから가 정답이다.

어휘 **社会** しゃかい 명 사회　**様々だ** さまざまだ な형 다양하다　**場面** ばめん 명 상황, 장면　**ボランティア** 명 자원봉사자, 자원봉사　**募集** ぼしゅう 명 모집
不足 ふそく 명 부족　**常に** つねに 부 항상　**本来** ほんらい 명 본래, 원래　**自発的だ** じはつてきだ な형 자발적이다　**活動** かつどう 명 활동
参加 さんか 명 참가　**しかしながら** 접 그러나　**日本** にほん 명 일본　**ただ** 명 공짜　**捉える** とらえる 동 받아들이다, 파악하다
行政 ぎょうせい 명 행정　**募る** つのる 동 모집하다, 모으다　**無償** むしょう 명 무상, 무료　**多々** たた 부 많이　**だが** 접 그러나　**技能** ぎのう 명 기량, 기능
人々 ひとびと 명 사람들　**~づらい** ~하기 어렵다　**それぞれ** 명 각자　**ただ働き** ただばたらき 명 무보수 노동　**謝金** しゃきん 명 사례금
喜んで よろこんで 부 기꺼이, 기쁘게　**労働** ろうどう 명 노동　**対価** たいか 명 대가　**支払う** しはらう 동 치르다, 지불하다　**原則** げんそく 명 원칙
全体 ぜんたい 명 전체　**共有** きょうゆう 명 공유　**機関** きかん 명 기관　**減少** げんしょう 명 감소　**生かす** いかす 동 살리다　**提供** ていきょう 명 제공
報酬 ほうしゅう 명 보수　**考え方** かんがえかた 명 사고방식

48 중상

이하는, 어떤 사무용품 제조 회사로부터 도착한 이메일이다.

수신처 : sakura@main.co.jp
건명 : 신제품 카탈로그 배송에 대해

평소부터 저희 회사의 제품을 사용해 주셔서, 진심으로 감사합니다.

그나저나, 올해도 신제품 발표 시기를 맞이하였습니다. 원래대로라면, 최신 카탈로그를 가지고, 고객님께 직접 상품의 매력을 설명드리러 방문 드릴 것인데, 정말 제멋대로지만, 이번 연도는 우송으로 대신하기로 하였습니다. 카탈로그를 보시고, 상품의 상세에 대해 질문 등이 있으시다면, 부디 저희 회사의 영업 담당자에게 편하게 문의하여 주십시오.

이 이메일은 무엇을 알리고 있는가?

1 올해부터 새 카탈로그의 송부를 중지한 것
2 담당자가 직접, 고객이 있는 곳으로 설명하러 가는 것
3 고객으로부터 요망이 있으면 카탈로그를 우송하는 것
4 올해는 고객이 있는 곳으로의 방문을 하지 않는 것

해설 이메일 형식의 실용문으로, 신제품 카탈로그에 대한 글의 내용을 묻고 있다. 중반부에서 **本来であれば、最新のカタログをお持ちし、お客様へ直接商品の魅力をご説明しに伺うところですが、誠に勝手ながら、本年度は郵送にて代えさせていただくことと致しました**라고 언급하고 있으므로, 4 **今年は客先への訪問を行わないこと**가 정답이다.

어휘 **事務用品** じむようひん 명 사무용품　**メーカー** 명 제조 회사, 메이커　**届く** とどく 동 도착하다, 닿다　**メール** 명 이메일
あて先 あてさき 명 수신처, 수신인　**件名** けんめい 명 건명　**新製品** しんせいひん 명 신제품　**カタログ** 명 카탈로그　**お届け** おとどけ 배송
～について ~에 대해　**日頃** ひごろ 명 평소　**弊社** へいしゃ 명 저희 회사, 폐사　**製品** せいひん 명 제품　**使う** つかう 동 사용하다
誠に まことに 부 진심으로, 정말　**さて** 접 그나저나　**今年** ことし 명 올해　**発表** はっぴょう 명 발표　**時期** じき 명 시기　**本来** ほんらい 명 원래, 본래
最新 さいしん 명 최신　**お客様** おきゃくさま 고객님　**直接** ちょくせつ 명 직접　**商品** しょうひん 명 상품　**魅力** みりょく 명 매력　**ところ** 명 것
勝手ながら かってながら 제멋대로지만　**本年度** ほんねんど 명 이번 연도　**郵送** ゆうそう 명 우송　**代える** かえる 동 대신하다
ご覧になる ごらんになる 보시다 (見る의 존경 표현)　**詳細** しょうさい 명 상세　**質問** しつもん 명 질문　**営業** えいぎょう 명 영업
担当者 たんとうしゃ 명 담당자　**気軽だ** きがるだ な형 편하다　**問い合わせる** といあわせる 동 문의하다　**送付** そうふ 명 송부
客先 きゃくさき 명 고객이 있는 곳, 고객　**要望** ようぼう 명 요망, 요청　**訪問** ほうもん 명 방문

꼭! 알아두기 이메일, 공지글과 같이 정보를 전달하는 글에서는 ～ことになりました(~하게 되었습니다), ～ことと致しました(~하게 되었습니다), ～ようになりました(~하게 되었습니다)와 같은 표현이 사용된 문장에 전달하고자 하는 내용이 주로 담겨있다.

49 중상

이하는, 의사로서 일하고 있는 사람이 쓴 글이다.

세상에는 원인이 확실하지 않고, 주위 사람들에게도 이해받지 못하는 난치병이 아직 다수 존재합니다. 치료법조차 확립되어 있지 않은 병이라면, 그때그때 우선 지금의 증상을 억제한다 따위의 대증 요법밖에 없습니다. 또, 의료비는 고액이 되어, 환자와 그 가족의 생활을 압박합니다. 그러한 때, 우리들은 무력함을 느끼지 않을 수가 없는 것입니다.

우리들이 할 수 있는 것이라 한다면, 연구를 계속하여 연구자끼리 정보를 공유하는 것 정도이지만, 아울러 그러한 병으로 곤경에 처해 있는 사람이 있다는 것을 세간에 알려, 환자가 국가로부터 충분한 지원을 얻을 수 있는 정보를 발신하는 것이 필요한 것은 아닐까요?

(주) 난치병: 치료가 어려운 병

필자에 의하면, 의료 관계자가 해야 할 일은 무엇인가?

1 치료 방법이 정해져 있지 않은 병에 대해, 연구를 계속하는 것
2 치료 방법에 대해 의사끼리 정보 공유하고, 그것을 발신해나가는 것

3 난치병 환자가 원조를 받을 수 있도록, 세상에 정보를 발신해나가는 것
4 난치병에 대한 정보를 국가에 전달해, 연구비 원조를 받는 것

해설 에세이로 의료 관계자가 해야 할 일에 대한 필자의 생각을 묻고 있다. 후반부에서 そのような病気で苦境に立たされている人がいることを世間に知らせ、患者が国から十分な支援を得られるような情報を発信することが必要라고 서술하고 있으므로, 3 難病の患者が援助を受けられるよう、世の中に情報を発信していくこと가 정답이다.

어휘 世の中 よのなか 명 세상　周囲 しゅうい 명 주위　人々 ひとびと 명 사람들　理解 りかい 명 이해　難病 なんびょう 명 난치병　まだまだ 부 아직
多数 たすう 명 다수　存在 そんざい 명 존재　治療法 ちりょうほう 명 치료법　～すら 조 ~조차　確立 かくりつ 명 확립
その場その場 そのばそのば 그때그때　とりあえず 부 우선　症状 しょうじょう 명 증상　抑える おさえる 동 억제하다
対症 たいしょう 명 대증, 병의 증상에 대응　療法 りょうほう 명 요법　医療費 いりょうひ 명 의료비　高額 こうがく 명 고액　患者 かんじゃ 명 환자
圧迫 あっぱく 명 압박　我々 われわれ 명 우리들　無力さ むりょくさ 명 무력함　感じる かんじる 동 느끼다　～ずにはいられない ~하지 않을 수가 없다
～といえば ~라 한다면　研究者 けんきゅうしゃ 명 연구자　同士 どうし 명 끼리　情報 じょうほう 명 정보　共有 きょうゆう 명 공유　～ぐらい 조 ~정도
同時に どうじに 아울러　苦境に立つ くきょうにたつ 곤경에 처하다　世間 せけん 명 세간　支援 しえん 명 지원　得る える 동 얻다
発信 はっしん 명 발신　医療 いりょう 명 의료　関係者 かんけいしゃ 명 관계자　～べきだ ~해야 하다　治療 ちりょう 명 치료　援助 えんじょ 명 원조
研究費 けんきゅうひ 명 연구비

50-52

'교육은 국가 백년지계'라는 말이 있다. 원래는 고대 중국의 서적에 있는 말로, 인재를 육성하는 것은 국가의 요점이며, 또, 100년 후의 나라를 지탱할 인재를 낳기 위해서는 장기적인 시점이 빠질 수 없다는 것을 말한 명언이다. 일본에서도 이런 생각 하에, 옛날부터 교육에 힘을 들여왔다. 교육은 결과가 보이기 어려운 일이다. [50]오늘 가르쳤다고 해서 바로 사회에 도움되는 인물이 나타나는 것은 아니다. 따라서 긴 안목으로 본 검증이 필요하므로, 올해 잘되지 않아도 그것만으로 소용없는 방식이라고 잘라 버리는 것은 너무 성급하다는 것이다.

그렇다고 하더라도, [51]교육 현장의 변화를 회피하기 십상인 자세는 어떻게 안 되는 것인가 하고 생각하는 일도 종종 있다. '전례가 없기 때문에 할 수 없다' '지금까지도 이랬기 때문에 바꿀 생각은 없다'라는 말은 정치 상황에서 자주 사용되나, 정치가뿐만 아니라 교육자로부터도 듣게 된다. 왜 그런 소리가 나오는 것일까? [51]그곳에 있는 것은 교육의 의의를 잃은 모습이다. 눈앞의 업무를 매일매일 해내는 것을 너무 중시한 나머지, 아이들에게 무엇이 필요한가, 무엇을 위해서 교육이 필요한가, 정한 규칙이나 시행하는 학교 행사의 목적은 무엇인가. 그러한 것을 생각할 여유가, 지금의 학교 현장에는 없는 것일지도 모른다. '백년지계'따위 그곳에는 조금도 보이지 않는다.

[52]교육의 담당자는 100년 후에 이 나라가 어떤 것이 되어 있었으면 하는가를 생각하는 것을 잊어서는 안 된다. 지금, 교육에 결여되어 있는 것은, [52]그런 장기적인 시점에서 그리는 이상과, 실제로 교육에 종사하는 사람의 본질을 잃지 않는 정열이라고 말할 수 있겠다.

(주1) 성급하다: 너무 빨리 정하다
(주2) 종종: 자주
(주3) 해내다: 주어진 일을 처리하다
(주4) 조금도: 전혀

어휘 国家 こっか 명 국가　百年の計 ひゃくねんのけい 백년지계 (먼 미래까지 생각하며 세우는 계획)　元々 もともと 명 원래　古代 こだい 명 고대
中国 ちゅうごく 명 중국　書物 しょもつ 명 서적　人材 じんざい 명 인재　育成 いくせい 명 육성　要 かなめ 명 요점　支える ささえる 동 지탱하다
生む うむ 동 낳다　長期的だ ちょうきてきだ な형 장기적이다　視点 してん 명 시점　欠かせない かかせない 빠질 수 없다, 빠뜨릴 수 없다
説く とく 동 말하다, 설명하다　名言 めいげん 명 명언　日本 にほん 명 일본　考え かんがえ 명 생각　～のもと ~하에
力を入れる ちからをいれる 힘을 들이다　結果 けっか 명 결과　～にくい ~하기 어렵다　～からといって ~라고 해서　役立つ やくだつ 동 도움되다
人物 じんぶつ 명 인물　現れる あらわれる 동 나타나다　～わけではない ~인 것은 아니다　ゆえに 접 따라서
長い目で見る ながいめでみる 긴 안목으로 보다　検証 けんしょう 명 검증　ダメだ な형 소용없다　やり方 やりかた 명 방식
切り捨てる きりすてる 동 잘라 버리다　早計だ そうけいだ な형 성급하다　～過ぎる ～すぎる 너무 ~하다　とはいえ 접 그렇다고 하더라도
現場 げんば 명 현장　変化 へんか 명 변화　回避 かいひ 명 회피　～がち ~하기 십상　姿勢 しせい 명 자세　しばしば 부 종종
前例 ぜんれい 명 전례　場面 ばめん 명 상황, 장면　政治家 せいじか 명 정치가　～ばかりでなく ~뿐만 아니라　教育者 きょういくしゃ 명 교육자
意義 いぎ 명 의의　失う うしなう 동 잃다　姿 すがた 명 모습　目の前 めのまえ 명 눈앞　業務 ぎょうむ 명 업무　日々 ひび 명 매일매일
こなす 동 해내다　重視 じゅうし 명 중시　～あまり 너무 ~한 나머지　子供達 こどもたち 명 아이들　行事 ぎょうじ 명 행사　目的 もくてき 명 목적
余裕 よゆう 명 여유　～かもしれない ~일지도 모른다　微塵 みじん 명 조금, 작은 먼지　見当たる みあたる 동 보이다, 발견되다
担い手 にないて 명 담당자　描く えがく 동 그리다　理想 りそう 명 이상　実際 じっさい 명 실제　携わる たずさわる 동 종사하다　者 もの 명 사람, 자
本質 ほんしつ 명 본질　見失う みうしなう 동 잃다, 시야에서 놓치다　情熱 じょうねつ 명 정열　処理 しょり 명 처리

50 중상

필자는, 교육의 결과가 보이기 어려운 것은 어째서라고 서술하고 있는가?

1 교육을 베풀었다고 해서, 바로는 사회에 환원되지 않기 때문에
2 긴 시간을 들여서 교육의 성과를 계속 보지 않으면 안 되기 때문에
3 잘되지 않았던 교육이라도, 언젠가 도움이 되는 일도 있을 수 있기 때문에
4 사람을 키우는 데에는 긴 시간이 걸리고, 결과를 조사할 수 없기 때문에

해설 교육의 결과가 보이기 어려운 이유에 대한 필자의 생각을 묻고 있다. 첫 번째 단락에서 今日教えたからといってすぐに社会に役立つ人物が現れるわけではない라고 서술하고 있으므로, 1 教育を施したからといって、すぐには社会に還元されないから가 정답이다.

어휘 施す ほどこす 동 베풀다 還元 かんげん 명 환원 時間をかける じかんをかける 시간을 들이다 ～なければいけない ~하지 않으면 안 된다

51 중상

자세라고 되어 있는데, 어떤 자세인가?

1 교육 현장에 여유가 없고, 교육 내용에 대해서 다시 볼 시간을 가지려고 하지 않는 자세
2 교육의 목적에 대해서 생각하는 일이 없고, 문제를 일으키지 않는 것을 중요히 하는 자세
3 장기적인 계획을 세우지 않고, 눈앞의 일을 해내는 것만으로 만족하는 자세
4 지금까지의 방식을 바꾸지 않고, 교육의 의의에 대해서 생각하는 것을 하지 않는 자세

해설 姿勢가 어떤 자세인지 묻고 있다. 밑줄의 앞부분에서 教育現場の変化を回避しがち라고 하고, 밑줄의 뒷부분에서 そこにあるのは教育の意義を失った姿라고 서술하고 있으므로, 4 今までのやり方を変えず、教育の意義について考えることをしない姿勢가 정답이다.

어휘 見直す みなおす 동 다시 보다 満足 まんぞく 명 만족

52 상

이 글에서 필자가 가장 말하고 싶은 것은 무엇인가?

1 교육자는 나라의 미래를 생각하고, 교육에 대한 열의를 계속 가지지 않으면 안 된다.
2 교육은 사회에 공헌하는 인재를 키우는 것을 주된 목적으로 시행되는 것이다.
3 교육자는 교육의 의의를 다시 바라보고, 현장의 변화에 재빠르게 대응하지 않으면 안 된다.
4 교육은 옛날부터 중요한 역할을 짊어지고 있어, 국가의 성장에 빠질 수 없는 것이다.

해설 필자가 글을 통해 말하고자 하는 내용을 묻고 있다. 세 번째 단락에서 教育の担い手は100年後にこの国がどのようなものになっていてほしいかを考えることを忘れてはならない라고 하고, そのような長期的な視点から描く理想と、実際に教育に携わる者の本質を見失わない情熱라고 서술하고 있으므로, 1 教育者は国の未来を考え、教育に対する熱意を持ち続けなくてはならない가 정답이다.

어휘 ～てはならない ~면 안 된다 貢献 こうけん 명 공헌 主だ おもだ な형 주되다 見つめる みつめる 명 바라보다 素早い すばやい い형 재빠르다 対応 たいおう 명 대응 重要だ じゅうようだ な형 중요하다 役割 やくわり 명 역할 担う になう 동 짊어지다 成長 せいちょう 명 성장

53-55

나는 어린 시절부터 지도를 보는 것이 좋았다. 머릿속에 본 적 없는 지역의 모습을 그려 보고는, 그곳을 방문한 기분이 되어있었다. 지도를 손에 들면 [53]먼저 전체를 전망하고, 어디에 어떤 것이 있는지를 대충 파악하고, 그 후 세부를 봐갔던 것이다. 어른이 된 지금도, 친숙하지 않은 마을을 걸을 때는 지도를 보고 나서가 아니면 진정되지 않는다. 하지만, 세상에는 다른 사고를 가진 사람도 있는 듯하다. 지도를 보기보다 주변을 전망하고, 일단 나아간다고 한다.

실제로 그런 사람이 있다고 안 것은, 그림을 세부부터 그려가는 사람을 봤기 때문이다. 그 사람은 큰 캔버스의 중심에 사람의 눈이나 입 등의 세부부터 그리기 시작해서, 그 다음에 주변에 더해 그려나갔다. 나는 그의 머릿속에 [54]처음부터 전체상이 있고, 그것을 덧그리는 듯이 그리고 있는 것인가 하고 생각했으나, 아무래도 아닌 듯하다. '여기에 손이 있기 때문에 분명 몸은 이런 느낌' '이 사람의 옆에는 아마 이런 물건이 있다'라고 [54]그리면서 전체를 구성해 간다고 말하고 있었다. 그 모습은 마치 그 스스로가 그림에 인도되고 있는 듯하고, 완성한 그림이 잘 정리된 구도로 되어 있는 것에도 진심으로 놀랐다.

하지만 새삼 생각해 보면, 평소 생활은 '지금 여기'밖에 모르는 법이다. 일단 무엇인가 행동을 일으키고, 그리고 다음 행동을 정한다. [55]전체상 따위 파악을 할 수가 없기 때문에, 결국엔 신경 쓰이는 것부터 착수하여, 주변을 메워갈 수밖에 없다. 그리고 눈치채면 어느덧 1장의 그림이 되어 있다. [55]인생이란 그런 것일지도 모른다.

(주1) 캔버스: 유화를 그릴 때에 곧잘 쓰이는, 두꺼운 생지의 천
(주2) 덧그리다: 여기에서는, 이미 그려져 있는 것대로 그리다
(주3) 어느덧: 모르는 새에

어휘 見知らぬ みしらぬ 본 적 없는　土地 とち 명 지역, 토지　様子 ようす 명 모습　描く えがく 동 그리다　手に取る てにとる 손에 들다
全体 ぜんたい 명 전체　見渡す みわたす 동 전망하다, 멀리 내다보다　大雑把だ おおざっぱだ な형 대충이다　把握 はあく 명 파악
その後 そのご 그 후　細部 さいぶ 명 세부　馴染み なじみ 명 친숙함　落ち着く おちつく 동 진정하다　世の中 よのなか 명 세상　思考 しこう 명 사고
とりあえず 부 일단　実際 じっさい 명 실제　キャンバス 명 캔버스　中心 ちゅうしん 명 중심　全体像 ぜんたいぞう 명 전체상
なぞる 동 덧그리다, 덧쓰다　どうやら 부 아무래도　感じ かんじ 명 느낌　おそらく 부 아마　組み立てる くみたてる 동 구성하다
語る かたる 동 말하다　まるで 부 마치　自ら みずから 부 스스로　導く みちびく 동 인도하다　～かのようだ ~듯하다　完成 かんせい 명 완성
まとまる 동 정리되다　構図 こうず 명 구도　心底 しんそこ 부 진심으로　驚かす おどろかす 동 놀라게 하다　改めて あらためて 부 새삼
普段 ふだん 명 평소　何かしら なにかしら 부 무엇인가　行動 こうどう 명 행동　～ようがない ~할 수가 없다　結局 けっきょく 명 결국
気になる きになる 신경 쓰이다　取り掛かる とりかかる 동 착수하다　埋める うめる 동 메우다　気付く きづく 동 눈치채다　いつしか 부 어느덧
人生 じんせい 명 인생　～かもしれない ~일지도 모른다　油絵 あぶらえ 명 유화　厚地 あつじ 명 두꺼운 생지　布 ぬの 명 천　すでに 부 이미

53 중

필자는 장소를 확인할 때에 어떻게 행동하는가?

1 지도 전체를 본 후에, 그 지역의 모습을 상상한다.
2 지도로 그 지역의 모습을 대략 파악하고 나서, 세세하게 봐간다.
3 걸으면서 주변을 보며, 지도에서 세세하게 확인해간다.
4 지금 있는 장소를 전망하고 나서, 지도로 목적지를 확인한다.

해설 필자가 장소를 확인할 때에 어떻게 행동하는지 묻고 있다. 첫 번째 단락에서 まず全体を見渡し、どこにどのようなものがあるかを大雑把に把握し、その後細部を見ていった라고 서술하고 있으므로, 2 地図でその土地の様子を大まかに把握してから、細かく見ていく가 정답이다.

어휘 確認 かくにん 명 확인　際 さい 명 때　想像 そうぞう 명 상상　大まかだ おおまかだ な형 대략이다　目的地 もくてきち 명 목적지

54 상

그 스스로가 그림에 인도되고 있는 듯이라고 되어 있는데, 필자는 왜 그렇게 생각했는가?

1 그림을 그릴 때에, 세세한 부분부터 그리기 시작하고 있었기 때문에
2 전체의 구도가 머릿속에만 있는 상태로 그리고 있었기 때문에
3 최종적으로 어떻게 될지를 정하지 않고 그리기 시작하고 있었기 때문에
4 완성한 그림의 구도가 상상하지 못할 것이었기 때문에

해설 필자가 彼自らが絵に導かれているかのよう라고 생각한 이유를 묻고 있다. 밑줄의 앞부분에서 初めから全体像があり、それをなぞるように描いているのかと思ったが、どうやら違うらしい라고 하고, 描きながら全体を組み立てていく라고 서술하고 있으므로, 3 最終的にどうなるかを決めずに描き始めていたから가 정답이다.

어휘 部分 ぶぶん 명 부분　状態 じょうたい 명 상태　最終的だ さいしゅうてきだ な형 최종적이다

55 상

필자는 인생을 어떤 것이라고 생각하고 있는가?

1 무언가의 행동을 일으키지 않으면, 어떤 반응도 얻을 수 없는 것
2 미래의 일을 잘 생각하고, 구성해 가는 것
3 평소 가장 신경쓰이는 것부터 해 가면 잘 되는 것
4 전체를 전망한 후에 행동을 정해간다는 것이 불가능한 것

해설 인생에 대한 필자의 생각을 묻고 있다. 세 번째 단락에서 全体像など把握のしようがないため、結局は気になるものから取り掛かり、周りを埋めていくしかない라고 하고, 人生とはそういうものかもしれない라고 서술하고 있으므로, 4 全体を見渡した後で行動を決めていくということができないもの가 정답이다.

어휘 何らか なんらか 부 무언가　反応 はんのう 명 반응　得る える 동 얻다　未来 みらい 명 미래

꼭! 알아두기 ～かもしれない(~일지도 모른다)는 조심스럽게 의견을 제시할 때 사용되므로, 이 표현이 있는 문장에서 필자의 생각을 꼼꼼히 파악한다.

56-58

윈스턴 처칠이라는 사람이 있었다. 그는 제2차 세계 대전 동안, 영국 수상으로 취임해, 그 후 회상록을 쓰는 등 하여 노벨 문학상까지 수상한 인물이다. 하지만 [56]어린 시절에는 매우 성적이 나빴고, 학업 순위는 항상 뒤에서부터 세는 편이 빨랐다. ① 그런 사람이 어떻게 문학상을 수상할 수 있었던 것일까? 이것에는, 대학 때에 그를 지도한 교사의 교육 방법에 비밀이 있다.

처칠 자신의 이야기에 따르면, 그는 그 교사에게 영어를 배웠다고 한다. 다른 학생이 라틴어나 고대 그리스어 등을 배우고 있는 옆에서, 모국어인 영어를, 말이다. [57]낙제생인 그에게, 그 교사는 영어 문장을 분석하는 것을 과제로 냈다고 한다. 즉, 무엇이 목적어이고, 어느 부분이 접속절인지, 그런 [57]문장의 구조를 철저하게 분석시킨 것이다. 후일, 그가 아름다운 글을 쓸 수 있게 된 것은, 그런 ② 토대 만들기의 시간이 있었기 때문임에 틀림없다.

읽고 쓰기는 인간이 선천적으로 갖고 있는 능력이 아니다. 학습을 통해서 획득해가는 것으로, 제대로 습득하지 못하고 있는 사람도 적지 않다. [58]문장어를 다루려면 훈련이 필요한 것이다. 이것에는 타인이 쓴 글을 읽고, 그 일부를 분석해가는 '글 분석'이 효과가 있다. 이것을 몇 번이나 반복하면, 이번에는 자기 글에 대해서도 정확히 분석할 수 있게 된다. 요컨대, 인풋, 검토, 아웃풋을 반복하는 것이다. 이 훈련을 거듭하는 것으로 쓰는 속도도 오르고, 일부러 분석을 하지 않아도 글을 쓸 수 있게 될 것이다. [58]글을 쓰는 기술을 향상시키고 싶다고 생각했다면, 글 분석보다 나은 것은 없다고 말할 수 있겠다.

(주1) 회상록: 지나간 시간을 떠올리며 쓴 기록
(주2) 낙제생: 여기에서는, 공부를 못하는 학생
(주3) 후일: 몇 년이 경과한 후
(주4) 일부러: 의식해서

어휘 ウィンストン・チャーチル 윈스턴 처칠 第二次世界大戦 だいにじせかいたいせん 명 제2차 세계 대전 イギリス 명 영국 首相 しゅしょう 명 수상 任に就く にんにつく 취임하다 その後 そのご 그 후 回想録 かいそうろく 명 회상록 ノーベル文学賞 ノーベルぶんがくしょう 명 노벨 문학상 受賞 じゅしょう 명 수상 人物 じんぶつ 명 인물 子どもの頃 こどものころ 어린 시절 出来が悪い できがわるい 성적이 나쁘다 学業 がくぎょう 명 학업 順位 じゅんい 명 순위 常に つねに 부 항상 数える かぞえる 동 세다 人間 にんげん 명 사람, 인간 いかにして 어떻게 文学賞 ぶんがくしょう 명 문학상 指導 しどう 명 지도 教師 きょうし 명 교사 教え方 おしえかた 명 교육 방법 秘密 ひみつ 명 비밀 自身 じしん 명 자신 ～によると ~에 따르면 教わる おそわる 동 배우다 他 ほか 명 다름 ラテン語 ラテンご 명 라틴어 古代 こだい 명 고대 ギリシア語 ギリシアご 명 그리스어 学ぶ まなぶ 동 배우다 母語 ぼご 명 모국어 落ちこぼれ おちこぼれ 명 낙제생, 낙오자 分析 ぶんせき 명 분석 課す かす 동 과제로 내다, 부과하다 すなわち 접 즉 目的語 もくてきご 명 목적어 接続節 せつぞくせつ 명 접속절 文 ぶん 명 문장 構造 こうぞう 명 구조 徹底的だ てっていてきだ な형 철저하다 後年 こうねん 명 후일 土台 どだい 명 토대 ～にほかならない ~임에 틀림없다, ~임에 다름없다 読み書き よみかき 명 읽고 쓰기 生まれつき うまれつき 명 선천적 能力 のうりょく 명 능력 学習 がくしゅう 명 학습 ～を通じて ～をつうじて ~을 통해서 獲得 かくとく 명 획득 身に付ける みにつける 습득하다 ～ずにいる ~하지 않고 있다 書き言葉 かきことば 명 문장어 操る あやつる 동 다루다 訓練 くんれん 명 훈련 他人 たにん 명 타인 一部 いちぶ 명 일부 有効だ ゆうこうだ な형 효과가 있다, 유효하다 繰り返す くりかえす 동 반복하다 ～について ~에 대해서 正確だ せいかくだ な형 정확하다 要するに ようするに 부 요컨대 インプット 명 인풋 検討 けんとう 명 검토 アウトプット 명 아웃풋 重ねる かさねる 동 거듭하다 速度 そくど 명 속도 殊更 ことさら 부 일부러 ～ずとも ~않아도 向上 こうじょう 명 향상 ～に勝ることはない ～にまさることはない ~보다 나은 것은 없다, ~를 이길 것은 없다 記録 きろく 명 기록 経つ たつ 동 경과하다 意識 いしき 명 의식

56 중

① 그런 사람이란 어떤 사람인가?

1 수상을 맡을 만한 위대한 정치가
2 노벨 문학상을 수상한 작가
3 학교 성적이 항상 상위였던 사람
4 학생 시절에는 공부를 잘하지 못했던 사람

해설 そのような人間이 어떤 사람인지 묻고 있다. 밑줄의 앞부분에서 子どもの頃はとても出来が悪く、学業の順位は常に後ろから数えたほうが早かったら라고 서술하고 있으므로, 4 学生時代は勉強が不得手だった人가 정답이다.

어휘 務める つとめる 동 (역할을) 맡다 偉大だ いだいだ な형 위대하다 政治家 せいじか 명 정치가 作家 さっか 명 작가 成績 せいせき 명 성적 上位 じょうい 명 상위 不得手だ ふえてだ な형 잘하지 못하다

57 중상

> ② 토대 만들기의 시간이라고 되어 있는데, 그 시간에 처칠은 무엇을 했는가?
>
> 1 영어를 모국어처럼 다룰 수 있도록 연습하는 것
> **2 영어 문장이 어떻게 구성되어 있는지 파악하는 것**
> 3 외국어로서 영어의 기본적 문법을 암기하는 것
> 4 외국어를 배우면서, 영어와의 차이를 비교하는 것

해설 土台作りの時間에 처칠이 무엇을 했는지 묻고 있다. 밑줄의 앞부분에서 落ちこぼれの彼に、その教師は英語の文章を分析することを課した라고 하고, 文の構造を徹底的に分析させたのだ라고 서술하고 있으므로, 2 英語の文がどのように成り立っているか把握すること가 정답이다.

어휘 成り立つ なりたつ 동 구성되다, 이루어지다 把握 はあく 명 파악 基本的だ きほんてきだ な형 기본적이다 違い ちがい 명 차이 比較 ひかく 명 비교

58 중상

> 글을 잘 쓰는 것에 대해서, 필자는 어떻게 생각하고 있는가?
>
> **1 글을 능숙하게 쓰고 싶다면, 숙달할 때까지 글 분석을 반복해서 행해야 한다.**
> 2 처음부터 능숙하게 글을 쓸 수 있는 사람은 없기 때문에, 다른 사람의 문장을 읽고 배워야 한다.
> 3 글을 빨리 숙달시키는 데에는, 자신이 쓴 글을 반복해서 분석해야 한다.
> 4 쓰는 능력의 향상에는 글 분석이 불가결하고, 많은 좋은 글을 접해야 한다.

해설 글을 잘 쓰는 것에 대한 필자의 생각을 묻고 있다. 세 번째 단락에서 書き言葉を操るには訓練が必要なのだ。これには他人の書いた文章を読み、その一部を分析していく「文章分析」が有効だ라고 하고, 文章を書く技術を向上させたいと考えたら、文章分析に勝るものはない라고 서술하고 있으므로, 1 文章を上手に書きたいなら、上達するまで文章分析を繰り返し行うべきだ가 정답이다.

어휘 上達 じょうたつ 명 숙달, 실력 향상 繰り返す くりかえす 동 반복하다, 되풀이하다 不可欠だ ふかけつだ な형 불가결하다 触れる ふれる 동 접하다, 닿다

59-62

거리를 걷고 있으면, 자주 눈에 띄는 것이 픽토그램이다. 픽토그램이란 정보나 주의를 주기 위한 시각 기호로, '그림 문자'라고 불리는 일도 있다. 공공 화장실의 입구에는 '남성·여성'을 나타내는 그림 기호가 있고, 역의 인포메이션 센터에는 동그라미에 'i'가 들어간 기호가 있는 것을 기억하고 있을 것이다. 이 픽토그램, 실은 일본 출신이라는 것은 알고 계실까? 1964년에 도쿄에서 올림픽이 개최되었을 때, 해외에서 많은 관광객이 방문할 것을 상정해, [59]말이나 문자를 몰라도 이해할 수 있는 기호가 사용된 것이 시작이다. [59]언어를 개재시키지 않고 이해할 수 있는 픽토그램은, 그 편리함 때문에 일본뿐만 아니라 세계의 온갖 장소에서 사용되게 되었다.

픽토그램에는, 그것이 무엇인지를 알린다, 시설 등에 대한 안내를 한다, 금지나 경고 등의 주의를 촉구한다 등의 기능이 있는데, 근래에는 [60]커뮤니케이션을 원활하게 하기 위한 보조 툴로써도 사용되게 되었다. '시각 심벌'이라고 불리는 것이 ① 그것에 해당하며, 병 등으로 음성을 사용한 회화에 지장을 초래하고 있는 사람이나, 이야기하는 것은 가능하지만 문자의 인식이 어려운 사람 등을 대상으로 만들어졌다. 사람의 복잡한 기분이나 자신의 생각 등 언어 없이는 잘 전달하지 못했던 것을, '시각 심벌'을 사용하는 것으로 다른 사람에게 전달할 수 있고, 커뮤니케이션을 원활하게 할 수 있는 것이다. 픽토그램은 물건이나 장소 대 사람이라는 관계였으나, '시각 심벌'은 사람과 사람을 결부시킨다는 기능을 가지게 되었다.

여기에서 문제가 되는 것은, 툴로서 사용하는 '시각 심벌'의 알기 쉬움이다. [61]화장실이나 안내 장소는 어느 나라에도 있는 것이기 때문에 특별한 설명을 필요로 하지 않으나, 기분이나 생각, 일상의 일이 되면 문화적 배경 등이 필요해지는 일이 있다. 따라서, 다른 문화를 가진 사람에게는 도저히 ② 이해가 어려운 것도 사용하지 않을 수 없다. 하지만 그렇게 되면, 픽토그램을 사용 목적으로 한 '비언어로 누구든지 이해할 수 있다'라는 점으로부터는 멀어져가는 것이 된다. 언어에 방언이 있듯이, [62]'시각 심벌'에도 지역 한정 방언 같은 것이 생기고 있는 것이 현상이다.

하지만 [62]이것들은 결코 배제해야만 하는 것은 아니다. '시각 심벌'이 추구하고 있는 것은, 인간끼리의 풍부한 커뮤니케이션이다. 그곳에 도달하기 위해서는, 필요한 툴은 충분히 준비해야 할 것이다. 픽토그램이 지향한 것에서 파생한 '시각 심벌'은, 앞으로도 많은 사람들의 도움이 되고, 문화와 언어의 풍부함을 향유할 수 있는 툴이 되어갈 것이다.

(주1) 개재시키다: 사이에 넣다
(주2) 지장을 초래하다: 무언가를 하는 데에 문제가 있다
(주3) 파생하다: 갈라져 나오다

어휘 街中 まちじゅう 명 거리　目にする めにする 눈에 띄다　ピクトグラム 명 픽토그램　情報 じょうほう 명 정보　与える あたえる 동 주다
視覚 しかく 명 시각　記号 きごう 명 기호　呼ばれる よばれる 동 불리다　公共 こうきょう 명 공공　表す あらわす 동 나타내다
インフォメーション 명 인포메이션　センター 명 센터　丸 まる 명 동그라미　実は じつは 부 실은　日本 にほん 명 일본　生まれ うまれ 명 출신, 출생
東京 とうきょう 명 도쿄　オリンピック 명 올림픽　開催 かいさい 명 개최　際 さい 명 때　海外 かいがい 명 해외　多く おおく 명 많음
観光客 かんこうきゃく 명 관광객　訪れる おとずれる 동 방문하다　想定 そうてい 명 상정　文字 もじ 명 문자　～とも 조 ~해도　理解 りかい 명 이해
用いる もちいる 동 사용하다　始まり はじまり 명 시작　言語 げんご 명 언어　介する かいする 동 개재하다　～ことなく ~하지 않고
便利さ べんりさ 명 편리함　～ゆえ ~때문에　～のみならず ~뿐만 아니라　あらゆる 온갖　施設 しせつ 명 시설　～についての ~에 대한
禁止 きんし 명 금지　警告 けいこく 명 경고　促す うながす 동 촉구하다, 재촉하다　機能 きのう 명 기능　近年 きんねん 명 근래
コミュニケーション 명 커뮤니케이션　スムーズだ な형 원활하다　補助 ほじょ 명 보조　ツール 명 툴, 도구　～として ~로써, ~삼아
シンボル 명 심벌　音声 おんせい 명 음성　支障をきたす ししょうをきたす 지장을 초래하다　認識 にんしき 명 인식　対象 たいしょう 명 대상
複雑だ ふくざつだ な형 복잡하다　考え かんがえ 명 생각　～なしでは…ない ~없이는…못하다　他 ほか 명 다름　対 たい 명 대
結び付ける むすびつける 동 결부시키다　課題 かだい 명 문제, 과제　日常 にちじょう 명 일상　背景 はいけい 명 배경　したがって 접 따라서
どうしても 부 도저히　～ざるを得ない ~ざるをえない ~하지 않을 수 없다　目的 もくてき 명 목적　非言語 ひげんご 명 비언어
離れる はなれる 동 멀어지다, 떨어지다　方言 ほうげん 명 방언, 사투리　地域 ちいき 명 지역　限定 げんてい 명 한정　生じる しょうじる 동 생기다
現状 げんじょう 명 현상, 지금의 상태　排除 はいじょ 명 배제　～べきだ ~해야 하다　求める もとめる な형 추구하다, 요청하다　人間 にんげん 명 인간
同士 どうし 명 끼리　豊かだ ゆたかだ な형 풍부하다　至る いたる 동 도달하다　用意 ようい 명 준비　目指す めざす 동 지향하다　派生 はせい 명 파생
今後 こんご 명 앞으로, 금후　人々 ひとびと 명 사람들　助け たすけ 명 도움　豊かさ ゆたかさ 명 풍부함　享受 きょうじゅ 명 향유, 향수
分かれる わかれる 동 갈라지다

59 중상

필자에 따르면, 왜 픽토그램이 전세계에서 쓰이게 되었는가?

1 문자가 없어도 보면 알 수 있으므로, 편리하기 때문에
2 관광객이 많이 모이는 장소에서는, 많은 언어가 필요하기 때문에
3 올림픽 때에 빈번히 사용되게 되었기 때문에
4 다양한 기능이 있으므로, 많은 정보를 얻을 수 있기 때문에

해설 픽토그램이 전세계에서 쓰이게 된 이유가 무엇인지 묻고 있다. 첫 번째 단락에서 言葉や文字がわからなくとも理解できる記号라고 하고, 言語を介すことなく理解できるピクトグラムは、その便利さゆえ日本のみならず世界のあらゆる場所で使われることとなった라고 서술하고 있으므로, 1 文字がなくても見ればわかるので、便利だから가 정답이다.

어휘 世界中 せかいじゅう 전세계　頻繁だ ひんぱんだ な형 빈번하다　様々だ さまざまだ な형 다양하다

60 중

①그것이란 무엇을 가리키는가?

1 타인과 이야기하는 힘을 향상시키기 위한 기호
2 마을의 시설 등을 알리기 위한 기호
3 커뮤니케이션을 보완하기 위한 도움이 되는 도구
4 회화를 할 때에 주의를 촉구하는 도구

해설 それ가 무엇인지 묻고 있다. 밑줄의 앞부분에서 コミュニケーションをスムーズに行うための補助ツールとしても使われるようになった라고 서술하고 있으므로, 3 コミュニケーションを補うための助けとなる道具가 정답이다.

어휘 他人 たにん 명 타인　向上 こうじょう 명 향상　補う おぎなう 동 보완하다

61 중

②이해가 어려운 것이라고 되어 있는데, 왜 어려운가?

1 알기 쉬움이 결여되어 있기 때문에
2 평소 접하고 있는 문화가 다르기 때문에
3 필요한 설명이 되어있지 않기 때문에
4 기분이나 생각은 완전히 표현할 수 없기 때문에

해설 理解が難しいもの인 이유를 묻고 있다. 밑줄의 앞부분에서 トイレや案内場所はどこの国にもあるものだから特別な説明を必要としないが、気持ちや考え、日常のこととなると文化的背景などが必要となる라고 서술하고 있으므로, 2 普段接している文化が違うから가 정답이다.

어휘 欠如 けつじょ 명 결여　普段 ふだん 명 평소　接する せっする 동 접하다　違う ちがう 동 다르다　表現 ひょうげん 명 표현
～きれない 완전히 ~할 수 없다

62 상

> 필자는, 시각 심벌에 대해서 어떻게 생각하고 있는가?
>
> 1 픽토그램의 하나이지만, 보는 사람이 이해하지 못해도 상관없다.
> 2 의지를 서로 전하기 위한 도구이지만, 외국인이 이해하지 못해도 상관없다.
> 3 커뮤니케이션의 도구이므로, 방언용으로 만들어도 상관없다.
> **4 문화에 따라 다르지만, 지역 특유의 것이 있어도 상관없다.**

해설 시각 심벌에 대한 필자의 생각을 묻고 있다. 세 번째 단락에서 「視覚シンボル」にも地域限定の方言のようなものが生じているのが現状라고 하고, 네 번째 단락에서 これらは決して排除すべきものではない라고 서술하고 있으므로, 4 文化によって異なるが、地域特有のものがあってもかまわない가 정답이다.

어휘 かまわない 상관없다　意志 いし 명 의지　～によって ~에 따라　異なる ことなる 동 다르다　特有 とくゆう 명 특유

63-64

> A
>
> 길었던 회사 근무를 마치고, 정년퇴직을 했더니, 몸도 마음도 텅 빈 상태다라는 것을 때때로 듣는다. 정년퇴직까지 아직 몇십 년이나 남은 나조차, 일에 몰두하는 매일 속에 혹시 갑작스럽게 휴가 따위가 생긴다면, 일 이외에 무엇을 하면 좋을지 전혀 짐작도 가지 않는다. 일이라면 할 것은 얼마든지 있는데. 일만 하는 사람이라니 참 잘 말했다.
>
> [63]지금의 일은 도전한 보람이 있는 것도 그렇지만, 일을 통해서 사회에 공헌하고 있을 수 있다는 것에 의한 정신적인 만족감이 크다. [64]전념할 수 있는 무언가를 추구한 결과, 그것이 우연히도 일이었다는 것이지만, 사생활에 취미라도 있다면, 일에의 대처 방법도 바뀌어 있었을지도 모른다고 때때로 잠시 생각한다. [64]주말의 마음의 평안 하나라도 찾을 수 있다면, 기분 전환도 되고, 더욱 효율적인 일이 실현 가능할지도 모른다.
>
> B
>
> 최근의 취직 활동에 있어서 학생의 경향으로, [63]전근이 없고 수입이나 근무 시간 등이 안정된 직업을 희망하는 사람이 많다고 한다. 그것은 지금 바로 한창 취직 활동할 때의 나에게도 해당된다. 보람이 있는 일에 우연히 만날 수 있는 것이 이상적이지만, [64]일 이외의 자신도 충실하게 만들고 싶다. 즉, 일보다 사생활을 우선한 구직 활동이다.
>
> 그렇다고는 하지만, 일은 하루 중에서 대부분을 차지하는 상당히 구속력이 강한 것이다. 그것이 몇십 년이나 오랜 세월에 걸치면, 인생에 있어서의 의미는 꽤 큰 것이 된다. [64]모처럼이라면, 시시하다고 한탄하기보다 즐기는 편이 득일 것이고, 즐길 수 있도록 스스로 노력해야 할 것이다. 구직 활동은 이제 막 시작되었다. 이제부터의 직업 생활이 기대된다.
>
> (주1) 텅 빔: 아무것도 없다
> (주2) 평안: 안심감을 얻을 수 있는 것

어휘 勤め つとめ 명 근무　終える おえる 동 마치다　定年退職 ていねんたいしょく 명 정년퇴직　身 み 명 몸　空っぽ からっぽ 명 텅 빔
状態 じょうたい 명 상태　～なんて 조 ~라는　時折 ときおり 부 때때로　耳にする みみにする 듣다　～さえ 조 ~조차　没頭 ぼっとう 명 몰두
急だ きゅうだ な형 갑작스럽다　～やら ~인지　全く まったく 부 전혀　見当 けんとう 명 짐작　仕事人間 しごとにんげん 일만 하는 사람
よく～ものだ 참 잘 ~했다　挑戦 ちょうせん 명 도전　～がい ~한 보람　～を通じて ～をつうじて ~을 통해서　貢献 こうけん 명 공헌
精神 せいしん 명 정신　満足感 まんぞくかん 명 만족감　打ち込む うちこむ 동 전념하다, 몰두하다　追求 ついきゅう 명 추구　結果 けっか 명 결과
偶然だ ぐうぜんだ な형 우연이다　～というわけだ ~인 것이다　私生活 しせいかつ 명 사생활　取り組み とりくみ 명 대처　ふと 부 잠시
週末 しゅうまつ 명 주말　安らぎ やすらぎ 명 평안　転換 てんかん 명 전환　より 부 더욱　効率的だ こうりつてきだ な형 효율적이다
実現 じつげん 명 실현　可能だ かのうだ な형 가능하다　就職 しゅうしょく 명 취직　活動 かつどう 명 활동　～における ~에 있어서의, ~의
傾向 けいこう 명 경향　～として ~으로　転勤 てんきん 명 전근　収入 しゅうにゅう 명 수입　勤務 きんむ 명 근무　安定 あんてい 명 안정
職業 しょくぎょう 명 직업　希望 きぼう 명 희망　まさに 부 바로　真っただ中 まっただなか 명 한창 ~일 때　当てはまる あてはまる 동 해당되다
巡り合う めぐりあう 동 우연히 만나다　理想 りそう 명 이상　充実 じゅうじつ 명 충실　つまり 부 즉　優先 ゆうせん 명 우선
職探し しょくさがし 명 구직 활동　とは言っても とはいっても 그렇다고는 하지만　大部分 だいぶぶん 명 대부분　占める しめる 동 차지하다

非常だ ひじょうだ [な형] 상당하다　拘束力 こうそくりょく [명] 구속력　長き ながき [명] 오랜 세월　わたる [동] 걸치다　～となると ~하면, ~하는 상황이 되면
人生 じんせい [명] 인생　かなり [부] 꽤　せっかく [부] 모처럼　嘆く なげく [동] 한탄하다　得 とく [명] 득, 이득　自ら みずから [부] 스스로
努力 どりょく [명] 노력　～べきだ ~해야 하다　～ばかりだ 이제 막 ~하다

63 중상

일에 대해서, A와 B는 어떤 관점에서 말하고 있는가?

1 A는 일을 지나치게 하는 것을 비판적으로 말하고, B는 최근의 취직 활동의 경향을 비판적으로 말하고 있다.
2 A는 일에 몰두하는 이유를 자신의 입장에서 말하고, B는 일을 고르는 방법에 대해서 자신의 희망을 말하고 있다.
3 A는 일과 취미의 양립 가능성에 대해서 말하고, B는 자신에게 맞는 일을 찾는 방법에 대해서 말하고 있다.
4 A는 일만 하는 사람이 되는 원인에 대해서 말하고, B는 일과 취미의 양립 가능성에 대해서 말하고 있다.

해설 일에 대한 A와 B의 관점이 무엇인지를 염두에 두며 각 지문에서 정답의 단서를 찾는다. A는 지문의 중반부에서 **今の仕事は挑戦しがいがあることもそうだが、仕事を通じて社会に貢献できていることによる精神的な満足感が大きい**라고 서술하고 있고, B는 지문의 초반부에서 **転勤がなく収入や勤務時間などが安定した職業を希望する人が多いそうだ。それは今まさに就職活動真っただ中の私にも当てはまる**라고 서술하고 있으므로, 2 **Aは仕事に没頭する理由を自分の立場から述べ、Bは仕事の選び方について自分の希望を述べている**가 정답이다.

어휘 批判的だ ひはんてきだ [な형] 비판적이다　立場 たちば [명] 입장　両立 りょうりつ [명] 양립　可能性 かのうせい [명] 가능성　合う あう [동] 맞다

꼭! 알아두기　두 지문의 관점을 묻는 문제는 A, B 각 지문의 주제나 필자의 주장을 파악한다.

64 중상

일과 사생활의 관계에 대해서, A와 B는 어떻게 말하고 있는가?

1 A도 B도, 일도 사생활도 충실하게 만드는 것이 바람직하다고 말하고 있다.
2 A도 B도, 일도 사생활도 양립하게 만들어야 한다고 말하고 있다.
3 A는 일에 열중할수록, 취미를 찾기 어려워진다고 말하고, B는 취미가 많을수록, 일이 하기 힘들어진다고 말하고 있다.
4 A는 일이 충실해 있으면, 취미가 없어도 문제가 없다고 말하고, B는 취미가 있으면, 일은 필요 없다고 말하고 있다.

해설 일과 사생활의 관계에 대한 A와 B의 견해를 각 지문에서 찾는다. A는 지문의 중반부에서 **打ち込める何かを追求した結果、それが偶然にも仕事だった**라고 하고, 후반부에서 **週末の心の安らぎの一つでも見つけられれば、気分転換もできて、より効率的な仕事が実現可能なのかもしれない**라고 서술하고 있고, B도 지문의 중반부에서 **仕事以外の自分も充実させたい**라고 하고, 후반부에서 **せっかくなら、つまらないと嘆くより楽しんだ方が得であろうし、楽しめるように自ら努力すべきだろう**서술하고 있으므로, 1 **AもBも、仕事も私生活も充実させることが望ましいと述べている**가 정답이다.

어휘 望ましい のぞましい [い형] 바람직하다　熱中 ねっちゅう [명] 열중　～ほど ~할수록　～にくい ~하기 어렵다　～づらい ~하기 힘들다

65-68

최근, 물러날 때라는 것에 관해서 자주 생각하게 되었다. 젊은 시절에는 자신이 어떤 사람이 될지 보이지 않고, 반대로 어떤 사람이라도 될 수 있을 것 같은 기분이 들었다. 하지만, 매일의 축적에 의해 자신의 능력이나 놓여져 있는 환경이 명확해지고, 서서히 자신이라는 윤곽이 확실해져 왔다. [65]작은 갈림길의 연속이 지금의 자신을 형성하고 있고, 각각의 결단을 돌아보아도, 인생을 다시 하고 싶다는 생각을 하는 일은 전혀 없다. [65]스스로 생각하고, 결단해온 것에 후회는 없다. 젊을 때는 스스로 선택한 길이기 때문에 결단이 옳았다고 생각할 수 있도록, 그것에 고집하고 있었다. 그러나 오래 살고 있자니, 이제 손 놓아도 되지 않을까 하고 생각하는 일이 많아졌다. 행해온 것에 만족하고, 그 이상을 추구하지 않게 되었기 때문이다. 이것이 물러날 때, 즉 '그만둘 때'이다.

그러던 어느 날, 텔레비전에서 경기를 은퇴한 운동선수에게, '제발 다시 한번'하고 바라는 팬의 목소리가 닿는다는 이야기를 보았다. 텔레비전에서 본 그 운동선수는, 팬의 목소리를 받아들여 재차 경기에 나가는 것으로 했다고 한다. 인생을 걸고서 경기에 전념하고, 어느 때에 자신의 힘을 깨닫고, 혹은 자신의 마음에 따라 경기를 그만둔다. 그런 사람한테 '다시 한번'이라니 무슨 일인가?

운동선수만이 아니다. 배우나 만담가, 뮤지션, 정치가조차도 그렇다. 각각이 [66]앞으로의 인생에 관해서 숙고한 끝의 은퇴라는 결단일 텐데, [67]주변 사람들은 태평하게, 다시 한번 복귀했으면 한다고 말한다.

확실히, [67]좋아하는 사람이, 이쪽이 원하는 활동을 해준다면 만족스러울 것이다. 다시 응원할 수 있는 것에 기쁨을 느낄지도 모른다. 그러나 당사자들에게 있어서는 어떨까. 일단은 자신이 결단한 것이, 주변 사람들의 의견으로 흔들려버린다. 그리고, 자신이 결정한 물러날 때를 철회하는 것이 된다.

물론, 새로운 마음으로 재출발하자고 생각하는 것은 나쁜 일이 아니다. 그 의지도 노력도 귀중한 것이다. 그렇다 하더라도, [68]인생은 그 사람의 것이다. 타인의 의견을 수용해서 바꾸는 것도 결단의 하나라는 것은 부정할 수 없지만, 다 큰 어른이 한 [68]중대한 결단에 대해, 딴 곳에서 이러쿵저러쿵 말하는 것은 마땅찮다.

은퇴와 같은 물러날 때에 관한 결단에 대해서는, 특히 그렇다. [68]거기에는, 본인의 의사를 존중하자는 생각은 느껴지지 않는다.

자신이 해온 것을 돌아보고, 이미 충분히 분발했다, 여기서 일단 끝내자고 생각해서, 자신의 거처였던 곳으로부터 물러난다. 이것은 인생의 큰 갈림길이다. 그리고 그 후의 인생에 관해서 책임을 질 수 있는 것은 자신 이외의 누구도 아니다. 나로서는 그런 결단에서 일본인이 옛날부터 좋다고 여겨 온 깨끗함을 느끼는데, 지금의 사람들은 더는 깨끗함 따위 추구하거나 하지 않는 것일까?

(주1) 윤곽: 대강의 내용
(주2) 딴 곳: 외부

어휘 引き際 ひきぎわ 명 물러날 때　~について ~에 관해서　者 もの 명 사람, 자　逆だ ぎゃくだ な형 반대다　何者 なにもの 명 어떤 사람, 누구　気がする きがする 기분이 들다　日々 ひび 명 매일, 나날　積み重ね つみかさね 명 축적　~によって ~에 의해　能力 のうりょく 명 능력　環境 かんきょう 명 환경　明確だ めいかくだ な형 명확하다　徐々に じょじょに 부 서서히　輪郭 りんかく 명 윤곽　分かれ道 わかれみち 명 갈림길　連続 れんぞく 명 연속　形成 けいせい 명 형성　それぞれ 명 각각, 각기　決断 けつだん 명 결단　振り返る ふりかえる 동 돌아보다　人生 じんせい 명 인생　やり直す やりなおす 동 다시 하다　全く まったく 부 전혀　悔い くい 명 후회　固執 こしつ 명 고집　ところが 접 그러나　手放す てばなす 동 손놓다　満足 まんぞく 명 만족　求める もとめる 동 추구하다　つまり 부 즉　競技 きょうぎ 명 경기　引退 いんたい 명 은퇴　アスリート 명 운동선수　願う ねがう 동 바라다　ファン 명 팬　届く とどく 동 닿다　目にする めにする 보다　再度 さいど 명 재차　賭ける かける 동 걸다, 내기 하다　打ち込む うちこむ 동 전념하다, 몰두하다　悟る さとる 동 깨닫다　もしくは 접 혹은　~に従って ~にしたがって ~에 따라　俳優 はいゆう 명 배우　落語家 らくごか 명 만담가　ミュージシャン 명 뮤지션　政治家 せいじか 명 정치가　~さえ 조 ~조차　各々 おのおの 명 각각　今後 こんご 명 앞으로, 금후　熟考 じゅっこう 명 숙고　末 すえ 명 끝　~だろうに ~일 텐데　人々 ひとびと 명 사람들　気楽だ きらくだ な형 태평하다　復帰 ふっき 명 복귀　口にする くちにする 말하다　望む のぞむ 동 원하다　活動 かつどう 명 활동　満足だ まんぞくだ な형 만족스럽다　再び ふたたび 명 다시　応援 おうえん 명 응원　喜び よろこび 명 기쁨　~かもしれない ~일지도 모른다　だが 접 그러나　当人 とうにん 명 당사자, 본인　~にとって ~에게 있어서　一旦 いったん 명 일단　揺らぐ ゆらぐ 동 흔들리다　撤回 てっかい 명 철회　新ただ あらただ な형 새롭다　再出発 さいしゅっぱつ 명 재출발　意志 いし 명 의지　努力 どりょく 명 노력　尊い とうとい い형 귀중하다　とはいうものの 접 그렇다 하더라도　受け入れる うけいれる 동 수용하다, 받아들이다　否む いなむ 동 부정하다　大の大人 だいのおとな 다 큰 어른　重大だ じゅうだいだ な형 중대하다　よそ 명 딴 곳　どうこう 부 이러쿵저러쿵　いただける 동 마땅하다, 꽤 좋다　本人 ほんにん 명 본인　意思 いし 명 의사　尊重 そんちょう 명 존중　居場所 いばしょ 명 거처　身を引く みをひく 물러나다　責任 せきにん 명 책임　日本人 にほんじん 명 일본인　潔さ いさぎよさ 명 (미련 없이) 깨끗함　内容 ないよう 명 내용　外部 がいぶ 명 외부

65 중상

인생을 다시 하고 싶다고 생각하는 일은 전혀 없다라고 되어 있는데, 어째서인가?

1 자신의 하고 싶은 것이 명확했기 때문에
2 작은 갈림길 때마다, 좋은 선택을 했기 때문에
3 스스로 선택하고, 미련없이 걸어왔기 때문에
4 자신이 할 수 있는 것의 범위를 알고 있었기 때문에

해설 人生をやり直したいと考えることは全くない라고 한 이유를 묻고 있다. 밑줄의 앞부분에서 小さな分かれ道の連続が今の自分を形成していて라고 하고, 밑줄의 뒷부분에서 自分で考え、決断してきたことに悔いはない라고 서술하고 있으므로, 3 自ら選択して、心残りなく歩んできたから가 정답이다.

어휘 明確 めいかく 명 명확　~たびに ~때마다　選択 せんたく 명 선택　心残り こころのこり 명 미련　歩む あゆむ 동 걷다

66 중상

은퇴하는 것에 대해서, 필자는 어떻게 말하고 있는가?

1 사람은 자신의 힘에 만족해서, 은퇴를 생각하기 시작하는 것이다.
2 사람은 자신의 미래를 주시하고, 은퇴를 결단하고 있다.
3 사람은 주위의 기대에 부응할 수 없게 되었을 때, 은퇴를 생각하는 것이다.
4 사람은 새롭게 도전하고 싶은 것이 생겼을 때, 은퇴를 정하고 있다.

해설 은퇴하는 것에 대한 필자의 생각을 묻고 있다. 세 번째 단락에서 今後の人生について熟考した末の引退という決断이라고 서술하고 있으므로, 2 人は自分の未来を見据え、引退を決断している가 정답이다.

어휘 見据える みすえる 동 주시하다, 눈여겨 보다　期待に沿う きたいにそう 기대에 부응하다　挑戦 ちょうせん 명 도전

67 상

필자는, 사람들은 어떤 생각으로 복귀를 원하고 있다고 말하고 있는가?

1 그 사람의 인생에 관해서 깊게 생각하지 않고, 자기 자신을 만족시키려고 하는 생각
2 많은 사람으로부터의 성원을 받는다면, 다시 한번 돌아와 줄 것이라는 생각
3 자신도 새로운 마음으로 응원하고 싶으므로, 재차 활동했으면 하는 생각
4 그 사람의 결단에 관해서 잘 생각한 후에, 역시 복귀했으면 하는 생각

해설 사람들이 어떤 생각으로 좋아하는 사람의 복귀를 바라는지 묻고 있다. 세 번째 단락에서 周りの人々は気楽に、もう一度復帰して欲しいと口にする라고 하고, 네 번째 단락에서 好きな人が、こちらが望む活動をしてくれたら満足だろう라고 서술하고 있으므로, 1 その人の人生について深く考えず、自分自身を満足させようとする思い가 정답이다.

어휘 ～ず ~않고　自分自身 じぶんじしん 명 자기 자신　多く おおく 명 많음　声援 せいえん 명 성원　～上で ～うえで ~후에

68 상

이 글에서 필자가 가장 말하고 싶은 것은 무엇인가?

1 타인의 의견을 수용하는 것도 좋은 것이지만, 한번 결정한 것은 바꾸어서는 안 된다.
2 타인의 인생에 관해서 책임을 질 각오가 없다면, 남의 결단을 철회시켜서는 안 된다.
3 인생 속에서 큰 결단을 할 때는, 타인의 의견을 수용하지 말고 결정해야 한다.
4 인생은 그 사람 자신의 것이므로, 물러날 때를 결정한 사람의 의지를 존중해야 한다.

해설 필자가 글을 통해 말하고자 하는 내용을 묻고 있다. 다섯 번째 단락에서 '人生はその人のものである', '重大な決断に対し、よそからどうこう言うのはいただけない'라고 하고, 여섯 번째 단락에서 そこには、本人の意思を尊重しようという考えは感じられない라고 서술하고 있으므로, 4 人生はその人自身のものなので、引き際を決めた人の意志を尊重すべきである가 정답이다.

어휘 ～べきではない ~해서는 안 되다　責任を持つ せきにんをもつ 책임을 지다　覚悟 かくご 명 각오　～べきだ ~해야 하다

69-70

오른쪽 페이지는 중앙 과학박물관의 게시판에 붙어있는 안내이다.

69 중상

히로시 군은 현재 초등 3학년으로, 오후 5시에는 끝나는 강좌에 참가하고 싶다고 생각하고 있다. 히로시 군이 7월 강좌에 참가할 수 있는 것은, 다음 방법 중 어느 것인가?

1 혼자서, 모두의 천체 관측에 참가한다.
2 부모와 함께, 로봇 교실에 참가한다.
3 참가비를 내고, 전기 회로 교실에 참가한다.
4 재료비를 내고, 어린이의 과학 실험실에 참가한다.

해설 히로시 군이 해야 할 행동을 묻는 문제이다. 질문에서 제시된 상황 '小学3年生', '午後5時には終わる講座に参加したい'에 따라, 지문의 こどもの科学実験室의 日時 부분에서 13:00～15:00라고 하고, 対象年齢 부분에서 小学1年生～小学3年生라고 하며, 参加費 부분에서 500円(材料費として)이라고 언급하고 있으므로, 4 材料費を払って、こどもの科学実験室に参加する가 정답이다.

어휘 小学 しょうがく 명 초등　講座 こうざ 명 강좌　参加 さんか 명 참가　天体 てんたい 명 천체　観測 かんそく 명 관측　親 おや 명 부모　ロボット 명 로봇　参加費 さんかひ 명 참가비　回路 かいろ 명 회로　材料費 ざいりょうひ 명 재료비　実験室 じっけんしつ 명 실험실

꼭! 알아두기 질문에 제시된 조건뿐만 아니라, 一人で, 参加費, 材料費와 같이 선택지에서 언급되는 조건도 미리 확인한 후 지문을 읽는다.

린 씨는 20세 대학생으로, 어른의 천체 관측에 참가하고 싶다고 생각하고 있는데, 사이언스 클럽의 회원이 아니다. 오늘은 7월 1일이다. 린 씨가 해야 할 행동으로, 올바른 것은 어느 것인가?

1 신분증명서를 가지고 창구로 가, 300엔 지불한다.
2 창구에서, 클럽에의 입회와 강좌 참가 수속을 한다.
3 클럽에의 신청 서류를 우송한 후에, 전화로 강좌를 신청한다.
4 내년 4월이 되지 않으면 회원 등록하지 못하므로, 올해의 참가는 포기한다.

해설 린 씨가 해야 할 행동을 묻는 문제이다. 질문에서 제시된 상황 '大人の天体観測に参加したい', 'サイエンスクラブの会員ではない'에 따라, 지문의 **講座への参加** 부분에서 **窓口で直接申し込むことも可能です**라고 하고, **入会のご案内** 부분에서 **講座を受講いただくには、会員登録が必要です、窓口までお持ちください**라고 언급하고 있으므로, 2 **窓口で、クラブへの入会と講座参加の手続きをする**가 정답이다.

어휘 **サイエンス** 명 사이언스 **クラブ** 명 클럽 **会員** かいいん 명 회원 **身分証明書** みぶんしょうめいしょ 명 신분증명서 **窓口** まどぐち 명 창구 **支払う** しはらう 동 지불하다 **入会** にゅうかい 명 입회 **手続き** てつづき 명 수속 **申込** もうしこみ 명 신청 **書類** しょるい 명 서류 **郵送** ゆうそう 명 우송 **~上で** ~うえで ~후에 **申し込む** もうしこむ 동 신청하다 **登録** とうろく 명 등록 **あきらめる** 동 포기하다

중앙 과학박물관 사이언스 클럽 【7월의 강좌】

강좌	일시	대상 연령	보호자 동반	정원	참가비
어린이의 과학 실험실	1일 (토) [69]13:00~15:00	[69]초등 1학년~초등 3학년	불필요	10명	[69]500엔 (재료비로서)
전기 회로 교실	2일 (일) 10:00~12:00	초등 1학년~중등 3학년	초등 1·2학년	5명	없음
로봇 교실	9일 (일) 14:00~17:00	초등 4학년 이상	초등학생	10명	3,000엔 (재료비로서)
모두의 천체 관측	30일 (일) 18:00~20:00	제한 없음	중학생 이하	30명	없음
어른의 천체 관측	30일 (일) 21:00~24:00	18세 이상 (고등학생 불가)	불필요	30명	300엔 (다과비로서)

입회 안내

사이언스 클럽은 회원제입니다. [70]강좌를 수강하시려면, 회원 등록이 필요합니다. 회원 자격의 유효 기간은, 4월~다음 3월입니다. 연도 도중에 신청하신 경우에도 동일합니다. 등록에 비용은 들지 않습니다.

【입회 자격】 초등학교 1학년~

【회원 등록】 • 이름, 주소, 연령을 확인할 수 있는 서류
• 지정된 신청 용지
상기를 지참하신 후, [70]창구까지 가져와 주세요. 즉석에서 회원증을 발행합니다.

【회원 자격 연장(2년 차 이후)】
매년 4월 말까지 지정된 신청 용지를 제출해 주세요. 우송으로도 접수하고 있습니다.

강좌에의 참가

• 강좌의 신청은, 개최일의 2개월 전부터, 전화로 받습니다. [70]창구에서 직접 신청하는 것도 가능합니다.
• 참가비는, 강좌 당일에 회장에서 징수합니다.
• 강좌에 따라서는, 보호자의 동반을 요청드리고 있습니다. 동반하시는 분의 회원 등록은 불필요합니다.
• 강좌 개시 5분 전까지 회장에 와 주세요.
※ 사이언스 클럽의 회원은, 강좌 참가일의 입관료가 무료가 됩니다. 입관 때에, 회원증을 제시하신 후, 참가하는 강좌명을 알려 주세요.

어휘 **中央** ちゅうおう 명 중앙 **博物館** はくぶつかん 명 박물관 **日時** にちじ 명 일시 **対象** たいしょう 명 대상 **年齢** ねんれい 명 연령 **保護者** ほごしゃ 명 보호자 **付き添い** つきそい 명 동반, 곁에 따름 **定員** ていいん 명 정원 **不要** ふよう 명 불필요 **中学** ちゅうがく 명 중등 **制限** せいげん 명 제한 **なし** 명 없음 **小学生** しょうがくせい 명 초등학생 **中学生** ちゅうがくせい 명 중학생 **不可** ふか 명 불가 **茶菓子代** ちゃがしだい 다과비 **会員制** かいいんせい 명 회원제 **受講** じゅこう 명 수강 **資格** しかく 명 자격 **有効** ゆうこう 명 유효

期間 きかん 명 기간　年度 ねんど 명 연도　同様だ どうようだ な형 동일하다　費用 ひよう 명 비용　年齢 ねんれい 명 연령　確認 かくにん 명 확인
書類 しょるい 명 서류　指定 してい 명 지정　用紙 ようし 명 용지　上記 じょうき 명 상기　持参 じさん 명 지참　その場 そのば 명 즉석
会員証 かいいんしょう 명 회원증　発行 はっこう 명 발행　継続 けいぞく 명 연장, 계속　以降 いこう 명 이후　提出 ていしゅつ 명 제출
受け付ける うけつける 동 접수하다　開催日 かいさいび 명 개최일　承る うけたまわる 동 받다 (受けるの 겸양어)　直接だ ちょくせつだ な형 직접이다
可能だ かのうだ な형 가능이다　当日 とうじつ 명 당일　徴収 ちょうしゅう 명 징수　～によって ~에 따라서　願う ねがう 동 요청하다, 바라다
開始 かいし 명 개시　入館料 にゅうかんりょう 명 입관료, 입장료　無料 むりょう 명 무료　入館 にゅうかん 명 입관, 입장　際 さい 명 때
提示 ていじ 명 제시　講座名 こうざめい 명 강좌명

청해 p.279

문항별 분할 파일 바로 듣기

☞ 문제 1의 디렉션과 예제를 들려줄 때 1번부터 5번까지의 선택지를 미리 읽고 내용을 재빨리 파악해둡니다. 음성에서 では、始めます(그러면, 시작합니다)가 들리면, 곧바로 문제 풀 준비를 합니다. 음성 디렉션과 예제는 실전모의고사 제1회의 해설(p.27)에서 확인할 수 있습니다.

1 중상

[음성]

大学サークルの部室で女の学生と男の学生が話しています。女の学生はまず何をしますか。

F：来月には新入生が入学してくるから、部室もきれいにしておかないとね。近々、大掃除でもしようか。

M：そうですね。実は僕も部室がきれいでいいなって思って、このサークルに入ることを決めたんですよ。

F：へえ、そんな細かいところまで見てたんだ。うちに入ったきっかけって他にもあるの？

M：そうですね。[3]うちの活動はパソコンを使うじゃないですか。それで、部室に最新モデルのものがあったのも魅力的でしたね。

F：なるほどね。じゃあ、予算が余ってるなら、古いパソコンも買い替えちゃったほうがよさそうだね。[3][4]ちょっと後で会計部に今余ってる運営費がいくらか聞いておこうっと。

M：あ、そういえば、先週田中さんが、部室のエアコンが壊れたって言ってたんです。時々止まるみたいで…。

F：え、そうなんだ。もしそうなら、来月までに修理しておかなきゃだね。ちょっと事務室に行って、修理申請を出しておいてもらえる？

M：[2]わかりました。大掃除はいつしますか。

F：できるだけ人手が集まる時の方がいいから、木曜日か金曜日かな。[1]今夜全体に連絡してみるけど、佐藤君は木、金は大丈夫？

M：はい、大丈夫です。

女の学生はまず何をしますか。

[음성]

대학 서클의 부실에서 여학생과 남학생이 이야기하고 있습니다. 여학생은 우선 무엇을 합니까?

F : 다음 달에는 신입생이 입학해오니까, 부실도 깨끗하게 해두지 않으면 말야. 조만간, 대청소라도 할까?

M : 그렇네요. 실은 저도 부실이 깨끗해서 좋다고 생각해서, 이 서클에 들어오기로 정한 거예요.

F : 우와, 그런 자세한 곳까지 보고 있었던 거구나. 우리 서클에 들어온 계기로 다른 것도 있어?

M : 그렇네요. [3]우리 활동은 PC를 쓰잖아요? 그래서, 부실에 최신 모델인 것이 있었던 것도 매력적이었어요.

F : 과연 그렇구나. 그럼, 예산이 남아 있다면, 오래된 PC도 새로 사서 바꿔버리는 편이 좋을 것 같네. [3][4]조금 후에 회계부에 지금 남아 있는 운영비가 얼마인지 물어둬야겠다.

M : 아, 그러고 보니, 저번 주 다나카 씨가, 부실의 에어컨이 고장 났다고 말했었어요. 때때로 멈추는 것 같아서….

F : 어, 그렇구나. 만약 그렇다면, 다음 달까지 수리해두지 않으면 말야. 잠깐 사무실에 가서, 수리 신청을 내놓아 줄 수 있어?

M : [2]알겠습니다. 대청소는 언제 하나요?

F : 가능한 한 일손이 모일 때 쪽이 좋으니까, 목요일이나 금요일이려나. [1]오늘 밤 전체에게 연락해 보겠지만, 사토 군은 목, 금은 괜찮아?

M : 네, 괜찮아요.

여학생은 우선 무엇을 합니까?

[문제지]

1 大掃除の日程について連絡する
2 エアコンの修理申請を提出する
3 運営費の残りの金額を確認する
4 パソコンを新しいものに替える

[문제지]

1 대청소의 일정에 대해서 연락한다
2 에어컨의 수리 신청을 제출한다
3 운영비의 남은 금액을 확인한다
4 PC를 새로운 것으로 바꾼다

해설 여자가 가장 먼저 해야 할 일을 묻는 문제이다. 대화에서, 남자가 **うちの活動はパソコンを使うじゃないですか。それで、部室に最新モデルのものがあったのも魅力的でしたね**라고 하자, 여자가 예산이 있다면 낡은 PC를 바꾸는 것이 좋겠다고 말하며, **ちょっと後で会計部に今余ってる運営費がいくらか聞いておこうっと**라고 했으므로, **3 運営費の残りの金額を確認する**가 정답이다. 선택지 1은 오늘 밤에 할 일이고, 2는 남자가 해야 할 일이며, 4는 예산이 남아 있는지 확인한 다음에 할 일이므로 오답이다.

어휘 **サークル** 명 서클　**部室** ぶしつ 명 부실　**新入生** しんにゅうせい 명 신입생　**近々** ちかぢか 부 조만간　**大掃除** おおそうじ 명 대청소
実は じつは 부 실은　**きっかけ** 명 계기　**活動** かつどう 명 활동　**最新** さいしん 명 최신　**モデル** 명 모델　**魅力的だ** みりょくてきだ な형 매력적이다
予算 よさん 명 예산　**余る** あまる 동 남다　**買い替える** かいかえる 동 새로 사서 바꾸다　**会計部** かいけいぶ 명 회계부　**運営費** うんえいひ 명 운영비
エアコン 명 에어컨　**修理** しゅうり 명 수리　**事務室** じむしつ 명 사무실　**申請** しんせい 명 신청　**人手** ひとで 명 일손　**全体** ぜんたい 명 전체
日程 にってい 명 일정　**提出** ていしゅつ 명 제출　**残り** のこり 명 남음　**金額** きんがく 명 금액　**確認** かくにん 명 확인

2 중

[음성]

スーパーの魚売り場で女の店員と男の店員が話しています。男の店員はこのあとまず何をしますか。

F：今日は店長がいないんですよね。田中さんは何からすればいいか聞いてますか。

M：ええ。基本的にはいつもと同じことをしておいてって言われました。

F：じゃあ、私は魚を切って、パックに入れる作業から始めたらいいですか。

M：そうですね。私も手が空いたらお手伝いしますので、先に多めに切っておいてください。

F：はい。あ、そういえば[4]私、昨日店長から今日は新しく入荷した魚の試食販売の準備をするように言われていたんでした。[2]すみませんが、こっちを先にしなければいけないので…。

M：わかりました。[2]じゃあ、私は、品出ししてきます。[3]それが終わったら、倉庫で今日販売分の魚の解凍をしますので、[1]パック詰めする時に呼んでください。

F：わかりました。ところで、山本さんは今日の仕事は何時までですか。

M：午後4時までの予定ですけど。

F：えーっと、実は…試食販売のことで問題があって。私が準備した後に担当の方が販売されるんですが、その方が急に今日は午前で帰らなければならなくなってしまったそうで。私は3時頃まで他の作業があって代われないので、どうしようかと思っていたんです。

[음성]

슈퍼의 생선 매장에서 여자 점원과 남자 점원이 이야기하고 있습니다. 남자 점원은 이 다음에 우선 무엇을 합니까?

F : 오늘은 점장님이 없네요. 다나카 씨는 뭐부터 하면 되는지 들었어요?

M : 네. 기본적으로는 여느 때와 같은 것을 해두라고 들었습니다.

F : 그럼, 저는 생선을 잘라서, 팩에 넣는 작업부터 시작하면 될까요?

M : 그렇죠. 저도 손이 비면 도와드릴 테니, 먼저 많이 잘라놓아주세요.

F : 네. 아, 그러고 보니 [4]저, 어제 점장님으로부터 오늘은 재로 입하한 생선의 시식 판매 준비를 하라고 들었었어요. [2]죄송합니다만, 이쪽을 먼저 하지 않으면 안 돼서….

M : 알겠습니다. [2]그럼, 저는, 상품을 꺼내 오겠습니다. [3]그것이 끝나면, 창고에서 오늘 판매분의 생선 해동을 하겠으니, [1]팩에 채울 때 불러 주세요.

F : 알겠습니다. 그런데, 야마모토 씨는 오늘 일은 몇 시까지예요?

M : 오후 4시까지 예정입니다만.

F : 음, 실은… 시식 판매 일로 문제가 있어서. 제가 준비한 후에 담당인 분이 판매하시는데요, 그분이 갑자기 오늘은 오전만으로 돌아가지 않으면 안 되게 되어버렸다고 해서. 저는 3시쯤까지 다른 작업이 있어서 교대할 수 없어서, 어떻게 할까 생각하고 있었어요.

M : 그렇다면, 그때까지 제가 할게요. 4시 이후에는 부탁할 수 있을까요?

F : 물론이에요. 감사합니다.

M：それなら、それまで私がやりますね。4時以降はお願いできますか。

F：もちろんです。ありがとうございます。

男の店員はこのあとまず何をしますか。

[問題紙]

1 パック詰めの手伝い
2 魚の品出し
3 倉庫で魚の解凍作業
4 試食販売の準備

남자 점원은 이 다음에 우선 무엇을 합니까?

[문제지]

1 팩에 채우는 것 돕기
2 생선 상품 꺼내기
3 창고에서 생선 해동 작업
4 시식 판매 준비

해설 남자가 가장 먼저 해야 할 일을 묻는 문제이다. 대화에서, 여자가 생선 시식 판매 준비를 언급하며 すみませんが、こっちを先にしなければいけないので…라고 하자, 남자가 じゃあ、私は、品出ししてきます라고 했으므로, 2 魚の品出し가 정답이다. 선택지 1은 생선 해동을 한 다음에 할 일이고, 3은 상품을 창고에서 꺼내온 다음에 할 일이며, 4는 여자가 해야 할 일이므로 오답이다.

어휘 店長 てんちょう 명 점장　基本的だ きほんてきだ な형 기본적이다　パック 명 팩　作業 さぎょう 명 작업　手が空く てがあく 손이 비다　手伝い てつだい 명 도움　先に さきに 부 먼저　多めだ おおめだ な형 많다, 많은 편이다　入荷 にゅうか 명 입하　試食 ししょく 명 시식　販売 はんばい 명 판매　品出し しなだし 명 상품을 창고에서 꺼냄　倉庫 そうこ 명 창고　解凍 かいとう 명 해동　パック詰め パックづめ 명 팩에 채움　実は じつは 부 실은　担当 たんとう 명 담당　以降 いこう 명 이후

3 상

[音声]

会社で女の人と男の人が話しています。女の人はこのあとまず何をしなければなりませんか。

F：先輩。今度、初めて出張に行くことになったんですが、出張の準備って、何をしなければならないんですか。

M：いろいろ準備しなきゃいけないんだけど、とりあえず出張申請書を書いて経理部に出すのを優先したほうがいいかな。

F：そうですか。出張申請書って、交通経路も書くんでしたっけ。

M：そうそう。交通費も自分で調べて書かなきゃいけないから、[1]まずはどういうルートで行くかを調べるところからだね。

F：はい。家からの交通費でいいんですか。

M：当日、家から直接行く場合ならね。[4]午前会社で仕事して午後から出発なら、会社からの交通費で申請することになるけど。

F：そうなんですね。[2][4]それはまだ確認してなかったので、課長に聞いてみます。

M：うん。あとは持って行く資料の準備をしておくとか、追って経理部から連絡が来るから、それを見てホテルの場所をチェックしたりとかかな。

F：わかりました。でも、宿泊場所は自分で申請するんじゃないんですか。

[음성]

회사에서 여자와 남자가 이야기하고 있습니다. 여자는 이 다음에 우선 무엇을 해야 합니까?

F : 선배. 이번에, 처음 출장을 가게 되었습니다만, 출장 준비는, 무엇을 해야 하는 건가요?

M : 여러 가지 준비해야 하는데, 일단 출장 신청서를 써서 경리부에 내는 것을 우선하는 편이 좋으려나.

F : 그렇습니까? 출장 신청서는, 교통 경로도 쓰는 거였던가요?

M : 맞아 맞아. 교통비도 스스로 조사해서 써야 하니까, [1]우선은 어떤 루트로 갈지를 조사하는 것부터네.

F : 네. 집에서부터의 교통비로 괜찮나요?

M : 당일, 집에서 직접 가는 경우라면 말이야. [4]오전에 회사에서 일하고 오후부터 출발이라면, 회사에서부터의 교통비로 신청하게 되지만.

F : 그렇군요. [2][4]그건 아직 확인하지 않았기 때문에, 과장님에게 물어보겠습니다.

M : 응. 그리고 가지고 갈 자료의 준비를 해둔다든가, 머지않아 경리부에서 연락이 올 테니까, 그걸 보고 호텔 장소를 체크한다든가려나.

F : 알겠습니다. 하지만, 숙박 장소는 스스로 신청하는 게 아닌가요?

M : [3]우리 회사는, 행선지에 맞춰서 경리부가 수배하게 되어 있으니까 말이야.

M：[3]うちの会社は、行き先に合わせて経理部が手配することになってるからね。

女の人はこのあとまず何をしなければなりませんか。

[문제지]

1 出張申請書を経理部に出す
2 出張先までの行き方と交通費を調べる
3 希望のホテルを申請する
4 出張当日のスケジュールを確認する

여자는 이 다음에 우선 무엇을 해야 합니까?

[문제지]

1 출장 신청서를 경리부에 낸다
2 출장지까지의 가는 방법과 교통비를 조사한다
3 희망 호텔을 신청한다
4 출장 당일의 스케줄을 확인한다

해설 여자가 가장 먼저 해야 할 일을 묻는 문제이다. 대화에서, 집에서부터의 교통비로 괜찮냐는 말에 남자가 午前会社で仕事して午後から出発なら、会社からの交通費で申請することになるけど라고 하자, 여자가 それはまだ確認してなかったので、課長に聞いてみます라고 했으므로, 4 出張当日のスケジュールを確認する가 정답이다. 선택지 1은 어떤 루트로 갈지 조사한 다음에 할 일이고, 2는 과장에게 일정을 확인한 다음에 할 일이며, 3은 경리부에서 할 일이므로 오답이다.

어휘 **出張** じゅっちょう 명 출장 **とりあえず** 부 일단 **申請書** しんせいしょ 명 신청서 **経理部** けいりぶ 명 경리부 **優先** ゆうせん 명 우선 **経路** けいろ 명 경로 **交通費** こうつうひ 명 교통비 **ルート** 명 루트 **当日** とうじつ 명 당일 **直接** ちょくせつ 명 직접 **申請** しんせい 명 신청 **確認** かくにん 명 확인 **資料** しりょう 명 자료 **追って** おって 부 머지않아 **宿泊** しゅくはく 명 숙박 **行き先** いきさき 명 행선지 **合わせる** あわせる 동 맞추다 **手配** てはい 명 수배 **希望** きぼう 명 희망 **スケジュール** 명 스케줄

4 중상

[음성]

大学で男の学生と女の学生が話しています。男の学生はこのあと何をしますか。

M：来週、いよいよグループ発表だから、これからの作業の分担を決めないといけないね。

F：そうだね。データが早めに集められたおかげで分析もほとんど済んでいるから、内容はもう心配ないよね。私、当日の資料を作ってもいいよ。

M：データ分析もしてもらったから、それはいいよ。[1]実は僕、資料を作るのが苦手で。春からの仕事のために、練習しておきたいから、今回は僕にやらせて。

F：[1]いいの？それなら助かるけど。じゃあ、それをもとに発表原稿も作ってもらえる？話す内容の。

M：[2]え、そこまではちょっと。それはお願い。資料ができたらすぐ送るから。

F：いいよ、わかった。そういえば、当日の発表分担も決めておかないとね。資料見ながら誰がどこを担当するか考えてくれる？

M：[3]それは資料ができたら、みんなで考えよう。あと、当日の教室の準備なんだけど。あの教室、その前の時間も発表みたいで。そのまま使えるって聞いたよ。

F：え、本当？じゃあ、先生にもう一度確認して、[4]あとでみんなに連絡するね。

M：うん、わかった。

[음성]

대학에서 남학생과 여학생이 이야기하고 있습니다. 남학생은 이 다음에 무엇을 합니까?

M：다음 주, 드디어 그룹 발표니까, 이제부터의 작업 분담을 정하지 않으면 안 되겠네.

F：그렇네. 데이터가 빨리 모아진 덕분에 분석도 거의 끝나 있으니, 내용은 이제 걱정 없네. 나, 당일의 자료를 만들어도 돼.

M：데이터 분석도 해줬으니까, 그건 괜찮아. [1]실은 나, 자료를 만드는 것이 서툴러서. 봄부터의 일을 위해서, 연습해두고 싶으니까, 이번에는 나를 시켜줘.

F：[1]괜찮아? 그렇다면 도움이 되는데. 그럼, 그것을 토대로 발표 원고도 만들어줄 수 있어? 이야기할 내용의.

M：[2]어, 거기까지는 좀. 그건 부탁해. 자료가 완성되면 바로 보낼 테니까.

F：좋아, 알겠어. 그러고 보니, 당일 발표 분담도 정해 두지 않으면 말야. 자료 보면서 누가 어디를 담당할지 생각해 줄래?

M：[3]그건 자료가 완성되면, 다 같이 생각하자. 그리고, 당일의 교실 준비 말인데. 그 교실, 그 전 시간도 발표인 것 같아서. 그대로 쓸 수 있다고 들었어.

F：아, 정말? 그럼, 선생님에게 한 번 더 확인하고, [4]나중에 모두에게 연락할게.

M：응, 알겠어.

男の学生はこのあと何をしますか。

[문제지]

1 **発表の資料を作成する**
2 発表当日の原稿を書く
3 当日の発表分担を決める
4 教室についてみんなに連絡する

남학생은 이 다음에 무엇을 합니까?

[문제지]

1 **발표 자료를 작성한다**
2 발표 당일의 원고를 쓴다
3 당일의 발표 분담을 정한다
4 교실에 대해서 모두에게 연락한다

해설 남자가 앞으로 해야 할 일을 묻는 문제이다. 대화에서, 여자가 당일 자료를 만들겠다는 말에, 남자가 実は僕、資料を作るのが苦手で。春からの仕事のために、練習しておきたいから、今回は僕にやらせて라고 하고, 여자가 いいの?それなら助かるけど라며 제안을 승낙했으므로, 1 発表の資料を作成する가 정답이다. 선택지 2, 4는 여자가 해야 할 일이고, 3은 자료가 완성된 다음에 할 일이므로 오답이다.

어휘 いよいよ 부 드디어　グループ 명 그룹　発表 はっぴょう 명 발표　作業 さぎょう 명 작업　分担 ぶんたん 명 분담　データ 명 데이터　早めだ はやめだ な형 빠르다, 이르다　分析 ぶんせき 명 분석　内容 ないよう 명 내용　当日 とうじつ 명 당일　資料 しりょう 명 자료　実は じつは 부 실은　苦手だ にがてだ な형 서투르다　今回 こんかい 명 이번　助かる たすかる 동 도움이 되다　原稿 げんこう 명 원고　確認 かくにん 명 확인　作成 さくせい 명 작성

꼭! 알아두기 それなら(그렇다면), ~たら(~면), ~てから(~고 나서) 주변에서 언급되는 할 일이 정답이 될 가능성이 크다.

5 중

[음성]

会社で女の人と男の人が話しています。男の人はこのあと何をしますか。

F：あ、春川さん、先日お話していた大型受注の件、[1]正式に発注がありました。

M：あ、そうですか。それはうれしいですね。

F：ええ。これがうまくいけば、継続して受注ができますよね。でも、ちょっと問題がありまして。

M：どんな問題ですか。

F：先方は今回の納期を4月1日にしてほしいっておっしゃっているんです。今回は注文を受けてからの生産になるので、2か月は必要だとお伝えしたんですが、今度の展示会に間に合わせたいみたいで。

M：4月1日だったら、2か月を切っていますね。

F：ええ、かなり難しいですよね。それで、[2]春川さんから生産部にどうにか検討してもらえるよう頼んでいただけると助かるんですが。詳しい事情が書かれている先方からのメールを転送しますので。

M：[2]急いだほうがいいですね。でも、その前に、先方に納期を延ばせないか、念のためもう一度聞いてみるのはどうですか。

F：それは、[3][4]展示会の日が決まっているので厳しいと思います。こちらの対策を先にした方がいいかと。

M：そうですか。じゃあ、そうしましょう。生産部から返事が来たら、知らせますね。

F：はい、お願いします。

[음성]

회사에서 여자와 남자가 이야기하고 있습니다. 남자는 이 다음에 무엇을 합니까?

F : 아, 하루카와 씨, 요전 이야기했던 대형 수주 건, [1]정식으로 발주가 있었어요.

M : 아, 그렇습니까? 그건 기쁘네요.

F : 네. 이것이 잘 되면, 계속해서 수주가 가능하겠죠. 하지만, 조금 문제가 있어서.

M : 어떤 문제인가요?

F : 상대방은 이번의 납기를 4월 1일로 해주길 바란다고 말씀하고 계세요. 이번에는 주문을 받고 나서의 생산이 되기 때문에, 2개월은 필요하다고 전달드렸습니다만, 이번 전시회에 맞추고 싶은 것 같아서.

M : 4월 1일이라면, 2개월을 밑도네요.

F : 네, 상당히 어렵죠. 그래서, [2]하루카와 씨가 생산부에게 어떻게든 검토 받을 수 있도록 부탁해 주시면 도움이 되겠습니다만. 자세한 사정이 쓰여 있는 상대방으로부터의 이메일을 전송할 테니까요.

M : [2]서두르는 편이 좋겠네요. 하지만, 그 전에, 상대방에게 납기를 늘릴 수 없는지, 만일을 위해 한 번 더 물어보는 것은 어떻습니까?

F : 그것은, [3][4]전시회 날이 정해져 있기 때문에 힘들 거라고 생각합니다. 이쪽의 대책을 우선으로 하는 편이 좋을까 하고.

M : 그렇습니까? 그럼, 그렇게 합시다. 생산부로부터 답변이 오면, 알릴게요.

F : 네, 부탁드립니다.

男の人はこのあと何をしますか。

[문제지]

1 先方に正式な受注か確認する
2 生産部に検討を依頼する
3 お客様に納期を延ばしてもらう
4 展示会の日程を決める

남자는 이 다음에 무엇을 합니까?

[문제지]

1 상대방에게 정식 수주인지 확인한다
2 생산부에게 검토를 의뢰한다
3 고객에게 납기를 늘려 받는다
4 전시회의 일정을 정한다

해설 남자가 앞으로 해야 할 일을 묻는 문제이다. 대화에서, 여자가 春川さんから生産部にどうにか検討してもらえるよう頼んでいただけると助かるんですが라고 하자, 남자가 急いだほうがいいですね라고 했으므로, 2 生産部に検討を依頼する가 정답이다. 선택지 1은 이미 했고, 3은 전시회 날짜가 정해져 있어서 힘들다고 했으며, 4는 이미 정해져 있으므로 오답이다.

어휘 先日 せんじつ 명 요전　大型 おおがた 명 대형　受注 じゅちゅう 명 수주　件 けん 명 건　正式だ せいしきだ な형 정식이다　発注 はっちゅう 명 발주　うまくいく 잘 되다　継続 けいぞく 명 계속　先方 せんぽう 명 상대방　今回 こんかい 명 이번　納期 のうき 명 납기　注文 ちゅうもん 명 주문　お伝え おつたえ 전달　展示会 てんじかい 명 전시회　間に合わせる まにあわせる (시간에) 맞추다　かなり 부 상당히　生産部 せいさんぶ 명 생산부　どうにか 부 어떻게든　検討 けんとう 명 검토　助かる たすかる 동 도움이 되다　詳しい くわしい い형 자세하다　事情 じじょう 명 사정　メール 명 이메일　転送 てんそう 명 전송　延ばす のばす 동 늘리다　念のため ねんのため 만일을 위해　対策 たいさく 명 대책　確認 かくにん 명 확인　依頼 いらい 명 의뢰　日程 にってい 명 일정

☞ 문제 2의 디렉션과 예제를 들려줄 때 1번부터 6번까지의 선택지를 미리 읽고 내용을 재빨리 파악해둡니다. 음성에서 では、始めます(그러면, 시작합니다)가 들리면, 곧바로 문제 풀 준비를 합니다. 디렉션과 예제는 실전모의고사 제1회의 해설(p.32)에서 확인할 수 있습니다.

1 중상

[음성]

テレビでレポーターがスポーツ選手にインタビューをしています。スポーツ選手はどうして引退することにしたと言っていますか。

F：先日の世界大会での優勝、おめでとうございます。

M：ありがとうございます。正直なところ、ほっとしています。そして、スタッフや応援してくださった方々への感謝の気持ちでいっぱいです。

F：世界一になってすぐの引退発表はとても驚いたのですが。

M：ええ、優勝したことでもっと頑張れるかもしれないという思いもありました。一方で、年齢的にも体力的にもつらくなってきたことは否定できない事実です。

F：海外の選手では30代で続けている方も少なくないですよね。なぜ、このタイミングで引退を決意されたのでしょうか。

M：先ほども言いましたが、私は、周りの支えがなければここまで続けられなかったと思っています。それで今度は私が誰かを支える側になりたいと思ったんです。

F：そうなんですね。現在はスポーツトレーナーになるため勉強をされているとお聞きしましたが。

M：ええ、勉強を始めてみると考えていた以上に面白くて。自分が選手だった経験を生かしながら、選手達

[음성]

텔레비전에서 리포터가 스포츠 선수에게 인터뷰를 하고 있습니다. 스포츠 선수는 어째서 은퇴하기로 했다고 말하고 있습니까?

F : 요전의 세계 대회에서의 우승, 축하합니다.

M : 감사합니다. 솔직히 말해, 안심하고 있습니다. 그리고, 스태프와 응원해 주신 분들을 향한 감사의 마음으로 가득입니다.

F : 세계 제일이 되고 바로 은퇴 발표는 매우 놀랐습니다만.

M : 네, 우승한 것으로 더 분발할 수 있을지도 모르겠다는 생각도 있었습니다. 한편으로, 연령적으로도 체력적으로도 힘들어져 온 것은 부정할 수 없는 사실입니다.

F : 해외 선수 중에는 30대에 계속하고 있는 분도 적지 않죠? 어째서, 이 타이밍에 은퇴를 결의하신 걸까요?

M : 조금 전에도 말했습니다만, 저는, 주변의 지지가 없었다면 여기까지 계속할 수 없었다고 생각하고 있습니다. 그래서 이번에는 제가 누군가를 지지하는 쪽이 되고 싶다고 생각한 것입니다.

F : 그렇군요. 현재는 스포츠 트레이너가 되기 위해 공부를 하시고 계시다고 들었습니다만.

M : 네, 공부를 시작해보니 생각했던 것 이상으로 재밌어서. 자신이 선수였던 경험을 살리면서, 선수들을 지지하는 일을 할 수 있다면 하고 생각하고 있습니다.

を支える仕事ができればと思っています。

スポーツ選手はどうして引退することにしたと言っていますか。

스포츠 선수는 어째서 은퇴하기로 했다고 말하고 있습니까?

[문제지]

1 体力がなくなってきたから
2 30代になり続けるのが難しくなったから
3 選手をサポートする仕事をしたいから
4 勉強が面白くなったから

[문제지]

1 체력이 없어져왔기 때문에
2 30대가 되어 계속하는 것이 어려워졌기 때문에
3 선수를 서포트하는 일을 하고 싶기 때문에
4 공부가 재밌어졌기 때문에

해설 스포츠 선수가 은퇴하기로 한 이유를 묻는 문제이다. 대화에서, 스포츠 선수 즉, 남자가 今度は私が誰かを支える側になりたいと思ったんですと라고 하고, 自分が選手だった経験を生かしながら、選手達を支える仕事ができればと思っています라고 했으므로, 3 選手をサポートする仕事をしたいから가 정답이다. 선택지 1, 2는 부정할 수 없는 사실이지만 은퇴하기로 한 이유는 아니고, 4는 공부가 재밌어져서 은퇴한 것이 아니라 공부를 시작해보니 생각보다 재밌다고 한 것이므로 오답이다.

어휘 レポーター 명 리포터　選手 せんしゅ 명 선수　インタビュー 명 인터뷰　引退 いんたい 명 은퇴　先日 せんじつ 명 요전　大会 たいかい 명 대회　優勝 ゆうしょう 명 우승　正直なところ しょうじきなところ 솔직히 말해　ほっとする 안심하다　スタッフ 명 스태프　応援 おうえん 명 응원　方々 かたがた 명 분들　感謝 かんしゃ 명 감사　世界一 せかいいち 명 세계 제일　発表 はっぴょう 명 발표　一方 いっぽう 접 한편　年齢的だ ねんれいてきだ な형 연령적이다　体力的だ たいりょくてきだ な형 체력적이다　つらい い형 힘들다　否定 ひてい 명 부정　事実 じじつ 명 사실　海外 かいがい 명 해외　タイミング 명 타이밍　決意 けつい 명 결의　先ほど さきほど 명 조금 전　支え ささえ 명 지지　支える ささえる 동 지지하다, 지탱하다　現在 げんざい 명 현재　トレーナー 명 트레이너　生かす いかす 동 살리다　体力 たいりょく 명 체력　サポート 명 서포트

2 상

[음성]

レストランで男の人と女の人が話しています。女の人は通販で服を買うことの短所を何だと言っていますか。

M：そのコート、新しく買ったの？初めて見るような気がするけど。

F：よく気付いたね。最近、通販で買ったの。

M：似合ってるよ。でも、通販で服を買うの不安じゃない？僕はサイズや生地が想像と違ったりしそうで、一度も買ったことがないんだ。

F：そう？私は何度も買ってるけど、案外平気だよ。それに、そういうことは商品ページに詳しく書かれてるから、想像と違うなんてことは無いよ。

M：そうなんだ。

F：うん。問題は色かな。色合いは写真でしか判断できないからね。

M：なるほど。値段はどうなの？

F：どうだろう。店頭価格とそこまで変わらないんじゃないかな。お店に行く手間や交通費を考えればお得だと思う。それにじっくり選べるし、本当におすすめだよ。

女の人は通販で服を買うことの短所を何だと言っていますか。

[음성]

레스토랑에서 남자와 여자가 이야기하고 있습니다. 여자는 통신 판매로 옷을 사는 것의 단점을 무엇이라고 말하고 있습니까?

M : 그 코트, 새로 샀어? 처음 보는 것 같은 느낌이 드는데.

F : 잘 알아차렸네. 최근, 통신 판매에서 샀어.

M : 어울려. 하지만, 통신 판매에서 옷을 사는 거 불안하지 않아? 나는 사이즈나 옷감이 상상과 다르거나 할 것 같아서, 한 번도 산 적이 없어.

F : 그래? 나는 몇 번이나 사고 있는데, 의외로 아무렇지도 않아. 게다가, 그러한 것은 상품 페이지에 자세하게 쓰여 있으니까, 상상과 다르다던가 하는 건 없어.

M : 그렇구나.

F : 응. 문제는 색이려나. 색상은 사진으로밖에 판단할 수 없으니까 말이야.

M : 과연 그렇군. 가격은 어때?

F : 글쎄. 점두 가격과 그렇게까지 다르지 않지 않을까? 가게에 가는 수고나 교통비를 생각하면 이득이라고 생각해. 게다가 차분하게 고를 수 있고, 정말로 추천이야.

여자는 통신 판매로 옷을 사는 것의 단점을 무엇이라고 말하고 있습니까?

[문제지]

1 生地が詳しく書かれてないこと
2 正確な色が分からないこと
3 店舗で買うより値段が高いこと
4 選ぶのに時間がかかること

[문제지]

1 옷감이 자세하게 쓰여 있지 않은 것
2 정확한 색을 알 수 없는 것
3 점포에서 사는 것보다 가격이 비싼 것
4 고르는 데 시간이 걸리는 것

해설 통신 판매로 옷을 사는 것의 단점을 묻는 문제이다. 대화에서, 여자가 問題は色かな。色合いは写真でしか判断できないからね라고 했으므로, 2 正確な色が分からないこと가 정답이다. 선택지 1은 자세히 쓰여있다고 했고, 3은 그렇게까지 다르지 않다고 했으며, 4는 차분하게 고를 수 있어 추천이라고 했으므로 오답이다.

어휘 通販 つうはん 명 통신 판매, 통판　短所 たんしょ 명 단점　気がする きがする 느낌이 들다　気付く きづく 동 알아차리다　似合う にあう 동 어울리다
サイズ 명 사이즈　生地 きじ 명 옷감　想像 そうぞう 명 상상　何度 なんど 명 몇 번　案外 あんがい 명 의외　平気だ へいきだ な형 아무렇지도 않다
商品 しょうひん 명 상품　詳しい くわしい い형 자세하다　色合い いろあい 명 색상　判断 はんだん 명 판단　店頭 てんとう 명 점두, 가게 앞
価格 かかく 명 가격　そこまで 그렇게까지　手間 てま 명 수고　交通費 こうつうひ 명 교통비　お得 おとく 이득　じっくり 부 차분하게
おすすめ 추천　正確だ せいかくだ な형 정확하다　店舗 てんぽ 명 점포

꼭! 알아두기 질문이 短所(단점)를 묻는 경우 지문에서 問題(문제)와 같은 표현이 들리면 주변을 주의 깊게 듣는다.

3 중상

[음성]

テレビでアナウンサーが美術館の館長にインタビューをしています。館長はリニューアルで最も力を入れたところは何だと言っていますか。

M：本日は、今年リニューアルオープンしたこちらの美術館の館長さんにお話を伺いたいと思います。約2年にわたる改修工事を経て、リニューアルオープンを迎えたわけですが、どのように生まれ変わったのでしょうか。

F：はい、まず、本館のとなりに新館を増設することで、スペースが増えました。今後はそちらでワークショップや特別展などのイベントをたくさん企画していきたいと思っています。

M：楽しみですね。

F：そして新館だけでなく施設全体を見直しまして、体の不自由な方やお子様からご年配の方まで、多くの方が利用しやすいように廊下やトイレなどのバリアフリー化を実現しました。

M：どなたでも利用しやすくなったんですね。

F：ええ、今までご迷惑をおかけしていたので、今回のリニューアルで一番熱心に取り組んだ点なんです。そして、館内にカフェを新しく作りました。美術を楽しんだ後に一息つける場所がほしいというお客様からの要望が多かったからです。落ち着いた雰囲気の魅力的なカフェですので是非多くの方にご利用いただきたいですね。

[음성]

텔레비전에서 아나운서가 미술관 관장에게 인터뷰를 하고 있습니다. 관장은 리뉴얼에서 가장 힘을 쏟은 점은 무엇이라고 말하고 있습니까?

M : 오늘은, 올해 리뉴얼 오픈한 이 미술관 관장님에게 이야기를 여쭙고 싶다고 생각합니다. 약 2년에 걸친 개수 공사를 거쳐, 리뉴얼 오픈을 맞이한 것입니다만, 어떤 식으로 싹 바뀐 것일까요?

F : 네, 우선, 본관 옆에 신관을 증설하는 것으로, 공간이 늘었습니다. 앞으로는 그쪽에서 워크숍이나 특별전 등의 이벤트를 많이 기획해나가고 싶다고 생각하고 있습니다.

M : 기대되네요.

F : 그리고 신관뿐만 아니라 시설 전체를 재검토하여, 몸이 불편한 분이나 아이부터 어르신까지, 많은 분이 이용하기 쉽도록 복도나 화장실 등의 배리어 프리화를 실현했습니다.

M : 어느 분이라도 이용하기 쉽게 된 거군요.

F : 네, 지금까지 폐를 끼쳤기 때문에, 이번 리뉴얼에서 가장 열심히 임한 점입니다. 그리고, 관내에 카페를 새롭게 만들었습니다. 미술을 즐긴 후에 한숨 돌릴 수 있는 장소를 바란다는 고객님으로부터의 요청이 많았기 때문입니다. 차분한 분위기의 매력적인 카페이니 꼭 많은 분이 이용해 주셨으면 합니다.

館長はリニューアルで最も力を入れたところは何だと言っていますか。

[문제지]

1 新館の増設

2 イベントを行いやすい空間

3 誰にでも使いやすい設備

4 新設されたカフェ

관장은 리뉴얼에서 가장 힘을 쏟은 점은 무엇이라고 말하고 있습니까?

[문제지]

1 신관의 증설

2 이벤트를 하기 쉬운 공간

3 누구라도 사용하기 편한 설비

4 신설된 카페

해설 관장이 리뉴얼에서 가장 힘을 쏟은 점을 묻는 문제이다. 대화에서, 관장 즉, 여자가 **施設全体を見直しまして、体の不自由な方やお子様からご年配の方まで、多くの方が利用しやすいように廊下やトイレなどのバリアフリー化を実現しました**라고 하고, **今までご迷惑をおかけしていたので、今回のリニューアルで一番熱心に取り組んだ点なんです**라고 했으므로, 3 **誰にでも使いやすい設備**가 정답이다. 선택지 1, 4는 가장 힘을 쏟았다고 언급한 점이 아니고, 2는 이벤트를 하기 쉬운 것이 아니라 이벤트를 많이 기획해나가고 싶다고 했으므로 오답이다.

어휘 **館長** かんちょう 명 관장　**インタビュー** 명 인터뷰　**リニューアル** 명 리뉴얼　**最も** もっとも 부 가장　**力を入れる** ちからをいれる 힘을 쏟다
本日 ほんじつ 명 오늘　**オープン** 명 오픈　**改修** かいしゅう 명 개수　**工事** こうじ 명 공사　**～を経て** ～をへて ~를 거쳐
生まれ変わる うまれかわる 동 싹 바뀌다　**本館** ほんかん 명 본관　**新館** しんかん 명 신관　**増設** ぞうせつ 명 증설　**スペース** 명 공간
今後 こんご 명 앞으로　**ワークショップ** 명 워크숍　**特別展** とくべつてん 명 특별전　**イベント** 명 이벤트　**企画** きかく 명 기획　**施設** しせつ 명 시설
全体 ぜんたい 명 전체　**見直す** みなおす 동 재검토하다　**不自由だ** ふじゆうだ な형 불편하다, 자유롭지않다　**年配** ねんぱい 명 어르신
バリアフリー化 バリアフリーか 명 배리어 프리화　**実現** じつげん 명 실현　**迷惑** めいわく 명 폐　**今回** こんかい 명 이번
熱心だ ねっしんだ な형 열심이다　**取り組む** とりくむ 동 임하다　**館内** かんない 명 관내　**カフェ** 명 카페　**美術** びじゅつ 명 미술
一息つく ひといきつく 한숨 돌리다　**お客様** おきゃくさま 고객님　**要望** ようぼう 명 요청, 요망　**落ち着く** おちつく 동 차분하다
雰囲気 ふんいき 명 분위기　**魅力的だ** みりょくてきだ な형 매력적이다　**空間** くうかん 명 공간　**設備** せつび 명 설비

4 중상

[음성]

職場で女の人と男の人が話しています。男の人はどんな対策がいいと言っていますか。

M：最近、職場のごみが増えたせいで、働く環境がますます悪くなってるっていう意見が多いんだ。昨日の会議でその話になって、僕が対策を考えることになってさ。

F：ごみ箱の数が足りないのよ。もっとあれば、ごみがあふれることもないし、見た目もいいし、清潔にもなるんじゃない？

M：それはそうだけど、ごみ箱を置くスペースが必要になるよね。ただでさえ狭いのに。

F：ああ、そうねえ。ごみの回収にもっと頻繁に来てもらうのはどう？

M：うーん。でも 基本的にごみの回収の回数は決まっていて、増やすと予算オーバーになるんだよね。ごみの量を減らすよう社内に張り紙を貼って呼び掛けたりもしたんだけど、今のところあまり効果が無くてさ。

F：そっか。

M：それで考えたんだけど、ごみを出す時間を決めておくってのはどうかな。回収時間までの１時間の間にごみを出すようにして、清掃員の方に持って行っても

[음성]

직장에서 여자와 남자가 이야기하고 있습니다. 남자는 어떤 대책이 좋다고 말하고 있습니까?

M : 최근, 직장의 쓰레기가 늘어난 탓에, 일하는 환경이 점점 나빠지고 있다는 의견이 많아. 어제 회의에서 그 이야기가 나와서, 내가 대책을 생각하게 되어서 말이야.

F : 쓰레기통 수가 부족한 거야. 더 있으면, 쓰레기가 넘칠 일도 없고, 겉보기에도 좋고, 청결하게도 되는 거 아니야?

M : 그건 그렇지만, 쓰레기통을 놓을 공간이 필요해지지. 그렇지 않아도 좁은데.

F : 아, 그렇구나. 쓰레기 회수를 좀 더 빈번하게 와달라고 하는 건 어때?

M : 음. 하지만 기본적으로 쓰레기 회수의 횟수는 정해져 있어서, 늘리면 예산 오버가 되거든. 쓰레기 양을 줄이도록 사내에 벽보를 붙여서 권고하기도 했는데, 지금으로서는 그다지 효과가 없어서 말이야.

F : 그렇군.

M : 그래서 생각했는데, 쓰레기를 내놓는 시간을 정해둔다는 것은 어떨까? 회수 시간까지의 1시간 사이에 쓰레기를 내놓도록 해서, 청소원 분이 가지고 가주면, 장시간 방치되는 일도 없고.

F : 응, 좋을 지도.

らったら、長時間放置されることもないし。

F：うん、良いかもね。

男の人はどんな対策がいいと言っていますか。

[문제지]

1 社内にごみ箱を増やす

2 ごみ回収の回数を増やす

3 張り紙を貼って呼びかける

4 ごみを捨てられる時間を決める

남자는 어떤 대책이 좋다고 말하고 있습니까?

[문제지]

1 사내에 쓰레기통을 늘린다

2 쓰레기 회수 횟수를 늘린다

3 벽보를 붙여서 권고한다

4 쓰레기를 버릴 수 있는 시간을 정한다

해설 남자가 어떤 대책이 좋다고 하는지를 묻는 문제이다. 대화에서, 남자가 ごみを出す時間を決めておくってのはどうかな。回収時間までの1時間の間にごみを出すようにして、清掃員の方に持って行ってもらったら、長時間放置されることもないし라고 했으므로, 4 ごみを捨てられる時間を決める가 정답이다. 선택지 1은 쓰레기통을 늘릴 공간이 없다고 했고, 2는 예산이 오버된다고 했으며, 3은 효과가 없었다고 했으므로 오답이다.

어휘 職場 しょくば 명 직장　対策 たいさく 명 대책　環境 かんきょう 명 환경　ますます 부 점점　話になる はなしになる 이야기가 나오다
ごみ箱 ごみばこ 명 쓰레기통　数 かず 명 수　足りない たりない 부족하다　あふれる 동 넘치다　見た目 みため 명 겉보기
清潔だ せいけつだ な형 청결하다　スペース 명 공간　ただでさえ 그렇지 않아도　回収 かいしゅう 명 회수　頻繁だ ひんぱんだ な형 빈번하다
基本的だ きほんてきだ な형 기본적이다　回数 かいすう 명 횟수　増やす ふやす 동 늘리다　予算 よさん 명 예산　量 りょう 명 양
減らす へらす 동 줄이다　社内 しゃない 명 사내　張り紙 はりがみ 명 벽보　呼び掛ける よびかける 동 권고하다　今のところ いまのところ 지금으로서는
効果 こうか 명 효과　清掃員 せいそういん 명 청소원　長時間 ちょうじかん 명 장시간　放置 ほうち 명 방치

5 중상

[음성]

テレビでアナウンサーが男の人にインタビューをしています。男の人は今後の取り組みとして最も力を入れることは何だと言っていますか。

F：創立10周年、おめでとうございます。本日はこれからの御社について伺いたいと思います。10周年を機に事業を拡大していくとおっしゃっていましたが。

M：ええ、国内での不動産業の経験を生かして、今後は海外にも拡大していく予定です。そのために今は社内で外国語教育の強化を進めています。

F：今後はグローバル化が期待できるということですね。

M：ええ、今いる社員の語学力ももちろんですが、最も重きを置こうと思っているのは、多様な人材の確保です。国籍や出身地を問わずに採用していくつもりです。

F：では、現地雇用が増えるということでしょうか。

M：海外の支店での採用はもちろんですが、それだけでなく、国内でも同じようにグローバル化を図っていく予定です。

男の人は今後の取り組みとして最も力を入れることは何だと言っていますか。

[문제지]

1 事業の海外展開

[음성]

텔레비전에서 아나운서가 남자에게 인터뷰를 하고 있습니다. 남자는 이후의 대처로써 가장 힘을 쏟는 것은 무엇이라고 말하고 있습니까?

F：창립 10주년, 축하드립니다. 오늘은 앞으로의 귀사에 대해서 여쭙고 싶다고 생각합니다. 10주년을 계기로 사업을 확대해 간다고 말씀하셨는데요.

M：네, 국내에서의 부동산업의 경험을 살려서, 이후는 해외에도 확대해갈 예정입니다. 그러기 위해서 지금은 사내에서 외국어 교육의 강화를 추진하고 있습니다.

F：이후는 글로벌화를 기대할 수 있다는 것이군요.

M：네, 지금 있는 사원의 어학력도 물론입니다만, 가장 중점을 두려고 생각하고 있는 것은, 다양한 인재의 확보입니다. 국적이나 출신지를 불문하고 채용해갈 생각입니다.

F：그럼, 현지 고용이 늘어난다는 것일까요?

M：해외 지점에서의 채용은 물론입니다만, 그뿐만 아니라, 국내에서도 똑같이 글로벌화를 꾀해 나갈 예정입니다.

남자는 이후의 대처로써 가장 힘을 쏟는 것은 무엇이라고 말하고 있습니까?

[문제지]

1 사업의 해외 전개

2 社員の外国語教育
3 外国人の採用
4 海外支店での雇用

2 사원의 외국어 교육
3 외국인 채용
4 해외 지점에서의 고용

해설 이후의 대처로써 무엇에 가장 힘을 쏟고 있는지를 묻는 문제이다. 대화에서, 남자가 **最も重きを置こうと思っているのは、多様な人材の確保です。国籍や出身地を問わずに採用していくつもりです**라고 했으므로, 3 **外国人の採用**가 정답이다. 선택지 1은 가장 힘을 쏟는 것이 아니라 앞으로의 예정이고, 2는 이미 진행하고 있으며, 4는 가장 힘을 쏟는다고 언급한 점이 아니므로 오답이다.

어휘 **インタビュー** 명 인터뷰 **今後** こんご 명 이후, 앞으로 **取り組み** とりくみ 명 대처 **最も** もっとも 부 가장 **力を入れる** ちからをいれる 힘을 쏟다 **創立** そうりつ 명 창립 **周年** しゅうねん 명 주년 **本日** ほんじつ 명 오늘 **御社** おんしゃ 명 귀사 **事業** じぎょう 명 사업 **拡大** かくだい 명 확대 **国内** こくない 명 국내 **不動産業** ふどうさんぎょう 명 부동산업 **生かす** いかす 동 살리다 **海外** かいがい 명 해외 **社内** しゃない 명 사내 **外国語** がいこくご 명 외국어 **強化** きょうか 명 강화 **進める** すすめる 동 추진하다, 진행하다 **グローバル化** グローバルか 명 글로벌화 **期待** きたい 명 기대 **社員** しゃいん 명 사원 **語学力** ごがくりょく 명 어학력 **重き** おもき 명 중점 **多様だ** たようだ な형 다양하다 **人材** じんざい 명 인재 **確保** かくほ 명 확보 **国籍** こくせき 명 국적 **出身地** しゅっしんち 명 출신지 **採用** さいよう 명 채용 **現地** げんち 명 현지 **雇用** こよう 명 고용 **支店** してん 명 지점 **図る** はかる 동 꾀하다 **展開** てんかい 명 전개

6 상

[음성]

テレビで女の人が話しています。女の人は施設の名前を売るのは何のためだと言っていますか。

F：最近、公共の場所の命名権を売るという動きがあります。例えばコンサートホールやスポーツ施設など行政が所有している施設の名称を一定期間、企業に買い取ってもらうのです。それによって得た収入は施設の管理にかかる費用などにあてられます。人口が減り、税金収入も減少している市や町にとって施設の維持費は大きな負担になっていますから。また、企業としてもコンサートホールなどに企業名や商品名を付けることで広告効果が期待できます。しかし最近では、道や海岸の名前まで売るような自治体も現れ、問題となっているのも見逃すわけにはいきません。

女の人は施設の名前を売るのは何のためだと言っていますか。

[문제지]

1 施設を維持するため
2 人口減少を止めるため
3 税金を安くするため
4 企業を宣伝するため

[음성]

텔레비전에서 여자가 이야기하고 있습니다. 여자는 시설의 이름을 파는 것은 무엇을 위해서라고 말하고 있습니까?

F : 최근, 공공장소의 명명권을 판다는 움직임이 있습니다. 예를 들면 콘서트홀이나 스포츠 시설 등 행정이 소유하고 있는 시설의 명칭을 일정 기간, 기업이 매입해 주는 것입니다. 그로 인해 얻은 수입은 시설 관리에 드는 비용 등에 충당할 수 있습니다. 인구가 줄고, 세금 수입도 감소하고 있는 시나 동네에 있어서 시설의 유지비는 커다란 부담이 되고 있기 때문에요. 또, 기업으로서도 콘서트홀 등에 기업명이나 상품명을 붙이는 것으로 광고 효과를 기대할 수 있습니다. 하지만 최근에는, 길이나 해안의 이름까지 판다는 자치체도 나타나, 문제가 되고 있는 것도 눈감아 줄 수는 없습니다.

여자는 시설의 이름을 파는 것은 무엇을 위해서라고 말하고 있습니까?

[문제지]

1 시설을 유지하기 위해
2 인구 감소를 막기 위해
3 세금을 싸게 하기 위해
4 기업을 선전하기 위해

해설 시설의 이름을 파는 것은 무엇을 위해서인지 묻는 문제이다. 여자가 **それによって得た収入は施設の管理にかかる費用などにあてられます。人口が減り、税金収入も減少している市や町にとって施設の維持費は大きな負担になっていますから**라고 했으므로, 1 **施設を維持するため**가 정답이다. 선택지 2는 인구의 감소가 시설 유지에 부담이 되는 원인이라고 했고, 3은 세금 수입이 감소하고 있다고 했으며, 4는 기업 입장에서 기대되는 효과이므로 오답이다.

어휘 **施設** しせつ 명 시설 **公共** こうきょう 명 공공 **命名権** めいめいけん 명 명명권 **動き** うごき 명 움직임 **コンサートホール** 명 콘서트홀 **行政** ぎょうせい 명 행정 **所有** しょゆう 명 소유 **名称** めいしょう 명 명칭 **一定** いってい 명 일정 **期間** きかん 명 기간 **企業** きぎょう 명 기업

買い取る かいとる [동] 매입하다　得る える [동] 얻다　収入 しゅうにゅう [명] 수입　管理 かんり [명] 관리　費用 ひよう [명] 비용　あてる [동] 충당하다
減る へる [동] 줄다　税金 ぜいきん [명] 세금　減少 げんしょう [명] 감소　維持費 いじひ [명] 유지비　負担 ふたん [명] 부담
企業名 きぎょうめい [명] 기업명　商品名 しょうひんめい [명] 상품명　広告 こうこく [명] 광고　効果 こうか [명] 효과　期待 きたい [명] 기대
自治体 じちたい [명] 자치체　現れる あらわれる [동] 나타나다　見逃す みのがす [동] 눈감아 주다　維持 いじ [명] 유지　宣伝 せんでん [명] 선전

☞ **문제** 3은 문제지에 아무것도 인쇄되어 있지 않습니다. 따라서, 예제를 들려줄 때, 그 내용을 들으면서 p.20 개요 이해의 문제 풀이 전략을 떠올려 봅니다. 음성에서 では、始めます(그러면, 시작합니다)가 들리면, 곧바로 문제 풀 준비를 합니다. 디렉션과 예제는 실전모의고사 제1회의 해설(p.39)에서 확인할 수 있습니다.

1 중상

[음성]

テレビで女の人が話しています。

F：都会を中心に心の病に悩んでいる人が増加しつつあります。医師の診察を受けることはもとより、治療の一つとして注目を集めているのが園芸療法です。園芸とは、植物や野菜を育てることですが、これをすることにより、心の回復が見られるそうです。患者自身に規則的な生活のリズムが生まれ、園芸作業そのものに楽しみを感じたり、やりがいや達成感を味わうこともできるのです。その上、園芸という活動を媒介として、他の人とのコミュニケーションも得ることができます。人との関わりを通じて、社会との繋がりを取り戻せるなど素晴らしい効果が報告されています。

女の人は何について話していますか。

1 心の病を引き起こす背景
2 園芸で社会と繋がる方法
3 心の病気を治すための環境
4 園芸による病気への効果

[음성]

텔레비전에서 여자가 이야기하고 있습니다.

F : 도시를 중심으로 마음의 병으로 괴로워하고 있는 사람이 증가하고 있습니다. 의사의 진찰을 받는 것은 물론이고, 치료의 하나로써 주목을 모으고 있는 것이 원예 요법입니다. 원예란, 식물이나 야채를 키우는 것입니다만, 이것을 하는 것으로 인해, 마음의 회복을 볼 수 있다고 합니다. 환자 자신에게 규칙적인 생활의 리듬이 생기고, 원예 작업 그 자체에 즐거움을 느끼거나, 보람이나 달성감을 맛보는 것도 가능한 것입니다. 게다가, 원예라는 활동을 매개로 해서, 다른 사람과의 커뮤니케이션도 얻을 수 있습니다. 사람과의 관계를 통해서, 사회와의 유대를 되찾을 수 있는 등 훌륭한 효과가 보고되고 있습니다.

여자는 무엇에 대해서 이야기하고 있습니까?

1 마음의 병을 일으키는 배경
2 원예로 사회와 이어지는 방법
3 마음의 병을 고치기 위한 환경
4 원예에 의한 병으로의 효과

해설 여자가 텔레비전에서 어떤 이야기를 하는지 전체적인 흐름을 파악하며 주의 깊게 듣는다. 여자가 '治療の一つとして注目を集めているのが園芸療法です', '患者自身に規則的な生活のリズムが生まれ、園芸作業そのものに楽しみを感じたり、やりがいや達成感を味わうこともできるのです'라고 했다. 질문에서 여자가 무엇에 대해 이야기하고 있는지 묻고 있으므로, 4 園芸による病気への効果가 정답이다.

어휘 都会 とかい [명] 도시　中心 ちゅうしん [명] 중심　病 やまい [명] 병　悩む なやむ [동] 괴로워하다　増加 ぞうか [명] 증가　医師 いし [명] 의사
診察 しんさつ [명] 진찰　治療 ちりょう [명] 치료　注目 ちゅうもく [명] 주목　園芸 えんげい [명] 원예　療法 りょうほう [명] 요법　植物 しょくぶつ [명] 식물
回復 かいふく [명] 회복　患者 かんじゃ [명] 환자　自身 じしん [명] 자신　規則的だ きそくてきだ [な형] 규칙적이다　リズム [명] 리듬　作業 さぎょう [명] 작업
感じる かんじる [동] 느끼다　やりがい [명] 보람　達成感 たっせいかん [명] 달성감　味わう あじわう [동] 맛보다　活動 かつどう [명] 활동
媒介 ばいかい [명] 매개　コミュニケーション [명] 커뮤니케이션　得る える [동] 얻다　関わり かかわり [명] 관계　通じる つうじる [동] 통하다
繋がり つながり [명] 유대　取り戻す とりもどす [동] 되찾다　効果 こうか [명] 효과　報告 ほうこく [명] 보고　引き起こす ひきおこす [동] 일으키다
背景 はいけい [명] 배경　繋がる つながる [동] 이어지다　方法 ほうほう [명] 방법　治す なおす [동] 고치다　環境 かんきょう [명] 환경

2 중상

[음성]

授業で先生が話しています。

M：近頃、当たり前だと考えられていた一日三食の食生活を疑問視する声が挙がっています。日本では江

[음성]

수업에서 선생님이 이야기하고 있습니다.

M : 최근, 당연하다고 생각되고 있었던 하루 세 끼의 식생활을 의문시하는 목소리가 높아지고 있습니다. 일본에서는 에도 시대

戸時代の後半からその習慣が広まったと言われており、灯火の普及で活動時間が延びたこと、労働による活動量が増えたことが理由とされています。しかし、運動量が少ない現代人にとっては、過剰なカロリー摂取に繋がるという理由から、三食を推奨しないとする学者が増えています。確かに、一理あるとは思いますが、十分なカロリーを取らなくてはならない成長期の子どもや運動量が多い人たちもいますから、一概には言えません。つまり、固定概念を無くし、自分にあった回数を見極めることが重要なのです。

의 후반부터 그 습관이 퍼졌다고 일컬어지고 있고, 등불의 보급으로 활동 시간이 늘어난 점, 노동에 의한 활동량이 늘어난 점이 이유로 여겨지고 있습니다. 하지만, 운동량이 적은 현대인에게 있어서는, 과잉한 칼로리 섭취로 이어진다는 이유에서, 세 끼를 권장하지 않는다는 학자가 늘고 있습니다. 확실히, 일리 있다고는 생각합니다만, 충분한 칼로리를 취하지 않으면 안 되는 성장기 아이나 운동량이 많은 사람들도 있기 때문에, 일률적으로는 말할 수 없습니다. 즉, 고정 관념을 없애고, 자신에게 맞는 횟수를 판별하는 것이 중요한 것입니다.

授業のテーマは何ですか。

1 江戸時代後期の食生活
2 食事の回数に関する考え方
3 一日三食のメリットとデメリット
4 成長期に必要なカロリーの量

수업의 테마는 무엇입니까?

1 에도시대 후기의 식생활
2 식사 횟수에 관한 사고방식
3 하루 세 끼의 장점과 단점
4 성장기에 필요한 칼로리의 양

해설 선생님이 수업에서 어떤 이야기를 하는지 전체적인 흐름을 파악하여 주의 깊게 듣는다. 선생님이 '一日三食の食生活を疑問視する声が挙がっています', '運動量が少ない現代人にとっては、過剰なカロリー摂取に繋がるという理由から、三食を推奨しないとする学者が増えています', '固定概念を無くし、自分にあった回数を見極めることが重要なのです'라고 했다. 질문에서 수업의 테마에 대해 묻고 있으므로, 2 食事の回数に関する考え方가 정답이다.

어휘 近頃 ちかごろ 명 최근　当たり前だ あたりまえだ な형 당연하다　三食 さんしょく 명 세 끼　食生活 しょくせいかつ 명 식생활　疑問視 ぎもんし 명 의문시　挙がる あがる 동 높아지다　日本 にほん 명 일본　江戸時代 えどじだい 명 에도 시대　後半 こうはん 명 후반　広まる ひろまる 동 퍼지다　灯火 とうか 명 등불　普及 ふきゅう 명 보급　活動 かつどう 명 활동　延びる のびる 동 늘어나다　労働 ろうどう 명 노동　活動量 かつどうりょう 명 활동량　運動量 うんどうりょう 명 운동량　現代人 げんだいじん 명 현대인　過剰だ かじょうだ な형 과잉이다　カロリー 명 칼로리　摂取 せっしゅ 명 섭취　繋がる つながる 동 이어지다　推奨 すいしょう 명 권장　学者 がくしゃ 명 학자　一理ある いちりある 일리 있다　成長期 せいちょうき 명 성장기　一概に いちがいに 부 일률적으로　つまり 부 즉　固定 こてい 명 고정　概念 がいねん 명 관념, 개념　回数 かいすう 명 횟수　見極める みきわめる 동 판별하다　重要だ じゅうようだ な형 중요하다　後期 こうき 명 후기　考え方 かんがえかた 명 사고방식　メリット 명 장점　デメリット 명 단점　量 りょう 명 양

3 중상

[음성]

テレビでレポーターが話しています。

M：ある自動車メーカーが、技術開発の拠点とするための新しい都市計画に取り組み始めています。その町では車やロボット、住宅などがインターネットで繋がり、それらのデータを活用して完全自動運転の車などの諸サービスを現実化するという計画があります。そこで開発が期待されているのは自動運転の車です。自動運転の安全性が確かなものになれば、運転に集中していた時間から人々が解放され、自動車は単なる移動手段ではなく、移動をしながら会議や趣味の時間を過ごせる場所になります。また、自動化により、車を必要な時に呼び出して使うというようなサービスの実用化も期待されています。車は今、

[음성]

텔레비전에서 리포터가 이야기하고 있습니다.

M : 어떤 자동차 메이커가, 기술 개발의 거점으로 하기 위한 새로운 도시 계획에 착수하기 시작하고 있습니다. 그 마을에서는 자동차나 로봇, 주택 등이 인터넷으로 연결되고, 그것들의 데이터를 활용해서 완전 자동 운전 자동차 등의 모든 서비스를 현실화한다고 하는 계획이 있습니다. 그래서 개발이 기대되고 있는 것은 자동 운전 자동차입니다. 자동 운전의 안전성이 확실한 것이 되면, 운전에 집중하고 있던 시간으로부터 사람들이 해방되어, 자동차는 단순한 이동 수단이 아니라, 이동을 하면서 회의나 취미 시간을 보낼 수 있는 장소가 됩니다. 또, 자동화에 의해, 차를 필요한 때에 불러내서 쓰는 것과 같은 서비스의 실용화도 기대되고 있습니다. 차는 지금, 새로운 변혁기를 맞이하고 있는 것입니다.

新たな変革期を迎えているのです。

レポーターは何について伝えていますか。

1 **未来社会における自動車の役割**
2 インターネットでつながる未来の都市
3 自動運転の車が実用化される条件
4 都市計画が実現する可能性

리포터는 무엇에 대해서 전하고 있습니까?

1 **미래 사회에 있어서의 자동차의 역할**
2 인터넷으로 연결되는 미래 도시
3 자동 운전 자동차가 실용화되는 조건
4 도시 계획이 실현될 가능성

해설 리포터가 텔레비전에서 어떤 이야기를 하는지 전체적인 흐름을 파악하여 주의 깊게 듣는다. 리포터가 'ある自動車メーカーが、技術開発の拠点とするための新しい都市計画に取り組み始めています', '開発が期待されているのは自動運転の車です', '自動車は単なる移動手段ではなく、移動をしながら会議や趣味の時間を過ごせる場所になります', '車を必要な時に呼び出して使うというようなサービスの実用化も期待されています'라고 했다. 질문에서 리포터가 무엇에 대해 전하고 있는지 묻고 있으므로, 1 未来社会における自動車の役割가 정답이다.

어휘 レポーター 명 리포터　メーカー 명 메이커, 제조 회사　開発 かいはつ 명 개발　拠点 きょてん 명 거점　都市 とし 명 도시
取り組む とりくむ 동 착수하다　ロボット 명 로봇　住宅 じゅうたく 명 주택　インターネット 명 인터넷　繋がる つながる 동 연결되다
データ 명 데이터　活用 かつよう 명 활용　完全 かんぜん 명 완전　自動 じどう 명 자동　諸サービス しょサービス 명 모든 서비스
現実化 げんじつか 명 현실화　期待 きたい 명 기대　安全性 あんぜんせい 명 안전성　集中 しゅうちゅう 명 집중　人々 ひとびと 명 사람들
解放 かいほう 명 해방　単なる たんなる 단순한　移動 いどう 명 이동　手段 しゅだん 명 수단　過ごす すごす 동 보내다　自動化 じどうか 명 자동화
呼び出す よびだす 동 불러내다　サービス 명 서비스　実用化 じつようか 명 실용화　新ただ あらただ な형 새롭다　変革期 へんかくき 명 변혁기
未来 みらい 명 미래　役割 やくわり 명 역할　条件 じょうけん 명 조건　実現 じつげん 명 실현　可能性 かのうせい 명 가능성

4 중상

[음성]

ラジオで男の人が話しています。

M：孤独な人の社会的孤立は国を挙げて取り組むべき社会問題になってきています。孤独を感じている人が増加しており、この問題を放置しておくと、孤独によるストレスや、活動量の低下がもたらす運動不足が原因の病気が増加し、国の負担も増えるからです。近年、家庭を持たない人も増え、一人暮らしが増加しています。さらに、ITの技術の発展と共に、人と人が実際に会って交流する機会も減少していくでしょう。昔ながらのおせっかいな近所付き合いが失われつつある今、現代社会の孤独を癒すのは容易ではないのです。

男の人は何について話していますか。

1 孤独な人が抱える問題点
2 人が社会から孤立していく原因
3 孤独な人に対する国の対策
4 **社会全体で孤独を解決すべき理由**

[음성]

라디오에서 남자가 이야기하고 있습니다.

M : 고독한 사람의 사회적 고립은 거국적으로 대처해야 할 사회 문제가 되어 오고 있습니다. 고독을 느끼고 있는 사람이 증가하고 있어, 이 문제를 방치해두면, 고독에 의한 스트레스나, 활동량 저하가 초래하는 운동 부족이 원인인 병이 증가하여, 나라의 부담도 늘기 때문입니다. 근래, 가정을 가지지 않는 사람도 늘어, 독신 생활이 증가하고 있습니다. 게다가, IT 기술의 발전과 함께, 사람과 사람이 실제로 만나서 교류할 기회도 감소해 가겠죠. 옛날부터 있었던 쓸데없는 참견을 하는 이웃과의 교제가 상실되고 있는 지금, 현대 사회의 고독을 치유하는 것은 용이하지 않은 것입니다.

남자는 무엇에 대해서 이야기하고 있습니까?

1 고독한 사람이 안은 문제점
2 사람이 사회로부터 고립해 가는 원인
3 고독한 사람에 대한 나라의 대책
4 **사회 전체로서 고독을 해결해야 하는 이유**

해설 남자가 라디오에서 어떤 이야기를 하는지 전체적인 흐름을 파악하여 주의 깊게 듣는다. 남자가 '孤独な人の社会的孤立は国を挙げて取り組むべき社会問題になってきています', '孤独によるストレスや、活動量の低下がもたらす運動不足が原因の病気が増加し、国の負担も増えるからです', '現代社会の孤独を癒すのは容易ではないのです'라고 했다. 질문에서 남자가 무엇에 대해 이야기하고 있는지 묻고 있으므로, 4 社会全体で孤独を解決すべき理由가 정답이다.

어휘 孤独だ こどくだ [な형] 고독하다　社会的だ しゃかいてきだ [な형] 사회적이다　孤立 こりつ [명] 고립　国を挙げて くにをあげて 거국적으로
取り組む とりくむ [동] 대처하다　孤独 こどく [명] 고독　感じる かんじる [동] 느끼다　増加 ぞうか [명] 증가　放置 ほうち [명] 방치　ストレス [명] 스트레스
活動量 かつどうりょう [명] 활동량　低下 ていか [명] 저하　もたらす [동] 초래하다　運動不足 うんどうぶそく [명] 운동 부족　負担 ふたん [명] 부담
近年 きんねん [명] 근래　一人暮らし ひとりぐらし [명] 독신 생활　さらに [부] 게다가　発展 はってん [명] 발전　実際 じっさい [명] 실제
交流 こうりゅう [명] 교류　減少 げんしょう [명] 감소　昔ながら むかしながら [부] 옛날부터 있었던, 옛날 그대로의　おせっかいだ 쓸데없는 참견을 하다
近所付き合い きんじょづきあい 이웃과의 교제　失う うしなう [동] 상실하다, 잃다　現代 げんだい [명] 현대　癒す いやす [동] 치유하다
容易だ よういだ [な형] 용이하다　抱える かかえる [동] 안다　問題点 もんだいてん [명] 문제점　対策 たいさく [명] 대책　解決 かいけつ [명] 해결

5　중상

[음성]

大学で先生が話しています。

F：えー、今年4月から高齢者を雇用する法律が改正され、70歳までの就業機会が確保されるようになります。これは、公的年金の開始年齢の引き上げと、平均寿命の延長に伴って見直されたものです。企業と話し合い、定年の廃止や再雇用を希望することもできますが、誰もが70歳まで同じ会社に勤められるということではありません。単純に定年を延ばすという目的ではなく、就業や起業、社会貢献活動をする際に年齢が障害にならないような環境を作るためのもので、高齢者の働き方に関して選択肢が増えたと考えるべきでしょう。つまり、経済的負担の軽減に加え、やりがいを感じながら人生を送れるよう考えられた制度なのです。

先生は何について話していますか。

1 高齢者が働く環境
2 高齢者を雇用する際の問題点
3 雇用年齢を引き上げた理由
4 高齢者の働き方の多様性

[음성]

대학에서 선생님이 이야기하고 있습니다.

F : 음, 올해 4월부터 고령자를 고용하는 법률이 개정되어, 70세까지의 취업 기회가 확보되게 되었습니다. 이것은, 공적 연금의 개시 연령 인상과, 평균 수명의 연장에 따라 재검토된 것입니다. 기업과 의논해서, 정년의 폐지나 재고용을 희망하는 것도 가능합니다만, 누구나가 70세까지 같은 회사에 근무할 수 있다는 것은 아닙니다. 단순하게 정년을 늘린다는 목적이 아니라, 취업이나 창업, 사회 공헌 활동을 할 때에 연령이 장애가 되지 않는 환경을 만들기 위한 것으로, 고령자의 일하는 방식에 관해 선택지가 늘었다고 생각해야겠지요. 즉, 경제적 부담의 경감에 더해, 보람을 느끼면서 인생을 보낼 수 있도록 생각된 제도인 것입니다.

선생님은 무엇에 대해서 이야기하고 있습니까?

1 고령자가 일하는 환경
2 고령자를 고용할 때의 문제점
3 고용 연령을 인상한 이유
4 고령자가 일하는 방식의 다양성

해설 선생님이 대학에서 어떤 이야기를 하는지 전체적인 흐름을 파악하여 주의 깊게 듣는다. 선생님이 '今年4月から高齢者を雇用する法律が改正され、70歳までの就業機会が確保されるようになります', '就業や起業、社会貢献活動をする際に年齢が障害にならないような環境を作るためのもので, 経済的負担の軽減に加え、やりがいを感じながら人生を送れるよう考えられた制度なのです'라고 했다. 질문에서 선생님이 무엇에 대해 이야기하고 있는지 묻고 있으므로, 3 雇用年齢を引き上げた理由가 정답이다.

어휘 高齢者 こうれいしゃ [명] 고령자　雇用 こよう [명] 고용　改正 かいせい [명] 개정　就業 しゅうぎょう [명] 취업　確保 かくほ [명] 확보　公的 こうてき [명] 공적
年金 ねんきん [명] 연금　開始 かいし [명] 개시　年齢 ねんれい [명] 연령　引き上げ ひきあげ [명] 인상　平均 へいきん [명] 평균　寿命 じゅみょう [명] 수명
延長 えんちょう [명] 연장　見直す みなおす [동] 재검토하다　企業 きぎょう [명] 기업　話し合う はなしあう [동] 의논하다　定年 ていねん [명] 정년
廃止 はいし [명] 폐지　再雇用 さいこよう [명] 재고용　希望 きぼう [명] 희망　単純だ たんじゅんだ [な형] 단순하다　延ばす のばす [동] 늘리다
目的 もくてき [명] 목적　起業 きぎょう [명] 창업, 새로이 사업을 일으킴　貢献 こうけん [명] 공헌　活動 かつどう [명] 활동　障害 しょうがい [명] 장애
環境 かんきょう [명] 환경　働き方 はたらきかた [명] 일하는 방식　選択肢 せんたくし [명] 선택지　つまり [부] 즉　経済的だ けいざいてきだ [な형] 경제적이다
負担 ふたん [명] 부담　軽減 けいげん [명] 경감　やりがい [명] 보람　感じる かんじる [동] 느끼다　人生 じんせい [명] 인생　制度 せいど [명] 제도
問題点 もんだいてん [명] 문제점　引き上げる ひきあげる [동] 인상하다　多様性 たようせい [명] 다양성

☞ 문제 4는 문제지에 아무것도 인쇄되어 있지 않습니다. 따라서, 예제를 들려줄 때, 그 내용을 들으면서 p.21 즉시 응답의 문제 풀이 전략을 떠올려 봅니다. 음성에서 では、始めます(그러면, 시작합니다)가 들리면, 곧바로 문제 풀 준비를 합니다. 디렉션과 예제는 실전모의고사 제1회의 해설(p.44)에서 확인할 수 있습니다.

1 중상

[음성]	[음성]
M：交渉次第で何とかなると思ったんだけど、見通しが甘かったよ。	M : 교섭에 따라 어떻게든 될 거라고 생각했는데, 예상이 안이했어.
F：1 うまくいきそうでよかった。	F : 1 잘 될 것 같아서 다행이야.
2 交渉しなくても、うまくいったんだ。	2 교섭하지 않아도, 잘 되었구나.
3 それは困ったね。	**3 그건 곤란하네.**

해설 남자가 예상과 달리 교섭이 잘 되지 않아 낙담하는 상황이다.

1 (X) 잘 되지않아 낙담하는 남자의 말과 맞지 않다.

2 (X) 교섭을 하고 왔으므로 상황과 맞지 않다.

3 (O) 교섭이 잘 되지 않은 상황에 공감하고 있으므로 적절한 응답이다.

어휘 **交渉** こうしょう 명 교섭　**何とか** なんとか 부 어떻게든　**見通し** みとおし 명 예상, 전망　**うまくいく** 잘 되다

2 중상

[음성]	[음성]
M：昨日のサッカーの試合、かろうじて勝ててほっとしたよ。	M : 어제 축구 시합, 가까스로 이겨서 안심했어.
F：1 うん、勝てると思ったのにね。	F : 1 응, 이길 수 있다고 생각했었는데.
2 うん、負けるかと思ってたよ。	**2 응, 지는건가 생각했어.**
3 うん、安心して見てられたよ。	3 응, 안심하고 보고 있을 수 있었어.

해설 남자가 시합에 가까스로 이겨서 안심하는 상황이다.

1 (X) 이겼다고 한 남자의 말과 맞지 않다.

2 (O) 가까스로 이긴 상황에 대한 자신의 생각을 말하고 있으므로 적절한 응답이다.

3 (X) 安心을 반복 사용하여 혼동을 준 오답이다.

어휘 **サッカー** 명 축구　**かろうじて** 부 가까스로　**ほっとする** 안심하다

3 중

[음성]	[음성]
F：林君、このレポート、内容は申し分ないけど、表の配置どうにかなんない？	F : 하야시 군, 이 리포트, 내용은 흠잡을 데 없는데, 표의 배치 어떻게 안 돼?
M：1 はい、すぐ内容の変更を検討してみます。	M : 1 네, 바로 내용 변경을 검토해보겠습니다.
2 あ、じゃ、表はこのままにしておきます。	2 아, 그럼, 표는 이대로 해두겠습니다.
3 では、位置を変えて、作り直してみます。	**3 그러면, 위치를 바꿔서, 다시 만들어보겠습니다.**

해설 여자가 남자에게 내용은 흠잡을 데 없는데, 표의 배치를 어떻게 할 수 없는지 피드백을 주는 상황이다.

1 (X) 내용은 흠잡을 데 없다고 했는데 내용을 바꾸겠다고 했으므로 오답이다.

2 (X) 표의 배치가 좋지 않다고 지적했는데 표를 그대로 두겠다고 했으므로 오답이다.

3 (O) 표의 배치가 안 좋다는 여자의 피드백에 다시 만들겠다고 하고 있으므로 적절한 응답이다.

어휘 **内容** ないよう 명 내용　**申し分ない** もうしぶんない 흠잡을 데 없다　**配置** はいち 명 배치　**変更** へんこう 명 변경　**検討** けんとう 명 검토　**位置** いち 명 위치　**作り直す** つくりなおす 동 다시 만들다

4 중상

[음성]	[음성]
F：高橋君、この前の出張の報告書だけど、ここまで細	F : 다카하시 군, 요전 출장의 보고서 말인데, 이렇게까지 자세하

かく書かなくても。

M：1 よかった。もう書かなくてもいいんですね。
2 すみません。ちょっと詳し過ぎましたね。
3 わかりました。もっと字を大きくしてみます。

게 쓰지 않아도.

M：1 다행이다. 이제 쓰지 않아도 되는 거군요.
2 죄송합니다. 좀 너무 자세했네요.
3 알겠습니다. 좀 더 글자를 크게 해보겠습니다.

해설 여자가 남자에게 출장 보고서를 너무 자세히 쓰지 않아도 된다고 지적하는 상황이다.
1 (X) 지적에 대해 よかった는 적절한 응답이 아니다.
2 (O) 출장 보고서가 너무 자세했다는 여자의 말을 인정하고 있으므로 적절한 응답이다.
3 (X) 질문에서 '자세하다'라는 뜻으로 쓰인 細かい의 다른 뜻인 '작다'와 관련된 大きい(크다)를 사용하여 혼동을 준 오답이다.

어휘 出張 しゅっちょう 명 출장　報告書 ほうこくしょ 명 보고서　詳しい くわしい い형 자세하다

5 중상

[음성]

F：地域の皆さんの協力なしには、このイベントは成功しなかったですよね。

M：1 本当にありがたかったよ。
2 頑張ったのに、残念だったよね。
3 もっと助けてもらえると思ったんだけど。

[음성]

F：지역 여러분의 협력 없이는, 이 이벤트는 성공하지 않았겠죠.

M：1 정말로 감사했어.
2 분발했는데, 유감이었지.
3 좀 더 도와주실 수 있을 거라고 생각했는데.

해설 지역의 협력 덕분에 이벤트를 성공했다며 감사해하는 상황이다.
1 (O) 지역 사람들에게 감사해하는 상황에 동의하고 있으므로 적절한 응답이다.
2 (X) 성공했다는 여자의 말과 맞지 않다.
3 (X) 協力(협력)와 관련된 助ける(도와주다)를 활용하여 혼동을 준 오답이다.

어휘 地域 ちいき 명 지역　協力 きょうりょく 명 협력　イベント 명 이벤트　成功 せいこう 명 성공　ありがたい い형 감사하다
残念だ ざんねんだ な형 유감이다　助ける たすける 동 돕다

6 중상

[음성]

M：ちょっとぶつけただけなのに、彼女のあの痛がりようったら。

F：1 すごく痛かったはずなのにね。
2 いつも大げさだよね。
3 ぜんぜん痛くなかったのかな。

[음성]

M：조금 부딪친 것뿐인데, 그녀의 그 아파하는 모습이란.

F：1 굉장히 아팠을 텐데 말이야.
2 언제나 야단스럽지.
3 전혀 아프지 않았던 걸까?

해설 남자가 조금 부딪친 것뿐인데 그녀가 지나치게 아파했다고 한심해하는 상황이다.
1 (X) 조금 부딪친 것뿐이라는 남자의 말과 맞지 않다.
2 (O) 그녀가 지나치게 아파한다는 남자의 의견에 동의하는 적절한 응답이다.
3 (X) 아파했다는 남자의 말과 맞지 않다.

어휘 ぶつける 동 부딪치다　痛がる いたがる 명 아파하다　〜ったら ~이란　大げさだ おおげさだ な형 야단스럽다

꼭! 알아두기 〜ったら(~이란)는 화제에 대해 비판적인 태도를 나타내는 표현이므로 동의하거나 공감하는 내용의 선택지를 정답으로 고른다.

7 중상

[음성]

M：我が社の技術をもってすれば、目標を達成できると思われますが。

[음성]

M：우리 회사의 기술을 사용하면, 목표를 달성할 수 있다고 생각됩니다만.

F：1 では、すぐ持って行きましょう。	F：1 그럼, 바로 가지고 갑시다.
2 ええ、技術には自信がありますからね。	**2 네, 기술에는 자신이 있으니까요.**
3 我が社の技術でも無理でしたか。	3 우리 회사의 기술로도 무리였습니까?

해설 남자가 우리 회사의 기술을 사용하면 목표를 달성할 수 있다고 설득하는 상황이다.

1 (X) もってすれば와 발음이 비슷한 持って(もって)를 사용하여 혼동을 준 오답이다.

2 (O) 남자의 말에 동의하며 설득을 보조하고 있으므로 적절한 응답이다.

3 (X) 우리 회사의 기술을 사용하면 목표를 달성할 수 있다는 남자의 말과 맞지 않다.

어휘 **我が社** わがしゃ 우리 회사　**～をもってすれば** ~을 사용하면　**目標** もくひょう 명 목표　**達成** たっせい 명 달성　**自信** じしん 명 자신

8 상

[음성]	[음성]
F：昨日の会議で、新商品の発売、見合わせることが決まったんだって。	F：어제의 회의에서, 신상품 발매, 잠시 미루는 것이 정해졌대.
M：1 いい商品なのに残念だね。	**M：1 좋은 상품인데 유감이네.**
2 よかった。すぐ準備しないと。	2 다행이다. 바로 준비하지 않으면.
3 じゃ、次の会議で決まりか。	3 그럼, 다음 회의에서 결정인가.

해설 여자가 어제 회의에서 신상품 발매가 연기되었다는 사실을 공유하는 상황이다.

1 (O) 신상품 발매가 연기된 사실에 아쉬워하고 있으므로 적절한 응답이다.

2 (X) 발매가 미루어졌다는 여자의 말과 맞지 않다.

3 (X) 어제 회의에서 결정되었다는 여자의 말과 맞지 않다.

어휘 **新商品** しんしょうひん 명 신상품　**発売** はつばい 명 발매　**見合わせる** みあわせる 동 잠시 미루다　**商品** しょうひん 명 상품　**決まり** きまり 명 결정

9 중상

[음성]	[음성]
F：今さら要望を出したところで、改善してくれそうにないですよ。	F：이제 와서 요망을 내봤자, 개선해 줄 것 같지 않아요.
M：1 では、もっと要望を出しましょう。	M：1 그럼, 좀 더 요망을 냅시다.
2 要望を出すのが早すぎましたね。	2 요망을 내는 것이 너무 빨랐네요.
3 何を言っても無駄ということですか。	**3 무엇을 말해도 소용없다는 건가요?**

해설 여자가 요망을 내봤자 개선해 줄 것 같지 않다며 포기하는 상황이다.

1 (X) では 뒤에는 요망을 내지 말자는 내용이 나와야 하므로 오답이다.

2 (X) 요망을 내지 않은 상황에 요망을 내는 것이 너무 빨랐다고 했으므로 오답이다.

3 (O) 여자의 말을 다시 한 번 확인하고 있으므로 적절한 응답이다.

어휘 **今さら** いまさら 부 이제 와서　**要望** ようぼう 명 요망　**改善** かいぜん 명 개선　**無駄** むだ 명 소용없음

10 중상

[음성]	[음성]
F：もっと早く上司に報告しておけば、あんなにこじれなかったものを。	F：좀 더 빨리 상사에게 보고해두면, 저렇게 꼬이지 않았을 것을.
M：1 ああ、こじれる前でよかったよ。	M：1 아, 꼬이기 전이라 다행이야.
2 やっぱり、早く報告したのがよかったんだね。	2 역시, 빨리 보고한 것이 다행이었네.
3 うん、すぐ言っとくべきだったよね。	**3 응, 바로 말해뒀야 했어.**

해설 여자가 더 빨리 상사에게 보고했다면 꼬이지 않았을 거라며 후회하는 상황이다.

1 (X) 꼬이지 않았을 것을, 즉 이미 꼬였다는 여자의 말과 맞지 않다.

2 (X) 상사에게 보고해두면, 즉 보고하지 않았다는 여자의 말과 맞지 않다.

3 (O) 빨리 상사에게 보고해두었다면 꼬이지 않았을 거라는 여자의 생각에 동의하는 적절한 응답이다.

어휘 **上司** じょうし 명 상사 **報告** ほうこく 명 보고 **こじれる** 동 꼬이다 **～ものを** ~것을

꼭! 알아두기 ～ものを(~것을)로 말이 끝나면 일어나지 않은 일을 가정하며 현재 상황에 대한 안타까움을 드러내므로 동의하거나 공감하는 내용의 선택지를 정답으로 고른다.

11 중상

[음성]

M：うちの息子ときたら、部屋を片付けるよう言ったそばから遊びに行っちゃうんだから参るよ。

F：1 子供には元気に遊んでほしいですよね。

2 うちの娘も同じですよ。

3 息子さんも一緒に行かれたんですか？

[음성]

M : 우리 아들로 말할 것 같으면, 방을 정리하라고 말하자마자 놀러 나가버리니까 손들었어.

F : 1 아이는 건강하게 놀아주었으면 하죠.

2 우리 딸도 똑같아요.

3 아드님도 함께 가신 거예요?

해설 남자가 말을 듣지 않고 놀러 나가버리는 아들에 대해 불평하는 상황이다.

1 (X) 노는 것이 불만인 남자의 말에 적절한 응답이 아니다.

2 (O) 자기 딸도 똑같다며 자신의 경험을 예시로 들어 남자의 말에 공감하고 있으므로 적절한 응답이다.

3 (X) 息子를 반복 사용하여 혼동을 준 오답이다.

어휘 **～ときたら** ~로 말할 것 같으면 **～そばから** ~하자마자

☞ **문제 5**는 긴 이야기를 듣습니다. 예제가 없으므로 바로 문제를 풀 준비를 합니다. 문제지에 들리는 내용을 적극적으로 메모하며 문제를 풀어봅시다. 디렉션은 실전모의고사 제1회의 해설(p.48)에서 확인할 수 있습니다.

1 중

[음성]

会社で上司と部下二人が話しています。

M1：定額制の動画配信サービスの利用者が増えているせいか、映画館離れが進んでいて、うちも来場者数が落ち込み気味なんだ。来場者を増やすにはどうしたらいいかな。

F：鑑賞料金が高いんですかね。動画配信サービスって2千円くらいで映画が見放題じゃないですか。ここは思い切って料金の値下げに踏み込むのも悪くないと思います。

M2：でも、来場者が減っているのに値下げなんかしたら、経営が悪化してしまうんじゃ…。

M1：うーん、そうかもな。

F：じゃあ、同じように定額制を導入するのはどうでしょう。映画ファンなら誰もが待ち望んでいることではないでしょうか。

M1：定額制か。おもしろいな。

M2：確かに斬新なアイディアだとは思いますが、自分が好きな映画が1か月に何本も上映されるとは限り

[음성]

회사에서 상사와 부하 두 명이 이야기하고 있습니다.

M1 : 정액제의 동영상 배급 서비스 이용자가 늘고 있는 탓인지, 영화관 기피가 진행되고 있어서, 우리도 방문자 수가 떨어질 낌새야. 방문자를 늘리려면 어떻게 하면 좋을까?

F : 감상 요금이 비싼 걸까요? 동영상 배급 서비스는 2천엔 정도로 영화를 무제한으로 보잖아요? 이번에는 과감히 요금 인하에 뛰어드는 것도 나쁘지 않다고 생각합니다.

M2 : 하지만, 방문자가 줄고 있는데 인하 같은 걸 하면, 경영이 악화해 버리는 건….

M1 : 음, 그럴지도.

F : 그럼, 똑같이 정액제를 도입하는 것은 어떨까요? 영화 팬이라면 누구나 손꼽아 기다리고 있는 것이 아닐까요?

M1 : 정액제인가. 흥미롭네.

M2 : 확실히 참신한 아이디어라고는 생각합니다만, 자신이 좋아하는 영화가 한 달에 몇 편이나 상영된다고는 할 수 없고, 무엇보다 모방이 아니라, 영화관에 오기 때문에야말로 받을 수 있는 한정 서비스에 눈을 돌려야 하지 않을까요?

ませんし、何より真似事ではなく、映画館に来るからこそ受けられる限定サービスに目を向けるべきではないでしょうか。

M1：というと？

M2：例えば、4D専用の劇場を増やすのはどうでしょうか。海外では日本よりも一般的なようですよ。映画に合わせて動く座席はアトラクション的な要素もあるので、新たな客層を掴むにはぴったりだと思います。

M1：そこには目をつけたことがなかったな。

F：なるほど。うーん、じゃあ、映画のお供であるポップコーンやナチョスなどを制作会社と協力して、コラボ商品を開発するのはどうでしょう。映画のイメージに合わせてアレンジするんです。話題性もありますし。

M1：うんうん、おもしろいアイディアありがとう。やっぱり、他の業界に対抗するより、うちならではってのが大事だよね。施設の工事には膨大な予算と日数を要するから、まずは映画会社の宣伝部に連絡して、企画から持ちかけてみるよ。

上司はどうすることにしましたか。

1 映画料金を安くする
2 映画料金を定額制にする
3 新しい劇場に改装する
4 オリジナル商品を作る

M1 : 라고 하면?

M2 : 예를 들면, 4D 전용 극장을 늘리는 것은 어떨까요? 해외에서는 일본보다도 일반적인 것 같아요. 영화에 맞춰서 움직이는 좌석은 어트랙션적인 요소도 있기 때문에, 새로운 관객층을 붙잡기에 딱 맞는다고 생각합니다.

M1 : 거기엔 주목한 적이 없었네.

F : 과연. 음, 그럼, 영화의 친구인 팝콘이랑 나초 등을 제작 회사와 협력해서, 콜라보 상품을 개발하는 것은 어떨까요? 영화 이미지에 맞춰서 어레인지 하는 거예요. 화제성도 있고요.

M1 : 응응, 흥미로운 아이디어 고마워. 역시, 다른 업계에 대항하는 것보다, 우리만의 것이라는 게 중요하지. 시설 공사에는 방대한 예산과 일수가 필요하니까, 우선은 영화 회사의 선전부에 연락해서, 기획부터 권유해볼게.

상사는 어떻게 하기로 했습니까?

1 영화 요금을 싸게 한다
2 영화 요금을 정액제로 한다
3 새로운 극장으로 다시 꾸민다
4 오리지널 상품을 만든다

해설 대화에서 언급되는 여러 선택 사항과 특징, 최종 결정 사항을 재빨리 메모하며 주의 깊게 듣는다.

[메모] 영화관 방문자 늘리기?
- 동영상 배급 서비스(2천엔) 요금 인하 → 경영 악화
- 정액제 : 영화 팬이 원함 → 모방X, 한정서비스에
- 4D 전용 극장 : 해외에서 일반적임, 새로운 관객층 → 예산&일수 필요
- 콜라보 상품 : 팝콘, 나초, 제작 회사 협력, 영화 이미지 어레인지, 화제성 → 우리만의 것

남자1 → 영화회사 선전부 연락, 기획 권유

질문이 상사가 어떻게 하기로 했는지 묻고 있다. 남자1이 우리만의 것이 중요하다며 영화회사 선전부에 연락해 기획을 권유하겠다고 했으므로, 제작 회사와 협력하는 4 オリジナル商品を作る가 정답이다.

어휘 **上司** じょうし [명] 상사　**部下** ぶか [명] 부하　**定額制** ていがくせい [명] 정액제　**動画** どうが [명] 동영상　**配信** はいしん [명] 배급, 배신
サービス [명] 서비스　**利用者** りようしゃ [명] 이용자　**映画館離れ** えいがかんばなれ [명] 영화관 기피　**来場者数** らいじょうしゃすう [명] 방문자 수
落ち込み気味 おちこみぎみ [명] 떨어질 낌새　**増やす** ふやす [동] 늘리다　**鑑賞** かんしょう [명] 감상　**料金** りょうきん [명] 요금
見放題 みほうだい [명] 무제한으로 봄　**思い切って** おもいきって [부] 과감히　**値下げ** ねさげ [명] 인하　**踏み込む** ふみこむ [동] 뛰어들다
減る へる [동] 줄다　**経営** けいえい [명] 경영　**悪化** あっか [명] 악화　**導入** どうにゅう [명] 도입　**ファン** [명] 팬　**待ち望む** まちのぞむ [동] 손꼽아 기다리다
斬新だ ざんしんだ [な형] 참신하다　**アイディア** [명] 아이디어　**上映** じょうえい [명] 상영　**真似事** まねごと [명] 모방　**限定** げんてい [명] 한정
目を向ける めをむける 눈을 돌리다　**専用** せんよう [명] 전용　**劇場** げきじょう [명] 극장　**海外** かいがい [명] 해외　**日本** にほん [명] 일본
一般的だ いっぱんてきだ [な형] 일반적이다　**合わせる** あわせる [동] 맞추다　**座席** ざせき [명] 좌석　**アトラクション的だ** アトラクションてきだ [な형] 어트랙션적이다
要素 ようそ [명] 요소　**新ただ** あらただ [な형] 새롭다　**客層** きゃくそう [명] 관객층　**掴む** つかむ [동] 붙잡다　**ぴったりだ** [な형] 딱 맞다
目をつける めをつける 주목하다　**お供** おとも 친구　**ポップコーン** [명] 팝콘　**ナチョス** [명] 나초　**制作会社** せいさくがいしゃ [명] 제작 회사
協力 きょうりょく [명] 협력　**コラボ** [명] 콜라보　**商品** しょうひん [명] 상품　**開発** かいはつ [명] 개발　**イメージ** [명] 이미지　**アレンジ** [명] 어레인지

話題性 わだいせい 명 화제성　業界 ぎょうかい 명 업계　対抗 たいこう 명 대항　施設 しせつ 명 시설　工事 こうじ 명 공사
膨大だ ぼうだいだ な형 방대하다　予算 よさん 명 예산　日数 にっすう 명 일수　要する ようする 동 필요하다　宣伝部 せんでんぶ 명 선전부
企画 きかく 명 기획　持ちかける もちかける 동 권유하다　改装 かいそう 명 다시 꾸밈, 개장　オリジナル 명 오리지널

2 중상

[음성]

テレビで女の人が話しています。

F1：この春おすすめのエンターテインメントのご紹介をします。年齢を問わず楽しんでいただける様々なジャンルの娯楽が揃っています。音響設備のすばらしい「アテナホール」ではベートーヴェンのピアノ曲が堪能できます。エネルギッシュな演奏は聴き応え十分です。「アーサムシアター」ではアメリカで成功した俳優、田中健主演のミュージカルが上演されます。東京に居ながらにして、ブロードウェイの演技と歌を楽しめます。日本の伝統芸能は「歌舞伎劇場」でぜひ鑑賞していただきたいです。歌舞伎は難しそうと敬遠されがちです。でも、元々は庶民のための芸能ですから、現代人にも通じる心や日本舞踊が魅力です。最後は「みどり市立音楽堂」のアニメーション音楽です。今や日本文化の担い手となったアニメ音楽のオーケストラの演奏は大人の鑑賞にも堪えるものです。

M：直美さん、春休み、どれか見に行ってみようよ。

F2：いいね。行こう、行こう。私、日本人なのに、伝統的な演劇を見たことがないから、これ、一度見たいと思ってたんだ。

M：うーん、でも、日本の昔の芝居は眠くなっちゃうんだよね。

F2：そっかぁ。

M：それより、僕はこれかな。ニューヨークにはなかなか行けないから、この上演は貴重だと思わない？

F2：うーん。でもそのチケット、大人気って評判だけど、ほんとに予約できるかな？

M：インターネットで予約するみたいだね。2枚取るのはかなり難しいかも。

F2：それじゃあ、この有名なクラシックの曲の演奏はどう？ しかも、ここ、ピアノの響きが本当にすばらしいって。

M：なるほど、それは魅力的だね。アニメ音楽は僕たち、普段からよく聴いてるし、今回はここにしよっか。

F2：そうだね。じゃあ、私はやっぱり日本の伝統も堪能してみたいから、そっちは一人で楽しむことにするよ。

[음성]

텔레비전에서 여자가 이야기하고 있습니다.

F1 : 이 봄 추천하는 엔터테인먼트 소개를 하겠습니다. 연령을 불문하고 즐기실 수 있는 다양한 장르의 오락이 갖추어져 있습니다. 음향 설비가 훌륭한 '아테나 홀'에서는 베토벤의 피아노곡을 만끽할 수 있습니다. 힘이 넘치는 연주는 들을 만한 가치가 충분합니다. '어썸 시어터'에서는 미국에서 성공한 배우, 다나카 켄 주연의 뮤지컬이 상연됩니다. 도쿄에 있는 채로, 브로드웨이의 연기와 노래를 즐길 수 있습니다. 일본의 전통 예능은 '가부키 극장'에서 꼭 감상해 주시기 바랍니다. 가부키는 어려울 것 같다고 꺼려지기 십상입니다. 하지만, 원래는 서민을 위한 예능이기 때문에, 현대인에게도 통하는 정신과 일본 무용이 매력입니다. 마지막은 '미도리 시립 음악당'의 애니메이션 음악입니다. 지금은 일본 문화의 주역이 된 애니메이션 음악의 오케스트라 연주는 어른이 감상하기에도 가치 있는 것입니다.

M : 나오미 씨, 봄 방학, 어느 것인가 보러 가자.

F2 : 좋네. 가자, 가자. 나, 일본인인데, 전통적인 연극을 본 적이 없으니까, 이거, 한 번 보고 싶다고 생각하고 있었어.

M : 음, 하지만, 일본의 옛날 연극은 졸리게 되어버리는데.

F2 : 그런가.

M : 그것보다, 나는 이거일까? 뉴욕에는 좀처럼 갈 수 없으니까, 이 상연은 귀중하다고 생각하지 않아?

F2 : 음. 하지만 그 티켓, 대인기라고 유명한데, 정말로 예약할 수 있을까?

M : 인터넷에서 예약하는 것 같네. 2장 얻는 것은 꽤 어려울지도.

F2 : 그러면, 이 유명한 클래식 곡 연주는 어때? 게다가, 여기, 피아노의 울림이 정말로 훌륭하대.

M : 과연, 그건 매력적이네. 애니메이션 음악은 우리들, 평소부터 자주 듣고 있고, 이번에는 여기로 할까?

F2 : 그렇네. 그럼, 나는 역시 일본의 전통을 만끽해보고 싶으니까, 그쪽은 혼자서 즐기는 걸로 할게.

M：じゃあ、そういうことで。なんだかわくわくしてきたよ。

質問1　二人は、春休み、どこに一緒に行きますか。

[문제지]

1 アテナホール

2 アーサムシアター

3 歌舞伎劇場

4 みどり市立音楽堂

質問2　女の人は一人でどこに行きますか。

[문제지]

1 アテナホール

2 アーサムシアター

3 歌舞伎劇場

4 みどり市立音楽堂

M : 그럼, 그런 걸로. 어쩐지 두근두근해졌어.

질문1 두 사람은, 봄 방학, 어디에 함께 갑니까?

[문제지]

1 아테나 홀

2 어썸 시어터

3 가부키 극장

4 미도리 시립 음악당

질문2 여자는 혼자서 어디에 갑니까?

[문제지]

1 아테나 홀

2 어썸 시어터

3 가부키 극장

4 미도리 시립 음악당

해설 각 선택지와 관련하여 언급되는 내용을 재빨리 메모하며 주의 깊게 듣고, 두 명의 대화자가 최종적으로 선택하는 것에 유의하며 대화를 듣는다.

[메모] 엔터테인먼트 4곳

① 음향 설비 훌륭, 베토벤 피아노곡, 힘 넘치는 연주

② 미국 성공 배우, 브로드웨이 연기&노래

③ 일본 전통 예능, 현대인에게도 통하는 정신, 일본 무용

④ 애니메이션 음악, 오케스트라 연주

여자 → 일본의 전통 연극 보고 싶음, 유명 클래식 연주? 일본 전통 만끽

남자 → 뉴욕 상연, 매력적, 이곳으로

질문 1은 두 사람이 선택한 곳을 묻고 있다. 여자가 유명한 클래식 곡 연주가 어떠냐고 하고, 남자가 여기로 하자고 했으므로, 1 アテナホール가 정답이다.

질문 2는 여자가 혼자서 가는 곳을 묻고 있다. 여자는 일본의 전통적인 연극이 보고 싶고, 혼자서 만끽하겠다고 했으므로, 3 **歌舞伎劇場**가 정답이다.

어휘 **おすすめ** 추천 **エンターテインメント** 명 엔터테인먼트 **年齢** ねんれい 명 연령 **様々だ** さまざまだ な형 다양하다 **ジャンル** 명 장르 **娯楽** ごらく 명 오락 **揃う** そろう 동 갖추다 **音響** おんきょう 명 음향 **設備** せつび 명 설비 **ホール** 명 홀 **ベートーヴェン** 명 베토벤 **ピアノ曲** ピアノきょく 명 피아노곡 **堪能** たんのう 명 만끽 **エネルギッシュだ** な형 힘이 넘치다 **演奏** えんそう 명 연주 **聴き応え** ききごたえ 명 들을 만한 가치 **シアター** 명 시어터 **成功** せいこう 명 성공 **俳優** はいゆう 명 배우 **主演** しゅえん 명 주연 **ミュージカル** 명 뮤지컬 **上演** じょうえん 명 상연 **居ながらにして** いながらにして 있는 채로 **ブロードウェイ** 명 브로드웨이 **演技** えんぎ 명 연기 **日本** にほん 명 일본 **伝統** でんとう 명 전통 **芸能** げいのう 명 예능 **歌舞伎** かぶき 명 가부키 **劇場** げきじょう 명 극장 **鑑賞** かんしょう 명 감상 **敬遠** けいえん 명 꺼림, 경원 **元々** もともと 명 원래 **庶民** しょみん 명 서민 **現代人** げんだいじん 명 현대인 **通じる** つうじる 동 통하다 **舞踊** ぶよう 명 무용 **魅力** みりょく 명 매력 **市立** しりつ 명 시립 **アニメーション** 명 애니메이션 **担い手** にないて 명 주역, 담당자 **アニメ** 명 애니메이션(アニメーション의 준말) **オーケストラ** 명 오케스트라 **日本人** にほんじん 명 일본인 **伝統的だ** でんとうてきだ な형 전통적이다 **演劇** えんげき 명 연극 **芝居** しばい 명 연극 **ニューヨーク** 명 뉴욕 **貴重だ** きちょうだ な형 귀중하다 **チケット** 명 티켓 **大人気** だいにんき 명 대인기 **評判だ** ひょうばんだ な형 유명하다, 명성이 높다 **インターネット** 명 인터넷 **かなり** 부 꽤 **クラシック** 명 클래식 **曲** きょく 명 곡 **響き** ひびき 명 울림 **魅力的だ** みりょくてきだ な형 매력적이다 **普段** ふだん 명 평소 **今回** こんかい 명 이번 **なんだか** 부 어쩐지 **わくわく** 부 두근두근

회차별 단어·문형집

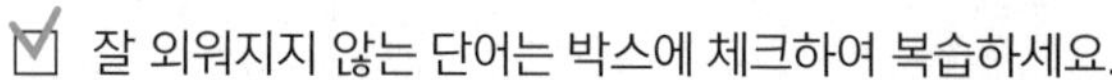

☑ 잘 외워지지 않는 단어는 박스에 체크하여 복습하세요.

🔊 단어문형집_1회.mp3

단어

[문자 · 어휘 · 문법]　　　* : JLPT 기출단어

	단어	뜻
□	呆れる（あきれる）	동 질리다
□	憧れ（あこがれ）	명 동경
□	あやふやだ	な형 모호하다
□	慌てる（あわてる）	동 허둥대다
□	一概に（いちがいに）	부 일률적으로
□	うろたえる	동 당황하다
□	怯える（おびえる）	동 두려워하다
□	おろそかだ	な형 소홀하다
□	該当（がいとう）	명 해당
□	格差（かくさ）	명 격차
□	かくして	접 이리하여
□	かすかだ	な형 어렴풋하다
□	頑固だ（がんこだ）	な형 완고하다
□	勘定（かんじょう）	명 계산
□	寒波（かんぱ）	명 한파
□	キャリア*	명 커리어
□	驚嘆（きょうたん）*	명 경탄
□	金融（きんゆう）	명 금융
□	ぐったり	부 느른히
□	謙虚だ（けんきょだ）	な형 겸허하다
□	拒む（こばむ）*	동 거부하다
□	財政（ざいせい）	명 재정
□	授ける（さずける）	동 주다, 하사하다
□	殺到（さっとう）	명 쇄도
□	時間を割く（じかんをさく）	시간을 할애하다
□	じっくり	부 푹
□	縛られる（しばられる）	동 얽매이다
□	重複（じゅうふく）／重複（ちょうふく）*	명 중복
□	真剣だ（しんけんだ）	な형 진지하다
□	精巧だ（せいこうだ）	な형 정교하다
□	たたえる*	동 치하하다
□	辿る（たどる）	동 더듬다, 더듬어 찾다
□	つきましては	접 그러한 바, 그러하오니
□	募る（つのる）*	동 모으다
□	適合（てきごう）	명 적합
□	遂げる（とげる）*	동 이루다
□	とりわけ*	부 유난히
□	難点（なんてん）*	명 난점
□	煮込む（にこむ）	동 끓이다, 삶다
□	念願（ねんがん）*	명 염원
□	破裂（はれつ）	명 파열
□	被災地（ひさいち）	명 재해지, 피재지
□	ひたすら	부 그저
□	びっしょり	부 흠뻑
□	復興（ふっこう）*	명 부흥
□	分裂（ぶんれつ）	명 분열

- □ ぽっちゃり — 부 통통히
- □ 無心だ(むしん) — な형 아무 생각 없다, 무심하다
- □ 寄せる(よ) — 동 밀려오다
- □ 礼儀に欠ける(れいぎ か) — 예의가 없다

[독해] *: JLPT 기출단어

- □ 依頼(いらい) — 명 의뢰
- □ 促す(うなが)* — 동 촉구하다
- □ 治める(おさ) — 동 다스리다
- □ 概念(がいねん) — 명 개념
- □ 陰(かげ) — 명 뒤, 그늘
- □ 緩和(かんわ)* — 명 완화
- □ 犠牲(ぎせい) — 명 희생
- □ 客層(きゃくそう) — 명 고객층
- □ 丘陵地(きゅうりょうち) — 명 구릉지
- □ 清らかだ(きよ) — な형 맑다
- □ 携帯電話(けいたいでんわ) — 명 휴대 전화
- □ 現実的だ(げんじつてき) — な형 현실적이다
- □ 攻撃(こうげき) — 명 공격
- □ 志す(こころざ) — 동 지망하다
- □ 裁判(さいばん) — 명 재판
- □ 撮影(さつえい) — 명 촬영
- □ 山地(さんち) — 명 산지
- □ 時々刻々(じじこっこく) — 명 시시각각
- □ ジャーナリズム — 명 저널리즘
- □ 取材(しゅざい) — 명 취재
- □ 寿命(じゅみょう) — 명 수명
- □ 瞬時(しゅんじ) — 명 순식간, 순간
- □ 真相(しんそう) — 명 진상
- □ 正確だ(せいかく) — な형 정확하다
- □ 世紀(せいき) — 명 세기
- □ 節約(せつやく) — 명 절약
- □ 世話をする(せわ) — 보살피다
- □ 増産(ぞうさん) — 명 증산
- □ 蓄える(たくわ)* — 동 비축하다
- □ 積み重なる(つ かさ) — 동 겹쳐 쌓이다
- □ 出来事(できごと) — 명 사건
- □ 登園(とうえん) — 명 등원
- □ 動画(どうが) — 명 동영상
- □ どかす — 동 물리치다
- □ 土砂(どしゃ) — 명 토사
- □ 飛び回る(と まわ) — 동 날아다니다, 돌아다니다
- □ 載せる(の) — 동 올리다, 게재하다
- □ 配信(はいしん) — 명 전송, 배신
- □ 計る(はか) — 동 가늠하다, 헤아리다
- □ 発信(はっしん) — 명 발신
- □ 幅広い(はばひろ)* — い형 폭넓다
- □ 判定(はんてい) — 명 판정
- □ 保育園(ほいくえん) — 명 보육원
- □ 報道(ほうどう) — 명 보도
- □ 明確だ(めいかく) — な형 명확하다
- □ ゆとり* — 명 여유
- □ 幼虫(ようちゅう) — 명 유충
- □ 要望(ようぼう)* — 명 요망
- □ 余計だ(よけい) — な형 쓸데없다
- □ 世論(よろん) — 명 여론

*: JLPT 기출단어

- ☐ インターンシップ 명 인턴십
- ☐ 送り迎え(おくりむかえ) 명 배웅과 마중
- ☐ 温暖化(おんだんか) 명 온난화
- ☐ 会計(かいけい) 명 회계
- ☐ 解雇(かいこ) 명 해고
- ☐ 懐中電灯(かいちゅうでんとう) 명 손전등
- ☐ 環境に優しい(かんきょうにやさしい) 친환경적이다
- ☐ 寒冷期(かんれいき) 명 한랭기
- ☐ 給食(きゅうしょく) 명 급식
- ☐ 競争(きょうそう) 명 경쟁
- ☐ 経費(けいひ) 명 경비
- ☐ 契約(けいやく)* 명 계약
- ☐ 経理(けいり) 명 경리
- ☐ 厳選(げんせん) 명 엄선
- ☐ 兼用(けんよう) 명 겸용
- ☐ 好評(こうひょう) 명 호평
- ☐ こだわる 동 신경쓰다
- ☐ 誘う(さそう) 동 권유하다
- ☐ 下準備(したじゅんび) 명 사전 준비
- ☐ 借金(しゃっきん) 명 빚
- ☐ 就職(しゅうしょく) 명 취직
- ☐ 塾(じゅく) 명 학원
- ☐ 調べ直す(しらべなおす) 동 다시 조사하다
- ☐ 新商品(しんしょうひん) 명 신상품
- ☐ 頭脳(ずのう) 명 두뇌
- ☐ 請求(せいきゅう) 명 청구
- ☐ 製造(せいぞう) 명 제조
- ☐ 太陽光(たいようこう) 명 태양광
- ☐ 調査(ちょうさ) 명 조사
- ☐ つきもの 명 늘상 있는 일
- ☐ 付け足す(つけたす) 동 추가하다
- ☐ 独特だ(どくとくだ) な형 독특하다
- ☐ 取り掛かる(とりかかる) 동 착수하다
- ☐ 取り寄せる(とりよせる) 동 들여오다
- ☐ どん底(どんぞこ) 명 밑바닥
- ☐ 鍋料理(なべりょうり) 명 냄비 요리
- ☐ 二酸化炭素(にさんかたんそ) 명 이산화 탄소
- ☐ 念入りだ(ねんいりだ) な형 공들이다
- ☐ 発展(はってん) 명 발전
- ☐ 控える(ひかえる) 동 삼가다
- ☐ 引き締まる(ひきしまる) 동 긴장되다
- ☐ 評判(ひょうばん) 명 평판
- ☐ 部署(ぶしょ) 명 부서
- ☐ 振込(ふりこみ) 명 송금
- ☐ 文献(ぶんけん) 명 문헌
- ☐ 褒美(ほうび) 명 포상
- ☐ 三日坊主(みっかぼうず) 명 작심삼일
- ☐ 見積もり(みつもり) 명 견적
- ☐ リニューアル 명 리뉴얼
- ☐ 連携(れんけい)* 명 연계

문형

☐ **~が早いか**
~하자마자, ~하기가 무섭게

その犬は飼い主を見る**が早いか**、しっぽを振って駆け寄った。
그 개는 주인을 보자마자, 꼬리를 흔들고 달려들었다.

☐ **~がゆえに**
~때문에

家がひどく老朽化した**がゆえに**、台所の修繕が必要だという。
집이 심하게 노후화했기 때문에, 주방의 수리가 필요하다고 한다.

☐ **~だろうに**
~을 텐데

もう少し早く家を出ていれば、こんなに混まなかった**だろうに**。
조금 더 일찍 집을 나와 있었더라면, 이렇게 붐비지는 않았을 텐데.

☐ **~と言っても過言ではない**
~라고 말해도 과언이 아니다

このプロジェクトは一人で成功させた**と言っても過言ではない**。
이 프로젝트는 혼자서 성공시켰다고 말해도 과언이 아니다.

☐ **~なりに**
~대로

父は忙しい**なりに**時間を作っていろんな所へ連れて行ってくれる。
아버지는 바쁜 대로 시간을 만들어 여러 곳에 데려가 준다.

☐ **~に限ったことではない**
~에 한정된 것은 아니다

将来のことで悩むのは、なにも学生**に限ったことではない**だろう。
장래의 일로 고민하는 것은, 아무래도 학생에게 한정된 것은 아닐 것이다.

☐ **~に則って**
~에 따라

自分で判断できない時は、マニュアル**に則って**対応してください。
스스로 판단할 수 없을 때는, 매뉴얼에 따라 대응해 주세요.

☐ **~ば~で**
~하면 ~대로

家事をやれ**ば**やった**で**、自分のやり方と違うと毎回指摘される。
가사를 하면 한대로, 자신의 하는 방식과는 다르다고 매번 지적 받는다.

☐ **~もんか**
~할까 보냐

何年もかけて準備してきた店をトラブル一つで諦める**もんか**。
몇 년이나 걸쳐서 준비해온 가게를 트러블 하나로 그만둘까 보냐.

☐ **~をもってしても**
~로써도

最新の科学力**をもってしても**、人工的に脳を作ることはできない。
최신의 과학 기술로써도, 인공적으로 뇌를 만드는 것은 할 수 없다.

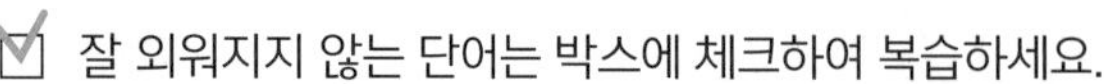

잘 외워지지 않는 단어는 박스에 체크하여 복습하세요.

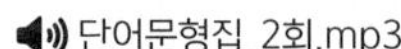

단어

[문자 · 어휘 · 문법]　　* : JLPT 기출단어

	단어	품사	뜻
□	あくどい	い형	악랄하다
□	焦る(あせ)	동	안달하다
□	幾多(いくた)	부	수많이
□	威厳(いげん)	명	위엄
□	居間(いま)	명	거실
□	印鑑(いんかん)	명	인감
□	侵す(おか)	동	침범하다
□	押し切る(お・き)	동	밀어붙이다
□	穏やかだ(おだ)	な형	온화하다
□	解説(かいせつ)	명	해설
□	簡潔だ(かんけつ)	な형	간결하다
□	貫禄(かんろく)	명	관록
□	強行(きょうこう)	명	강행
□	行政(ぎょうせい)	명	행정
□	共同生活(きょうどうせいかつ)	명	공동생활
□	くつろぐ	동	편안히 쉬다
□	決意(けつい)*	명	결의
□	心掛ける(こころ・が)	동	명심하다
□	ご覧(らん)になる		보시다 (見る(み)의 존경어)
□	栄える(さか)	동	번창하다
□	さばき	명	(손끝으로 사물을 다루는) 솜씨
□	しきりだ	な형	빈번하다
□	実家(じっか)	명	친정
□	修飾(しゅうしょく)	명	수식
□	順調だ(じゅんちょう)	な형	순조롭다
□	せかす*	동	채근하다
□	大概(たいがい)	부	대개
□	巧みだ(たく)*	な형	정교하다
□	手順(てじゅん)	명	순서
□	統治(とうち)	명	통치
□	到底(とうてい)	부	도저히
□	独創的だ(どくそうてき)	な형	독창적이다
□	突如(とつじょ)	부	돌연
□	整える(ととの)	동	정돈하다
□	生意気だ(なまいき)	な형	건방지다
□	にじむ*	동	번지다
□	のんびり	부	느긋하게
□	拝見する(はいけん)		보다 (見る(み)의 겸양어)
□	配布(はいふ)*	명	배부
□	配列(はいれつ)	명	배열
□	はかどる	동	순탄하다
□	ばらまく	동	뿌리다
□	腫れる(は)	동	붓다
□	貧富(ひんぷ)*	명	빈부
□	不意だ(ふい)	な형	갑작스럽다
□	抱負(ほうふ)*	명	포부

□ まして 부 하물며

□ 身(み)に染(し)みる 몸에 스며들다, 뼈저리게 느끼다

□ もっぱら* 부 온통

□ 冷静(れいせい)だ な형 냉정하다

[독해] *: JLPT 기출단어

□ 味付(あじつ)け 명 양념

□ 移植(いしょく) 명 이식

□ 生(う)まれつき 명 타고남

□ 運動会(うんどうかい) 명 운동회

□ 遠足(えんそく) 명 소풍

□ 公(おおやけ) 명 공적임, 공공

□ 脅(おびや)かす 동 위협하다

□ 価値(かち) 명 가치

□ 家電製品(かでんせいひん) 명 가전제품

□ 給食(きゅうしょく) 명 급식

□ 救命(きゅうめい) 명 구명

□ 芸術的(げいじゅつてき)だ な형 예술적이다

□ 健康(けんこう)だ な형 건강하다

□ 後天的(こうてんてき)だ な형 후천적이다

□ 冷(さ)ます 동 식히다

□ 山林(さんりん) 명 산림

□ 自然災害(しぜんさいがい) 명 자연재해

□ 修繕(しゅうぜん) 명 수선, 수리

□ 重度(じゅうど) 명 중증, 중도

□ 修復(しゅうふく)* 명 복원

□ 食卓(しょくたく) 명 식탁

□ 診断(しんだん) 명 진단

□ 心理学者(しんりがくしゃ) 명 심리학자

□ 衰退(すいたい) 명 쇠퇴

□ 睡眠(すいみん) 명 수면

□ 頭脳(ずのう) 명 두뇌

□ 精神(せいしん) 명 정신

□ 世間(せけん) 명 세간

□ 臓器(ぞうき) 명 장기

□ 装飾(そうしょく) 명 장식

□ 対策(たいさく) 명 대책

□ 地位(ちい) 명 지위

□ 挑戦(ちょうせん) 명 도전

□ 調理(ちょうり) 명 조리

□ 治療(ちりょう) 명 치료

□ つなぎ止(と)める 동 유지하다

□ 手(て)が込(こ)む 손이 많이 가다

□ 伝統的(でんとうてき)だ な형 전통적이다

□ 土砂崩(どしゃくず)れ 명 산사태

□ 共働(ともばたら)き 명 맞벌이

□ 取(と)り上(あ)げる 동 문제 삼다

□ 破損(はそん)* 명 파손

□ 発達(はったつ) 명 발달

□ 省(はぶ)く 동 덜다, 줄이다

□ 引(ひ)き継(つ)ぐ 동 계승하다, 이어받다

□ 非難(ひなん) 명 비난

□ 放置(ほうち) 명 방치

□ 乱雑(らんざつ)だ な형 난잡하다

□ 冷凍食品(れいとうしょくひん) 명 냉동식품

□ モチベーション 명 동기 부여

[청해] *: JLPT 기출단어

	단어	품사	뜻
□	曖昧だ (あいまい)	な형	애매하다
□	後に回す (あと まわ)		뒤로 미루다
□	いつにもまして		평소보다 더
□	色使い (いろづか)	명	색 사용법
□	引退 (いんたい)	명	은퇴
□	売り上げ (う あ)	명	매상
□	演劇 (えんげき)	명	연극
□	エントリーシート	명	입사 지원서
□	落ち着く (お つ)	동	안정되다
□	飼い主 (か ぬし)	명	주인
□	飼い始める (か はじ)	동	키우기 시작하다
□	通い始める (かよ はじ)	동	다니기 시작하다
□	求人 (きゅうじん)	명	구인
□	給料 (きゅうりょう)	명	급료
□	きれい好き (ず)	명	깨끗한 것을 좋아함
□	高価だ (こうか)	な형	고가이다
□	仕上げる (し あ)	동	완성하다
□	飼育 (しいく)	명	사육
□	仕込み (しこ)	명	준비 작업
□	締め切り (し き)	명	마감
□	食生活 (しょくせいかつ)	명	식생활
□	政見 (せいけん)	명	정견, 정치적 견해
□	選考 (せんこう)	명	전형
□	総務部 (そうむぶ)	명	총무부
□	体験 (たいけん)	명	체험
□	大胆だ (だいたん)	な형	대담하다
□	ダイナミックだ	な형	다이내믹하다
□	代表的だ (だいひょうてき)	な형	대표적이다
□	たたむ	동	접다, 걷어치우다
□	使い切る (つか き)	동	다 사용하다
□	手作り (てづく)	명	손수 만듦, 수제
□	読書 (どくしょ)	명	독서
□	独立 (どくりつ)	명	독립
□	内定 (ないてい)	명	내정
□	似せる (に)	동	모방하다
□	庭付き (にわ つ)	명	정원이 딸림
□	値上がり (ね あ)	명	(값이) 오름
□	運び出す (はこ だ)	동	옮겨서 밖으로 꺼내다
□	美術 (びじゅつ)	명	미술
□	一人暮らし (ひとり ぐ)	명	자취
□	不思議さ (ふしぎ)	명	불가사의함
□	閉店 (へいてん)	명	폐점
□	報告書 (ほうこくしょ)	명	보고서
□	包装 (ほうそう)	명	포장
□	ボウリング	명	볼링
□	前向きだ (まえむ)	な형	긍정적이다
□	無駄 (むだ)	명	낭비
□	寄り添う (よ そ)	동	곁에 있다, 곁에 다가서다
□	利益* (りえき)	명	이익
□	留守番 (るすばん)	명	집 보기

문형

□ **~からする**
~이나 하는 (가격)

釣りが趣味である彼は20万円**からする**釣り竿を何本も持っている。
낚시가 취미인 그는 20만 엔이나 하는 낚싯대를 몇 대나 가지고 있다.

□ **~てはかなわない**
~해서는 견딜 수 없다

政治家のつまらない権力争いに政治が利用されて**はかないません**。
정치가의 시시한 권력 다툼에 정치가 이용되어서는 견딜 수 없습니다.

□ **~と相まって**
~와 맞물려

夕方の海はオレンジ色の光**と相まって**幻想的な雰囲気でした。
해질녘의 바다는 오렌지 색의 빛과 맞물려 환상적인 분위기였습니다.

□ **~とはいえ**
~라고는 해도

科学が進歩した**とはいえ**、全ての災害を予測するのは不可能だ。
과학이 진보했다고는 해도, 모든 재해를 예측하는 것은 불가능하다.

□ **~ともなしに**
특별히 ~하려고 하지 않았는데,
특별히 ~하려는 생각 없이

考える**ともなしに**一日中、老後の生活のことばかり考えていた。
특별히 생각하려고 하지 않았는데 하루 종일, 노후의 생활만을 생각하고 있었다.

□ **~ながらにして**
~하면서

林選手は生まれ**ながらにして**抜群の運動神経を持つ逸材です。
하야시 선수는 태어나면서 발군의 운동 신경을 가진 일재입니다.

□ **~にかまけて**
~에 얽매여서

忙しさ**にかまけて**、平日の食事は出来合いのもので済ませがちだ。
바쁜 일에 얽매여서, 평일의 식사는 만들어 놓은 것으로 때우기 십상이다.

□ **~べく**
~하기 위해

交通渋滞を緩和す**べく**、一部道路の車線数を増やすことにした。
교통 정체를 완화하기 위해, 일부 도로의 차선 수를 늘리기로 했다.

□ **~べくもない**
~할 수도 없다

この化石が歴史を覆す世紀の大発見であることは疑う**べくもない**。
이 화석이 역사를 뒤집어엎는 세기의 대발견이라는 것은 의심할 수도 없다.

□ **~もさることながら**
~도 그러하지만

日本製品は品質**もさることながら**、安全性の面でも評価が高い。
일본 제품은 품질도 그러하지만, 안전성의 면에서도 평가가 높다.

실전모의고사 제3회 | 단어·문형

☑ 잘 외워지지 않는 단어는 박스에 체크하여 복습하세요.

🔊 단어문형집_3회.mp3

단어

[문자 · 어휘 · 문법] *: JLPT 기출단어

	단어	읽기	품사	뜻
□	甘んじる	あま	동	감수하다
□	腕前*	うでまえ	명	솜씨
□	鵜呑み	う の	명	그대로 받아들임
□	生み出す	う だ	동	만들어 내다
□	害虫	がいちゅう	명	해충
□	慣行	かんこう	명	관행
□	仰天	ぎょうてん	명	기겁
□	均衡	きんこう	명	균형
□	吟味	ぎん み	명	음미
□	工面*	く めん	명	(돈을) 마련
□	健在だ	けんざい	な형	건재하다
□	原作	げんさく	명	원작
□	娯楽	ご らく	명	오락
□	細菌	さいきん	명	세균
□	色彩	しきさい	명	색채
□	視聴率	し ちょうりつ	명	시청률
□	順調だ	じゅんちょう	な형	순조롭다
□	常識	じょうしき	명	상식
□	審議	しん ぎ	명	심의
□	ストーリーテラー		명	스토리텔러
□	スポンサー		명	스폰서
□	存じ上げる	ぞん あ	동	알다 (知(し)る의 겸양어)
□	タイトル		명	타이틀
□	直面	ちょくめん	명	직면
□	体裁	ていさい	명	겉모양, 외관
□	手元	て もと	명	수중
□	到達	とうたつ	명	도달
□	投入	とうにゅう	명	투입
□	取り繕う	と つくろ	동	꾸미다, 수선하다
□	長引く	なが び	동	지연되다
□	なにより		부	무엇보다
□	入念だ	にゅうねん	な형	정성 들이다
□	破産	は さん	명	파산
□	幅を利かせる	はば き		세력을 떨치다, 활개 치다
□	繁殖*	はんしょく	명	번식
□	ひきつける		동	끌어당기다
□	引き取る	ひ と	동	거두다
□	封建	ほうけん	명	봉건
□	放出	ほうしゅつ	명	방출
□	免れる	まぬが	동	면하다
□	味覚	み かく	명	미각
□	満たす	み	동	충족시키다
□	見通し	み とお	명	예측, 전망
□	身分	み ぶん	명	신분
□	無理やり	む り	부	억지로
□	めどがつく			전망이 서다

□	揉める(も)	동 분쟁이 일어나다
□	有益だ(ゆうえき)	な형 유익하다
□	遊園地(ゆうえんち)	명 유원지
□	油断(ゆだん)	명 방심, 부주의

[독해] *: JLPT 기출단어

□	勢い(いきお)	명 기세
□	移り住む(うつす)	동 이주하다
□	思い悩む(おもなや)	동 이런저런 생각으로 괴로워하다
□	音読(おんどく)	명 음독, 소리내어 읽음
□	快適だ(かいてき)	な형 쾌적하다
□	書き言葉(かことば)	명 문장어, 문어체
□	河川(かせん)	명 하천
□	活躍(かつやく)	명 활약
□	がらり	부 싹 (갑자기 변하는 모양)
□	間隔(かんかく)	명 간격
□	気づく(き)	동 깨닫다, 눈치채다
□	教訓(きょうくん)*	명 교훈
□	教本(きょうほん)	명 교본
□	教養(きょうよう)	명 교양
□	近隣(きんりん)	명 인근
□	屈辱(くつじょく)	명 굴욕
□	豪雨(ごうう)	명 호우
□	後悔(こうかい)	명 후회
□	故郷(こきょう)	명 고향
□	挫折(ざせつ)	명 좌절
□	識字(しきじ)	명 식자 (글자를 아는 것)
□	事象(じしょう)	명 사실과 현상, 사상
□	次世代(じせだい)	명 다음 세대
□	蛇口(じゃぐち)	명 수도꼭지
□	就職(しゅうしょく)	명 취직
□	寿命(じゅみょう)	명 수명
□	生涯(しょうがい)	명 생애
□	慎重(しんちょう)	명 신중
□	水道(すいどう)	명 수도
□	先人(せんじん)	명 선인
□	通用(つうよう)	명 통용
□	定年(ていねん)	명 정년
□	天然(てんねん)	명 천연
□	倒産(とうさん)	명 도산
□	動揺(どうよう)	명 동요
□	読書法(どくしょほう)	명 독서법
□	特筆(とくひつ)	명 특필
□	育む(はぐく)	동 품다
□	無難だ(ぶなん)	な형 무난하다
□	まかなう	동 조달하다
□	増す(ま)	동 많아지다
□	丸暗記(まるあんき)	명 통째로 암기함
□	源(みなもと)	명 수원, 근원
□	見舞う(みま)	동 덮치다, 닥쳐 오다
□	結び付く(むすつ)	동 이어지다, 결부되다
□	目を凝らす(めこ)	눈여겨보다, 응시하다
□	黙読(もくどく)	명 묵독
□	物事(ものごと)	명 매사
□	読み書き(よか)	명 읽고 쓰기
□	読み解く(よと)	동 해독하다

[청해]

* : JLPT 기출단어

- ☐ あいづち 명 맞장구
- ☐ 衣装(いしょう) 명 의상
- ☐ いまいち 부 아직 잘 안되는, 조금 덜한
- ☐ 違和感(いわかん) 명 위화감
- ☐ 介護(かいご) 명 간호, 개호
- ☐ 家計(かけい) 명 가계
- ☐ 勘違い(かんちがい) 명 착각
- ☐ 企画書(きかくしょ) 명 기획서
- ☐ 光熱費(こうねつひ) 명 광열비
- ☐ 個性的だ(こせいてき) な형 개성적이다
- ☐ 参加料(さんかりょう) 명 참가료
- ☐ 残業(ざんぎょう) 명 야근, 잔업
- ☐ 試飲(しいん) 명 시음
- ☐ ジェスチャー 명 제스처
- ☐ 事務(じむ) 명 사무
- ☐ 出生率(しゅっしょうりつ) 명 출생률
- ☐ 出費(しゅっぴ) 명 지출, 출비
- ☐ 少子化(しょうしか) 명 저출산
- ☐ 制限(せいげん) 명 제한
- ☐ 節約(せつやく) 명 절약
- ☐ ターゲット層(そう) 명 타깃층
- ☐ 大浴場(だいよくじょう) 명 목욕탕
- ☐ 巧みだ(たく)* な형 정교하다
- ☐ 立て替える(たてか)* 동 (값을) 대신 내다
- ☐ 直接的だ(ちょくせつてき) な형 직접적이다
- ☐ 通勤(つうきん) 명 통근
- ☐ 使いこなす(つか) 동 구사하다
- ☐ ディスカッション 명 토론, 디스커션
- ☐ 天候(てんこう) 명 날씨
- ☐ 転倒(てんとう) 명 넘어짐, 전도
- ☐ 溶け込む(とこ) 동 녹아들다
- ☐ 取り扱う(とあつか) 동 취급하다
- ☐ 取りかかる(と) 동 착수하다
- ☐ なじむ* 동 적응하다
- ☐ 値下げ(ねさ) 명 가격 인하
- ☐ 乗り出す(のだ)* 동 착수하다
- ☐ 配布(はいふ)* 명 배부
- ☐ 発売(はつばい) 명 발매
- ☐ 引き込む(ひこ) 동 끌어들이다
- ☐ 病状(びょうじょう) 명 병상
- ☐ 評論家(ひょうろんか) 명 평론가
- ☐ 不具合(ふぐあい) 명 오류, 상태가 좋지 않음
- ☐ 身振り手振り(みぶてぶ) 손짓 발짓
- ☐ 魅力的だ(みりょくてき) な형 매력적이다
- ☐ 設ける(もう) 동 두다, 마련하다
- ☐ 家賃(やちん) 명 집세
- ☐ 譲る(ゆず) 동 양도하다
- ☐ 予算(よさん) 명 예산
- ☐ 読み応え(よごた) 명 읽을만한 가치
- ☐ 履歴書(りれきしょ) 명 이력서

문형

- ☐ **~ざるをえない**
  ~하지 않을 수 없다,
  ~밖에 선택의 여지가 없다

  合格基準を下回る現在の成績では、志望校を諦め**ざるをえない**。
  합격 기준을 밑도는 현재의 성적으로는, 지망 학교를 포기하지 않을 수 없다.

- ☐ **~ずにはいられない**
  ~하지 않을 수 없다,
  ~하지 않고는 못 배기다

  夫の包丁使いが危なっかしく、口を出さ**ずにはいられなかった**。
  남편의 칼질이 위태로워서, 말참견을 하지 않을 수 없었다.

- ☐ **~だけのことはある**
  ~인 만큼,
  ~인 만큼의 가치가 있다

  彼女は営業を担当している**だけのことはあって**、やはり話上手だ。
  그녀는 영업을 담당하고 있는 만큼, 역시 이야기를 잘 한다.

- ☐ **~ったらない**
  ~하기 짝이 없다

  寝ころびながら、笹を食べるパンダの姿は愛おしい**ったらない**。
  누워서 뒹굴면서, 대나무를 먹는 판다의 모습은 사랑스럽기 짝이 없다.

- ☐ **~と思いきや**
  ~ 라고 생각했더니

  肌寒い日が続く**と思いきや**、翌日は真夏のような暑さを記録した。
  쌀쌀한 날이 계속된다고 생각했더니, 다음 날은 한여름 같은 더위를 기록했다.

- ☐ **~ないでもない**
  ~못할 것도 없다

  副作用として、稀に発熱や関節痛などの症状が現れ**ないでもない**。
  부작용으로써, 드물게 발열이나 관절통 등의 증상이 나타나지 못할 것도 없다.

- ☐ **~ないまでも**
  ~하지는 않더라도

  毎日と言わ**ないまでも**、週に1回は運動するように心掛けている。
  매일이라고 하지는 않더라도, 일주일에 한 번은 운동하도록 다짐하고 있다.

- ☐ **~は否めない**
  ~은 부정할 수 없다

  根拠のない噂話が株価暴落の要因であること**は否めません**。
  근거 없는 소문이 주식 폭락의 요인인 것은 부정할 수 없습니다.

- ☐ **~までのことだ**
  ~하면 그만이다, ~할 뿐이다

  仕事環境や業務が合わないなら、新しい職場を探す**までのことだ**。
  작업 환경이나 업무가 맞지 않는다면, 새로운 직장을 찾으면 그만이다.

- ☐ **~を禁じ得ない**
  ~을 금할 수 없다

  この映画の衝撃的結末には誰もが驚き**を禁じ得ない**だろう。
  이 영화의 충격적 결말에는 누구라도 놀라움을 금할 수 없을 것이다.

☑ 잘 외워지지 않는 단어는 박스에 체크하여 복습하세요.

🔊 단어문형집_4회.mp3

단어

[문자 · 어휘 · 문법]　　* : JLPT 기출단어

	단어	읽기	품사	뜻
☐	あきらめる*		동	포기하다
☐	あさましい		い형	치사하다
☐	操る	あやつ	동	조작하다
☐	誤る	あやま	동	잘못되다, 틀리다
☐	育成	いくせい	명	육성
☐	偽る	いつわ	동	속이다
☐	お召しになる	め		입으시다 (着る(き)의 존경 표현)
☐	還元*	かんげん	명	환원
☐	気に障る	き さわ		비위에 거슬리다
☐	希望	きぼう	명	희망
☐	華奢だ	きゃしゃ	な형	가냘프다, 날씬하다
☐	気配*	けはい	명	기색
☐	心置きなく	こころお	부	안심하고, 거리낌 없이
☐	誇張	こちょう	명	과장
☐	支持率	しじりつ	명	지지율
☐	実感	じっかん	명	실감
☐	衝撃	しょうげき	명	충격
☐	ショック		명	쇼크
☐	神経質だ	しんけいしつ	な형	신경질적이다
☐	真実	しんじつ	명	진실
☐	そそっかしい		い형	방정맞다
☐	追及	ついきゅう	명	추궁
☐	月日	つきひ	명	세월
☐	てきぱき*		부	척척
☐	堂々	どうどう	부	당당
☐	とがめる		동	나무라다
☐	滞る*	とどこお	동	정체하다
☐	悩ましい	なや	い형	고민스럽다
☐	馴れ馴れしい	な な	い형	허물없다
☐	難なく	なん	부	무난히
☐	粘り強い	ねば づよ	い형	끈기 있다
☐	背後	はいご	명	뒤쪽, 배후
☐	非難	ひなん	명	비난
☐	敏感だ	びんかん	な형	민감하다
☐	扶養	ふよう	명	부양
☐	振り返る	ふ かえ	동	되돌아 보다
☐	便宜	べんぎ	명	편의
☐	施す	ほどこ	동	하다, 베풀다
☐	紛らわしい*	まぎ	い형	헷갈리기 쉽다
☐	身勝手だ	みがって	な형	제멋대로이다
☐	見苦しい	みぐる	い형	꼴사납다
☐	見計らう	みはか	동	가늠하다
☐	巡る	めぐ	동	돌아다니다
☐	召し上がる	め あ	동	드시다 (食べる(た)의 존경어)
☐	面会	めんかい	명	면회
☐	もっとも		접	하긴, 그렇다고 하더라도

- ☐ 要(よう)するに ｜ 부 요컨대
- ☐ 欲望(よくぼう) ｜ 명 욕망
- ☐ 楽観的(らっかんてき)だ ｜ な형 낙관적이다
- ☐ 礼儀作法(れいぎさほう) ｜ 명 예의범절

[독해] *: JLPT 기출단어

- ☐ 行(い)き届(とど)く ｜ 동 빈틈없다, 두루 미치다
- ☐ 彩(いろど)る ｜ 동 물들이다
- ☐ インフルエンザ ｜ 명 인플루엔자
- ☐ 獲物(えもの) ｜ 명 사냥감
- ☐ 衰(おとろ)える ｜ 동 쇠약하다
- ☐ おびき寄(よ)せる ｜ 동 유인하다
- ☐ 外敵(がいてき) ｜ 명 외적
- ☐ 嗅(か)ぎ分(わ)ける ｜ 동 냄새로 구분하다
- ☐ 嗅覚(きゅうかく) ｜ 명 후각
- ☐ 急患(きゅうかん) ｜ 명 위급 환자
- ☐ 救済(きゅうさい) ｜ 명 구제
- ☐ 結論(けつろん) ｜ 명 결론
- ☐ 幸運(こううん) ｜ 명 행운
- ☐ 講演会(こうえんかい) ｜ 명 강연회
- ☐ 固執(こしつ) ｜ 명 고집
- ☐ 産卵(さんらん) ｜ 명 산란
- ☐ 思考(しこう) ｜ 명 사고
- ☐ 施策(しさく) ｜ 명 시책, 정책
- ☐ 指摘(してき) ｜ 명 지적
- ☐ 習性(しゅうせい) ｜ 명 습성
- ☐ 柔軟性(じゅうなんせい) ｜ 명 유연성
- ☐ 受給(じゅきゅう) ｜ 명 수급, 연금·급여를 받음
- ☐ 審査(しんさ) ｜ 명 심사
- ☐ 診療(しんりょう) ｜ 명 진료
- ☐ 制度(せいど) ｜ 명 제도
- ☐ 先着順(せんちゃくじゅん) ｜ 명 선착순
- ☐ 多彩(たさい)だ ｜ な형 다채롭다
- ☐ 蓄積(ちくせき) ｜ 명 축적
- ☐ 抽選(ちゅうせん) ｜ 명 추첨
- ☐ 聴覚(ちょうかく) ｜ 명 청각
- ☐ 貯金(ちょきん) ｜ 명 저금
- ☐ 賃金(ちんぎん) ｜ 명 임금
- ☐ 就(つ)く ｜ 동 종사하다
- ☐ 釣(つ)る ｜ 동 낚다
- ☐ 展示会(てんじかい) ｜ 명 전시회
- ☐ とらわれる ｜ 동 사로잡히다
- ☐ 排除(はいじょ) ｜ 명 배제
- ☐ 必死(ひっし)だ ｜ な형 필사적이다
- ☐ 冷(ひ)ややかだ ｜ な형 냉랭하다
- ☐ 貧困(ひんこん) ｜ 명 빈곤
- ☐ 振(ふ)り分(わ)け ｜ 명 배분, 나눔
- ☐ 噴出(ふんしゅつ) ｜ 명 분출
- ☐ 返還(へんかん) ｜ 명 반환
- ☐ 放流(ほうりゅう) ｜ 명 방류
- ☐ 保護(ほご) ｜ 명 보호
- ☐ 保障(ほしょう) ｜ 명 보장
- ☐ 無念(むねん) ｜ 명 원통함, 분함
- ☐ 面積(めんせき) ｜ 명 면적
- ☐ 郵送(ゆうそう) ｜ 명 우송, 우편으로 보냄
- ☐ 理論(りろん) ｜ 명 이론

* : JLPT 기출단어

- ☐ 足(あし)を崩(くず)す　편하게 앉다
- ☐ 足(あし)を引(ひ)っ張(ぱ)る　방해를 하다
- ☐ 頭(あたま)を悩(なや)ます　골머리를 앓다
- ☐ あわただしい　い형 분주하다
- ☐ 打(う)ち合(あ)わせ　명 협의
- ☐ 売(う)れ残(のこ)り　명 팔다 남은 것
- ☐ 衛生的(えいせいてき)だ　な형 위생적이다
- ☐ 買(か)い替(か)え　명 새로 사서 바꿈
- ☐ 会計(かいけい)　명 계산
- ☐ カタログ　명 카탈로그
- ☐ 聞(き)き取(と)り　명 청취
- ☐ 帰宅(きたく)　명 귀가
- ☐ 休暇(きゅうか)　명 휴가
- ☐ 貢献(こうけん)*　명 공헌
- ☐ 後任者(こうにんしゃ)　명 후임자
- ☐ 差(さ)し替(か)える　동 바꾸다
- ☐ 試行錯誤(しこうさくご)　명 시행착오
- ☐ 取材(しゅざい)　명 취재
- ☐ 受注(じゅちゅう)　명 수주
- ☐ 出費(しゅっぴ)　명 지출
- ☐ 需要(じゅよう)*　명 수요
- ☐ 昇進(しょうしん)*　명 승진
- ☐ 除菌(じょきん)　명 살균
- ☐ 資料(しりょう)　명 자료
- ☐ しわ寄(よ)せ　명 영향, 여파
- ☐ 清潔(せいけつ)だ　な형 청결하다
- ☐ 外回(そとまわ)り　명 외근
- ☐ 食(た)べ残(のこ)し　명 먹다 만 음식
- ☐ 近場(ちかば)　명 가까운 곳
- ☐ 手配(てはい)　명 준비
- ☐ 同僚(どうりょう)　명 동료
- ☐ 特徴(とくちょう)　명 특징
- ☐ 取(と)り扱(あつか)う　동 취급하다
- ☐ 取引(とりひき)　명 거래
- ☐ 爆発的(ばくはつてき)だ　な형 폭발적이다
- ☐ バタバタ　부 허둥지둥
- ☐ 話(はな)し合(あ)い　명 의논
- ☐ 引継(ひきつ)ぎ　명 인계
- ☐ 引(ひ)っ越(こ)し　명 이사
- ☐ 備品(びひん)　명 비품
- ☐ 赴任(ふにん)*　명 부임
- ☐ 分担(ぶんたん)　명 분담
- ☐ 報告(ほうこく)　명 보고
- ☐ 無断欠勤(むだんけっきん)　명 무단결근
- ☐ 目(め)を通(とお)す　훑어보다
- ☐ もったいない　い형 아깝다
- ☐ 休(やす)みをとる　휴무를 내다
- ☐ 旅行先(りょこうさき)　명 여행지
- ☐ ロス　명 낭비
- ☐ 割引(わりびき)　명 할인

문형

□ **~かたがた**
~를 겸해서

先日のお礼**かたがた**、お宅に伺ってもよろしいでしょうか。
요전의 인사를 겸해서, 댁에 방문해도 괜찮겠습니까?

□ **~きらいがある**
~경향이 있다

息子は私に似て、何でも否定的に捉える**きらいがある**ようだ。
아들은 나와 닮아서, 무엇이든 부정적으로 받아들이는 경향이 있는 듯하다.

□ **~たそばから**
~하자마자

家に子供がいると、部屋は片付け**たそばから**散らかっていく。
집에 아이가 있으면, 방은 정리하자마자 어질러져 간다.

□ **~とあって**
~이어서, ~이라서

景品が貰える**とあって**、多くの人がアンケートに協力した。
경품을 받을 수 있어서, 많은 사람이 앙케트에 협력했다.

□ **~ともあろう**
~씩이나 되는 (사람)

教員**ともあろう**人が生徒に暴力を振るうとは何とも信じがたい。
교사씩이나 되는 사람이 학생에게 폭력을 휘두르다니 대단히 믿기 어렵다.

□ **~にあるまじき**
~로서 해서는 안 될

彼の言動は国民を代表する議員**にあるまじき**ものだと批判された。
그의 언동은 국민을 대표하는 의원으로서 해서는 안 될 짓이었다고 비판받았다.

□ **~ばそれまでだ**
~하면 그것으로 끝이다

筆記試験で点数が取れても、面接で失敗すれ**ばそれまでだ**。
필기시험에서 점수를 딸 수 있어도, 면접에서 실패하면 그것으로 끝이다.

□ **~までもない**
~할 필요도 없다

言う**までもない**ですが、会社を無断で休んではいけません。
말할 필요도 없습니다만, 회사를 무단으로 쉬면 안 됩니다.

□ **~を兼ねて**
~을 겸해서

新入生との交流**を兼ねて**、毎年スポーツ大会を開催している。
신입생과의 교류를 겸해서, 매년 스포츠 대회를 개최하고 있다.

□ **~を踏まえて**
~을 바탕으로, ~에 입각하여

来週の会議までに、調査結果**を踏まえて**、企画案を修正します。
다음 주의 회의까지, 조사 결과를 바탕으로, 기획안을 수정하겠습니다.

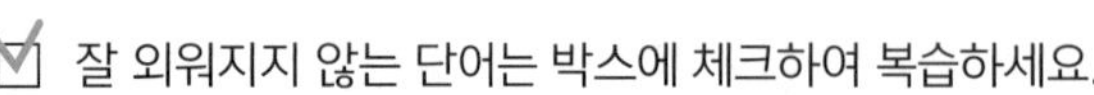

☑ 잘 외워지지 않는 단어는 박스에 체크하여 복습하세요.

🔊 단어문형집_5회.mp3

단어

[문자 · 어휘 · 문법]　　* : JLPT 기출단어

□	단어	읽기	품사	뜻
□	相も変わらず	あい か		여전히
□	改める	あらた	동	고치다, 개선하다
□	未だ	いま	부	아직
□	後れを取る	おく と		뒤처지다
□	お邪魔する	じゃま		방문하다, 방해하다
□	改造	かいぞう	명	개조
□	学習塾	がくしゅうじゅく	명	보습 학원
□	賢い*	かしこ	い형	영리하다, 현명하다
□	がっかり		부	실망한
□	偽造	ぎぞう	명	위조
□	窮屈だ	きゅうくつ	な형	갑갑하다
□	食い止める*	く と	동	저지하다
□	軽快だ	けいかい	な형	경쾌하다
□	克明だ*	こくめい	な형	극명하다
□	ご足労をかける	そくろう		오게(가게) 하다
□	骨折	こっせつ	명	골절
□	災害	さいがい	명	재해
□	再建	さいけん	명	재건
□	さなか		명	한창 ~인 때
□	さほど		부	그다지
□	さりとて		접	그렇다고 해서
□	辞退	じたい	명	사퇴
□	出所	しゅっしょ	명	출처
□	証拠*	しょうこ	명	증거
□	試練	しれん	명	시련
□	真偽	しんぎ	명	진위
□	推薦	すいせん	명	추천
□	先入観	せんにゅうかん	명	선입관, 선입견
□	相場*	そうば	명	일반적 통념, 시세
□	態勢	たいせい	명	태세
□	耐えがたい*	た		견디기 어렵다
□	絶える	た	동	끊어지다
□	立ち寄る	た よ	동	들르다
□	脱する	だっ	동	벗어나다
□	使い果たす	つか は	동	다 쓰다
□	丁寧だ	ていねい	な형	정성스럽다
□	通り過ぎる	とお す	동	지나치다
□	なつく		동	따르다
□	抜け出す	ぬ だ	동	빠져나가다
□	乗り越える	の こ	동	극복하다, 타고 넘다
□	抜群だ	ばつぐん	な형	발군이다
□	頻繁だ*	ひんぱん	な형	빈번하다
□	踏み込む	ふ こ	동	발을 들여놓다
□	変革	へんかく	명	변혁
□	水気	みずけ	명	물기
□	乱れる	みだ	동	흐트러지다

	단어	뜻
□	物足りない（ものたりない）	い형 어딘가 부족하다
□	催す（もよおす）*	동 개최하다, 열다
□	様子（ようす）	명 기색, 모양
□	落胆（らくたん）	명 낙담

[독해] *: JLPT 기출단어

	단어	뜻
□	圧迫（あっぱく）	명 압박
□	意義（いぎ）	명 의의
□	潔さ（いさぎよさ）	명 (미련 없이) 깨끗함
□	抑える（おさえる）	동 억제하다
□	課す（かす）	동 과제로 내다, 부과하다
□	観測（かんそく）	명 관측
□	技能（ぎのう）	명 기량, 기능
□	享受（きょうじゅ）	명 향유, 향수
□	切り捨てる（きりすてる）	동 잘라 버리다
□	記録（きろく）	명 기록
□	苦境に立つ（くきょうにたつ）	곤경에 처하다
□	検証（けんしょう）	명 검증
□	構造（こうぞう）	명 구조
□	心残り（こころのこり）	명 미련
□	仕事人間（しごとにんげん）	일만 하는 사람
□	支障をきたす（ししょうをきたす）	지장을 초래하다
□	指導（しどう）	명 지도
□	謝金（しゃきん）	명 사례금
□	症状（しょうじょう）	명 증상
□	心底（しんそこ）	부 진심으로
□	声援（せいえん）	명 성원
□	接続節（せつぞくせつ）	명 접속절
□	携わる（たずさわる）*	동 종사하다
□	ただ働き（ただばたらき）	명 무보수 노동
□	茶菓子代（ちゃがしだい）	다과비
□	徴収（ちょうしゅう）	명 징수
□	付き添い（つきそい）	명 동반, 곁에 따름
□	務める（つとめる）	동 (역할을) 맡다
□	出来が悪い（できがわるい）	성적이 나쁘다
□	説く（とく）	동 말하다, 설명하다
□	捉える（とらえる）	동 받아들이다, 파악하다
□	長い目で見る（ながいめでみる）	긴 안목으로 보다
□	担い手（にないて）	명 담당자
□	任に就く（にんにつく）	취임하다
□	熱中（ねっちゅう）	명 열중
□	派生（はせい）	명 파생
□	一人暮らし（ひとりぐらし）	명 독신 생활
□	貧困率（ひんこんりつ）	명 빈곤율
□	不得手だ（ふえてだ）	な형 잘하지 못하다
□	方言（ほうげん）	명 방언, 사투리
□	報酬（ほうしゅう）	명 보수
□	没頭（ぼっとう）	명 몰두
□	満足感（まんぞくかん）	명 만족감
□	見失う（みうしなう）*	동 잃다, 시야에서 놓치다
□	見据える（みすえる）	동 주시하다, 눈여겨 보다
□	身分証明書（みぶんしょうめいしょ）	명 신분증명서
□	無償（むしょう）	명 무상, 무료
□	無力さ（むりょくさ）	명 무력함
□	安らぎ（やすらぎ）	명 평안
□	療法（りょうほう）	명 요법

*: JLPT 기출단어

	단어	뜻
□	維持費(いじひ)	명 유지비
□	演劇(えんげき)	명 연극
□	落ち込み気味(おちこみぎみ)	명 떨어질 낌새
□	おもてなし	대접
□	改修(かいしゅう)	명 개수, 수리
□	買い取る(かいとる)	동 매입하다
□	過剰だ(かじょうだ)	な형 과잉하다
□	寒暖差(かんだんさ)	명 일교차, 한난차
□	気温差(きおんさ)	명 기온차
□	気候(きこう)	명 기후
□	生地(きじ)	명 옷감
□	拠点(きょてん)*	명 거점
□	近所付き合い(きんじょづきあい)	이웃과의 교제
□	国を挙げて(くにをあげて)	거국적으로
□	敬遠(けいえん)	명 경원
□	軽減(けいげん)	명 경감
□	劇場(げきじょう)	명 극장
□	こじれる	동 꼬이다, 악화되다
□	斬新だ(ざんしんだ)	な형 참신하다
□	自動化(じどうか)	명 자동화
□	品出し(しなだし)	명 상품을 창고에서 꺼냄
□	芝居(しばい)	명 연극
□	推奨(すいしょう)	명 권장
□	税金(ぜいきん)	명 세금
□	清潔だ(せいけつだ)	な형 청결하다
□	成長期(せいちょうき)	명 성장기
□	摂取(せっしゅ)	명 섭취
□	増設(ぞうせつ)	명 증설
□	達成感(たっせいかん)	명 달성감
□	堪能(たんのう)	명 만끽
□	通販(つうはん)	명 통신 판매, 통판
□	繋がり(つながり)	명 유대
□	定額制(ていがくせい)	명 정액제
□	手が空く(てがあく)	손이 비다
□	入荷(にゅうか)	명 입하
□	熱する(ねっする)	동 뜨거워지다
□	廃止(はいし)	명 폐지
□	張り紙(はりがみ)	명 벽보
□	舞踊(ぶよう)	명 무용
□	変革期(へんかくき)	명 변혁기
□	盆地(ぼんち)	명 분지
□	待ち望む(まちのぞむ)	동 손꼽아 기다리다
□	真似事(まねごと)	명 모방
□	見極める(みきわめる)	동 판별하다
□	見逃す(みのがす)	동 눈감아 주다
□	見放題(みほうだい)	명 무제한으로 봄
□	命名権(めいめいけん)	명 명명권
□	持ちかける(もちかける)	동 권유하다
□	優勝(ゆうしょう)	명 우승
□	話題性(わだいせい)	명 화제성

문형

☐ **~いかんによらず**
~여하에 관계없이

学年や専攻のいかんによらず、全学生が受講できる科目です。
학년이나 전공의 여하에 관계없이, 모든 학생이 수강할 수 있는 과목입니다.

☐ **~が最後**
~했다 하면

この試験で不正行為をしたが最後、2年間は受験ができない。
이 시험에서 부정행위를 했다 하면, 2년간은 시험을 칠 수 없다.

☐ **~からとて**
~라고 하더라도

努力を続けたからとて、必ず夢が実現するというわけではない。
노력을 계속했다고 하더라도, 반드시 꿈이 실현된다고 하는 것은 아니다.

☐ **~ずに済む**
~하지 않아도 된다

別の支店へ異動になったが、隣町で近いので引っ越さずに済んだ。
다른 지점으로 이동하게 되었지만, 이웃 마을이라 가깝기 때문에 이사하지 않아도 되었다.

☐ **~ずにはおかない**
~하지 않을 수 없다

その講演会は平和について考えさせずにはおかない内容だった。
그 강연회는 평화에 대해서 생각하지 않을 수 없는 내용이었다.

☐ **~てもともとだ**
~해도 본전이다

初めて携わる仕事なのだから、上手くいかなくてもともとだ。
처음 접해보는 업무이기 때문에, 잘하지 못해도 본전이다.

☐ **~ならいざしらず**
~라면 몰라도

時給を上げるならいざしらず、この賃金で人が集まるはずがない。
시급을 올려준다면 몰라도, 이 임금으로 사람이 모일 리가 없다.

☐ **~にたえない**
차마 ~할 수 없다

反省の色を見せない被告人の言い分は聞くにたえないものだった。
반성의 기색을 보이지 않는 피고인의 변명은 차마 들을 수 없는 것이었다.

☐ **~に恥じないよう**
~에 부끄럽지 않도록

伝統ある劇団の名に恥じないよう、これからも精進していきます。
전통 있는 극단의 이름에 부끄럽지 않도록, 앞으로도 정진해 나아가겠습니다.

☐ **~ようがない**
~할 수가 없다

彼の歌声は歌唱力、表現力どれをとっても文句のつけようがない。
그의 노랫소리는 가창력, 표현력 어느 것을 들어도 트집 잡을 수가 없다.

실전 모의 고사 N1

개정 2판 3쇄 발행 2024년 12월 2일
개정 2판 1쇄 발행 2023년 10월 25일

지은이	해커스 JLPT연구소
펴낸곳	㈜해커스 어학연구소
펴낸이	해커스 어학연구소 출판팀

주소	서울특별시 서초구 강남대로61길 23 ㈜해커스 어학연구소
고객센터	02-537-5000
교재 관련 문의	publishing@hackers.com 해커스일본어 사이트(japan.Hackers.com) 교재 Q&A 게시판
동영상강의	japan.Hackers.com

ISBN	978-89-6542-606-6 (13730)
Serial Number	02-03-01